MATLAB 의 이해와 그 이용의 실제

수 치 해 석 을 중 심 으 로

최연욱 지음

홍릉과학출판사

머리말

위키백과(Wikipedia)에 의하면 수치해석(Numerical Analysis)이란 '해석학 문제에서 수치적인 근사값을 구하는 알고리즘을 연구하는 학문'으로 정의되어 있으며 기원전의 바빌로니아 사대에 이미 $\sqrt{2}$ 의 수치적 근사값을 구하기 위하여 수치해석을 사용했다고 한다. 현재는 이러한 근사값의 수식계산에 컴퓨터를 사용한다는 점이 다를 뿐이지 해석적인 방법으로 근사값을 알아내는 기본정신은 예나 다름이 없을 것이다.

위의 $\sqrt{2}$ 의 예에서 볼 수 있듯이 현대의 수치해석은 대부분의 경우, 정확한 해를 구한다는 것은 불가능하기 때문에 합리적인 오차를 가지는 근사값의 취득에 관심이 집중되어있다. 이러한 이유로서 대학, 특히 이공분야의 학과에서는 저학년과정에서 대부분 수치해석을 필수과목으로 지정하여 학생들의 수학적인 자질향상을 위해 노력하고 있다. 그러나 이공계기피 현상으로 대표되는 고등학생들의 수학기피와 이로 인한 (수학적) 자질저하는, 대학의 이러한 노력을 어렵게 만들고 있다.

이를 조금이라도 개선시키기 위해서는 수식전개에 수치해석의 중점을 두는 기존의 복잡한 수식나열 방식보다는, 오랜 세월을 거치는 동안 이미 그 기본적인 이론이 확립된 수치해석기법을 이용, 또는 응용하여 필요한 범위 내의 오차를 가지는 '수치적인 근사값'을 얻는 과정을 도입하는 것도 하나의 방법이 될 수 있을 것으로 생각한다. 이 과정에서 학생들의 이해정도에 따라 수치해석의 여러 기법에 대한 수학적인 수준을 높여갈 수 있을 것이다. 본서는 학생들이 늘 접하는 컴퓨터를 적극적으로 활용하여 근사값을 얻고 이를 직접 눈으로 확인할 수 있도록 하자는 관점에서 집필되었다.

오늘날 수식계산과 시뮬레이션 등을 위한 대표적인 소프트웨어로서 MATLAB이 잘 알려져 있다. 이를 잘 활용한다면 수치 해석적인 이해 없이도, 예를 들어 미분방정식이나 적분 등의 결과를 쉽게 얻을 수도 있을 것이다. 그러나 이는 마치 '곱하기·나누기' 등의 개념에 대한 이해 없이 탁상용 계산기를 사용하여 결과만을 취하는 것과 같아 더 이상의 발전을 기대할 수 없을 것이다. 따라서 본서에서는 MATLAB의 수치 해석을 위한 도구(Tool)로 활용하여 원하는 정도의 오차범위 내에 존재하는 수치 해석적 결과를 얻는 방법에 대하여 설명한다. 이를 위해 먼저 책의 전반부에서 수치 해석을 위한 도구, 즉 MATLAB의 구체적인 사용법을 그래픽을 중심으로 자세히 언급한다.

후반부에서는 컴퓨터가 일반화되기 전부터 사용된 보간법알고리즘을 중심으로 다항식의 해와 미분·적분에 대한 수치 해석적 기법을 설명하고, 이를 이용한 (상)미분방정식의 근사해를 구하는 과정 등을 소개하고 있다. 이러한 내용은 수치해석이라고 하기에는 부르기에는 부족한 감이 없지 않으나, 위에서 언급한 바와 같이 가능한 복잡한 수식의 전개를 줄이고 결과를 학생들이 바로 이용한다는 입장에서는 도움이 될 것으로 생각한다. 특히, 본서는 MATLAB이 제공하는 수치해석용 함수들을 적극 활용하여 다항식, 행렬식 및 미분방정식 등에 대한 해법을 많은 예제를 이용하여 제공하고 있기 때문에 MATLAB의 사용법을 숙지하고 있다면 기본적인 해석을 통한 '수치적인 근사값'을 얻는데 있어서는 불편함이 없을 것으로 보인다.

수치해석의 응용분야는 일반적으로 공학이지만 21세기에 들어서면서 그 응용분야가 확대되어, 생명공학과 과학적인 계산을 적용한 인문사회분야에도 사용되고 있다. 따라서 오늘날 수치해석을 통한 문제의 이해는 학문 전 분야에서 필수불가결한 것으로 생각된다. 이 책을 통하여 학생들이 큰 어려움 없이 수치해석에 흥미를 가지고, 수식전개로 이루어진 본격적인 수치해석의 전문서적을 무리 없이 읽어갈 수 있기를 기대한다.

마지막으로 본서의 후반부의 집필에 도움이 된 수치해석의 전문서적을 아래에 명시하였다. 필자들의 노고에 감사드린다.

2013년 7월

최 연욱

1) Numerical Methods in Engineering with MATLAB(2005), Jaan Kiusalaas, CAMBRIDGE

2) Numerical Methods for Engineers and Scientists, A. Gilat & V. Subramaniam, WILEY

차 례

Chapter 0

들어가기 전에

0.1 수식계산을 위해서는 무엇이 필요한가?

우리들이 일상적으로 교과서 등에서 만나는 대부분의 수식계산에는 컴퓨터가 사용되고 있다. 예를 들어 2차 방정식의 근을 구하는 문제를 생각하여 보자. 고등학교 이상의 교육을 받은 사람은 2차방정식의 근의 공식을 알고 있기 때문에, 이를 이용하면 굳이 컴퓨터를 사용하지 않더라도 근을 구할 수 있다. 그러나 만약 3차의 방정식이라면 어떻게 해를 구할 것인가? 공식이 없으므로 해석적으로는 풀기 어렵기 때문에 원시적인 방법, 즉 해가 될 만한 값을 식에 대입하여 식이 만족되는지의 여부를 끊임없이 확인하는 방법을 동원하여 해를 구하여야 할 것이다. 그러나 조금 더 생각해보면, 방정식에 임의의 값을 대입한 결과가 증가하는지 감소하는지를 확인하여 해가 있을 만한 구간을 설정하고, 이를 반으로 나누어 점차 그 구간을 좁혀 가는 방법이 훨씬 유용하다는 것을 알 수 있을 것이다.

이와 같이 해석적으로는 풀기 어려운 문제에 대해서 어떤 수학적인 기술(technique)을 도입한다면 (근사적인) 해를 조금은 효율적으로 얻을 수 있을 것으로 생각된다. 이러한 기술을 일반적으로 수치해석(Numerical Analysis)이라고 부르고 있다. 만약 어떤 특정한 기술로 일반적인 해석적 방법으로는 풀기 어려운 문제의 해를 구할 수 있다면, 다시 말해 문제에 해석적 방법-양변을 전개, 간략화, 미분, 또는 적분 등의 수학적 과정-을 적용하여 해의 정확한 수식표현을 얻을 수 있다면 굳이 컴퓨터의 사용을 고집할 필요는 없을 것이다. 대부분 우리들이 마주치는 범위 내의 문제는 이와 같이 해석적으로 해를 구할 수 있으며, 이러한 해를 해석적 해(analytical solution)라고 한다. 이에 반해 수치해석으로 구한 해, 즉 수치해(numerical solution)는 문제에 대한 해의 수식표현을 말하는 것이 아니라 어느 구간 내에서 식을 근사적으로 만족하는 데이터의 집합을 의미한다[1]. 근사적이라고 표현하였지만 물론 정확한 값이 되

1) 근사적으로 만족한다는 것은 식의 양변이 같은 값, 즉 '=(equal)'로 되지는 않지만, 근사적으로, 또는 지정한 오차 범위 내에서 같은 값('≈'로 표시)을 가지는 경우를 의미한다.

는 경우도 있을 것이다.

위에서 언급한 2차 방정식의 해를 구하는 과정을 다시 생각해보자. 해석적인 방법으로는 잘 알려진 2차방정식의 '근의 공식'을 이용하면 방정식에 대한 정확한 해의 수식표현식을 얻을 수 있을 것이다. 그러나 근의 공식을 적용하지 않고 컴퓨터를 사용하여 2차 방정식의 근을 구하고자 한다면, 컴퓨터는 어떤 규칙(algorithm)에 따라 2차 방정식의 양변이 '= (equal)'로 되는 값을 찾을 때까지 수많은 반복과정을 거쳐 (근사적인, 혹은 정확한) 해를 찾아 낼 것이다. 이와 같이 수치해석을 이용하여 해를 구하는 대부분의 과정에는 주어진 문제에 대해 바람직한 정확도의 해가 얻어질 때까지 일정한 알고리즘을 반복적으로 적용하여 계산을 수행하게 된다. 따라서 결과의 정확도, 혹은 계산시간 등의 관점에서 어떤 알고리즘을 적용할 것인가가 문제 해결의 중요한 요소로 될 것이다.

예를 들어 [그림 0.1]의 문제를 생각하여 보자. 이는 질량 m인 물체를 지면과 θ의 각도를 가지는 힘 F를 인가하여 물체가 이동하기 직전의 상황을 나타내고 있다. 여기에 힘의 균형관계를 적용하면 힘과 각도 사이의 관계식은 다음으로 될 것이다.

$$\mu(mg - F\sin\theta) = F\cos\theta \rightarrow F = \frac{\mu mg}{\cos\theta + \mu\sin\theta} \tag{0.1}$$

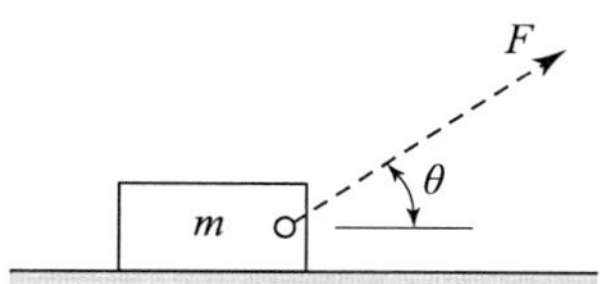

[그림 0.1] 마찰을 가지는 표면에서의 물체

여기서 μ와 g는 지면과의 마찰계수 및 중력가속도를 각각 의미한다. 일정한 크기의 힘 F로서 어느 정도까지의 질량을 이동시킬 수 있는 가를 알기 위해서는 각도 θ의 계산이 필수적이다[2]. 그러나 식(0.1)의 모양으로부터 알 수 있는 바와 같이 해석적인 방법으로는 θ의 계산은 불가능하지만, 여기에 수치해석을 적용하면 어떤 특정한 범위 내의 정확도를 가지는 근사적인 해 θ를 얻을 수 있다. 여기서 '근사적인 해'란 수치해석을 적용하여 얻은 θ를 식(0.1)에 대입하였을 경우 식(0.1)의 양변이 정확하게 일치하지는 않지만, 거의 동일한 값을 가진다는 것을 의미한다.

수학문제를 풀기 위한 수치해석의 방법은 오래전부터 사용되어왔으나, [그림 0.1]의 예로부터 알 수 있는 바와 같이 주어진 정확도의 범위에서 해를 얻기 위해서는 상당한 양의 계산을 반복적으로 수행할 필요가 있었다. 오늘날 컴퓨터 등의 발달로 인해 지루한 반복계산을 수작업에 의존하지 않고 게다가 훨씬 짧은 시간에 수행할 수 있게 되었으며, 이로 인해 해석적 방법에 의한 결과와 거의 비슷한 정도의 해를 얻을 수 있게 되었다.

2) 또는 질량 m이 고정되어 있을 때 물체가 움직일 수 있는 각도 θ의 범위가 필요한 경우 등을 생각할 수 있을 것이다.

0.1.1 공학문제로의 적용

수식계산을 위한 수치해석을 공학문제에 적용하여 해를 구하는 과정은 다음과 같이 정리할 수 있을 것이다.

(1) 문제의 정의(Problem Statement)

주어진 문제의 의도를 확실히 한다, 즉 어떤 값을 얻고자 하며 여기에 사용된 변수와 각 변수에 대한 제약조건 및 문제의 초기조건과 경계조건 등을 정리한다.

(2) 해의 형식(Formulation of the Solution)

해의 구하는 과정은 크게 다음 두 가지로 이루어진다, i) 해결하고자 하는 문제는 어떤 (물리적) 법칙이 적용되어 얻어진 모델인가, 다시 말하면 주어진 문제가 무엇을 나타내고자 하는가, ii) 주어진 문제의 중심을 이루고 있는 지배 방정식(governing equations)은 무엇인가(예를 들어 뉴턴의 에너지 보전의 법칙 등)를 파악하고 해의 형식을 유도하는 과정으로 볼 수 있다. 여기서 i)의 문제를 해결하기 위하여 사용된(혹은 선정된) 모델의 표현방식은, 해를 계산하기 위해 유도한 방정식의 풀이과정(즉 ii))에서 사용되는 방법과 서로 양립해야 할 필요가 있다. 만약 해석적인 방법으로 해를 구하고자 한다면, 지배 방정식은 반드시 해석적으로 풀 수 있는 형식으로 비교적 간단한 형식을 유지해야 하겠지만, 수치적인 방법의 사용을 예정하고 있다면 모델이나 지배적 방정식은 조금 더 복잡한(따라서 조금 더 정확한) 형식을 취할 수 있을 것이다. 그러나 어떤 경우를 취하더라도 문제의 해결과정에는 반드시 어떤 한계(limitation)가 존재한다. 예를 들어 수치적인 해를 얻기 위해서 긴 계산시간이 요구되는 경우에는, 적절한 시간 내에 해를 얻을 수 있도록 해의 형식을 단순화하는 것 등이 필요할 것이다.

(3) 프로그램화(Programming of numerical solution)

수치해석을 이용하여 문제의 해를 구할 수 있다면 이를 위한 방법을 선정하여야 한다. 일반적으로 여러 형식의 수학적인 문제에는 해를 얻기 위한 수많은 방법이 존재하지만, 이러한 방법은 정확도, 계산시간 및 프로그래밍의 어려운의 정도 등에 있어 서로 다를 것이다. 일단 하나의 방법이 선정되면 이를 컴퓨터가 이해할 수 있는 언어로 표현하여야 한다. 이를 위한 프로그래밍 과정은 알고리즘의 작성, 즉 어떤 방법으로 수치해석을 효율적이고 능률적으로 수행할 것인가를 나타내는 세밀한 계획도(즉 flow chart)의 작성과, 실제로 컴퓨터의 내부에서 알고리즘을 실행시키기 위한 명령어의 나열, 즉 컴퓨터 프로그램작업(coding process)으로 이루어져 있다.

(4) (얻어진) 해의 해석(Interpretation of the Solution)

수치해석으로 얻어진 해 그 자체는 근사적인 것이고, 동시에 이러한 수치해석의 수행을 위한 컴퓨터 프로그램과 그 수행과정은 여러 종류의 오차를 생성하기 때문에 수치해석의 결과로 얻어진 해는 신중하게 검토할 필요가 있다. 이러한 검토의 과정은 물론 주어진 문제에 따라 달라질 것이다. 예를 들어, 비선형대수방정식의 풀이에 수치해석이 적용되었다면 얻어진 해를 단순히 원래 방정식에 대입하여 봄으로써 그 해의 유용성을 확인할 수 있을 것이다. 미분방정식과 같이 좀 더 복잡한 문제의 경우에는 수치해석의 결과를 이미 그 해가 알려져 있는 유사한 미분방정식과 비교해본다거나, 혹은 다른 종류의 초기조건(또는 경계조건) 등을 이용한 수차례의 반복계산을 수행한 결과 등을 서로 비교해보는 등의 과정이 필요할 것이다.

아래의 [예제 0.1]을 이용하여 이상의 사실을 확인하여 보자.

[예제 0.1]

[그림 0.2]와 같이 질량 m의 진자가 길이 L인 단단한 막대에 달려 있다. 진자를 수직축으로부터 θ_o의 각도까지 이동시킨 뒤 손을 놓았다고 한다. 이때 진자와 수직축과의 각도 θ를 시간 t의 함수로 나타내는 문제를 생각하여 보자. 이 경우 진자의 속도에 비례하는 감쇠(damping)가 존재한다고 가정하고 다음 두 가지의 경우에 대한 해를 얻기 위한 식을 구하여 보자.

(a) $\theta_o = 5^o$, (b) $\theta_o = 90^o$

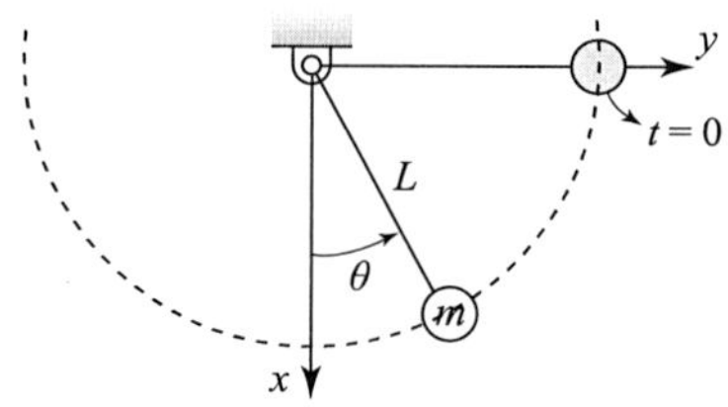

[그림 0.2] 진자의 운동

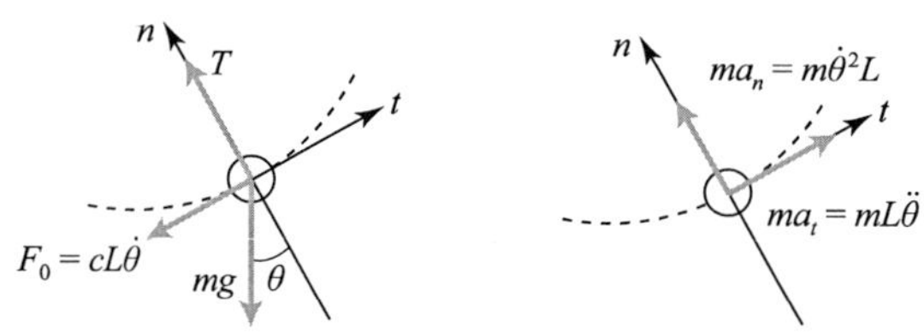

(a) 자유물체선도 (b) 질량-가속도 선도

[그림 0.3] 진자운동에 대한 뉴턴의 제2법칙

풀 이 **(1) 물리법칙의 적용**

[그림 0.2]의 질량 m과 같이 좌우로 움직이고 있는 물체에 작용하는 물리법칙은 뉴턴의 제2법칙(에너지 보존의 법칙)이다. 다시 말하면 m에 작용하는 모든 힘의 합은 진자의 질량에 진자의 가속도를 곱한 값과 같다는 것이다.

$$\sum \overline{F} = m\overline{a} \qquad ①$$

이 관계를 진자의 움직임에 기초한 자유물체선도(free body diagram)와 질량의 가속도선도로서 나타내면 [그림 0.3]과 같이 될 것이다. 단 그림에서는 막대의 질량은 무시하였으며, 상수 c는 감쇠(damping)계수를 의미한다,

(2) 지배 방정식

진자 운동의 접선방향으로 뉴턴의 제2법칙을 적용하여 [그림 0.2]의 시스템에 대한 지배방정식을 유도하면 다음과 같다.

$$cL^2\frac{d\theta(t)}{dt}+mgL\sin\theta(t)=mL^2\frac{d^2\theta(t)}{dt^2} \qquad ②$$ [3]

②는 2계 1차 비선형미분방정식으로 이를 정리하면

$$mL\frac{d^2\theta(t)}{dt^2}-cL\frac{d\theta(t)}{dt}-mg\sin\theta(t)=0 \qquad ③$$

로 된다. 진자는 시각 $t=0$에서 진자는 θ_0의 위치에서 정지 상태에 있다고 하면, ③의 초기조건은 다음으로 주어진다.

$$\theta(0)=\theta_0 \text{ 및 } \left.\frac{d\theta(t)}{dt}\right|_{t=0}=0 \qquad ④$$

(3) 풀이방법

③는 비선형미분방정식으로 해석적인 방법으로는 해를 얻을 수 없다. 그러나 만약 조건 (a)에서와 같이 $\theta_o=5^o$로 주어져서 진자가 운동을 시작한다면 진자는 수직축에서 5^o이내의 범위에서 왕복운동을 하게 될 것이다. 이 경우 ③은 $\sin\theta\approx\theta$의 관계를 적용하여 선형화가 가능하고 따라서 해를 해석적으로 구할 수 있게 된다. 즉 ③은

$$mL\frac{d^2\theta(t)}{dt^2}-cL\frac{d\theta(t)}{dt}-mg\theta(t)=0 \qquad ⑤$$

로 되어 라플라스변환 등을 이용하여 해를 구할 수 있다.

조건 (b)의 경우는 진자의 초기각도가 $\theta_o=90^o$이므로 선형화가 불가능하며 따라서 해를 얻기 위해서는 수치적인 방법을 이용하여야 할 것이다. 이러한 문제에 대한 수치해석법은 뒤에서 다루기로 한다. ■

다음은 수식이 컴퓨터 내부에서 어떤 형식으로 처리되는지를 간단히 알아본다.

3) 운동하는 물체의 경우 라그란제 운동방정식(Lagrange's equation of motion)을 이용하면 편리하다.

0.2 계산기에서 수의 표현

■ 이진수와 십진수

수는 여러 가지 방법으로 표현가능하다. 가장 일반적인 십진수 표현은 10개의 숫자(digit), 즉 0, 1, ⋯, 9를 나열하여 수를 나타낸다. 즉 각 숫자는 그 위치에 따라 10의 멱급수(base 10)를 곱한 크기를 가지게 된다([그림 0.4] 참조).

10^4	10^3	10^2	10^1	10^0		10^{-1}	10^{-2}	10^{-3}	10^{-4}
↓	↓	↓	↓	↓		↓	↓	↓	↓
6	0	7	2	4	•	3	1	2	5

$$\Rightarrow 6\times10^4+0\times10^3+7\times10^2+2\times10^1+4\times10^0+$$
$$3\times10^{-1}+1\times10^{-2}+2\times10^{-3}+5\times10^{-4}$$

[그림 0.4] 60,724.3125의 십진수 표시

그러나 일반적으로 수의 표시를 위한 기저(base)로서 '10' 이외의 수도 얼마든지 사용할 수 있다. 컴퓨터에서 주로 사용되는 이진수(base 2)는 두 개의 수, 즉 '0'과 '1'만으로 수를 표현하는 방법이다. [그림 0.4]로부터 알 수 있는 바와 같이 소수점 왼쪽의 첫 번째는 2^0에 대응하며, 두 번째는 2^1, 세 번째는 2^2에 대응하는 순서로서 크기를 나타낸다. [그림 0.5]에 십진수의 1, 2, ⋯, 10을 이진수로 표시하였으며, [그림 0.6]에 십진수 19.625를 이진수로 나타내었다.

Base 10	Base 2			
	2^3	2^2	2^1	2^0
1	0	0	0	1
2	0	0	1	0
3	0	0	1	1
4	0	1	0	0
5	0	1	0	1
6	0	1	1	0
7	0	1	1	1
8	1	0	0	0
9	1	0	0	1
10	1	0	1	0

[그림 0.5] 십진수에 대한 이진수 표시

컴퓨터 내부에서는 수식의 저장과 처리를 이진수로 수행하며, 이때 사용되는 두 개의 수인

'0'과 '1'을 비트(bit)라고 부른다. 이러한 이진연산(binary arithmetic)은 오늘날 트랜지스터라고 불리는 스위칭소자를 사용하여 수행하고 있다. 다시 말하면 소자가 'on'상태이면 '1'로, 'off'상태이면 '0'으로 둔다고 하는 아주 단순한 구조를 이용하여 다양하고 복잡한 연산을 매우 빠른 속도로 수행한다. 예를 들어, [그림 0.6]과 같이 단순히 십진수 19.625를 이진수로 나타내고자 한다면 총 아홉 개의 스위칭소자가 필요할 것이다.

$$\begin{array}{cccccccc} 2^4 & 2^3 & 2^2 & 2^1 & 2^0 & 2^{-1} & 2^{-2} & 2^{-3} \\ \downarrow & \downarrow & \downarrow & \downarrow & \downarrow & \downarrow & \downarrow & \downarrow \\ 1 & 0 & 0 & 1 & 1\ \bullet & 1 & 0 & 1 \end{array}$$

$$\Rightarrow 1\times 2^4 + 0\times 2^3 + 0\times 2^2 + 1\times 2^1 + 1\times 2^0 + 1\times 2^{-1} + 0\times 2^{-2} + 1\times 2^{-3}$$

$$= 1\times 16 + 0\times 8 + 0\times 4 + 1\times 2 + 1\times 1 + 1\times 0.5 + 0\times 0.25 + 1\times 0.125 = 19.625$$

[그림 0.6] 19.625의 이진수 표현

이와 같이 '0'과 '1'을 나타내는 하나의 비트를 여덟 개 연결하여 하나의 바이트(byte)를 이루며, 몇 개의 바이트가 모여서 보통 하나의 워드(a word)를 형성한다.

■ 고정소수점 표현(Fixed point representation)

예를 들어, 어떤 수를 표현하기 위하여 '0'과 '1'만을 나타내는 n개의 비트를 사용하였다면, 이 숫자는 [그림 0.6]의 관계를 적용하면 다음으로 표현된다.

$$N = a_{n-1}2^{n-1} + \cdots + a_2 2^2 + a_1 2^1 + a_0 2^0 \qquad (0.2)$$

여기서 계수 a_i, $(i = 0, 1, \cdots, n-1)$은 '0' 또는 '1'이다. 이러한 형식의 표현방법을 고정소수점 표현법이라고 한다.

이러한 표현법으로 정수(integer)가 아닌 수나 소수를 나타내기 위해서는 약간의 조작이 필요하다. 즉, '이진 소수점(binary point)'라고 불리는 가상적인 점을 [그림 0.7]과 같이 두고, 이를 중심으로 왼쪽은 정수부분, 오른쪽은 소수부분으로 사용하는 것이다.

[그림 0.7]의 경우 여덟 개의 비트 중 다섯 개는 주어진 수의 정수부, 나머지 세 개는 소수부를 각각 나타낸다. 식(0.2)을 이용하면 [그림 0.7]은

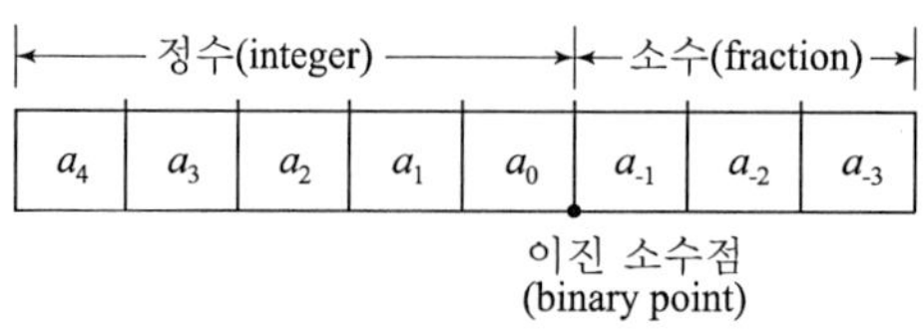

[그림 0.7]

$$N = a_4 2^4 + a_3 2^3 + a_2 2^2 + a_1 2^1 + a_0 2^0 + a_{-1} 2^{(-1)} + a_{-2} 2^{(-2)} + a_{-3} 2^{(-3)} \quad (0.3)$$

로 된다. 만약 음의 수를 나타내고자 한다면 사용된 비트의 첫 번째를 비트를 부호(sign)로서 사용하는 것이다. 따라서 부호비트를 포함한 n개 비트를 정수부로, 또 m 개 비트를 소수부로 배정한 경우 나타낼 수 있는 수의 최대와 최소는 $(2^{n-1}-1)2^{-m}$과 $-(2^{n-1}-1)2^{-m}$으로 될 것이다.

이와 같은 고정소수점을 이용한 수의 표현은 일단 비트의 개수가 정해지면 이에 의해 나타낼 수 있는 수의 크기에 한계가 있을 수밖에 없는 치명적인 결함을 가진다. 두 개의 큰 수를 곱하면 그 결과는 더 큰 수로 밖에 될 수 없기 때문에, 위와 같은 고정소수점 표현으로는 금방 한계를 나타내게 될 것이다.

■ 부동소수점 표현법(Floating point representation)

수의 표현방법이 고정소수점보다 간단하면서 훨씬 넓은 범위의 수를 나타낼 수 있는 방법으로 부동소수점 표현법이 있다. 십진(decimal) 부동소수점 표현은 다음과 같은 형식을 취한다.

$$N = d.dddddd \times 10^p \quad (0.4)$$

이 방법은 십진 소수점의 왼쪽에 한 자리 숫자(one digit)를 두고 나머지는 소수점의 오른쪽에 배치하는 방식으로 수를 표현하고 있다. 수 $0.dddddd$ 는 가수부(mantissa)로서 부동 소수점 숫자에서 실제 유효숫자를 나타내는 부분이다. 예를 들어

$$6519.23 \quad \rightarrow \quad 6.51923 \times 10^3$$
$$0.00000391 \quad \rightarrow \quad 3.91 \times 10^{-6}$$

로 표현된다. 10의 멱지수 p는 수의 크기(oder, 즉 차수)를 나타내기 위한 것으로, 만약 앞의 수가 5보다 작다면 그 수의 멱지수는 p이고 5보다 크다면 멱지수가 $(p+1)$로 된다. 따라서 위 예의 3.91×10^{-6}는 10^{-6}의 차수를 가지며, 6.51923×10^3은 10^4의 차수를 가지게 된다.

이진 부동소수점 표현은 다음의 형식으로 표현한다.

$$N = 1.bbbbbb \times 2^{bbb} \equiv M \times 2^E \quad (0.5)$$

여기서 M은 수 N의 가수부이며, E는 지수부(exponent)이다. 물론 가수부와 지수부는 이진수로 주어진다. 식(0.5)의 형식으로부터 가수부 M의 십진수 값은 $1 \le M < 2$의 사이에 존재함을 알 수 있다.

식(0.5)의 형식으로의 표현은 십진수 N을 2의 멱급수로 정규화 함으로서 얻을 수 있다. 예를 들어 십진수 50에 대한 부동소수점 표현을 계산하여 보자, 먼저 $2^5 = 32$(50보다 작은 2의 최대멱지수는 5)이므로 이를 이용하면

$$50 = \frac{50}{2^5} \times 2^5 = 1.5625 \times 2^5$$

에서 1.5625와 5를 이진수로 표현하면 각각 1.001과 101이므로 $50 = 1.001 \times 2^{101}$로 된다. 다음 두 개의 예도 쉽게 확인할 수 있을 것이다.

$$1344 = \frac{1344}{2^{10}} \times 2^{10} = 1.3125 \times 2^{10} \ \rightarrow \ 1344 = 1.0101 \times 2^{1001}$$

$$0.3125 = \frac{0.3125}{2^{-2}} \times 2^{-5} = 1.25 \times 2^{-2} \ \rightarrow \ 0.3125 = 1.01 \times 2^{-10}$$

```
[F,E] = log2(50) ↵
    F = 0.7813,    E = 6 % X = F.*2.^E.
pow2(1.5625,5) ↵
    ans = 50
```

위 스크립터에서 '>> [F,E] = log2(X)'를 실행한 결과는 $X = F \times 2^{E}$을 의미한다. 이때 F가 $0.5 \le \mathrm{abs}(F) < 1$에서 주어지는 점이 위의 예와는 다른 점이다. 이는 식(0.5)가

$$\widetilde{N} = 0.bbbbbb \times 2^{bbb} \equiv \widetilde{M} \times 2^{\widetilde{E}} \tag{0.6}$$

의 형식을 가지는 것을 의미한다.

■ 수치데이터의 저장

일단 부동소수점 표현으로 변환되었으면 이를 컴퓨터의 메모리에 저장하여야 한다. 컴퓨터는 가수부와 지수부를 별도로 저장하며, 이 과정에서 가수부의 소수점 왼쪽의 '1'은 저장하지 않는다. 가수부와 지수부는 이진수로 구성되어 있으며, 일반적으로 컴퓨터는 하나의 수를 저장하기 위해 네 개의 바이트(byte), 혹은 여덟 개의 바이트를 사용하고 있다. 즉, IEEE-754 기준에 따라 컴퓨터 내부에서의 수치계산이나 그 결과의 저장은 단정도(single-precision) 혹은 배정도(double-precision)로 이루어진다. 단정도에서는 32비트(즉 4바이트)가, 배정도에서는 64비트(즉 8바이트)의 메모리 공간을 사용하여 수치 데이터를 저장한다. 양쪽 경우 모두 첫 번째 비트는 수치의 부호, 다음 8비트(단정도), 혹은 11비트(배정도)에는 수치의 지수부, 그 다음 이어지는 23비트(단정도) 혹은 52비트(배정도)에는 가수부가 각각 배당되어 저장된다([그림 0.8] 참조).

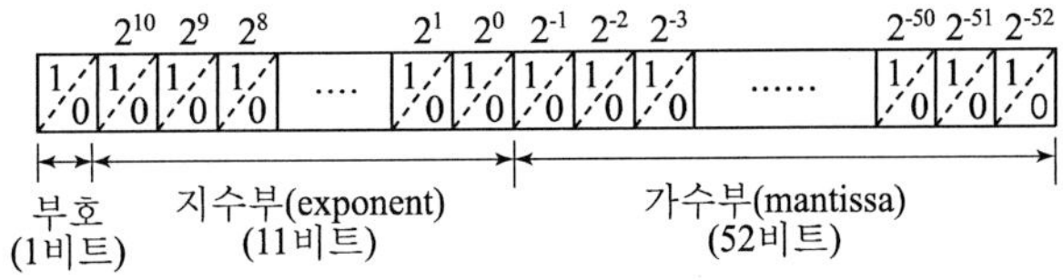

[그림 0.8] 이진수 부동소수점 데이터의 메모리 사용(배정도)

가수부는 이진수의 형태 그대로 저장되지만, 지수부의 경우 바이어스(bias)와 함께 저장된다. 바이어스란 지수부는 부호를 가지기 때문에, 지수부용으로 배당된 11개 비트(배정도) 중

하나를 지수부의 부호를 위해 할당해야 하는 것을 방지하기 위하여 지수부에 더해지는 일정한 값을 의미한다. 이진수로 11개의 비트로 표현할 수 최대값은 $2047\left(=2^{11}\right)$이며, 이때 사용되는 바이어스는 $2^{10}-1=1023$이다. 예를 들어 지수부의 값이 5라면 메모리에 저장되는 수치는 $5+1023=1028$로 된다. 따라서 지수부에 저장될 수 있는 최저값은 -1023 이며[4], 최대값은 1024이다[5]. 단정도의 경우 지부수로 8비트가 배당되어 있으므로, 이 경우의 바이어스는 $2^7-1=127$이다.

IEEE−754의 기준에 따라 수 22.5를 배정도로 메모리에 저장하는 경우에 대하여 생각하여 보자.

먼저 이를 정규화하면 $\frac{22.5}{2^4}\times 2^4=1.40625\times 2^4$로 된다. 배정도의 경우 지수부는 $4+1023=1027$로 되어 메모리에는 10000000011로서 저장된다. 한편, 가수부는 0.40625이므로 이를 이진수로 나타내면 .0110100 ⋯ 00로 된다([그림 0.9] 참조).

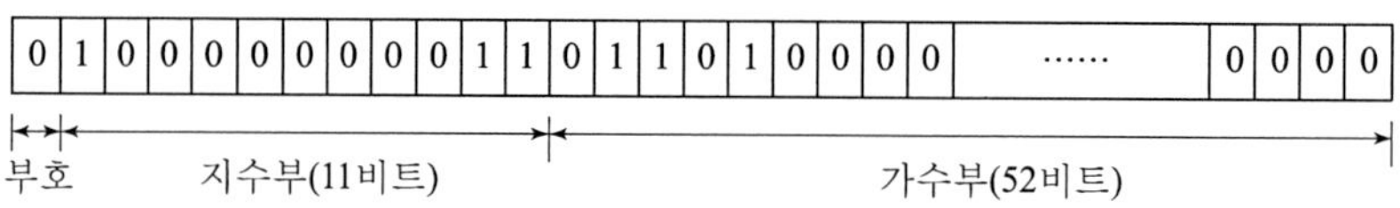

[그림 0.9] 수 22.5를 배정도로 메모리에 저장

▪ 수치데이터의 저장과 관련된 추가내용

(a) 배정도를 사용하는 경우 메모리에 저장할 수 있는 최소값은

$$2^{-1023}\approx 1.1\times 10^{-308}$$

이다. 이러한 사실은 영('0')과 메모리에 저장 가능한 최소값 사이에는 아주 작은 차이가 존재한다는 것을 보여주고 있다. 따라서 상기 배정도에서의 최소값보다 더 작은 값을 컴퓨터에서 사용하고자 한다면 컴퓨터는 언더플로(underflow) 오차를 발생시킨다. 마찬가지로 영에 가장 가까운 음의 수는 $-2^{-1023}\approx -1.1\times 10^{-308}$이다.

(b) 배정도를 사용하는 경우 메모리에 저장 가능한 가장 큰 수는 대략

$$2^{1024}\approx 1.8\times 10^{308}$$

이다. 이 보다 더 큰 수를 컴퓨터에서 사용하고자 하면 컴퓨터는 오버플로(overflow) 오차를 발생시킨다. 음의 수인 경우에도 마찬가지로 음의 최저값은 $-2^{1024}\approx -1.8\times 10^{308}$이므로, 이보다 더 작은 음의 수를 나타내는 경우에도 마찬가지이다.

배정도에서 표현가능한 수의 범위에 대해서는 [그림 0.10]을 참조한다.

---

4) 11개의 지수부가 전부 0으로 되어 있는 경우이다.

5) 최저값은 바이어스를 고려하면 -1023+1023=0로 되어 실제 메모리에는 '0'이 저장되고, 최대값은 1023+ 1024 =2047이다.

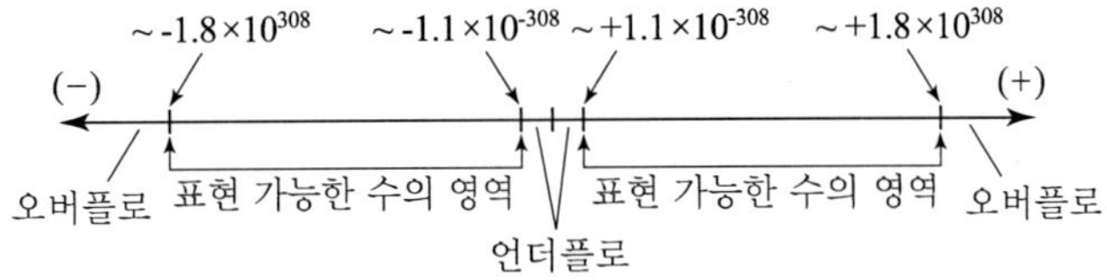

[그림 0.10] 배정도에서 표현할 수 있는 수의 범위

(c) 한정된 개수의 비트를 사용하기 때문에 모든 수를 정확하게 이진수로 나타낼 수는 없다. 다시 말하면 십진수로 표현된 수를 이진수 표현으로 고치고자 하는 경우 단지 한정된 수만이 이진수로서 정확한 표현이 가능할 뿐이다. 예를 들어, 0.1의 경우는 단정도의 환경 아래서는 정확한 이진수의 표현이 불가능하다. 즉, 이를 이진수의 부동소수점 표현으로 정규화하면 $0.1 = 1.6 \times 2^{-4}$로 된다. 지수부 -4는 단정도의 경우(즉 8비트)에서도 정확한 표현이 가능하지만, 가수부 0.6은 단정도의 23비트로서는 이진수 표현으로 나타낼 수가 없다. 또한 무리수의 경우는 어떠한 형식을 사용하더라도 정확한 표현은 불가능하다. 이러한 사실은 컴퓨터로 수치계산을 수행하는 경우 대부분 근사값을 사용하고 있다는 것을 의미한다. 이와 동시에 수치계산을 수행하는 과정에서도 근사값의 사용으로 인한 오차가 감소보다는 증가할 가능성이 높으며, 이로 인해 최종결과가 어느 정도 영향을 받을 수도 있다는 점에도 주의를 기울여야 할 것이다.

(d) 표현된 수 사이의 간격은 그 표현에 사용된 크기에 의존한다. 배정도에서는 가수부로 52비트가 할당되어 있으므로 가수부에 저장할 수 있는 최소값은 $2^{-52} \approx 2.22 \times 10^{-16}$로서[6], 이는 이진수로 표현된 두 수의 가수부의 차이를 나타낸다.[7] 그러나 수의 실제 크기는 이진수 표현의 지수부에 의존한다. 따라서 지수부를 영으로 간주하면 두 수 사이의 최소 차이는 배정도 표현에서 2.22×10^{-16}로 될 것이다. 이 값은 배정도에서 machine epsilon으로 불리는 양으로 MATLAB에서는 이 값을 나타내는 변수로서 eps를 사용하고 있다. MATLAB의 명령윈도에서 eps를 입력해 보면 그 크기를 알 수 있다.

```
eps ↵
    ans =   2.2204e-016
```

0.3 수식계산에 있어서의 오차

지금까지 일반적으로 사용하는 십진수를 이진수 표현으로 변환하는 과정에서 발생하는 문제점에 대하여 살펴보았다. 여기서는 이로 인해 발생할 수 있는 프로그램 상의 몇 가지 문제점을 개략적으로 살펴보기로 한다. MATLAB으로서 수치계산을 수행하는 경우를 상정하고 문제

6) 51개의 비트가 전부 '0'이고 제일 오른쪽 비트 하나만이 '1'인 경우를 의미한다.
7) 50개의 비트가 전부 '0'이고 제일 오른쪽 두 개의 비트가 '10'인 경우와 '01'인 경우와의 차이를 의미한다.

점과 이의 해결을 위한 몇 가지 방안들을 제시하기로 한다.

먼저 컴퓨터의 내부에서 수를 표현하는 방법과 관련한 간단한 예를 하나 들어본다.

```
A = 10^20;
B = A + 1 ↲
     B =
           1.0000e+020
B - A ↲
      ans  =
                0
```

B−A가 1로 되어야 함에도 불구하고 0으로 되었다. 이로부터 컴퓨터 내부에서 B 값의 정확한 표현이 불가능한 것을 알 수 있다. 이하 이와 관련된 몇 개의 대표적인 예를 제시한다.

(1) while loop를 빠져나오지 못하는 경우:

다음 프로그램은 x를 1로부터 시작하여 0.2씩 감소시켜 가는 과정에서 x가 '0'과 일치하면 while loop에서 빠져나오도록 하는 것이다[8].

```
x = 1;
while x ~= 0   % x가 0과 같지 않으면 아래의 식을 반복
    x = x - 0.2, pause
end
```

위 프로그램은 $1-5\times0.2=0$의 식에 의해 다섯 번째 단계에서 while loop를 빠져나와야 하는데 실제 결과는 다음과 같다.

```
x = 0.8000
  …
x = 0.2000
x = 5.5511e-17   % x = 0으로 되지 않았다.
x = - 0.2
```

이러한 사실은 컴퓨터 내부의 수식표현방식 등으로 인해 프로그램의 실행과정에서 x가 '완전한 0'으로 되지 않았기 때문에 조건 `'x ~= 0'`을 만족하여 루프를 빠져나올 수 없는 상황이 유지되고 있다는 것을 보여주고 있다. 이로부터 향후 MATLAB의 프로그램 작성에 있어서 '0'과 같은 값을 가지는지를 비교하는 경우에는 세심한 주의가 필요하다는 사실을 알 수 있다[9].

---

8) while loop의 설명 등에 대해서는 제4장을 참조한다.

9) 전절의 eps값을 이용하여 루프에서 빠져나올 수 있도록 프로그램을 변경하면 다음과 같다.
`while (abs(x) - eps) >= 0`으로 while 문을 대치하면 된다.

(2) 삼각함수에서의 에러

임의의 정수 k에 있어서 다음 사실은 잘 알려져 있다.

$$\sin(2k\pi) = 0,\ \cos(2k\pi) = 1,\ \tan(2k\pi) = 0$$

그러나 k가 임의의 정수라는 점을 이용하여 이를 컴퓨터에서 확인해보면 작은 값이기는 하지만 잘 알려진 사실과는 차이가 있다는 점을 알 수 있다.

```
sin(10^10*pi) ↵
          ans = -2.239362761955923e-006
cos(10^10*pi)
          ans = 9.999999999974927e-001
tan(10^10*pi)
          ans  = -2.239362761961538e-006
sin(2*pi)
          ans = -2.449293598294706e-016
```

위의 결과는 k가 큰 값이 아닌 경우($k=2$)에도 MATLAB은 sin 함수의 정확한 값 '0'이나, cos 함수의 정확한 값 '1'을 생성하고 있지 못함을 보여주고 있다[10].

(3) 근의 공식과 관련된 에러

2차 방정식과 그의 두 개의 근을 구하는 공식은 다음으로 주어진다.

$$ax^2 + bx + c = 0 \ \rightarrow \ x_{1,2} = \frac{-b \pm \sqrt{b^2 - 4ac}}{2a} \tag{0.7}$$

만약 $a=1,\ c=1$이고 $b^2 \gg 4ac$의 조건을 만족한다면 두 개의 근 중 x_2는 $x_2 \approx -b$로 근사할 수 있을 것이며, 나머지 하나는 $\frac{c}{a} = x_1 x_2$의 관계로부터 $x_1 = \frac{c}{ax_2} \approx -\frac{1}{b}$의 근사값으로 될 것이다. 이러한 특수 조건 아래서 2차방정식 두 개의 근 사이에 존재하는 관계를 다음 스크립터를 이용하여 확인하여 보자[11].

```
% Solutions of the Second-Degree Equation
a = 1; c = 1;                          % 조건을 부과
fid = fopen('Rootsof2Deg','w');        % Rootsof2Deg'의 이름으로 파일을 오픈
fprintf(fid,'   b     x1    x2\n');    % 상기파일에 데이터를 입력
for k = 1: 10
    b = 10^k;
    d = sqrt(b^2 - 4*a*c);
    x1 = (-b+d)/(2*a*c);
```

10) 그러나 sind(360)을 실행하면 정확하게 '0'을 생성한다. cosd와 tand의 경우도 마찬가지이다.
11) 계산결과의 파일출력과 관련된 함수 fopen, fclose, fprintf 등은 제4장을 참조한다.

```
    x2 = (-b-d)/(2*a*c);
    fprintf(fid,'%13.5e  %13.5e  %13.5e\n',b, x1, x2);
                                            % 파일에 기입하는 형식의 지정
end
fclose(fid)                                 % 파일을 닫음(파일을 open하면 반드시 close한다)
```

위 프로그램의 실행결과 파일 'Rootsof2Deg'에는 다음과 같은 형식으로 계산결과가 저장되어 있음을 확인할 수 있을 것이다.

```
      b              x1              x2
1.00000e+001  -1.01021e-001  -9.89898e+000
1.00000e+002  -1.00010e-002  -9.99900e+001
1.00000e+003  -1.00000e-003  -9.99999e+002
1.00000e+004  -1.00000e-004  -1.00000e+004
1.00000e+005  -1.00000e-005  -1.00000e+005
1.00000e+006  -1.00001e-006  -1.00000e+006
1.00000e+007  -9.96515e-008  -1.00000e+007
1.00000e+008  -7.45058e-009  -1.00000e+008
1.00000e+009   0.00000e+000  -1.00000e+009
1.00000e+010   0.00000e+000  -1.00000e+010
```

b의 값이 $b^2 \gg 4ac$의 조건을 만족한다면 위에서 언급한 바와 같이 두 개의 근 x_1과 x_2는 각각 $-b$ 및 $-1/b$의 근사값을 가져야 하지만, $b > 10^8$부터는 x_1이 영으로 되어 위 프로그램의 결과는 신뢰하기 어려운 상황으로 되었다. 따라서 이러한 상황에서 만약 정확한 두 개의 근의 값이 요구된다면 위 프로그램을 약간 수정하여 해가 부적절한 값을 가지기 시작하는 b의 값을 체크할 수 있도록 하는 것이 필요할 것이다.

(4) 근과 관련된 예기치 못한 에러

n차 방정식

$$(x-1)^n = 0 \tag{0.8}$$

는 당연히 n개의 근, $x_1 = x_2 = \cdots = x_n = 1$을 가진다. 이 사실을 MATLAB에서 확인하여 보자. 아래 스크립터 파일은 n을 증가시켰을 경우 n차 다항식 (0.8)의 근이 우리가 알고 있는 사실을 계속 만족하는지의 여부를 확인하기 위한 것이다.

```
n = 4;C = 1;  % n=4까지 계산, 0차인 경우 다항식의 계수는 C=1
format long
for i=1:n
    C = conv([1 -1],C);  % (x-1)^n의 계수 계산
    i,roots(C),pause      % 근을 계산하여 화면에 표시
end
```

예를 들어, $n=2$인 경우 정확하게 $x=1$에 두 개의 근이 존재한다. 그런데 $n=4$인 경우 함수 roots에 의한 네 개의 근은

```
1.000223675896648e+000
9.999999711207174e-001 + 2.236470111745315e-004i
9.999999711207174e-001 - 2.236470111745315e-004i
9.997763818619173e-001
```

로 되어 복소수로 된다는 것을 알 수 있다. 이들은 말할 필요도 없이 주어진 다항식의 근이 아니다. 또한 [그림 0.1]로부터 $n=4$인 경우의 다항식은 $x=1$뿐만 아니라 $x=1$ 근처의 미소한 범위에서 영의 값[12], 즉 근이 된다는 사실을 보여주고 있다. n이 증가함에 따라 이러한 사실은 더욱 뚜렷하게 나타나기 때문에 다항식 계산을 수행하는 경우에는 주의를 기울여야 할 부분이다.

```
x = 0.99:0.001:1.01;          % x축의 범위 설정
y = polyval(C,x);             % x 값에 대한 (x-1)^4 =0의 값 계산
plot(x,y)                     % [그림 0.11]
xlabel('x'), ylabel('Polynomial Values')
```

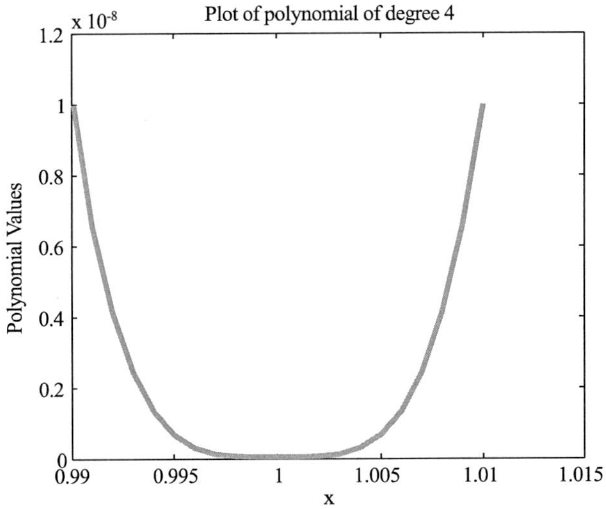

[그림 0.11] $x=1$ 근처에서의 다항식 값의 변화

12) $x=1$ 근방에서 다항식 값을 확대하여 보면 완전히 영으로 되었다고 할 수 있을 만큼 작은 값을 가지고 있음을 볼 수 있다.

(5) 오차의 축적

다음 식에서 $A=64.1$, $B=63.1$ 및 $x_1=1$로 두고 이를 반복적으로 수행하였을 때 어떤 현상이 발생하는지 살펴보자.

$$x_{n+1}=Ax_n-B \tag{0.9}$$

이 계산을 위해 다음 프로그램을 준비하였다.

```
A = 64.1; B = 63.1;
X = 1;
for k =1: 10
   X = A*X - B
end
```

위 계산의 결과는 당연히 '1'로 되어야 함에도 불구하고 프로그램의 실행결과 다음의 값이 얻어졌다.

```
 9.999999999999929e-001
 9.999999999995382e-001
 9.999999999703917e-001
 9.999999981021048e-001
 9.999998783449158e-001
 9.999922019090874e-001
 9.995001423725043e-001
 9.679591260775240e-001
-1.053820018430720e+000
-1.306498631814092e+002
```

또한, MATLAB의 명령윈도에서 '>> A-B'를 실행해 보면

```
A - B ↲
ans = 9.999999999999929e-001
```

로 되어 역시 작은 값이지만 오차가 발생하고 있음을 확인할 수 있다. 이는 십진수 63.1과 64.1을 이진수로 변환하여 메모리에 저장하는 과정에서 실제 값을 정확히 나타내고 있지 못하다는 사실을 보여주고 있다. 컴퓨터에서의 수치계산에 왜 이러한 오차 발생하는지를 다음 절에서 살펴보기로 한다.

0.4 오차의 발생 요인

전절의 예를 통하여 본 바와 같이, 컴퓨터에서의 수치계산은 정밀하게 수행되기는 하지만 일반적으로 항상 정확한 결과만을 출력하는 것은 아니다. 문제를 풀기 위하여 수치계산을 실행하는 경우 두 종류의 오차가 생성된다. 하나는 전절에서 이미 언급한 것으로, 디지털컴퓨터에서 수치를 저장하고 계산을 실행하는 과정에서 발생하는 오차로서 일반적으로 반올림오차(round-off error)로 불린다. 다른 하나는 해를 얻기 위하여 사용되는 수치해석의 방법(기법)에 의한 것으로 이를 절삭오차(truncation error)라고 한다. 수치해석법은 해의 풀이과정에서 보통 근사(approximation)를 사용한다. 이러한 근사로 인해 발생한 오차를 절삭오차라 부르고 있는 것이다. 이러한 두 종류의 오차로 인해 수치해석에 의한 해의 전체오차(total error)가 발생하고, 이 결과가 (일반적으로 알려져 있지 않은) 정확한 해와 근사를 적용한 수치해석에 의한 해 사이에서 발생하는 차이로서 계산결과에 반영된다.

(1) 반올림오차(Round-off Errors)

전절에서 언급한 바와 같이 수는 컴퓨터의 내부에서 유한개의 비트로서 표현된다. 이 결과 주어진 비트수(배정도의 경우 가수부로서 52비트)로서 나타낼 수 있는 영역 바깥에 존재하는 가수부를 가지는 실수는 그 표현 자체에서 이미 오차를 내포하게 된다. 이러한 사실은 사용가능한 비트수에 관계없이 어떤 시스템에 있어서도 그 표현에 오차를 가지게 되는 무리수(irrational number)뿐만 아니라, 이진수로는 정확하게 나타낼 수 없는 유한한 크기의 십진수 등에도 당연히 적용된다. 임의의 수를 그 자리수를 줄여서 나타내고자 하는 경우 무조건 내림(chopping), 무조건 올림, 및 반올림(rounding) 등이 있다.

간단한 예로서 2/3을 생각하여 보자[13]. 네 개의 비트를 가지는 십진형식에서 2/3는 0.6666 혹은 0.6667로 나타낼 수 있다. 첫 번째는 무조건 내림을, 두 번째는 반올림을 각각 실행한 결과이다. 어느 쪽을 취하든지 간에 실제의 수와는 다른 값으로 되어 수치계산의 과정에서 오차를 발생시키게 될 것이다. (사용하는 방식에 관계없이) 이러한 형태의 수치오차를 반올림오차라고 한다. [예제 0.2]는 무조건 내림과과 반올림 사이의 차이를 보여주고 있다.

[예제 0.2]

거의 동일한 값을 가지는 두 개의 수 $p = 9890.9$ 와 $q = 9887.1$ 을 생각하여 본다. 가수부로서 세 개의 비트를 가지는 십진 부동소수점 표현을 사용하여 두 수의 차, 즉 $(p-q)$를 계산하고, 무조건 내림과 반올림을 각각 적용하여 p와 q를 부동소수점으로 표현하고 그 차이를 비교하여 보자.

풀 이 십진 부동소수점 표현으로 나타내면 다음으로 된다.

13) 여기서는 십진수의 표현을 이용하여 반올림 등을 설명하지만, 컴퓨터에서는 이진수 형식으로 이러한 작업이 이루어진다는 점에 유의한다.

$$p = 9.8909 \times 10^3 \text{ 및 } q = 9.8871 \times 10^3$$

가수부로서 세 개의 비트만이 할당되어 있으므로 두 수 모두 자리수를 줄여야 한다. 먼저 무조건 내림을 적용하면 두 수는

$$p = 9.890 \times 10^3 \text{ 및 } q = 9.887 \times 10^3$$

로 되며, 이 값을 사용하여 차를 계산하면

$$(p - q) = 0.003 \times 10^3 = 3$$

로 된다. 한편 반올림을 작용하면 두 수는

$$p = 9.891 \times 10^3 \text{ 및 } q = 9.887 \times 10^3$$

이므로 두 수의 차는 다음으로 된다.

$$(p - q) = 0.004 \times 10^3 = 4$$

두 수의 차이의 정확한 값은 3.8이다. 주어진 문제에 있어서는 무조건 내림보다 반올림의 사용이 실제값에 가까운 결과를 나타내는 것으로 볼 수 있다. ■

앞서 언급한 바와 같이 컴퓨터 내부에서 사용되는 수 사이의 간격(interval)은 가수부의 표현에 할당된 비트의 개수에 의해 결정되며, 이 결과로 발생하는 반올림오차의 크기는 수치계산에 사용된 수의 크기(즉 지수부)에 의존한다. 다시 말하면, 계산에 사용된 두 수가 그 크기에 있어 차가 현저하게 크거나, 또는 거의 비슷한 크기의 두 수의 차를 계산하는 경우 등에 있어서 반올림오차가 발생할 가능성이 크게 된다는 것이다.

예를 들어, 다음 2차 방정식을 생각하여 보자.

$$x^2 - 100.0001x + 0.01 = 0 \tag{0.10}$$

위 식의 해는 다음과 같은 2차방정식 근의 공식을 이용하면 계산가능하며, 이 결과 $x_1 = 100$과 $x_2 = 0.0001$가 얻어졌다.

$$x_{1,2} = \frac{-b \pm \sqrt{b^2 - 4ac}}{2a} \tag{0.11}$$

MATLAB에서 식(0.11)의 공식을 실제로 적용하여 해를 구하면 다음으로 됨을 확인할 수 있을 것이다.

```
format long          % 수치의 화면표시방법을 변경
a = 1; b = -100.0001; c = 0.01;
RootDis = sqrt(b^2 - 4*a*c) ↵
  RootDis =
          99.999899999999997
```

```
x1 = (-b + RootDis)/(2*a)
   x1 =
        100
x2 = (-b - RootDis)/(2*a)
   x2 =
        1.000000000033197e-004
```

MATLAB으로 계산한 결과 반올림오차에 의해 x_2에는 오차가 발생하고 있음을 볼 수 있다. 이는 근접한 두 개의 수의 뺄셈, 즉 $\left(-b-\sqrt{b^2-4ac}\right)$의 계산을 필요로 하는 x_2의 분자 계산과정에서 오차가 생성되고 있기 때문이다.

서로 거의 근접한 값을 가지는 두 수의 빼기는 그 과정에서 반올림오차가 발생하지 않도록 수식의 표현을 변경하여 수행하는 경우가 많다. 식(0.11)의 x_2의 경우는 다음과 같은 수정에 의해 오차의 생성을 억제할 수 있다.

$$x_2=\frac{-b-\sqrt{b^2-4ac}}{2a}\frac{\left(-b+\sqrt{b^2-4ac}\right)}{\left(-b+\sqrt{b^2-4ac}\right)}=\frac{2c}{-b+\sqrt{b^2-4ac}} \tag{0.12}$$

이를 MATLAB을 이용하여 계산해 보면 다음과 같이 반올림의 오차가 존재하지 않는 정확한 x_2가 얻어짐을 확인할 수 있다.

```
x2Mod = (2*c)/(-b + RootDis)  ↵
                   x2Mod =
                           1.000000000000000e-004
```

[예제 0.3]

다음 함수를 생각하여 보자.

$$f(x)=x\left(\sqrt{x}-\sqrt{x-1}\right) \qquad ①$$

(a) 다음 세 종류의 x 값에 대한 $f(x)$의 값을 MATLAB을 이용하여 확인해본다.

$$x=10,\ 1000,\ 100000$$

(b) 6 비트 십진수 형식을 이용하여 (a)의 계산을 수행하고 그 결과를 (a)의 결과와 비교한다.

(c) $f(x)$의 형식을 다음과 같이 변경하여 (b)의 과정을 수행하고, 역시 그 결과를 (a)와 비교해 본다.

$$f(x)=x\left(\sqrt{x}-\sqrt{x-1}\right)\frac{\sqrt{x}+\sqrt{x-1}}{\sqrt{x}+\sqrt{x-1}} \qquad ②$$

풀이 (a) 다음 스크립터를 참고한다.

```
format long g
x = [10 1000 100000];
Fx = x.*(sqrt(x) - sqrt(x - 1))  ↵
    Fx =
       1.6227766016838    15.8153431255776    158.114278298171
```

(b) 6비트를 가지는 십진수 형식을 적용하여 (a)의 계산을 수행하면 다음으로 된다.

$$f(10) = 10(\sqrt{10} - \sqrt{10-1}) = 10(3.16228 - 3) = 1.62280$$

이는 (a)의 계산결과와 거의 동일하지만, $x = 1000$인 경우

$$\begin{aligned} f(1000) &= 1000(\sqrt{1000} - \sqrt{1000-1}) \\ &= 1000(31.6228 - 31.6070) = 15.8 \end{aligned}$$

로 되어 (a)의 결과와 6비트를 적용한 15.8153 과는 상당한 오차가 발생하였음을 알 수 있다. 한편 $x = 100000$ 의 경우는

$$\begin{aligned} f(100000) &= 100000(\sqrt{100000} - \sqrt{100000-1}) \\ &= 100000(316.228 - 316.226) = 200 \end{aligned}$$

로 되어 (a)의 결과와 6비트에 적용하여 얻어진 158.114와는 큰 차이를 보여주고 있다. 이상의 결과로부터 한정된 비트 수의 사용으로 인한 반올림오차는, i) x값의 증가, ii) 두 값 $\sqrt{x}$ 와 $\sqrt{x-1}$ 과의 상대오차의 감소 등에 따라 증가한다는 사실을 알 수 있다.

(c) ii)는 뺄셈의 과정에서 발생하는 오차를 제거하기 위한 하나의 방법이다. 즉,

$$f(x) = x(\sqrt{x} - \sqrt{x-1})\frac{\sqrt{x} + \sqrt{x-1}}{\sqrt{x} + \sqrt{x-1}} = \frac{x\,[x - (x-1)]}{\sqrt{x} + \sqrt{x-1}} = \frac{x}{\sqrt{x} + \sqrt{x-1}}$$

로 된다. 이 관계식을 이용한 결과는 다음과 같으며, 이는 (a)에서 계산한 값과 동일하다는 것을 확인할 수 있다.

$$f(10) = \frac{10}{\sqrt{10} - \sqrt{10-1}} = \frac{10}{3.16228 + 3} = 1.62278$$

$$f(1000) = \frac{1000}{\sqrt{1000} - \sqrt{1000-1}} = \frac{1000}{31.6228 + 31.6070} = 15.8153$$

$$f(100000) = \frac{100000}{\sqrt{100000} - \sqrt{100000-1}} = \frac{100000}{316.228 + 316.226} = 158.114$$

■

(2) 절삭오차(Truncation Errors)

절삭오차는 컴퓨터로 인해 발생하는 오차가 아니라 주어진 문제의 해를 구하기 위하여 사용하는 수치해석 기법이 그 과정에서 근사식을 사용하고 있는 경우에 발생한다. 다시 말하면 많은 수학적인 전개과정에 있어서 어떤 계산을 무한히 반복하여야 하는 경우가 항상 발생한다. 이 경우 무한번의 실행은 불가능하므로 당연이 유한번의 단계로 한정하여 실행할 수밖에 없다. 이와 같은 경우에 발생하는 실제값과의 오차를 절삭오차라고 한다. 이러한 오차는 예를 들어 급수해 등의 계산에서 발생한다. 예를 들어 1은

$$1 = \frac{1}{2} + \frac{1}{4} + \cdots + \frac{1}{2^n} + \cdots \tag{0.13}$$

로 표현된다. 위 사실을 가로·세로가 각각 1인 정사각형의 면적이 비유하여 식(0.13)을 나타내면 [그림 0.12]와 같이 된다. 이는 전체 면적을 이등분하여 1/2을 확보한 뒤, 나머지 반을 다시 이등분함으로서 1/4을 확보하고, 남은 1/4을 다시 이등분하여 1/8을 확보하는 식으로 전체면적이 1로 될 수 있도록 영역을 계속적으로 확보해나가는 과정으로 볼 수 있다. 따라서 식(0.13)의 오른쪽 항의 합을 적당한 위치에서 멈추면 정사각형의 아주 작은 부분이 전체 면적에서 제외되어 크기가 1보다 작은 값으로 될 것이다. 이와 같이 정확한 값(즉 실제값)과의 차를 절삭오차라고 부른다.

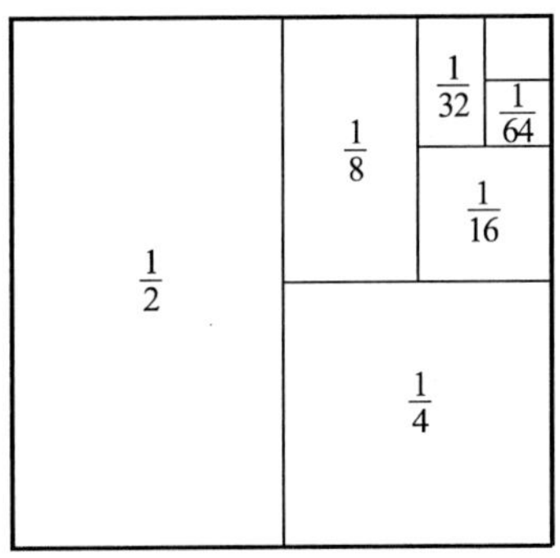

[그림 0.12] 가로·세로가 1인 정사각형의 면적

위에서 언급한 바와 같이 무한개의 항을 전부 더할 수는 없기 때문에, 어느 정도의 오차를 미리 설정하여 이 값 이내의 범위에서 무한급수를 유한개로 한정하여야 한다. 아래 프로그램을 이용하여 식(0.13)의 계산에서 무시된 항이 수치적으로 어떤 영향을 미치는지를 확인하여 보자.

```
format long
S = 0;
for k = 1:20
    S = S + 1/2^k
```

```
end
-----------------------------------------------
S = 0.500000000000000   % k=1
S = 0.750000000000000   % k=2

S = 0.999999046325684   % k=20
```

위 결과로부터 어느 정도의 오차를 인정할 것인가에 따라 사용할 k 값의 범위가 결정된다는 것을 알 수 있다. 이를 참고하면 오차를 미리 설정하고 이 범위 내의 오차를 가지는 k값을 계산할 수 있다.

절삭오차에 대한 또 하나의 예로서 $\sin(x)$의 값을 평가를 위해 테일러급수(Taylor's series)를 채용한 경우를 생각하여보자. 먼저 $\sin(x)$의 테일러급수는

$$\sin(x) = x - \frac{x^3}{3!} + \frac{x^5}{5!} - \frac{x^7}{7!} + \frac{x^9}{9!} - \frac{x^{11}}{11!} + \cdots \tag{0.14}$$

로 주어진다. 이 경우 식(0.14)의 우측의 무한개의 항을 사용할 수 있다면, 예를 들어 $\sin(\pi/6)$의 값을 정확하게 계산할 수 있을 것이다. 그러나 무한개의 항을 전부 사용한다는 것은 불가능하기 때문에 한정된 개수의 항으로 된 근사식을 사용하게 되고, 이 결과 정확한 값과 근사식을 적용한 결과와의 사이에는 오차가 발생하며 이를 E^{TR}로 나타내기로 한다. 예를 들어 식(0.14)의 첫 번째 항만을 사용한다면 오차는

$$\sin\left(\frac{\pi}{6}\right) = \frac{\pi}{6} = 0.5235988 \;\rightarrow\; E^{TR} = 0.5 - 0.5235988 = -0.0235988$$

로 된다. 만약 테일러급수의 두 번째까지 사용한다면

$$\sin\left(\frac{\pi}{6}\right) = \frac{\pi}{6} - \frac{(\pi/6)^3}{3!} = 0.4996742 \;\rightarrow\; E^{TR} = 0.5 - 0.4996742 = 0.0003258$$

로 되어, 당연히 오차가 줄어듦을 볼 수 있다. 특히 우리에게 친숙한 절삭오차 중의 하나는 미분의 계산과 관련된 것이다. 점 $x = x_1$에서 함수 $f(x)$의 미분은 근사적으로 다음과 같이 정의된다[14].

$$\left.\frac{df(x)}{dx}\right|_{x = x_1} = \frac{f(x_2) - f(x_1)}{x_2 - x_1} \tag{0.15}$$

여기서 x_2는 x_1 근방의 점이다. 실제의 미분값과 식(0.15)의 근사식에 의한 결과와의 차이가 절삭오차를 나타낸다.

절삭오차의 크기는 문제를 풀기 위하여 채용되는 알고리즘 혹은 특정 수치해석기법에 의존한다. 이에 대한 자세한 내용은 뒤에서 각 항목별로 다양한 수치해석법을 설명하는 과정에서

14) 정확한 수학적인 정의에는 limit가 필요하다.

자세히 언급될 것이다. 절삭오차는 반올림오차와는 독립적이며, 계산과정에서 수학적인 근사를 사용하지 않은 경우에도 존재한다.

(3) 전체오차(Total Error)

컴퓨터를 사용하는 경우 어떤 특정한 수의 표현에 있어서는 반드시 근사가 사용되며 이로 인해 계산결과에는 절삭오차가 존재하며, 동시에 사용하는 알고리즘 등에 따라 서로 절삭오차가 발생된다. 따라서 수치해석으로 얻어진 결과에는 반드시 반올림오차와 절삭오차 - 이 둘을 합쳐서 전체오차(total error), 혹은 진오차(True error)라고 한다 - 가 포함되어 있을 것이다. 이러한 전체오차가 수치해석으로 얻어진 해와 정확한 해 사이의 차(error)를 이루게 된다. 즉,

$$\text{TrueError} = \text{TrueSolution} - \text{NumericalSolution} \tag{0.16}$$

이다. 또한, 진 오차와 진 해(true solution)와의 비의 절대값을 진 상대오차(true relative error)라고 한다. 즉,

$$\text{TrueRelativeError} = \left| \frac{\text{TrueSolution} - \text{NumericalSolution}}{\text{TrueSolution}} \right| \tag{0.17}$$

이며, 수치해석으로 얻어진 결과가 정확한 값에 비하여 어느 정도의 오차를 가지는가를 나타내는 지표로 사용된다.

식(0.16)과 (0.17)의 계산에서 진 해, 즉 정확한 해는 알려져 있지 않기 때문에 TrueError와 TrueRelativeError의 계산은 사실상 불가능하다. 따라서 이들은 해석적인 방법으로 해결이 가능한 문제(즉 진 해를 알 수 있는 경우)에 한에서 수치해석으로 얻어진 결과와의 비교를 통해 그 오차를 평가하는 데 주로 사용된다. 또한 여러 종류의 수치해석법을 적용하여 얻어진 결과 등에 대한 정확도의 평가에도 식(0.16)과 (0.17)이 사용되기도 한다.

0.4 컴퓨터와 프로그래밍

0.1절에서도 언급한 바와 같이, 해석적으로는 해결할 수 없는 수학문제의 해를 구하기 위한 수치해석법의 기본은 이미 오래전에 개발되고 사용되어 왔다. 디지털 컴퓨터의 등장은 이들 방법을 더욱 정확하고 빠르게 적용할 수 있는 수단을 제공하였으며, 동시에 수작업으로는 불가능한 정도의 반복계산이 가능하게 되었다. 컴퓨터는 엄청난 양의 수를 저장하고, 동시에 수많은 수식연산을 매우 빠른 속도로 수행할 수 있다. 어떤 특정한 수치해석법의 실행에 필요한 계산을 수행하기 위해서 소위 프로그램이라고 불리는 명령어의 집합체(a set of instructions)를 컴퓨터에 입력하여야 한다. 컴퓨터에서 수학적인 연산과 수식데이터의 저장에는 이진수 형식이 사용되기 때문에 명령어의 집합 역시 이 형식을 따라야 한다. 다시 말하면 기계(컴퓨터)가 이해할 수 있는 언어, 즉 기계어(machine language)의 사용이 요구된다. 초기의 컴퓨터에서

는 어셈블러(assembler)라고 불리는 낮은 수준의(low-level) 컴퓨터 언어로서 컴퓨터 프로그램을 작성하였다. 이러한 낮은 수준의 언어를 이용하여 수행해야 하는 컴퓨터 프로그램의 작성은 그 과정이 매우 지루하면서 동시에 문제해결을 위한 매우 상세한 프로그램이 요구되었다. 뿐만 아니라 이러한 작업이 우리가 일상적으로 쓰고 있는 수학과는 매우 다른 형태로 진행되었기 때문에, 문제해결을 위한 수식 그 자체에 집중하기가 어려웠다.

훨씬 뒤에 컴퓨터의 사용을 용이하게 하는 OS(Operating System)가 개발되었다. OS는 인간이 컴퓨터와 간단하게 접촉할 수 있도록 해주는 일종의 인터페이스(interface)이다. 다시 말하면 인간과 컴퓨터의 기계어 사이에서 연결 작용을 (복잡한 기계어가 아닌) 인간이 사용하기 편리한 언어로서 가능하게 해주는 역할을 하는 것으로 볼 수 있다. OS가 제공하는 언어로서 작성된 명령어는 컴퓨터에서 처리 가능한 기계어로 시스템에 의해 쉽게 변환되었다. 이러한 OS의 대표적인 예로서 Bell Laboratory에서 개발된 Unix와 Microsoft에서 사용한 DOS 등을 들 수 있을 것이다. OS가 기계(즉 컴퓨터)와의 대화방법을 간략화하기는 했지만, 여전히 수치해석 등에 사용하기에는 비교적 어려웠고, 또 상당히 긴 코딩(coding)이 요구되었으며, 이로 인해 엔지니어나 과학자들이 그들의 특별한 목적에 맞는 프로그램을 작성하는 데는 상당한 노력과 어려움이 수반되었다.

과학자나 엔지니어가 사용하는 컴퓨터 프로그램은 종종 OS구조의 최상위에서 동작하는 프로그램 언어로서 작성된다[15]. 이러한 고급언어의 사용으로 인해 과학자나 엔지니어가 이전의 지루한 프로그래밍의 과정보다는 문제를 해결하는데 더욱 중점을 둘 수 있게 되었다. 과학이나 엔지니어 분야에 사용되는 고급 언어로서 Fortran, C 및 C++ 등이 있다. 동일한 목적으로 사용하는 경우 고급언어로 작성된 프로그램은 일반적으로 낮은 수준의 언어보다 간단명료하기 때문에 나중에 디버깅 작업 등에 훨씬 유리하다.

본서는 기술적 계산을 위한 고급언어인 MATLAB을 사용하여 수치해석의 프로그램을 작성하고 이해하는 것을 목적으로 한다.

(1) 알고리즘

컴퓨터를 이용하여 수학문제를 해결하고자 하는 경우, 문제의 특별한 목적에 적합한 프로그램의 작성이 필수적이다. 이를 위해서는 먼저 어떤 수치해석적 방법을 사용할 것인가를 결정하여야 할 것이다. 단순 작업만으로 가능한 경우도 있겠지만, 종류에 따라서는 문제가 복잡하고 어렵기 때문에 그대로 프로그램화하기 쉽지 않은 경우도 있을 것이다.

수치해석을 통한 문제해결을 성공적으로 추진하기 위해서는 주어진 문제의 프로그램화의 전 과정을 일목요연하게 보여줄 수 있는 계획도(혹은 흐름도, flow-chart)의 작성이 선행되어야 할 것이다. 이와 같이 문제해결을 위한 계획도를 일반적으로 알고리즘(algorithm)이라고 하며, 이는 수치해석이 컴퓨터의 내부에서 어떤 순서로 수행되는가를 보여주는 단계별 명

15) OS의 최상위에서 작동하는 컴퓨터 언어, 다시 말하면 사용자가 쓰기 편리한, 즉 프로그램의 작성이 비교적 간단한 언어를 high-level language(고급언어)라고 한다.

령실행순서를 나타낸 것으로 볼 수 있을 것이다. 간단한 예로서 다음 2차방정식의 해를 구하기 위한 알고리즘을 생각하여 보자.

$$ax^2 + bx + c = 0 \tag{0.18}$$

이를 위해 잘 알려진 2차방정식의 근의 공식을 적용하기로 한다.

$$x_1 = \frac{-b+\sqrt{b^2-4ac}}{2a},\ x_2 = \frac{-b-\sqrt{b^2-4ac}}{2a} \tag{0.19}$$

[2차방정식의 근을 구하기 위한 알고리즘]

1. 근의 판별식 $D = b^2 - 4ac$의 값을 확인한다.
2. $D \geq 0$이라면 식(0.19)을 이용하여 근을 계산한다.
3. $D = 0$이면 근은 $x_{1,2} = -\dfrac{b}{2a}$로 된다(중복근).
4. $D < 0$이면 방정식은 복소수의 근을 가진다.

일단 알고리즘이 완성되면 이에 따라 컴퓨터 프로그램을 작성한다.

(2) 컴퓨터 프로그램

컴퓨터 프로그램(즉 코드, code)은 컴퓨터에서 어떤 작업을 수행하기 위해 필요한 명령어를 순서대로 모아 놓은 리스트를 의미한다. 사용하는 프로그램 언어에 따라 명령어의 실행방법(즉 문법, syntax)은 다양하지만, 일반적으로 다음과 같이 몇 개의 카테고리로 분류할 수 있을 것이다.

(a) **입·출력** : 실행에 필요한 데이터를 컴퓨터에 인가하거나, 실행결과를 화면에 표시 및 이를 파일로서 저장하는 등의 작업에 필요한 명령어

(b) **수치연산** : 실행을 위한 각종 변수의 지정에서부터 4칙 연산을 포함한 다양한 형식의 계산(지수, 대수, 삼각함수 등)을 수행하기 위한 명령어

(c) **흐름제어** : 어떤 조건에 따라 명령어의 수행순서를 지정하는 등, 다양한 환경 또는 조건에 따라 명령어의 실행을 제어하기 위한 명령어

(d) **화면출력** : 실행의 중간과정 또는 결과를 화면에 다양한 형식으로 표현하기 위한 명령어

이미 앞에서 언급한 바와 같이 여기서는 공학적인 계산을 전문으로 하는 프로그램의 하나인 MATLAB을 사용하여 수치해석을 실현하고자 한다. MATLAB은 다양한 종류의 계산을 간단하게 수행할 수 있는 강력한 도구이다. MATLAB은 수많은 과학 및 공학용 어플리케이션을 제공할 뿐만 아니라 필요에 따라서는 사용자가 독자적으로 어플리케이션을 개발할 수 있는 환경이 주어져 있다. 여기서는 MATLAB의 원활한 사용을 위한 기본적인 사항을 먼저 언급한 뒤 구체적인 수치해석법을 단계별로 설명하기로 한다.

연습문제

1. 다음 이진수를 십진수로 나타내어라.

(1) 1011101 (2) 11000101.101 (3) 10010101110001.01110101

2. 다음 수를 아래 지시한 형식의 표현법으로 나타내어라.

(1) 81 (2) 66.25 (3) −0.625 (4) 0.533203125 (5) 256.1875 (6) −30952

i) 이진수 ii) 단정도의 부동소수점 표현 iii) 배정도의 부동소수점 표현

3. 다음 식으로 주어진 함수에 대하여 아래 각 물음에 답하라.

$$f(x)=\frac{1-\cos(x)}{\sin(x)} \quad ①$$

(1) 6개의 비트를 가지는 십진표현법으로 $x=0.007$인 경우의 $f(x)$를 계산하여라. 이 경우 반올림을 사용한다.

(2) MATLAB을 사용하여 (1)의 문제에 대한 진 오차(true error), 즉 함수의 실제값과 반올림에 의한 근사값과의 차를 계산하는 프로그램을 작성하고 그 결과를 비교하여라.

(3) ①의 오른쪽 항에 $\dfrac{1+\cos(x)}{1+\cos(x)}$를 곱하여 $x=0.007$일 때의 함수 $f(x)$를 계산하고, 이 결과를 위의 문제 (1), (2)와 비교하여 보아라.

4. 함수 $f(x)=\dfrac{e^x-1}{x}$에 대하여 아래 각 물음에 답하라.

(1) 다섯 개의 비트를 가지는 십진수 형식으로 $f(x)$를 $x=0.00275$에서 평가하라. 단 반올림을 사용한다.

(2) (1)의 문제에 대한 MATLAB 프로그램을 작성하고 실제값과 반올림을 실행한 값 사이의 진오차를 계산하라.

5. 함수 $f(x)=e^x$의 테일러급수는 다음과 같이 주어진다.

$$f(x)=e^x=1+x+\frac{x^2}{2!}+\frac{x^3}{3!}+\frac{x^4}{4!}+\frac{x^5}{5!}+\cdots \quad ②$$

②를 이용하여 e^{-2}를 다음의 각 경우에 대하여 계산하고, 각 경우에 있어서 진 오차를 MATLAB을 이용하여 확인하여 보라.

(1) 첫 번째 네 개의 항을 이용 (2) 처음 여섯 개의 항을 이용

(3) 처음 여덟 개의 항을 이용

6. π이 크기는 다음과 같은 무한급수로서 계산된다.

$$\pi=4\sum_{n=1}^{\infty}(-1)^{n-1}\frac{1}{2n-1}=4\left(1-\frac{1}{3}+\frac{1}{5}-\frac{1}{7}+\frac{1}{9}-\frac{1}{11}+\cdots\right) \quad ③$$

n개의 항까지 ③의 값을 계산하는 MATLAB 프로그램을 작성하고, 실제값과의 비교를 통해 각각에 대한 진오차를 계산하라. 이때 π의 실제값은 MATLAB에 지정되어 있는 값을 사용한다.

(1) $n = 10$ (2) $n = 20$ (3) $n = 40$

7. 다음 세 개의 합은 모두 1로 된다. 이를 MATLAB의 함수로 만들어 보자.

$$\sum_{i=1}^{100} 0.01, \quad \sum_{i=1}^{50} 0.2, \quad \sum_{i=1}^{32} 0.03125$$

예를 들어, `S = InexactSum(x, n)`는 x를 n번 더하면 S로 된다는 것을 나타내는 함수이다. 이러함 함수를 작성하고 위의 식으로 그 결과를 확인하여 보자. 이 경우 세 개의 예 중 두 개는 1로 되지 않는다는 사실을 확인할 수 있다, 그 이유를 설명하여라.

8. 0.3절을 참조하여 아래 다항식의 근을 계산하여 보자. 즉

$$(x-2)^7 = 0$$

는 $x = 2$에 일곱 개의 근을 가진다. 이 사실을 함수 roots를 사용하여 확인하고 그 차이를 설명하여라. 동일한 문제를 함수 fzero를 이용하여 수행하고 함수 roots를 사용하였을 경우와의 차이점을 나타내어라.

9. 0.1을 이진수로 표현하면 0.0001001100110 …와 같이 무한히 계속되는 이진수가 얻어진다. 이를 다시 십진수로 변경하면

$$\frac{1}{2^4} + \frac{1}{2^5} + \frac{1}{2^8} + \frac{1}{2^9} + \frac{1}{2^{12}} + \frac{1}{2^{13}} + \cdots$$

로 된다. 이상의 사실을 확인하는 MATLAB 프로그램을 작성하고, 그 결과 얼마나 빠르게 0.1로 수렴하는지를 알아보자.

10. $\pi/4$는 다음과 같이 무한히 계속되는 수의 합으로 표시된다.

$$1 - \frac{1}{3} + \frac{1}{5} - \frac{1}{7} + \frac{1}{9} - \cdots = \frac{\pi}{4}$$

위 식의 왼쪽 항을 적절한 곳에서 멈추었을 경우의 절삭오차를 확인할 수 있는 프로그램을 작성하고 아래의 각 항에 대한 답을 구하여라.

(1) 첫 번째 항, 두 번째까지의 합, 세 번째까지의 합 등과 같이 처음 스무 번째까지의 합을 구하여라.

(2) (1)의 결과를 그림으로 나타내어 보자. x 축은 더해진 항의 개수로 한다.

(3) $\pi/4$의 한계선을 나타내어라.

11. $3/4$를 나타내는 무한개 수의 합은 다음과 같다. 이에 대하여 10번과 동일한 과정을 반복하여 보자.

$$1 + \frac{1}{1\times 3} + \frac{1}{2\times 4} + \frac{1}{3\times 5} + \frac{1}{5\times 7} + \cdots = \frac{3}{4}$$

PART One

Chapter 01

수식계산을 위한 수학적 배경

본서는 해석적으로는 해를 구할 수 없는 (혹은 그 계산이 어려운) 문제에 있어서 근사적인 해를 얻기 위해 적용되는 기본적인 수치해석 기법의 이해와, 이로부터 주어진 문제의 해를 얻기 위한 MATLAB 프로그램의 작성에 초점을 두고 있다. 따라서 이러한 목적을 달성하기 위해서는 기초수학, 즉 미적분(calculus), 선형대수(linear algebra) 및 미분방정식(differential equation) 등에 관한 기본적인 지식을 필요로 한다.

여기서는 본격적인 수치해석기법의 적용을 위한 수학적 기초내용을 몇 가지 소개한다. 기초라고 하더라도 그 범위가 광범위하기 때문에, 제5장 이후에 전개되는 수치해석적 기법의 이해에 필요한 최소한의 내용, 즉 1) 여러 종류의 계산법의 비교와 그 해석에 도움이 되는 사항, 2) 수치해석에 적용되는 다양한 계산법의 유도과정에서 사용된 기본개념의 이해를 위한 내용 등이다.

여기서 언급되는 내용은 주로 대학 저학년의 수학기초과정에서 다루어진 내용의 복습으로서의 역할을 목적으로 하기 때문에 전반적인 사항을 전부 커버하고 있지는 않다. 다시 말하면 각 주제의 간단한 설명과 기본적인 정의, 및 간단한 예제만을 제공하기 때문에, 관련된 상세한 설명은 관련 참고서를 참조하여야 할 것이라는 점을 미리 밝혀둔다.

1.1 수식과 관련된 기본 개념

■ **함수(Function)**

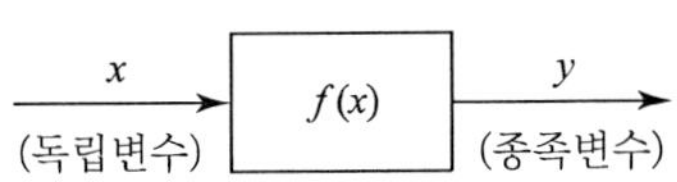

[그림 1.1] 함수

함수 $y = f(x)$는 독립적으로 주어지는 변수 x의 값에 따라 변수 y의 값이 종속적으로 결정된다는 것을 나타낸다([그림 1.1] 참조). 이러한 의미에서 x를 독립변수, y를 종속변수라고 한다. 변수 x가 취할 수 있는 값의 범위는 일반적으로 $-\infty$에서 $+\infty$까지 이며 이 범위를 도메인(domain), 이 결과로 그 값이 결정되는 종속변수 y가 취할 수 있는 영역을 레인지(range)라고 각각 부르고 있다. 변수의 도메인과 레인지를 다 같이 구간(interval)이라고 하기도 한다. 이때 구간이 그 양쪽의 종점(endpoint)을 포함한다면 이를 폐구간(closed interval), 종점을 포함하지 않는다면 개구간(open interval)이라고 정의한다. 만약 변수 x의 종점이 각각 a와 b라면 x의 폐구간은 $[a, b]$로, 개구간은 (a, b)로 각각 표현한다. 함수는 물론 하나 이상의 독립변수를 가질 수 있다. 예를 들어 함수 $T = f(x, y, z)$ 는 세 개의 독립변수와 세 개의 변수 x, y 및 z에 의해 결정되는 하나의 유일한 종속변수를 가진다.

■ 함수의 한계(Limit of a function)

x가 왼쪽 혹은 오른쪽에서 어떤 값 a에 접근함에 따라 임의의 함수 $f(x)$ 역시 어떤 하나의 값 L에 가까워지는 경우를 생각하여 보자. 이것을 상징적으로는

$$\lim_{x \to a} f(x) = f(a) = L \tag{1.1}$$

와 같이 나타내며, x가 a에 접근함에 따라 $f(x)$의 한계(limit)는 L에 접근한다고 표현한다. 이상의 표현을 좀 더 수학적인 형식으로 나타내면 다음과 같다. 즉, $f(x)$가 a포함하는 개구간에서 정의되어 있고[1], 또한 L이 실수라고 한다면, 어떤 수 $\epsilon, (>0)$에 대해 $0 < |x-a| < \delta$의 조건에서 $|f(x) - L| < \epsilon$를 만족하는 임의의 수 $\delta > 0$가 항상 존재한다는 것이다.

δ는 임의이기 때문에 아주 작은 값으로 선정할 수 있으며, 따라서 $f(x)$ 또한 한계값 L에 무한히 가깝게 가져갈 수 있음을 알 수 있다. 식(1.1)은 그 자체로서 이미 함수의 한계가 존재한다는 의미를 내포하고 있다. 그러나 모든 함수가 항상 한계를 가진다는 의미는 아니며 때때로 어떤 특정한 값에서 한계를 가지지 않는 경우도 있다. 또한 한계를 가지는 함수의 경우에는, 예를 들어 $x \to a$에서 서로 다른 두 값의 한계를 가질 수는 없다. 이는 다시 말하면 함수의 한계가 존재한다면 이것은 유일하다는 것을 나타내고 있다.

■ 함수의 연속성(Continuity of a function)

$f(x)$가 다음 세 개의 조건을 만족한다면, $f(x)$는 $x = a$에서 연속(continuous)이라고 한다.

(1) $f(a)$가 존재한다.

(2) $\lim_{x \to a} f(x)$가 존재한다.

(3) $\lim_{x \to a} f(x) = f(a)$

함수가 구간 내의 모든 점에서 연속이라면 그 함수는 개구간 (a, b)에서 연속이라고 한다. 또한, 모든 실수축, 즉 $(-\infty, \infty)$에서 연속이라면 함수는 모든 곳에서 연속(everywhere

---

1) 어떤 구간에서 함수가 '정의된다'라고 하는 것은, 그 구간의 모든 값에 있어서 함수의 값이 존재한다는 의미이다.

continuous)이라고 한다.

수치적으로 함수의 연속성의 의미는 독립변수에서의 작은 변화가 종속변수에서도 작은 변화를 가져온다는 것을 나타내는 것으로 해석할 수 있다.

■ 중간값 정리(Intermediate value theorem)

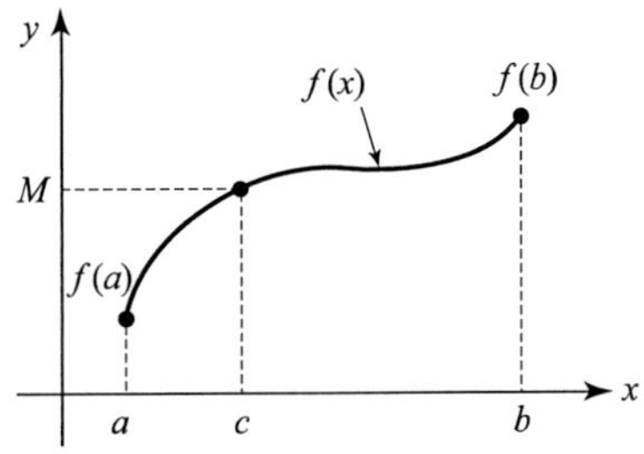

[그림 1.2] 중간값 정리

폐구간에서의 함수의 움직임과 관련해서는 중간값 정리가 유용하다. 이것의 수학적 정의는 다음과 같다. 즉 만약 함수 $f(x)$가 폐구간 $[a, b]$에서 연속이고, M이 $f(a)$와 $f(b)$ 사이의 임의 값이라면, $f(c)= M$([그림 1.2] 참조)으로 되는 점 c가 구간 $[a, b]$에서 적어도 하나 이상 존재한다는 것이다. 이 정리는 적어도 하나의 c가 존재한다는 사실을 알려주기는 하지만, 이를 계산하는 방법은 제공하고 있지 않다는 점에 유의한다. 중간값 정리는 연속인 함수의 그래프는 수직적인 점프[2)]를 가지지 않는다는 것을 암시하고 있다.

■ 함수의 미분(Derivatives of a function)

함수 $f(x)$의 (1계) 미분, 또는 f의 도메인 상의 점 $x=a$에서 $f(x)$의 미분은 상징적으로 $\left.\frac{df}{dx}\right|_{x=a}$, 또는 $f'(a)$ 등으로 나타내며 그 정의는 다음과 같이 주어진다.

$$\left.\frac{dy}{dx}\right|_{x=a} = f'(a) = \lim_{x \to a} \frac{f(x)-f(a)}{x-a} \tag{1.2}$$

이 경우 함수 $f(x)$는 하나의 독립변수만을 가지기 때문에 식(1.2)의 정의를 상미분(ordinary derivative)이라고 한다. 식(1.2)에서 $\frac{f(x)-f(a)}{x-a}$는 [그림 1.3]으로부터 알 수 있는 바와 같이 두 점 $\{a, f(a)\}$와 $\{x, f(x)\}$을 연결하는 직선의 기울기를 나타내고 있으며, $x \to a$에서 기울기의 한계값은 점 $\{a, f(a)\}$에서의 접선의 기울기로 될 것이다. 따라서 점 $x=a$에서 함수 $f(x)$의 미분은 곡선 $y=f(x)$의 그 점에서의 접선의 기울기이며 미분가능하기 위해서는 함수가 반드시 연속이어야 한다. 또한 어떤 구간에서 연속이면서 미분 가능한 함수는 평탄(smooth)하다고 한다.

---

2) 수직적 점프란 함수 $f(x)$ 불연속인 점을 가지지 않는다는 것을 나타낸다.

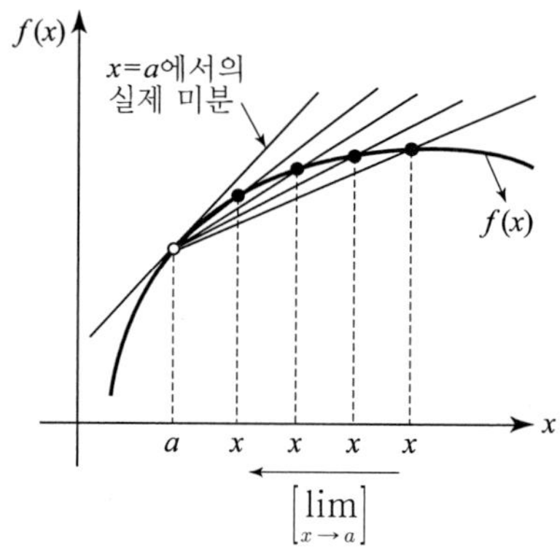

[그림 1.3] 미분의 정의

함수의 1계 미분은 다음과 같이 두 가지로 해석할 수 있다. 하나는 앞에서 언급한 바와 같이 어떤 점에서의 접선의 기울기이다. 이 해석은 곡선 $y=f(x)$의 최대 혹은 최소값을 구하는데 있어 특별히 중요한 역할을 한다. 왜냐하면 최대 혹은 최소의 지점에서 기울기는 영으로 되어야 하기 때문이다. 미분에 관한 두 번째 해석은, 변수 x에 대한 함수 $y=f(x)$의 변화율로 받아들이는 것이다. 다시 말하면 $\frac{dy}{dx}$는 x가 변화함에 따라 y가 얼마나 빨리 변화하는가를 보여주고 있는 것이다.

고계의 미분은 1계 미분에 대한 정의 식(1.2)를 연속으로 적용함으로서 얻을 수 있다. 다시 말하면 2계 미분 $\frac{d^2y}{dx^2}$는 1계 미분을 다시 한 번 미분, 즉 $\left\{d\left(\frac{dy}{dx}\right)/dx\right\}$를 실행한다. 마찬가지로 3계 미분은 2계 미분을 다시 한 번 미분, 즉 $\frac{d^3y}{dx^3}=\frac{d}{dx}\left(\frac{d^2y}{dx^2}\right)$으로 된다.

■ 미분방정식의 연결공식(Chain rule for ordinary differentiation)

어떤 함수의 변수가 다시 함수로 되어 있는 경우의 함수를 미분하고자 하는 경우에 편리한 정리가 연결공식(chain rule)이다. 예를 들어, $y=f(u)$, $u=g(x)$인 경우 $y=f(g(x))$는 다음과 같이 연결공식을 이용하여 미분가능하다.

$$\frac{dy}{dx}=\left(\frac{dy}{du}\right)\left(\frac{du}{dx}\right) \tag{1.3}$$

■ 미분에서의 평균값 정리(Mean value theorem for derivatives)

수치해석을 위해 여러 가지 기법을 도입하였을 경우, 각 기법이 가지는 오차의 크기정도에 대한 한계(범위)를 알고자 한다면 평균값 정리를 이용하면 매우 편리하다. 이에 대한 수학적 표현은 다음과 같다. 즉, $f(x)$가 폐구간 $[a, b]$에서 연속이고 동시에 개구간 (a, b)에서 미분가능하다면 다음 식을 만족하는 c가 구간 내에서 존재한다. 즉,

$$f'(c)= \left.\frac{dy}{dx}\right|_{x=c} = \frac{f(b)-f(a)}{b-a} \tag{1.4}$$

를 만족하는 $c \in (a, b)$가 존재한다는 것이다. 다시 말하면, 미분에 있어서 평균값의 정리란 [그림 1.4]에 표시한 바와 같이, 구간의 두 종점 $\{a, f(a)\}$와 $\{b, f(b)\}$을 연결하는 직선의 기울기와 정확하게 일치하는, 점 $x=c$에서의 미분값 $f'(c)$이 구간 (a, b)에 반드시 존재한다는 것이다.

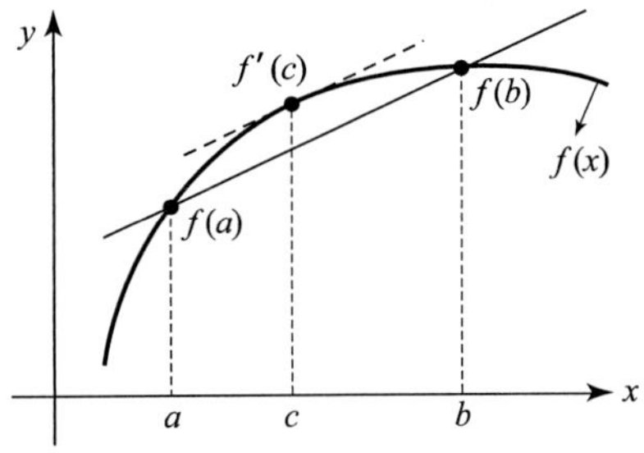

[그림 1.4] 미분에 대한 평균값의 정리

■ 함수의 적분(Integral of a function)

하나의 변수를 가지는 함수의 적분에는 두 종류, 즉 정적분(definite integral)과 부정적분(indefinite integral)이 있다. 부정적분은 미분의 반대 혹은 역개념으로 때때로 반미분(antiderivative)으로 불리기도 한다. 예를 들어, $g(x)$가 $f(x)$의 미분이라고 한다면, 즉 $g(x)= \dfrac{df(x)}{dx}$라면, $g(x)$ 의 반미분, 혹은 부정적분은 다음으로 주어진다.

$$f(x)= \int g(x)dx \tag{1.5}$$

또한 정적분은

$$I= \int_a^b f(x)dx \tag{1.6}$$

로 정의된다. 정적분은 폐구간 $[a, b]$ 에서 정의되기 때문에 식(1.6)은 일정한 값을 가진다. 여기서 a와 b는 각각 적분의 하한과 상한으로 불리며, 적분을 위한 함수 $f(x)$는 피적분함수(integrand)라고 한다. 정적분을 리만 합(Riemann sum)의 공식을 이용하여 계산해 보자. 먼저 구간 $[a, b]$에서 연속으로 정의된 함수 $f(x)$의 독립변수 x의 도메인을 n개의 작은 부구간(subinterval)으로 나눈다. 이때 각 부구간의 간격은 $\Delta x_i = x_{i+1} - x_i$, $(i=1, \cdots, n)$으로 주어진다. 이때 $[a, b]$에서 $f(x)$의 리만 합은 $\sum_{i=1}^{n} f(c_i)\Delta x_i$로 정의된다. 단 c_i, $(i=1,\cdots,n)$은 각 부구간 $[x_i, x_{i+1}]$ 내의 임의의 값을 나타낸다.

정적분 $\int_a^b f(x)dx$의 크기는 폐구간 $[a, b]$ 내의 모든 부구간의 간격을 영으로 수렴시킬 때

리만 합의 한계값으로 주어진다. 즉

$$I = \int_a^b f(x)dx = \lim_{\Delta x_i \to 0} \sum_{i=1}^{n} f(c_i)\Delta x_i \tag{1.7}$$

이다. [그림 1.5]로부터 알 수 있는 바와 같이 식(1.7)은 곡선 $y = f(x)$와 변수 x의 구간 $[a, b]$로 정의된 부분의 면적을 의미한다. 이와 같이 적분을 곡선과 구간으로 이루어진 부분에 대한 면적계산으로 간주한다면, 함수의 적분은 면적계산의 근사적 방법을 적용하여 어렵지 않게 계산할 수 있을 것이다.

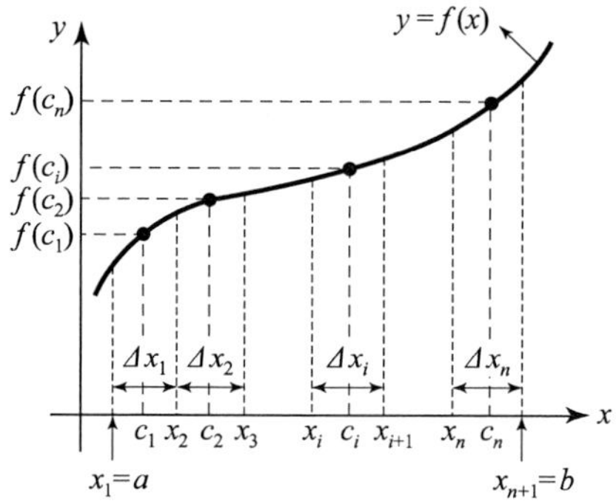

[그림 1.5] Riemann sum을 이용한 정적분의 계산

▪ 미적분의 기본정리(Fundamental theorem of calculus)

미분과 적분 사이의 연결성은 다음과 같은 기본정리를 이용하여 표현할 수 있다. 즉, $f(x)$가 폐구간 $[a, b]$에서 연속이며, $F(x)$가 역시 $[a, b]$에서 $f(x)$의 반미분(즉 부정적분)이라면 다음 식이 성립한다.

$$\int_a^b f(x)dx = F(b) - F(a) \tag{1.8}$$

▪ 적분에 대한 평균값 정리(Mean value theorem for integrals)

폐구간 $[a, b]$에서 단조증가함수인 $f(x)$의 정적분을 해석하는 하나의 방법은, 위에서 언급한 바와 같이 곡선 $y = f(x)$ 아랫부분의 면적을 계산하는 것이다. 즉, x축과 곡선 $f(x)$ 사이의 면적은 [그림 1.6]을 참조하면 아래쪽 사각형면적 $(b-a)f(a)$와 위쪽 사각형면적의 반, 즉 $(b-a)\{f(b)-f(a)\}/2$의 합으로 대략적으로 이루어지는 것으로 볼 수 있다. 이와 같은 관련성을 이용하면 적분에 대한 평균값 정리를 다음과 같이 정의할 수 있다. $(b-a)$와 $f(c)$로 만들어지는 사각형의 면적이 함수 $f(x)$의 적분, 즉 $\int_a^b f(x)dx$과 정확히 일치하도록 하는 c가 구간 (a, b)에 반드시 존재한다는 것이다([그림 1.6] 참조). 이를 수학적으로 표현하면 다음과 같다. 즉, 폐구간 $[a, b]$에서 $f(x)$가 연속이면 다음 식을 만족하는 수 $c \in [a, b]$가 반드시 존재한다.

$$\int_a^b f(x)dx = f(c)(b-a) \tag{1.9}$$

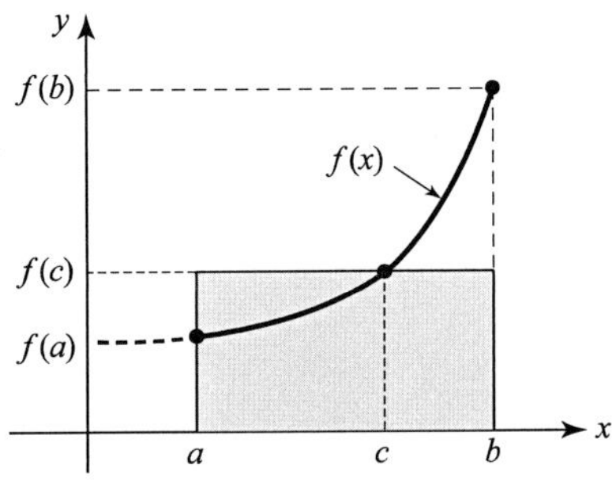

[그림 1.6] 적분에 대한 평균값 정리

■ **함수의 평균값(Average value of a function)**

식(1.9)의 평균값정리에서 $f(c)$를 구간 $[a, b]$에 있어서 함수 $f(x)$의 평균값이라고 한다. 따라서 평균값은 식(1.9)로부터 다음과 같이 정의된다.

$$\langle f \rangle = \frac{1}{(b-a)} \int_a^b f(x)dx \tag{1.10}$$

■ **미적분의 2차 기본정리(Second fundamental theorem of calculus)**

이 정리는 정적분의 미분을 계산할 수 방법을 제공한다. 즉 함수 $f(x)$가 임의의 값 a를 포함하는 개구간에서 연속이면 구간 내의 모든 x에 대해 다음이 성립한다.

$$\frac{d}{dx}\left[\int_a^x f(\xi)d\xi\right] = f(x) \tag{1.11}$$

여기서 ξ는 적분을 위한 가변수(dummy variable)이다.

1.2 벡터(Vectors)

물리와 기하학 또는 이들의 응용분야에서 스칼라(scalar)와 벡터(vector)라고 하는 두 종류의 양이 사용되고 있다. 스칼라는 적절한 단위로서 얻어진(또는 측정된) 크기만을 가지는 양으로서, 예를 들어 길이(length), 전압(voltage) 및 기온 등을 들 수 있다.

한편, 벡터는 크기(magnitude)와 방향(direction)이라는 두 가지 양으로 결정되는 것으로, 예를 들어 물체에 가해진 힘(force) 또는 움직이는 물체의 속도(velocity) 등을 들 수 있다([그림 1.7(a)]).

■ 벡터의 정의

벡터는 시점(initial point)과 종점(terminal point)을 가지는데 이것은 [그림 1.7(b)]와 같이, 벡터 $\vec{a}$의 작용에 의해 삼각형이 P($\vec{a}$의 시점)에서 Q($\vec{a}$의 종점)로 평행 이동한 것으로 볼 수 있다. 이때 화살표의 길이는 P와 Q사이의 거리를 나타내는 것으로, 이것을 벡터 $\vec{a}$ 의 크기(magnitude)라고 하면 보통 $\| \vec{a} \|$ 로 표현한다[3].

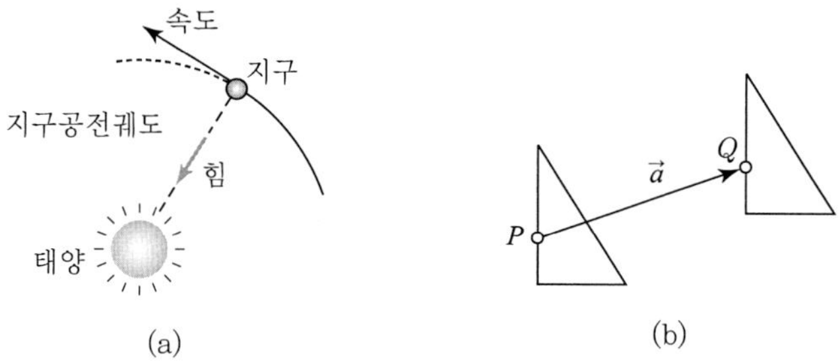

[그림 1.7] 벡터의 예

스칼라와 마찬가지로 벡터에 있어서도 대수 계산이 가능하다. 예를 들어 다른 크기를 가지는 서로 평행하는 두 힘을 비교하는 것이다. 이를 위해 벡터의 성분(components, 위치를 의미)을 정의하고, 이로부터 벡터의 합과 스칼라배 등의 계산이 가능하게 된다.

먼저 공간상의 위치를 나타내기 위하여, 서로 직교하는 세 개의 축으로 이루어진 직교좌표계[4]를 도입한다([그림 1.8]). 공간상에서 시점을 P : (x_1, y_1, z_1), 종점을 Q : (x_2, y_2, z_2)에 가지는 벡터 $\vec{a}$ 가 주어졌다고 한다. 이때 세 개의 축성분이 가지는 차이, 즉

$$a_x = x_2 - x_1,\ a_y = y_2 - y_1,\ a_z = z_2 - z_1 \tag{1.12}$$

는 직교좌표계에서의 벡터 $\vec{a}$의 성분이라고 하며, 보통 $\vec{a} = [a_x, a_y, a_z]^T$로 나타낸다[그림 1.9]). 또한, 벡터 $\vec{a}$의 크기는 [그림 1.9]에서 화살표의 길이를 의미하므로, 이를 벡터의 성분을 이용하여 나타내면 피타고라스 정리에 의하여

$$\| \vec{a} \| = \sqrt{a_x^2 + a_y^2 + a_z^2} \tag{1.13}$$

로 됨은 쉽게 이해할 수 있을 것이다.

벡터의 성분표현식인 $\vec{a} = [a_x, a_y, a_z]^T$ 외에 벡터를 나타내는 일반적인 표현식으로 다음이 있다.

$$\vec{a} = a_x \vec{i} + a_y \vec{j} + a_z \vec{k} \tag{1.14}$$

---

3) 벡터를 스칼라와 구별하기 위하여 $\vec{a}$와 같이 화살표를 사용하기로 한다. 이때 벡터의 크기는 a혹은 $|\vec{a}|$로 나타낸다.

4) 이를 Cartesian coordinate system이라고 부른다(5.1절 참조).

이 표현식에서 벡터 $\vec{i}$, $\vec{j}$, $\vec{k}$는 직교좌표계의 세 축 x, y, z의 방향을 나타내기 위하여 사용되는 것으로 기본단위벡터(elementary unit vector)라고 부른다. 이것을 벡터의 성분으로 나타내면 다음과 같다.

$$\vec{i} = \begin{bmatrix} 1 \\ 0 \\ 0 \end{bmatrix} = \vec{e}_1, \ \vec{j} = \begin{bmatrix} 0 \\ 1 \\ 0 \end{bmatrix} = \vec{e}_2, \ \vec{k} = \begin{bmatrix} 0 \\ 0 \\ 1 \end{bmatrix} = \vec{e}_3 \tag{1.15}$$

따라서 벡터 $\vec{a} = [a_x, \ a_y, \ a_z]^T = a_x \vec{i} + a_y \vec{j} + a_z \vec{k}$는 3차원 실벡터공간5) R^3에 존재하며, 위에서 설명한 벡터의 합과 스칼라 배에 관한 모든 법칙은 이 공간 내에서 정의된다. 위에서 언급한 세 개의 단위벡터 $\vec{i}$, $\vec{j}$, $\vec{k}$는 R^3의 표준기저(standard basis)라고 불리며, 공간 내의 모든 벡터는 표준기저로서 유일하게 표현된다.

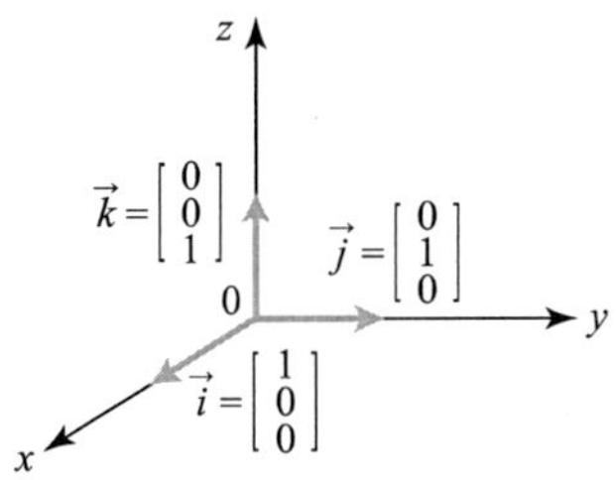

[그림 1.8] 직교좌표계와 단위벡터

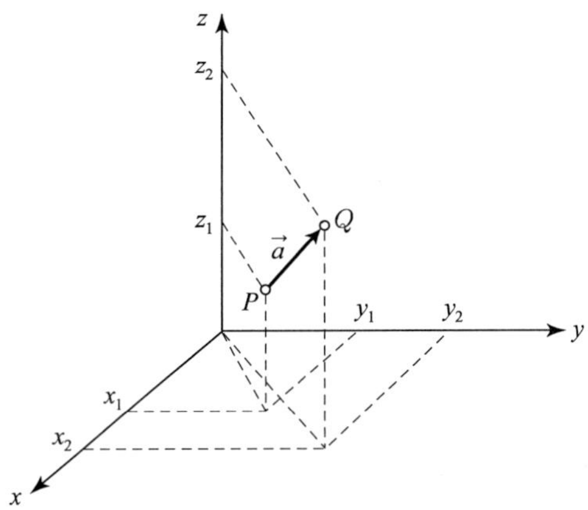

[그림 1.9] 벡터의 성분

■ 벡터의 방향코사인(direction cosine)

[그림 1.10]과 같이 시점을 원점(origin)에 가지는 벡터 $\vec{a}$가 공간상에 주어져있다고 한다. 이때 이 벡터를 x, y, 및 z 축 상에 사영하였을 때의 크기를 각각 a_x, a_y 및 a_z라 하면 $\vec{a}$는 기

---

5) 벡터공간(vector space)이란, 간단하게 벡터의 집합이라고 할 수 있다. 따라서 $\vec{a} \in R^3$이면 벡터 $\vec{a}$는 3차원 실벡터공간의 요소임을 나타낸다.

본단위벡터를 이용하여 다음과 같이 표현된다.

$$\vec{a} = a_x \vec{i} + a_y \vec{j} + a_z \vec{k} \tag{1.16}$$

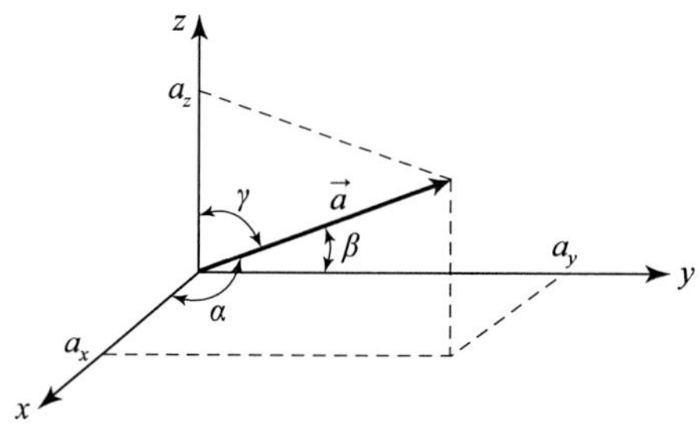

[그림 1.10] 벡터 $\vec{a}$ 의 성분

여기서 벡터 $\vec{a}$가 x, y 및 z축과 만드는 각을 α, β 및 γ라고 하면 그림으로부터

$$a_x = \| \vec{a} \| \cos\alpha, \ a_y = \| \vec{a} \| \cos\beta, \ a_z = \| \vec{a} \| \cos\gamma \tag{1.17}$$

로 되며, 이를 이용하여 벡터 $\vec{a}$를 성분표현식으로 나타내면 다음과 같다.

$$\vec{a} = \begin{bmatrix} a_x \\ a_y \\ a_z \end{bmatrix} = \begin{bmatrix} \| \vec{a} \| \cos\alpha \\ \| \vec{a} \| \cos\beta \\ \| \vec{a} \| \cos\gamma \end{bmatrix}$$

식(1.17)을 벡터 $\vec{a}$의 크기를 나타내는 식(1.13)에 대입하면 다음과 같은 익숙한 표현식을 얻을 수 있다.

$$\cos^2\alpha + \cos^2\beta + \cos^2\gamma = 1 \tag{1.18}$$

또는 식(1.17)을 (1.16)에 대입한다면

$$\vec{a} = \| \vec{a} \| \left(\cos\alpha \vec{i} + \cos\beta \vec{j} + \cos\gamma \vec{k}\right) \tag{1.19}$$

로 되며, 위 식의 양변을 크기 $\| \vec{a} \|$로 나누어 단위벡터로 만들면

$$\vec{i}_a = \cos\alpha \vec{i} + \cos\beta \vec{j} + \cos\gamma \vec{k} \tag{1.20}$$

로 된다. 벡터 $\vec{a}$의 표현에 사용된 세 개의 값 $\cos\alpha$, $\cos\beta$ 및 $\cos\gamma$는 종종 l, m 및 n으로 표시하며, 이들 사이에서는 다음 관계가 성립한다.

$$l = \cos\alpha = \frac{a_x}{\| \vec{a} \|}, \ m = \cos\beta = \frac{a_y}{\| \vec{a} \|}, \ n = \cos\gamma = \frac{a_z}{\| \vec{a} \|} \tag{1.21}$$

l, m 및 n을 일반적으로 $\vec{a}$의 방향코사인(direction cosines)이라고 한다.

임의의 벡터가 항상 원점에서 출발한다고 할 수 없기 때문에, 예를 들어 [그림 1.11]에서 벡터

$\vec{b} = \overrightarrow{P_1P_2}$의 시점을 $P_1(x_1, y_1, z_1)$, 종점을 $P_2(x_2, y_2, z_2)$라 하면 $\vec{b} = \overrightarrow{P_1P_2}$의 성분표현은

$$\begin{aligned}\vec{b} &= \overrightarrow{P_1P_2} = \overrightarrow{OP_2} - \overrightarrow{OP_1} = [x_2, y_2, z_2]^T - [x_1, y_1, z_1]^T \\ &= [x_2 - x_1, y_2 - y_1, z_2 - z_1]^T \\ &= [b_1, b_2, b_3]^T\end{aligned} \tag{1.22}$$

으로 된다.

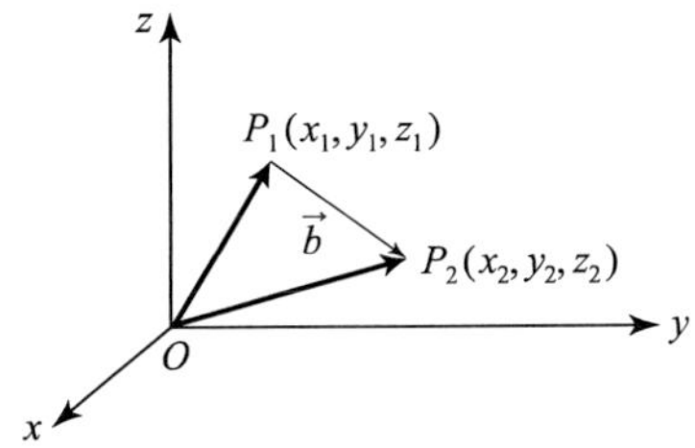

[그림 1.11] 공간상의 임의 벡터의 표현

물리적인 관점에서 보면 벡터를 구성하는 요소는 최대 세 개이지만(3차원) 수학적으로는 그 차원을 얼마든지 확장할 수 있다. n개의 요소로 이루어진 벡터 역시 행 또는 열벡터의 형식을 빌려 식(1.15)과 동일하게 나타낼 수 있지만, 일반적으로 열벡터의 형식을 선호한다.

$$\vec{v} = \begin{bmatrix} v_1 \\ v_2 \\ \vdots \\ v_n \end{bmatrix} = [v_1\, v_2 \cdots v_n]^T \tag{1.23}$$

벡터 $\vec{v}$의 요소를 v_i, $(i = 1, \cdots, n)$과 같이 나타내기도 하며, 이때 n은 벡터가 가지는 요소의 개수, 즉 차원(dimension)을 나타낸다. n차원의 경우 $(n \times 1)$인 열벡터, 또는 $(1 \times n)$인 행벡터 등으로 표현한다.

[예제 1.1]

직교좌표계에서 두 점 P와 Q의 위치벡터가 각각 $\vec{p} = \vec{i} + 3\vec{j} - 7\vec{k}$ 및 $\vec{q} = 5\vec{i} - 2\vec{j} + 4\vec{k}$일 때 벡터 $\overrightarrow{PQ}$를 구하고, 이 벡터의 크기와 방향코사인을 계산하여라.

풀 이 식(1.22)에 의해

$$\overrightarrow{PQ} = [5 - 1, -2 - 3, 4 + 7]^T = 4\vec{i} - 5\vec{j} + 11\vec{k}$$

로 된다. $\overrightarrow{PQ}$의 크기는 식(1.13)에 의해

$$\| \overrightarrow{PQ} \| = \sqrt{4^2 + (-5)^2 + 11^2} = 9\sqrt{2}$$

이다. 또한, 방향여현은 식(1.21)에 의해

$$l = \cos\alpha = \frac{4}{9\sqrt{2}},\ m = \cos\beta = -\frac{5}{9\sqrt{2}},\ n = \cos\gamma = \frac{11}{9\sqrt{2}}$$

로 주어진다. ■

■ MATLAB을 이용한 벡터의 표시

여기서는 위에서 언급한 벡터의 몇 가지 성질을 MATLAB의 함수를 이용하여 표현해 보자.

먼저 2차원 평면 혹은 3차원 공간에서 벡터를 표현하는 방법을 알아보자. 예를 들어, 두 개의 2차원 및 3차원 벡터

$$P_1 = \begin{bmatrix} 2 \\ 1 \end{bmatrix},\ P_2 = \begin{bmatrix} 1 \\ 3 \end{bmatrix} \text{(2차원) 및 } P_1 = \begin{bmatrix} 1 \\ 2 \\ 3 \end{bmatrix},\ P_2 = \begin{bmatrix} 2 \\ 1 \\ 2 \end{bmatrix} \text{(3차원)}$$

를 그래프로 나타내기 위해서는 함수 arrow 및 arrow3을 사용한다[6].

```
P1 = [2 1]';P2 = [1 3]';              % 벡터의 설정
arrow([0 0],P1,'b'), hold on          % 벡터 P1을 시점 (0,0)에서 종점(2,1)으로 설정
arrow([0 0],P2,'r')                   % 벡터 P2를 시점 (0,0)에서 종점(1,3)으로 설정
axis equal, grid                      % x, y축의 길이를 동일하게 한다
```

```
P1 = [1 2 3]';P2=[2 1 2]';
arrow3([0 0 0],P1,'b'),grid,hold on   % [그림 1.12(b)]
arrow3([0 0 0],P2,'r')
xlabel('x '),ylabel('y'),zlabel('z')
```

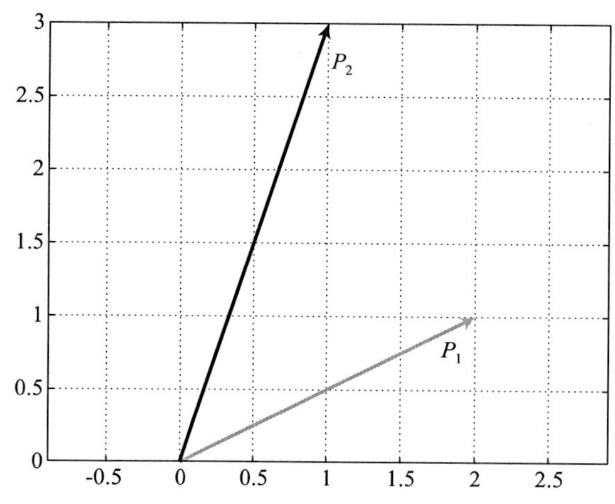

[그림 1.12(a)] 2차원 벡터의 표시

6) 함수 arrow, arrow3는 평면 혹은 공간상에 벡터를 나타내며 그 사용법은 다음과 같다. arrow(P1, P2, option)로서 2차원 평면의 점 P1에서 P2까지를 화살표로 연결한다. option에는 'r'과 같이 색과 종류 등을 지정할 수 있다. arrow3의 사용법은 arrow와 동일하다.

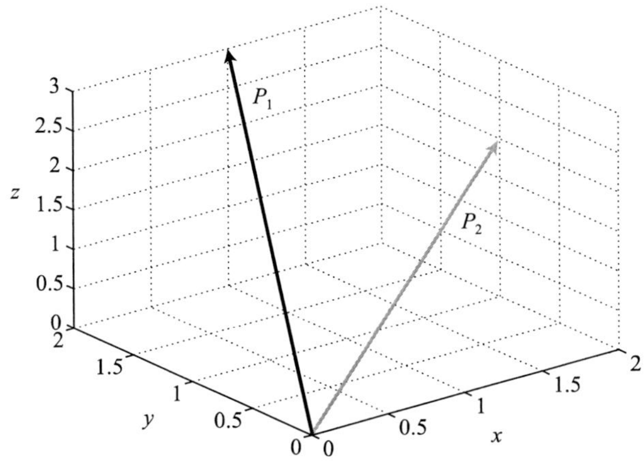

[그림 1.12(b)] 3차원 벡터의 공간상 표시

1.2.1 벡터의 연산

일반적인 수학연산에서 덧셈, 뺄셈 및 곱셈 등은 벡터에서도 정의되어 있으나 나눗셈은 그렇지 못하다. 벡터 특유의 몇 가지 연산법칙 등에 대하여 간단히 언급한다.

■ 두 벡터의 덧셈과 뺄셈

동일한 크기(n차원)를 가지는 두 벡터 $\vec{x} = [x_1 \ x_2 \cdots \ x_n]^T$, $\vec{y} = [y_1 \ y_2 \cdots \ y_n]^T$의 덧셈과 뺄셈은 다음과 같이 정의된다.

$$\vec{x} + \vec{y} = \begin{bmatrix} x_1 \\ x_2 \\ \vdots \\ x_n \end{bmatrix} + \begin{bmatrix} y_1 \\ y_2 \\ \vdots \\ y_n \end{bmatrix} = \begin{bmatrix} x_1 + y_1 \\ x_2 + y_2 \\ \vdots \\ x_n + y_n \end{bmatrix} \tag{1.24a}$$

$$\vec{x} - \vec{y} = \begin{bmatrix} x_1 \\ x_2 \\ \vdots \\ x_n \end{bmatrix} - \begin{bmatrix} y_1 \\ y_2 \\ \vdots \\ y_n \end{bmatrix} = \begin{bmatrix} x_1 - y_1 \\ x_2 - y_2 \\ \vdots \\ x_n - y_n \end{bmatrix} \tag{1.24b}$$

■ 스칼라와 벡터와의 곱

벡터와 스칼라와의 곱은 벡터의 모든 요소에 스칼라를 곱하는 것으로 정의된다. 즉

$$\alpha \vec{x} = \begin{bmatrix} \alpha x_1 \\ \alpha x_2 \\ \vdots \\ \alpha x_n \end{bmatrix} \tag{1.25}$$

벡터 $\vec{x}$가 행벡터인 경우에도 마찬가지로 정의된다.

■ **벡터의 전치(Transpose of a vector)**

전치란 벡터의 행과 열을 교환하는 것으로서 열벡터의 전치는 행벡터로 되며 행벡터인 경우는 열벡터로 된다. 예를 들어, $(n \times 1)$인 벡터 $\vec{x} = [x_1 \ x_2 \cdots \ x_n]^T$의 경우

$$\vec{x}^T = [x_1 \ x_2 \cdots \ x_n] : (1 \times n) \tag{1.26}$$

로 된다.

■ **두 벡터의 곱(Multiplication of two vectors)**

두 개 벡터의 곱으로서 두 가지 방법이 정의되어 있다. 이들 두 종류의 벡터곱, 즉 내적(dot product)과 외적(cross product)은 모두 물리적으로 의미 있는 결과를 보여준다. 내적의 결과는 스칼라로 되는 반면에 외적은 벡터양을 가진다.

(1) 두 벡터의 내적

두 벡터의 곱셈으로 얻어지는 스칼라 양으로, 그 크기는 두 벡터가 이루는 각도에 주로 의존하며 그 정의는 다음과 같다.

[벡터의 내적] : 두 벡터 $\vec{a}$와 $\vec{b}$의 내적은 다음과 같이 정의된다.

$$\vec{a} \cdot \vec{b} = \| \vec{a} \| \ \| \vec{b} \| \cos\theta, \text{ 단 } \vec{a} \neq \vec{0}, \ \vec{b} \neq \vec{0} \tag{1.27}$$

이때 θ, $(0 \leq \theta \leq \pi)$는 두 벡터가 이루는 각도를 나타낸다([그림 1.13]). 만약 두 벡터의 성분이 $\vec{a} = [a_x, a_y, a_z]^T$, $\vec{b} = [b_x, b_y, b_z]^T$로 주어졌다면

$$\vec{a} \cdot \vec{b} = a_x b_x + a_y b_y + a_z b_z \tag{1.28}$$

로 된다.

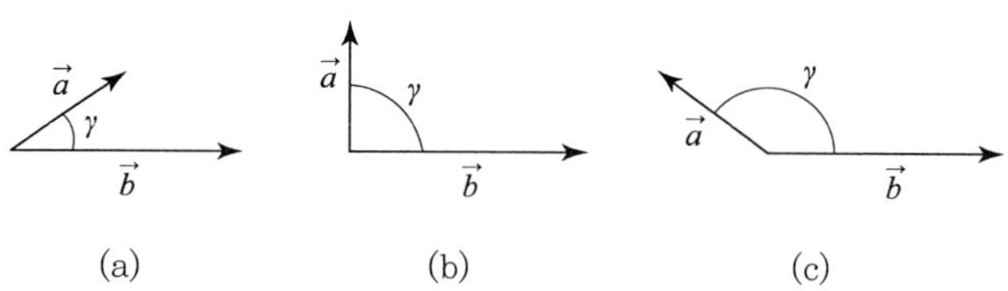

[그림 1.13] 두 벡터가 이루는 각도와 내적

벡터의 내적은 두 벡터 중 하나가 영벡터, 즉 $\vec{a} = \vec{0}$ 또는 $\vec{b} = \vec{0}$인 경우에는 정의되지 않기 때문에 만약 하나가 영벡터라면 내적은 영, 즉 $\vec{a} \cdot \vec{b} = 0$으로 둔다.

(2) 두 벡터의 외적

내적과 달리 두 벡터의 곱이 다시 벡터의 성질을 가지는 외적은 다음과 같이 정의된다.

[벡터의 외적] : 두 벡터 $\vec{a}$와 $\vec{b}$의 외적 $\vec{v}=\vec{a}\times\vec{b}$은 벡터이며 다음과 같은 성질을 가진다.

① 두 벡터 $\vec{a}$와 $\vec{b}$가 동일한 방향, 또는 서로 정반대의 방향을 가지거나, $\vec{a}=\vec{0}$ 또는 $\vec{b}=\vec{0}$ 이면 $\vec{v}=\vec{a}\times\vec{b}=\vec{0}$로 된다.

② ①외의 경우에는 $\vec{v}=\vec{a}\times\vec{b}$로 되며 그 크기는 다음과 같다.

$$\|\vec{v}\| = \|\vec{a}\times\vec{b}\| = \|\vec{a}\|\cdot\|\vec{b}\|\sin\gamma \tag{1.29}$$

이것은 [그림 1.14]에 표시한 바와 같이 두 개의 벡터로 이루어진 평형사변형의 밑면적을 나타내며, γ는 두 벡터 $\vec{a}$와 $\vec{b}$가 이루는 각도이다. 벡터 $\vec{v}$의 방향은, 벡터 $\vec{a}$와 $\vec{b}$가 이루는 평면에 수직이며, 동시에 세 개의 벡터 $\vec{a}$, $\vec{b}$, $\vec{v}$의 방향은 오른손의 법칙(또는 오른 나사의 법칙)에 따른다([그림 1.15]).

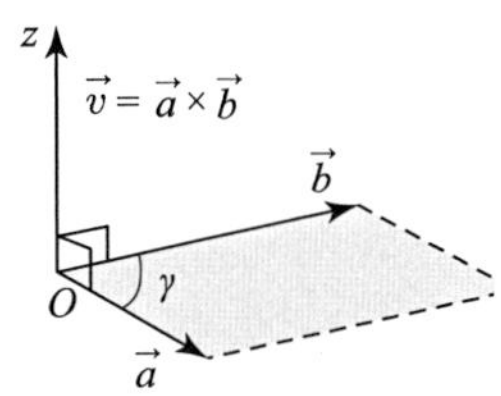

[그림 1.14] 벡터의 외적

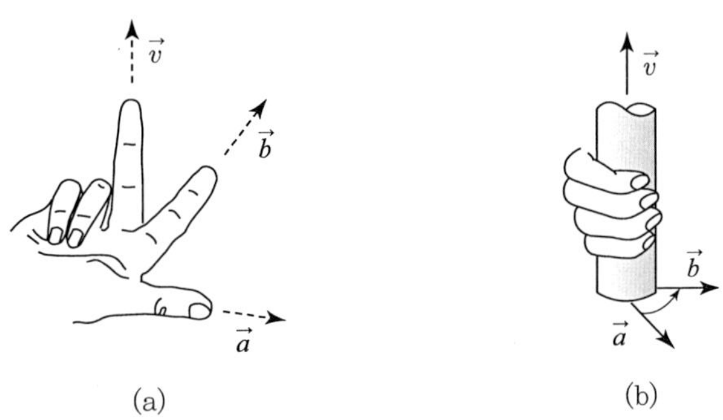

[그림 1.15] $\vec{a}$, $\vec{b}$, $\vec{v}$에 의한 오른손의 법칙

■ 벡터의 선형독립과 선형종속

n개의 벡터 $\vec{v}_1$, $\vec{v}_2$, $\cdots$, $\vec{v}_n$가 서로 선형독립으로 되기 위한 필요충분조건은 다음 식이 $\alpha_1=\alpha_2=\cdots=\alpha_n=0$외는 해를 가지지 않는 것이다.

$$\alpha_1\vec{v}_1+\alpha_2\vec{v}_2+\cdots\ \alpha_n\vec{v}_n=\vec{0} \tag{1.30}$$

그렇지 않을 경우, 즉 $\alpha_i\neq 0$인 해가 하나라도 존재하는 경우 n개의 벡터는 선형종속으로 된다. 예를 들어 $\alpha_1\neq 0$으로 가정한다면 식(1.30)으로부터 벡터 $\vec{v}_1$은

$$\vec{v}_1 = \frac{\alpha_2}{\alpha_1}\vec{v}_2 + \frac{\alpha_3}{\alpha_1}\vec{v}_3 + \cdots \frac{\alpha_n}{\alpha_1}\vec{v}_n$$

로 된다. 다시 말하면 벡터 $\vec{v}_1$은 나머지 $(n-1)$개의 벡터 $\vec{v}_i$, $(i=2, \cdots, n)$의 선형결합으로 표현 가능하므로 선형독립이 아니라는 것을 알 수 있다. 예를 들어

$$\vec{x} = \begin{bmatrix} 1 \\ 0 \end{bmatrix}, \vec{y} = \begin{bmatrix} 0 \\ 1 \end{bmatrix}, \vec{z} = \begin{bmatrix} 2 \\ 3 \end{bmatrix}$$

에서 벡터 $\vec{x}$와 $\vec{y}$는 서로 선형독립이지만, $\vec{z} = 2\vec{x} + 3\vec{y}$의 관계가 성립하기 때문에 $\vec{z}$는 두 벡터 $\vec{x}$, $\vec{y}$와 선형적으로 결합되어 있다는 사실을 알 수 있다.

■ 삼각 부등식(Triangle inequality)

두 벡터 $\vec{u}$와 $\vec{v}$의 합은 [그림 1.16]에서 보는 바와 같이 두 벡터로 이루어지는 평행사변형의 대각선 벡터로 주어진다. 삼각부등식이란 두 벡터 크기의 합은 두 벡터로 이루어지는 평행사변형의 대각선 벡터의 크기보다 항상 같거나 크다는 것이다. 즉

$$|\vec{v} + \vec{u}| \leq |\vec{v}| + |\vec{u}| \tag{1.31}$$

이다.

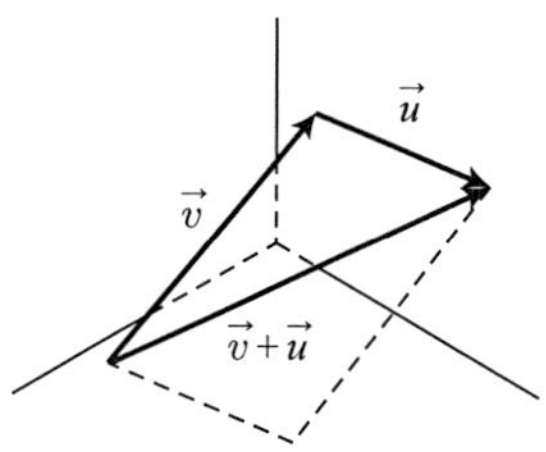

[그림 1.16] 삼각부등식

[예제 1.2]

두 벡터 $\vec{a} = 2\vec{i} - \vec{j} + \vec{k}$, $\vec{b} = 3\vec{i} + 4\vec{j} - \vec{k}$에 수직인 단위벡터와 두 벡터가 이루는 각 θ의 sin 값을 각각 구하여 보자.

풀이 두 벡터 $\vec{a}$와 $\vec{b}$에 수직인 벡터는 $\vec{a} \times \vec{b}$이므로 외적의 계산공식[7)]으로부터

$$\vec{a} \times \vec{b} = \begin{vmatrix} \vec{i} & \vec{j} & \vec{k} \\ 2 & -1 & 1 \\ 3 & 4 & -1 \end{vmatrix} = \begin{vmatrix} -1 & 1 \\ 4 & -1 \end{vmatrix}\vec{i} - \begin{vmatrix} 2 & 1 \\ 3 & -1 \end{vmatrix}\vec{j} + \begin{vmatrix} 2 & -1 \\ 3 & 4 \end{vmatrix}\vec{k} \qquad ①$$

이다. 이때

7) 외적의 경우, $\vec{i} \times \vec{i} = \vec{0}$, $\vec{j} \times \vec{j} = \vec{0}$, $\vec{k} \times \vec{k} = \vec{0}$ 및 $\vec{i} \times \vec{j} = \vec{k}$, $\vec{j} \times \vec{k} = \vec{i}$, $\vec{k} \times \vec{i} = \vec{j}$가 성립한다. 따라서 $\vec{v} = \vec{a} \times \vec{b} = (a_x\vec{i} + a_y\vec{j} + a_z\vec{k}) \times (b_x\vec{i} + b_y\vec{j} + b_z\vec{k})$를 전개하면 행렬식을 이용한 외적의 계산공식 ①을 얻을 수 있다.

$$\| \vec{a} \times \vec{b} \| = \sqrt{(-3)^2 + 5^2 + 11^2} = \sqrt{155}$$

이므로 $\vec{a}$와 $\vec{b}$에 수직인 단위벡터는

$$\frac{\vec{a} \times \vec{b}}{\| \vec{a} \times \vec{b} \|} = (-3\vec{i} + 5\vec{j} + 11\vec{k}) / \sqrt{155}$$

이고, 식(1.29)로부터

$$\sin\theta = \frac{\| \vec{a} \times \vec{b} \|}{\| \vec{a} \| \ \| \vec{b} \|} = \frac{\sqrt{155}}{\sqrt{6}\sqrt{26}} = \frac{\sqrt{155}}{2\sqrt{39}}$$

가 얻어진다. ■

1.3 행렬과 선형대수

1.3.1 행렬의 기초

■ 정의와 용어

수학에서는 함수나 수의 배열을 다루는 문제에 자주 접한다. 예를 들면, 다음과 같은 연립 방정식을 푼다고 하자.

$$\begin{aligned} 2x - y &= 1 \\ 3x + y &= 4 \end{aligned}$$

위 식의 변수를 나타내기 위하여 사용되는 기호에 상관없이 연립방정식의 해는 단지 그 방정식에 나타난 계수에 의해서만 좌우된다. 따라서 연립방정식은 다음과 같이 방정식의 계수를 적절히 배치하여 조작함으로써 그 답을 얻을 수 있다(4.2절 참조).

$$\begin{bmatrix} 2 & -1 & 1 \\ 3 & 1 & 4 \end{bmatrix}$$

이러한 배열을 행렬이라고 하며 저명한 영국의 수학자 Arthur Cayley (1821)가 창안하였다. 여기서 정의한 행렬을 일반화하여 m개의 행(row)과 n개의 열(column)로 구성된 $(m \times n)$개의 수 (또는 함수)의 직사각형 배열을 크기 $(m \times n)$인 행렬이라 하고 다음과 같이 표기한다.

$$\boldsymbol{A} = [a_{ij}]_{(m \times n)} = \begin{bmatrix} a_{11} & a_{12} \cdots & a_{1j} \cdots & a_{1n} \\ a_{21} & a_{22} \cdots & a_{2j} \cdots & a_{2n} \\ \vdots & \vdots & \vdots & \vdots \\ a_{m1} & a_{m2} \cdots & a_{mj} \cdots & a_{mn} \end{bmatrix} \tag{1.32}$$

괄호 [•] 속에 배열된 수(또는 함수)를 행렬 $\boldsymbol{A}$의 성분(entry)이라 하며, $[A]$의 (i, j)성

분을 a_{ij}로 표기한다. 식(1.32)에서 $m=n$(행의 수와 열의 수가 같은 경우)일 때 행렬 $\boldsymbol{A}$를 정방행렬(square matrix)이라 하고, $m \neq n$일 때는 직사각행렬(rectangular matrix)이라고 한다. n차 정방행렬 $\boldsymbol{A}$에 있어서 왼쪽 위, 즉 a_{11}에서 오른쪽 아래, 즉 a_{nn}으로 그은 주 대각선(principal diagonal)상에 있는 성분 $a_{11}, a_{22}, \cdots, a_{nn}$을 행렬 $\boldsymbol{A}$의 주 대각성분(main diagonal entries)이라 한다.

크기 $(1 \times n)$인 행렬을 행벡터(row vector), $(n \times 1)$인 행렬을 열벡터(column vector)라 한다. 일반적으로 행렬은 알파벳 대문자의 굵은 활자체(Bold 체)로 표기하고, 행벡터와 열벡터는 소문자 위에 화실표로서 벡터임을 표기하기로 한다. 예컨대

$$\boldsymbol{A}=\begin{bmatrix} a_{11} & a_{12} & a_{13} \\ a_{21} & a_{22} & a_{23} \\ a_{31} & a_{32} & a_{33} \end{bmatrix}=\begin{bmatrix} \vec{a}_{1j} \\ \vec{a}_{2j} \\ \vec{a}_{3j} \end{bmatrix}=\begin{bmatrix} \vec{a}_{i1} & \vec{a}_{i2} & \vec{a}_{i3} \end{bmatrix} \quad (i,\ j=1,\ 2,\ 3) \tag{1.33}$$

같이 나타낼 수 있다.

■ 행렬의 덧셈, 뺄셈과 스칼라 곱

두 행렬 $\boldsymbol{A}$와 $\boldsymbol{B}$가 같은 크기를 가질 때 그들의 대응원소를 더함으로써 그들의 합을 구할 수 있다. 수학적으로 표현하면 다음과 같다. 즉, 행렬 $\boldsymbol{A}=[a_{ij}]$와 $\boldsymbol{B}=[b_{ij}]$의 크기가 $(m \times n)$이면 합과 차는 다음으로 정의된다.

$$\boldsymbol{A} \pm \boldsymbol{B}=[a_{ij} \pm b_{ij}]_{m \times n} \tag{1.34}$$

두 행렬의 대응원소가 서로 같을 때, 즉 $a_{ij}=b_{ij},\ (\forall\ i,\ j)$일 때 두 행렬은 상등(equal)하다고 한다. 따라서 같은 크기의 행렬이 아니면 상등은 정의되지 않는다. 예를 들어

$$\begin{bmatrix} a & b \\ c & d \end{bmatrix}=\begin{bmatrix} 1 & 0 \\ -1 & 2 \end{bmatrix} \rightarrow \ a=1,\ b=0,\ c=-1,\ d=2$$

이다.

■ 행렬의 스칼라곱

행렬 $\boldsymbol{A}$와 스칼라 α와의 곱은 $\boldsymbol{A}$의 모든 성분에 α를 곱한 행렬로 된다. 즉 α가 실수이면 행렬 $\boldsymbol{A}=[a_{ij}]$의 스칼라곱은 다음과 같다.

$$\alpha \boldsymbol{A}=\boldsymbol{A}\alpha=[\alpha\, a_{ij}]_{m \times n} \tag{1.35}$$

보통 $\alpha=-1$인 경우

$$-\boldsymbol{A}=[-a_{ij}]_{m \times n} \tag{1.36}$$

이며, 이것을 $\boldsymbol{A}$의 음 행렬(negative matrix)이라 한다.

지금까지 언급한 행렬의 덧셈, 뺄셈 및 스칼라곱과 관련하여 다음의 성질이 성립한다. 즉

$\boldsymbol{A}$, $\boldsymbol{B}$ 및 $\boldsymbol{C}$는 크기가 $(m \times n)$인 행렬이고 α_1과 α_2는 스칼라라고 하자. 이때 다음의 성질이 성립한다.

(i) $\boldsymbol{A}+\boldsymbol{B}=\boldsymbol{B}+\boldsymbol{A}$ (교환법칙)

(ii) $\boldsymbol{A}+(\boldsymbol{B}+\boldsymbol{C})=(\boldsymbol{A}+\boldsymbol{B})+\boldsymbol{C}$ (결합법칙)

(iii) $(k_1 k_2)\boldsymbol{A}=k_1(k_2\boldsymbol{A})$

(iv) $1\boldsymbol{A}=\boldsymbol{A}$

(v) $k_1(\boldsymbol{A}+\boldsymbol{B})=k_1\boldsymbol{A}+k_1\boldsymbol{B}$ (분배법칙)

(vi) $(k_1+k_2)\boldsymbol{A}=k_1\boldsymbol{A}+k_2\boldsymbol{A}$ (분배법칙)

■ 행렬의 곱셈

임의의 행렬 $\boldsymbol{A}$에 다른 행렬을 곱하는 경우에 대하여 생각하여 보자. 즉 $(m \times n)$인 행렬 $\boldsymbol{A}=[a_{ij}]_{m \times n}$와 $(r \times p)$인 행렬 $\boldsymbol{B}=[b_{ij}]_{r \times p}$의 곱 $\boldsymbol{C}=\boldsymbol{AB}$는 $r=n$인 경우에 한하여 가능하며 $m \times p$인 $\boldsymbol{C}=[c_{ij}]$로 된다. 이때 각 요소는 다음과 같이 계산된다.

$$c_{jk}=\sum_{l=1}^{n} a_{jl}b_{lk}=a_{j1}b_{1k}+a_{j2}b_{2k}+\cdots+a_{jn}b_{nk} \qquad (1.37)$$
$$(j=1,\,2,\,\cdots,\,m;\,k=1,\,2,\,\cdots,\,p)$$

식(1.37)로부터 알 수 있는 바와 같이 행렬의 곱 $\boldsymbol{C}=\boldsymbol{AB}$는 행렬 $\boldsymbol{A}$의 열의 수와 행렬 $\boldsymbol{B}$의 행의 수가 같을 경우에만 정의된다는 사실에 유의한다. 또한, 식(1.37)로부터, 행렬 $\boldsymbol{C}$의 $(i,\,j)$번째 요소는 행렬 $\boldsymbol{A}$ 의 i번째 행벡터 $\vec{a}_i$와 행렬 $\boldsymbol{B}$의 j번째 열벡터 $\vec{b}_j$와의 곱으로 이루어짐을 이해할 수 있을 것이다.

[예제 1.3]

다음의 계산을 하여 보자.

$$\boldsymbol{A}=\begin{bmatrix} 0 & 1 \\ 0 & 2 \end{bmatrix}, \boldsymbol{B}=\begin{bmatrix} 1 & 1 \\ 3 & 4 \end{bmatrix}, \boldsymbol{C}=\begin{bmatrix} 2 & 5 \\ 3 & 4 \end{bmatrix}, \boldsymbol{D}=\begin{bmatrix} 3 & 7 \\ 0 & 0 \end{bmatrix}$$

(a) $\boldsymbol{A}B$, (b) $\boldsymbol{B}A$, (c) $\boldsymbol{AC}$, (d) $\boldsymbol{AD}$

풀이 (a) $\boldsymbol{A}\,\boldsymbol{B}=\begin{bmatrix} 3 & 4 \\ 6 & 8 \end{bmatrix}$, (b) $\boldsymbol{B}\,\boldsymbol{A}=\begin{bmatrix} 0 & 3 \\ 0 & 11 \end{bmatrix}$, (c) $\boldsymbol{A}\,\boldsymbol{C}=\begin{bmatrix} 3 & 4 \\ 6 & 8 \end{bmatrix}$, (d) $\boldsymbol{A}\,\boldsymbol{D}=\begin{bmatrix} 0 & 0 \\ 0 & 0 \end{bmatrix}$

위 예제의 (a), (b)로부터 $\boldsymbol{BA} \neq \boldsymbol{AB}$로 됨을 알 수 있다. 즉 행렬의 덧셈(또는 뺄셈)과는 달리, 행렬의 곱은 일반적으로 가환적(commutative)이지 않으며, 때때로 $\boldsymbol{AB}$의 계산은 가능하더라도 $\boldsymbol{BA}$는 계산할 수 없는 경우도 있다. 또한, (a), (c)로부터 $\boldsymbol{B} \neq \boldsymbol{C}$ 및 $\boldsymbol{A} \neq \boldsymbol{0}$인 경우

에도 $\boldsymbol{AB}=\boldsymbol{AC}$로 될 수 있으며, (b)와 (d)의 결과로부터 $\boldsymbol{A}\neq 0$ 및 $\boldsymbol{D}\neq 0$임에도 $\boldsymbol{AD}=0$으로 된다는 점에 주의한다. 이때 $\boldsymbol{A}\neq 0$ 또는 $\boldsymbol{B}\neq 0$이지만 $\boldsymbol{AB}=0$일 때 $\boldsymbol{A}$와 $\boldsymbol{B}$를 각각 좌영인자(left zero divisor), 우영인자(right zero divisor)라 한다.

행렬의 곱셈과 관련하여 다음 성질이 성립하는 것을 쉽게 확인할 수 있을 것이다. 즉, $\boldsymbol{A}$를 크기가 $(m\times n)$인 행렬이라 하고 행렬 $\boldsymbol{B}$와 $\boldsymbol{C}$를 아래의 곱셈이 정의될 수 있는 크기를 갖는 행렬이라고 할 때 다음과 같은 성질이 성립한다.

(i) $\boldsymbol{A}(\boldsymbol{BC})=(\boldsymbol{AB})\boldsymbol{C}$ (곱셈의 결합법칙)

(ii) $\boldsymbol{A}(\boldsymbol{B}+\boldsymbol{C})=\boldsymbol{AB}+\boldsymbol{AC}$ (좌 분배법칙)

(iii) $(\boldsymbol{B}+\boldsymbol{C})A=\boldsymbol{BA}+CA$ (우 분배법칙)

(v) $\alpha(\boldsymbol{A}\,\boldsymbol{B})=(\alpha\boldsymbol{A})\boldsymbol{B}=\boldsymbol{A}(\alpha\boldsymbol{B})$ (단 α는 스칼라)

행렬의 곱은 가환적이 아니라는 사실은 우리가 잘 알고 있는 일반적인 대수학의 내용을 행렬에 적용하는 과정에서 복잡성을 가중시킨다. 예를 들어

$$\begin{aligned}(\boldsymbol{A}+\boldsymbol{B})^2&=(\boldsymbol{A}+\boldsymbol{B})(\boldsymbol{A}+\boldsymbol{B})\\&=(\boldsymbol{A}+\boldsymbol{B})\boldsymbol{A}+(\boldsymbol{A}+\boldsymbol{B})\boldsymbol{B}\\&=\boldsymbol{A}^2+\boldsymbol{BA}+\boldsymbol{AB}+\boldsymbol{B}^2\neq\boldsymbol{A}^2+2\boldsymbol{AB}+\boldsymbol{B}^2\end{aligned}\tag{1.38}$$

로 된다[8]. 그러나 $\boldsymbol{B}=\boldsymbol{I}$인 경우에는 식(1.38)의 등호가 성립한다. 즉

$$(\boldsymbol{A}+\boldsymbol{I})^2=\boldsymbol{A}^2+2\boldsymbol{A}+\boldsymbol{I}\tag{1.39}$$

이다.

■ 행렬의 나눗셈

행렬은 나눗셈을 정의하기 위해서는 다음으로 정의되는 단위행렬이 필요하다.

단위행렬은 정방행렬에 대해서만 정의된다. 임의 크기의 정방행렬에서 주대각성분이 모두 1이고 주대각선 이외의 모든 성분이 0 인 정방행렬을 단위행렬(identity matrix)이라 하며 간단히 $\boldsymbol{I}$로서 표기되나, 특히 $\boldsymbol{I}$의 크기가 n차임을 강조할 필요가 있는 경우에는 $\boldsymbol{I}_n$으로 표현한다. 크로네커의 델타(Kronecker's δ)의 정의인

$$\delta_{ij}=\begin{cases}1, & i=j\\0, & i\neq j\end{cases},\ (i,\ j=1,\ 2,\ \cdots,\ n)\tag{1.40}$$

을 사용하여 $\boldsymbol{I}_n$을 표현하면

$$\boldsymbol{I}_n=\left[\delta_{ij}\right]_n,\ (i,\ j=1,\ 2,\ \cdots,\ n)\tag{1.41}$$

로 된다.

---

8) $\boldsymbol{A}, \boldsymbol{B}$가 가환적이라면 식(1.38)에서 등호가 성립한다.

모든 정방행렬 $\boldsymbol{A}$에 대해서 단위행렬 $\boldsymbol{I}$가 $\boldsymbol{A}$와 같은 크기일 때

$$\boldsymbol{AI} = \boldsymbol{A} = \boldsymbol{IA} \tag{1.42}$$

으로 됨을 쉽게 알 수 있다. 위 관계를 이용하여 역행렬을 다음과 같이 정의한다. $\boldsymbol{A}$와 $\boldsymbol{B}$가 같은 크기의 행렬일 때

$$\boldsymbol{AB} = \boldsymbol{I} = \boldsymbol{BA} \tag{1.43}$$

을 만족하면 $\boldsymbol{B}$를 $\boldsymbol{A}$의 역행렬(inverse matrix)이라 한다.

식(1.43)을 만족하는 $\boldsymbol{B}$가 존재하면 반드시 유일하므로 $\boldsymbol{B}$를 $\boldsymbol{A}^{-1}$로 표기하고, 이 표현을 이용하면 식(1.43)은

$$\boldsymbol{AA}^{-1} = \boldsymbol{I} = \boldsymbol{A}^{-1}\boldsymbol{A} \tag{1.44}$$

로 된다. $\boldsymbol{A}$의 역행렬인 $\boldsymbol{A}^{-1}$이 존재하면 $\boldsymbol{A}$를 정칙행렬(nonsingular matrix) 또는 가역행렬(invertible matrix)이라 하고, $\boldsymbol{A}^{-1}$이 존재하지 않으면 $\boldsymbol{A}$를 특이행렬(singular matrix)이라 한다.

[예제 1.4]

다음 행렬의 역행렬의 존재여부를 확인하여 보자.

(a) $\boldsymbol{A} = \begin{bmatrix} 2 & 1 \\ 5 & 3 \end{bmatrix}$ (b) $\boldsymbol{B} = \begin{bmatrix} 1 & 0 \\ 2 & 0 \end{bmatrix}$

풀이 (a) $\boldsymbol{A}$의 역행렬을 $\boldsymbol{X}$로 두고

$$\boldsymbol{A}\,\boldsymbol{X} = \begin{bmatrix} 2 & 1 \\ 5 & 3 \end{bmatrix}\begin{bmatrix} x_1 & x_2 \\ x_3 & x_4 \end{bmatrix} = \begin{bmatrix} (2x_1 + x_3), & (2x_2 + x_4) \\ (5x_1 + 3x_3), & (5x_2 + 3x_4) \end{bmatrix} = \begin{bmatrix} 1 & 0 \\ 0 & 1 \end{bmatrix}$$

이므로 이것을 풀면

$$x_1 = 3,\ x_2 = -1,\ x_3 = -5,\ x_4 = 2$$

이다. 따라서 역행렬은 존재하며

$$\boldsymbol{AX} = \boldsymbol{I} \text{ 및 } \boldsymbol{XA} = \boldsymbol{I}$$

로 됨을 확인할 수 있다.

(b) $\boldsymbol{B}$의 역행렬을 $\boldsymbol{X}$로 두면

$$\boldsymbol{B}\,\boldsymbol{X} = \begin{bmatrix} 1 & 0 \\ 2 & 0 \end{bmatrix}\begin{bmatrix} x_1 & x_2 \\ x_3 & x_4 \end{bmatrix} = \begin{bmatrix} (x_1), & (x_2) \\ (2x_1), & (2x_2) \end{bmatrix} \neq \begin{bmatrix} 1 & 0 \\ 0 & 1 \end{bmatrix}$$

이므로 $\boldsymbol{BX} = \boldsymbol{I}$를 만족하는 $\boldsymbol{X}$는 존재하지 않는다. 따라서 특이행렬이다. ■

역행렬과 관련하여 다음의 성질이 알려져 있다.

i) 역행렬의 곱셈: $\boldsymbol{A}$와 $\boldsymbol{B}$가 정칙행렬이면 $\boldsymbol{AB}$도 정칙을 되며 따라서

$$(\boldsymbol{A}\boldsymbol{B})^{-1} = \boldsymbol{B}^{-1}\boldsymbol{A}^{-1} \tag{1.45}$$

로 된다.

ii) 행렬의 지수법칙: m, n이 자연수일 때

$$\boldsymbol{A}^{m}\boldsymbol{A}^{n} = \boldsymbol{A}^{m+n} \tag{1.46a}$$

$$(\boldsymbol{A}^{m})^{n} = \boldsymbol{A}^{mn} \tag{4.46b}$$

이 성립한다.

식(1.44)로부터 다음의 관계식은 쉽게 확인된다.

$$\boldsymbol{A}^{0} = \boldsymbol{I}\,,\ (\boldsymbol{A}^{-1})^{n} = \boldsymbol{A}^{-n},\quad (\boldsymbol{A}^{n})^{-1} = \boldsymbol{A}^{-n} \tag{1.47}$$

1.3.2 몇 가지 특수 행렬

몇 가지 특별한 형식을 가지는 행렬을 도입함으로써 행렬의 연산이나 이론 등의 전개에 매우 유용하게 사용할 수 있다.

(1) 전치행렬

$\boldsymbol{A}$를 크기 $(m \times n)$인 행렬이라 할 때 $\boldsymbol{A}$의 행과 열을 서로 교환하여 얻어진 $(n \times m)$의 행렬을 $\boldsymbol{A}$의 전치행렬(transpose matrix)이라 한다.

$$\boldsymbol{A} = [a_{ij}]_{m \times n} \rightarrow \boldsymbol{A}^{T} = [a_{ji}]_{n \times m} \tag{1.48}$$

(2) 삼각행렬

정방행렬의 주대각선 아래쪽에 있는 모든 성분이 0인 정방행렬을 위삼각행렬(upper triangular matrix)이라 하고, 주대각선 위쪽에 있는 모든 성분이 0인 정방행렬을 아래삼각행렬(lower triangular matrix)이라 한다. 즉

- 위삼각행렬 : $\boldsymbol{A} = [a_{ij}]_{n}$에서 $i > j$에 대해서 $a_{ij} = 0$
- 아래삼각행렬 : $\boldsymbol{A} = [a_{ij}]_{n}$에서 $i < j$에 대해서 $a_{ij} = 0$

(3) 대칭행렬

정방행렬 $\boldsymbol{A}$에서 행과 열을 교환하여도 변하지 않는 행렬을 대칭행렬(symmetric matrix)이라 한다. 즉,

$$\boldsymbol{A} = [a_{ij}]_{n} \rightarrow \boldsymbol{A}^{T} = [a_{ji}]_{n} \tag{1.49}$$

또한,

$$\boldsymbol{A}^T = [a_{ij}]_n \rightarrow -\boldsymbol{A} = [-a_{ji}]_n \tag{1.50}$$

을 만족하는 정방행렬을 왜대칭행렬(skew-symmetric matrix)[9]이라고 한다.

임의의 정방행렬은 대칭행렬과 왜대칭행렬의 합으로 타나낼 수 있다. 즉

$$\boldsymbol{A} = \left(\frac{\boldsymbol{A}}{2} + \frac{\boldsymbol{A}^T}{2}\right) + \left(\frac{\boldsymbol{A}}{2} - \frac{\boldsymbol{A}^T}{2}\right) \tag{1.51}$$

로 된다. 여기서 대칭행렬을 $\boldsymbol{A}_s$, 왜대칭행렬을 $\boldsymbol{A}_a$로 표시한다면 식(1.51)로부터 행렬 $\boldsymbol{A}$를 다음과 같이 나눌 수 있음을 알 수 있다.

$$\boldsymbol{A}_s = \frac{\boldsymbol{A}}{2} + \frac{\boldsymbol{A}^T}{2},\ \boldsymbol{A}_a = \frac{\boldsymbol{A}}{2} - \frac{\boldsymbol{A}^T}{2} \ \rightarrow\ \boldsymbol{A} = \boldsymbol{A_s} + \boldsymbol{A_a} \tag{1.52}$$

(4) 대각행렬

정방행렬의 주대각선 상의 성분 a_{ii}이외의 모든 성분 $a_{ij}, (i \neq j)$가 영인 정방행렬을 대각행렬(diagonal matrix)이라 한다. 즉

$$\boldsymbol{A} = [a_{ij}]_n \text{에서 } a_{ij} = 0,\ (i \neq j) \tag{1.53}$$

이다. 따라서 대각행렬은 대칭행렬의 일종이다.

[예제 1.5]

다음 행렬을 대칭행렬과 왜대칭행렬의 합으로 표현하여 보자.

$$\boldsymbol{A} = \begin{bmatrix} 2 & 0 & 3 \\ 2 & 0 & 2 \\ -3 & 4 & 2 \end{bmatrix}$$

풀이 먼저 대칭행렬 $\boldsymbol{A}^T$는

$$\boldsymbol{A}^T = \begin{bmatrix} 2 & 2 & -3 \\ 0 & 0 & 4 \\ 3 & 2 & 2 \end{bmatrix}$$

으로 된다. 식(1.52)를 이용하면 대칭행렬은

$$\boldsymbol{A}_s = \frac{1}{2}(\boldsymbol{A} + \boldsymbol{A}^T) = \frac{1}{2}\begin{bmatrix} 4 & 2 & 0 \\ 2 & 0 & 6 \\ 0 & 6 & 4 \end{bmatrix} = \begin{bmatrix} 2 & 1 & 0 \\ 1 & 0 & 3 \\ 0 & 3 & 2 \end{bmatrix}$$

이며, 왜대칭행렬은

$$\boldsymbol{A}_a = \frac{1}{2}(\boldsymbol{A} - \boldsymbol{A}^T) = \frac{1}{2}\begin{bmatrix} 0 & -2 & 6 \\ 2 & 0 & -2 \\ -6 & 2 & 0 \end{bmatrix} = \begin{bmatrix} 0 & -1 & 3 \\ 1 & 0 & -1 \\ -3 & 1 & 0 \end{bmatrix}$$

9) anti-symmetric matrix라고 부르기도 한다.

로 계산된다. 이것은

$$\begin{aligned} \boldsymbol{A} &= \boldsymbol{A}_s + \boldsymbol{A}_a \\ &= \begin{bmatrix} 2 & 1 & 0 \\ 1 & 0 & 3 \\ 0 & 3 & 2 \end{bmatrix} + \begin{bmatrix} 0 & -1 & 3 \\ 1 & 0 & -1 \\ -3 & 1 & 0 \end{bmatrix} = \begin{bmatrix} 2 & 0 & 3 \\ 2 & 0 & 2 \\ -3 & 4 & 2 \end{bmatrix} \end{aligned}$$

로 되어 식(1.51)을 확인할 수 있다. ■

1.3.3 행렬식(determinant)

정방행렬에 한하여 정의되는 행렬식은 역행렬의 계산이나 행렬의 랭크의 계산 등 행렬이론의 여러 분야에서 중요한 역할을 하고 있다. 크기 $(n \times n)$ 인 정방행렬 $\boldsymbol{A}$ 의 행렬식은

$$\det\boldsymbol{A} \text{ 또는 } |\boldsymbol{A}| \tag{1.54}$$

로 표기한다. 행렬식과 선형 1차 연립방정식의 해와 관련된 것으로 다음이 있다.

① 제차방정식

$$\begin{cases} a_{11}x + a_{12}y + a_{13}z = 0 \\ a_{21}x + a_{22}y + a_{23}z = 0 \\ a_{31}x + a_{32}y + a_{33}z = 0 \end{cases} \tag{1.55}$$

이 비자명한 해를 가지기 위한 필요충분조건은 식(1.55)의 계수로 구성되는 행렬식이 영으로 되어야 한다는 것이다. 즉

$$\begin{vmatrix} a_{11} & a_{12} & a_{13} \\ a_{21} & a_{22} & a_{23} \\ a_{31} & a_{32} & a_{33} \end{vmatrix} = 0 \tag{1.56}$$

이다.

② 크라메르의 법칙(다음 절 참조)을 사용하여 연립 1차방정식의 해를 얻기 위해서는 행렬식의 계산이 필요하다.

③ 2차원 공간상[10]에 적당한 값을 가지는 두 개의 벡터 $\vec{v}_1$과 $\vec{v}_2$로 이루어지는 평형사변형의 면적은, 두 벡터로서 행렬을 만들었을 때 그 행렬에 대한 행렬식의 절대값과 같다([그림 1.17] 참조). 즉

$$\det\left[\vec{v}_1, \vec{v}_2\right] = \text{평형사변형의 면적} \tag{1.57}$$

이다.

④ [그림 1.18]과 같이 3차원 공간상에 적당한 크기를 가지는 세 개의 벡터로서 이루어지는 직육면체의 체적은, 세 개의 벡터로 이루어진 행렬에 대한 행렬식의 절대값과 같다. 즉

10) 2차원 공간이란, 다시 말하면 평면을 의미한다.

$$\det \left[\vec{v}_1 \;\; \vec{v}_2 \;\; \vec{v}_3 \right] = \text{직육면체의 체적} \tag{1.58}$$

이다.

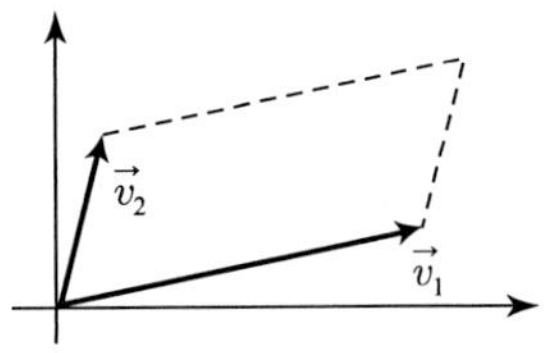

[그림 1.17] 평면상의 두 벡터

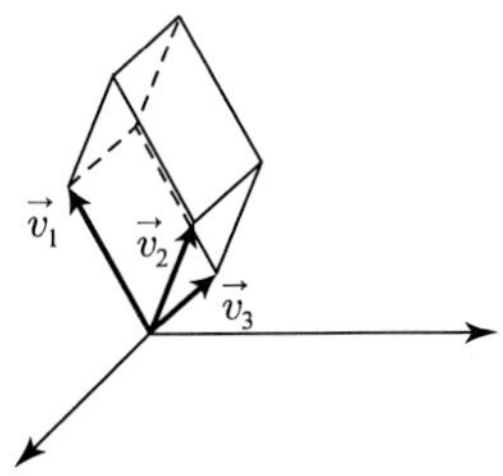

[그림 1.18] 공간상의 세 벡터

2차(2×2) 또는 3차(3×3) 행렬의 행렬식은 [그림 1.19]와 같은 사러스의 법칙(Sarrus' law)에 의하여 전개하여 그 값을 구하는 것이 보통이다. 즉, 그림으로부터

$$\det \boldsymbol{A} = \det \begin{bmatrix} a_{11} & a_{12} \\ a_{21} & a_{22} \end{bmatrix} = \begin{vmatrix} a_{11} & a_{12} \\ a_{21} & a_{22} \end{vmatrix} = a_{11}a_{22} - a_{12}a_{21} \tag{1.59a}$$

또는

$$\det \boldsymbol{A} = \det \begin{bmatrix} a_{11} & a_{12} & a_{13} \\ a_{21} & a_{22} & a_{23} \\ a_{31} & a_{32} & a_{33} \end{bmatrix} = \begin{vmatrix} a_{11} & a_{12} & a_{13} \\ a_{21} & a_{22} & a_{23} \\ a_{31} & a_{32} & a_{33} \end{vmatrix} \tag{1.59b}$$

$$= a_{11}a_{22}a_{33} + a_{12}a_{23}a_{31} + a_{13}a_{21}a_{32} - a_{13}a_{22}a_{31} - a_{12}a_{21}a_{33} - a_{11}a_{23}a_{32}$$

로 됨을 쉽게 확인할 수 있을 것이다.

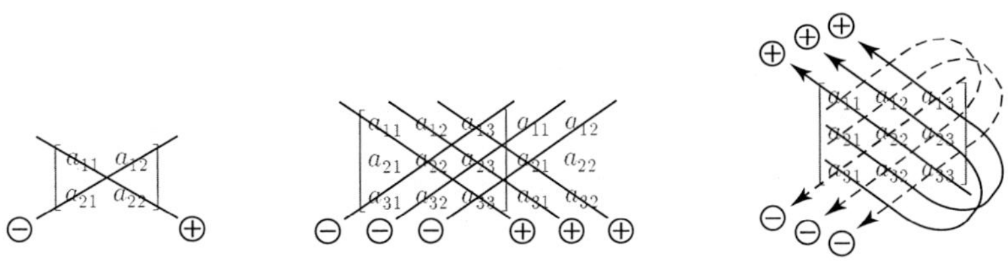

(a) (b) (c)

[그림 1.19] 행렬식의 계산방법

[예제 1.6]

다음 행렬의 행렬식 값을 구하여 보자.

(a) $\boldsymbol{A} = \begin{bmatrix} 3 & 1 \\ 4 & -2 \end{bmatrix}$ (b) $\boldsymbol{B} = \begin{bmatrix} 1 & 2 & 3 \\ -4 & 5 & 6 \\ 7 & -8 & 9 \end{bmatrix}$

풀이 사러스의 법칙에 의하여

(a) $\det \boldsymbol{A} = (3)(-2) - (1)(4) = -10$

(b) $\det \boldsymbol{B} = (45) + (84) + (96) - (105) - (-48) - (-72)$

$= 240$

[그림 1.19]에서 설명한 사러스의 법칙은 4차 이상의 행렬에 대한 행렬식의 계산에는 사용될 수 없음을 강조해 둔다. 고차($n \geq 4$)인 행렬의 행렬식을 구하기 위해서는 라플라스 전개를 사용하여 구할 수 있지만 여기서는 더 이상 언급하지 않는다.

1.3.4 선형연립방정식을 위한 크라메르(Cramer)의 법칙

n개의 미지수 x_i, $(i = 1, \cdots, n)$을 가지는 n개의 연립방정식이 다음과 같이 주어져 있다고 한다.

$$\begin{cases} a_{11}x_1 + a_{12}x_2 + \cdots + a_{1n}x_n = b_1 \\ a_{21}x_1 + a_{22}x_2 + \cdots + a_{2n}x_n = b_2 \\ \quad \vdots \qquad\quad \vdots \qquad\qquad\quad \vdots \qquad \vdots \\ a_{n1}x_1 + a_{n2}x_2 + \cdots + a_{nn}x_n = b_n \end{cases} \tag{1.60a}$$

이를 행렬을 이용하여 표현하면

$$\begin{bmatrix} a_{11} & a_{12} & \cdots & a_{1n} \\ a_{21} & a_{22} & \cdots & a_{2n} \\ \vdots & & \ddots & \vdots \\ a_{n1} & a_{n2} & \cdots & a_{nn} \end{bmatrix} \begin{bmatrix} x_1 \\ x_2 \\ \vdots \\ x_n \end{bmatrix} = \begin{bmatrix} b_1 \\ b_2 \\ \vdots \\ b_n \end{bmatrix} \rightarrow \boldsymbol{A}\vec{x} = \vec{b} \tag{1.60b}$$

로 된다. 이상의 관계식을 이용하면 크라메르의 법칙은 다음과 같이 나타낼 수 있다. 즉 계수행렬 $\boldsymbol{A}$의 각 열벡터를

$$\boldsymbol{A} = [\, \vec{a}_1 \ \vec{a}_2 \cdots \ \vec{a}_n]$$

으로 두면 식(1.60a)의 해는 다음과 같이 주어진다.

$$x_1 = \frac{\det \boldsymbol{A}_1}{\det \boldsymbol{A}}, \ x_2 = \frac{\det \boldsymbol{A}_2}{\det \boldsymbol{A}}, \ \cdots, \ x_n = \frac{\det \boldsymbol{A}_n}{\det \boldsymbol{A}} \tag{1.61}$$

이때 $\det \boldsymbol{A}_i$은 행렬 $\boldsymbol{A}$의 제 i번째 열의 성분만을 벡터 $\vec{b}$로 대치하여 얻어진 행렬에 대한 행렬식을 의미한다.

[예제 1.7]

크라메르의 법칙을 사용하여 다음 연립 1차방정식의 해를 구해 보자.

$$\begin{cases} x_1 \qquad\quad + 2x_3 = 6 \\ -3x_1 + 4x_2 + 6x_3 = 30 \\ -\ x_1 - 2x_2 + 3x_3 = 8 \end{cases}$$

풀 이 연립방정식으로부터 계수행렬 $\boldsymbol{A}$와 $\boldsymbol{A}_i$, $(i=1,2,3)$을 계산하면 다음과 같다.

$$\boldsymbol{A} = \begin{bmatrix} 1 & 0 & 2 \\ -3 & 4 & 6 \\ -1 & -2 & 3 \end{bmatrix},\ \boldsymbol{A}_1 = \begin{bmatrix} 6 & 0 & 2 \\ 30 & 4 & 6 \\ 8 & -2 & 3 \end{bmatrix}$$

$$\boldsymbol{A}_2 = \begin{bmatrix} 1 & 6 & 2 \\ -3 & 30 & 6 \\ -1 & 8 & 3 \end{bmatrix},\ \boldsymbol{A}_3 = \begin{bmatrix} 1 & 0 & 6 \\ -3 & 4 & 30 \\ -1 & -2 & 8 \end{bmatrix}$$

이로부터 약간의 계산을 통하여 $\det\boldsymbol{A} = 44$이고, $\det\boldsymbol{A}_1 = -40$, $\det\boldsymbol{A}_2 = 72$, $\det\boldsymbol{A}_3 = 152$이므로 식(1.61)에 의하여

$$x_1 = \frac{\det\boldsymbol{A}_1}{\det\boldsymbol{A}} = \frac{-40}{44} = -\frac{10}{11},\ x_2 = \frac{\det\boldsymbol{A}_2}{\det\boldsymbol{A}} = \frac{72}{44} = \frac{18}{11}$$

$$x_3 = \frac{\det\boldsymbol{A}_3}{\det\boldsymbol{A}} = \frac{152}{44} = \frac{38}{11}$$

로 된다.

1.3.5 행렬의 놈(norm)

1.2절에서 벡터는 식(1.13)으로 주어지는 크기를 가지는 양으로 정의되었으며, 이는 공간상에서 벡터가 가지는 물리적인 길이를 나타내고 있다. 이러한 관계를 이용하면 하나의 벡터가 다른 하나의 벡터보다 '크다' 혹은 '작다' 등의 개념을 도입할 수 있다. 행렬이 벡터를 나열하여 구성된 것으로 생각한다면, 이와 같은 벡터의 크기에 관한 개념을 행렬에 도입하면, 행렬의 크기 비교 등에 편리하게 사용할 수 있게 된다. 이와 같은 행렬의 크기를 '놈(norm)'이라고 하며 $\|\boldsymbol{A}\|$로 표시한다. 행렬의 '크기', 즉 놈을 계산하는 방법은 여러 가지가 있으며 자세한 내용은 뒤에서 다루기로 한다. 놈은 기본적으로 행렬에 대한 하나의 실수값으로 표현된다.

놈은 벡터의 길이 혹은 크기와 유사한 개념을 행렬로 확장하였기 때문에 다음과 같은 몇 가지 특성을 반드시 만족해야 한다.

(a) $\|\boldsymbol{A}\| \geq 0$이며, $\|\boldsymbol{A}\| = 0$이면 $[a_{ij}]_n = 0,\ (i,\ j = 1,\ \cdots,\ n)$이다.

(b) 임의 수 α에 대하여 $\|\alpha\boldsymbol{A}\| = |\alpha|\,\|\boldsymbol{A}\|$로 된다.

(c) 두 개 행렬(혹은 벡터) $\boldsymbol{A}$, $\boldsymbol{B}$에 대하여, $\|\boldsymbol{A}+\boldsymbol{B}\| \leq \|\boldsymbol{A}\| + \|\boldsymbol{B}\|$가 성립한다.

조건 (a)는 벡터의 크기가 항상 양의 값을 가지는 것과 같이, 놈에 의해 정의된 행렬의 크기 역시 양의 값을 가져야 한다는 것이며, 조건 (b) 역시 벡터의 경우와 마찬가지로 스칼라의 곱에 대해 부호에 관계없이 동일한 크기를 가진다는 것을 의미한다. 조건 (c)는 유클리드 기하학에서 벡터의 삼각부등식에 해당하는 것으로서, 행렬의 크기가 벡터의 크기 개념을 이용하여 정의되었다는 사실을 고려하면 당연한 것이다.

1.4 상미분방정식(Ordinary Differential Equations: ODE)

상미분방정식(ODE)이란 하나의 종속변수, 하나의 독립변수 및 종속변수에 대한 상미분을 포함하는 미분방정식을 의미한다. 예를 들어 x를 독립변수, y를 종속변수라고 한다면 ODE는 x, y, $\frac{dy}{dx}$, $\frac{d^2y}{dx^2}$, $\cdots$, $\frac{d^ny}{dx^n}$을 포함하는 식이 될 것이다. ODE는 선형 혹은 비선형으로 될 수 있다. 즉 종속변수 y와 그의 미분항이 서로 선형적으로 연결되어 있다면 ODE는 선형이다. 따라서 선형인 ODE는 항상 다음과 같은 표준형식으로 표현가능하다.

$$a_{n+1}(x)\frac{d^ny}{dx^n}+a_n(x)\frac{d^{n-1}y}{dx^{n-1}}+\cdots+a_2(x)\frac{d^2y}{dx^2}+a_1(x)y=r(x) \tag{1.62}$$

위 식의 모든 계수 $a_i(x)$, $(i=1, \cdots, n+1)$은 독립변수 x만의 함수라는 점에 유의한다. 선형 ODE의 예로서 다음을 들 수 있다.

$$\frac{dy}{dx}=10x,\ c\frac{dx}{dt}+kx=-m\frac{d^2x}{dt^2}$$

여기서 m, k 및 c는 상수이다.

■ 제차(homogeneous)/비제차(nonhomogeneous) 미분방정식

ODE는 제차 및 비제차방정식으로 분류할 수 있다. 식(1.62)와 같은 표준형에서 $r(t)=0$인 경우를 제차미분방정식, 그 외의 경우(즉 $r(x)\neq 0$)의 경우를 비제차미분방정식이라고 한다.

■ 미분방정식의 계수(order)

ODE의 계수는 미분방정식에 나타나는 최고계의 미분의 계수를 그 ODE의 계수라고 한다[11]. 계수는 ODE에 대한 중요한 정보를 지니고 있다. ODE의 해는 그의 계수와 같은 수만큼의 적분상수를 반드시 가져야 한다. 예를 들어 2계 ODE의 해에는 두 개의 적분상수, 즉 미결정 상수(undetermined constant)가 존재한다. 이는 두 개의 미결정 상수값을 결정하기 위해서

11) 이에 반해 ODE의 차수(degree)는 최고계의 도함수의 멱지수(power)로서 정의된다. 예를 들어 $\frac{d^2y}{dx^2}+\left(\frac{dy}{dx}\right)^3-y=\sin x$ 인 경우, 계수는 2이며, 차수는 1이다. 따라서 이는 2계 1차 ODE로 된다.

는 역시 두 개의 제약조건, 즉 종속변수 y와 그의 1계미분 y'으로 이루어진 조건이 ODE에 포함되어야 한다는 것을 의미한다. 제약조건은, 예를 들어 독립변수가 위치를 나타내는 경우, 제약조건으로 서로 다른 두 곳의 위치로서 주어진 경우 이를 경계조건(boundary condition)이라고 한다. 또한, 독립변수가 시간을 나타내고 제약조건이 동일한 시각에서의 값으로 주어져 있는 경우를 초기조건(initial condition)이라고 한다[12].

■ 비선형 미분방정식(Nonlinear ODE)

식(1.62)로 표현된 ODE의 계수(coefficient)[13]가 종속변수인 y 혹은 이것의 미분의 함수로 주어졌거나, 또는 우변항의 $r(x)$가 y의 비선형함수로 주어진 경우, 혹은 선형항인 $a_1(x)y$가 y의 비선형함수로 표현된 ODE를 비선형미분방정식이라고 한다. 아래 ODE는 비선형 미분방정식의 예를 나타낸 것이다.

$$\frac{d^2y}{dt^2}+\sin y=4 \quad \text{(계수가 비선형)}$$

$$y\frac{d^2y}{dt^2}+3y=8 \quad \text{(계수가 종속변수)}$$

$$\left(\frac{dy}{dt}\right)\frac{d^2y}{dt^2}+y=9 \quad \text{(계수가 종속변수의 미분)}$$

$$\frac{d^2y}{dt^2}+8y=\tan y \quad \text{(우변항이 종속변수의 비선형 함수)}$$

■ 자주 사용되는 몇 가지 선형 ODE에 대한 해석적 해

몇 종류의 1계 혹은 2계 선형미분방정식은 과학 및 공학 분야의 많은 영역에서 사용되고 있다. 선형 비제차미분방정식의 일반해(general solution)는 제차미분방정식의 해와 특수해(particular solution)로 이루어진다. 제차미분방정식의 해는 식(1.62)의 표준형에서 $r(x)=0$인 경우의 해를 말하며, 특수해란 해를 식(1.62)에 대입하였을 경우 $r(x)$로 되는 경우의 해를 의미한다. 따라서 ODE가 가지는 미결정상수를 주어진 제약(경계조건 혹은 초기조건)으로서 결정하는 과정은 반드시 일반해가 얻어진 후에 실행되어야 한다.

(a) 1계 비제차 선형미분방정식에 대한 일반해

1계 비제차 선형미분방정식은 일반적으로 다음의 형식을 가진다.

$$\frac{dy}{dx}+P(x)y=Q(x) \tag{1.63}$$

---

12) 동일한 시각에서의 값이란, 예를 들어 시각 $t=t_o$에서의 값 $y(t_o)$(즉 위치)와 그 시각에서의 $y(t)$의 기울기, 즉 $y'(t_o)$로서 주어지는 경우 등을 의미한다.

13) 여기서 계수란 영어의 'coefficient'의 의미로서, 다항식 등의 계수를 나타낸다. 예를 들어 $2x^2+3=0$에서 x^2의 계수는 '2'이다.

앞의 식 ODE에 대한 일반해는 식(1.63)의 양변에 다음과 같은 적분인자를 곱하면 얻을 수 있다. 즉,

$$\mu(x)= e^{\int P(x)dx} \tag{1.64}$$

로 주어진 적분인자를 식(1.63)의 양변에 곱하고 정리하면

$$\frac{d}{dx}(y\mu)= Q(x)\mu(x) \tag{1.65}$$

로 된다. 여기서 $P(x)$와 $Q(x)$는 주어진 함수이기 때문에 식(1.65)의 양변에 dx를 곱하고 양변을 적분하면

$$y(x)\mu(x)= \int Q(x)\mu(x)dx + C_1 \tag{1.66}$$

가 얻어지고, 이를 다시 $\mu(x)$로 나누면 일반해는

$$y(x)= \frac{1}{\mu(x)}\int Q(x)\mu(x)dx + \frac{C_1}{\mu(x)} \tag{1.67}$$

로 된다. 여기서 C_1는 주어진 제약조건에 따라 결정되는 적분상수이다.

(b) 상수계수를 가지는 2계 1차 제차 선형미분방정식의 일반해

상수계수를 가지는 2계 1차 제차 선형 ODE는 다음의 형식으로 주어진다.

$$\frac{d^2y}{dx^2}+b\frac{dy}{dx}+cy=0 \tag{1.68}$$

여기서 b와 c는 상수이다. 이러한 형식의 ODE의 일반해를 얻기 위해서는 먼저 $y=e^{sx}$를 식(1.68)에 대입하면 다음과 같은 특성다항식(characteristic equation)으로 불리는 다항식을 얻을 수 있다.

$$s^2+bs+c=0 \tag{1.69}$$

특성다항식의 해는 2차 방정식 근의 공식을 이용하면 식(1.69)는 두 개의 근

$$s=\frac{-b\pm\sqrt{b^2-4c}}{2} \tag{1.70}$$

을 가진다는 것을 알 수 있다. 이로부터 일반해는

$$y(x)= e^{-bx/2}\left[C_1 e^{\frac{x}{2}\sqrt{b^2-4c}} + C_2 e^{-\frac{x}{2}\sqrt{b^2-4c}}\right] \tag{1.71}$$

로 된다. 여기서 C_1과 C_2는 적분상수로서 주어진 제약조건에 의해 결정된다.

일반해 식(1.71)은 특성다항식의 근의 형식에 따라 두 가지 경우로 나눌 수 있다. 즉, 근이 모두 실수값을 가지는 경우(즉, $b^2>4c$)의 해는 식(1.71)의 모양을 가진다. 한편 근이 복소수

의 값을 가지는 경우(즉 $b^2 < 4c$)의 해는 식(1.71)로부터

$$y(x) = e^{-bx/2}\left[C_1 e^{\frac{jx}{2}\sqrt{b^2-4c}} + C_2 e^{-\frac{jx}{2}\sqrt{b^2-4c}}\right] \tag{1.72}$$

의 표현으로 된다. 여기에 오일러의 공식(Euler's theorem) $e^{jz} = \cos(z) + j\sin(z)$을 적용하여 식(1.72)를 정리하면 다음과 같이 조금 눈에 익숙한 형식으로 변경할 수 있다.

$$y(x) = e^{-bx/2}\left[(C_1 + C_2)\cos\left(x\frac{\sqrt{4c-b^2}}{2}\right) + (C_1 - C_2)j\sin\left(x\frac{\sqrt{4c-b^2}}{2}\right)\right] \tag{1.73}$$

C_1과 C_2는 임의의 상수이기 때문에 $(C_1 + C_2)$ 및 $(C_1 - C_2)$를 다른 값으로 대체하면

$$y(x) = e^{-bx/2}\left[D_1\sin\left(x\frac{\sqrt{4c-b^2}}{2}\right) + D_2\cos\left(x\frac{\sqrt{4c-b^2}}{2}\right)\right]$$

로 된다.

현실의 문제에서 발생하는 대부분의 미분방정식은 이와 같은 해석적인 방법으로 해를 구하기는 어렵기 때문에 수치해석 등을 적용하여 근사적인 해를 구하는 경우가 많다.

1.5 두 개 이상의 독립변수를 가지는 함수

하나의 종속변수를 가지는 함수의 경우 독립변수는 하나 이상 가질 수 있다. 예를 들어, 함수 $z = f(x,y) = \frac{x^2}{2^2} + \frac{y^2}{3^2}$(타원형의 포물선 방정식)는 두 개의 독립변수 x와 y를 가지며 하나의 종속변수 z를 가진다. 여기서는 두 개 이상의 독립변수를 가지는 함수의 미분과 관련된 주제에 대하여 간략하게 살펴본다.

1.5.1 편미분(Partial derivative)의 정의

함수 $z = f(x,y)$에 있어서 변수 x에 대한 f의 일차미분은 $\frac{\partial f}{\partial x}$, 혹은 f_x로 표시하며 다음과 같이 정의된다.

$$\frac{\partial f}{\partial x} = \lim_{\Delta x \to 0}\frac{f(x + \Delta x, y) - f(x,y)}{\Delta x} \tag{1.74a}$$

위 식이 성립하기 위해서는 리미트(limit) 값이 존재하여야 함은 물론이다[14]. f에 대한 변수 y의 편미분은 $\frac{\partial f}{\partial y}$, 혹은 f_y로 표시하며 식(1.74a)와 유사하게 정의된다. 즉,

$$\frac{\partial f}{\partial y} = \lim_{\Delta x \to 0}\frac{f(x, y + \Delta y) - f(x,y)}{\Delta y} \tag{1.74b}$$

14) limit가 존재한다는 말은 식(1.74a)의 계산이 가능하다는 뜻이다.

여기서도 물론 리미트(limit) 값이 존재하는 경우에 한한다. 실제로 식(1.74)의 두 편미분의 정의로부터 알 수 있는 바와 같이, $z = f(x,y)$의 경우 f_x는 다른 독립변수 y를 상수로 취급하여 미분을 수행하며, 마찬가지로 f_y의 경우에는 x를 상수로 취급하여 f를 y로 미분하기 때문에 독립변수가 여러 개 존재하는 함수의 편미분은 사실상 상미분과 동일하게 취급할 수 있다.

■ 고계의 편미분

여러 개의 독립변수를 가지는 함수의 고계미분이 존재한다면 역시 동일함 방법으로 계산가능하다. 예를 들어 함수 $f(x, y)$의 1계 편미분을 각각 f_x 및 f_y로 둔다면 각 편미분에 대한 또 한 번의 편미분 역시 두 개의 편미분을 가진다. 다시 말하면 편미분 f_x는 x에 대한 편미분 $f_{xx} = \dfrac{\partial^2 f}{\partial x^2}$과 f_x의 y에 대한 편미분 $f_{xy} = \dfrac{\partial^2 f}{\partial y \partial x}$를 가진다. 마찬가지로 f_y 역시 y에 대한 편미분 $f_{yy} = \dfrac{\partial^2 f}{\partial^2 y}$와 f_y의 x에 대한 편미분 $f_{yx} = \dfrac{\partial^2 f}{\partial x \partial y}$을 각각 가진다. 여기서 2계 편미분 f_{xy}와 f_{yx}는 혼합 편미분(mixed partial derivative)으로 불리는 값이다. 만약 $f(x,y)$와 이것의 두 개의 혼합 편미분이 모두 연속이라면, 편미분은 미분의 순서에 관계없이 같은 값을 가진다는 것, 다시 말하면 $\dfrac{\partial^2 f}{\partial x \partial y} = \dfrac{\partial^2 f}{\partial y \partial x}$로 된다는 것을 증명할 수 있다.

1.5.2 연결정리(Chain Rules)

예를 들어, 두 개의 독립변수를 가지는 함수 $f(x, y)$에 대한 전체미분(total differential)은 다음과 같이 주어진다.

$$df = \frac{\partial f}{\partial x} dx + \frac{\partial f}{\partial y} dy \tag{1.75}$$

식(1.75)는 변수 x와 y가 서로 독립인지의 여부에 관계없이 항상 성립하지만, 위 식의 편미분 결과가 반드시 연속으로 되어야 하는 것이 필요하다. 또한, 식(1.75)는 두 개 이상의 변수를 가지는 함수에 대해서도 쉽게 확장할 수 있다.

함수 $f(x, y)$가 그 독립변수 x와 y에 의존하는 양식에는 다음과 같이 네 가지의 경우가 존재한다.

i) x와 y가 또 다른 하나의 독립변수, 예를 들어 t에 의해 결정되는 경우, 다시 말하면 $f(x, y) = f(x(t), y(t))$인 경우

ii) x와 y가 다른 두 개의 독립변수, 예를 들어 u와 v에 의존하는 경우, 즉 $f(x, y) = f(x(u, v), y(u, v))$인 경우

iii) x는 독립적이지만 y가 x에 의존하는 경우, 즉 $f(x, y) = f(x, y(x))$인 경우

iv) 마지막으로 함수 f가 세 개의 변수 x, y 및 z를 가지지만, 이 경우 z가 x, y에 의존하는 경우

이러한 모든 경우에 대한 미분을 생각하여 보자.

(a) i)의 경우: 변수 t에 대한 함수 f의 전체미분은 다음으로 주어진다.

$$\frac{df}{dt}=\frac{\partial f}{\partial x}\frac{dx}{dt}+\frac{\partial f}{\partial y}\frac{dy}{dt} \tag{1.76}$$

(b) ii)의 경우: 두 개의 독립변수 u와 v를 가지는 경우이므로, 예를 들어 v에 대한 편미분을 수행하는 경우에는 u를 상수로 가정한다. 따라서 $\left.\frac{\partial f}{\partial v}\right|_u$는 다음으로 계산된다.

$$\left.\frac{\partial f}{\partial v}\right|_u=\left.\frac{\partial f}{\partial x}\frac{\partial x}{\partial v}\right|_u+\left.\frac{\partial f}{\partial y}\frac{\partial y}{\partial v}\right|_u \tag{1.77a}$$

v에 대하여 f를 편미분하는 경우 다른 변수 u는 일정한 값을 가지는 것으로 간주한다는 사실을 내포하고 있기 때문에 식(1.77a)의 아래첨자 u는 생략하여

$$\frac{\partial f}{\partial v}=\frac{\partial f}{\partial x}\frac{\partial x}{\partial v}+\frac{\partial f}{\partial y}\frac{\partial y}{\partial v} \tag{1.77b}$$

와 같이 표현한다.

(c) iii)의 경우: y가 x에 의존하기 때문에 $f(x,\ y)$는 사실상 하나의 변수 x를 가진다. 따라서 x에 대한 f의 전체미분은 다음으로 된다.

$$\frac{\partial f}{\partial x}=\frac{\partial f}{\partial x}+\frac{\partial f}{\partial y}\frac{\partial y}{\partial x} \tag{1.78}$$

(d) iv)의 경우: z가 $x,\ y$의 함수이므로 x에 대한 f의 편미분은 다음으로 주어진다.

$$\left.\frac{\partial f}{dx}\right|_y=\frac{\partial f}{\partial x}+\left.\frac{\partial f}{\partial z}\frac{\partial z}{\partial x}\right|_y \tag{1.79a}$$

혹은 간단히

$$\frac{\partial f}{dx}=\frac{\partial f}{\partial x}+\frac{\partial f}{\partial z}\frac{\partial z}{\partial x} \tag{1.79b}$$

로 표현하기도 한다. 식(1.79)에서 $\frac{\partial f}{\partial y}$의 항은 나타나지 않았다. 왜냐하면 이 항에는 영의 값을 가지는 $\frac{\partial y}{\partial x}$의 항이 곱해지기 때문이다[15].

위와 동일한 방법으로 y에 대한 f의 편미분은 다음으로 주어진다.

$$\frac{\partial f}{dy}=\frac{\partial f}{\partial y}+\frac{\partial f}{\partial z}\frac{\partial z}{\partial y} \tag{1.80}$$

1.5.3 야코비안(Jacobian)

야코비안은 비선형 연립방정식 등의 해를 구하는 경우에 나타나는 양이다. 예를 들어, 연립방정식 $f_1(x,y)=a$와 $f_2(x,y)=b$에 있어서 두 변수 $x,\ y$에 대한 해를 구하는 문제를 생각하

15) x와 y가 서로 독립이라는 사실에 유의한다.

여 보자. 단, a와 b는 상수이다. 이 경우 야코비안 행렬을 다음과 같이 정의된다.

$$[J]=\begin{bmatrix} \dfrac{\partial f_1}{\partial x} & \dfrac{\partial f_1}{\partial y} \\ \dfrac{\partial f_2}{\partial x} & \dfrac{\partial f_2}{\partial y} \end{bmatrix} \tag{1.81}$$

이때 야코비안 행렬식(Jacobian determinant), 혹은 야코비안 $J(f_1, f_2)$ 는 야코비안 행렬에 대한 행렬식으로 주어진다. 즉

$$J(f_1, f_2)=\det\begin{bmatrix} \dfrac{\partial f_1}{\partial x} & \dfrac{\partial f_1}{\partial y} \\ \dfrac{\partial f_2}{\partial x} & \dfrac{\partial f_2}{\partial y} \end{bmatrix}=\left(\frac{\partial f_1}{\partial x}\right)\left(\frac{\partial f_2}{\partial y}\right)-\left(\frac{\partial f_1}{\partial y}\right)\left(\frac{\partial f_2}{\partial x}\right) \tag{1.82}$$

이다. 이는 간단하게 n개의 연립방정식으로 확장가능하다.

$$J(f_1, f_2, \cdots, f_n)=\det\begin{bmatrix} \dfrac{\partial f_1}{\partial x_1} & \dfrac{\partial f_1}{\partial x_2} & \cdots & \dfrac{\partial f_1}{\partial x_n} \\ \dfrac{\partial f_2}{\partial x_1} & \dfrac{\partial f_2}{\partial x_2} & \cdots & \dfrac{\partial f_2}{\partial x_n} \\ \vdots & & \ddots & \vdots \\ \dfrac{\partial f_n}{\partial x_1} & \dfrac{\partial f_n}{\partial x_2} & \cdots & \dfrac{\partial f_n}{\partial x_n} \end{bmatrix} \tag{1.83}$$

1.6 함수의 테일러급수전개(Taylor series expansion)

함수의 테일러급수전개를 이용하면 어떤 지점, 예를 들어 그 함수의 값을 알고 있는 점 근처에서의 함수값을 계산할 수 있다. 이 경우 함수는 수렴하는 무한급수의 합으로 표현되며, 경우에 따라서(예를 들어, 함수가 다항식으로 주어진 경우) 테일러급수는 근사값이 아닌 정확한 값을 제공하기도 한다. 그러나 정확한 값을 얻기 위해서는 무한개인 급수의 합을 계산하여야 할 필요가 있다. 그러나 무한급수의 합을 구하기가 어렵기 때문에, 대부분의 경우 처음 몇 개의 항의 합으로서 주어지는 근사값을 사용한다. 테일러급수전개는 수치해석에 있어 가장 광범위하게 사용되는 정리 중의 하나이다.

테일러급수를 설명하기 전에 먼저 멱급수에 대한 전반적인 사항을 설명한다.

■ 멱급수(Power series)의 성질

멱급수란 $b_k(x-a)^k$의 형태인 함수의 무한개의 합을 말하며, 보통 다음과 같은 형태로 주어진다.

$$b_o + b_1(x-a) + b_2(x-a)^2 + \cdots = \sum_{n=0}^{\infty} b_n(x-a)^n \tag{1.84}$$

여기서 x는 변수이며, a는 급수의 중심점이며, b_o, b_1, $\cdots$은 정수로서 급수의 계수(coefficients)이다. 멱급수는 변수 x에 대한 음 또는 분해된 형식의 급수[16]를 가지는 항을 포함해서는 안 된다. 멱급수가 될 수 없는 몇 가지를 아래에 열거하였다.

(a) $1+(x-1)+(x-1)(x-2)+(x-1)(x-2)(x-3)+\cdots$

(b) $1+(x^2-1)+(x^2-1)^2+(x^2-1)^3+\cdots$

(c) $\dfrac{1}{x}+1+x+x^2+\cdots$

(d) $x^{1/2}+x^{3/2}+x^{5/2}+\cdots$

여기서는 멱급수가 가지는 몇 가지 특징을 간략히 살펴보기로 한다. 먼저 첫 m번째까지의 합 s_m을

$$s_m(x)=b_o+b_1(x-a)+\cdots+b_m(x-a)^m \tag{1.85}$$

로 두고, 이를 멱급수의 m번째 부분합이라고 한다. 만약

$$\lim_{m\to\infty} s_m(x_o)=\lim_{m\to\infty}\left[b_o+b_1(x-x_o)+\cdots+b_m(x-x_o)^m\right] \tag{1.86}$$

의 값이 존재한다면 이 멱급수는 $x=x_o$에서 수렴하며, 그렇지 않을 경우는 발산한다고 한다. 식(1.85)로 주어지는 모든 멱급수는 $x=a$에서 수렴한다는 것은 명백하다. 일반적으로 멱급수는 $x=a$를 중심으로 하는 어떤 구간 내에서 멱급수가 수렴하는 영역이 존재한다. 다시 말하면 식(1.84)에서 멱급수의 수렴구간으로

$$|x-a|<R \tag{1.86}$$

이 주어졌다면, 이 영역 내의 모든 x에 대하여 멱급수가 수렴한다는 것을 의미한다. 이때 식(1.86)의 R을 수렴반경(radius of convergence)이라고 한다. 이러한 수렴반경은 다음과 같이 정의된다.

$$\frac{1}{R}=\lim_{n\to\infty}\left|\frac{b_{n+1}}{b_n}\right| \text{ 또는 } \frac{1}{R}=\lim_{n\to\infty}\sqrt[n]{|b_n|} \tag{1.87}$$

물론 위 식의 극한이 존재하지 않는다면 수렴반경이 존재하지 않는 것, 즉 멱급수는 수렴하지 않는다는 것을 의미한다.

어떤 함수 $f(x)$가 $\Sigma_{n=0}^{\infty} b_n(x-a)^n$ (단, $R>0$이다)와 같이 멱급수로 표현되었다면, 이 함수는 $x=a$에서 해석적(analytic)이라고 한다. 식(1.85)의 멱급수에서 계수 b_n, $(n=0,1,\cdots)$가 임의의 함수 $f(x)$의 $x=a$에서의 도함수를 이용하여

$$b_n=\frac{1}{n!}f^{(n)}(x)\Big|_{x=a} \tag{1.88}$$

로 정의되어 있고, 또한 멱급수 $\Sigma_{n=0}^{\infty} b_n(x-a)^n$가 구간 $|x-a|<R$에서 함수 $f(x)$로 수렴

16) 예를 들어, 인수분해된 형식 등이 있다.

한다면, $f(x)$는

$$f(x) = \sum_{n=0}^{\infty} b_n (x-a)^n, \quad |x-a| < R \tag{1.89}$$

와 같이 쓸 수 있다. 이때 식(1.84)는 함수 $f(x)$를 중심점 $x=a$에 관하여 전개한 것으로서, 이를 테일러급수(Taylor Series)라고 부른다. 특별히 $a=0$인 경우는 매클로린급수(Maclaurian series)라고 따로 구별하여 부르기도 한다.

[예제 1.8]

지수함수의 멱급수

$$e^x = \sum_{n=0}^{\infty} \frac{x^n}{n} = 1 + x + \frac{x^2}{2!} + \cdots$$

에서는 계수가 $b_n = 1/n!$이므로, 식(1.87)로부터

$$\frac{b_{n+1}}{b_n} = \frac{1/(n+1)!}{1/n1} = \frac{1}{n+1}$$

로 되므로, $n \to \infty$에서 수렴한다. 따라서 위 급수는 x의 모든 값에서 수렴한다. ■

[예제 1.9]

다음 식으로 주어지는 멱급수의 수렴반경을 구하여 보자.

$$\sum_{n=0}^{\infty} \frac{(-1)^n}{8^n} x^{3n} = 1 - \frac{x^3}{8} + \frac{x^6}{64} - \frac{x^9}{512} + \cdots$$

풀이 위 멱급수의 계수는 $b_n = (-1)^n / 8^n$이다. 식(1.87)에 의해

$$\left| \frac{b_{n+1}}{b_n} \right| = \frac{8^n}{8^{n+1}} = \frac{1}{8}$$

로 되어 수렴반경은 $R=8$이다. 따라서 위 멱급수가 수렴하기 위해서는 $|x^3| < 8$로 되어야 하므로 즉 $|x| < 2$로 되어야 함을 알 수 있다. ■

잘 알려진 몇몇의 함수에 대한 $x=0$에 있어서의 테일러급수를 [표 1.1]에 나타내었다.

1.6.1 테일러급수전개에 의한 함수의 근사값

위에서 정의한 테일러급수 식(1.89)를 이용하여 함수 $f(x)$의 점 $x = x_o$에서의 전개식을 유도하여 보자. 먼저 주어진 함수가 점 $x = x_o$를 포함하는 임의의 구간에서 $(n+1)$계 미분가능하다면, 중심점 $x = x_o$와 구간내의 점 x사이에서 다음 식을 만족하는 $x = \xi$가 존재한다.

[표 1.1] 몇몇 함수에 대한 테일러급수

테일러급수	수렴영역
$\frac{1}{1-x}=1+x+x^2+\cdots$	$\|x\|<1$
$e^x=1+x+\frac{x^2}{2!}+\cdots$	$\|x\|<\infty$
$\sin x=x-\frac{x^3}{3!}+\frac{x^5}{5!}-\cdots$	$\|x\|<\infty$
$\cos x=1-\frac{x^2}{2!}+\frac{x^4}{4!}-\cdots$	$\|x\|<\infty$
$\ln(1+x)=x-\frac{x^2}{2!}+\frac{x^3}{3!}-\cdots$	$-1\le x<1$
$\sinh x=x+\frac{x^3}{3!}+\frac{x^5}{5!}+\cdots$	$\|x\|<\infty$
$\cosh x=1+\frac{x^2}{2!}+\frac{x^4}{4!}+\cdots$	$\|x\|<\infty$
$(1+x)^\alpha=1+\alpha x+\frac{1}{2!}\alpha(\alpha-1)x^2+\cdots$	$\|x\|<1$

$$f(\xi) = f(x_o)+(\xi-x_o)\frac{df}{dx}\bigg|_{x=x_o}+\frac{(\xi-x_o)^2}{2!}\frac{d^2f}{dx^2}\bigg|_{x=x_o}+\frac{(\xi-x_o)^3}{3!}\frac{d^3f}{dx^3}\bigg|_{x=x_o} \tag{1.90a}$$

$$+\cdots+\frac{(\xi-x_o)^n}{n!}\frac{d^nf}{dx^n}\bigg|_{x=x_o}+R_n(\xi)$$

여기서 $R_n(\xi)$는 나머지(remainder)로 불리는 양으로 다음으로 주어진다.

$$R_n(x)=\frac{(x-x_o)^{n+1}}{(n+1)!}\frac{d^{n+1}f}{dx^{n+1}}\bigg|_{x=\xi} \tag{1.90b}$$

식(1.90)은 식(1.89)의 테일러급수 공식에서 계수 $b_i,(i=0,\cdots,\infty)$

$$b_i=\frac{(x-x_0)^i}{i!}f^{(i)}(x)\bigg|_{x=x_0} \tag{1.90c}$$

로 두어 전개한 것이다.

$$f(x)=f(x_o)+(x-x_o)\frac{df}{dx}\bigg|_{x=x_o}+\frac{(x-x_o)^2}{2!}\frac{d^2f}{dx^2}\bigg|_{x=x_o}+\frac{(x-x_o)^3}{3!}\frac{d^3f}{dx^3}\bigg|_{x=x_o} \tag{1.90d}$$

$$+\cdots+\frac{(x-x_o)^n}{n!}\frac{d^nf}{dx^n}\bigg|_{x=x_o}+R_n(x)$$

여기서 $R_n(x)$는 나머지(remainder)로 불리는 양으로 다음으로 주어진다.

식(1.90)에서 $n=1$이면 테일러급수식은

$$f(x)=f(x_o)+(x-x_o)\frac{df}{dx}\bigg|_{x=\xi} \quad \text{혹은} \quad \frac{df}{dx}\bigg|_{x=\xi}=\frac{f(x)-f(x_o)}{(x-x_o)} \tag{1.91}$$

와 같이 간단한 형식으로 바뀐다. 이 식이 바로 1.1절에서 언급한 미분에 있어서의 평균값 정리(mean value theorem)라는 사실은 쉽게 알 수 있을 것이다.

ξ의 값은 알 수 없기 때문에 나머지 R_n의 정확한 값은 계산으로는 구할 수 없는 양이다. 테일러급수를 점 x에서의 함수값을 근사적으로 얻기 위해 사용한다면 식(1.90a)의 우변에서 두 개 혹은 그 이상의 항을 사용할 수 있다. 이 근사값의 정확도는 테일러급수 전개식에서 얼마나 많은 항이 사용되었으며, 동시에 x의 중심점 x_o에 가까운 정도에 의해 결정된다. 따라서 x가 x_o에 가까워질수록 정확도는 높아진다. 이를 함수 $y=\sin(x)$에 테일러급수를 적용한 예제로서 확인하여 보기로 한다.

[예제 1.10]

테일러급수전개를 이용하여 함수 $y=\sin(x)$를 $x=0$ 부근에서 근사화하여 보자.

(a) $x=\frac{\pi}{12}$와 $x=\frac{\pi}{2}$에서 근사값과 실제값을 비교하여 본다.

(b) MATLAB을 사용하여 $0 \le x \le \pi$ 구간에서 근사식과 원래식에 대한 그림을 그려보자.

풀이 $y=\sin(x)$의 1계에서 5계 미분은 다음과 같다.

$$y'=\cos(x),\ y''=-\sin(x),\ y^{(3)}=-\cos(x),\ y^{(4)}=\sin(x),\ y^{(5)}=\cos(x)$$

$x=0$에서 각 미분값은

$$y'=1,\ y''=0,\ y^{(3)}=-1,\ y^{(4)}=0,\ y^{(5)}=1$$

이다. 이상의 결과를 식(1.90a)에 대입하여 정리하면 다음의 전개식을 얻는다.

$$y(x)=\sin(0)+x+0-\frac{x^3}{3!}+0+\frac{x^5}{5!}=x-\frac{x^3}{3!}+\frac{x^5}{5!} \tag{①}$$

(a) $x=\frac{\pi}{12}$에서의 정확한 값은 $y=\sin\left(\frac{\pi}{12}\right)=\frac{1}{4}(\sqrt{6}+\sqrt{2})=0.2588190451$ 이다.

①의 전개식의 두 개의 항을 이용한 근사값 : $y(x)=x=\frac{\pi}{12}=0.2617993878$로 된다. ①의 전개식에서 네 개의 항을 아용한 근사값 :

$$y(x)=x-\frac{x^3}{3!}=\frac{\pi}{12}-\frac{(\pi/12)^3}{3!}=0.2588088133$$

①의 전개식에서 여섯 개의 항을 이용한 근사값 :

$$y(x) = x - \frac{x^3}{3!} + \frac{x^5}{5!} = \frac{\pi}{12} - \frac{(\pi/12)^3}{3!} + \frac{(\pi/12)^5}{5!} = 0.2588190618$$

또한, $x = \frac{\pi}{2}$에서의 정확한 값은 $y = \sin\left(\frac{\pi}{2}\right) = 1$이다.

①의 전개식의 두 개의 항을 이용한 근사값 : $y(x) = x = \frac{\pi}{2} = 1.570796327$로 된다. ①의 전개식에서 네 개의 항을 이용한 근사값 :

$$y(x) = x - \frac{x^3}{3!} = \frac{\pi}{2} - \frac{(\pi/2)^3}{3!} = 0.9248322293$$

①의 전개식에서 여섯 개의 항을 이용한 근사값 :

$$y(x) = x - \frac{x^3}{3!} + \frac{x^5}{5!} = \frac{\pi}{2} - \frac{(\pi/2)^3}{3!} + \frac{(\pi/2)^5}{5!} = 1.004524856$$

(b) MATLAB를 이용하여 구간 $0 \le x \le \pi$에서 상기의 각각의 경우에 대한 계산결과를 그래프로 나타낸 것이 [그림 1.20]이며 이의 MATLAB 프로그램은 다음과 같다.

```
x=linspace(0,pi,40); y=sin(x);
y2=x; y4=x-x.^3/factorial(3);
y6=x-x.^3/factorial(3)+x.^5/factorial(5);
plot(x,y,'r',x,y2,'k--',x,y4,'k-.',x,y6,'r--')        % [그림 1.20]
axis([0 4 -2 2])                              % 축의 스케일 변경
legend('Exact','Two terms','Four terms','Six terms')  % 레전드 삽입
xlabel('x'), ylabel('y')
xlim([0 3.2])                                 % x축의 스케일 재변경
```

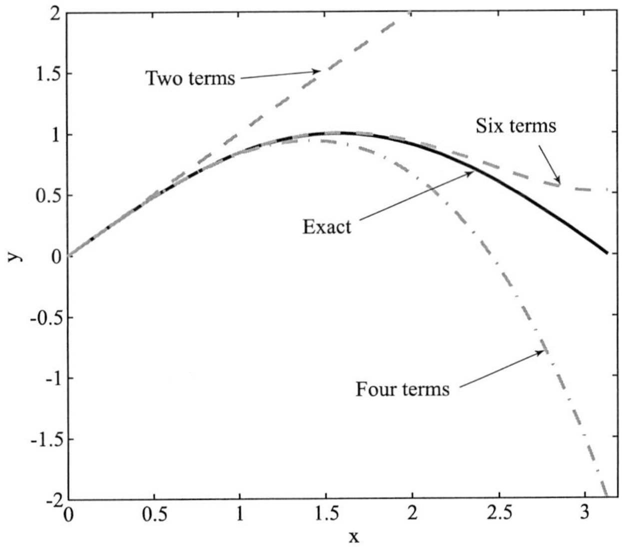

[그림 1.20] [예제 1.10]의 결과

1.6.2 두 개의 변수를 가지는 함수에 대한 테일러급수전개

두 개의 독립변수를 가지는 경우도 하나의 변수를 가지는 경우와 동일한 방법으로 전개할 수 있다. 단 앞서 설명한 바와 같이 두 개의 독립변수를 가지므로 미분은 편미분으로 진행되어야 한다. 함수 $f(x,y)$를 점 (x_o, y_o)를 중심으로 테일러급수전개는 다음과 같다.

$$\begin{aligned} f(x,y) = f(x_o, y_o) &+ \frac{1}{1!}\left[(x-x_o)\frac{\partial f}{\partial x}\Big|_{x_o,y_o} + (y-y_o)\frac{\partial f}{\partial y}\Big|_{x_o,y_o}\right] + \frac{1}{2!}\left[(x-x_o)^2\frac{\partial^2 f}{\partial x^2}\Big|_{x_o,y_o}\right. \\ &\left. + 2(x-x_o)(y-y_o)\frac{\partial^2 f}{\partial x \partial y}\Big|_{x_o,y_o} + (y-y_o)^2\frac{\partial^2 f}{\partial y^2}\Big|_{x_o,y_o}\right] \\ &+ \cdots + \frac{1}{n!}\left[\sum_{k=0}^{n}\frac{n!}{k!(n-k)!}(x-x_o)^k(y-y_o)^{n-k}\frac{\partial^n f}{\partial x^k \partial y^{n-k}}\Big|_{x_o,y_o}\right] \end{aligned} \tag{1.92}$$

연습문제

1. 미분에 관한 정의식 (1.2)를 이용하여 다음 식이 성립함을 밝혀라.

(1) $\frac{d}{dx}(u(x)v(x))=u\frac{dv}{dx}+v\frac{du}{dx}$ (2) $\frac{d}{dx}\left(\frac{u(x)}{v(x)}\right)=\frac{v\frac{du}{dx}-u\frac{dv}{dx}}{v^2}$

2. 미분방정식의 연결공식 (1.3)을 사용하여 함수 $f(x)=\sin(e^x)$의 2계 미분을 계산하라.

3. 미분에서의 평균값 정리 식(1.4)를 이용하여, 구간 $[0, \pi]$에서 $f(x)=\sin(x)$의 평균값을 계산하라.

4. 다음 연립방정식을 크라메르의 정리를 이용하여 해를 구하라.

(1) $x_1+x_2=4$
$2x_1-x_2=14$

(2) $4x_1-6x_2=6$
$2x_1+x_2=1$

(3) $x_1+x_3=-4$
$x_1+x_2+x_3=0$
$5x_1-x_2=6$

(4) $x_1+2x_2+2x_3=1$
$x_1-2x_2+2x_3=-3$
$73x_1-x_2+5x_3=7$

5. 3차원 공간상에서 주어진 시점 P에서 종점 Q로 향하는 벡터 $\vec{v}$의 표현식을 구하라. 또 크기가 $\|\vec{v}\|$이며 $\vec{v}$와 동일한 방향을 하는 단위벡터를 계산하여라.

(1) P : (3, 2, 0), Q : (5, −2, 0)
(2) P : (1, 0, 1.2), Q : (0, 0, 6.2)
(3) P : (4, 3, 2), Q : (−4, −3, 2)

6. 다음 벡터들의 방향코사인과 방향각을 구하여라.

(1) $\vec{a}=\vec{i}+2\vec{j}+3\vec{k}$ (2) $\vec{a}=[1,\ 0,\ -\sqrt{3}]^T$ (3) $\vec{a}=6\vec{i}+6\vec{j}-3\vec{k}$

7. $\vec{a}=[1, 1, 1]^T$, $\vec{b}=[2, 3, 1]^T$, $\vec{c}=[-1, 1, 0]^T$일 때 다음 두 벡터가 이루는 각을 계산하라.

(1) $\vec{b}$, $\vec{c}$ (2) $\vec{a}+\vec{b}$, $\vec{c}$

8. 다음에 주어진 벡터를 세 개의 변으로 하는 평행육면체의 부피를 구하여라.

(1) $\vec{a}=\vec{i}+\vec{j}$, $\vec{b}=-\vec{i}+4\vec{j}$, $\vec{c}=2\vec{i}+2\vec{j}+2\vec{k}$
(2) $\vec{a}=3\vec{i}+\vec{j}+\vec{k}$, $\vec{b}=\vec{i}+4\vec{j}+\vec{k}$, $\vec{c}=\vec{i}+\vec{j}+5\vec{k}$

9. 다음의 행렬식

$$\begin{vmatrix} a_1 & a_2 & a_3 \\ b_1 & b_2 & b_3 \\ c_1 & c_2 & c_3 \end{vmatrix}=5$$

을 이용하여 아래 주어진 행렬의 행렬식을 계산하라.

(1) $\boldsymbol{A}=\begin{bmatrix} a_3 & a_2 & a_1 \\ b_3 & b_2 & b_1 \\ c_3 & c_2 & c_1 \end{bmatrix}$　　(2) $\boldsymbol{B}=\begin{bmatrix} 2a_1 & a_2 & a_3 \\ 6b_1 & 3b_2 & 3b_3 \\ 2c_1 & c_2 & c_3 \end{bmatrix}$

(3) $\boldsymbol{C}=\begin{bmatrix} -a_1 & -a_2 & -a_3 \\ b_1 & b_2 & b_3 \\ c_1-a_1 & c_2-a_2 & c_3-a_3 \end{bmatrix}$　　(4) $\boldsymbol{D}=\begin{bmatrix} a_1 & b_1 & c_1 \\ a_2 & b_2 & c_2 \\ a_3 & b_3 & c_3 \end{bmatrix}$

10. 카테시안 좌표계에서 점 (x, y)에서 극좌표계의 점 (r, θ)로 변환하기 위해서 $x(r, \theta)=r\cos\theta$ 및 $y(r, \theta)=r\sin\theta$가 사용된다. 이때 야코비안 행렬 $J=\begin{bmatrix} \frac{\partial x}{\partial r} & \frac{\partial x}{\partial \theta} \\ \frac{\partial x}{\partial r} & \frac{\partial y}{\partial \theta} \end{bmatrix}$를 계산하고, 이때의 야코비안 행렬식 값은 얼마인가?

11. 함수 $f(x)=\ln(x+n)$을 $x=0$을 중심으로 테일러급수 전개하여라. 단 $n\neq 0$은 기지의 값으로 한다.

12. 두 개의 독립변수를 가지는 함수 $f(x,y)=e^{-x^2}\sin y$를 점 $(1, 3)$을 중심으로 테일러급수 전개하라.

13. 다음과 같은 2계 1차미분방정식이 주어져 있다. 아래의 각 물음에 답하라.

$$m\frac{d^2x}{dt^2}+\gamma\frac{dx}{dt}+kx=A_o\sin(\omega t)$$

(1) ODE의 제차방정식의 해를 컴퓨터를 사용하지 않고 구하여라.

(2) ODE의 일반해를 계산하고 $t\rightarrow\infty$일 때의 $x(t)$(즉 정상상태 응답)를 구하여라.

(3) 위 ODE의 해 $x(t)$의 정상상태 응답을 주파수의 ω, $(0\leq\omega\leq 5)$의 함수로서 그래프로 나타내어라. 단 $A_o=1$, $k=1$, $m=1$둔다. 이것을 $\gamma=0.5$, 1.0 및 $\gamma=2.0$의 세 가지 경우에 대하여 수행하고, 그 결과에 대해 자세히 설명하여라.

만약 $\gamma=0$일 때 주파수 $\omega=\sqrt{\frac{k}{m}}$에서 어떤 현상이 위 시스템에 발생하는가?

PART Two

수식 계산을 위한 MATLAB

여기서는 각종 수식계산을 위한 MATLAB의 기본적인 내용을 단계별로 설명한다. 먼저 MATLAB의 입·출력을 포함한 전반적인 사항과 관련한 내용을 제2장에서 설명한 뒤, 이어서 MATLAB의 사용에 있어 가장 기본이 되는 행렬 및 관련 명령어 등을 제 3장에서, MATLAB이 제공하는 명령어를 이용하여 필요한 프로그램의 작성과, 그 실행결과의 시각적 처리를 위한 그래픽의 기본적인 사용법 등을 제4장 및 제5장에서 조금 자세히 언급한다.

Chapter 02

MATLAB 언어의 기본과 수식계산

여기서는 MATLAB의 특징과 명령어의 체계 등 MATLAB의 사용에 있어 필수불가결한 요소만을 선정하여 간략하게 설명한다.

2.1 MATLAB 윈도(Windows)와 워크스페이스(workspace)의 관리

2.1.1 MATLAB 윈도의 종류

거의 대부분의 PC 환경에서 MATLAB은 [그림 2.1]과 같이 세 개의 기본 윈도를 가진다.1)

1) MATLAB 데스크톱(desktop) : MATLAB을 기동하면 기본적으로 나타나는 화면으로 보통 네 개의 부 윈도(sub-window)로 이루어진다(default).

- 명령윈도(Command Window) : MATLAB의 주된 윈도로서 MATLAB 명령 프롬프트(">>")로 특징지어진다. 모든 프로그램과 명령어 등은 이 윈도에서 MATLAB 프롬프트 뒤에 입력함으로써 실행된다.
- 현재 디렉터리(Current Directory) 윈도 : 여기에는 사용자가 사용하고 있는 현재 디렉터리 내2)의 모든 파일이 나타난다. 여기에 있는 파일을 마우스로 클릭한 뒤 오른쪽 클릭(Right-Click) 메뉴3)를 이용하면 해당 파일과 관련되는 각종 옵션이 나타나므로 편리하게 이용할 수 있다([그림 2.2]).

---

1) MATLAB의 버전 또는 사용자의 설정상황에 따라 초기화면의 모양은 조금 다르다.
2) '현재 디렉터리'란 사용자가 작성한 파일과 데이터 등이 들어 있는 디렉터리로서, 명령윈도에서 어떤 명령을 실행하면 MATLAB은 현재 디렉터리를 중심으로 관련 파일을 찾게 된다.
3) Right-Click 메뉴란 MATLAB 내에서 적절한 항목(예를 들어 파일명 등)을 마우스로 클릭하여 선정 뒤, 마우스의 오른쪽 버튼을 누른 상태에서 나타나는, 선정한 항목과 관련한 작업 종류를 의미한다.

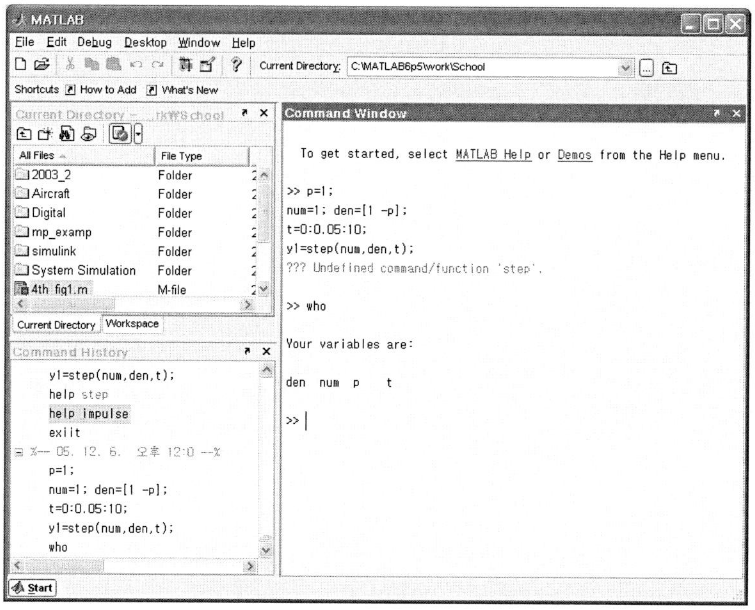

[그림 2.1] MATLAB의 기본 화면

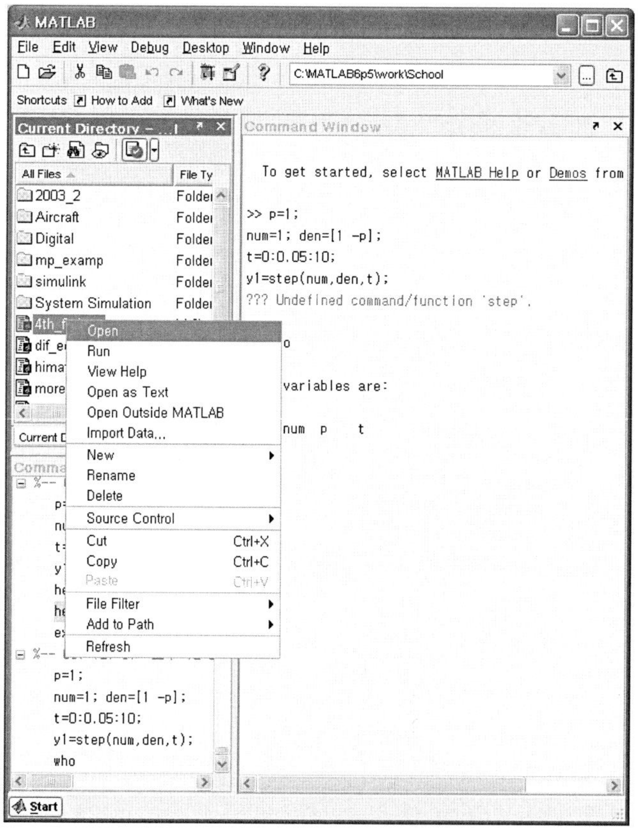

[그림 2.2] Current Directory와 관련된 Right-Click 메뉴

- **워크스페이스(Workspace) 윈도**: 앞의 현재 디렉터리와는 대치(alternate)되어 나타나는 화면으로 사용자가 만들어낸 변수들에 관한 정보(크기 및 종류(type))가 표시되어 있다. 여기서도 마우스로 변수를 클릭한 뒤 오른쪽 클릭 메뉴를 이용하면 해당 변수에 관련되는 각종 작업을 바로 수행할 수 있다.
- **커맨드 히스토리(Command History) 윈도**: 명령윈도에 입력한 모든 명령어가 여기에 날짜 별로 기록되어 있다. 따라서 이미 실행한 작업을 쉽게 되풀이할 수 있으며, 이것을 모아서 하나의 M파일로 만들 수도 있다. 여기서도 마우스로 임의의 명령어를 클릭한 뒤 오른쪽 클릭 메뉴를 이용하면 각종 작업을 바로 수행할 수 있다.

2) **그림화면(Figure Window)**: 명령윈도 상에서 그래픽과 관련된 명령어를 수행하면 그림화면이 나타난다. 사용자는 필요한 개수만큼의 그림 화면을 만들어 낼 수 있다[4].

3) **편집화면(Edit Window)**: 사용자가 만들어서 사용하는 프로그램은 보통 M파일로 불리는 텍스트 문서로서 저장할 수 있다. MATLAB은 M파일을 위한 자체 편집기를 가지고 있으나, 필요하다면 유저가 평소에 사용하는 word processor 등을 자신의 편집기로도 사용할 수도 있다.

2.1.2 워크스페이스의 관리

명령윈도 상에서 생성된 데이터와 변수는 워크스페이스에 저장된다. 워크스페이스 윈도에서는 현재 지정되어 있는 변수의 형식, 크기 및 최대 최소값 등을 확인할 수 있다[5]. 동일한 내용을 명령어 'whos'를 실행하여도 동일한 결과를 얻을 수 있다.

```
whos ↵

Name      Size          Bytes  Class     Attributes
  ans      1x1              8  double
  pi       1x1              8  double
  x        1x40           320  double
  y        1x40           320  double
  y2       1x40           320  double
  y4       1x40           320  double
  y6       1x40           320  double
```

명령어 'clear'를 실행하면 메모리상에 있는 변수를 삭제할 수 있다.

```
clear pi x y2      % 변수 pi x y2 만을 삭제한다.
clear all          % 메모리상의 모든 변수를 삭제한다.
```

4) 생성 가능한 개수는 사용하는 PC의 성능 또는 환경에 따라서 결정된다.
5) 명령윈도에서 '>> workspace'를 실행하여도 커서가 MATLAB화면 왼쪽 위의 Workspace 윈도로 옮겨간다.

사용하는 컴퓨터의 종류 등에 따라 MATLAB 사용 중에 메모리와 관련된 문제가 발생할 수도 있으나, 이 경우 상기의 명령어 'clear'를 사용하여 불필요한 변수를 삭제하여 메모리를 확보하면 된다. 그러나 변수의 생성과 삭제를 반복하면 경우에 따라서는 'clear' 명령으로도 메모리 부족현상이 해결되지 않을 수도 있다. 이 경우는 우선적으로 명령어 'pack'을 사용하여 부수적인 메모리의 확보에 노력해보는 것이 필요할 것이다.

2.1.3 MATLAB 경로(path)

MATLAB이 제공하는 모든 파일은 그 용도에 따라 분류되어 각각의 디렉터리와 부-디렉터리에 보관되어 있다. 명령윈도에서 '>>path'를 입력한다면 수많은 디렉터리의 경로가 화면에 나타나는 것을 볼 수 있을 것이다. 이와 같이 화면에 나타나는 경로는 MATLAB이 기동 시에 자동적으로 경로설정이 되는, 즉 디폴트의 경로로서, 이는 MATLAB이 기동되면서 경로에 대한 정보, 즉 각 디렉터리의 위치 정보를 가지고 있는 파일인 pathdef.m을 동시에 작동시키는 것으로 실행된다. 만약 사용자가 자신의 디렉터리를 pathdef에 등록하여 둔다면 MATLAB의 기동시에 자동으로 경로가 설정되어 여러 가지로 편리할 것이다. 이를 위해서는 MATLAB의 명령윈도의 'File → Set Path'를 클릭하여 나타나는 [그림 2.3]의 화면을 이용하여 경로의 추가 및 삭제 등이 수행할 수 있다.

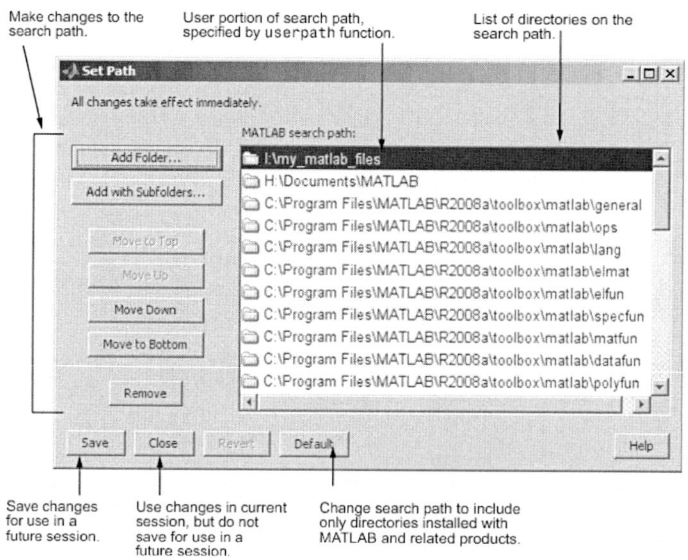

[그림 2.3] MATLAB의 경로 지정을 위한 화면

다음, 명령윈도의 프롬프트에서 어떤 작업을 수행하는 과정을 통하여 MATLAB이 필요한 파일을 어떤 순서로 찾아내는지 확인하여 보자.

예를 들어, '>>love'를 입력하여 실행하였다고 하면, MATLAB은 다음 순서로 작업을 진행한다.

i) 'love'가 워크스페이스에 존재하는 변수인지를 체크한다.

ii) i)의 경우가 아니면, 'love'가 MATLAB의 함수인지를 체크한다.

iii) ii)의 경우도 아니면, 현재의 디렉터리에서 'love.m'의 파일이 존재하는 지를 체크한다.

iv) iii)의 경우도 아니면, MATLAB search path 파일에서 지정한 순서와 경로를 따라 'love.m'의 파일이 존재하는지를 체크한다. 즉, pathdef.m에서 경로설정이 되어 있는 모든 디렉터리에 있는 파일을 검색한다.

v) iv)의 경우까지 진행하는 과정에서 'love'가 발견되지 않으면, MATLAB은 에러메시지를 화면에 발생시킨다.

MATLAB은 상기 i)~iv)의 단계의 결과에 따라 작업을 수행한다. 'love'가 변수라면 이 변수에 이미 지정되어 있는 값을 사용하여 작업을 수행할 것이며, 'love'가 (built-in) 함수라면 이를 메모리상으로 불러낼 것이다. 또한, 'love.m'이 파일이라면(iii), iv)의 경우) 해당 파일을 오픈하여 관련 작업을 진행한다.

앞서 언급한 바와 같이 MATLAB을 처음 기동시키면 자동으로 디폴트의 MATLAB search path 파일(pathdef.m)이 실행되어, MATLAB이 가지는 방대한 Toolbox등을 사용가능한 상태로 만든다. 사용자가 생성한 디렉터리를 MATLAB 경로에 추가하는 가장 쉬운 방법은 명령윈도 상단에 있는 'Path Browser'라는 GUI(Graphical User Interface)를 사용하는 것이다. 이 방법은 상기의 'Set Path'를 이용한 설정과는 달리 MATLAB을 종료시키면 현재의 경로설정이 사라진다는 점이다. 따라서 지속적인 작업이 필요한 경우에는 필요한 경로가 자동적으로 설정될 수 있도록 'Set Path'를 사용하는 것이 편리할 것이다.

어느 방법을 사용하던지 사용자가 작성한 함수나 파일을 저장한 디렉터리는 반드시 MATLAB 경로가 설정되어 있어야 한다. 이렇게 해야 만이 '??? **Undefined function or variable love**'라는 에러메세지가 나타나는 것을 방지할 수 있다. 현재 지정되어 있는 MATLAB 경로를 화면에 표시하고자 하면 명령윈도에서 'matlabpath'를 실행한다.

2.2 MATLAB의 변수(variables)와 데이터 형식

2.2.1 MATLAB의 변수

다른 컴퓨터용 언어와 마찬가지로 MATLAB 역시 변수명(variable name)의 사용에 있어 몇 가지 규칙을 가지고 있다. 일반적인 표현을 사용하자면 변수는 중간에 빈칸(space)을 포함하지 않는 하나의 단어(single-word)로 표현되어야 한다는 것이다. 이를 조금 구체적으로 정리하면 [표 2.1]과 같다.

[표 2.1] 변수명의 지정을 위한 규칙

변수명을 위한 규칙	예시
변수명은 대문자 및 소문자를 구별한다.	Cost, cost, CoSt 및 COST는 모두 다른 변수로 사용된다.
변수명은 63(영문)자 이내로 되어야 하며, 63자를 넘어서는 문자는 무시된다.	Whatareyoudoingnow_canbeavariablename
변수명은 반드시 영문으로 시작되어야 하며, 이어서 숫자, 문자 및 under bar 등이 따라올 수 있다.	how_about_this_name_6326
구두법에 사용되는 문자는 사용될 수 없다.	a_b_c_d_e?

이러한 규칙에 의한 변수명의 지정에도 몇 가지 예외가 있다. 즉 MATLAB이 자체적으로 사용하기 위해 지정한 변수([표 2.2] 참조)는 사용자의 변수로 지정할 수 없다는 것이다.

[표 2.2] MATLAB 지정 변수명 리스트

MATLAB 변수로 지정된 단어 리스트
for end if while function return elseif case otherwise switch continue else try catch global break

[표 2.2]의 리스트는 명령윈도에서 '>>iskeyword'를 입력하면 나타나는 변수들이다[6]. 그러나 대문자를 사용한다든지 하여 위 단어와 유사한 단어를 변수로 사용할 수 있음은 물론이다.

상기의 리스트에 있는 단어 외에 π와 같이 특정한 용도로서 지정되어 있는 변수명이 여러 개 존재하며 이를 정리한 것이 [표 2.3]이다.

[표 2.3] 특수 용도의 변수

특수용도 변수	용 도
ans	명령실행 계산결과에 대한 기정(디폴트) 변수
beep	컴퓨터의 소리(sound)를 설정
pi	π값을 의미
eps	1에 더해졌을 때 1보다 큰 값을 만들어내는 가장 작은 수를 의미
inf	∞를 의미
NaN 혹은 nan	Not-a-Number를 의미(예를 들어 0/0 등)
i 혹은 j	허수값 $\sqrt{-1}$ 을 의미
nargin	함수(function)의 입력변수의 개수
nargout	함수(function)의 출력변수의 개수
realmin	양의 최소값을 의미(보통 2.2251e-308)
realmax	양의 최대값을 의미(보통 1.7977e+308)
bitmax	배정도에서 양의 정수의 최대값(보통 9.0072e+015)

6) '>>iskeyword(S)'를 실행하였을 때, S가 MATLAB에서 사용하는 변수인 경우에는 '1', 그 외의 경우에는 '0'을 출력한다.

또한, 변수명을 지정하는 경우 상기의 MATLAB 전용의 변수 외에도 MATLAB이 제공하는 (혹은 사용자 작성) 함수를 변수명으로 사용해서는 안 된다. 만약의 함수명을 변수로 사용했다면, 메모리에서 clear를 사용하여 그 변수를 제거할 때까지 그 함수가 원래 가지고 있는 기능은 사용할 수 없게 된다. 예를 들어, '>>disp=50;'을 실행했다면, 이후 '>>clear disp'를 실행하기 전까지는 함수 disp가 가지는 화면표시 기능을 사용할 수 없게 된다(스크립터 참조).

```
pi ↵
    ans = 3.1416                 % 원래의 변수 pi에 지정된 값
-----------------------------------------------------------------
pi = 2.5e-2 ↵
    pi = 0.025                   % pi에 새로운 값을 지정
-----------------------------------------------------------------
clear pi                         % 새로 지정한 값을 메모리에서 제거
pi ↵                             % 원래 값을 회복
    ans = 3.1416
```

2.2.2 수치데이터의 형식

■ MATLAB의 데이터 형식

현재 MATLAB에서 사용되는 수치데이터는 대부분 배정도(double precision)로서 메모리에 실수 혹은 복소수의 형식으로 저장된다. 역사적으로 MATLAB의 초기버전에서는 모든 데이터가 배정도로서 메모리에 저장되었다. 문자열과 논리데이터 등까지도 8바이트의 실수배열을 가지는 배정도로서의 메모리 공간을 사용하였다. 이는 말할 필요도 없이 아주 비효율적인 메모리공간의 사용법이라고 할 수 있을 것이다. 사실상 문자열의 경우 한 글자에 최대 2바이트면 충분하며, 논리데이터의 경우는 정(True)과 부(False)를 구분하는데 1비트만으로도 그 목적을 달성할 수 있다.

시간의 경과와 함께 이러한 메모리의 비효율적인 사용은 개선되어, 데이터의 표현형식(data type)을 데이터에 따라 분리하게 되었다. 더욱 최근에는 단정도 형식과 부호를 가진 정수표현을 위한 형식 등이 새로이 도입되었다. 이전에는 이와 같이 다양한 형식의 데이터로서 수치연산을 수행하는 경우에는, 반드시 연산의 실행 전에 이들 데이터를 배정도로 변환하고, 계산결과를 그 요구에 따라 원래의 형식으로 되돌리는 작업이 필요하였다. 그러나 MATLAB 7의 등장과 함께 이러한 번거로운 변환과정 없이 대부분의 연산은 자동적으로 배정도로 이루어지게 되었다.

현재 사용 중의 MATLAB에는 총 15가지의 기본데이터 형식이 사용되고 있으며, 각 데이터는 행렬(matrix) 혹은 배열(array)의 형식을 가지고 있다. 이러한 행렬 혹은 배열은 최소 0×0의 크기에서부터 임의의 크기를 가지는 n차원의 행렬 혹은 배열을 가질 수 있다[7].

MATLAB이 사용하는 15개의 데이터 형식을 소문자로서 [그림 2.4]에 나타내고, 이들에 대한 간략한 설명을 [표 2.4]에 정리하였다. 기본형식 외에 사용자 지정(user-defined)인 객체지향(object-oriented)의 데이터 형식으로 user classes 및 Java classes가 있다.

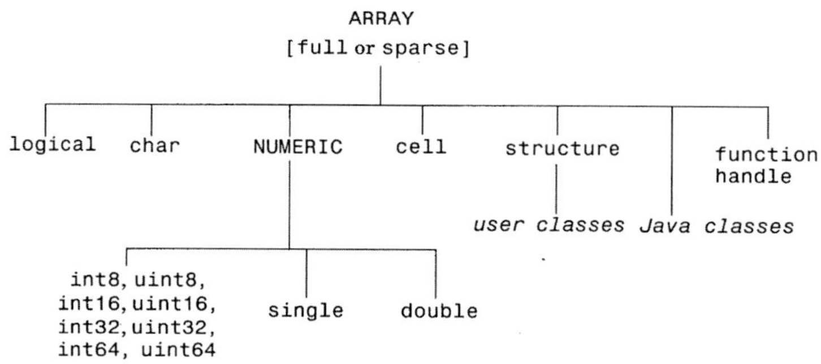

[그림 2.4] MATLAB의 데이터 형식

[표 2.4] MATLAB에서 사용되는 데이터 형식

데이터 형식	사용 예	간단한 설명
int8, uint8, int16, uint16, int32, uint32, int64, uint64	`uint16(650)`	부호를 가지거나 혹은 가지지 않는 정수용의 배열로서, 단정도 또는 배정도보다 더 적은 메모리를 필요로 한다. int64와 uint64를 제외한 모든 형식은 수학연산에 사용가능하다.
single	`3*10^38`	단정도 용의 배열로서 배정도보다 적은 메모리를 소요하지만, 동일한 영역에서 계산의 정도는 떨어진다.
double	`3*10^300` `5+6i`	배정도 용의 배열로서 2차원 배열의 경우 'sparse 배열'로 될 수 있다. MATLAB에서의 디폴트인 수치표현 형식이다.
logical	`magic(4) < 10`	논리연산의 결과인 '1' (정:true) 또는 '0' (부:false)에 사용되는 배열로서, 2차원인 경우 'sparse 배열'로 될 수 있다.
char	`'Hello'`	문자용의 배열이다. 문자열은 문자의 벡터형식으로 표현된다. 하나 이상의 문장을 가지는 배열의 경우 cell 배열의 사용이 바람직하다.

cell array	`a{1,1}=12;`
	`a{1,2}='Red';`
	`a(1,3)=magic(4);`
		색인을 가지는 셀의 배열로서, 각각의 배열에는 서로 다른 크기와 형식을 가지는 데이터의 저장이 가능하다. 제3장을 참조한다. (3.5절을 참조)

structure	`a.day=12;`
	`a.color='Red';`
	`a.mat=magic(3);`
		C와 유사한 구조를 가지는 배열로서 cell과 그 작용이 유사하다. (3.5절을 참조)

function handle	`@sin`	함수를 나타내는 포인트로 볼 수 있으며, 이를 다른 함수에 전달할 수도 있다. (2.9절 참조)

7) 자세한 내용은 제4장 참조.

[표 2.4]의 각종 데이터 형식에 대한 자세한 설명은 이후 각 데이터 형식이 주로 사용되는 부분에서 자세히 수행하기로 한다.

■ 정수(integer) 데이터의 형식

MATLAB은 8, 16, 32 및 64비트의 부호를 갖는 정수데이터의 취급이 가능하며 다음 표에 이들을 정리하였다.

[표 2.5] 정수데이터의 형식

데이터 형식8)	설 명
uint8	0에서 255 (0 에서 2^8)까지의 범위에서 부호를 가지지 않는 8비트 정수의 형식
int8	−128에서 127 (-2^7에서 2^7-1)까지의 범위에서 부호를 가지는 8비트 정수의 형식
uint16	0에서 65,535 (0에서 2^{16})까지의 범위에서 부호를 가지지 않는 16비트 정수의 형식
int16	−32,768에서 32,767 (-2^{15} to $2^{15}-1$)까지의 범위에서 부호를 가지는 16비트 정수의 형식
uint32	0에서 4,294,967,295 (0에서 2^{32})까지의 범위에서 부호를 가지지 않는 32비트 정수의 형식
int32	-2,147,483,648에서 2,147,483,647 (-2^{31} to $2^{31}-1$)까지의 범위에서 부호를 가지는 32비트 정수의 형식
uint64	0에서 18,446,744,073,707,551,615 (0 에서 2^{64})까지의 범위에서 부호를 가지지 않는 64비트 정수의 형식
int64	-9,223,372,036,854,775,808에서 9,223,372,036,854,775,807 (-2^{63} to $2^{63}-1$)까지의 범위에서 부호를 가지는 64비트 정수의 형식

정수형식을 가지는 데이터는 여러 가지 방법으로 생성가능하다. 예를 들어, '>>x=int16(32501)'을 실행하면 정수 '32501'이 16bit, 즉 2바이트의 배열로서 변수 x에 배당된다. 이는 다음과 같이 확인할 수 있다.

```
x = int16(32501); ↲

whos x
Name      Size         Bytes    Class

  x         1x1            2    int16   array
```

'0'이나 '1'의 값만을 가지는 행렬을 생성하고자 하는 경우 생성된 데이터의 형식과 상호변환은 아래의 스크립터 파일을 참조한다.

8) 이 표현법을 사용하면 데이터 형식을 변환할 수 있다. 예를 들어, '>>int(3)'을 실행하면 정수 '3'을 8-bit의 integer 형식으로 (내부적으로) 변환된다.

```
m = zeros(1,16,'int8') ↵
     m = [0 0 0 0 0 0 0 0]
----------------------------------------------------------------------------
class(m) ↵
    ans = int8
----------------------------------------------------------------------------
n = ones(4, 'uint16') ↵       % unit16의 형식으로 크기(4×4)인 행렬 n 생성
    ans = unit16
----------------------------------------------------------------------------
k=1:7;                        % 배정도 데이터의 생성
class(k) ↵
    ans = double
----------------------------------------------------------------------------
kk = unit8(k)  혹은 kkk = cast(k, 'unit8')    % unit8의 형식으로 변환
```

한편, integer 형식의 데이터 상호간의 계산은 여전히 integer로 된다. 이 경우 덧셈, 뺄셈, 및 곱셈의 결과는 항상 integer로 되어 문제없으나, 나눗셈의 경우는 그 결과가 integer로 된다는 보장은 없다. 따라서 MATLAB은 나눗셈은 배정도로 수행하고 그 결과를 round하여 가장 가까운 integer값으로 가져간다.

```
k = int8([1 2 3 4 5 6 7]); m = int8([7 2 3 6 4 1 5]);
k./m  ↵
    ans = [0 1 1 1 1 6 1]          % 나눗셈의 결과
k/2  ↵
    ans = [1 1 2 2 3 3 4]
```

또한, [표 2.5]에 나타낸 바와 같이 integer의 경우 각 데이터형식에는 최대크기가 제한되어 있다. 따라서 계산 결과는 그 최대값을 넘어서지 못한다.

```
k = cast('hellothere', 'uint8') ↵               % 문자열을 unit8로 변환
    k = [104 101 108 108 111 116 104 101 114 101]
----------------------------------------------------------------------------
double(k)+150 ↵                                 % 배정도로 덧셈의 계산
   ans = [254 251 258 258 261 266 254 251 264 251]
----------------------------------------------------------------------------
k+150↵                           % uint8로 덧셈의 계산 최대값 255를 넘지 못한다.
    ans = [254 251 255 255 255 255 254 251 255 251]
----------------------------------------------------------------------------
k-150↵                           % unit8의 최소값은 0 이다.
    ans = [0 0 0 0 1 6 0 0 4 0]
```

■ **부동소수점 데이터 형식(floating-point data type)[9]**

MATLAB에서의 데이터 처리는 배정도형식이 기본이지만, 메모리 절약의 한 방편으로 단정도(single-precision) 형식의 데이터처리도 가능하다. 이때의 형식은 배정도에서의 경우와 거의 동일하다. 이미 0.2절에서 이것과 관련하여 자세히 소개한 바가 있으므로 여기서는 MATLAB과 관련된 사항을 몇 가지 언급한다.

먼저 배정도의 부동소수점 형식으로 MATLAB에서 표현할 수 있는 최대 및 최소값은 함수 realmax와 realmin을 사용하여 확인할 수 있다.

```
str = 'The range of double is : \n\t%g to %g and \n\t %g to %g'
sprintf(str, -realmax, -realmin, realmin, realmax)

ans =
The range of double is :
        -1.79769e+308 to -2.22507e-308 and
         2.22507e-308 to  1.79769e+308
```

따라서 realmax보다 큰 값을 가지거나 혹은 -realmin보다 작은 값을 가지는 수는 각각 양의 무한대(Inf)와 음의 무한대로 설정된다. 데이터 형식의 처리와 관련한 MATLAB의 함수를 [표 2.6]에 나타내었으며, 이와 관련한 몇 가지 사용법은 다음 스크립터를 참조한다.

```
format long
y = int64(-589324077574);          % 64-bit의 integer 생성
x1 = double(y) ↵                   % y를 배정도로 변환
    x1 = -5.893240775740000e+011
whos x                             % 배정도의 확인
  Name      Size            Bytes  Class     Attributes
   x1       1x1                 8  double
---------------------------------------------------------------------
x2 = single(y)                     % y를 단정도 변환
      x2 =  -5.8932409e+011
whos x2                            % 단정도의 확인
  Name      Size            Bytes  Class     Attributes
   x2       1x1                 4  single
```

9) 부동소수점 데이터형식에 관한 내용은 0.2절을 참조한다.

[표 2.6] 데이터 형식과 관련된 함수

함 수	설 명
double	배정도 데이터 형식으로의 변환과 생성
single	단정도 데이터 형식으로의 변환과 생성
isfloat	입력항이 부동소수점 배열인지를 확인
class	입력항의 데이터형식을 표시
isnumeric	입력항이 수치인지의 여부를 확인
isinteger	입력항이 정수데이터([표 2.5] 참조)인지를 확인
idfloat	입력항이 부동소수점 형식인지를 확인
isa(x, 'type')	입력항이 주어진 'type'의 데이터 형식인지를 확인
cast(x, 'type')	입력항을 주어진 'type'의 형식으로 변환
intmax('type')	데이터 형식 'type'가 가지는 최대 정수값을 표시
intmin('type')	데이터 형식 'type'가 가지는 최소 정수값을 표시
realmax('type')	데이터 형식 'type'가 가지는 최대 정수값을 표시. 대략 1.7977e+308.
realmin('type')	데이터 형식 'type'가 가지는 최소 정수값을 표시. 대략 2.2251e−308.
eps('type')	입력항 'type'를 부동소수점 형식으로 변환하여 표시
eps(x)	입력항 'x'가 1.0에 가장 가까운 최대 수를 배정도로 표시

■ **복소수의 사용**

수치계산과 관련하여 MATLAB이 가지고 있는 유용한 특징 중의 하나로서 복소수의 사용에 있어 사전 조작을 필요로 하지 않는다는 것이다. 복소수는 MATLAB에서 몇 가지 방법으로 사용할 수 있으며, 일반적으로 다음의 네 가지 방법이 주로 사용된다.

```
① C1 = 1-2i ↲                       % 'i'는 복소수의 허수부를 의미한다.
   C1 =  1.0000 - 2.0000i
------------------------------------------------------------------------
② C1 = complex(1, -2) ↲             % 복소수를 생성하는 함수의 사용
   C1 =  1.0000 - 2.0000i
------------------------------------------------------------------------
③ C2 = 3*(2-sqrt(-1)*3) ↲           % √-1 = i의 사용
   C2 =   6.0000 - 9.0000i
------------------------------------------------------------------------
④ C4 = 6 + sin(0.5)*1i , 혹은 C5 = 6 + sin(0.5)*1j  ↲    % 'j'의 사용
   C5 = 6.0000 + 0.4794i
```

위 스크립터에서 i 혹은 j는 복소수의 허수부를 나타내기 위하여 사용되는 변수이지만, 예를 들어 '>>sin(0.5)i'와 같은 표현은 에러를 발생시킨다. 이런 경우에는 ④와 같이 '>>sin

(0.5)*1i' 혹은 '>>sin(0.5)*1j'와 같은 형식으로 허수를 나타내어야 한다.[10)]

일반적으로 복소수의 연산은 복소수를 생성하지만, MATLAB에서는 실수의 경우와 동일한 방법으로 이를 수행한다. 복소수는 그 표현방법으로 상기의 $a+jb$ 형식 외에 오일러 정리를 이용한 극좌표형식을 사용하는 경우도 있다. 즉, $a+jb=M\angle\theta=Me^{j\theta}$를 이용하여 복소수를 그 크기 M과 위상 θ로서 나타내는 것이다.[11)]

```
C1 = 1-2j;                  % 복소수의 지정
mag_C1 = abs(C1)            % 복소수의 크기
angle_C1 = angle(C1)        % 복소수의 위상
real_C1 = real(C1)          % 복소수의 실수부
imag_C1 = imag(C1)          % 복소수의 허수부
```

■ Infinity와 NaN

MATLAB에서 양의(혹은 음의) 무한대 값을 표현하기 위하여 Inf를 사용하며, 또한 계산결과 등이 수로 되지 않음(Not a Number)을 나타내기 위해 NaN의 기호를 사용한다.

(1) Inf

무한대는 분수계산에서 분모가 '0'으로 되는 경우에 발생하며, 이 경우 MATLAB이 사용하고 있는 전통적인 부동소수점 표현으로는 나타낼 수 없기 때문에 overflow로 된다. 다음에 양의 혹은 음의 무한대를 생성하는 몇 가지 예를 아래에 정리한다.

```
x = 1/0
x =
    Inf
-----------------------------
x = exp(1000)
x =
   Inf
```

```
x = 1.e1000
x =
   Inf
--------------------------
x = log(0)
x =
  -Inf
```

또한, 변수가 양, 혹은 음의 무한대 값을 가지는지의 확인을 위해서는 함수 isinf를 이용한다.

(2) NaN

계산의 결과가 부정값(not-determined value)을 가지는 경우에는, IEEE의 연산규칙에 정해진 바에 따라 NaN(Not-a-Number)를 변수에 인가한다. IEEE 연산규칙이란 미국의 전기

---

10) 허수를 나타낼 경우 예를 들어 '>>2i, 2*i, 2j 및 2*j'의 표현법이 모두 가능하다.

11) 이 경우 $M=\sqrt{a^2+b^2}$, $\theta=\tan^{-1}\left(\frac{b}{a}\right)$로 주어진다.

전자공학회에서 결정한 연산규칙으로 대부분의 컴퓨터 관련 연산에서 채용하고 있는 규칙을 의미한다.

예를 들어, 0/0 또는 inf/inf 등이나, 혹은 NaN를 포함하는 수식계산, 예를 들어 '>>n/0' 등은 NaN를 생성한다.

```
x = 7i/0
x =
          NaN +             Infi
```

데이터의 통계 등에서 결손값이 있는 경우에도 NaN가 사용된다.

배열 x에 존재하는 NaN의 위치는 '>>i = find(isnan(x))'을 실행하면 알아낼 수 있다. 실제의 사용법 등은 다음의 스크립터를 참고한다.

```
x = [1 2 3 NaN 4 5];              % NaN를 요소로 가지는 배열의 정의
x = x(find(~isnsn(x))); ↲         % 요소에서 NaN를 제거한다

   x =
        1    2    3    4    5
```

```
x = x(~isnan(x));                 % 배열에서 NaN를 제거하는 동일한 결과
x(isnan(x)) =[ ];                 % 상기와 동일한 결과를 출력한다
```

2.3 입 · 출력(Input · output)

MATLAB은 자신의 입·출력을 위한 도구로서 화면(screen)을 주로 이용한다. 물론 파일을 이용하여 입·출력도 가능하지만 여기서는 언급하지 않는다. 다음에 설명하는 특징은 모든 형태의 입·출력에 해당된다.

- **데이터의 형태(Type)** : MATLAB에서의 기본적인 데이터 형식은 배열(array)이다. FORTRAN이나 C 등과는 달리 데이터의 형태나 개체(object) 등을 미리 선언할 필요가 없다는 점도 큰 장점 중의 하나이다. 예를 들어, 사전에 변수에 대해 실수 또는 복소수를 정의할 필요 없이, 실수(또는 복소수)가 어떤 변수에 입력되면 MATLAB은 자동적으로 변수를 실수(또는 복소수)로 간주한다[12].
- **차원의 결정(Dimensioning)** : 사전에 어떤 변수에 대한 차원(즉, 벡터 혹은 행렬 등)을 선언할 필요가 없이 MATLAB이 자동으로 필요에 따라 차원을 조절한다. 사용자는 명령어 size 또는 length 등을 사용하여 변수의 차원(즉, 크기)을 알아낼 수 있다.

12) 따라서 변수가 복소수이면 실수인 경우보다 두 배의 메모리가 소요된다.

- 출력 표시(Output display) : MATLAB이 다른 출력장소를 선정하지 않았다면, 모든 명령어의 출력은 화면상에 나타나게 된다. 그래픽이나 온라인 help에 관련되는 명령어를 제외하고, 일반적인 명령어의 끝부분에 '; (semi-colon)'을 사용한다면 출력이 화면에 나타나는 것을 막을 수 있다.
- 출력의 형식(Output format) : MATLAB의 내부에서는 배정도를 사용하여 계산이 이루어지고 있지만, 계산 결과의 화면 표시는 현재 사용되고 있는 출력의 형식에 따라 달라진다. 하나의 예로서 [표 2.7]에 π를 열 가지의 다른 형식으로 표시하였다.

상기의 형식 외에도 format compact 및 format loose 등은 화면에 표시되는 결과의 행 간격(line spacing)을 조절하며, format +는 화면에 표시되는 숫자의 부호가 플러스(+)이면 '+', 마이너스(–)이면 '–' 및 제로(0)이면 빈칸(blank)으로 각각 표시하게 된다. 이와 같은 여러 종류의 형식에서 format short가 기본(default)이다. 표현 형식을 바꾸고자 한다면 명령윈도 상에서 format type을 입력하면 된다. [표 2.7]은 특별한 변수인 pi를 이용하여 각종 format의 형식을 비교한 것이다.

[표 2.7] 각종 format 형식

명령어	pi	비고
format short	3.1416	5 digits
format long	3.14159265358979	16 digits
format short e	3.1416e+000	5 digits + exponent
format long e	3.14159265358979e+000	16 digits + exponent
format short g	3.1416	Best of format short or format short e
format long g	3.14159265358979	Best of format long or format long e
format hex	400921fb54442d18	Hexadecimal, floating point
format bank	3.14	2 decimal digits
format +	+	Positive(+), negative(–), or zero(0)
format rat	355/113	Rational approximation

- 커맨드 히스토리(Command history) : MATLAB은 이전에 사용자가 입력한 명령어를 버퍼(buffer)에 저장하기 때문에, 위-화살표 키(↑)를 사용하여 다시 불러낼 수 있다[13]. 즉 '↑'키를 한 번 누를 때마다 이전에 입력한 명령어가 입력의 역순으로 나타난다. 또한, 여러 단계 앞에 사용한 명령어를 다시 사용하고자 하는 경우에는 필요한 명령어의 처음의 몇 자(character)만을 입력한 뒤 '↑'키를 누르면 나머지 부분이 추가되어 나타난다[14]. 이러한 방법 외에 앞서 언급한 커맨드 히스토리를 나타내는 부윈도를 이용하는 방

13) 한 번에 버퍼에 저장되는 내용은 MATLAB 프롬프트 '>>'에서 입력하고 'Enter' 키를 누를 때까지이다.
14) 이는 ↑의 반복적인 사용으로 인해 이전에 사용한 명령어가 표시되어 있을 경우, ↓로서 명령어의 표시를 앞쪽

법도 있다. 입력한 모든 명령어가 날짜별로 부윈도에 기록되므로 여기에서 필요한 부분을 복사하여 사용하면 편리하다. 한편 Esc를 사용하면 현재의 명령프롬프트 '>>' 뒤에 있는 모든 명령어를 한 번에 지울 수 있다.

- **Control Key(Ctrl로 표시)의 사용 방법** : MATLAB에서는 이미 입력된 정보의 간단한 편집 기능을 제공한다. 이 기능은 키보드의 화살표 키나 Ctrl key를 이용해서 상당한 편의성을 제공한다. 앞에서 설명한 바와 같이 MATLAB에서는 입력한 명령어가 입력한 순서대로 메모리 중에 남아 있다. 따라서 위쪽 방향과 아래쪽 방향의 화살표 키를 이용해서 이것을 불러낼 수가 있다. 이런 기능은 프로그램 에러를 수정해서 프로그램을 재실행 하는 경우에 대단히 편리하다. 이 외에 Ctrl Key를 이용하면 다음에 표시한 기능을 실행할 수 있다.

  Ctrl – L : 한 단어 왼쪽으로 이동

  Ctrl – R : 한 단어 오른쪽으로 이동

  Ctrl – A : 행의 선두로 이동

  Ctrl – E : 행의 끝으로 이동

  Ctrl – U : 현재 커서(cursor)가 있는 곳의 왼쪽을 삭제한다.

  Ctrl – D : cursor가 있는 문자를 삭제한다.

  Ctrl – K : 현재 커서가 있는 곳에서부터 행의 끝까지를 삭제한다.

2.3.1 파일의 형식(File types)과 실행환경

▪ 파일의 형식

MATLAB은 여러 종류의 파일을 읽고 쓸 수 있으나, 데이터나 프로그램의 보존용으로 다음과 같은 두 가지 형식이 주로 사용되고 있다.

i) **M파일** : 표준적인 ASCII 형식의 텍스트 파일로서 '.m'의 확장자를 그의 파일 이름에 가진다. M파일은 스크립터(script) 파일과 함수(function) 파일의 두 종류로 나눌 수 있으며, 사용자가 작성한 모든 프로그램은 M파일로서 저장된다. 또한, MATLAB이 제공하는 함수들의 대부분도 M파일로서 그의 소스 코드(source code)와 함께 제공되기 때문에 사용자가 자유롭게 이것을 수정 또는 편집하여 사용할 수 있다.

ii) **Mat파일** : 파일의 이름에 '.mat'라는 확장자를 가지는 2진 데이터(binary data) 파일이다. Mat파일은 사용자가 save라는 명령어와 함께 데이터(즉, 데이터가 들어 있는 변수)를 지정하였을 경우에 MATLAB에 의해 만들어진다. 지정된 데이터는 MATLAB만이 읽을 수 있는 특별한 형식으로 작성된다. 또, Mat파일은 명령어 load를 이용하여 MATLAB의 메모리(즉 워크스페이스)로 읽어 들일 수 있다.

으로 되돌리는 것도 가능하다.

■ On-line을 이용한 Help 기능

MATLAB이 제공하는 수많은 명령어와 프로그램 작성을 위한 언어들에 대한 이해를 돕기 위해 on-line 상에 help 기능을 제공하고 있다. 특히, lookfor, help, helpwin 및 helpdesk 등과 함께 필요한 항목을 제시하면 관련되는 도움말을 볼 수 있다. 예를 들어 행렬과 관련된 명령어를 알고 싶으면

```
lookfor matrix
```

를 실행하면 'matrix'와 관련된 수많은 항목들이 나타나는 것을 볼 수 있을 것이다[15].

한편, MATLAB은 자신이 가지고 있는 다양한 특징을 사용자에게 보여 주기 위한 데모프로그램을 가지고 있다. 특히, 이러한 데모 프로그램은 지침서(tutorial)의 기능도 가지고 있기 때문에 MATLAB의 사용에 익숙하지 않은 사용자의 경우에는 상당한 도움이 될 것이다. 데모 프로그램을 기동시키기 위해서는 MATLAB의 명령윈도 상에서 'demo'를 입력하면 된다.

■ 사용 환경의 의존성(Platform dependence)

MATLAB이 가지는 가장 큰 특징 중의 하나는 사용 환경에 의존하지 않는다는 점이다. 즉, 거의 대부분의 PC나 Unix 환경에서도 동일한 명령어를 사용하여 작업을 할 수 있으며, M파일이나 Mat파일 등도 대부분 거의 수정 없이 사용 가능하다. 그러나 만약 MATLAB이 제공하는 M파일 편집기를 사용하지 않는다면, 사용하는 프린터와 편집기의 종류에 따라 인쇄와 관련되는 몇 가지의 MATLAB 명령어가 달라질 수 있을 것이다.

여기서는 MATLAB 용의 프로그램이나 데이터의 저장 및 프린트에 관련된 내용을 간략하게 언급한다.

① **디렉터리의 작성과 데이터의 저장** : 사용자가 특별히 다른 디렉터리를 지정하지 않는다면 MATLAB은 work라는 디렉터리를 만들어서 프로그램 등을 저장하고 있으므로, MATLAB에서 편리하게 저장된 자료에 접근할 수 있다. 그러나 필요하다면 사용자가 개별적으로 어느 위치에서나 디렉터리를 만들어 자료나 프로그램 등을 저장할 수 있지만, 이 경우 사전에 MATLAB이 접근할 수 있도록 경로를 명령어 path를 사용하여 경로 설정하여 줄 필요가 있다(2.1.3절 참조). 또는 명령어 cd, 혹은 명령윈도의 브라우저를 사용하여 현재의 작업 디렉터리(working directory)를 데이터가 저장되어 있는 디렉터리로 변경할 수 있다.

② **인쇄(Printing)** : 현재 윈도 상에 있는 내용을 인쇄하기 위해서는 파일메뉴에서 Print를 클릭하거나 MATLAB 화면에서 명령어 print를 사용하여 수행할 수 있다. 그러나 print 명령어에는 수많은 옵션이 있기 때문에, 사용하는 프린터의 종류나 프린트 하고자 하는 내용(프로그램인가 그림인가) 등에 따라 적절한 옵션을 선택하지 않으면 바람직한 출력물을 얻지 못할 수도 있으므로 주의가 필요하다.

15) MATLAB 자체가 행렬 계산을 간편하게 하기 위한 목적으로 시작되었으므로, 행렬 관련 명령어는 수없이 많다.

2.4 기억해 두면 편리한 일반적인 명령어

[표 2.8] 기본 수식관련 함수의 종류

사용분야	함수의 종류
기본 수학함수	abs, sqrt, log, exp, real, image, conj, round, fix, …
기본 통계함수	sum, meanm, cov, corrcoef, sort, prod, cumsum, cumprod,…
삼각함수	sin, cos, tan, asin, acos, atan, sinh, cosh, …
논리함수	any, all, find, exist, isnam, isinf, finite,…
특수함수	bessel, beta, gamma, erf, erfinv, ellipk,….
행렬함수	inv, det, lu, chol, norm, cond, eig, qr, magic, sparse, ….
형상함수	sphere, cylinder, mesh, surf, contour, grid, hidden, shading, …
도형처리용 함수	axis, line, surface, figure, image, patch, movie, subplot, …
수식처리용 함수	expand, factor, solve, sym, diff, int, taylor, dsolve, ….
명령처리용 함수	help, whos, pause, save, load, print, type, ….

[표 2.9] On-line help

help	help가 가능한 토픽을 열거한다.
helpwin	help를 위한 interactive help window가 열린다.
helpdesk	web browser의 상태로 help 용의 window가 열린다.
help topic	*topic*과 관련된 help를 제공한다.
lookfor string	*string*을 포함하는 help topic을 열거한다.
demo	데모 프로그램을 실행한다.

[표 2.10] Workspace information

who	현재의 workspace에 있는 변수를 열거한다.
whos	현재의 workspace에 있는 변수와 크기를 열거한다.
what	디스크 상에 있는 M, Mat 및 Mex 파일을 열거한다.
clear	workspace 상에 있는 모든 변수를 제거한다.
clear x y z	변수 *x*, *y* 및 *z*를 제거한다.
clear all	Workspace 상에서 모든 변수와 함수를 제거한다.
mlock fun	함수 *fun*을 locking한다. 따라서 clear로서 제거할 수 없다.
munlock fun	함수 *fun*을 unlocking한다. 따라서 clear로서 제거할 수 있다.
clc	Command window를 지운다. 즉, command history가 없어진다.
home	clc와 동일한 명령어이다.
clf	그림 window를 제거한다.

[표 2.11] Directory information

pwd	현재의 working directory를 보여 준다.
cd	working directory를 변경한다.
dir	현재 directory의 내용을 열거한다.
ls	dir과 동일한 작용을 한다.
path	MATLAB의 경로를 설정한다.
editpath	현재 설정되어 있는 경로를 수정한다.
copy	파일을 복사한다.
mkdir	디렉터리를 만든다.

[표 2.12] General information

computer	유저가 사용하고 있는 컴퓨터의 형태(type)을 보여 준다.
clock	현재의 연월일 시분 초를 벡터 형식으로 보여 준다.
date	현재의 연월일을 벡터 형식으로 보여 준다.
more	화면의 크기에 따른 화면 표시의 양을 조절한다.
ver	현재 사용 중인 MATLAB 관련 정보를 보여 준다.
bench	현재 사용 중인 computer의 성능을 다른 computer와 비교한 benchmark 결과를 보여 준다.

[표 2.13] Termination

^C (control-c)	현재 진행 중인 명령어의 실행을 중지시킨다.
quit	MATLAB을 끝낸다.
exit	quit와 동일한 작용을 한다.

■ 시간 측정

수치 계산이나 그래픽스의 처리에서는 처리 시간의 측정이 알고리즘을 평가하는 데 있어 상당히 중요하다. 이와 같은 관점에서 MATLAB에서는 다음과 같은 시스템 변수인 cputime, clock, date, tic, toc과 함수 etime이 준비되어 있다.

- cputime : 경과한 초 단위의 경과 시간이 들어 있다.
- etime : 경과 시간을 측정하는 함수로서, etime(t2, t1)의 형식을 취한다.

```
x = rand( 2048, 1);
t = clock; fft(x);
etime( clock, t);
```

- data : 연월일을 얻는다.

• tic, toc : tic의 실행으로 컴퓨터의 시계(timer)를 기동시키고, toc에 의해서 시계를 스톱시킨 뒤의 그 경과 시간이 toc에 들어간다. 예로서 아래 프로그램을 실행시키면 [그림 2.5]가 얻어진다.

```
for n = 1:500
    x_axis(n)=n;
    A = rand(n,n); b = rand(n,1); tic
    x = A\b; t(n) = toc;
end
plot(x_axis,t)                              % [그림 2.5]
```

위 프로그램은 $[\boldsymbol{A}][x]=[b]$로 주어지는 선형 연립 방정식의 해 $[x]=[\boldsymbol{A}]^{-1}[b]$를 계산하는 것으로써 일반적으로 행렬 $\boldsymbol{A}$의 차원이 커지면 역행렬의 계산에 시간이 많이 소요될 것이다.[16] 그러나 [그림 2.5]의 결과에 의하면 어떤 특정한 행렬인 경우에 특히 시간이 많이 소요되고 있음을 알 수 있다[17]. 상기 프로그램은 rand 명령어를 통하여 행렬을 만들어 내는 것이므로, 위 프로그램을 실행할 때마다 피크값을 나타내는 n의 값은 당연히 달라질 것이다.[18]

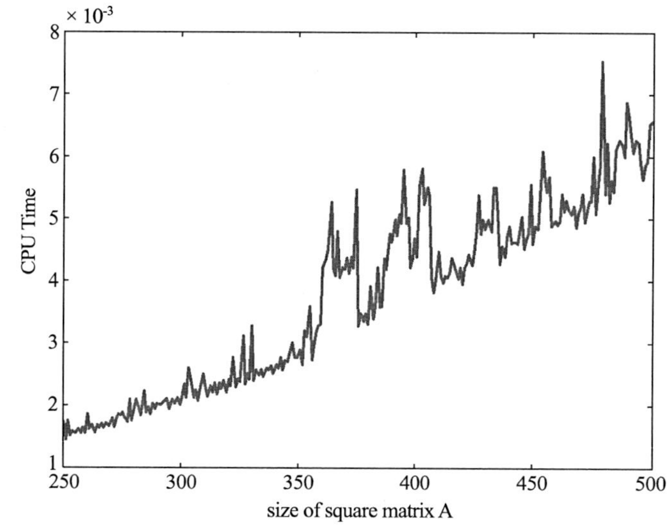

[그림 2.5] tic toc의 프로그램의 실행 결과

16) 제1장에서의 표현법과는 달리 제2장 이후는 MATLAB의 표현식과 통일시키기 위해 행렬과 벡터를 '[·]'에 넣어서 나타내기로 한다. 즉, $[\boldsymbol{A}]$(행렬), $[b]$(벡터)와 같이 영어대문자는 행렬, 소문자는 벡터를 각각 나타낸다.

17) 행렬 이론에 의하면 행렬의 고유치 중에 제로에 가까운 것이 존재하면 역행렬의 계산에 시간이 많이 소요되며, 동시에 그 계산 결과에 대한 신뢰성도 떨어진다.

18) [그림 2.5]와 다를 수 있다.

2.5 데이터의 불러들임(Import)과 저장(Export)

파일로서 미리 작성되어 있는 데이터를 MATLAB으로 불러들이는 가장 간편한 방법은 MATLAB이 내장하고 있는 입력마법사(Import Wizard)를 이용하는 것이다. 이 기능을 사용한다면 데이터 형식(format)을 지정할 필요가 없기 때문에 아주 편리하다. 단순히 데이터를 저장하고 있는 파일의 이름을 지정하기만 하면 입력마법사가 자동으로 파일의 내용을 처리한다.

■ **입력마법사의 사용법**

i) MATLAB의 메인화면에서 File → Import Data를 클릭하면 파일선택(import Data) 화면이 오픈된다. 또는 명령윈도에서 '>>uiimport'의 실행하여도 된다.

ii) 필요한 데이터가 저장되어 있는 파일을 선정하고 Open을 클릭하면 Import Wizard 화면이 오픈되면서 파일의 내용이 표시된다.

iii) 파일의 내의 각 항을 구분하기 위한 방법을 지정한다. 예를 들어, 두 항 사이를 콤마(comma)로 구분하였는지, 혹은 빈칸(space)으로 분리하였는지를 지정하고 Next를 클릭한다.

iv) 파일의 데이터가 지정된 변수명으로 표시되므로 이를 확인하고 Finish를 클릭하면, MATLAB의 메모리에 파일내의 데이터가 적당한 변수명(예를 들어, data 등)으로 저장된다.

예를 들어, 학생의 성적데이터가 다음과 같이 grades.txt의 이름으로 저장되어 있다고 하고, 이를 MATLAB에 불러들이는 과정은 다음과 같다.

[표 2.14] 학생들의 성적데이터

이름	국어	불어	수학
John	85	90	95
Ann	90	92	98
Martin	100	95	97
Rob	77	86	93

Import Data의 클릭하고 grades.txt를 선정하면 [그림 2.6]이 나타난다.

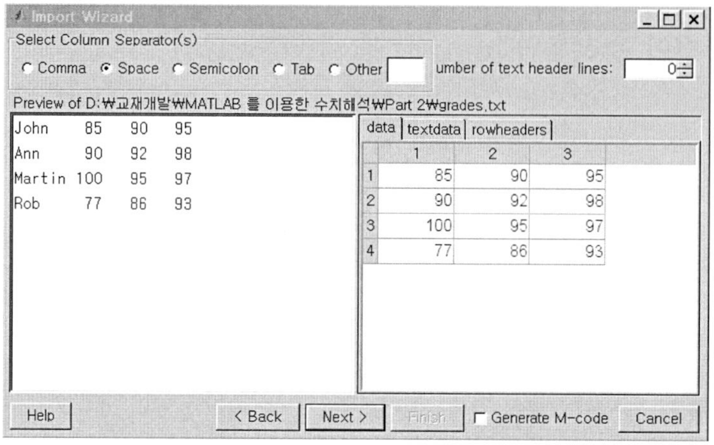

[그림 2.6] grades.txt에 대한 Import Wizard 화면

[그림 2.6]에서 'Select Column Separator(s)'로 Space를 지정하고 Next를 클릭한 결과가 [그림 2.7]이다.

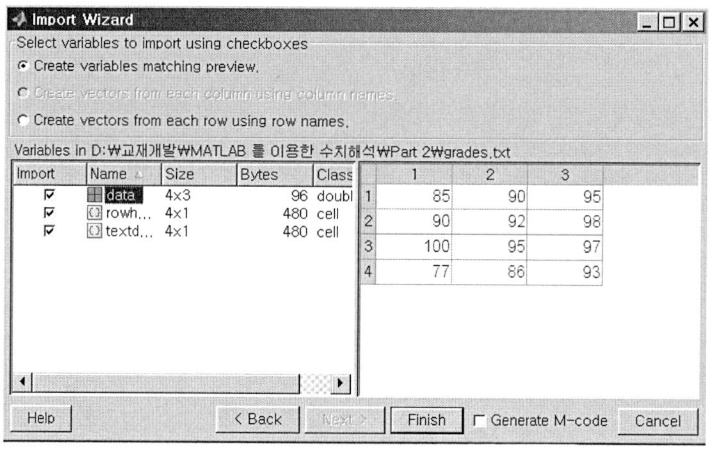

[그림 2.7] Import Wizard 화면 1

[그림 2.7]은 'grades.txt'에 들어있는 세 종류의 데이터 중에서 수치데이터(각 학생의 점수)의 변수명을 'data'로 하여 MATLAB의 메모리에 저장하겠다는 것을 보여주고 있다. 'Finish'를 클릭하고 MATLAB의 Workspace를 확인하면 [그림 2.8]과 같이 [그림 2.7]에서 지정한 세 개의 변수로서 데이터가 메모리에 로드(load)되어 있음을 확인할 수 있다.

이때 만약 학생의 이름을 변수로 하여 각각의 데이터를 메모리에 로드하고자 한다면 [그림 2.9]와 같이 'Create vectors … names'의 부분을 체크하면 된다([그림 2.9] 참조).

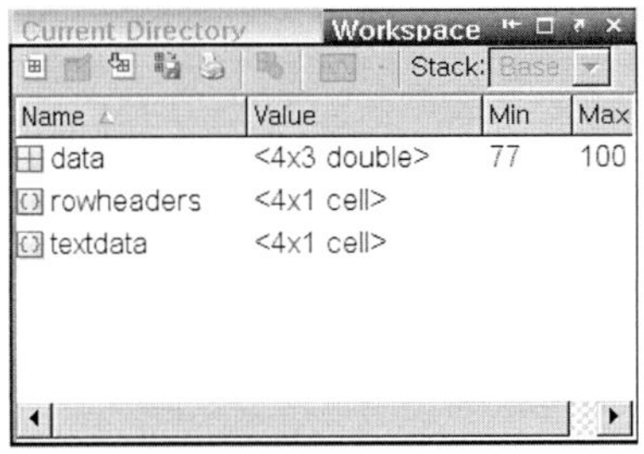

[그림 2.8] MATLAB의 Workspace 화면

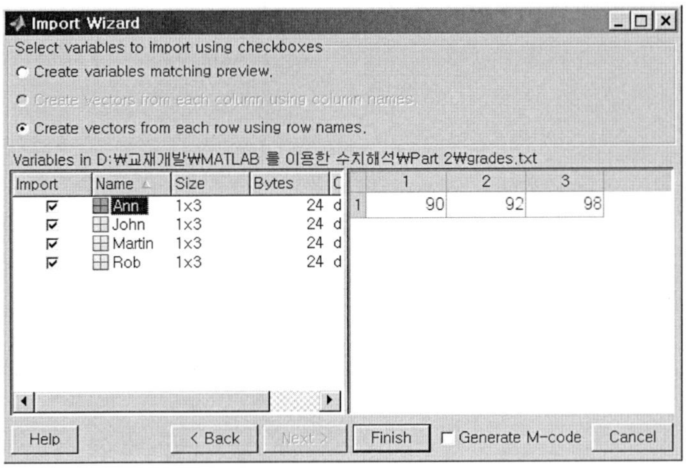

[그림 2.9] Import Wizard 화면 2

■ **데이터의 저장**

MATLAB에서 데이터의 저장하는 방법에는 여러 가지가 있지만, 가장 기본적인 방법은 save를 사용하는 것이다. 또한, 명령어 diary를 사용하면 MATLAB 기동 후 종료할 때까지 사용한 명령어와 데이터의 전부 또는 일부를 저장할 수도 있다.

명령어 save를 사용하면 워크스페이스 상에 있는 모든 데이터 혹은 일부 변수를 Mat파일의 형식으로 저장할 수 있다. Mat파일은 16비트의 이진수형식으로 구성되어 있으나, 별도의 옵션을 적용하여 8-digit 혹은 16-digit의 ASCII 형식으로도 저장가능하다. Mat파일은 확장자로서 '.mat'를 가지며, 명령어 load에 의해 MATLAB의 워크스페이스 상으로 불러들일 수 있다.

save의 사용 시에 파일명을 지정하지 않으면 MATLAB이 'matlab.mat'란 이름으로 현재의 디렉터리에 저장한다. 또한, 파일이 이미 존재하는 경우에는 이전에 파일에 현재의 데이터가 추가(append)된다. 한편, 파일에 저장되어 있는 데이터를 불러들이는 명령어로 load가 있으며 그 사용법은 save와 유사하다.

```
save my_file  var1 var2 var3    % myfile.mat의 이름으로 세 개의 변수를 저장
save asc_data x y z -ascii      % 8-digit의 ASCII모드로 변수저장
save                            % workspace상의 모든 데이터를 matlab.mat에 저장
load myfile                     % myfile.mat를 불러들인다.
load                            % matlab.mat에 있는 모든 데이터를 불러들인다.
```

ASCII 데이터 파일 역시 load를 사용하여 워크스페이스로 데이터를 불러들일 수 있으나, 데이터가 수식만으로 이루어진 정방행렬인 경우에 한한다.

상기 외에 명령윈도에서 '>>importdata(filename)'을 입력하면 지정된 파일로부터 여러 종류의 데이터, 예를 들어 이미지인 경우, jpeg 또는 tiff나, 오디오이면 wav 및 au 등의 형식(format)의 파일을 읽을 수 있다. 따라서 filename은 데이터형식에 따른 반드시 확장자를 포함하고 있어야 한다.

■ 명령어 diary의 사용

MATLAB의 기동 후 마칠 때까지의 작업시간 전체 또는 일부 기간의 command history를 사용자 편집 가능한 형태의 파일로 저장할 수 있다. 예를 들어, '>>diary first_session.out'를 입력하면, 이후 명령윈도에 나타나는 모든 사항 – 사용자의 입력, MATLAB에 의한 출력 및 에러메시지 등 – 이 지정한 파일에 기록된다. 그러나 그림은 명령윈도에 나타나는 것이 아니기 때문에 diary에 의해 기록되지 않는다. 이러한 기록은 MATLAB을 끝내거나 '>> diary off'를 입력함으로서 끝낼 수 있다. diary를 입력하면서 이전과 동일한 파일명을 지정하면, 이전 기록에서 추가되어 현재의 기록이 이어지게 된다. diary 파일은 일반적인 에디터(예를 들어, 아래한글 등)로서도 수정 및 편집이 가능하다.

2.6 간단한 그래프의 작성

수식계산의 결과를 이해하기 쉽게 표현하는 가장 좋은 방법은 그래프를 이용하는 것이다. MATLAB은 다양한 종류의 2D 및 3D 그래프를 지원하고 있지만, 여기서는 지금까지의 설명으로 얻어진 데이터로서 간단한 형식의 그래프 작성법에 대하여 설명한다. 그래프의 작성과 관련한 자세한 설명은 제5장에서 다룬다.

앞에서 언급한 바와 같이 MATLAB은 그래프를 그래픽윈도에 표시한다. 이를 위한 가장 단순한 명령어는 plot이다. n개의 값을 가지는 변수 xdata의 각 값에 대응하여 역시 n개의 값을 가지는 변수 ydata가 있을 경우, '>>plot(xdata, ydata)'를 실행하면 xdata를 x축, ydata를 y축으로 하는 그래프를 얻는다. 또한, 하나의 그래프에 여러 값을 동시에 나타내고자 하면 plot의 인수에 같은 크기를 가지는 변수들을 차례로, 예를 들어 '>>plot(x1, y1, x2, y2)'와 같이 실행한다[19]. plot와 관련된 더 자세한 내용은 제5장에서 다루기로 하고 여기서는 plot의 간략화 버전인 fplot를 이용하여 간단한 형식의 그래프를 얻는 방법을 알아본다.

■ **명령어 fplot**

fplot는 하나의 독립변수를 가지는 함수의 그래프를 간단하고 빠르게 나타내기 위한 명령어로서, 두 개의 인수, 즉 함수와 그 함수가 가지는 독립변수가 취하는 구간(즉 x축)을 필요로 한다. 이 명령어의 기본적인 사용법은 다음과 같다.

```
fplot( ' function ', [xmin  xmax])
```

예를 들어 $f(x)= e^{-x/10}\sin(x)$를 구간 $(0 \le x \le 20)$에서 그래프로 나타내기 위해서는 다음과 같이 하면 될 것이다.

```
fplot(' exp(-0.1*x).*sin(x) ', [0 20])
xlabel(' x '), ylabel(' f(x) = e^{x/10} *sin(x) ')
title(' A function plotted by fplot command ')
```

■ **ez plotter**

MATLAB은 간단하게 2D와 3D 그래프를 작성할 수 있는 ez plotter를 제공하고 있다. 이러한 명령어들은 입력으로 그래프 작성을 위해 사용자가 정의한 함수를 필요로 하며, 이러한 함수는 뒤에서 언급하는 inline이나 anonymous function 등으로 쉽게 작성할 수 있다. 특히 ez 용 명령어는 그래프를 위한 x축 구간이 디폴트로 지정되어 있으나, 사용자가 이를 변경할 수도 있다. 이 명령어의 기본적인 사용법은 fplot와 동일하며, 아래에 ez를 사용하여 몇 종류의 그림을 나타내었다.

① ezplot : 2D의 그래프 작성용이다. 이때 x축의 구간 xmin<x<xmax는 옵션이며, 디폴트는 $-2\pi < x < 2\pi$로 설정되어 있다.

② ezpolar : ezplot의 극좌표선도 용이다. $r(\theta)$를 입력으로 가지며 디폴트 구간은 $0 < \theta < 2\pi$이다.

③ ezplot3 : 3D의 그래프 작성을 위한 것이므로, 세 개의 함수 $x(t)$, $y(t)$ 및 $z(t)$를 입력으로 가지며 디폴트 구간은 $0 < t < 2\pi$이다.

④ ezcontour : 이를 사용하면 컨투어(contour) 그래프를 쉽게 그릴 수 있다. 단지 입력 $Z= F(x, y)$를 함수로서 작성하면 된다. 이때 x, y의 디폴트 구간은 $-2\pi < x < 2\pi$, $-2\pi < y < 2\pi$로서 필요하면 변경 가능하다.

⑤ ezcontourf : ezcontour의 변형으로서 ezcontour에 의해 얻어진 그래프의 각 공간을 색으로 채우는 과정을 추가한다(다음 예제 프로그램 참조).

⑥ ezsurf : 주어진 함수 $F(x, y)$를 3D로 작성한다. 이때 디폴트 구간은 ezcontour와 동일

19) 이 경우 x1과 y1, 및 x2와 y2는 반드시 같은 크기의 가져야 하나, x1과 x2는 그 크기가 달라도 문제없다.

하지만, 다음과 같은 형식, 즉 [xmin, xmax, ymin, ymax]로 구간을 변경할 수 있다.

⑦ ezsurfc : ezsurf로 만들어진 그래프를 시각적으로 보기 좋게 만드는 작용을 한다.

```
ezplot('exp(-0.1*x).*cos(x)', [0 20])          % 각자 실행
r = inline('1+2*(sin(2*t)).^2');               % 함수의 정의
ezpolar(r)                                     % [그림 2.10]
-----------------------------------------------------------------------------
x = 't.*cos(3*pi*t)'; y = 't.*sin(3*pi*t)'; z = 't';
ezplot3(x,y,z)                                 % [그림 2.11]
-----------------------------------------------------------------------------
Z = inline('cos(x).*cos(y).*exp(-sqrt(x.^2+y.^2)/4)')
ezcontour(Z)                        % Z=cos(x)cos(y)e^(-sqrt((x^2+y^2)/4)) 에 대한 contour 곡선
ezcontourf(Z)                       % [그림 2.12(b)]
-----------------------------------------------------------------------------
Z = inline('-5./(1+x.^2+y.^2)');               % Z=-5/(1+x^2+y^2) 의 함수정의
ezsurf(Z, [-3, 3, -3,3])                       % [그림 2.13(a)]
ezsurfc(Z, [-3, 3])                            % [그림 2.13(b)]
```

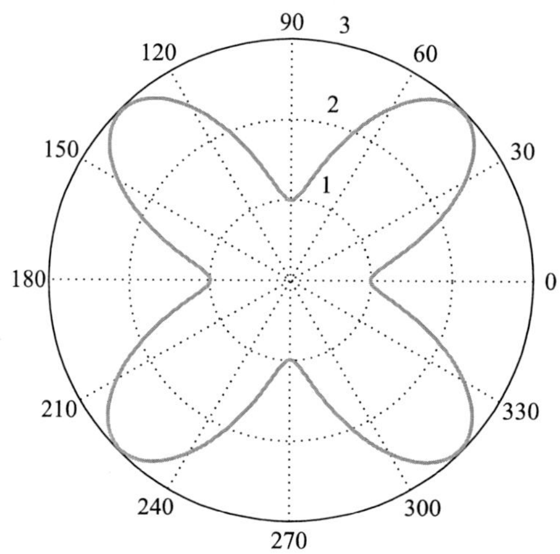

$r=1+2(\sin(2t))^2$

[그림 2.10] ezpolar에 의한 그림

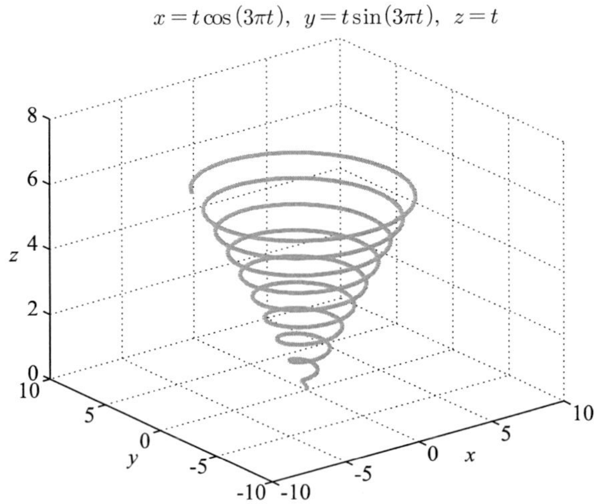

[그림 2.11] ezplot3에 의한 그림

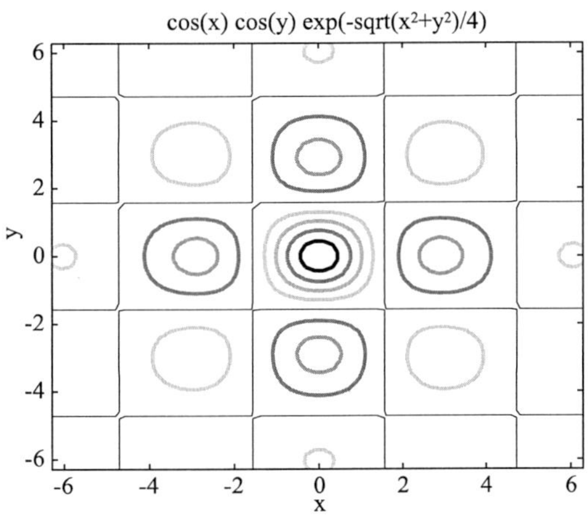

[그림 2.12(a)] ezcontour에 의한 그림

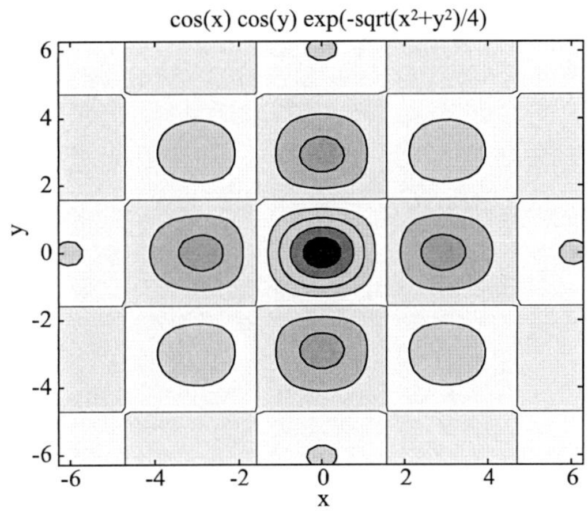

[그림 2.12(b)] ezcontourf에 의한 그림

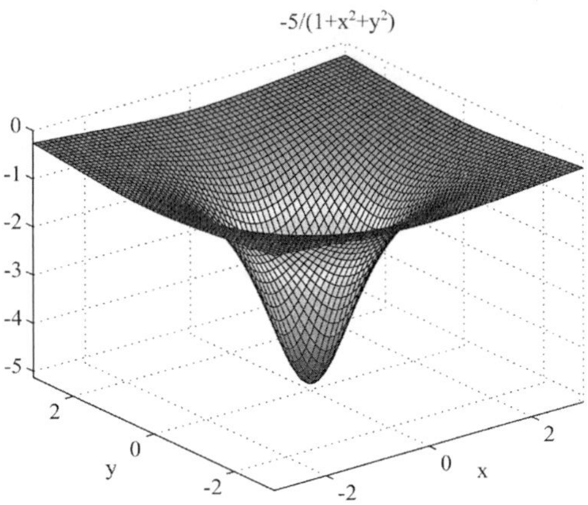

[그림 2.13(a)] ezsurf에 의한 그림

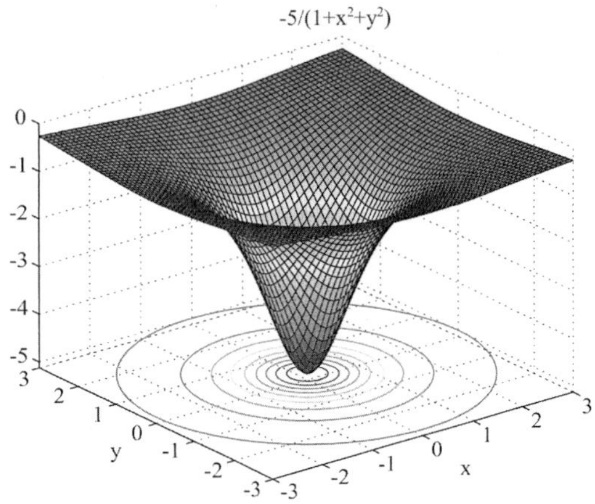

[그림 2.13(b)] ezsurfc에 의한 그림

2.7 MATLAB에서의 수식계산

MATLAB을 기동하여 수식계산을 위한 필요한 함수(즉 MATLAB 명령어)를 순차적으로 입력한다면 수치해석이 필요한 거의 대부분의 계산에 대한 해를 얻을 수 있다. 이는 MATLAB이 제공하는 다양한 분야의 수많은 (수식계산용) 함수가 존재한다는 사실뿐만 아니라, 계산결과를 그래프로서 시각적으로 표현하는 MATLAB의 정교한 그래픽 능력에도 의존하는 바가 크다. 여기서는 MATLAB이 제공하는 다양한 수식계산용 함수의 사용법과 그 계산결과 등에 대하여 알아본다.

MATLAB에서는 수식처리의 기본을 행렬계산에 두고 있으며, 동시에 사용되는 모든 변수를 기본적으로 행렬로 가정하기 때문에, 먼저 행렬과 관련된 필요사항을 언급하기로 한다.

2.7.1 행렬과 벡터

■ 행렬의 생성과 인덱스(index)

구간 $0 \le x \le \pi$에 있어 sine 함수의 값을 계산하는 것을 생각하여 보자. 이 경우 구간 내의 모든 x값에 대하여 $\sin(x)$를 계산하는 것은 불가능하기 때문에, 구간을 0.1π 간격으로 분할하여 $\sin(x)$를 계산한 결과는 다음 [표 2.15]로 된다.

[표 2.15] sin 함수의 계산

x	0	0.1π	0.2π	0.3π	0.4π	0.5π	0.6π	0.7π	0.8π	0.9π	π
y	0	0.31	0.59	0.81	0.95	1	0.95	0.81	0.59	0.31	0

이상의 과정을 위한 MATLAB 프로그램은 다음과 같다.

```
x = [0 .1*pi .2*pi .3*pi .4*pi .5*pi .6*pi .7*pi .8*pi .9*pi pi ];
y = sin(x);
```

이 결과 변수 x와 y에는 11개의 성분으로 이루어진 하나의 행(row)만으로 구성된 행렬[20]이 각각 들어가게 된다. 행렬의 입력에 있어 행을 입력하고, 행과 행의 구분은 세미콜론(;)을 이용한다[21].

```
A = [1 2 3; 4 5 6]   →
B = [2*x log(x)+sin(y); 5i 3+2i]   →
```

$$A = \begin{bmatrix} 1 & 2 & 3 \\ 4 & 5 & 6 \end{bmatrix}$$

$$B = \begin{bmatrix} 2x & \ln x + \sin y \\ 5i & 3+2i \end{bmatrix}$$

20) x, y는 크기 $(1 \times n)$인 벡터이다.

21) 이하 변수가 행렬인 경우는 영어대문자, 벡터인 경우에는 영어소문자로서 '[ ]'를 사용하여 나타낸다. 즉, $[A]$는 변수 A가 적당한 크기의 행렬이며, $[x]$는 x가 벡터라는 사실을 의미한다.

위의 예에서 행렬 $[B]$를 실행하기 전에 반드시 변수 x, y가 미리 정의되어 있어야 하며, 그 결과는 오른쪽과 달라질 수 있다[22].

■ **연속성(Continuation)**

만약 하나의 행으로 전체 입력을 표시하는 것이 불가능한 경우(혹은 행이 너무 길어지는 경우 등)에는 연속된 세 개의 피리어드(엘립시스 : ellipsis)를 사용하여, 현재 행의 입력이 다음 행에서도 계속된다는 것을 표현한다. 예를 들면,

```
A = [1/3 5.55*cos(x) 9.2 0.07 sin(x) ; ...
      3/(x+2*log(5))  3  0 6.5 7.2 ; ...
      (5*x-23)/55  x-3  x*sin(x) 1/2 sqrt(5)];
```

는 (3×5)인 행렬을 생성하고 있다. 행렬의 입력에 있어 행의 구분으로 사용되는 ';' 대신 '↵(Enter Key)'를 사용할 수도 있다. 다음 세 개의 표현은 모두 동일한 결과를 나타낸다.

```
A = [ 1 3 8; 5 10 15; 0 0 -5];
A = [1 3 9
      5 10 15
      0 0 -5];
A = [1 3 9; 5 10 ...
    15; 0 0 -5];
```

이와 같은 '... (엘립시스)'의 사용은 행렬의 입력 외의 일반적인 MATLAB의 프로그램에서도 사용가능하다. 그러나 따옴표 ' '로서 구별하는 문자열(character string)의 중간에는 엘립시스를 사용해서는 안 된다.

■ **행렬의 인덱스**

일단 행렬이 정의되었다면, 이것의 각 요소는 행렬의 행과 열을 지정함으로서 접근가능하다. 예를 들어, $A(i,\, j)$는 행렬 $[A]$의 요소 a_{ij} – 즉 i번째 행과 j번째 열 – 을 의미한다. MATLAB은 이런 단순한 형태보다 훨씬 높은 수준의 행렬인덱스 기능을 제공한다. 즉, $A(m:n,\, h:g)$는 행렬 $[A]$중의 m서 n까지의 행과, h에서 g까지의 열만으로 이루어진 행렬을 나타낸다. 또 $A(:,\, 5:10)$은 $[A]$의 모든 행과 5에서 10까지의 열로서 이루어진 행렬을 의미하는 것으로, 이와 같은 행렬 인덱스방법은 행렬조작에 상당한 유연성을 제공한다.

■ **행렬의 차원**

행렬의 차원은 행렬의 생성과정에서 자동적으로 정해지기 때문에 사전에 행렬의 크기 등을 미리 지정할 필요는 없다. 기존 행렬의 크기는 명령어 '`>>[m,n]=size(A)`'의 형식으로 확인

22) MATLAB에서도 Symbolic Math Toolbox의 기능을 사용하면 위와 같은 형식의 표현이 가능하다.

가능하며, 이때 n은 행의 개수, m은 열의 개수를 각각 나타낸다[23].

행렬의 생성에 있어 행렬요소 중의 하나 혹은 몇 개만을 지정하여 행렬을 생성하는 경우, MATLAB은 주어진 지정에 맞는 최소의 행렬을 생성한다. 예를 들어, 행렬 $[B]$와 $[C]$가 메모리상에 존재하지 않는 경우

```
B(2,3) = 5;          →
C(3, 1:3) = [1 2 3];  →
```

$$B=\begin{bmatrix}0&0&0\\0&0&5\end{bmatrix}$$

$$C=\begin{bmatrix}0&0&0\\0&0&0\\1&2&3\end{bmatrix}$$

로 된다.

[표 2.15] 행렬 크기와 관련된 명령어 정리

행렬의 크기	설　명
[m, n] = size(A)	행렬 $[A]$의 행(m)과 열(n)의 수를 출력
s = size(A)	상기와 동일. s(1,1)에는 행, s(1,2)에 열의 개수
m = size(A,1)	$[A]$의 행의 개수를 출력
n = size(A,2)	$[A]$의 열의 개수를 출력
n = length(A)	행과 열의 수 중에서 큰 값을 출력. max(size(A))와 동일
s = max(size(A))	length와 동일한 결과
k = numel(A)	$[A]$가 가지는 요소의 전체 개수를 출력

2.7.2 행렬 조작

MATLAB이 지니고 있는 인덱스의 특성을 이용하면 행렬과 관련된 여러 조작을 간단히 수행할 수 있다. 예를 들어, $[A]$가 크기 (10×10)인 행렬, $[B]$가 (5×10)인 행렬, 및 $[y]$가 20개의 요소를 가지는 벡터라고 가정하면

```
A([1 3 6 9], : ) = [B(1:3, : ); y(1:10)];
```

는 $[A]$의 1, 3, 6, 9번째 행을 $[B]$의 1~3번째 행과 $[y]$의 1~10까지의 요소로 교체한다는 것을 나타내고 있다. 이러한 작업을 수행하는 경우에는 각 행렬의 행과 열의 크기에 주의를 기울여야 할 것이다. 위의 경우 $[A]$의 열의 크기와 $[B]$의 열의 크기가 같지 않다면 "Matrix dimensions must agree."라는 에러 메시지가 출력될 것이다.

또한, 위 예의 경우

23) m = size(A, 1)(m은 행의 개수), 혹은 n = size(A, 2)(n은 열의 개수)와 같은 형식도 가능하다.

```
v = [1 3 6 9];
A(v, : ) = [B(1:3, : ); y(1:10)];
```

와 같은 형식도 가능하다. $[A]$를 (3×3)의 행렬로 임의로 지정한 뒤 아래의 몇 가지 명령어를 수행하여 그 결과를 살펴보기 바란다.

```
A = [1 2 3; 4 5 6; 7 8 9];                 % (3×3)으로 지정
A(2, 6 ) = 1                               % (3×6)인 행렬로 변환
A( :, 4) = 4  혹은 A( :, 4)=[4; 4; 4]      % 제4열이 전부 4
```

행렬의 인덱스와 관련된 몇 가지를 [표 2.16]에 정리하였다.

[표 2.16] 행렬의 인덱스와 관련된 몇 가지

인덱스	설 명
A(v ,w)	$[A]$ 중에서 벡터 [v]로 지정된 행과 벡터 [w]로 지정된 열로 구성된 부행렬
A(v, :)	$[A]$ 중에서 벡터 [v]로 지정된 행과 모든 열로 구성된 부행렬
A(:, w)	$[A]$ 중에서 모든 행과 벡터 [w]로 지정된 열로 구성된 부행렬
A(:)	$[A]$의 모든 요소를 왼쪽에서부터 일렬로 나열, 즉 열벡터의 형식
A(k)	$A(:)$로 이루어진 벡터 중에서 벡터 [k]로 지정된 행만으로 된 부행렬

■ 행렬 크기의 재설정 및 행렬의 연결(concatenating)

위에서 본 바와 같이 행렬은 다른 적절한 크기로 재설정가능하다. 만약 $[A]$가 $(m\times n)$인 크기를 가지는 행렬이라면 이를 $m\times n=p\times q$가 성립되는 범위에서 $[A]$를 다음 명령어를 사용하여 크기 $(p\times q)$인 행렬 $[B]$로 변경가능하다.

```
A = [1 4 7 10; 2 5 8 11; 3 6 9 12];     % (3×4)의 행렬 생성
B = reshape(A, 2, 6) ↵                  % (2×6)으로 변경

B =
     1     3     5     7     9    11
     2     4     6     8    10    12
```

행렬의 연결을 효율적으로 이용하면 몇 개의 행렬이라도 연결시켜 큰 행렬을 생성할 수 있다. 만약 여러 개의 행렬을 가로로(horizontally) 길게 나열하여 하나의 행렬로 만들고자 한다면, 각 요소의 행렬이 반드시 동일한 크기의 행을 가져야 하며, 여러 개의 행렬을 세로로 나열하고자 한다면 모든 요소 행렬은 동일한 개수의 열을 가져야 한다. 이러한 조작과 관련하여 가장 유용한 함수 중의 하나가 repmat이다. 예를 들어, $(m\times n)$인 행렬 $[A]$에 대해 repmat

(A, 2, 3)을 실행하면, $[A]$를 아래쪽으로 두 번, 오른쪽으로 세 번 반복한 행렬을 생성되어 결과적으로 $(m\times 2)$개의 행과 $(n\times 3)$개의 열을 가지는 행렬이 출력된다.

```
A = [1 2; 3 4];             % (2×2)으로 지정
repmat(A, 1, 3)   →  [1 2 1 2 1 2
                      3 4 3 4 3 4]
repmat(A,[1 3])   →  위와 동일한 결과
[A A A]           →  위와 동일한 결과
repmat(A, 3)      →  A를 아래로 세 번, 오른쪽으로 세 번 반복한 행렬의 생성
```

rempat 외에 행렬의 연결과 관계있는 유용한 명령어 두 가지를 소개한다.

① cat : 지시된 크기로 주어진 행렬을 배열한다.

```
A = [ 1 2 ; 3  4]; B = [ 5 6 ; 7 8];
```

% 세로로 나열 C = cat(1, A, B) ↵ C = 1 2 3 4 5 6 7 8	% 가로로 나열 D = cat(2, A, B) ↵ D = 1 2 5 6 3 4 7 8	E = cat(3, A, B) ↵ % 3차원 배열 size(E) ↵ ans = 2 2 2 E(:,:,1) = E(:,:,2) = 1 2 5 6 3 4 7 8

② blkdiag : 주어진 행렬 (혹은 스칼라)로 대각행렬을 작성한다.

```
out = blkdiag(a,b,c,d);      % a, b, c, d는 행렬 혹은 스칼라이다.
                             % 행렬인 경우 각 행렬의 크기와는 무관하다
```

2.7.3 행렬의 생성과 메모리 사용

■ 행렬을 위한 메모리의 할당

컴퓨터를 사용한 수식계산에서, 일반적으로 수식계산의 알고리즘에 의한 프로세서 내에서의 계산과정보다는 계산을 위한 데이터를 메모리로부터 가져오고 또 결과를 메모리로 전송하는 과정에서 더 많은 시간이 소모된다. 따라서 프로세서로의 데이터 입·출력 속도를 높이기 위하여 각 컴퓨터 제조회사에서는 메모리 캐시(cache)를 사용하고 있으나, 캐시의 능력이 최근 증가하는 데이터의 양을 따라가지 못하고 있는 상황이다. 이로 인해 효과적인 메모리의 사용이 능률적인 계산을 위한 중요한 위치를 차지하게 되었다.

MATLAB은 자체적으로 메모리의 효율적인 사용을 위한 어떤 특별한 작업을 수행하지는

않기 때문에, 사용자가 메모리 배당과 해제 등을 고려한 적절하면서, 동시에 효율적이고 시스템의 특성을 고려한 프로그램 작업이 이루어져야 할 것이다. 특히, MATLAB에서는 메모리의 사용과 실행속도 사이에는 타협(tradeoff)이 존재하여, MATLAB은 실행속도를 높이기 위하여 의도적으로 많은 메모리 공간을 사용하고자 한다. 이러한 관점에서 프로그램의 실행 시에 메모리가 어떻게 배당되며, 동시에 메모리의 과도한 사용을 억제하기 위해서 무엇이 필요한지를 이해하는 것이 효율적인 프로그램의 작성에 상당한 도움이 될 것이다.

명령어 '`>>P=zeros(100);`'로서 행렬변수를 생성하는 경우 MATLAB은 연속되는 메모리 블록을 이 변수에 배당한다. 이때 다시 '`>>P=rand(6,5);`'를 실행하면 원래 변수 P에 배당된 메모리블록은 무효화되면서 새로운 메모리 공간에 동일한 변수 P가 할당된다[24]. 다시 말하면 이미 사용되고 변수를 재지정하여 사용하여도 메모리의 면에서는 반드시 도움이 된다고 할 수 없다. 왜냐하면 무효화된 메모리가 재사용될 지의 여부는 상황에 따라 다르며 명확하지 않기 때문이다. 또한 기존 변수의 요소지정 등을 통하여 변수의 크기를 증가시키는 경우도 마찬가지이다. 예를 들어 '`>>P(8,1)=1;`'을 실행하면 기존의 크기 (6×5)가 (8×5)로 되어 행의 개수가 증가되는 경우에도 기존 배당된 메모리 공간이 무효화되고 새로운 공간이 배당된다.

이와 같이 기존의 변수 P가 (기존보다 더 큰 크기로) 재설정될 때마다 기존의 메모리는 무효화되고 새로운 메모리 공간이 배당된다. 따라서 만약 처음 변수를 설정하는 경우 향후의 사용량을 감안하여 충분히 크게 설정해 둔다면, 메모리와 관련된 오버헤드(overhead)를 대폭적으로 줄이고, 결과적으로 프로그램의 실행속도를 향상시킬 수 있을 것이다. 특히 루프를 통한 반복계산의 결과 등을 변수에 저장하는 경우에는 루프에 들어가기 전에 반드시 적절한 크기의 변수를 선언해 두는 것이 필요하다.

■ 행렬변수의 지정에 편리한 명령어

MATLAB이 제공하는 행렬의 생성과 운용에 필요한 명령어를 [표 2.17]에 정리하였다.

[표 2.17]의 처음 네 개의 명령어(eye, zeros, ones 및 rand)가 하나의 인수만을 가지는 경우에는 행과 열의 크기가 같은 행렬(정방행렬)을 생성한다. [표 2.17]의 몇 가지 함수의 사용 결과를 다음에 나타내었다.

```
magic(4) ↵   % 각 행, 각 열 및 대각선 요소의 합은 34로 같은 값을 가진다

A =
    16     2     3    13
     5    11    10     8
     9     7     6    12
     4    14    15     1
```

---

24) 스칼라 변수를 재지정하는 경우는 예외이다. 다시 말하면 '`>>a=1;`'를 수행한 후, '`>>a=2;`'를 실행하여도 동일한 메모리 공간에 변수가 배당된다.

```
A = [12 62 93 -8 22];
```

```
B = diag(A, -1) ↵ % (6×6) 행렬의 생성

B =
     0     0     0     0     0     0
    12     0     0     0     0     0
     0    62     0     0     0     0
     0     0    93     0     0     0
     0     0     0    -8     0     0
     0     0     0     0    22     0
```

```
C = diag(A, 1) ↵

C =
     0    12     0     0     0     0
     0     0    62     0     0     0
     0     0     0    93     0     0
     0     0     0     0    -8     0
     0     0     0     0     0    22
     0     0     0     0     0     0
```

[표 2.17] 행렬변수의 지정에 편리한 명령어

명령어	설 명
eye(m, n)	대각선상에 1을 가지는 크기 (m×n)인 행렬
zeros(m, n)	모든 요소가 '0'을 가지는 크기 (m×n)인 행렬
ones(m, n)	모든 요소가 '1'을 가지는 크기 (m×n)인 행렬
rand(m, n)	랜덤하게 선정된 요소를 가지는 크기 (m×n)인 행렬
randn(m, n)	정규분포로서 선정된 요소를 가지는 크기 (m×n)인 행렬
diag(v)	벡터 $[v]$를 대각선상에 가지는 대각행렬
diag(A)	행렬 $[A]$의 대각선상에 있는 요소만으로 구성된 벡터를 출력
diag(A,1)	행렬 $[A]$의 대각선 바로 위의 요소만으로 구성된 벡터를 출력
magic(n)	행, 열 및 대각선 요소를 모든 합한 값이 같은 정방행렬 생성

[표 2.18]에 수식계산에 자주 사용되는 행렬조작과 관련된 명령어를 정리하였다.

[표 2.18] 행렬조작과 관련된 명령어

명령어	설 명
rot90(A,k)	$[A]$를 90×k (도) 만큼 시계반대 방향으로 회전(크기가 변화)
fliplr(A)	$[A]$의 열을 순서를 반대로 한다(크기는 그대로).
flipup(A)	$[A]$의 행의 순서를 반대로 한다(크기는 그대로).
tril(A)	$[A]$의 대각선 아래 부분을 추출하고 나머지 부분에는 '0'을 삽입
triu(A)	$[A]$의 대각선 윗부분을 추출하고 나머지부분에는 '0'을 삽입

```
A = [1 4 7 10; 2 5 8 11; 3 6 9 12] ↵

A =
     1     4     7    10
     2     5     8    11
     3     6     9    12
```

```
B = fliplr(A) ↵ %

B =
    10     7     4     1
    11     8     5     2
    12     9     6     3
```

■ **벡터의 생성**

벡터를 행렬의 한 종류로 간주한다면 지금까지 언급한 행렬관련 명령어를 사용하여 여러 조작을 수행할 수 있다. 그러나 벡터에 특화된 몇 종류의 함수를 이용한다면 프로그램 등의 작성에 유용할 것이다. 벡터의 생성과 관련된 명령어를 표로 정리하였다.

[표 2.19] 벡터생성과 관련된 명령어

명령어	설 명
x=[2 2*pi sqrt(2) 2-3*j]	임의의 요소값을 가지는 행벡터의 생성
x=first: last	'first'에서 시작하여 'last'에 도달할 때까지 '1'씩 증가하는 값을 가지는 행벡터 $[x]$를 생성한다.
x=first: increment: last	상기와 동일하나 증가량이 'increment'이다.
x=linspace(first, last, n)	'first'에서 'last'까지의 구간에서 균등히 배분된 n개의 요소를 가지는 행벡터 $[x]$를 생성한다.
x=logspace(first, last, n)	10^{first}에서 10^{last}까지의 구간을 대수적으로 구분하여 n개의 요소를 가지는 행벡터 $[x]$를 생성한다.

2.8 행렬연산

2.8.1 수식연산

일반적으로 Fortran, Pascal, 혹은 C 등의 프로그램을 이용하여, 예를 들어 [A]*[B]와 같은 두 행렬의 곱을 프로그래밍 하는 것은 대단히 번거로운 작업 중의 하나였다. 그러나 MATLAB에서는 다음과 같은 네 종류의 행렬연산을 복잡한 과정 없이 일반식의 연산과 동일한 표현으로 실행이 가능하므로, 프로그램의 작성과 디버깅(debugging) 과정이 훨씬 간단하게 되었다.

① 덧셈, 뺄셈 : $[A]+[B]$, 혹은 $[A]-[B]$, 단 $[A]$와 $[B]$는 동일한 크기이다.

② 곱셈 : $[A]*[B]$, 단 $[A]$의 열과 $[B]$의 행의 개수가 같다.

③ 나눗셈[25] : $[A]/[B]$, 단 $[A]$와 $[B]$는 동일한 크기의 정방행렬이다.

④ 행렬 지수 : $[A]$^2, 단 $[A]$는 정방행렬이다.

상기의 모든 표현에 있어서 $[B]$가 스칼라(예를 들어 α)로 주어진 경우에도 연산은 가능하다. 단, 이 경우 $[A]+\alpha$는 $[A]$의 모든 요소에 스칼라인 α가 더해지는 것을 의미하며 나머지 연산도 마찬가지이다. 벡터는 열 혹은 행이 하나뿐이 행렬로서 취급하면 행렬과 동일한 형

25) '나눗셈'이라고 표현하였지만, 행렬에서는 나눗셈은 정의되지 않고 위 표현은 역행렬을 왼쪽 혹은 오른쪽에서 곱하는 것을 의미한다. 즉 $[A]/[B]$는 $[A]*[B]^{-1}$과 같다.

식으로 연산이 가능하다.

행렬의 나눗셈을 수행하는 경우 상기의 오른쪽 나눗셈 외에 왼쪽 나눗셈('\')이 있다. 예를 들어 행렬 방정식 $[A][x]=[b]$, ($[A]$는 $(n\times n)$이며, $[b]$는 $(n\times 1)$)의 해는 왼쪽 나눗셈을 이용하여 명령어 '`>>A\b`'를 실행하면 얻을 수 있다. 이때 A\b는 명령어 '`>>inv(A)*b`'와 거의 동일한 작용을 하지만 훨씬 빠르고 수치적으로 안정한 해의 계산이 가능하다.

■ **도트 연산**(dot operation)

행렬의 각 요소 사이의 곱으로 정의되는 '도트 연산'이 정의되어 있으며, 이 기능은 행렬의 각종 연산에 있어서 상당히 유용하게 사용된다. 예를 들어 $[A]$가 (3×4), $[B]$가 (3×4)의 행렬이라면 행렬의 곱 $[A]*[B]$는 정의되지 않는다(즉 에러메시지가 나타난다). 그러나 이 경우 $[A].*[B]$, $[A]./[B]$ 및 $1./[A]$ 등의 표현이 가능하다. 이상의 관계를 정리하여 [표 2.20]에 나타내었다.

[표 2.20] 행렬의 Dot operation

Dot operation	데이터의 형식: $A=[a_1\ a_2 \cdots\ a_n]$, $B=[b_1\ b_2 \cdots\ b_n]$, c=〈스칼라〉
Scalar addition	$[A]+c=[a_1+c\ \ a_2+c\ \cdots\ \ a_n+c]$
Scalar subtraction	$[A]-c=[a_1-c\ \ a_2-c\ \cdots\ \ a_n-c]$
Scalar multiplication	$[A]*c=[a_1*c\ \ a_2*c\ \cdots\ \ a_n*c]$
Scalar division	$[A]/c=[a_1/c\ \ a_2/c\ \cdots\ \ a_n/c]$, c\[A]와 동일한 결과
Array addition	$[A]+[B]=[a_1+b_1\ \ a_2+b_2\ \cdots\ \ a_n+b_n]$
Array multiplication	$[A].*[B]=[a_1*b_1\ \ a_2*b_2\ \cdots\ \ a_n*b_n]$
Array right division	$[A]./[B]=[a_1/b_1\ \ a_2/b_2\ \cdots\ \ a_n/b_n]$
Array left division	$[A].\backslash [B]=[a_1\backslash b_1\ \ a_2\backslash b_2\ \cdots\ \ a_n\backslash b_n]$
Array exponentiation	$[A].\wedge c=[a_1^c\ \ a_2^c\ \cdots\ \ a_n^c]$
	$c.\wedge [A]=[c^{a_1}\ \ c^{a_2}\ \cdots\ \ c^{a_n}]$
	$[A].\wedge [B]=[a_1^{b_1}\ \ a_2^{b_2}\ \cdots\ \ a_n^{b_n}]$

2.8.2 관계 연산(Relational operation)

MATLAB에서는 다음과 같은 여섯 종류의 관계연산을 제공하고 있다.

[표 2.21] 관계 연산

Relational Operator	설 명
<	작다(Less than)
<=	같거나 작다(Less than or equal to)
>	크다(Greater than)
>=	같거나 크다(Greater than or equal to)
==	같다(Equal to)
~=	같지 않다(Not equal to)

이러한 연산의 결과는, 연산의 결과가 정이면 '1', 결과가 부이면 '0'의 요소로만으로 이루어진 연산에 사용된 행렬과 동일한 크기의 행렬로 저장된다. 예를 들어, $[x]=[1\ 3\ 5\ 7]$, 및 $[y]=[0\ 2\ 8\ 7]$로 주어졌을 경우 [표 2.21]의 관계 연산에 대한 결과는 다음과 같다.

i) >>k=x<y → k=[0 0 1 0]

ii) >>k=x<=y → k=[0 0 1 1]

iii) >>k=x>y → k=[1 1 0 0]

iv) >>k=x>=y → k=[1 1 0 1]

v) >>k=x==y → k=[0 0 0 1]

vi) >>k=x~=y → k=[1 1 1 0]

관계 연산을 이용한 하나의 예로서 수치계산의 과정에서 종종 발생하는 분모가 영(zero)으로 되는 경우의 대처법을 생각하여 보자. 이런 경우 MATLAB은 경고메시지를 발생하여 사용자에게 주의를 요망한다. 예를 들어, 아래 스크립터를 실행하여 보자.

```
x = (-3:3)/3;              % 행벡터의 생성
sin(x) ./x                 % 경고메시지의 발생
x = x+(x == 0)*eps;        % x에 존재하는 '0'를 eps로 교체
sin(x) ./x
```

상기의 스크립터에서 벡터 $[x]$에는 '0'의 요소가 존재하므로 sin(x)./x의 계산에서 'warning: Divide by zero.'라는 경고메시지가 화면에 나타난다. 분모가 '0'으로 되는 경우에 컴퓨터가 가지는 최소값인 'eps'로 대체하여 계산을 수행하면 비교적 정확한 결과를 얻을 수 있다.

2.8.3 논리 연산(Logical operation)

MATLAB은 다음과 같은 다섯 종류의 논리연산을 제공한다.

[표 2.22] 논리연산자

논리연산자	설 명
&	배열에서 각 성분 간의 AND 작용(Element-by-Element AND for arrays)
|	배열에서 각 성분간의 OR 작용(Element-by-Element OR for arrays)
~	논리적 NOT 작용(Logical complement (NOT))
&&	스칼라에 대한 AND 작용(Scalar AND with short-circuiting)
||	스칼라에 대한 OR 작용(Scalar OR with short-circuiting)

각 논리연산자의 기능을 다음 사항으로 확인하여 보자.

```
A =1: 9; B = 9 - A;              % 행렬 A, B의 생성
tf = A > 4 ↲
     tf  = [0 0 0 0 1 1 1 1 1]   % 실행 결과
tf = ~(A > 4) ↲
   tf = [1 1 1 1 0 0 0 0 0]      % 실행 결과
```

```
tf = (A>2) & (A<6) ↲           % A에서 2보다 크고 6보다 작은 요소의 확인
  tf = [0 0 1 1 1 0 0 0 0]     % 실행 결과
tf = A<2 | A>7 ↲               % A에서 2보다 작거나 혹은 7보다 큰 요소의 확인
   tf = [1 0 0 0 0 0 0 1 1]    % 실행 결과
```

[표 2.22]에서 scalar short-circuiting은 연산의 인수가 스칼라인 경우 논리적 비교(AND, OR)를 전부 수행하지 않고 그 중간과정에서 다음의 단계로 넘어갈 수 있게 하는 작용을 한다.

```
a = 0; b = pi;             % 스칼라 데이터의 생성
a == 0 || b ~= 0  ↲        % a == 0가 만족되었으므로 b ~= 0의 과정은 생략
   ans = 1                 % 논리연산의 결과가 정이므로 '1'을 출력

b == 1 && a == 0 ↲         % b == 1이 만족되지 않았으므로 a == 0은 확인은 생략
   ans = 0                 % 논리연산의 결과가 부이므로 '0'을 출력한다.

a == 0 ||  (1/a) < 1       % a == 0이 만족되었으므로 1/a는 실행하지 않는다.
```

위의 마지막 예에서, a가 '0'의 값을 가지므로 '1/a'를 수행하면 경고메시지가 발생된다. 그러나 '||'의 연산에 의해 a == 0이 만족되었으므로 '1/a'의 확인은 하지 않고 (따라서 경고메시지를 발생시키지 않고) 논리연산의 결과인 '1'을 출력한다.

위에서 언급한 논리연산자 외에 MATLAB은 다음의 [표 2.23]과 같은 다양한 논리 연산용 함수를 제공하고 있다.

[표 2.23] 논리연산용 함수

논리연산 함수	설 명
all(x)	벡터 $[x]$의 모든 요소가 '0'이 아니라면(즉 true이면) '1'을 출력
any(x)	벡터 $[x]$ 중의 하나라도 '0'이 아니라면(즉 true이면) '1'을 출력
xor(x, y)	Exclusive OR, 벡터 $x(i)$와 $y(i)$에서 하나가 '0'이고 다른 하나가 '0'이 아니면 true(즉 '1'), 그 외의 경우는 false(즉 '0')를 출력
exist(a)	a(변수, 혹은 함수)가 존재하면 true를 출력
isempty(A)	$[A]$가 empty matrix이면 true(즉 '1')를 출력
isinf(A)	행렬 $[A]$에서 ∞(또는 −∞) 값을 가지는 위치에 '1', 나머지는 '0'을 출력. 따라서 실행결과는 $[A]$의 크기와 동일한 행렬이 주어진다.
isfinite(A)	isinf(A)와 반대의 결과
isnan(A)	$[A]$에서 Not-a-Number인 요소는 '1', 그 외는 '0'을 출력

함수 any와 all에서 인수가 행렬인 경우에는 행렬의 각 열에 대하여 작업을 수행하고, 그 결과를 행벡터로 출력한다. 또한, x = [0 5 3 7], y = [0 2 8 7]로 두고 '>>p = xor(x, y)'를 실행하면 p = [0 0 0 0]으로 될 것이다.

[표 2.23]에서 설명한 함수 외에 논리연산에 유용한 함수로 find가 있다. 이것의 사용법을 [표 2.24]에 정리하였다.

[표 2.24] 함수 find의 사용법

용 법	설 명
i=find(A)	행렬 $[A]$에서 '0'이 아닌 요소의 인덱스를 벡터로 출력
[r, c]=find(A)	행렬 $[A]$에서 '0'이 아닌 요소의 행 위치를 r, 열 위치를 c에 출력
find(A, n, 'first')	행렬 $[A]$의 처음부터 시작하여 '0'이 아닌 요소를 n번째까지의 인덱스를 출력
find(A, n, 'last')	행렬 $[A]$의 뒤에서부터 시작하여 '0'이 아닌 요소를 n번째까지의 인덱스를 출력

예를 들어, x = [0 2 5 7]로 두면 '>>find(x)'는 [2 3 4]를 출력할 것이다. 또한 '>>[r, c] = find(A>100)'을 실행하면 행렬 $[A]$의 요소 중 100보다 큰 행의 위치를 벡터 r, 열의 위치를 벡터 c에 각각 출력한다.

2.8.4 수식계산용 기본함수

MATLAB이 제공하는 수식함수는 기본적으로 행렬을 입력으로 취하고 이것과 동일한 크기의 행렬을 출력한다.

■ 삼각함수 관련[26)]

[표 2.25] 삼각함수

삼각함수 (I)		삼각함수(II)	
sin, sind	sine	sinh	hyperbolic sine
asin, asind	inverse sine	asinh	inverse hyperbolic sine
cos, cosd	cosine	cosh	hyperbolic cosine
acos, acosd	inverse cosine	acosh	inverse hyperbolic cosine
tan, tand	tangent	tanh	hyperbolic tangent
atan, atand	inverse tangent	atanh	inverse hyperbolic tangent
sec, secd	secant	sech	hyperbolic secant
asec, asecd	inverse secant	asech	inverse hyperbolic secant
csc, cscd	cosecant	csch	hyperbolic cosecant
acsc,acscd	inverse cosecant	acsch	inverse hyperbolic cosecant
cot, cotd	cotangent	coth	hyperbolic cotangent
acot, acotd	inverse cotangent	acoth	inverse hyperbolic cotangent

위 함수 중, sin, cos 등은 입력은 래디언(radian)으로 주어져야 하며, sind, cosd 등은 입력으로 반드시 디그리(degree)로 주어져야 한다. 따라서 sin(pi/2)와 sind(90)은 동일한 결과를 출력한다.

■ 지수함수

[표 2.26] 지수함수

지수함수	설 명
exp(a)	exponential, 즉 e^a 의 계산
log(α)	자연대수, 즉 ln(α)의 계산
log10(β)	상용대수, 즉 log10(β)의 계산
nthroot(γ)	실수의 n승근의 계산, 즉 $\sqrt[n]{\gamma}$
sqrt(δ)	$\sqrt{\delta}$ 의 계산
expm(A)	행렬지수, 즉 e^A 의 계산. 단 A는 정방행렬
logm(A)	log(A), 즉 $A = e^{\log(A)}$ 을 계산
sqrtm(A)	$\sqrt{A}$ 의 계산

---

26) [표 2.8]에서도 일부 나타내었다.

위에 제시한 함수 외에도, log2, pow2, nextpow2, reallog, realsqrt, log1p 및 expm1 등이 있다.

■ 복소수 관련[27)]

[표 2.27] 복소수 관련함수

복소함수	설 명
abs(a)	복소수의 절대값 (단, a는 복소수이다)
angle(a)	복소수 a의 위상
complex(c,d)	실수c 와 d로 복소수를 출력, 즉 c+j*d
conj(a)	복소수 a의 공역(conjugate)을 출력
imag(a)	복소수 a의 허수부를 출력
real(a)	복소수 a의 실수부를 출력
isreal(a)	a가 실수이면 true(즉 '1'), 복소수이면 false('0')을 출력

■ 반올림(round-off) 관련

[표 2.28] 반올림 관련함수

함수	설 명
fix	영에 가까운 값으로 반올림(또는 반내림) (Round toward zero)
floor	$-\infty$에 가까운 값으로 반올림(또는 반내림) (Round toward negative infinity)
ceil	$+\infty$에 가까운 값으로 반올림(또는 반내림) (Round toward positive infinity)
round	가장 가까운 정수값으로 반올림(또는 반내림) (Round toward nearest integer)
mod	나누기 후의 나머지 값(floor의 사용) (Modulus after division)
rem	나누기 후의 나머지 값(fix의 사용) (Remainder after division)
sign	+면 1, −면 −1을 출력 (Signum function)

반올림과 관련된 함수의 몇 가지 예를 다음에 정리하였다.

```
fix([-2.33 2.66]) = [ -2  2]
floor([-2.33 2.66]) = [ -3 2]
ceil = ([-2.33 2.66]) = [ -2 3]
mod(26,5) = 1, 혹은 mod(-26,5) = 4      % mod(a,b)=a-floor(a./b)*b
round([-2.33 2.66]) = [-2 3]
rem([-1.5 7], [2 3]) = [-1.5 1]         % rem(a,b)=a-fix(a./b)*b
sign([-2.33 2.66]) = [-1 1]
```

27) 앞의 2.3절을 참조한다.

2.8.5 문자열의 취급

MATLAB에서의 문자열(character string)은 ASCII 값의 배열, 즉 모든 문자의 열은 한 자(a word)에 한 요소를 대응시키는 (행)벡터로서 주어진다. 즉

```
message = 'take me home';
size(message) ↵
    ans =[ 1  12]
```

로 됨을 알 수 있다[28]. 이로부터 몇 개의 문자열에 대응하는 행렬을 생성하고자 한다면 반드시 각 행의 문자의 수를 동일하게 하여야 한다. 즉

```
names = ['John' ; 'Paul' ; 'Mark' ; 'Ruth']            % 4×4의 행렬을 생성
howyou = ['Hi' ; 'everybody' ; 'this' ; 'morning']     % 에러메시지를 발생
howyou2 = ['Hi△△△△△△△' ; 'everybody' ; 'this△△△△△' ; 'morning△△']
```

이다. 위 두 번째 문자열은 각 행이 서로 다른 크기의 문자열을 가지므로 수식행렬의 경우와 마찬가지로 생성이 불가하나, 세 번째와 같이 빈칸을 삽입하여 행의 크기(즉 문자의 수)를 동일하게 하면 생성이 가능하다(여기서 △는 빈칸을 의미한다).

이와 같이 행의 크기를 맞추어야 하는 문제는 명령어 char을 사용하면 쉽게 해결된다. 이는 '>>S = char(s1, s2, …)'의 형식으로 사용되며, 여기서 s1, s2는 문자열이다, 이때 각 문자의 크기는 상관이 없다. 예를 들어

```
Greeting = char( 'Hi', 'everybody', 'this', 'morning')
size(Greeting)
    ans = [4  9]
```

로 되어 각 행에 적당한 개수의 빈칸이 자동적으로 삽입되고 있음을 볼 수 있다[29].

■ 문자열의 조작

문자열은 수식행렬과 동일한 방법으로 조작할 수 있다. 예를 들어 '>>Greeting(2, :)'를 실행하면 행렬변수 Greeting의 두 번째 행인 everybody를 얻는다. 이러한 조작과 함께 MATLAB이 제공하는 num2str 및 int2str 등의 함수를 사용한다면 문자와 수를 그림이나 출력식의 제목(title) 등의 표현에 유용하게 활용할 수 있다. 간단한 예로서 제어기의 출력응답에서 몇 번째 시뮬레이션 결과인지를 나타내고 싶다면

```
title(['Output of controller : the number of simulation = n_', int2str(n)])
```

28) 빈 칸(space)도 하나의 문자로 간주되므로 총 12개의 문자로 구성된다.

29) 이외에도 str2mat, 혹은 strvcat 등의 함수를 사용하여 다양한 크기의 문자열 표시가 가능하다.

를 실행하면 회수를 의미하는 정수(integer) n이 타이들의 속에 표시된다. [표 2.29]에 문자의 조작과 관련된 함수를 정리하였다.

[표 2.29] 문자열 조작 함수 (I)

함수명	설 명
char(s1, s2, …)	영이 아닌 정수(ASCII number)의 배열을 문자열로 변환
double(s)	문자열을 배정도의 ASCII number로 변환
blanks(n)	n개의 공백(blank)을 생성
debank(s)	문자열에서 공백을 제거
findstr(s1, s2)	문자열 s1 (또는 s2)에서 문자 s2 (또는 s1)의 위치를 출력. s1과 s2 중 긴 문자열에서 짧은 문자열을 검색하여 위치를 출력
int2str(s)	정수를 문자열로 변환
ischar(s)	s가 문자배열인지의 여부를 확인
isletter(s)	s가 알파벳 문자를 가지고 있는 지를 확인
lower(s)	영어의 대문자를 전부 소문자로 변환

[표 2.30] 문자열 조작 함수 (II)

함수명	설 명
mat2str(A)	행렬 A를 문자열(문자열을 표현하기 위한 형식)로 변환
num2str(a)	수 a를 문자열로 변환
strcmp(s1,s2)	문자열 s1과 s2가 동일하면 '1'을 출력
strcat(s1,s2, …)	문자열 s1, s2, …을 수평으로 연결
strvcat(s1,s2, …)	문자열 s1, s2, …을 수직으로 연결, 공백은 무시
strfind(s1,s2)	문자열 s1에서 s2를 찾아서 출력
str2num(s)	문자배열을 수치배열로 변환
sprintf(s)	화면출력의 형식을 지정
upper(s)	문자열 s에서 소문자를 대문자로 변환

문자열 조작과 관련된 함수의 몇 가지 예를 다음에 정리하였다.

```
A{1,1} = 'MATLAB    '; A{1,2} = 'SIMULINK    ';    % string 에 공백삽입30)
deblank(A)  →  ans =  'MATLAB'    'SIMULINK'       % 공백이 삭제되었다
-------------------------------------------------------------------
s = 'How much wood would a woodchuck chuck?';      % s는 (1×38)의 행렬
findstr(s, 'a') 혹은 findstr('a', s)  →  ans = 21  % s의 21번째에 a가 위치한다
findstr(s, 'wood')  →  ans = [10 23]
-------------------------------------------------------------------
```

```
B = int2str(eye(3));                          % 3×3의 단위행렬을 문자열로 생성
size(B)  →  ans = [3  7]                      % 문자열로서의 크기(수식이 아님)
 = num2str(rand(2,4));                        % 수식행렬을 문자열로 생성
-------------------------------------------------------------------------
size(C)  →  ans = [2  40]                     % 생성된 문자열의 크기
C = 'a2 : b_c'
ischar(C)  →  ans = 1                         % C는 (1×8)의 크기를 갖는 문자열
isletter(C)  →  ans =[1 0 0 0 0 1 0 1]        % C에서 문자의 위치
```

■ eval함수

MATLAB은 문자열 관련 함수나 MATLAB 제공 명령어들을 처리하는 강력하면서 편리한 함수 eval을 제공한다. 예를 들어 '>>eval('x = 5*sin(pi/3)')'은 $x = 5\sin(\pi/3)$의 계산을 실행하는 것으로 이는 명령윈도에서 '>>x = 5*sin(pi/3)'을 입력한 것과 같다.

s가 문자열인 경우 eval(s)를 실행하면 MATLAB는 문자열의 내용을 실행한다. 이때 몇 가지의 업무를 한 번에 수행하고자 하는 경우에는 괄호 '[ ]'를 사용하면 된다. 예를 들어, 행렬을 12개 생성하여 이를 변수명 M1 ~ M12로 하고자 하는 경우에는 다음과 같이 하면 될 것이다.

```
for n = 1: 12
   eval(['M', num2str(n), '=magic(n)']);
end
```

eval은 그 인수로서 반드시 문자열을 취하여야 한다. 따라서 위 예에서 문자열이 아닌 M과 magic(n)에는 따옴표 ' '로 둘러싸여 있지만 문자열을 생성하는 num2str는 ' '가 없다는 점에 유의한다. 어떤 특정한(사용자가 작성한) 함수를 실행시키기 위해 eval과 유사한 feval의 함수가 있다. 자세한 내용은 뒤에서 언급한다.

문자열(text)이나 행렬을 표시하기 위해서 disp 유용하다. 즉,

```
disp(' Feb.   Aug.  '); disp(rand(5,2))
```

를 수행하면 다음과 같이 된다.

```
  Feb.             Aug.
0.5269           0.9103
0.0920           0.7622
0.6539           0.2625
0.4160           0.0475
0.7012           0.7361
```

---

30) A{1, 1}의 표현은 cell array의 표현으로 제3장 참조

2.9 함수설정을 이용한 계산

■ inline 함수

일반적인 함수 $f(x)$, 혹은 $f(x, y)$등의 계산을 위해서는 독립변수인 x, 혹은 x, y의 값이 필요하다. 공학이나 과학의 계산과정에는 다양한 형식의 함수를 정의하고, 또 이를 주어진 값에 따라 계산하여야 할 경우가 종종 있다. MATLAB에서 이러한 함수를 계산하기 위한 효율적인 방법의 하나는 뒤에서 설명하는 함수파일(function file)을 이용하는 것이다. 그러나 만약 필요로 하는 함수가 그다지 복잡한 형태를 가지지 않는 것이라면 명령윈도에서 직접적으로 함수를 정의하여 바로 사용할 수 있는 방법이 있다. 이는 MATLAB이 제공하는 명령어 inline을 사용하는 것이다.

inline의 사용형식은 다음과 같이 아주 간단하다. 즉

```
f = inline(' function formula ')
```

이다. 예를 들어, 다음과 같이 간단히 함수를 정의하여 사용할 수 있다.

```
humps = inline( '1./((x-0.3).^2+0.01)+1./((x-0.9).^2+0.04)-6','x' ) ↵

Inline function:
   humps(x) = 1./((x-0.3).^2+0.01)+1./((x-0.9).^2+0.04)-6
```

위에서 정의한 함수 humps(x)는 변수 x 가 스칼라인 경우뿐만 아니라 행렬의 경우에도 처리가 가능하다는 점은 정의식의 형식을 보면 이해가 될 것이다.

```
humps(2)  →  ans = -4.8552
humps([1 2])  →  ans = [16.0  -4.8552]
humps([1 2;3 4])  →  ans = [16.0000  -4.8552
                            -5.6383  -5.8234]
```

inline으로 정의된 함수는 다음과 같이 MATLAB이 제공하는 각종 함수에 입력으로 사용가능하다.

```
xo = fzero(humps, 1) →  xo = 1.2995    % 1 근처에서 humps(x)를 '0'으로
                                       % 만드는 변수 x의 값
humps(xo)   →   ans = 0.0011           % '0'에 가까운 값을 가진다.
```

■ 익명함수(Anonymous function)

MATLAB 7 이후의 버전에서는 상기의 inline함수나 또는, 예를 들어 fzero('sin',0.5)에서와 같이 ' '로 둘러싸인 문자열함수의 사용보다는 아래 설명하는 익명함수의 사용을 권장하고 있다. 익명함수는 이름을 가지지 않는 함수로서 그의 핸들(handle)에 의해 사용된다[31].

함수의 핸들은 MATLAB에 의해 내부적으로 생성되고, 사용자 정의의 변수로서 저장되는 것으로서 기본적으로 함수와 동일한 것으로 간주된다. 다음의 형식으로 생성된다.

```
f = @( input list ) mathematical expression
```

여기서 f가 핸들이다. 입력의 리스트(input list)는 하나 또는 콤마로 구분하면 여러 개 지정할 수 있다. 일단 함수를 생성하고 나면, 그 핸들을 이용하여 그 함수의 값을 계산하거나 다른 함수의 인수로서 전달되기도 한다. 아래에 몇 가지의 예를 제시한다.

```
fx = @(x) x^2 - sin(x) ;        % 함수 f(x)=x²-sinx의 생성
fx(5)  →  ans = 25.9589         % x = 5에서 f(x)의 계산
---------------------------------------------------------------------------
fxy = @(x, y) x^2 +y^2;         % 함수 f(x,y)=x²+y²의 생성
fxy(3,2)  →  ans = 13           % x=3, y=2에서 f(x, y)의 계산
---------------------------------------------------------------------------
humps = @(x) 1./((x-0.3).^2+0.01)+1./((x-0.9).^2+0.04)-6;
humps([-1 0 1])  →  ans = [ -5.1378  5.1765  16.000 ]
```

이러한 핸들을 사용하면 하나 이상의 함수를 배열형식으로 묶어 하나의 핸들로서 취급할 수도 있다. 다음 예를 보자.

```
fhan = { fxy  humps }   ↵           % 함수 f(x,y)와 humps(x)를 하나로 묶는다.
   fhan {1}(3,2)  →  ans = 13       % f(3,2)와 동일한 결과
   fhan {2}([-1 0 1]) → ans = [-5.1378  5.1765  16.000] % humps([-1 0 1])과 동일
```

다시 말하면 fhan는 각 요소에 두 종류의 핸들을 가지는 크기 (1×2)의 배열이며[32], 그 사용법은 일반적인 배열과 함수의 사용법과 완전히 동일하다. 이하 함수 핸들과 관련된 명령어 functions와 isequal을 소개한다.

31) handle의 구체적인 내용에 대해서는 3.2절을 참조한다.

32) 정확하게는 cell array 로서, 내부의 요소를 지정할 경우 '{ }'를 사용한다. cell의 구조 등에 대해서는 제3장에서 다시 언급한다.

```
functions(humps) ↵  % function handle이 가지고 있는 정보를 표시
ans =
    function: '@(x)1./((x-0.3).^2+0.01)+1./((x-0.9).^2+0.04)-6'
        type: 'anonymous'
        file: ''
    workspace: {[1x1 struct]}
----------------------------------------------------------------------------
isequal(humps, fxy)  →  ans = 0   % function handle이 동일한가? 서로 다르다.
```

익명함수는 inline 함수와 마찬가지로 자주 사용되는 간단한 형식의 함수를 명령윈도에서 정의하여 사용하기 때문에 매우 편리하다. 그러나 복잡한 함수의 경우에는 뒤에서 설명하는 함수파일(function file)을 사용하여야 할 것이다.

연습문제

MATLAB을 사용하여 아래의 각 문제를 해결하여 본다.

1. 다음의 각 물음에 답하라.

(1) $\dfrac{2^5}{2^5-1}$를 계산하고 이를 $\left(1-\dfrac{1}{2^5}\right)^{-1}$과 비교하여 보라.

(2) $3\dfrac{\sqrt{5}-1}{(\sqrt{5}+1)^2}-1$를 계산하라.

(3) $\ln(e^3)$, $\log_{10}(e^3)$, $\log_{10}(10^5)$를 계산하라.

(4) $3^x=17$의 해를 구하여라.

(5) $e^{i\frac{\pi}{4}}$를 계산하고, 오일러의 정리를 확인하라.

(6) $\exp(\pi/2*i)$ 와 $\exp(\pi/2i)$ 를 계산하고, 그 차이점을 설명하여라.

2. 자연대수(natural logarithm)의 기저는 $e=2.71828\cdots$ 로 주어진다. 다음 식의 한계값으로부터 이 값을 확인하여 보자. 즉 e 는 다음으로 정의된다.

$$e=\lim_{n\to\infty}\left(1+\frac{1}{n}\right)^n$$

이 공식을 이용하여 MATLAB으로서 $n=50, 150, 250, 350$의 각 경우에 대하여 e를 계산하고, 이 결과 이 값이 e에 수렴하는지를 확인하여 보자. MATLAB의 화면 표시를 format long을 두고 계산을 수행한다.

3. $1[m]$는 3.28feet$[ft]$이다. 이를 참고로 $[m]\to[ft]$로 만드는 함수 'm2ft'을 만들어 보라. 또 반대로 $[ft]\to[m]$로 하는 함수 'ft2m'도 작성하여 보자. (이외에도 $[lb]$(파운드)를 $[kg]$으로 변경하고, 그 반대도 할 수 있는 프로그램 등을 만들어 보자.

4. 아주 큰 수와 아주 작은 수 두 개를 적절히 선정하고, 이들의 합과 차를 각각 int16, int32, 및 int64의 세 가지 형식의 수식 데이터 형식을 사용하여 계산하고 그 결과를 비교하여 보아라.

5. $x=r\cos\theta$와 $y=r\sin\theta$로 주어진 점 (x, y)는 반지름이 r 인 원주상에 존재한다. 다시 말하면 이들 점은 $x^2+y^2=r^2$을 만족한다. 각도 $\theta=[0, \pi/4, \pi/2, 3\pi/4, \pi]$로 주어졌을 경우, 이때 점 (x_i, y_i)를 계산하는 프로그램을 작성하여 보자. 단 $r=2$로 둔다. 이 결과가 원의 공식인 $x^2+y^2=r^2$를 만족하는 지의 여부를 확인하여 보자.

6. 다음 세 개의 행렬을 MATLAB에 입력하여라.

$$A=\begin{bmatrix} 2 & 6 \\ 3 & 9 \end{bmatrix},\ B=\begin{bmatrix} 1 & 2 \\ 3 & 4 \end{bmatrix},\ C=\begin{bmatrix} -5 & 5 \\ 5 & 3 \end{bmatrix}$$

7. 선형대수의 기본원칙을 MATLAB 상에서 확인하여 보자.

(a) 행렬의 합은 교환법칙이 성립하는가? $A+B$와 $B+A$를 각각 계산하고 이를 확인하여 본다.

(b) 행렬의 합은 결합법칙이 성립하는가? $(A+B)+C$와 $A+(B+C)$를 각각 계산하여 확인하여 보자.

(c) 행렬과 스칼라와의 곱은 분배법칙이 성립하는가? $\alpha(A+B)$와 $\alpha A+\alpha B$를 각각 계산하여 이를 확인하여 보자.

(d) 행렬의 곱셈은 분배법칙이 성립하는가? $A*(B+C)$와 $A*B+A*C$를 계산하여 이를 확인하여 보자.

(e) 행렬의 경우 교환법칙이 항상 성립하는 것은 아니다. 이를 적당한 예를 동원하여 확인하여 보라.

8. 아래의 몇 종류의 행렬을 함수 zeros, eye 및 ones의 도움을 받아 생성하여라.

$$D=\begin{bmatrix} 0 & 0 & 0 \\ 0 & 0 & 0 \end{bmatrix},\ E=\begin{bmatrix} 5 & 0 & 0 \\ 0 & 5 & 0 \\ 0 & 0 & 5 \end{bmatrix},\ F=\begin{bmatrix} 3 & 3 \\ 3 & 3 \end{bmatrix}$$

또한, 상기행렬로서 함수 rempat와 cat에 적용하여 적당한 크기의 행렬을 작성하여보라.

9. 아래의 행렬 $[G]$는 문제 1의 행렬 $[A]$, $[B]$ 및 $[C]$를 이용하여 작성되었다. 가능한 여러 가지 방법을 동원하여 $[G]$ 행렬을 작성하는 방법을 만들어 보아라.

$$[G]=\begin{bmatrix} 2 & 6 & 0 & 0 & 0 & 0 \\ 3 & 9 & 0 & 0 & 0 & 0 \\ 0 & 0 & 1 & 2 & 0 & 0 \\ 0 & 0 & 3 & 4 & 0 & 0 \\ 0 & 0 & 0 & 0 & -5 & 5 \\ 0 & 0 & 0 & 0 & 5 & 3 \end{bmatrix}$$

10. 4번문제의 행렬 $[G]$에 대하여 아래의 각항을 수행하는 프로그램을 만들어라.

(a) $[G]$의 마지막 행과 마지막 열을 삭제한다.

(b) 처음의 4×4의 부행렬을 뽑아낸다.

(c) $G(5, 5)$를 4로서 대치한다.

(d) 명령윈도에서 '`>>G(13)`'을 실행하면 어떤 현상이 일어나는가? 그 이유를 설명하여라.

(e) 명령윈도에서 '`>>G(12, 1)=1`'을 실행하면 어떻게 되나?

11. '`>>A=rand(10)`'을 이용하여 (10×10)의 행렬을 생성하고 이에 대해 아래의 각 문제를 수행하여라.

(a) 모든 요소에 100을 곱한 뒤, 함수 fix(A)를 사용하여 모든 요소를 정수로 바꾸어라.

(b) $A < 10$의 요소를 모두 0으로 바꾸어라.

(c) $A > 90$의 요소를 Inf로 바꾸어라.

(d) 30보다 같거나 크고 50보다 같거나 작은 모든 요소를 찾아서 이를 벡터로 표시하여라.

12.

(a) 구간 $0 < t < \pi/2$에서 함수 $x(t) = t$, $y(t) = e^{-t/2}\sin t$를 그래프로 나타내어라.

(b) 구간 $0 < \theta < 2\pi$에서 $r(\theta) = 1 + \cos\theta$를 그래프로 표시하여라.

(c) 컨투어 곡선 $x^2 + \sin(xy) + y^2 - z^2 = 0$을 구간 $-\pi/2 < x < \pi/2$ 및 $-\pi/2 < y < \pi/2$에서 함수 ezcontour을 이용하여 표현하여라.

(d) $H(x,y) = \dfrac{x^2}{2} + (1 - \cos y)$의 컨투어 곡선의 표면을 구간 $-\pi < x < \pi$와 $-2 < y < 2$에서 나타내어라.

Chapter 03

MATLAB에서의 프로그래밍

MATLAB의 가장 뛰어난 점의 하나로 사용자에 의한 확장성을 들 수 있을 것이다. 다시 말하면 MATLAB은 기존의 Pascal, Fortran, 혹은 C 등에 비해 고급언어인 자신만의 (프로그래밍) 언어를 제공한다. 이러한 사실은 사용자가 언어의 문법이나 구조 등에 많은 시간을 할애하지 않고서도 필요한 프로그램을 쉽게 작성할 수 있다는 것을 의미한다.

MATLAB에서 사용자는 자신의 용도에 맞는 프로그램을 작성하여 이를 소위 M파일로 저장하고 언제든지 필요할 경우에 사용할 수 있다. M파일이란 MATLAB의 언어를 이용하여 작성된 일반적인 ASCII 문서파일을 의미한다. 이러한 문서는 확장자로서 '~.m'을 가지므로 보통 M파일이라고 부르며, 일반적인 문서편집기, 예를 들어 MS Word나 아래한글 등을 이용하여 작성할 수도 있으나, MATLAB의 전용 편집기를 사용하는 것이 편리하다.

3.1 프로그램의 개발

MATLAB의 프로그램 코드는 위에서 언급한 바와 같이 어떤 종류의 편집기를 사용하여도 무방하다. 여기서는 MATLAB이 제공하는 Editor/Debugger의 기능을 사용하는 것을 전제로 한다.

■ 프로그램의 생성

프로그램을 작성하기 위한 첫 번째 단계는 편집윈도를 오픈하는 것이다. 새로운 M파일을 생성하기 위해서는 명령윈도에서 '>>edit'를 실행한다. 혹은 기존의 파일을 편집하고자 하면 파일명과 함께 edit를 실행한다.

```
edit chapter_3.m
```

이 경우 코드편집용의 윈도가 오픈된다. 이를 위한 또 하나의 방법은 명령윈도 화면의 File 메뉴에서 New → M-File을 클릭하면([그림 3.1] 참조), 새로운 M파일 편집 화면이 열린다.

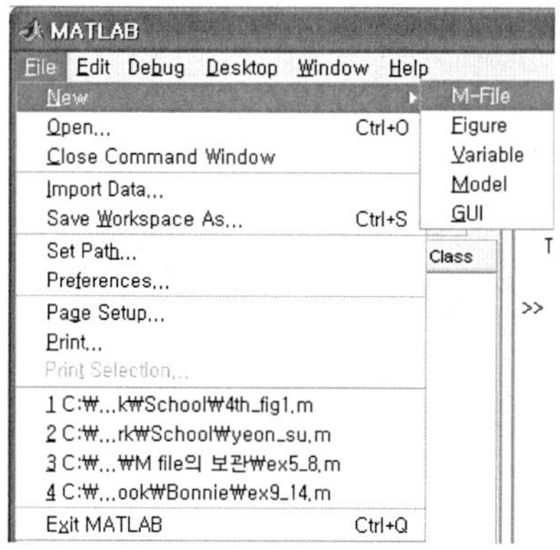

[그림 3.1] 새로운 M파일의 작성을 위한 화면

■ 프로그램의 저장

프로그램의 작성이 완료되면 편집화면의 File → Save를 클릭하여 나타나는 화면에서 디렉터리와 파일명을 지정하여 저장한다. 또는 File → Save As를 클릭하였다면 저장하고자 하는 파일의 형식(이 경우는 M-File)을 지정할 수 있다.

■ 프로그램의 실행

저장되어 있는 파일[1]을 실행시키기 위해서는 파일이 존재하는 디렉터리가 MATLAB의 경로(path)로서 설정되어 있어야 한다(제2장 참조). 만약 실행시키고자 하는 파일의 디렉터리에 경로설정이 되어 있는지의 여부는 함수 which를 이용한다. 경로설정이 되어 있다면 다음과 같이 그 경로가 화면에 표시될 것이다.

```
which chapter_3.m
D:\교재개발\MATLAB를 이용한 수치해석\Part_2\chapter_3.m
```

만약 경로가 설정되어 있지 않다면 함수 addpath를 이용하여 경로를 추가한다.

```
addpath (D:\교재개발\MATLAB를 이용한 수치해석\Part_2\chapter_3.m)
```

경로가 설정되었다면 명령윈도의 프롬프트에서 함수에 필요한 인수와 함께 함수를 실행한다.

함수의 실행 도중에 에러가 발생하였다면 MATLAB Debugger가 유용하지만, 여기서는 더 이상 언급하지 않는다.

---

1) 저장되어 있는 파일이 함수파일(function file)이라는 전제 아래 설명한다.

3.2 스크립터와 함수

3.2.1 스크립터(script) M파일

스크립터 파일은 입력이나 출력을 가지지 않기 때문에 가장 간단한 종류의 M파일이라고 할 수 있다. 다시 말하면 실행 가능한 MATLAB 함수의 집합으로 이루어진 M파일을 의미한다. 스크립터 파일은 명령윈도에서 파일명을 확장자 없이 입력함으로서 실행되고, 이는 명령윈도에서 파일에 있는 모든 명령어를 하나씩 전부 입력한 것과 동등한 효과를 나타낸다. 스크립터 파일의 실행으로 생성된 변수들과 그 결과데이터는 모두 워크스페이스 상의 메모리에 남아 있게 된다[2].

스크립터 파일에는 MATLAB이 제공하는 어떤 종류의 함수 및 사용자가 정의한 함수 등을 포함할 수 있기 때문에 여러 종류의 함수들을 반복적으로 사용해야 할 경우에는 매우 편리한 방법이다. 간단한 예를 하나 들어 보자.

■ **스크립터 파일의 예**

다음의 연립방정식의 해를 구하는 문제를 생각하여 보자.

$$\begin{bmatrix} 5 & 2r & r \\ 3 & 6 & 2r-1 \\ 2 & r-1 & 3r \end{bmatrix} \begin{bmatrix} x_1 \\ x_2 \\ x_3 \end{bmatrix} = \begin{bmatrix} 2 \\ 3 \\ 5 \end{bmatrix} \rightarrow \boldsymbol{A}\,[x] = [b] \tag{3.1}$$

여기서는 행렬 [A]에 있는 변수 r의 변화에 따른 연립방정식의 해와 주어진 값 r에 대한 행렬 [A]의 행렬식 값을 구하고자 한다. 이를 위한 스크립터 파일은 다음과 같다.

```
% --------------- This is a script example program ---------------
% It solves linear equation (3.1) for given r and also cslaulates det(A)

A = [5 2*r r; 3 6 2*r-1;2 r-1 3*r];        % matrix A
b = [2 3 5]';                              % vector b
det_A = det(A)                             % determinant of A
x = A\b                                    % find x
```

위 프로그램을 예를 들어 'solvex.m'의 파일명으로 저장한 뒤 명령윈도에서 이를 실행하면 다음 결과를 얻는다.

---

2) 이런 의미에서 스크립터 파일에 사용되는 변수는 global 변수이다.

```
r = 1;  ↵
solvex  ↵
   det_A = 64
x = -0.0312
    -0.2344
     1.6875
```

상기의 스크립터 파일이 실행되기 위해서는 반드시 변수 r이 워크스페이스 상에 존재하고 있어야 한다. 다시 말하면 스크립터 파일은 워크스페이스에 있는 모든 변수들을 사용가능하며, 동시에 실행한 결과로 생성되는 변수인 det_A와 b 역시 워크스페이스에 남아있게 된다는 것이다. 따라서 만약 스크립터의 파일의 실행으로 인한 불필요한 변수의 생성을 막고 필요한 변수만을 메모리상에 남기고자 할 경우에는 스크립터 파일은 적합하지 않으며 다음 절에서 설명하는 함수 파일(function file)이 필요할 것이다.

스크립터 파일의 작성에 있어 주의하여야 할 점 몇 가지와 MATLAB이 제공하는 스크립터 파일의 작성 시에 유용한 명령어를 [표 3.1]로 정리하였다.

[표 3.1] 스크립터 파일 작성에 유용한 함수

함 수	설 명
beep	'삐'라는 소리를 발생시킨다.
disp(variable_name)	변수가 가지는 값을 화면에 표시한다. 단 변수명은 나타내지 않는다.
echo on (off)	실행되는 스크립터 파일의 명령어를 화면에 표시한다.
input	키보드 입력을 통해 데이터를 입력한다.
keyboard	프로그램의 실행을 일시적으로 중지하여 제어를 키보드로 넘긴다. 명령어 return으로 실행이 재개된다.
pause or pause(n)	프로그램의 실행을 일시적으로 중지한다.
waitforbuttonpress	그림화면의 생성에서 키보드의 입력을 대기한다.

i) 스크립터 파일의 이름을 계산 등에 사용되는 변수명으로 사용해서는 안 된다.

ii) 스크립터 파일의 이름은 반드시 영문자로 시작되어야 한다.

iii) 스크립터 파일에서 사용하는 변수명은 그 설정에 유의해야 한다. 스크립터 파일의 실행으로 생성된 모든 변수는 워크스페이스 상에 남게 되어 동일한 이름의 기존 변수의 값을 변경시킬 수 있기 때문이다. 따라서 명령어 exist('proposed_name')를 사용하여 사용하고자 하는 변수나 스크립터 파일의 이름이 이미 존재하고 있는지를 확인하는 것이 바람직하다.

■ **스크립터 파일의 작성**

실제로 MATLAB의 GUI 환경을 이용하여 스크립터 파일을 작성하는 가장 일반적인 방법을 간단하게 언급한다.

① 새로운 문서의 작성 : 명령윈도 화면의 File 메뉴에서 New → M File을 클릭하면 새로운 M파일 편집 화면이 열린다.

② 아래의 예제 프로그램을 편집기에 입력한다. 기호 '%'로 시작하는 라인(line)은 MATLAB에서 실행되지 않는 주석 라인(comment line)으로서, 주로 그 아래 작성되어 있는 프로그램의 내용을 설명하기 위한 것이다.

③ 입력이 완료되면 편집기의 File 메뉴의 Save As을 클릭하면 파일명의 입력을 위한 박스가 열리고, 여기에 circle.m을 입력하고 저장한다[3].

④ MATLAB의 화면으로 돌아가서 방금 입력한 파일의 이름을 입력하고, 그림 화면에 원이 그려지는지 확인한다.

```
% CIRCLE - A script file to draw a unit circle
%
theta = linspace(0,2*pi,100);    %create vector theta
x = cos(theta);                  % generate x-coordinates
y = sin(theta);                  % generate y=coordinates
plot(x,y)                        % plot the circle
axis('equal')                    % set equal scale on axes
title('Circle of unit radius')   % put a title
```

3.2.2 함수 M파일(Function Files)

함수 파일 역시 M파일이지만, 스크립터 파일과는 달리 함수 파일에 사용된 모든 변수는 파일의 실행 후 워크스페이스에 남아 있지 않다[4]. 이것의 역할은 Fortran에서는 부프로그램, C 언어에서는 함수로 해석할 수 있다.

함수 M파일의 작성에 있어 지켜야 할 몇 가지의 규정과 그로 인한 특징을 정리한다.

1) 함수 M파일의 첫 줄은 반드시 다음의 형식으로 되어야 한다.

```
function [ output variable ] = function_name( input variables );  % 함수의 정의
% Compute Integral by Numerical Method                             % H1 line
% function_name returns results of numerical methods               % Help text
% by Runge-Kutta Method
```

3) 파일이 저장되는 디렉터리는 반드시 MATLAB의 경로가 설정되어 있어야 한다.
4) 이런 의미에서 함수 파일의 변수는 local이다.

이때 M파일의 이름과 함수 파일의 첫 줄에 나타나는 함수명(즉 function_name)은 (확장자를 제외하고) 반드시 동일해야 한다. 실제로 MATLAB은 함수명은 무시하고 저장되어 있는 M파일의 이름으로 함수를 처리한다. 함수 M파일의 이름은 반드시 영문자로 시작되어야 하며 대문자, 소문자를 구별한다. 함수명이 MATLAB이 요구하는 형식에 일치하는 지의 여부는 함수 'isvarname'을 이용하여 확인할 수 있다

2) 함수 M파일의 입·출력은 input variables과 output variables를 이용하여 수행되며, 입력변수는 M파일의 실행에 필요한 데이터를 가지고 있으며, 출력변수에는 M파일의 실행결과가 들어간다. 출력변수가 하나인 경우에는 '[ ]'를 사용하지 않아도 된다.

3) M파일 함수를 선언하는 행 다음에서 %로 시작되는 부분(즉 주석 라인)은 그 함수의 용도 등을 설명하는 help용 텍스트로 사용된다. 다시 말하면 명령윈도에서 '>>help function_name'을 실행하였을 경우 그 함수의 사용법 등을 보여주기 위한 부분이다. 여기서 주석라인의 첫 행을 'H1'라인 이라고 부른다. H1라인은 함수 M파일이 존재하는 디렉터리 내의 모든 명령어(즉 함수)의 H1라인으로 구성되는 contents.m의 파일에 자동적으로 삽입된다. 이러한 기능은 명령어 lookfor를 이용하여 필요한 함수를 검색하는 경우에 유용하다.

4) 함수 M파일은 파일 내의 모든 명령어가 수행되었거나, 혹은 도중에 명령어 return을 만났을 경우에는 실행을 정지하고 MATLAB의 진행권리를 명령윈도에 돌려준다. 또는 다음과 같이 함수 M파일에서 명령어 error를 사용하는 경우에도 제어의 흐름이 명령윈도로 넘어 갈 수 있다.

```
if length(val) > 1
   error(' VAL must be a scalar .')
end
```

위 프로그램의 경우, 예를 들어 입력변수 'val'이 벡터로 주어졌다면 함수 M파일은 에러메시지 " VAL must be a scalar. "를 출력하고 파일의 실행을 중지한다. 이러한 기능은 M파일에서 입력변수의 종류 등을 확인할 때 유용하다.

5) 함수 M파일에서 다른 함수 M파일이나 스크립터 파일 등의 실행이 가능하다. 이때 실행은 함수 M파일 자체의 워크스페이스 영역 내에서 이루어진다. 따라서 여기서 생성된 모든 변수는 출력변수(즉 output variables)를 제외하고는 함수 M파일의 종료와 함께 사라지므로 MATLAB의 워크스페이스에는 나타나지 않는다.

■ 함수의 입·출력 인수(argument)

위에서 언급한 함수의 입·출력 변수, 즉 input variables과 output variables에 대한 내용을 정리한다.

1) 함수 M파일이 반드시 입력이나 출력인자(즉 변수)를 가져야 할 필요는 없다. 다시 말하면 입·출력 변수 없이도 실행될 수 있도록 함수 M파일의 프로그램을 작성할 수 있다는

의미이이다.

2) 함수 M파일의 함수선언 행(line)에서 지정한 입·출력 변수의 개수보다 적은 개수로서도 함수의 실행이 가능하다. 이때 입·출력 변수의 개수는 변수 nargin과 nargout를 사용하여 확인한다. 아래에 표시한 함수는 다섯 개의 입력과 두 개의 출력을 가지지만, 실제 사용에 있어서는 두 개의 입력변수, 즉 x, y만으로도 실행이 가능하다. 또한, 두 개의 출력을 가지지만 출력을 지정하지 않고 실행할 수 있다는 것을 보여주고 있다[5].

```
function [x0, y0] = myplot(x, y, npts, angle, subdiv)
%    The first two input arguments are
%    required; the other three have default values.
 ...…
if nargin < 5, subdiv = 20; end
if nargin < 4, angle = 10; end
if nargin < 3, npts = 25; end
 ...…
if nargout == 0
    plot(x, y)
else
    x0 = x;
    y0 = y;
end
```

■ 함수 M파일의 작성

1) [그림 3.1]의 MATLAB 초기 화면에서 File 메뉴의 Open M파일을 클릭하여 3.1절에서 사용한 circle.m을 M파일 편집기를 이용하여 펼친다.

2) 상기 파일을 다음과 같이 약간 수정한다. 이때 함수 M파일임을 나타내기 위하여 파일의 첫 번째 라인을 반드시 function으로 시작되게 한다.

```
function [x,y] = circlefn(r);
% CIRCLEFN - Function to draw a circle of radius r.   % H1 line
% Call syntax: [x,y] = circle(r); or just circlefn(r);
% Input: r = specified radius
% Output: [x,y] = the x- and y-coordinates of data points

theta = linspace(0,2*pi,100);    %create vector theta
x = cos(theta);                  % generate x-coordinates
y = sin(theta);                  % generate y=coordinates
plot(x,y)                        % plot the circle
axis('equal')                    % set equal scale on axes
title(['Circle of radius r =', num2str(r)])% put a title with the value of r
```

5) 예를 들면, 명령윈도에서 '>> myplot(x, y)'를 실행하면 x, y로 작성된 그래프가 얻어질 것이다.

3) 입력이 끝나면 상기 파일을 File 메뉴의 Save As를 이용하여 적절한 디렉터리에 circlefn.m으로 저장한다.

4) 반지름을 지정하여(예를 들어 r = 5) 상기 파일을 다음과 같이 실행하고 반지름이 5인 원이 그려지는 것을 확인한다.

```
>> circlefn(5); 또는 >>[x, y] = circlefn(5);
```

3.2.3 함수핸들(Function Handles)

함수핸들이란 새로운 함수를 작성할 수 있는 방법으로, 다시 말하면 새로운 함수를 상징하는 일종의 변수를 의미한다. 이것을 이용하면 함수를 다른 함수의 인수로서 사용할 수 있을 뿐만 아니라, 함수의 사용범위를 넓힐 수 있다. 여기서는 이에 대해 간단히 설명한다.

■ **함수핸들의 생성**

함수핸들을 생성하기 위해서는 함수명 앞에 기호 @를 붙인다. @의 뒤에는 반드시 함수명만을 지정하여야 한다.

```
fhandle = @functionname
```

이 경우 MATLAB은 핸들(즉 fhandle)을 지정한 함수이름에 접목(mapping)하고 이 정보를 핸들에 기록한다.

함수핸들을 생성하는 또 하나의 방법은 다음과 같이 익명함수(anonymous function)를 사용하는 것이다. 예를 들어, 다음 핸들 sqr은 입력변수 x의 제곱을 계산하는 익명함수를 나타낸다[6].

```
sqr = @(x) x.^2 ;
```

만약 핸들이 지정하는 함수가 MATLAB의 경로 상에 존재하지 않더라도 MATLAB은 에러 메시지를 발생시키지 않는다. 그러나 이 핸들이 사용된다면 MATLAB은 당연히 에러 메시지를 발생시킬 것이다.

■ **핸들을 이용한 함수의 사용**

핸들과 접목되어 있는 함수를 핸들을 이용하여 실행하기 위해서는, 아래 스크립터와 같이 핸들을 함수인 것처럼 취급하는 것이다.

---

6) 익명함수의 구체적인 내용은 다음 절(3.3절)을 참조한다.

```
fhandle(arg1, arg2, …, argn)     % 함수가 n개의 인수를 가질 경우
fhandle( )                       % 함수가 인수를 필요로 하지 않을 경우
```

아래의 예는 M파일 함수 plotFHandle이 그의 인수로서 함수핸들을 사용하고 있는 경우이다. 여기서는 sin 함수를 핸들로 지정하여 함수 plotFHandle에 인가하여 주어진 구간에서 sin 함수의 그래프를 나타내고 있다.

```
function x = plotFHandle(fhandle, data)      % 함수의 정의
plot(data, fhandle(data))                    % 함수의 내용
```

```
plotFHandle(@sin, [-pi : 0.01 : pi])         % fhandle = @sin로서 함수 실행
```

3.3 함수의 종류

MATLAB에서 새로운 함수(즉 명령어)를 생성하고자 하는 경우 다음 두 가지가 주로 사용된다. 즉 1) 명령윈도에서 직접 입력하는 방법과 2) 파일로서 저장하여 사용하는 방법 등이다.

명령윈도에서 직접 입력하는 함수(command-oriented function)는 익명함수(anonymous function)로 불리며 비교적 그 내용이 짧은 것이 특징이다. 이는 몇 개의 입력인수와 출력인수를 가질 수 있으며 명령윈도에서의 선언으로 간단히 생성된다.

파일(즉, M파일)로서 저장되어 사용되는 함수로 몇 가지 형식이 존재하지만, 이들 중 가장 기초가 되는 것이 기본함수(primary function)와 부함수(subfunction)이다. 기본함수는 익명함수뿐만 아니라 다른 M파일 함수에서도 사용가능하지만, 부함수는 이것이 정의되어 있는 M파일 내에서만 사용할 수 있다.

마지막으로 네스티드 함수(nested function)로서 이는 함수가 정의되어 있는 M파일 내에서 새로운 함수를 정의하는 것을 의미한다. 따라서 그 M파일 내에서만 사용가능하다.

여기서는 가장 많이 사용되고 있는 익명함수, 기본함수 및 부함수 등에 대해서만 간단히 언급하기로 한다.

3.3.1 익명함수(Anonymous Functions)

익명함수는 매번 새로운 M파일을 작성하지 않고 간단하고 빠르게 함수를 생성할 수 있는 방법이다. MATLAB의 명령윈도나 스크립터 파일을 이용하여 쉽게 작성할 수 있다.

■ **익명함수의 생성**

다음과 같은 형식으로 생성된다.

```
fhandle = @ (arglist) expressions
```

'expressions'은 함수의 수행하고자 하는 계산의 실체이며 이는 MATLAB의 일반적인 규칙에 따라 표현된다. 'arglist'는 콤마로 구분되어 있는 변수로서 'expressions'에 입력인수로서 전달되는 값이다. 이러한 형식은 MATLAB에서의 함수의 표현에 사용되는 일반적인 형식으로 볼 수 있다.

표시 @는 함수핸들을 생성하는 MATLAB의 작용소(operator)이다. 이 기호는 익명함수를 다른 함수의 인수로서 인가하는 경우에도 사용된다. 상기의 스크립터를 수행하면 MATLAB은 함수를 fhandle이라는 변수명으로 저장하므로, 사용자는 이를 MATLAB의 다른 함수와 동일한 방법으로 하면 된다.

■ **두 개의 입력을 가지는 예**

```
sumAxBy = @ (x, y) (A*x + B*y) ; ↲
```

```
whos ↲
  Name        Size           Bytes      Class
  sumAxBy     1x1              32    function_handle
```

위 핸들을 사용하기 위해서는 '>>sumAxBy(5, 7)'을 실행한다.

■ **입력 항을 가지지 않는 경우**

입력을 취하지 않는 익명함수를 생각하여 보자. 아래 함수 datestr은 data와 time을 string format로 변경하는 기능을 한다. 따라서 항상 현재의 시각과 날짜를 알고 싶은 경우 다음과 같이 익명함수를 생성한다.

```
t = @( ) datestr( now )      % 함수핸들의 정의
```

```
t( )                         % ( )가 있는 경우
    ans =
          21-Sep-2012 17:59:57
```

```
t                            % ( )가 없는 경우
    t =
        @( )datestr(now)
```

위 예에서 볼 수 있는 바와 같이 함수핸들을 사용하는 경우 입력인수가 없다고 하더라도 반드시 '( )'가 필요하다.

■ **익명함수의 셀 배열(Array)**

여러 개의 익명함수를 저장하고자 하는 경우에는 셀을 사용한다.[7] 다음 예를 보자.

---

7) 셀(cell)에 대해서는 3.5절을 참조한다.

```
A = { @(x) x.^2,  @(y) y+10, @(x, y) x.^2+y+10 } ↵  % 셀의 정의
A =
    [ @(x)x.^2 ]   [ @(y)y+10 ]   [ @(x,y)x.^2+y+10 ]
```

만약 셀에서 처음 두 개의 함수를 실행시키거나, 혹은 세 번째 익명함수만을 실행시키고자 한다면 셀 인덱스를 사용하여 다음과 같이 하면 된다.

```
A{1}(4) + A{2}(7)                          A{3}(4, 7) ↵
   ans =                                       ans =
           33                                          33
```

■ 함수표현에 사용된 변수값의 변경

통상 익명함수는 다음과 같은 두 가지 형식의 변수를 가진다.

1) 익명함수의 정의에서 사용된 인수리스트('arglist')에 존재하는 변수로, 이 값은 함수가 사용될 때(즉 function calling)마다 변경된다.
2) 함수의 표현식('expressions')에서 사용된 변수이다. MATLAB은 이러한 변수를 한 번 인지하면 익명함수의 핸들이 지속하는 한 (즉 핸들이 재선언 되지 않는 한) 주어진 값을 유지한다.

다음의 예를 이용하여 위 사항을 다시 한 번 정리한다.

```
a = 1.3; b = 0.2; c = 30;
parabola = @(x) a*x.^2 +b*x +c;      % 익명함수의 정의
fplot(parabola, [-25 25])            % [그림 3.2(a)]의 작성
```

만약 위 스크립터에서 익명함수의 핸들 parabola가 가지는 세 개의 변수 a, b, c의 값을 변경하는 것을 생각하여 보자. 이 경우

```
a = -3.9; b = 52; c = 0;
fplot(parabola, [-25 25])
```

를 실행한다면 [그림 3.2(a)]와 동일한 그래프가 그려지는 것을 볼 수 있을 것이다. 이는 위에서 언급한 바와 같이 MATLAB은 익명함수의 핸들 parabola가 가지는 세 개의 변수 a, b, c의 값을 한 번 인지하면 이 핸들이 새로이 정의될 때까지 그 값을 유지하기 때문이다. 따라서 세 개 변수의 값을 변경하려면 다음과 같이 핸들 parabola를 새로이 정의할 필요가 있다.

```
a = -3.9; b = 52; c = 0;
parabola = @(x) a*x.^2 +b*x +c;      % 익명함수의 정의
fplot(parabola, [-25 25])            % [그림 3.2(b)]의 작성
```

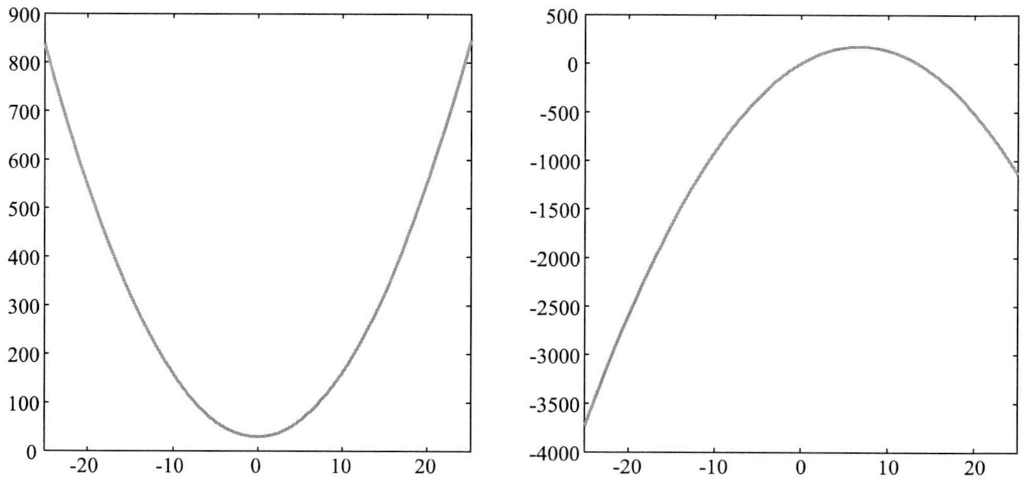

(a) (b)

[그림 3.2] 익명함수의 변수값 변경

위 경우와 같이 익명함수가 가지는 변수의 값을 자주 변경할 필요가 있을 경우에는 굳이 익명함수를 핸들변수로 정의하여 이를 메모리에 저장할 필요 없이 다음과 같이 직접 함수 fplot에 사용하는 것이 편리할 것이다.

```
fplot( @(x) a*x.^2 +b*x +c, [-25 25])
```

■ **익명함수의 예**

마지막으로 익명함수를 이용한 두 개의 예를 제시한다.

[예제 3.1]

다음 함수를 생각하여 보자.

$$x = g*\cos(omega*t) \tag{3.2}$$

풀이 이 경우 x는 시간 t의 함수이며, 나머지 두 개의 변수 g와 omega는 함수를 실행하기 전에 설정되어야 하는 값이다.

여기서는 식(3.2)의 시간 t에 대한 적분을 생각하여 보자. 이를 위해서는 먼저 식(3.2)를 함수 M파일로 작성하고 이를 MATLAB의 적분용 함수인 quad에 적용하면 된다. 다음과 같이 함수 M파일을 작성하고 이를 vOut.m으로 저장한다.

```
function f = vOut(t, g, omega)
f = g * cos(omega * t);
```

다음 이를 적분용 함수 quad에 적용하기 위해서는 반드시 두 개 변수 g와 omega의 값을 미리 설정해 두어야 한다.

```
g = 2.5; omega = 10;
quad(@vOut, 0, 7, [ ], [ ], g, omega) ↵    % 식(3.2)를 0에서 7까지 적분
   ans =
         0.1935
quad(@vOut, -5, 5, [ ], [ ], g, omega) ↵  % 식(3.2)를 -5에서 5까지 적분
   ans =
         -0.1312
```

함수 M파일을 작성하지 않고 식(3.2)를 함수핸들을 사용하여 적분하는 방법을 사용하면 다음과 같다.

```
g = 2.5; omega = 10;
quad(@(t) (g*cos(omega*t)), 0, 7) ↵
      ans =
            0.1935
quad(@(t) (g*cos(omega*t)), -5, 5) ↵
      ans =
            -0.1312
```

[예제 3.2]

다음 적분식의 풀이를 통하여 두 개의 익명함수를 사용하는 방법을 생각하여 보자.

$$g(c) = \int_0^1 (x^2 + cx + 1)dx \tag{3.3}$$

풀 이 위 식을 익명함수를 하기 위해 먼저 식(3.3)의 피적분함수를 익명함수로 표현한다, 이 경우 피적분함수를 나타내는 익명함수의 역할을 단순히 적분의 수행을 위한 함수 quad에 전달하기 위함이므로, 피적분의 익명함수에 특별히 변수(즉 함수핸들)를 지정할 필요는 없을 것이다.

```
@(x) (x.^2 + c*x +1)    % 피적분 함수를 익명함수로 변경
```

다음 상기의 익명함수를 0에서 1까지 적분하기 위해 quad를 사용한다. 즉

```
quad (@(x) (x.^2 + c*x +1), 0, 1)   % 식(3.3)
```

이다. 이상을 하나의 익명함수로 표현하면 다음으로 된다.

```
g = @(c) (quad (@(x) (x.^2 + c*x +1), 0, 1));  % 식(3.3)의 익명함수 표현
g(2) ↵
      ans =
             2.3333
```

3.3.2 기본함수 외

■ 기본함수(Primary function)

MATLAB의 명령윈도, 혹은 M파일(스크립터 M파일, 또는 함수 M파일) 등에서 어떤 기능을 수행하기 위하여 불려지는(calling) 함수를 기본함수라고 한다. 이미 3.2.2절에서 상세히 언급한 바와 같이, 일단 함수 M파일로서 작성되었다면, MATLAB의 어느 환경에서나 이를 불러서 그 기능을 사용할 수 있다.

■ 부함수(Subfunction)

함수 M파일은 하나 이상의 함수를 가질 수 있다. M파일 내에 존재하는 부가적인 함수를 부함수라고 하며, 부함수는 그 함수가 정의된 기본함수나 혹은 그 기본함수의 M파일 내의 다른 부함수에서만 사용가능하다.

각 부함수는 자신의 함수정의용 행(line)으로 시작되며, 부함수는 순서에 대한 제약 없이 기본함수의 파일 내의 어느 곳에서나 정의될 수 있다.

```
function [avg, med] = newstatus (u)     % 기본함수
n = length(u);
avg = mean(u, n);
med = median(u, n);

function a = mean(v, n)                 % 부함수
% Calculate average.
a = sum(v)/n;

function m = median(v, n)               % 부함수
% Calculate median
w = sort(v);
if rem(n, 2) == 1
    m = w((n+1) / 2);
else
    m = (w(n/2) + w(n/2+1) / 2;
end
```

위 스크립터에서 부함수 mean과 median은 주어진 입력의 평균(mean)과 중간값을 계산한다. 기본함수 newstatus는 입력의 크기(length) n을 계산한 뒤 부함수 mean과 median에게 이 값을 전달하여 필요한 계산을 수행한다.

임의 변수가 글로벌(global)[8]로 선언되어 있는 경우를 제외하고는, 부함수는 다른 부함수나 혹은 기본함수의 M파일 내에서 사용하고 있는 변수를 사용할 수 없다.

함수 M파일 내에서 사용자가 어떤 함수를 불렀다면(calling) MATLAB은 그 함수가 부함수인지의 여부를 제일 먼저 확인한다. 만약 부함수가 아니라면 다음 순서로 일반의 사용자 정의 M파일인지, 또는 MATLAB 제공함수인지의 여부를 계속적으로 확인한다. 따라서 만약 부함수와 동일한 이름을 가지는 다른 함수(사용자 정의 함수 또는 MATLAB 제공함수)가 존재한다면 이는 무시되고 M파일 내에 존재하는 부함수가 우선적으로 사용된다(override).

3.3.3 함수 M파일의 기타사항

이미 2.9절에서 MATLAB의 명령어 inline등을 이용하여 간단하게 함수를 작성하는 방법에 대하여 언급하였다. 여기서는 이들과 함수 M파일을 병용하는 경우 등에 대하여 설명한다.

■ 다른 함수의 입력변수로서의 함수

함수 M파일의 입력변수로서 함수를 사용하고자 하는 경우, 입력변수로 사용되는 함수명은 문자열로서 지정되어야 한다. 예로서 주어진 다항식의 근을 계산하는 함수 fzero를 생각하여 보자. 이 함수는 fzero(f, x)의 형식으로 사용되며 이때 f는 함수명 혹은 함수 핸들이며, x는 초기값이다. 여기서는 함수

$$f(r) = r^3 - 32r^2 + (r-22)r + 100$$

의 최소값을 구하는 문제를 가지고 다양한 함수 f의 작성방법을 알아보자.

① 명령어 inline의 사용:

```
fr = inline( 'r^3 - 32*r^2 + (r-22)*r + 100' );
r0 = fzero(fr, 5) ↲
    r0  =  1.5058
```

② 함수 M파일의 사용:

```
function f = funr(r);
% FUNR evaluates function fr = r^3 - 32*r^2 + (r-22)*r + 100
f = r^3 - 32*r^2 + (r-22)*r + 100;
```

8) 3.4절 참조.

위 프로그램을 funr.m으로 저장한 뒤 '>>r0=fzero('funr',5)'를 실행한다.

③ 함수 핸들의 사용:

```
f1 = @(r) r^3 - 32*r^2 + (r-22)*r + 100;
r1 = fzero(f1, 5) ↲
    r1  =  1.5058
```

■ feval을 이용한 함수의 실행

명령어 inline, 함수 핸들 및 문자열 등을 이용하여 설정된 함수(MATLAB 제공함수 포함)를 실행하기 위해 MATLAB은 명령어 feval을 제공하고 있다. 예를 들어

```
y = feval('sin', pi*(0:4)/4) ↲
   y = [0  0.7071  1  0.7071  0.0000]
-----------------------------------------------------------------
fro = inline( 'r.^3 - 32*r.^2 + (r-22).*r + 100' );
z = feval( fro, 0:3) ↲
   z = [100  48  -60  -218]
```

와 같이 feval은 주어진 데이터로 함수를 실행시키는 작용을 한다. 위 예의 경우 feval을 사용하지 않고 '>>fr(0:3)'을 실행하여도 동일한 결과를 얻지만, 예를 들어 동일한 구간에서 몇 종류의 계산을 수행하고자 하는 경우, 그 계산법을 inline 등을 이용하여 미리 함수로 지정하여 두고 feval을 사용하면 이것의 인수인 주어진 함수의 이름(위의 경우, 'sin' 및 'fro')만을 바꾸어 주는 것만으로 각각의 함수를 실행할 수 있게 되어 편리하다.

또한, 설정된 함수를 다른 함수의 입력변수로서 사용하고자 하는 경우에도 feval은 유용하다. 다시 말하면 입력변수로 사용된 함수는 반드시 feval을 사용하여 실행되어야 한다는 것이다. 예를 들어 미분방정식의 해를 구하기 위해서는 MATLAB이 제공하는 ode45, 혹은 ode23 등을 사용하는 것이 보통이다[9]. ode45를 실행하기 위해서는 사전에 해를 얻고자 하는 미분방정식을 '함수 M파일'이나 함수 핸들 등을 이용하여 함수(vdpol 등)로 설정해 두고, 이를 ode45 등에 입력변수로서 인가한다. 예를 들어,

```
[t, y] = ode45( 'vdpol', [0 20], [2; 0]);   혹은
[t, y] = ode45( @vdpol, [0 20], [2; 0]);
```

와 같이 실행한다. 이 경우는 미분방정식이 vdpol.m의 함수명을 가지는 M파일로서 미리 저장되어있는 것으로 가정하였다.

9) 미분방정식의 풀이에 관해서는 제9장 참조.

3.4 MATLAB에서의 프로그래밍

여기서는 실제로 M파일의 프로그래밍 과정에서 주의를 기울여야 할 점 등에 대하여 간략하게 설명한다.

3.4.1 글로벌변수(global variable)

앞에서 언급한 바와 같이, 함수 M파일의 실행 중에 생성된 변수(이를 local 변수라고 한다.)는 출력변수로 지정되지 않는다면, 일단 그 함수의 실행종료와 함께 메모리상에서 사라지며, 마찬가지로 M파일의 입력변수로 지정되지 않은 변수는 그 함수 내에서의 사용이 불가능하다. 이와 같은 경우 명령어 global을 사용하여, 예를 들어 '>>global x y z'로 설정해 두면 이 변수들은 항상 메모리상에 존재하기 때문에 어디서나 접근(즉 사용)가능하다. 글로벌변수는 스크립터 파일에서 글로벌변수를 사용하는 함수 M파일이 실행되기 전에 선언되어 있어야 한다. 또한, 글로벌변수를 사용하는 함수 M파일에서도 동일한 형식의 global 변수 선언이 반드시 필요하다. 하나의 예로서 미분방정식의 해를 얻기 위한 스크립터 파일과 함수 M파일의 프로그램을 아래에 나타내었다. 일단 글로벌변수를 지정하면 스크립터 파일에서 자유로이 변수의 값을 변경할 수 있으므로 여러 상황에 대한 계산을 수행할 수 있다.

```
global K_Value C_Value                    % 글로벌변수의 선언
K_Vaue = 5; C_Value = 2;                  % 글로벌변수 값의 지정
ts = [0 20]; xo = 1.0;                    % 구간과 초기값의 설정
[t, x] = ode23( 'ode1', ts], xo);         % ode23을 이용한 미분방정식의 해
plot(t, x)                                % 결과를 그림으로 표시
```

```
function xdot = ode1(t, x)
% ODE1 : function to compute the derivative xdot
global K_Value C_Value                    % 글로벌변수의 선언
xdot = k_value*x + c_value*sin(t);
```

글로벌변수를 선정하는 경우에는 로컬변수 등과 겹치지 않도록 특별히 유의할 필요가 있으며, 일반적으로 대문자를 사용한 비교적 긴 문자열을 사용하는 것이 바람직하다. 또한, 프로그램의 수행 중에 글로벌로 지정된 변수를 확인해야할 경우가 있다. 이 경우

```
whos global ↲    % 현재 설정되어 있는 글로벌 변수을 확인
  Name       Size            Bytes  Class     Attributes

 C_Value     1x1                8  double      global
 K_Value     0x0                0  double      global
```

와 같이 확인할 수 있다.

■ 글로벌변수의 대용

글로벌변수를 다용하게 되면 프로그래밍 과정에서 혼란을 야기할 수 있기 때문에 글로벌변수의 설정은 최소한으로 억제하는 것이 바람직하다. 글로벌변수의 설정을 대신할 수 있는 방법으로 다음을 들 수 있다.

1) 변수를 함수에 인수로서 전달한다. 이렇게 함으로서 사용자가 어떤 변수를 함수에 전달하였는지를 확실히 파악할 수 있게 된다. 만약 이 경우 특히 많은 변수를 함수의 인수로서 전달해야 한다면, 뒤에서 언급하는 스트럭쳐나 셀 배열 등을 이용하는 것이 유용할 것이다.
2) 함수에서 다른 함수를 불러서(calling) 사용하는 경우에만 어떤 특정한 변수를 메모리상에 유지시켜 사용하고자 한다면 아래 설명하는 지속변수(persistent variable)를 사용한다.

■ 지속변수(persistent variables)

지속변수의 특징은 다음과 같다.

① 지속변수는 반드시 M파일 함수(function) 내에서 정의되어야 한다.

② 지속변수가 정의된 함수에서만 지속변수로의 사용(access)이 허용된다.

③ 지속변수가 정의된 함수가 존재하는 한 MATLAB은 지속변수를 메모리에서 제거할 수 없다. 따라서 지속변수의 값은 한 함수에서 다른 함수로 넘어가는 경우에도 그 상태를 유지한다.

일반적으로 지속변수는 M파일 함수의 앞부분에서 선언하는 것이 유용하다. 예를 들어 SUM_X라는 지속변수를 선언하고자한다면 M파일 내에서

```
persistent SUM_X
```

로 두면 된다. 지속변수가 선언된 함수를 제거하거나(예를 들어 clear functionname, 혹은 clear all의 실행 등), 또는 변수가 선언된 함수를 편집하여 그 부분을 삭제한다면, MATLAB은 그 함수 내에서 사용된 모든 지속변수를 삭제한다.

일단 지속변수가 선언되면 MATLAB은 지속변수를 빈 공간으로 초기화[10]한 뒤, 필요할 때 적절한 값을 지정하면 된다. 이 경우 명령어 isempty가 유용하다.

10) 빈 공간이란 '[ ]'를 의미한다. 즉, SUM_X=[ ];로 됨을 나타낸다.

```
function findSum (inputvalue)      % 함수의 정의
persistent SUM_X                   % 지속변수의 선언

if isempty (SUM_X)               % SUM_X가 empty(즉 [ ])이면 '1', 아니면 '0'을 출력
  SUM_X = 0;                     % [ ]이면 '0'을 대입
end
SUM_X = SUM_X + inputvalue;
```

위 스크립터의 경우 지속변수를 사용하기 전에 먼저 '0'으로 초기화하는 것을 나타내고 있다.

3.4.2 반복루프와 흐름의 제어

MATLAB에서의 프로그램 작성을 위해서는, 흐름 제어(control-flow)를 위한 명령어, 예를 들어 for loop 및 while loop 등과 같은 반복루프와 if-elseif-else 등의 분지제어 등을 잘 이해하고 활용할 필요가 있다. 이외에도 스크립터 파일과 함수 M파일의 실행을 제어하기 위한 명령어-break, error 및 return-등을 숙지하면 유용할 것이다. 이하 이에 대하여 설명한다.

■ **for loop와 if**

과학기술 계산에서는 어떤 종류의 처리를 몇 번이고 반복해서 수행해야 할 경우가 종종 있다. 먼저 n개의 데이터로 이루어진 1차원 배열의 최소값을 찾는 문제를 생각해 보자.

```
p = inf;
for i = 1: n
  if x(i) < p
     p = x(i); k = i;
  end
end
```

이 루프에서는 최소값이 p에 들어가고 그때의 위치가 k에 들어가게 된다. 프로그램의 처음에 보이는 inf는 무한대를 의미하며, 컴퓨터에서 처리 가능한 최대값을 지정한다. for 문에 있는 변수 i는 제어변수라고 한다. if 문은 어떤 조건을 만족할 경우에만 처리를 수행하는 선택기능을 가진다.

if 문은 두 개 이상의 조건이 있어서 각각의 경우에 맞는 처리를 실행하고자 하는 경우에도 사용할 수 있다. 예를 들면, 다음과 같이 사용할 수 있다.

```
if x > 10
      a = 1;
  elseif x > 5
      a = 2;
  else
      a = 3;
end
```

다음에 임의 변수에 대한 m개 및 n개의 관측점으로 이루어진 데이터가 주어졌을 때 이들의 2차원 배열의 합을 구하고자 하는 경우를 생각한다. 이때 각 변수에 있어서의 관측점의 누적 계산이 필요하므로 for 문을 사용하면 다음과 같다. 여기서 m(ii)에는 변수 ii의 평균값이 들어간다.

```
for j = 1: m
        s = 0;
        for ii = 1: n
                s = s + X(ii, j);
        end
        m(ii) = s ./ n;
end
```

내측의 루프에서는 특정 변수 j의 관측값의 덧셈을 수행하고 있으며, 외측의 루프에서는 평균값의 계산을 모든 변수에 대해 실행하고 있다.

for 문은 제어 변수의 증가(또는 감소)의 범위를 자유로이 조절할 수 있다. 예를 들어 홀수 번째에만 계산의 처리를 수행하고자 할 경우 등이 그러하다.

```
s = 0;
for ii = 1: 2: n
   s = s + x(ii);
end
```

제어 변수의 순서를 역순, 즉 큰 값에서 작은 값으로 하고자 할 경우에는 for 문을

```
for  ii = n: - 2: 1
```

로 두면 된다. 단 이 경우 n은 홀수이다.

■ while 문

for 문의 경우에는 반복의 횟수가 미리 지정된다. 그러나 횟수를 지정하지 않고 종료 조건과 일치되었을 경우에 한해서 반복을 끝내고자 할 경우가 있다. 예를 들면, 1차원 배열의 요소 중에서 100보다 큰 수를 발견했을 경우 루프를 끝내고자 할 때가 그러하다. 이러한 경우에는 while 문을 이용해서 다음과 같이 하면 된다.

```
n = 1;
while ii
        if x(ii) >= 100
                n = ii; p = x(ii);
                break
        end
        ii = ii +1;
end
```

이때 n은 몇 번째의 값이 100 이상으로 되었는가를 나타내며, p에는 그 값이 들어간다. 위 루프에서 '>='은 '이상'을 의미하며, break는 루프문을 끝내고 루프 바깥으로 나오는 것을 나타낸다.

while 문을 사용한 루프에서, 루프의 조건이 만족되는 경우에만 무엇인가의 계산을 수행하게 된다. 예를 들면, 1차원 배열 x의 값이 양으로 될 때에만 누적 계산을 수행하고자 한다면 다음과 같이 될 것이다.

```
ii = 1; s = 0;
while ( x(ii) > 0 & 1 <= n );
        s = s + x(ii);
        ii = ii + 1;
end
```

이 루프에서는 n개의 데이터로 이루어진 x의 모든 값에 대해서, 그 값이 양(+)으로 될 때에만 누적을 취하고 있다. while 문의 오른쪽에 괄호로서 둘러싼 조건은 복합 논리 연산으로 되어 있다. 또한, 이 프로그램은 MATLAB이 제공하는 함수 sum을 사용하면 다음과 같이 기술 가능하다.

```
s = sum( x(ii) > 0)
```

이와 같이 함수 내에서도 조건의 지정이 가능하다.

■ **Switch-case-otherwise**

이러한 구조는 논리적 분지를 위한 하나의 방법을 제공하고 있다. 임의의 변수를 예를 들어 깃발(flag)로 간주하고 그 기의 색에 따라 수행하는 작업을 달리하는 구조를 나타내고 있는 것으로 볼 수 있다. 일반적인 구조는 다음과 같다.

```
switch flag
case value1
    block 1 computation
case value2
    block 2 computation
otherwise
    last block computation
end
```

위 구조는 만약 flag = value1이라면 block 1 computation이 실행되고, flag = value2라면 block 2 computation의 순서로 되는 것을 의미한다. 만약 flag의 값이 어떤 경우(case)와도 일치하지 않을 경우에는 last block computation이 실행된다.

또한, switch에서 flag는 수치뿐만 아니라 문자열까지도 가능하다. 다음 프로그램은 입력한 색에 따라 어떤 변수의 값을 조정하는 것이다.

```
color = input('color = ', 's');
switch color
case 'red'
    c = [ 1 0 0 ];
case 'green'
    c = [0 1 0];
case 'blue'
    c = [0 0 1];
otherwise
    error('invalid choice of color')
end
```

■ break

break는 for나 while loop의 내부에서 수행중인 프로그램을 중지하고 루프의 외부로 프로그램의 제어를 전달하는 기능을 가진다. 아래 두 종류의 예를 보자.

```
for i = 1: length(v)
   if  v(i) < 0          % v가 음의 값을 가지는지를 확인
      break              % 만족되면 loop의 실행을 중지
   end
   a = a +v(i);          % 만족되지 않으면 loop의 내부를 계속 실행
end
```

위 스크립터의 경우 만약 벡터 $[v]$의 요소 중에서 음의 값을 가지는 것이 존재한다면 그 시점에서 for loop의 실행을 중지, 즉 for ~ end의 바깥으로 프로그램의 제어가 옮겨가는 것을 의미한다.

```
x = exp(sqrt(163));
while 1
   n = input('Enter max. number of iterations ');
   if n < 0, break, end     % n이 음의 값을 가지면 반복을 중지
   for i = 1: n
      x = log(x) ;          % n이 양의 값이면 그 회수만큼 반복계산
   end
end
```

위 스크립터는 음의 정수값이 입력되면 while loop의 진행을 중지하고 제어를 loop 바깥으로 돌려주는 것을 나타내고 있다.

■ error

함수나 스크립터 파일에서 명령어 '>>error('message')'를 실행하면 화면에 message를 나타내고 프로그램의 제어를 키보드로 돌려준다.

```
function aa = crossprod(a, b)
% example for command ERROR
if nargin ~= 2                                   % 입력변수가 두 개가 아닌 경우
   error( 'Sorry, need two input vectors ')  % 프로그램의 실행을 중지
end
c = a.*b;                                        % 입력이 두 개면 프로그램을 계속 실행
 …
```

■ return

명령어 return은 단순히 그 함수를 실행시킨 곳으로 프로그램의 제어를 돌려주는 역할을 한다. 위에서 언급한 break와 다른 점은 함수 파일(function file)에서 사용되며, 프로그램의 제어를 한 단계 상위로 돌려주는 기능을 가진다는 점이다.

```
function animation(t0, tf, x0);
% example for command RETURN
  …
disp(' Do you want to see the motion of the results ? ')
ans = input(' Enter 1 if YES, 0 if NO '); % 1 또는 0를 입력한다.
if ans == 0                               % YES 또는 NO에 따른 실행구분
   return                                 % NO이면 함수의 실행을 중지하고 제어를
                                          % 상위로 돌려준다.
else
   plot( … )                              % YES이면 그림을 그린다.
end
```

3.4.3 대화식 입력(Interactive input)

지금까지의 예제 프로그램에서 명령어 input, keyboard, menu 및 pause 등이 주로 파일의 입력과 관련하여 사용되었다. 이들은 [표 3.1]에서 언급하였으나 여기서는 사용법을 중심으로 간략하게 설명한다.

■ **input**

프로그램 중에 메시지를 화면에 출력해서 그것에 대응하는 형식으로 데이터를 키보드를 이용하여 입력하고자 하는 경우에 사용되며, 기본적인 사용방법은 '>>k = input('character strings');'으로 주어진다. 예를 들어,

```
k = input( ' Enter the number of square matrix siz = ')
```

를 실행하면

```
>> Enter the number of square matrix siz =
```

라는 메시지를 출력해서 화면상에서 입력을 기다리는 상태로 된다. 키보드로 10을 입력해서 엔터키를 치면 다음 순서의 명령어가 실행된다. k로서 행렬이나 벡터를 지정하여도 관계없다. 예를 들어, 행렬의 경우는

```
A = input(' matrix A = ')
```

를 실행한 후, 이어서

```
[1 2 3; 4 5 6; 7 8 9]
```

를 입력하면 된다. 이 기능은 변수를 변화시키면서 M파일로서 프로그램을 실행시킬 경우에 사용되는 편리한 기능이다.

■ **ginput**

그래픽 화면상의 점을 마우스로 지정(클릭)함으로써 일련의 좌표 데이터(xi, yi)를 벡터로서 입력시키기 위한 함수 ginput가 준비되어 있다. 점의 좌표는 화면의 왼쪽 아래가 (0, 0)이며, 오른쪽 위가 (1, 1)로 된다. 함수 ginput의 사용 방법은 다음 중의 하나가 된다.

i) '>>[x ,y] = ginput;' % 입력이 끝나면 엔터키를 누른다.

ii) '>>[x, y] = ginput(n);' % n개의 좌표를 입력(즉 클릭)한다.

iii) '>>[x, y, button] = ginput;' % 키보드(keyboard)를 이용하여 입력된 정수가 button에 들어간다.

■ **keyboard**

명령어 keyboard는 스크립터 파일이나 함수 M파일 등에서 실행되면 현재 실행 중인 프로그램을 그 시점에서 중지하고, 제어를 키보드로 넘겨주는 역할을 한다. 이때 MATLAB의 프롬프트는 '>>'에서 'k>>'로 변경된다. 사용자는 키보드 상태에서 MATLAB의 일반적인 명령어 등을 사용하여 프로그램의 현재 상태, 예를 들어 변수 값을 확인하거나 혹은 다른 값으로 변경하는 등의 작업이 가능하다. 키보드 상태를 중지하고자 하는 경우는 명령어 return을 실행하면 중지되었던 원 프로그램의 실행이 그 시점 이후에서 재개된다.

이 명령어는 프로그램의 디버깅(debugging)에 매우 편리하다. 즉, 긴 프로그램의 실행 중에 에러가 발생하면 keyboard를 이용하여 중간 변수값을 확인하거나 그래프 등을 이용하여 무엇이 에러를 발생시켰는지를 조사할 수 있다.

■ **menu**

menu의 기본적인 사용법은 다음과 같다.

```
choice = menu( HEADER, item1, item2, ... )
```

이 경우 화면에 HEADER를 제목으로 가지며 아래에 item1, item2 …를 차례로 가지는 푸시버튼이 나타나므로 이를 마우스로 클릭하면 그에 해당하는 번호가 변수 choice에 저장된다. 예를 들어 다음과 같이 명령어 menu를 실행하면 아래 [그림 3.3]과 같은 화면이 얻어지므로 마우스로 예를 들어 'Red'를 클릭하였다면 'Red'에 해당하는 번호(이 경우 '1')가 변수 k에 저장되고 이 번호에 대응하는 프로그램 if ~ end문이 실행된다.

```
k = menu('Choose a color', 'Red', 'Green', 'Blue')
if k == 1
      plot( t, s, 'r')
elseif k == 2
      plot( t, s, 'g')
elseif k == 3
      plot( t, s, 'b')
end
```

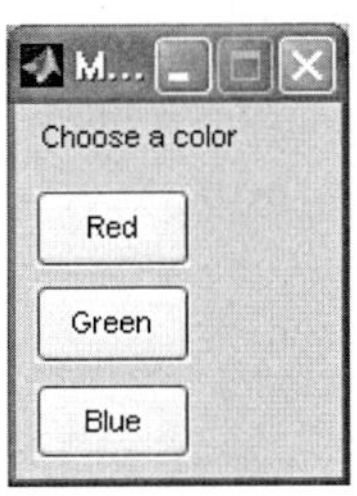

[그림 3.3] 'menu'에 대응하는 화면

■ **pause**

명령어 pause는 현재 수행중인 프로세서를 일시적으로 중단시키는 역할을 한다. 일반적인 사용법은 '>>pause', 혹은 '>>pause(n)' (단, n은 정수)과 같이 사용한다. 인수를 가지지 않을 경우는 키보드 입력[11]이 있을 때까지 현재의 프로세서를 중지하며, 인수 n이 사용된 경우는 n초 동안 프로세서를 정지한 후 자동으로 재개된다.

```
for i=1: n,
   plot( X(:, i), Y(:,i)), pause  % keyboard에 의한 입력이 있을 때까지 회면이 정지
end
------------------------------------------------------------------------------
for i=1: n,
   plot( X(:, i), Y(:,i)), pause(5)  % 5초 후에 자동으로 다음 그림이 화면에 출력
end
```

3.4.4 입·출력 관련 명령

MATLAB는 이진수 혹은 텍스트 형식의 포맷으로 데이터의 입·출력을 위한 C-언어형식의 입·출력함수를 제공하고 있다([표 3.2] 참조).

[표 3.2] 파일의 입·출력 관련 함수

함수명	설 명
fopen	기존의 파일, 혹은 새로 생성한 파일을 오픈한다.
fclose	오픈한 파일을 닫는다.
fread	오픈한 파일로부터 2진수의 데이터를 읽어들인다.
fwrite	오픈한 파일에 2진수 데이터를 저장한다.
fscanf	오픈한 파일로부터 일정한 형식의 데이터를 읽어 들인다.
fprintf	오픈한 파일에 일정한 형식으로 데이터를 저장한다.
sscanf	특정한 형식으로 문자열을 읽어 들인다.
sprintf	특정한 형식으로 문자열을 저장한다.

위 함수 중에서 특히 자주 사용되는 fopen, fclose 및 fprintf를 사용한 간단한 프로그램의 예는 다음과 같다.

11) 여기서 필요한 키보드입력으로는 keyboard의 어떤 key를 사용하여도 관계없다.

```
% Generates and writes a temperature table
F = -40: 50: 100;       % 화씨(Fahrenheit)의 데이터 생성
C = (F - 32)*5/9;       % 섭씨(Celsius)로 변경
t = [F ; C];            % 행렬의 생성
fid =  fopen( ' Temperature_table ', 'w');
fprintf( fid, ' Temperature Table \n ');
fprintf( fid, ' ------------------------------- \n ');
fprintf( fid, ' Fahrenheit Celsius  \n ');
fprintf( fid, '  % 4i    %8.2f\n', t);
fclose( fid )
```

[표 3.2]의 함수 중 자주 사용되는 몇 가지를 위 프로그램을 이용하여 간단히 언급한다.

1) fopen : 파일 Temperature_table을 write-mode로 오픈하고 그 파일의 identifier를 변수 fid에 인가한다. 만약 동일한 이름의 파일이 존재한다면 기존의 내용은 모두 삭제된다. 기존의 내용 뒤에 첨부하고자 한다면 'w' 대신에 'a'(즉 append를 의미)를 지정하여야 한다.

2) fprintf : 지정된 형식으로 데이터를 입력한다. 이때 '%4i'는 폭이 4(즉 네 개의 digit)인 정수필드에 화씨의 온도를, '%8.2f'는 폭이 8이며 소수점 이하 두 자리를 가지는 고정소수점 필드 형식으로 섭씨의 온도를 각각 기록한다는 것을 나타낸다. 또한, \n은 새로운 행에서 지정된 작업을 시작하라는 표시이다.

3) fclose : fid의 identifier를 가지는 파일을 닫는다(close). 파일을 오픈한 뒤에는 반드시 클로즈하여야 한다.

위 프로그램의 결과로 생성된 파일 Temperature_table에는 다음 형식으로 데이터가 입력되어 있을 것이다.

```
     Temperature Table
 --------------------------
   Fahrenheit     Celsius
      -40         -40.00
      -35         -37.22
      -30         -33.44
      -25         -31.67
      ...           ...
       85          29.44
       90          32.22
       95          35.00
      100          37.78
```

3.5 셀(Cell)과 스트럭쳐(Structure) 배열

지금까지 MATLAB내에서 원활한 작업을 위한 일시적인 데이터(즉 변수)의 보존의 형식으로 주로 2차원의 배열을 이용하였다. 그러나 데이터가 다른 종류의 형식(문자, 수식 등)이지만 서로 관련성을 가지는 경우에는 이를 여러 개의 배열로 분산하여 보관하는 것보다, 전체를 하나의 변수로서 저장할 수 있다면 데이터의 관리와 메모리의 효율적인 이용의 면에서 대단히 편리할 것이다. MATLAB은 이러한 용도로서 Cell과 Structure의 개념을 도입하여 프로그램의 가독성을 향상시켰다. 이하 이와 관련한 내용을 설명한다.

3.5.1 셀 배열

셀 배열이란 배열의 요소가 셀인 MATLAB의 배열을 의미한다. 일반적인 배열에서는 요소로서 반드시 수치데이터만을 가져야 하는데 반해, 셀 배열에서의 각 셀은 어떤 형식의 MATLAB 데이터라도 저장할 수 있다. 예를 들어 하나의 셀에는 수치데이터, 다른 셀에는 문자열, 또 다른 셀에는 복소수의 값을 가지는 벡터 등과 같이 서로 다른 성질의 데이터를 하나의 셀 배열의 이름으로 가질 수 있다는 것이다. 셀 배열은 일반적인 배열과 마찬가지로 그 차원에는 제한이 없으며, 각 셀은 독자적인 크기를 가질 수 있다. [그림 3.4]에서 Cell(1, 1)은 부호 없는 정수(unsigned integer), Cell(1, 2)는 문자열, Cell(1, 3)은 복소수, Cell(2, 1)은 부동소수점형식을 가지는 데이터, Cell(2, 2)는 부호를 가지는 정수(signed integer) 및 Cell (2, 3)은 그 자체 내에는 다른 형식의 셀 배열을 가질 수 있다는 사실을 보여주고 있다.

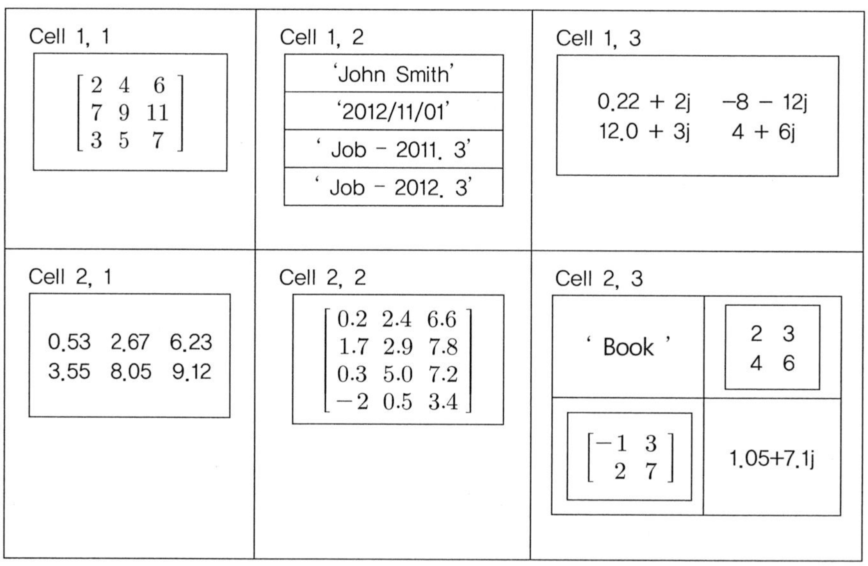

[그림 3.4] 2×3 크기의 셀의 데이터 형식

■ 셀 배열의 생성

셀 배열은 명령어 cell을 이용하거나, 또는 데이터를 셀 배열방식으로 인가함으로서 생성된다. 단 이 경우 워크스페이스에 다른 형식으로 이미 존재하는 변수명에 셀 배열을 인가해서는 안 된다. 또한 셀 배열에 데이터를 인가하는 경우, 그것이 셀이라는 점을 표시하기 위해 '{ }'를 사용한다.

```
clear A   % 변수 A가 워크스페이스에 존재하지 않도록 한다.
A(1,1) = { [1 2 3; 4 5 6; 7 8 9] };
A(1,2) = { 2+4*i }; A(2,1) = { 'A Character string' };
A(2,2) = { 12: -2: 0} ↵
        A = [3×3 double]    [2.0000+ 3.0000i]
             'A character string'   [1×7 double]
```

위 프로그램의 결과 변수 A는 2×2의 셀로 되어있음을 확인할 수 있다. A가 셀이라는 점은 오른쪽 항의 '{ }'의 표시로부터 알 수 있으며, '( )'와 '{ }'의 표시를 서로 교환하여 표시하여도 상관없다. 다시 말하면 위 프로그램을 다음과 같이 변경하여도 동일한 결과를 얻는다.

```
A = cell(2, 2);   % 셀을 먼저 생성해 둔다.
A{1, 1}=[1 2 3; 4 5 6; 7 8 9]; A{1, 2} = [ 2+4*i ];
A{2, 1} = 'A Character string'; A{2, 2} = 12: -2: 0; ↵
```

위의 두 방법, 즉 A(i, j) = {x};와 A{i, j} = x;는 모두 셀 A의 (i, j) 위치에 변수 x를 저장하는 방법이지만, A(i, j)는 cell indexing이라고 하며, A{i, j}는 content addressing이라고 각각 부르고 있다. 이로부터 '{ }'는 셀의 내용에 접근할 수 있지만, '( )'는 셀의 내용을 보지 못하고 단지 셀의 위치만을 알려주고 있다고 볼 수 있다.

```
x = A{1, 2}   →   x = 2.0000+3.0000i     % x는 배정도의 수이다12)
x = A(1, 2)   →   x = [2.0000+3.0000i]  % x는 셀이다.
```

이상과 같은 셀의 인덱스 방법을 이용하면 A를 셀로서 지정하는 상기 프로그램은 다음과 같이 하나의 행으로도 표현할 수 있다.

```
A = { [1 2 3; 4 5 6; 7 8 9], 2+4*i ;  'A Character string', 12:-2:0 }
```

■ 셀 배열의 조작

셀 배열은 그 요소가 일반적인 수식배열과 다르다는 점을 제외하고는 배열과 거의 동일한

12) 셀 배열인지의 여부를 확인할 수 있는 명령어로 class(x) 또는 iscell(x) 등이 있다.

형식의 조작이 가능하다. 다음 예를 보자.

```
B= { [1 2], ' John Smith' ; 2+3*i ,5 }      % 2×4인 셀의 생성
C = [A ; B ];                                % 4×2인 셀의 생성
D = C( [1 3], : );                           % C의 첫째와 셋째 행을 취득
C(3, :) = [ ];                               % C의 셋째 행을 제거
A{1, 1}(3, :)   →   ans = [7 8 9]            % 셀 A의 (1,1)에서 세 번째 행
E = reshape(C, 8, 1)                         % 4×2를 8×1로 변환
```

[그림 3.5]는 (3×3)의 셀의 일부분으로 새로운 셀 배열을 생성한 것을 보여주고 있다.

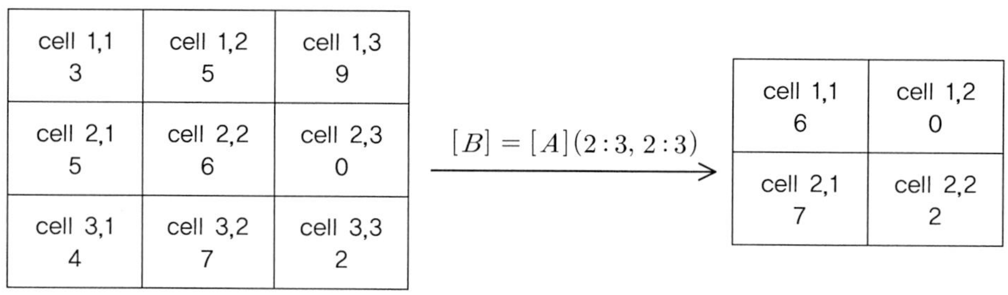

[그림 3.5] 셀 배열의 일부로 새로운 셀 생성

위의 예에서 보는 바와 같이 셀에 있어서 '{ }'와 '( )'와의 차이점만을 구별한다면 셀은 일반적인 배열(즉 행렬)보다 훨씬 다양하게 사용될 수 있다. 이하 셀의 조작과 관련된 몇 개의 명령어를 상기의 예를 이용하여 간단히 언급한다.

```
iscell(A) ↵           % 셀인지의 여부를 확인
   ans = 1            % true이면 '1'
--------------------------------------------------------------------------
a = rand(3, 6)        % 3×6 크기의 수식배열 생성
c = num2cell(a);      % 수식배열을 셀 배열로 전환, c{i, j}=a(i, j)와 같다
d = num2cell(a, 1); % d{ i }=a( :, i)와 동일
e = num2cell(a, 2); % e{ i }=a(i, :)와 동일
--------------------------------------------------------------------------
iscellstr(A) ↵        % 셀 A의 모든 요소가 문자열이면 true(=1)을 출력
   ans = 0
--------------------------------------------------------------------------
c = {'tree',37.4,'birch'};         % 셀 배열 c와 f의 생성
f = {'category','height','name'}; %
s = cell2struct(c,f,2); ↵          % f를 필드, c를 그 요소로 하는 스트럭쳐 s의 생성
   s = category : 'tree'
         height : 37.4000
          name : 'birch'
```

```
----------------------------------------------------------------------
celldisp(A)    % 셀 A의 모든 요소를 화면에 출력
cellplot(A)    % 셀의 구조를 요소성분에 따른 그림으로 표시([그림 3.6] 참조)
```

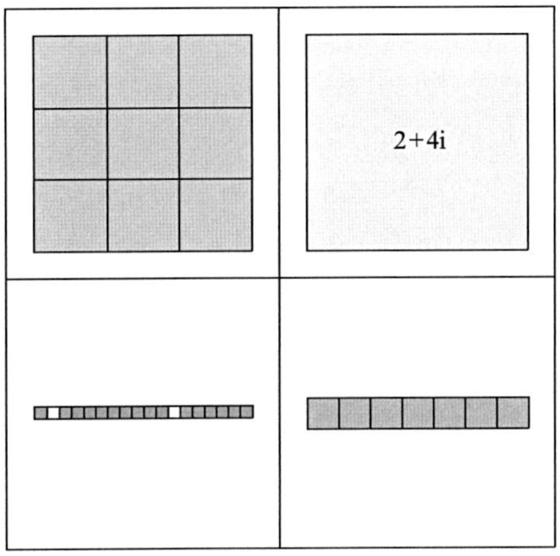

[그림 3.6] cellplot(A)에 의한 그림

마지막으로 셀의 인덱스 기능을 이용한 함수의 실행방법에 대해 간단한 예를 이용하여 설명한다.

```
A{1,1} = [1 2;3 4];        % (1×3)의 셀배열 생성
A{1,2} = randn(3,3);       % A{1,2} 요소로서 함수를 인가
A{1,3} = 1:5;
```

```
B = sum(A{1,1})            % A{1,1}의 각 열의 합을 계산

B =
     4     6
```

```
for k = 1: length(A)
   m{k} = sum(A{1,k});   % A{1, i}의 각 요소의 열(혹은 행)의 합을 계산한다
end
```

m{1,1}
 	
ans =
     4   6
	m{1,2}
	
	ans =
	   -0.6336 1.0017 1.4202
		m{1,3}
		
		ans =
		    15

3.5.2 스트럭쳐 배열(Structure Array) 형식

스트럭쳐 배열은 하나의 스트럭쳐 이름 아래 여러 개의 필드(field)를 가지는 데이터의 구조 형식을 말한다. 셀 배열과 다른 점은 필드를 이용하여 셀 배열의 각 요소가 가지는 성격을 확

실히 나타낼 수 있다는 점이다. 각 필드는 셀 배열과 마찬가지로 서로 다른 형식의 데이터를 가질 수 있으나 하나의 필드에는 반드시 동일한 형식의 데이터만을 가져야 한다.

■ 스트럭쳐의 생성과 구조

셀이 '{ }'를 이용하는 데 비해 스트럭쳐는 점(dot)을 이용하여 필드를 구별한다. 몇 가지 예를 통하여 스트럭쳐 배열의 형식을 살펴보자.

스트럭쳐 배열은 기록의 집합과 같은 것이다. 예를 들어, 어떤 학교의 A학생의 2012년 1학기 시험 결과를 A_Spring_2012의 스트럭쳐 이름으로 하여, course(강좌번호), prof(교수명) 및 score(점수)와 같이 세 개의 필드로서 구별하여 저장한다면 다음의 형식으로 될 것이다.

```
A_Spring_2012.course = 'cm_101';
A_Spring_2012.prof = ' Dr_Lee ';
A_Spring_2012.score = [80 75 95];
```

또는 어떤 실험결과에 따라 원(circle)을 그리고, 이를 원의 반지름, 선의 종류, 중심점 등과 같이 서로 다른 성질의 정보를 동일한 이름으로 저장하고자 한다면 스트럭쳐 배열로 하여야 할 것이다. 이 경우 스트럭쳐 명을 circle로 한다면 네 개의 필드가 필요한 구조가 될 것이다.

```
circle.radius = 2.5;
circle.center = [0 1];
circle.linestyle = '---';
circle.color = ' red ';
```

이 결과 변수 circle은 그 크기가 [1 1]이며 struct array(즉 스트럭쳐 배열)로 됨을 쉽게 확인할 수 있다[13]. 만약 또 다른 두 개의 원이 실험을 통해 얻어졌다면, 이는 변수 circle의 두 번째, 세 번째 요소로서 다음과 같이 저장해 둘 수 있을 것이다.

```
circle(2).radius = ' sqrt(2) ';        circle(3).radius = 25.4;
circle(2).center = [2.3 -1.2];         circle(3).center = [-1 0];
circle(2).linestyle = ' : ';           circle(3).linestyle = ' -. ';
circle(2).color = ' green ';           circle(3).color = ' blue ';
--------------------------------------------------------------------------
circle =
     1x3 struct array with fields:
         radius
         center
         linestyle
         color
```

---

13) 크기는 '>>size(circle)'로서, 특성은 '>>whos'를 입력하면 확인할 수 있다.

위에서 보는 바와 같이 circle은 네 개의 필드를 가지는 크기 1×3의 struct array 구조로 되었다. 만약 기존의 스트럭쳐 배열의 구조를 가지는 변수 circle에 필드를 하나 더 추가하고자 한다면 '>>circle(1).filled= 'yes''를 입력하면 자동으로 'filled'라는 필드가 추가된다[14]. 지금까지 살펴 본 바와 같이 스트럭쳐 자체뿐만 아니라 그의 필드의 차원까지도 자유롭게 확장이 가능하다.

스트럭쳐 배열의 각 필드에 데이터를 입력하는 방법은 다음과 같이 한 번에 실행할 수도 있다.

```
value_1 = { 2.5  'sqrt(2)'  25.4 };                 % radius 필드의 데이터
value_2 = { [0 1]  [2.3 -1.2]  [-1  0] };           % center 필드의 데이터
value_3 = { '---',  ' : '  ' -. ' }                 % linestyle 필드의 데이터
value_4 = { 'red'  'green'  'blue' }                % color 필드의 데이터
value_5 = { 'yes'  'no'  'yes' }                    % filled 필드의 데이터
CIRCLE = struct('radius', value_1, 'center', value_2,
                'linestyle', value_3, ...
          'color', value_4, 'filled', value_5)
isequal(circle, CIRCLE) ↵        % 두 변수가 동일한 스트럭쳐 배열이면 true(=1)
    ans = 1
```

위 프로그램의 결과로부터 알 수 있는 바와 같이 함수 'struct'는 필드명과 그 필드의 데이터가 입력된 셀 배열을 입력항으로 가진다. 'struct'의 사용과 관련된 간단한 예를 하나 더 들어본다.

```
S = struct('type',{'big','little'},'color',{'red'},'length',{3 4})
S =
        1x2 struct array with fields:
        type
        color
        length
```

S(1)	S(2)
ans = type: 'big' color: 'red' center: 3	ans = type: 'little' color: 'red' center: 4

■ 스트럭쳐 배열의 조작

스트럭쳐 배열은 기본적으로 수치배열이나 셀 배열과 마찬가지로 배열의 형식을 가진다. 일반 배열과의 유일한 차이점은 두 개의 스트럭쳐 배열을 합칠 때 두 스트럭쳐는 반드시 동일한 필드를 가져야 한다는 것이다. 따라서 다음과 같이 '>>A=[circle CIRCLE]' 같이 두 변수를

14) circle(2).filled와 circle(3).filled는 정의되지 않았기 때문에 '[ ]'로 되어 있을 것이다.

합하여 하나의 변수로 표시가 가능하다.

```
C = [ circle(1:2)  CIRCLE(3) ];  % circle의 1, 2열과 CIRCLE의 3열로서 C
isequal(C, circle) ↲             % circle과 C는 동일한 스트럭쳐이다
  ans = 1
```

일반배열에서의 조작과 또 하나의 다른 점은 배열에서 ': (콜론)'을 이용하면 모든 행(또는 열)을 다 포함시키는데 반해, 스트럭쳐 배열에서는 생성될 모든 필드를 포함시킬 수 없다는 점이다. 아래 예를 보자.

① '>>circle(1).radius' → 'sqrt(2)'를 얻는다.

② '>>circle(2).center' → [2.3 -1.2]를 얻는다.

③ '>>k=circle(:).center' → k = [0 1]로 된다. 즉, 필드 center의 첫 번째 값인 [0 1]만이 k에 인가된다.

다시 말하면 스트럭쳐 배열인 circle이 가지는 세 개의 center 필드 값을 모두 k에 저장할 수는 없다. 단, '>>circle(:).center'와 같이 변수 k를 지정하지 않고 실행하면 화면 표시는 가능하다. 따라서 만약 circle의 모든 center 필드 데이터를 하나의 변수에 저장하고자 한다면 다음과 같이 하면 된다.

```
for i=1:3
   all_center(i,:)=CIRCLE(i).center;
end
```

위에서 예로부터 알 수 있는 바와 같이 스트럭쳐의 각 필드는 서로 다른 종류의 데이터를 가질 수 있을 뿐만 아니라, 각 필드에서의 데이터 개수까지도 다를 수 있기 때문에[15], for loop를 이용하여 스트럭쳐의 필드가 가지는 데이터를 하나의 변수에 저장하고자 하는 경우에는 특히 주의가 필요하다.

이하 스트럭쳐 배열과 관련 있는 몇 개의 명령어를 상기의 예를 이용하여 간단히 언급한다.

```
class(circle)  ↲                  % circle의 class name, 즉
  ans = struct                    % 셀인가 스트럭쳐인가 등을 확인한다
F_name = fieldname(circle) ↲      % circle이 가지는 필드명을 확인한다
  F_name' = [ 'radius'  'center'  'linestyle'  'color'  'filled']
isfield(circle, 'color') ↲        % circle에 'color'라는 필드가 존재하는가
  ans = 1
```

15) circle의 radius필드 데이터에는 숫자와 문자열이 동시에 존재한다.

```
circle2 = rmfield(circle, F_name{5})   % circle에서 'filled'의 필드를 제거
circle3 = rmfield(circle, F_name{1:3}) % 필드 'radius' 'center' 'linestyle'
를 제거
```

```
circle = setfield(circle, {1,2},'filled', 'yes') % 필드의 추가, 또는 변경

circle(1,2)
ans =

      radius: 'sqrt(2) '
      center: [2.300000000000000 -1.200000000000000]
       linestyle: ': '
       color: ' green '
       filled: 'yes'         % circle(1.2)의 'filled'에만 'yes'가 입력되었다.
```

함수 setfield는 기존의 스트럭쳐 배열에 새로운 필드를 추가하거나 혹은 기존의 필드 데이터를 변경할 수 있다. 위 프로그램의 경우 스트럭쳐 circle에는 'filled'라는 필드가 존재하지 않기 때문에 새로이 필드 'filled'를 circle에 추가하고, 그 중 circle(1,2)의 'filled'에만 'yes'가 인가되었다. 나머지는 '[ ](empty)'로 남아 있게 된다. 즉, circle(1,1).filled = [ ] 및 circle(1,3).filled = [ ]이다.

마지막으로 스트럭쳐 배열을 전절의 셀 배열로 변환하는 방법에 대하여 알아보자. 이는 함수 '>> C=struct2cell(S)'의 형식으로 사용되며, 만약 S가 상기의 세 개의 필드를 가진 1×2 스트럭쳐라면 C는 3×1×2의 3차원 배열의 셀로 된다. 아래의 프로그램을 참조한다.

```
clear S, S(1).category = 'tree'S(2).category = 'grass'
S(1).height = 37.400;S(2).height = 1.500;
S(1).name = 'birch'S(2).name = 'turf'     % 스트럭쳐 S의 생성
```

```
S =
   1x2 struct array with fields:
      category
      height
      name
```

```
C = struct2cell(S)   % 셀로 변환
```

```
size(C)
     ans =
          3    1    2
```

```
C(:,:,1) =                  C(:,:,2) =
       'tree'                      'grass'
       [37.4000]                   [1.5000]
       'birch'                     'turf'
```

3.6 M파일의 디버깅(Debugging)

여러 가지의 목적으로 작성한 M파일을 처음으로 실행하면 대부분의 경우 한두 가지 이상의 문제로 인하여 원하는 결과가 출력되지 않거나, 혹은 프로그램의 수행도중에 붉은 색의 에러 메시지와 함께 프로그램의 실행이 중단되는 것이 보통이다. 이러한 경우에 디버깅이라고 불리는 에러 발생의 위치를 찾아낸 뒤 이를 수정하는 과정이 필요하다. MATLAB은 이를 위하여 다양한 종류의 함수를 제공하고 있다. 이를 정리한 것이 [표 3.3]이다.

[표 3.3] 디버깅 관련 함수

함수명	설 명
dbstop	breakpoint를 설정한다.
dbclear	breakpoint를 해제한다.
dbcont	프로그램의 실행을 재개한다.
dbdown	dbup이 실행된 된 상태에서 한 단계 아래의 워크스페이스로 되돌아간다.
dbstack	현재의 stack을 불러내는 함수이다.
dbstatus	설정된 breakpoint를 열거한다.
dbstep	현재의 breakpoint의 다음 행을 실행한다.
dbtype	행번호가 붙어있는 현재의 디버깅 파일을 보여준다.
dbup	디버거 모드에서 현재 파일의 한 단계 위, 즉 calling을 실행한 파일의 워크스페이스로 이동한다.
dbquit	디버거모드를 끝낸다.

여기서는 [표 3.3]의 함수를 이용하여 에러의 발생 원인과 위치를 알아내고 이를 수정하는 과정에 대하여 설명한다.

■ 에러의 종류

디버깅이란 생성한 MATLAB 프로그램들을 서로 분리하여 문제점을 찾아내고 이를 수정하는 과정을 의미한다. 이를 통하여 다음과 같은 두 종류의 에러를 바로 잡을 수 있다.

1) 문법상의 에러 – 예를 들어, 함수의 스펠링을 잘못 입력하였다든지, 괄호의 누락 등을 찾아낸다. 이런 종류의 문제는 프로그램 작성 시에 MATLAB이 제공하는 편집기(Editor)를 통해 초기에 바로 잡을 수 있다.

2) Run time 에러 – 이러한 에러는 본질적으로 사용된 알고리즘에 의존한다. 대부분의 경우 M파일을 수정하여 실행하였지만 계속적으로 잘못된 결과가 출력되는 경우는 Run time 에러가 주된 문제일 경우가 대부분이다.

■ 에러의 추출

보통 문법상의 에러는 MATLAB 편집기가 제공하는 'error message'에 의해 쉽게 발견할 수 있지만, Run time 에러는 이를 추적하여 그 원인을 알아내기가 쉽지 않다. 왜냐하면 이러한 에러가 발생한 시점에는 이미 그 에러발생의 원인을 제공한 함수의 local workspace 내의 여러 변수의 내용은 이미 사라져버렸기 때문이다. 이러한 경우에는 다음과 같은 응급조치가 도움이 될 것이다.

1) M파일의 실행문 중에서 에러발생이 의심되는 부분의 함수에 붙어있는 '; (semicolon)'을 제거하여 그 함수의 실행결과를 화면에 출력시킨다.
2) 함수 keyboard를 사용하여 프로그램의 실행을 일시 중지시키고16), 로컬 워크스페이스(local workspace) 내에서 문제발생의 소지가 있는 변수의 값이나 크기 등을 확인한다.
3) 함수파일(function file)을 스크립터 파일의 형식으로 변환하여 실행한다. 이렇게 함으로서 그 실행으로 생성된 각 변수들이 로컬이 아닌 메인(main)의 워크스페이스에 남아있게 되어 확인이 가능하다.

상기 방법으로 해결되지 않는 경우에는 MATLAB의 debugger를 기동시킨다. 이 방법을 이용하면 함수의 어느 곳이나 편리하게 breakpoint를 설정하여 프로그램의 실행 중에 각 변수들의 상황파악이 가능하다.

여기서는 MATLAB의 help 파일이 제공하는 예제 M파일을 이용하여 디버거의 사용법 등을 알아보기로 한다.

3.6.1 디버깅의 예 – Collatz 문제

일반적으로 콜라츠 추측으로 불리는 문제를 해결하기 위한 두 개의 M파일을 이용하여 디버깅 과정을 설명하기로 한다.

콜라츠 추측(Collatz conjecture)이란 1937년에 처음으로 이 추측을 제기한 로타르 콜라츠의 이름을 딴 것으로 $(3n+1)$ 추측, 울람 추측, 혹은 헤일스톤(우박) 수열 등 여러 이름으로 불리고 있다. 이는 간단히 설명하면 임의의 자연수가 아래의 조작을 거쳐 항상 1이 된다는 추측이다. 콜라츠 추측의 조작 과정은 다음과 같다.

i) 짝수라면 2로 나눈다.

ii) 홀수라면 3을 곱하고 1을 더한다.

iii) 1이면 조작을 멈추고, 1이 아니면 첫 번째 단계로 돌아간다.

예를 들어, 6에서 시작한다면 차례로 6, 3, 10, 5, 16, 8, 4, 2, 1이 되며, 만약 27에서 시작하면 무려 111번을 거쳐야 1이 된다. 77번째에 이르면 9232를 정점으로 도달하다가 급격히

16) 제2장에서 설명한 바와 같이 keyboard를 실행하면 명령윈도에 "k>>" 모양의 프롬프트가 나타나며 프로그램의 실행이 일시 중지된다. 프로그램은 명령어 return을 입력함으로서 이전의 프로그램이 재개된다.

감소하여 34단계를 더 지나면 1이 된다.

이러한 콜라츠 함수는 모든 양의 정수(integer)에 대해서는 항상 1로 귀착된다는 것이 증명되었다. 여기서 사용하는 두 개의 파일 중 collatz.m은 주어진 n값에 대하여 정수의 수열을 생성시키며, 나머지 파일 collatzplot.m은 주어진 n에 대하여 생성된 수열에 사용된 정수의 개수를 계산하여 이를 그래프로 나타내는 역할을 한다.

디버깅을 위해 아래 두 파일을 MATLAB의 현재 디렉터리에 저장하여 둔다.

```
function sequence = collatz(n)
% Collatz problem. Generate a sequence of integers resolving to 1
% For any positive integer, n;
%  Divide n by 2 if n is even
%  Multiply n by 3 and add 1 if n is odd
%  Repeat for the result
%  Continue until the result is 1%
sequence = n;
next_value = n;
while next_value > 1
    if rem(next_value,2) == 0
        next_value = next_value/2;
    else
        next_value = 3*next_value + 1;
    end
    sequence = [sequence, next_value];
end
```

```
function collatzplot(n)
% Plot length of sequence for Collatz problem
% Prepare figure
clf
set(gcf, 'DoubleBuffer','on')
set(gca,'Xscale','linear')
%
% Determine and plot sequence and sequence length
for m = 1:n
    plot_seq = collatz(m);
    seq_length(m) = length(plot_seq);
    line(m, plot_seq,'Marker','.','MarkerSize',9,'Color','blue')
    drawnow
end
```

상기 프로그램의 동작확인을 위해 n에 1, 2, 3을 대입하여 collatzplot(n)를 실행하면, $n = 1$인 경우를 제외하고는 계산결과를 보여주는 그래프가 잘못되어 있음을 알 수 있다. 이를

MATLAB의 디버깅을 이용하여 에러를 확인하고 이를 수정한다.

3.6.2 디버깅의 실제

디버깅을 위해서 먼저 1) 관련 프로그램을 오픈한다, 2) 수정된 파일은 반드시 저장해둔다, 3) 파일이 존재하는 디렉터리에는 반드시 경로(path)가 설정되어 있어야 한다 등의 과정을 준비하여 다음과 같은 순서로 실행한다.

(1) breakpoint의 설정

프로그램에서 임의의 행(line)에 breakpoint를 설정하면 그 지점에서 프로그램의 실행이 중지되므로[17], 문제가 될 수 있는 각종 변수들의 값을 확인할 수 있다. 프로그램의 최종 수정 내용이 저장되어 있는 상태에서만 breakpoint를 그 프로그램 내의 실행가능한 행에 설정할 수 있다. 따라서 만약 새로운 M파일을 작성하였다면 breakpoint를 설정하기 위해서는 반드시 이를 현재의 디렉터리에 먼저 저장하여야 한다.

여기서는 상기의 collatzplot.M 파일의 11, 12 및 13번 행에 breakpoint를 설정한다. 10번 행의 breakpoint로 인해 만약 collatz.m의 10번 행 이전에 문제가 있다면 이를 확인할 수 있을 것이다. breakpoint의 설정은 편집화면에서 Toolbar 를 이용하여 실행하거나, 혹은 명령윈도에서 함수 dbstop을 이용하여 다음과 같은 형식으로 설정할 수도 있다.

```
dbstop in collatzplot at 10
```

breakpoint를 설정한 후 '>>collatzplot(3)'을 실행하면 MATLAB은 breakpoint가 설정되어 있는 행에서 무조건 실행을 중지한다. 이와 같은 경우 다음과 같이 MATLAB의 명령윈도에서 조건을 붙여서 프로그램을 실행하는 방법도 있다. 예를 들어 다음과 같다.

① '>>dbstop if error, collatzplot(5)' : error가 발생하면 breakpoint에서 그 실행을 일시 멈춘다.

② '>>dbstop if warning, collatzplot(5)' : 경고메시지를 발생되는 상황이면 breakpoint에서 실행을 일시 멈춘다.

③ '>>dbstop if naninf, collatzplot(5)' : breakpoint에서 inf(즉, ∞) 혹은 NaN (Not-a-number)가 발생하면 그 실행을 일시 멈춘다.

이외 디버깅에 자주 사용되는 두 개의 명령어 dbtype과 dbstatus의 사용법은 다음과 같다.

```
>> dbtype filename  혹은 dbtype filename start:end  % 파일의 내용을 화면에 출력
>> dbstatus filename                       % breakpoint가 설정되어 있는 행을 숫자로 표시
```

17) 따라서 breakpoint 바로 직전 행까지의 내용이 수행된 후 정지 상태에 들어간다.

(2) M파일의 단계적 실행

이상과 같이 breakpoint를 설정하고 명령윈도에서 '>>collatzplot(3)'을 실행하면 break-point가 설정되어 있는 곳, 즉 파일의 10번 행에서 그 실행이 중지되면서 프롬프트가 '>>k'의 형식으로 변환된다[18]. 만약 collatzplot 파일과는 달리 입력항을 필요로 하지 않는 스크립터 형식의 파일이라면 MATLAB의 명령윈도의 Toolbar에 있는 Debug 메뉴를 이용하여 디버깅을 위한 파일의 실행도 가능하다.

일단 M파일이 디버깅 모드로 들어갔다면 현 상태에서의 모든 변수값을 확인하여 문제점을 찾아낼 수 있다. 이후 다음 단계로의 이동은 편집화면의 각종 Toolbar 버튼을 이용하여 다음과 같이 실행한다.

[표 3.4] 디버깅을 위한 메뉴

Toolbar 버튼	디버거 메뉴항목	설 명	명령윈도에서의 함수
	Continue	다음 breakpoint가 나타날 때까지 프로그램을 실행을 재개한다.	dbcont
None	Go Until Cursor	커서가 놓여있는 행까지 프로그램을 실행한다.	
	Step	현재 행을 실행한다.	dbstep
	Step In	현재 행을 실행하나, 만약 여기서 다른 function 함수를 부른다면 그 함수의 프로그램으로 들어간다.	dbstep in
	Step Out	Step In에서 들어간 다른 함수를 전부 실행한 뒤 중지(pause)상태에 들어간다.	dbstep out

상기 프로그램의 경우 breakpoint가 설정된 10번 행에서 다른 함수인 collatz를 부르고 있기 때문에, 이 상태에서 '>>dbstep in' 혹은 을 클릭하면 파일 collatz의 내부로 step in 하게 된다. 따라서 이 결과로 파일 collatz가 오픈되어 디버깅 모드로 들어가며, 이 상태에서 메인 파일인 collatzplot에서와 동일하게 디버깅을 위한 각종 툴을 사용할 수 있다.

(3) 각종 변수의 확인

$n=1$의 값을 가지고 collatz파일이 디버깅 모드로 오픈되어 있으므로 '>>dbstep out'를 실행하면 다시 메인파일인 collatzplot의 11번 행으로 이동한다. 상기 파일의 경우 앞에서 언급한 바와 같이 $n=1$(collatzplot에서는 $m=1$인 경우에 해당)에서는 정상적인 결과를 나타내었기 때문에 for ~ loop를 한 번 회전한 뒤 $m=2$인 상태에서 파일의 10번 행에 설정된 breakpoint에서 그 실행이 다시 멈춘다. 여기서 다시 '>>dbstep in'을 실행하면 파일 collatz이 디버깅 모드로 재차 오픈된다.

18) 즉, 9번 행까지의 프로그램이 실행되었다.

앞에서 여러 번 언급한 바와 같이 MATLAB의 워크스페이스는 현재 사용 중인 function 함수[19]에 따라 공간(메모리)사용을 위한 워크스페이스가 달라진다. 따라서 현재는 collatz의 파일이 오픈되어 있는 상황이므로 collatz용의 워크스페이스만이 사용가능하다[20]. 현재의 사용가능한 워크스페이스는 편집화면의 Toolbar의 오른쪽에 있는 도구 co... 로부터 확인가능하다. 이 상태에서 문제가 있을 것 같은 변수를 확인하거나, 혹은 현재 중지상태의 행을 포함한 다음 몇 개의 행을 마우스로서 블록을 취한 뒤 마우스의 오른쪽 버튼을 눌러 나타나는 풀다운 메뉴에서 'Evaluate Selection'을 실행하면 블록의 내용이 실행되므로[21] 그 결과를 확인하여 볼 수 있다.

collatz파일에서 '>>dbstep out'를 실행하여 원래의 메인파일인 collatzplot로 돌아가기 직전에 collatz의 변수 sequence의 내용을 확인해보면 [2 1]로 되어 있다. 이는 예상과 일치하므로 Step Out를 실행하여 메인 파일인 collatzplot로 들어간다. 여기서 다시 '>>dbstep'을 두 번 실행하면 12번 행의 breakpoint에서 프로그램이 중지한다. 이 결과 현재까지는, 즉 $m=2$인 상태에서 collatzplot의 11번 행까지는 프로그램이 제대로 동작하고 있음을 알 수 있다. 12번 행의 실행에 앞서 함수 line에 입력한 두 개의 변수가 제대로 설정되어 있는지를 확인한다. 이 결과 변수 plot_seq는 [2 1]이며 $m=2$이므로 line의 사용법에 적절하지 않음을 알 수 있다[22].

(4) 에러의 정정과 디버깅의 종료

collatzplot의 12번 행에 사용된 함수 line의 사용법에 문제가 있는 것이 발견되었으므로 이를 수정한다. 프로그램이 디버깅의 모드에 있을 경우에는 현재의 워크스페이스에서 새로운 변수값을 명령윈도에서 입력하고 디버깅과정을 계속하여 예측한 바의 결과를 나타내는지를 쉽게 확인한다. 만약 새로운 변수값에 의해서도 오차의 발생이 계속된다면 그 프로그램은 다른 종류, 예를 들어 구조상의 문제점을 가지는 것으로 볼 수 있다.

문제점이 확인되어 프로그램을 수정하기 위해서는 반드시 디버깅을 종료해야 한다. 디버깅의 종료는 를 클릭, 또는 명령윈도의 Toolbar에서 Debug→Exit Debug Mode, 또는 '>>dbquit'를 실행한다.

디버거를 위해 설정한 breakpoint는 다음의 과정 중의 하나를 실행하면 제거된다.

i) MATLAB을 종료한 경우

ii) clear를 사용. 즉 '>> clear collatzplot'를 실행하면 파일 collatzplot에 설정된 모든 breakpoint가 제거

19) 예를 들어 collatz.m, 또는 collatzplot 등을 사용자가 작성한 함수(function)를 의미한다.

20) '사용가능하다'의 의미는 오픈되어 있는 함수에서 정의하여 사용하고 있는 각종 변수의 크기 등을 확인할 수 있다는 뜻이다.

21) 이 상태에서 F9의 키를 눌러도 동일한 결과가 얻어진다.

22) '>>line(X, Y)'에서 반드시 X, Y는 같은 크기를 가져야 한다.

iii) 파일 수정하여 파일의 번호 매김에 변동이 발생한 경우

iv) 디버거모드 중에 파일을 수정한 경우

일반적으로는 [icon]를 클릭하거나, 명령윈도에서 '>>dbclear all in collatzplot'를 실행한다.

이상의 과정을 거쳐 수정된 파일에 n을 큰 값, 예를 들어 500으로 하여 실행한 결과가 [그림 3.7]이다.

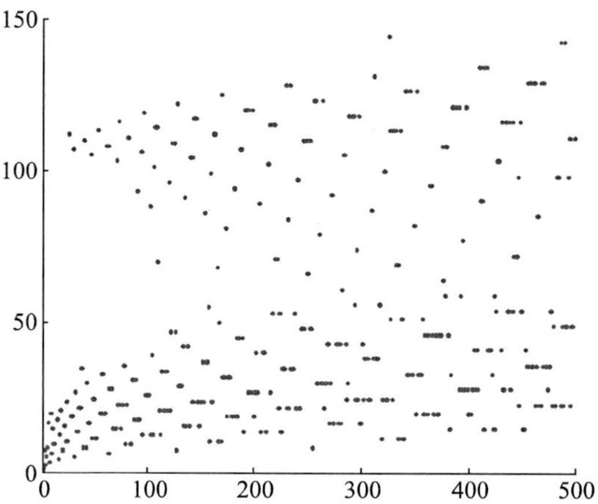

[그림 3.7] collatzplot의 실행결과 ($n = 500$인 경우)

3.7 보고서의 작성

MATLAB을 이용하여 얻어진 결과를 첨부하여 보고서를 작성하고자 하는 경우에 편리하게 사용할 수 있는 기능에 대하여 간략하게 설명한다. MATLAB 7.0이 기본적으로 제공하는 publish라는 명령어를 사용하면 MS word 또는 HTML 형식으로 보고서를 작성할 수 있다.

여기서는 간단한 스크립터 파일을 작성하여 그 결과를 HTML과 MS word 문서로 출력하여 보고서를 작성하는 것을 단계별로 설명한다.

1) M파일 편집기를 열어서 다음과 같이 예제 프로그램을 작성한다. 이전의 일반적인 스크립터 파일과 다른 점은 더블 퍼센트 표시(%%)뿐이다. 이 표시는 새로운 세트의 명령어가 시작된다는 것을 알려 주기 위한 것이다. %%로 시작되는 문장은 publish에 의해 새로운 세트의 제목으로 간주된다.

```
%% [예제 2.4] - 선형미분방정식
%
% $$ x(x-2)\frac{du}{dx} -2(x-1)\frac{du}{dx} + 2u = 2x^2(x-3) $$
%%
%%
display('제차방정식 (g(x) = 0)의 일반해 :')
pretty(simplify(uxh))
display(sprintf('\n ----> Ci 항은 임의상수임에 주의 %'));

%% (2) 비제차방정식의 해의 확인
%
uxp = dsolve('x*(x-2)*D2u-2*(x-1)*Du+2*u=2*x^2*(x-3)',
            'u(1) = 0','Du(1) = 0','x'); %
display(sprintf('비제차방정식의 일반해 u(x) = %s',
        char(expand(simplify(uxp)))));
%% 구간 (0 < x < 2)에서의 해곡선
%
subplot(211),ezplot(uxp,[0 2])
```

2) 위 파일은 미분방정식의 해를 MATLAB을 이용하여 해의 그래프를 확인하는 과정의 일부이다. 상기 파일을 현재의 디렉터리에 Example_24.m으로 저장한다.

3) 파일의 실행 결과로 얻어지는 그림과 스크립터 파일을 포함하는 문서를 HTML 형식으로 다음과 같은 명령어를 사용하여 작성한다.

```
publish('Example_24','html')          % HTML 형식으로 보고서 작성
open html/Example_24.html             % 작성된 보고서를 open
```

4) 이 결과 아래 [그림 3.8]과 같은 멋진 문서가 만들어졌음을 확인할 수 있을 것이다.

5) 3)번의 과정에서 'html'부분을 'doc'으로 변경하면 MS word 문서로 된 보고서를 작성할 수 있지만, HTML 형식의 문서에 비해 완성도는 많이 떨어진다.

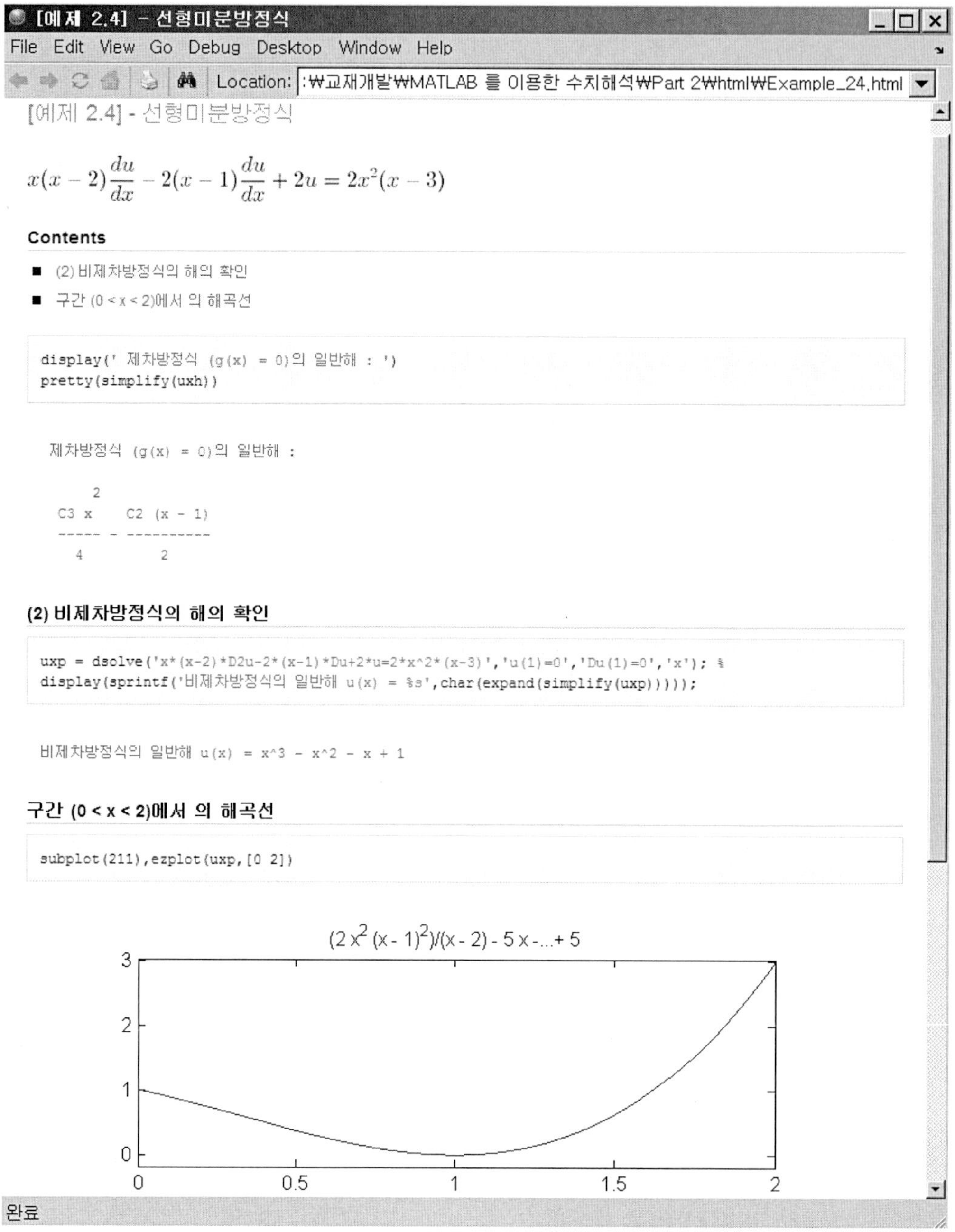

[그림 3.8] MATLAB의 명령어 publish에 의해 만들어진 HTML 문서

연습문제

1. 주어진 x에 대한 sin(x)의 값을 계산하는 아래의 무한급수를 n 번째의 항까지 계산하는 스크립터 M파일 series.m을 아래 순서에 따라 작성하여 보자.

$$\sin(x) = x - \frac{x^3}{3!} + \frac{x^5}{5!} - \cdots = \sum_{k=1}^{n} (-1)^{k-1} \frac{x^{2k-1}}{(2k-1)!} \qquad ①$$

(1) 파일을 작성하기 전에 ①과 유사한 계산을 수행하는 MATLAB이 제공하는 함수가 존재하는지의 여부를 확인하여 보자. 이때 함수 exist 등을 참조한다.

(2) ①을 계산하는 함수 파일을 작성한다. 이때 작성한 함수의 사용법을 포함한 기능을 상세히 설명서가 명령윈도에서 '>>help series'를 실행하였을 때 나타날 수 있도록 한다.

(3) 작성한 파일을 저장하고 $\sin(\pi/6)$의 계산을 $n = 1, 5, 10$ 및 20으로 하여 파일을 실행하여 보고, 계산결과의 차이점을 설명하여 본다.

2. 위 1번 문제에서 작성한 스크립터 M파일을 아래의 순서에 따라 함수 M파일로 작성하여 보자.

① 함수의 이름을 sine_series로 하고, help를 위한 H1 행을 적절하게 변경한다.

② 변수 x와 n을 함수의 입력인수로 한다.

③ 함수를 저장한 뒤, ①번에서 사용한 값을 이용하여 작성한 함수 파일이 제대로 작동하는지를 확인한다.

④ 변수 x가 스칼라뿐만 아니라 벡터인 경우에도 정확한 계산이 가능하도록 위 프로그램을 수정한다.

⑤ 입력인수 n이 영보다 작은 경우, 또는 정수가 아닌 경우(예를 들어 $n = 0, 1$ 등)에는 재입력을 요구하는 메시지가 나타날 수 있도록 위 프로그램을 수정하여라.

⑥ 실제값과의 비교를 통한 오차의 크기를 %로 변환하여 이를 출력인수의 옵션(option)으로 지정할 수 있도록 위 프로그램을 수정하여라.

⑦ 사용자가 n의 값을 지정하지 않을 경우에는 n=10을 디폴트값으로 가지도록 위 프로그램을 수정하여라.

⑧ 위에서 언급한 모든 요구조건에 제대로 반영되었는지를 확인하여라.

3. sin 함수와 cos 함수의 테일러급수 전개식은 다음과 같이 주어진다.

$$\sin(x) = x - \frac{x^3}{3!} + \frac{x^5}{5!} - \cdots = \sum_{k=0}^{n} (-1)^{k} \frac{x^{2k+1}}{(2k+1)!}$$

$$\cos(x) = 1 - \frac{x^2}{2!} + \frac{x^4}{4!} - \cdots = \sum_{k=0}^{n} (-1)^{k} \frac{x^{2k}}{(2k)!}$$

(1) 위 계산을 k 번째 항까지 실행하는 함수 파일을 만들어 제대로 동작하는지를 확인한 뒤, 파일명을 각각 sine_series.m 및 cos_series.m으로 하여 적절한 디렉터리에 저장하여라.

(2) (1)의 결과를 이용하여 다음과 같은 형식의 함수 파일을 새로이 만들어라. 예를 들어, '`>>[results, err] = trigseries(x, k, 'sin')`'을 실행하면 테일러 급수에 의한 sin(x)의 계산결과(result)와 실제값과의 차이(err)가 출력되는 function file을 작성한다. 물론 '`>>[results, err] = trigseries(x, k, 'cos')`'를 실행하면 cos(x)에 대한 동일한 결과가 얻어진다.

(3) (2)의 결과를 이용하여 k=[3, 6, 10, 15, 30]로 주어졌을 경우의 sin 또는 cos의 테일러급수 계산결과와 실제값과의 오차를 x=pi/4에 대하여 실행한 결과를 화면에 이해하기 쉽도록 표시하는 프로그램을 작성하라.

4. 다음 세 개의 방정식을 익명함수의 셀배열을 이용하여 작성하고 이를 함수 fplot에 전달하여 하나의 그래프에 세 개의 방정식이 동시에 표현되는 스크립터 파일을 작성하여 보라.

(1) $y_1(x) = \frac{\sin(x)}{x}$ (2) $y_2(x) = \frac{\cos(x)}{x}$ (3) $y_3(x) = \frac{\tan(x)}{x}$

5. 함수 rand를 사용하여 적당한 크기의 벡터를 생성하고(예를 들어 '`>>test = rand(50, 1);`'), 벡터의 요소를 크기 순서로 재배치하는 프로그램을 for ~ end 루프를 사용하여 작성하여 보아라. 이 과정에서 만약 같은 값을 가지는 요소가 있으면 함수 rand를 재사용하여 새로운 벡터를 작성하는 것으로 한다.

Chapter 04

그래픽스

MATLAB은 수치계산의 결과를 시각적으로 표현할 수 있도록 다양한 종류의 도구를 제공한다. 이러한 도구를 이용하면 기본적인 2차원(2 Dimensional : 2D)그래프는 물론이고 상당히 복잡한 모양의 3차원(3D)그래프까지 사용자가 비교적 쉽게 작성할 수 있으며, 이와 함께 핸들 그래픽(handle graphic)을 활용한다면 기존 그래프의 자유로운 수정 및 보완이 가능하다. 특히 앞에서도 언급한 MATLAB의 장점인 '쉬운 사용법'과 '자유로운 확장성'의 특징은 그래픽과 관련해서도 유감이 없이 발휘되고 있다고 해도 과언이 아니다.

여기서는 긴 프로그램의 작성과 디버거(debugging) 과정을 통해 얻어진 수치데이터(즉 계산결과)를, MATLAB이 제공하는 여러 함수를 이용하여 화면상에서 그래프로 이들을 쉽게 확인할 수 있도록 기본적인 MATLAB 그래픽스의 활용능력의 배양을 목표로 한다.

4.1 2D(2차원) 그래프의 작성

2D 그래프의 작성을 위해서는 당연히 두 종류, 즉 x축과 y축의 데이터가 필요하다. 즉 주어진 n개의 데이터 포인트 (x_i, y_i)를 xy평면에 순서대로 배치하고 점과 점 사이를 선 등으로 연결한 것이 2D 그래프이다. 이러한 작업을 실행하는 MATLAB 함수는 plot이며, 이것의 기본적인 사용법은 다음과 같다.

```
plot (x_values, y_values, 'style-option')
```

입력변수 x_values와 y_values는 그래프의 작성을 위한 각각 x축과 y축의 데이터를 가지고 있는 벡터형식의 변수이며, 'style-option'으로 점과 점을 연결하는 선의 색, 스타일(즉 실선, 점선 등), 혹은 마크형식(즉 +, * 등)을 지정한다. 모든 옵션은 'style-option'의 형식으로 다음과 같이 한꺼번에 지정한다.

```
color_linestyle_markerstyle
```

즉, 색(color)-선 스타일(line style)-마크형식(mark style)의 순서로 정의된다. 두 벡터 x_values와 y_values는 반드시 같은 크기를 가져야 하며, plot으로 그래프 작성하는 데에 있어 가장 중요한 요소의 하나이다.

```
x = linspace(0, 2*pi, 30);  % (1×30)의 크기를 가지는 x축 데이터 생성
y = sin(x);                 % 동일한 크기의 x축 데이터 생성
plot(x, y, 'b--')           % 색은 blue이며 (--, 즉 dash)로서 그래프 작성
```

plot에서 하나의 인수만이 주어지는 경우에는 그의 인덱스를 x축으로 하는 그래프를 생성한다. 따라서 plot(x, y)와 plot(y)는 동일한 모양의 그래프를 나타내지만, x축의 인덱스가 다르다는 점에 유의한다. 다시 말하면 plot(y)는 벡터 [y]의 행의 인덱스를 x축으로 가진다는 것이다. 한편, [Y]가 (5×3)의 행렬이라면 '>>ploy(Y)'의 실행으로 [Y]가 가지는 세 개의 열(column) 각각에 대한 세 개의 그래프가 같은 화면[1]에 표시된다. 이는

```
plot( Y( :, 1) ), hold on
plot( Y( :, 2) ), plot( Y( :, 3) )
```

를 실행한 것과 동일한 결과로 됨을 확인할 수 있다.

이하 그래프 작성에 필요한 기본적 함수와 그것의 간단한 설명을 표로서 정리하였다.

■ 그래프 작성을 위한 기본함수

[표 4.1] 그래프 작성용의 기본함수

함수명	간단한 설명
plot	x, y축의 눈금을 선형으로 취한 2차원 그래프의 작성(위 설명 참조)
plot3	x, y 및 z축의 눈금을 선형으로 취한 3차원 그래프의 작성
loglog	x, y축의 눈금을 대수(logarithm)로 취한 2차원 그래프의 작성
semilogx	x축은 대수눈금, y축은 선형눈금을 취한 2차원 그래프의 작성
semilogy	x축은 선형눈금, y축은 대수눈금으로 취한 2차원 그래프의 작성
plotxy	y축의 양쪽 축을 모두 사용하는 2차원 그래프의 작성

1) 행의 개수가 동일하기 때문에 당연이 동일한 x축의 인덱스를 가진다.

■ 그래프 작성의 기본적 단계

그래프의 작성을 위한 가장 기본적인 과정은 다음과 같다.

[표 4.2] 그래프 작성을 위한 단계

단 계	예제 프로그램
1. 데이터를 준비한다.	x = 0: 0.2: 12; y1 = sin(x); y2 = cos(x), y3 = tan(x);
2. 그림윈도의 준비와 부윈도의 지정	figure(1) % 그림윈도의 오픈 subplot(2,2,1) % 그림윈도를 (2×2=4개)로 분할하여 왼쪽 위를 지정
3. 그래프의 작성	h = plot(x, y1, x, y2, x, y3);
4. 선의 종류와 선표식의 지정	set(h, 'LineWidth', 2, {'LineStyle'}, {'--'; ':'; '-.' }) % 4.4 절 참조 set(h, {'Color'}, {'r'; 'g'; 'b' })
4. 축의 크기, 및 그리드 등의 지정	axis([0 12 -5 1]) grid on
6. 그래프에 주석 등의 삽입	xlabel('Time'), ylabel('Amplitude') % 다음 절 참조 legend(h, 'sin', 'cos', 'tan') title(' sine, cosine and tangent curves ')

4.1.1 그래프 관련 각종 옵션

■ 라인 스타일(Line Style)

[표 4.3]에 plot와 관련된 그래프의 옵션을 정리하였다.

[표 4.3] 스타일 옵션

Symbol	color	Symbol	Marker	Symbol	line type
b	Blue	.	Point	-	Solid line
g	Green	o	Circle	:	Dotted line
r	Red	x	Cross	-.	Dash-dot line
c	Cyan	+	Plus sign	--	Dashed line
m	Magenta	*	Asterisk		
y	Yellow	s	Square		
k	Black	d	Diamond		
w	White	^	Triangle (up)		
		p	Pentagram		

만약 색(color)을 plot에서 지정하지 않았다면 [표 4.3]에 있는 일곱 가지의 색, 즉 Blue에

서 시작하여 Black까지가 순차적으로 사용된다(디폴트). 다음의 프로그램을 실행하여 어떤 형식의 그래프가 작성되는지를 확인하여 보자.

```
x = linspace(0, 2*pi, 30); z = cos(x);
plot(x, y,'b:p', x, z, 'c-', x, 1.2*z, 'm+')
title(' Line Styles and Makers ')
```

■ plot의 레이블(label), 타이들(title) 및 레전드(legend)

(1) 레이블 및 타이틀

그래프에 각종 설명을 추가함으로서 그림에 대한 이해도를 높일 수 있을 것이다. 이와 관련한 명령어 몇 가지를 정리하였다.

```
xlabl(' Independent Variable x ')       % x축의 설명
ylabel(' Sin(x)  ')                     % y축의 설명
title(' The Computation Results ')      % 그래프의 제목
text( 2, 0.5, ' sin(x) ' )              % 지정한 위치에 문자열 삽입
```

특히, 그래프의 지정한 위치에 문자열을 삽입하는 명령어 text는 '>>text(x, y, 'text')'의 형식으로 실행되며, 그래프 상의 좌표 (x, y)에 'text'를 삽입한다. 이것과 유사한 종류의 명령어로 gtext가 있다. 이는 인수로서 문자열만을 가지며, 마우스로 지정(클릭)하는 그래프 상의 위치에 문자열을 삽입하는 작용을 한다.

(2) 레전드(legend)

하나의 그래프에 몇 가지의 결과를 동시에 나타낸 경우, 각각의 라인이 나타내는 의미를 설명하기 위한 박스를 그래프 내에 두기 위한 명령어로 legend가 있다. 이것의 가장 일반적인 사용법은 '>>legend(string1, string2, …)'로 주어진다. 여기서 인수의 string1, string2, … 는 그래프에 그려지는 출력의 개수(즉 라인의 개수)와 동일하며, 각 입력변수의 대응관계는 명령어 plot의 인수로서 사용된 출력선(output line)의 순서에 따른다. 위의 스타일 옵션 부분의 프로그램에서부터

```
plot(x, y,'b:p', x, z, 'c-', x, 1.2*z, 'm+')
legend( 'sin(x)', 'cos(x)', '1.2*cos(x)' )
```

을 실행하면 [그림 4.1]을 얻는다. 그림 내의 박스의 위치는 마우스로 박스를 드래그(drag)하여 이동시킬 수 있으며, 박스의 크기는 박스를 더블클릭하여 나타나는 네 모서리의 점을 마우스로서 조정함으로서 조절이 가능하다.

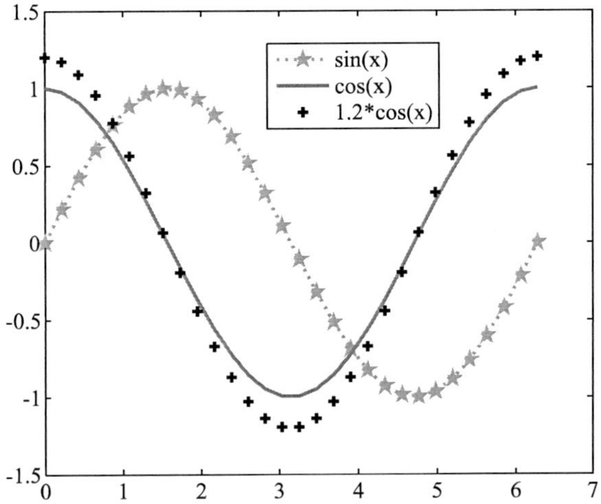

[그림 4.1] 명령어 legend의 실행결과

(3) 그리드(grid) 및 박스

명령윈도에서 '>>grid'를 입력하면 활성 창(active window)[2)]의 그래프에 그리드 선이 점선으로 추가된다. 그리드를 다시 제거하고자 한다면 grid를 재차 실행하면 된다. 또한 MATLAB에서의 그림윈도는 [그림 4.1]에서 보는 바와 같이 사각형 박스(box)로 둘러싸여 있다. 여기서 x, y축만을 남기고 박스의 나머지 부분(위쪽과 오른쪽 라인)을 제거하고자 한다면 '>>box off'를, 그 반대인 경우는 '>>box on'을 실행하면 된다.

■ 축 간격(스케일링)의 재설정

MATLAB은 그림의 x축과 y축의 스케일링을 위한 명령어로서 axis를 제공하고 있다. 이를 적절히 활용하여 그래프에서 필요한 부분만을 확대하거나 혹은 추출할 수 있다면 계산결과 등에 대한 좀 더 명확한 이해를 얻는데 도움을 줄 수 있을 것이다. [표 4.4]에 axis가 가지는 여러 종류의 옵션들을 정리하였다.

axis 외에 x축, 또는 y축만의 스케일링을 수행하는 명령어로서 xlim, ylim이 있다. '>>xlim([xmin xmax])'의 형식으로 사용되며 간격의 조정이 필요한 축만을 변경하는 기능을 가진다.

■ 그림윈도의 도구막대(Toolbar)

plot 명령어의 스타일 관련 각종 옵션을 이용하여 그래프의 색, 선의 모양을 변경할 수 있다는 것을 위에서 설명하였다. 이러한 조작은 그림윈도에 있는 도구막대를 이용하여 간단하게 실행할 수 있다. 이를 위해서는 [그림 4.2][3)]의 '왼쪽으로 기울어진 화살표(Activate

2) 그림 윈도가 여러 개 오픈되어 있는 경우 제일 마지막으로 (프로그램에서) 사용했거나 혹은 마우스로 클릭한 상태의 그림윈도를 활성창이라고 한다.

[표 4.4] 명령어 axis 관련 옵션

명 령 어	설 명
axis([xmin xmax ymin ymax])	현재 그림윈도(활성창)의 x, y축의 한계를 설정한다.
axis auto	축의 스케일링을 자동으로 설정(디폴트)한다.
axis equal	양축의 스케일을 동일한 크기로 한다.
axis square	그림윈도의 박스를 정방형으로 만든다.
axis normal	그림윈도의 박스를 디폴트상태로 가져간다.
axis off(on)	모든 축의 마크, 레이블, 구분 등의 표시를 제거한다.
axis image	축의 한계를 이미지에 맞게 적절한 값으로 조정한다.

plot editor)'를 먼저 클릭하여 그림윈도를 편집모드로 변환한 뒤, 예를 들어 [그림 4.1]의 cyan색의 라인을 클릭하고 마우스의 오른쪽 버튼을 누르면 그 라인과 관련된 각종 옵션(굵기, 색, 선의 모양 등)의 폴더가 나타나므로 여기서 필요한 부분을 클릭하여 실행하면 된다[4]. 또한, [그림 4.2]의 '손바닥 모양(Pan plot)'의 도구를 클릭한 뒤 그림 위에 마우스를 가져가서 왼쪽버튼으로 드래그하면 그림(여기서는 라인을 의미)의 위치를 상하, 좌우 등으로 자유로이 가져갈 수 있다.

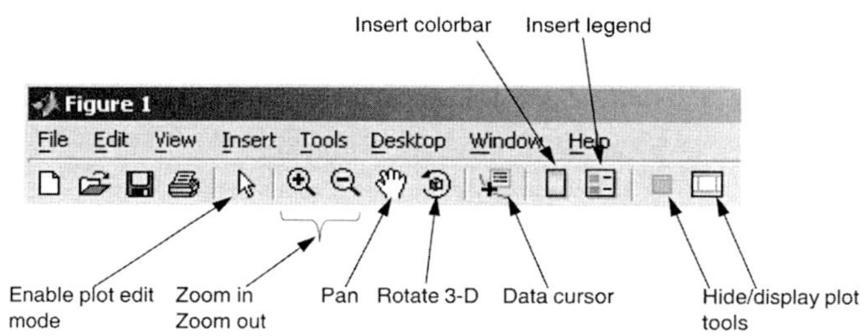

[그림 4.2] 그림윈도가 가지는 각종 툴바

또한, '문서모양(Activate data curser)'의 도구를 클릭하여 이를 활성화하고, 라인상의 한 점을 마우스로 클릭하면 그 점에서의 (x, y) 좌표 값이 그림에 표시된다. 이는 그림으로부터 데이터의 정확한 값을 알고자 하는 경우에 편리하다. 마지막으로 우측에 있는 '레전드 삽입(Insert legend)' 도구를 클릭하면 자동으로 그림 속에 legend가 표시되기 때문에, 명령어 legend를 사용하여 지정하는 것보다 쉽게 legend를 넣고 빼고 할 수 있다. [그림 4.3]은 이러한 툴바를 이용하여 [그림 4.1]을 약간 편집한 것이다.

---

3) [그림 4.2]의 도구막대는 MATLAB의 옛날 버전을 이용한 것이기 때문에 최신버전과는 그 모양이 약간 다를 수 있다.

4) 이 작업은 그림윈도의 Edit→Figure Properties를 실행하거나, 혹은 명령윈도에서 '>>plottools'를 실행하여도 동일한 결과를 얻을 수 있다.

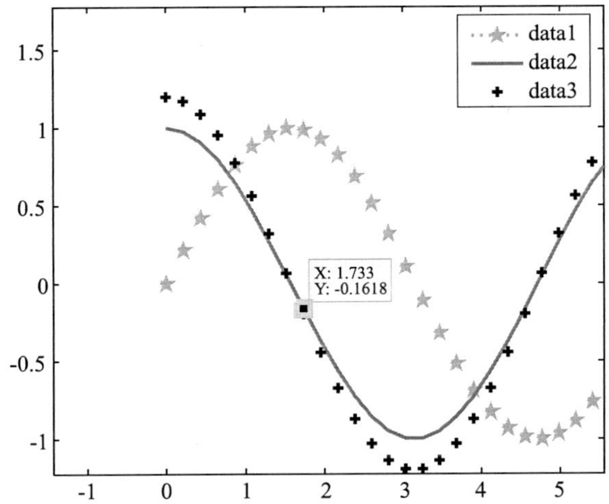

[그림 4.3] 그림윈도의 툴바를 이용한 그림의 수정 편집

4.1.2 하나의 그래프에 여러 결과 나타내기(Overlay plots)

이미 [그림 4.1]의 작성에서 사용하였지만 하나의 그래프에 여러 개의 결과를 동시에 나타내고자 하는 경우를 생각해 본다. MATLAB에서는 이를 위한 세 가지 방법을 제공하고 있다.

(1) 일반적인 명령어 plot의 사용

예를 들어, 그래프 작성을 위한 세 종류의 데이터 (x1, y1), (x2, y2) 및 (x3, y3)가 주어졌다면 이를 하나의 그래프 상에 나타내기 위해서는

```
plot(x1, y1, 'b-', x2, y2, 'r :', x3, y3, 'm--')
```

을 실행하면, 그래프 상에 (x1, y1)는 blue의 실선, (x2, y2)는 red의 점선 및 (x3, y3)는 magenta의 대시(dash)의 선으로 각각 표시될 것이다. 단, 이 경우 각 데이터의 쌍 (xi, yi)는 서로 동일한 크기를 가져야 한다. 만약 [x1], [y1], [x2], [y2], [x3], [y3]가 모두 n개의 크기를 가지는 열벡터라고 한다면 다음과 같이 행렬을 이용한 그래프의 작성도 가능하다.

```
X = [x1 x2 x3]; Y = [y1 y2 y3];
plot(X, Y)
```

이 경우 서로 다른 색을 가지는 세 개의 실선으로 이루어진 그래프를 얻을 수 있을 것이다.

(2) 명령어 hold의 사용

일단 plot를 사용하여 그림윈도를 작성한 후, 여기에 다른 결과의 그래프를 추가하고자 한

다면 hold를 사용하면 된다. '>>hold on'을 실행하면 현재의 활성(active) 중인 그림윈도가 홀드의 상태에 들어가서, 이후 plot로서 작성되는 모든 그림은 홀드상태의 그림윈도에 겹쳐서 그려지게 된다. 이 경우 그래프의 x축과 y축의 크기(눈금)는 자동으로 큰 쪽에 맞추어서 조정된다.

```
x = linspace(0, 2*pi, 100);      % x축 데이터의 생성
y = sin(x); z = cos(x);          % y축 데이터의 생성
plot(x, y), hold on              % 그림윈도 생성 후 홀드 상태 유지
ishold  →  ans =1                % 홀드상태이면 true(=1)
plot(x, z, 'm--')                % 홀드상태의 그림윈도에 그래프 추가
hold off                         % 홀드상태 해제
ishold  →  ans = 0               % 홀드상태 해제를 확인
```

그래프의 작성을 위한 최종계산이 끝나지 않은 상태에서 그 중간과정의 확인을 위한 그래프가 필요한 경우가 있다. 이와 같이 임시적인 중간과정의 확인과 같이 단순한 데이터의 비교를 수행하고자 하는 경우, hold를 활용하면 몇 종류의 결과를 하나의 그래프에 나타낼 수 있다. 예를 들어, for loop를 이용하여 여러 개의 데이터를 작성하는 경우에는 하나의 계산이 끝날 때마다 plot와 hold를 동시에 사용하면 모든 계산 결과를 하나의 그래프 위에 표현할 수 있다.

(3) 명령어 line의 사용

line 함수는 plot의 실행 시에 사용되는 low-level 함수로서 일반적으로 선(line)을 생성하는(긋는) 역할을 한다. 따라서 이미 생성된 그림윈도에 그래프가 존재하고 있다면[5], 추가적인 line 함수의 실행은 기존의 그래프에 선을 추가시키는 역할을 한다. line 함수는 x축과 y축의 데이터를 가지는 한 쌍의 벡터와 선의 모양 등을 설정하기 위한 옵션(parameter name과 parameter value의 한 쌍)을 가지는 형태로 실행된다.

```
x = linspace(0, 2*pi, 30);
y1 = sin(x); y2 = cos(x); y3 = 1.2*y2;  % 세 종류의 출력데이터 생성
plot(x, y1)
line(x, y2, 'LineStyle', '--')  % (x, y2)의 데이터를 그래프에 추가(dashed line)
line(x, y3, 'LineStyle', 'o')   % (x, y3)의 데이터를 그래프에 추가(circle 표시)
```

■ subplot의 사용

그림윈도를 여러 개로 분할하여 각 분할된 영역에 서로 다른 종류의 그래프를 나타내기 위한 함수로서 subplot가 준비되어 있으며, '>>subplot(m, n, p)'의 형식으로 실행된다. 이 명령어의 실행결과 그림윈도는 $(m \times n)$개의 부윈도(sub-Window)로 분할되며, 이 중 p번째 부윈도에 plot 명령어 등에 의한 그래프가 들어가게 된다. 부윈도의 번호순서는 왼쪽 위 첫 번째에

5) 그림윈도가 여러 개 있을 경우에는 활성(active)윈도가 그 대상으로 된다.

서 시작하여 오른쪽으로 이동하면서 번호가 붙는다(row-wise). 따라서 $m \times n = 2 \times 3 = 6$이므로 그림윈도를 2행 3열형식의 여섯 개의 작은 블록으로 나누고, 만약 $p = 5$이면 두 번째 행의 가운데 열을 나타낸다.

```
subplot(2,2,1), plot(x1, y1)  % 첫 번째 subwindow에 (x1, y1)의 그래프
subplot(2,2,2), plot(x2, y2)  % 두 번째 subwindow에 (x2, y2)의 그래프
subplot(2,2,3), plot(x3, y3)  % 세 번째 subwindow에 (x3, y3)의 그래프
subplot(2,2,4), plot(x4, y4)  % 네 번째 subwindow에 (x4, y4)의 그래프
```

4.1.3 그래프 작성을 위한 도구 – 인터액티브 플로팅(Interactive Plotting)

지금까지 설명한 함수 plot를 사용한 그래프의 작성 외에 MATLAB은 다양한 종류의 인터액티브 플로팅 환경을 제공하고 있다. 이러한 환경을 잘 활용하면 아래 열거한 작업을 어려움 없이 수행할 수 있다.

i) 다양한 종류의 그래프를 생성한다.

ii) 워크스페이스 브라우저로부터 그래프를 위한 변수를 직접 선택할 수 있다.

iii) 하나의 그림윈도에 간단하게 몇 개의 그래프를 추가할 수 있다.

iv) 화살표, 선 혹은 문자 등과 같은 주석을 쉽게 추가할 수 있다.

v) 그래프의 특성을 변경할 수 있다.

인터액티브 환경을 이용한 플로팅을 수행하기 위해서는 명령윈도에서 '>>plottools'를 실행하거나, 그래픽윈도의 도구막대의 제일 오른쪽에 있는 Show Plot Tool([그림 4.2] 참조) 아이콘을 클릭하면, [그림 4.4]와 같은 기존의 그래픽 화면을 확장한 형태로 그래픽 편집화면이 나타난다. [그림 4.4]의 경우는 편집화면 오른쪽 아래 부분에 있는 'More Properties'의 항을 클릭하여 나타나는 'Inspector' 화면을 추가한 모습이다. 여기서는 각 부분의 사용법을 다음과 같이 간단히 언급한다.

1) **편집화면(Figures–Figure 1)** : 여기서 그래프의 대부분의 사항을 조작할 수 있다. 즉 각 라인의 굵기, 종류 및 색 등을 지정할 수 있으며, 동시에 x축 y축의 눈금의 간격 및 글자의 크기 등까지 지정할 수 있다.

2) **Plot Browser** : [그림 4.4]에는 나타나 있지 않으나 명령윈도에서 '>>plotbrowser'를 실행하면 오픈된다. 그래프에 표시된 선, 또는 x, y축의 표현을 변경하는 기능을 가진다. 또한, 'Add Data' 버튼을 클릭하여 현재 표시된 그래프 상에 데이터를(즉 새로운 곡선을) 추가할 수 있다.

3) **Inspector** : 1)의 편집화면에서 수행한 내용 외에 그림윈도 내의 세밀한 부분까지를 조절할 수 있는 기능을 가진다. 예를 들어, x축 및 y축 선분의 굵기 등도 지정할 수 있다.

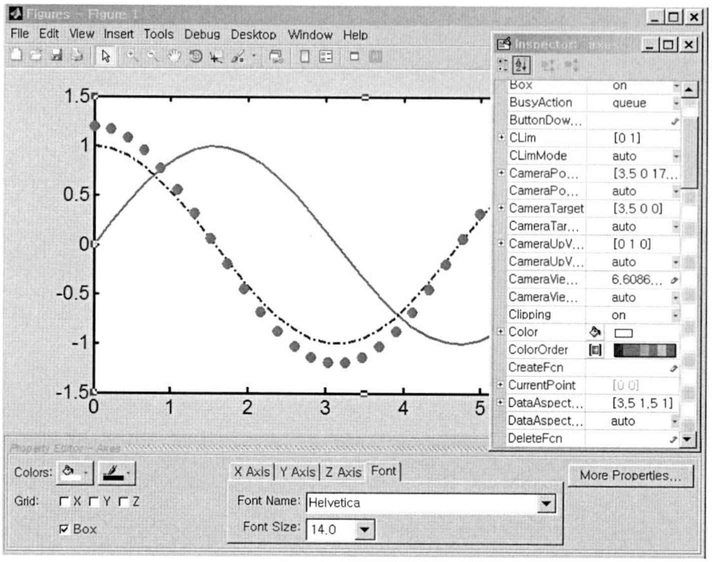

[그림 4.4] 인터액티브 플로팅 도구

여기서는 'Plotting Tools'을 이용한 간단한 그래프를 작성을 통해 상기 편집화면의 설명을 확인한다.

■ [예 : 플로팅 도구를 이용한 그래프의 작성]

먼저 워크스페이스에 x축의 데이터를 생성하고, 명령윈도에서 '>>plottools'를 실행하여 [그림 4.4]를 생성한다.

```
x = -2*pi:pi/25:2*pi;    % x축 데이터의 생성
plottools                % 인터액티브 도구의 실행
```

[그림 4.4]의 편집화면에서 마우스를 이용하여 라인의 굵기, 색, 및 종류 등을 지정할 수 있으며, 동시에 라인을 둘러싸는 박스의 선의 굵기, 인덱스 문자의 크기 등도 변경가능하다.

또한, 현재의 그래프에 나타나 있는 라인 중에서 몇 개만을 취하여 이들을 서로 비교하는 것도 가능하다. 이 경우 [그림 4.5]와 같이 Figure Pallette와 Plot Browser를 오픈하여 두는 것이 편리하다. 이는 그림윈도에서 View → Figure Pallette와 View → Plot Browser를 각각 클릭함으로서 실행된다.

[그림 4.5]에서 Figure Pallette의 New Subplots에서 2D Axes를 클릭하면 새로운 부윈도가 원래 그래프 아래에 생성된다. 여기에, 예를 들어 Figure Pallette의 Variables 영역에 있는 y1과 y2의 데이터를 드래그하여 가져가면 두 개의 데이터만으로 이루어진 그래프가 만들어진다. 또한, 오른쪽의 Plot Browser에 나타나 있는 각 데이터를 나타내는 항목의 체크표시를 제거하면 관련 그림을 그래프에서 제거할 수도 있다.

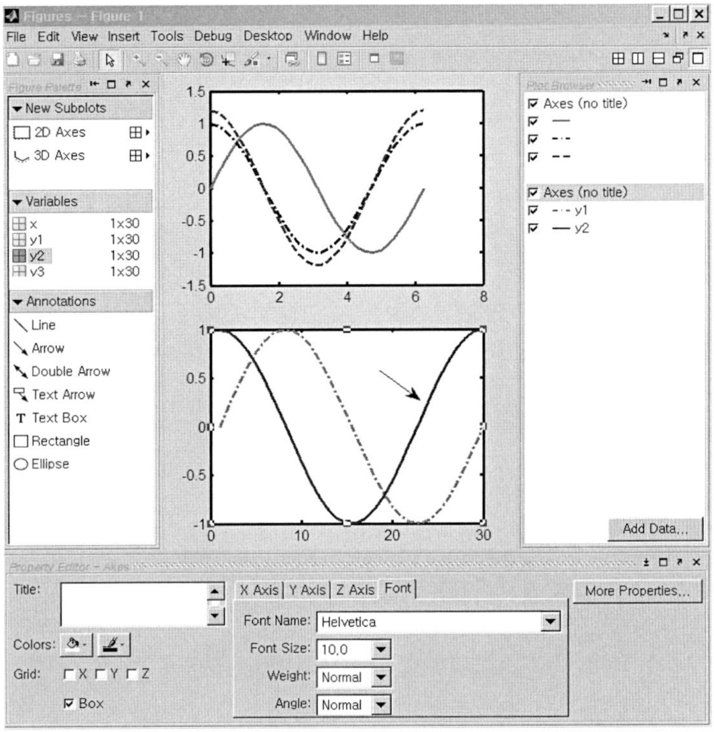

[그림 4.5] 그래프 작성을 위한 인터액티브 화면

한편, 기존의 그래프에 새로운 라인을 추가할 수도 있다. 이 경우 [그림 4.5]의 Plot Browser에 있는 Add Data... 항을 클릭하면 [그림 4.6]의 화면이 나타난다. 만약 동일한 x축 값에 y축 데이터로서 '>>sin(x).^8'을 추가하면, 새로운 라인이 추가된다. 이를 클릭하여 활성화시킨 뒤 Property Editor에서 Plot Type을 'Stem'으로 선정한 결과가 [그림 4.7][6]이다.

만약 또 하나의 y 데이터(라인)를 추가하고자 하면 재차 Add Data를 클릭하고 위의 과정을 되풀이하면 된다.

만약 [그림 4.7]과 달리 현재의 그래프 오른쪽에 새로운 그래프(subplot)를 하나 추가하고자 한다면 Figure Pallette의 New Subplots의 오른쪽 '표'를 클릭하여 나타나는 블록에서 [그림 4.8]과 같이 블록의 오른쪽을 클릭하면 현재의 화면이 좌우로 2등분되어 새로운 (빈)화면이 나타난다([그림 4.8] 참조) 상기와 동일한 과정을 거치면 그래프의 아랫부분에도 그래프를 삽입할 수 있다.

6) 전체 그래프 중에서 중간부분을 나타내었다.

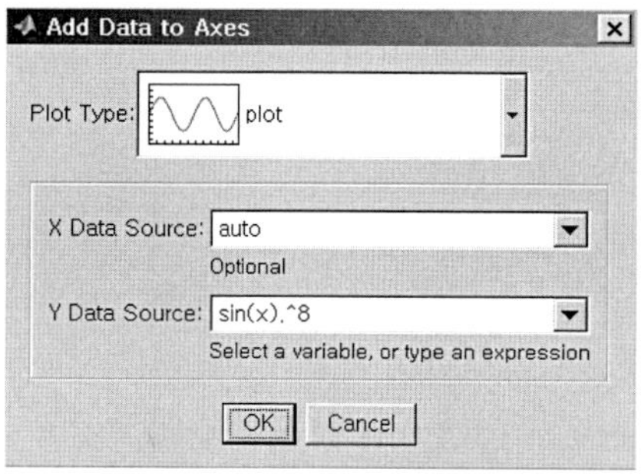

[그림 4.6] Add Data의 클릭화면

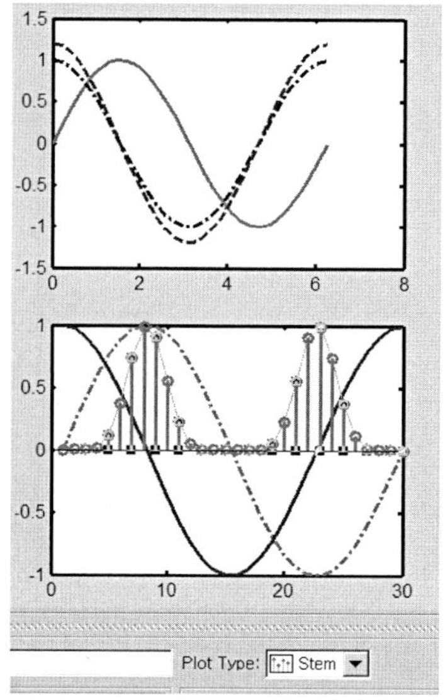

[그림 4.7] 새로운 데이터에 의한 라인의 추가

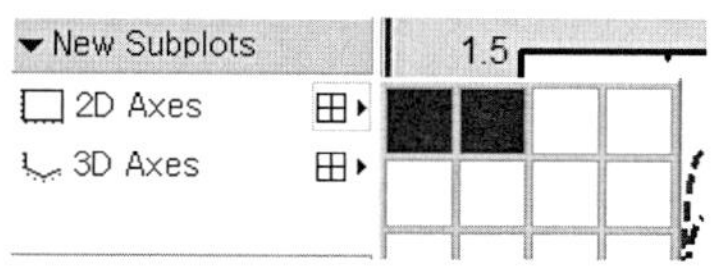

[그림 4.8] New Subplot 작성을 위한 화면

4.1.4 기타 특수용도의 2D 그래프 작성을 위한 명령어

지금까지 설명한 plot 외에 특별한 용도의 2D의 그래프 작성을 위해 MATLAB은 많은 함수를 제공하고 있다. 3.5절에서 언급한 ez plotter 역시 그 중 일부이다. 이들 중 일부를 예제 프로그램을 이용하여 간단히 설명한다.

■ 막대(Bar)와 면적(Area) 그래프

1) bar와 barh : 둘 다 막대그래프를 작성하는 함수이나, barh는 막대를 단지 좌우로 전개한다는 점이 다를 뿐이다. bar(Y)에서 [Y]가 벡터이면 x축은 1에서 length(Y)를 취하며 [Y]의 각 요소에 대한 막대그래프를 그린다. 한편, [Y]가 행렬이라면 x축은 1에서 length(Y, 1)(즉 [Y]의 행의 수)를 취하며, [Y]의 각 행을 하나의 그룹으로 하여 막대를 그래프를 나타낸다. 따라서 x축을 별도로 지정하지 않는 한 bar(Y) 형식으로 실행된 결과는 [Y]의 각 요소의 크기를 비교하는데 그 의미가 있다. x축을 지정하고자 하는 경우에는 bar(x, Y)의 형식을 취한다.

```
Y = [5 2 1; 8 7 3; 9 8 6; 5 5 5;4 3 2];        % (5x3) 크기의 행렬 생성
subplot(211),bar(Y); grid on                   % [그림 4.9(a)]
subplot(212),barh(Y,'stack')
------------------------------------------------------------------------
bar3(Y)
xlabel('X Axis '), ylabel('Y Axis '), zlabel('Z Axis ')  % [그림 4.9(b)]
set(gca, 'XTick',[1 2 3])
------------------------------------------------------------------------
x = -2.9:0.2:2.9;
bar(x, exp(-x.*x), 'r')      % [그림 4.9(c)]
```

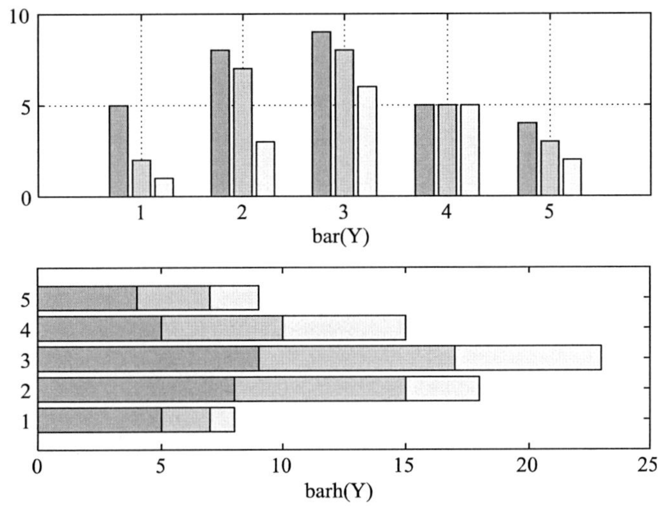

[그림 4.9(a)] bar(Y)와 barh(Y)의 실행결과

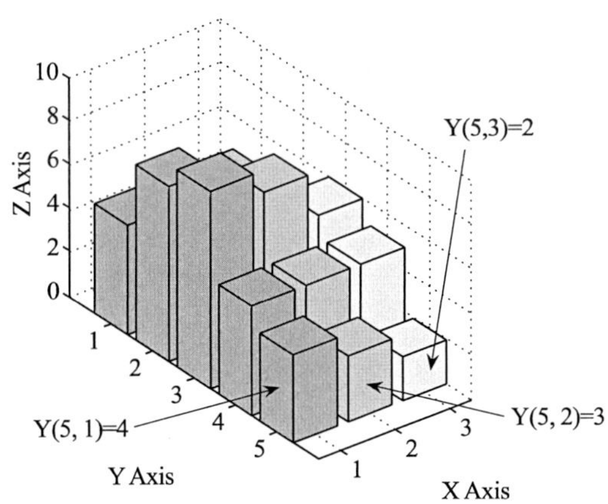

[그림 4.9(b)] bar3(Y)의 실행결과

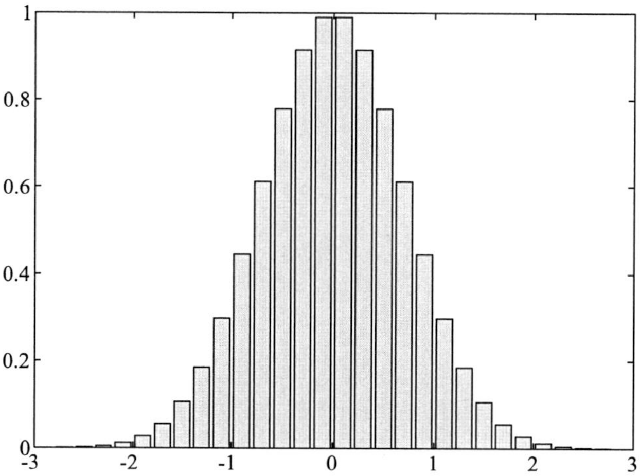

[그림 4.9(c)] bar(x, y)의 실행결과

2) errorbar : 계산결과로 얻어진 곡선에서의 편차나 데이터의 신뢰도를 나타내는 기능을 가진다. 예를 들어, 실제값과 근사값과의 차이를 다음과 같이 정의한다.

$$f_{\text{approx}} = x - \frac{x^3}{3!},\ (0 \le x \le 2)$$

$$error = f_{\text{approx}} - \sin x$$

이 경우 계산 결과인 f가 가지는 오차의 범위를 그래프 상에 다음과 같이 나타낼 수 있다.

```
x = 0: 0.1: 2;
apprx2 = x - x.^3/6;            % 실제값의 계산
er = apprx2 - sin(x);           % 오차의 계산
errorbar(x, apprx2, er)         % [그림 4.10]
```

3) area : 그래프에서 라인으로 둘러싸인 부분(주로 아랫부분)을 색으로 채우는 점을 제외하고는 plot와 동일하다. 아래 프로그램은 식

$$y = \frac{\sin(x)}{x},\ -3\pi \le x\pi$$

의 그래프에 area 함수를 적용한 것이다([그림 4.11] 참조).

```
x = linspace(-3*pi, 3*pi, 100);
y = -sin(x)./x;
area(x, y, 'FaceColor', 'b')          % color를 blue로 하여 plotting
xlabel('x'), ylabel('sin(x)/x')
hold on
x1 = x(46: 55); y1 = y(46: 55);
area(x1, y1, 'FaceColor', 'r')        % 그래프의 일부분을 red로 바꾼다
```

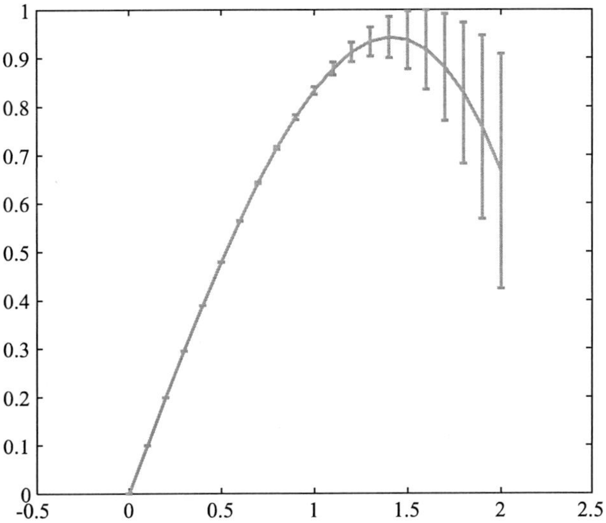

[그림 4.10] errorbar의 실행결과

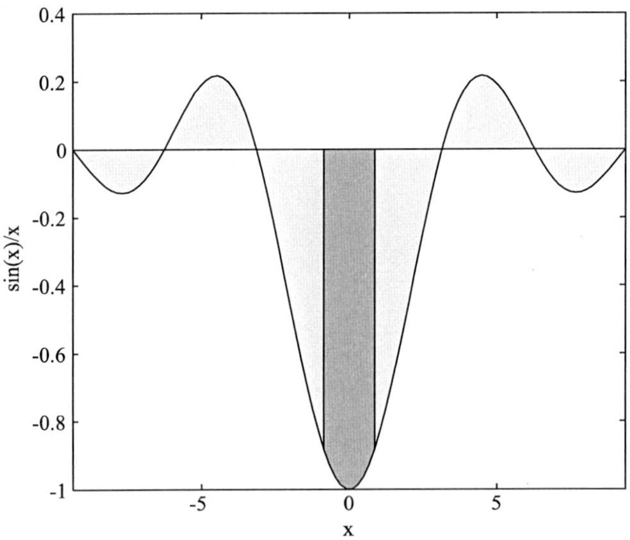

[그림 4.11] 함수 area의 실행결과

■ 파이 차트(Pie Chart)

4) pie : 주어진 데이터를 바탕으로 하는 파이차트(Pie Chart)를 작성한다.

```
data = [0.5 1 1.6 1.2 0.8 2.1];
pie(data, data==max(data));   % 파이차트에서 가장 큰 파이를 바깥으로 떼어낸다.
```

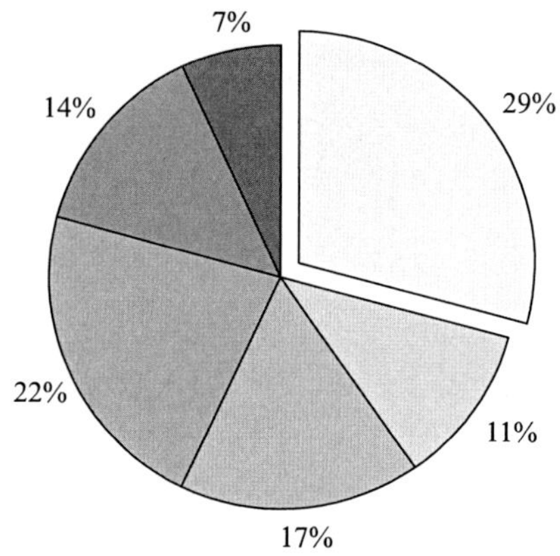

[그림 4.12] pie의 실행결과

■ 히스토그램(Histogram)

5) hist : 일반적인 히스토그램의 작성한다. 간단한 예를 들어보자. 아래 스크립터에서 함수 randn의 실행하면 −3.7989와 3.7476 사이에서 그 값을 가지는 10,000개의 데이터가 생성되어 yn에 저장된다. 여기에 함수 hist를 적용하면 yn 데이터를 크기에 따라 10개 그룹으로 분류하여 각 그룹에 속하는 숫자의 개수를 막대그래프로 나타낸다([그림 4.13a]).

```
yn = randn(10000,1);        % (10,000×1)의 데이터 생성
hist(yn)                    % [그림 4.13(a)]
Y = randn(10000,3);         % (10,000×3)의 데이터 생성
hist(Y)                     % [그림 4.13(b)]
```

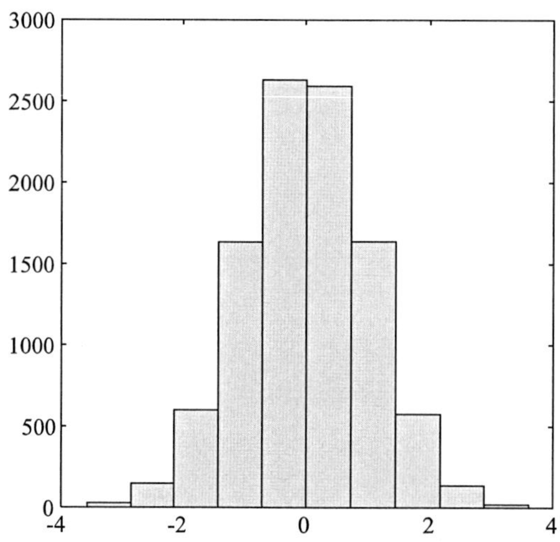

[그림 4.13(a)] hist(yn)의 실행결과

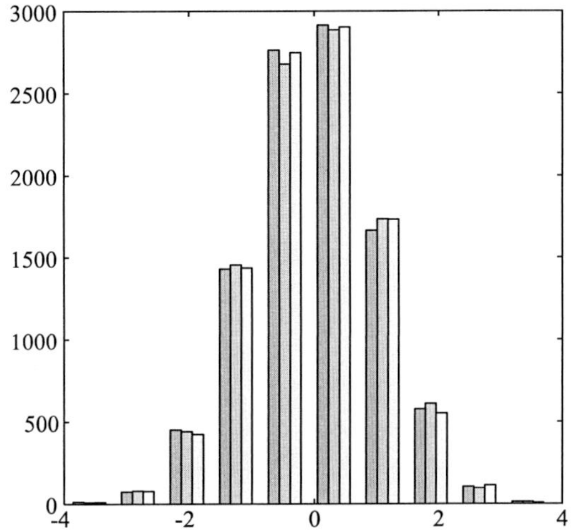

[그림 4.13(b)] hist(Y)의 실행결과

■ 이산적인 데이터의 그래프(Discrete-Data Graph)

6) stem과 stairs : plot 함수와 동일한 종류의 그래프를 표현하지만, xy평면상의 모든 점 $(x_i,\ y_i)$을 선으로 연결하는 plot 함수와는 달리, stem에서는 x축의 값 x_i와 y축의 값 y_i를 점선으로 연결한다. 또한, stairs는 이름 그대로 점과 점 사이를 직선이 아니라 계단 모양으로 연결한다는 점이 특징이다.

```
x = 0:25;
y = [exp(-.07*x).*cos(x);exp(.05*x).*cos(x)]';
h = stem(x,y);                % [그림 4.14(a)], h는 그래픽의 handle(3.4절 참조).
set(h(1),'MarkerFaceColor','blue')
set(h(2),'MarkerFaceColor','red','Marker','square')
stairs(x, y)                  % [그림 4.14(b)]
```

stem으로 표현된 이산적인 그래프와 plot으로 그려지는 연속적인 그래프를 동일한 그림윈도에 나타낸다면 시각적으로 강조하는 효과를 얻을 수 있다. 아래 스크립터를 참고한다.

```
x = linspace(0,2*pi,60);
a = sin(x); b = cos(x);
stem(x,a+b);hold on                       % [그림 4.14(c)]
plot(x,a,'--r',x,b,'-.g');hold off
xlabel(' Time in \musec'), ylabel(' Magnitude')
legend('a+b','a = sin(x)','b = cos(x)')
```

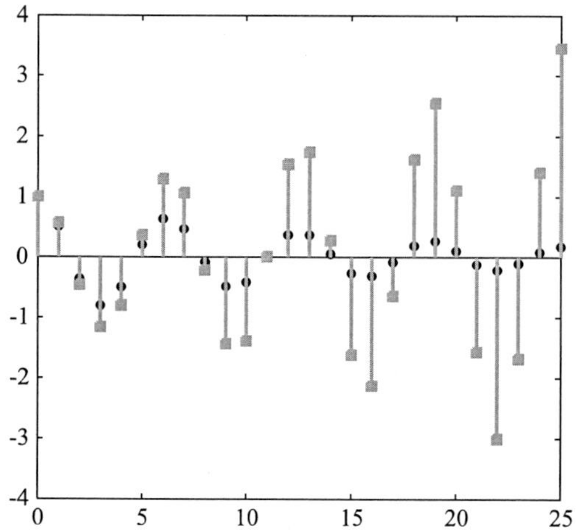

[그림 4.14(a)] stem의 실행결과

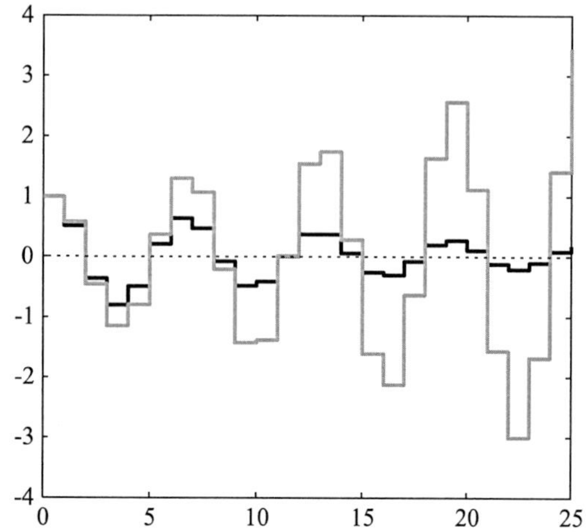

[그림 4.14(b)] stairs의 실행결과

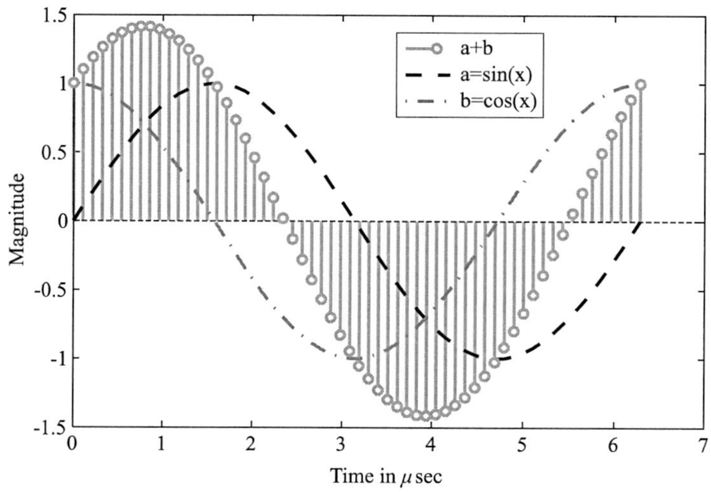

[그림 4.14(c)] stem plot와 line plot의 혼재

■ 방향과 속도벡터 그래프

7) compass : 그래프의 원점(origin)에서부터 방출되는 벡터를 화살표로 표현한다. 이 함수는 카티전(Cartesian) 좌표계[7]를 취하며 원의 그리드를 사용한다. 기본적으로 '>>compass(U, V)'의 형식으로 실행되며 이 결과 원점에서 시작하는 n개의 화살표가 방사선 상으로 나타난다. 여기서 n은 벡터 U 혹은 V가 가지는 요소의 개수를 의미한다. 각 화살표의 방향과 크기는 [U(i), V(i)]에 의해 결정된다.

아래 [그림 4.15]는 바람의 방향과 세기를 12시간 주기로 관찰한 결과를 compass를 사

7) 수직하는 두 개, 혹은 세 개의 축을 이용하여 평면상, 공간상의 점의 위치를 표현하는 좌표계를 의미한다.

용하여 나타낸 것이다.

```
wdir = [45 90 90 45 360 335 360 270 335 270 335 335]; % 바람의 방향
knots = [6 6 8 6 3 9 6 8 9 10 14 12];              % 바람의 세기
rdir = wdir*pi/180;                                  % 방향을 [radian]으로 변경
[x,y] = pol2cart(rdir,knots);                        % 극좌표를 카티전 좌표로 변경
compass(x,y)                                         % [그림 4.15]
```

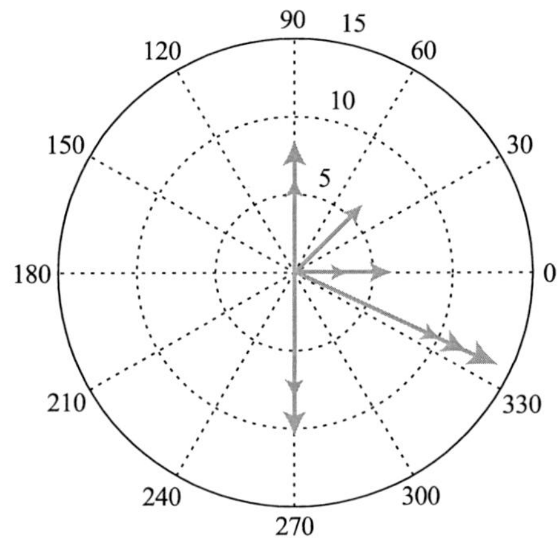

[그림 4.15] compass의 실행결과

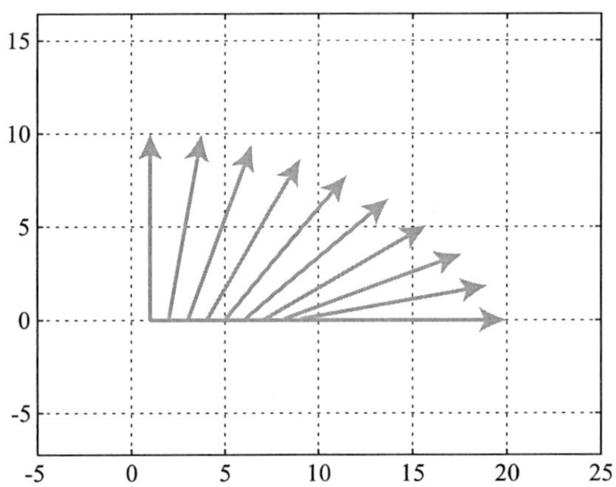

[그림 4.16(a)] feather의 실행결과

8) feather : x축과 평행한 선분에서 방사되는 벡터를 표시하는 기능을 가진다. 이 함수는 '>>feather(U, V)'의 형식으로 사용된다. 여기서 U에는 x축의 정보가, V에는 y축의 정보가 각각 상대좌표로서 입력되어 있다. 예를 들어, 아래 스크립터는 90°에서 0°까지의 각을 가지는 벡터 theta와 이와 동일한 크기를 가지며 모든 요소가 '1'의 값을 가지는 벡터 r을 각각 생성하고, 각도 theta의 크기(즉 각도)를 x축에 대하여 나타내고 있

다. 이 과정에서 각 데이터를 함수 feather에 적용하기 전에 카티전 좌표로 변경하였으며, 동시에 각 벡터가 화면에 크게 나타날 수 있도록 r의 각 요소를 10배 증가시켰다.

```
theta = 90:-10:0;                       % 데이터의 생성
r = ones(size(theta));
[u,v] = pol2cart(theta*pi/180,r*10);    % 카티전 좌표로 변경
feather(u,v), grid, axis equal          % [그림 4.16(a)]
xlim([-5 25])                           % x 축의 크기 변경
```

이 함수를 이용하면 벡터가 가지는 크기와 방향을 상대적으로 표시하여 주기 때문에 각 벡터량을 이해하는 데 도움이 된다. 특히 데이터가 복소수의 값을 가지는 경우 x축을 실수부, y축을 허수부로 취하여 각 요소를 화살표로 표현하기 때문에 벡터의 크기 등을 비교하는 경우에 편리하다.

```
t = 0:0.5:10;
s = 0.05+i;
Z = exp(-s*t);                          % Z= e^{-(0.05+j)t} 의 계산
feather(Z), grid, ylim([-1 1])          % [그림 4.16(b)]
```

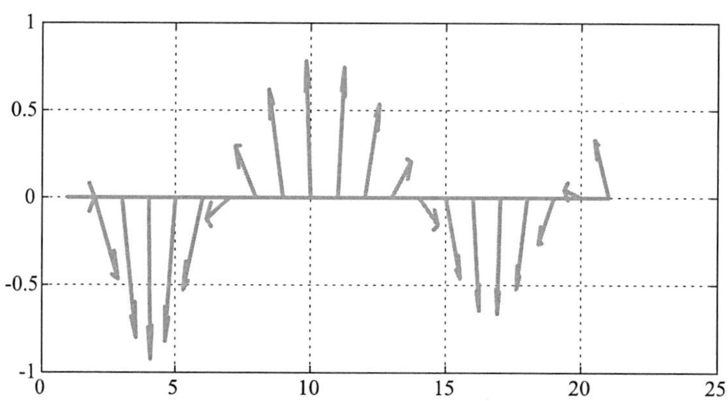

[그림 4.16(b)] 복소수의 feather에 의한 표현

9) quiver : 2차원 평면의 주어진 점에서 벡터를 표시하는 기능을 가진다. 이러한 기능은, 예를 들어 지도의 등고선과 같이 평면상의 표시된 그래프에서 두 지점 사이의 기울기를 표시하고자 하는 경우에 편리하다([그림 4.17]). 이 함수는 기본적으로 다음의 형식으로 사용된다. 즉, '>>quiver(x, y, u, v)'을 실행하면 평면상의 점 (x, y)에서의 (u, v)로 주어진 기울기가 화살표로서 표현된다. 예를 들어 화면상의 위치 {x(1), y(1)}에서의 화살표는 그 점에서의 기울기를 나타내는 벡터 {u(1), v(1)}를 의미한다.

다음 스크립터는, i) 크기기 (21×21)인 세 개의 행렬 $[X]$, $[Y]$ 및 $[Y]$을 적당히 생성

한다, ii) $[X]$, $[Y]$를 이용한 행렬 $[Z]$의 등고선을 함수 contour을 이용하여 그린다. iii) 함수 gradient로서 등고선의 기울기를 계산하고 ④ 이를 quiver를 이용하여 평면상에 화살표로서 나타내는 과정을 나타낸 것이다.

```
n = -2.0:0.2:2.0;            % 크기 (1×21)의 데이터 생성
[X,Y,Z] = peaks(n);          % 각각 (21×21)인 세 개의 행렬을 생성
contour(X,Y,Z,10);           % 행렬에 의한 컨투어(등고선) 그림을 표시
[U,V] = gradient(Z,0.2);     % 함수의 기울기를 계산
hold on
quiver(X,Y,U,V)              % [그림 4.17]
hold off
```

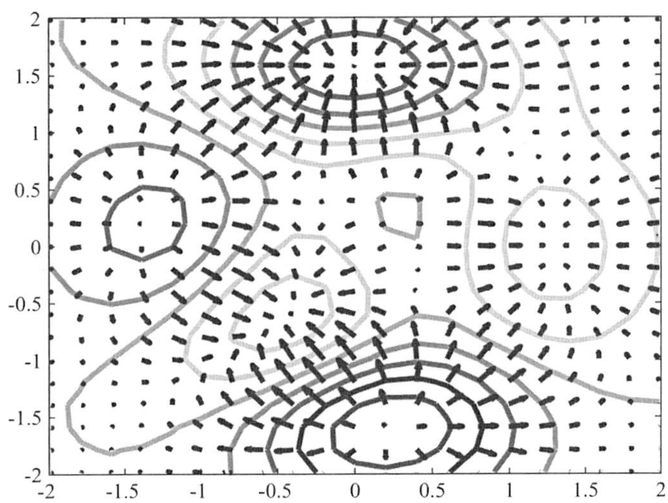

[그림 4.17] quiver의 실행결과

▪ plot과 관련 있는 함수

10) fill : plot의 line 함수로서 작성된 다변형(polygon)의 내부를 색으로 채우는 작용을 한다.

```
t = (1: 2: 15)'*pi/8;
x = sin(t); y = cos(t);
fill(x, y, 'r'), axis square off                    % 그림을 둘러싸는 외곽선을 제거한다
text(0, 0, 'STOP', 'Color', [1 1 1],...             % 내부에 문자와 그 형식을 지정한다
    'FontSize', 80, 'FontWeight', 'bold',...
    'HorizontalAlignment', 'center')                % [그림 4.18]
```

[그림 4.18] fill 함수의 실행결과

11) plotyy : 두 쌍의 데이터를 같은 x축을 사용하여 그래프로 나타내고자 하는 경우에 사용한다. 따라서 y축의 스케일링은 왼쪽과 오른쪽으로 구분하여 사용된다.

```
x = 0:0.01:20;
y1 = 200*exp(-0.05*x).*sin(x);
y2 = 0.8*exp(-0.5*x).*sin(10*x);
[AX,H1,H2] = plotyy(x,y1,x,y2,'plot');                  % [그림 4.19]
xlabel('Time (\musec)')
set(get(AX(1),'Ylabel'),'String','Slow Decay')          % 왼쪽 ylabel 삽입
set(get(AX(2),'Ylabel'),'String','Fast Decay')          % 오른쪽 ylabel 삽입
```

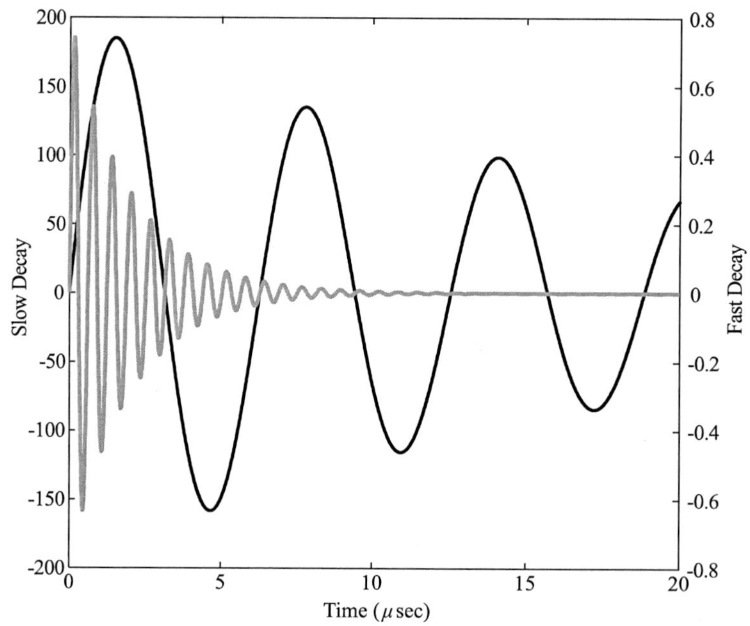

[그림 4.19] plotyy의 실행결과

위 스크립터의 '[AX, H1, H2] = plotyy(x, y1, x, y2, 'plot');'에서 AX는 두 개의 y축에 대한 핸들이, H1과 H2에는 각 그래프의 핸들이 각각 저장되어 있다.

■ 극좌표, 로그눈금 그래프 등

12) polar : theta가 radian으로 주어진 각도의 벡터이고, rho가 반지름을 나타내는 벡터라면 polar(theta, rho)는 극좌표 상에서 plot와 동일한 작용을 한다.

```
theta = 0:.01:2*pi;              % 각도의 데이터
rho = sin(2*t).*cos(2*t);        % 반지름의 데이터
polar(theta,rho,'--r')           % [그림 4.20]
```

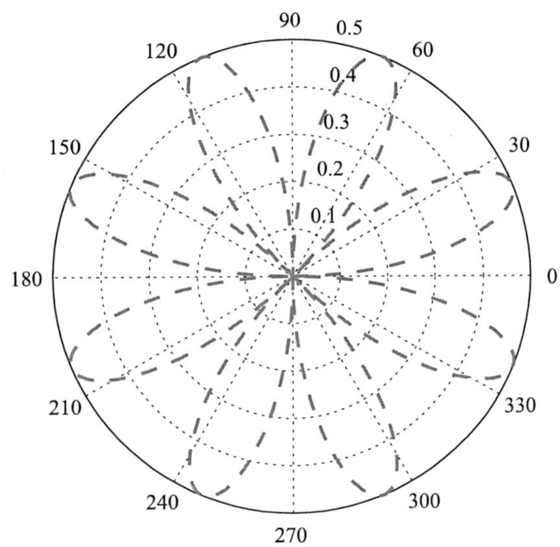

[그림 4.20] polar 실행 결과

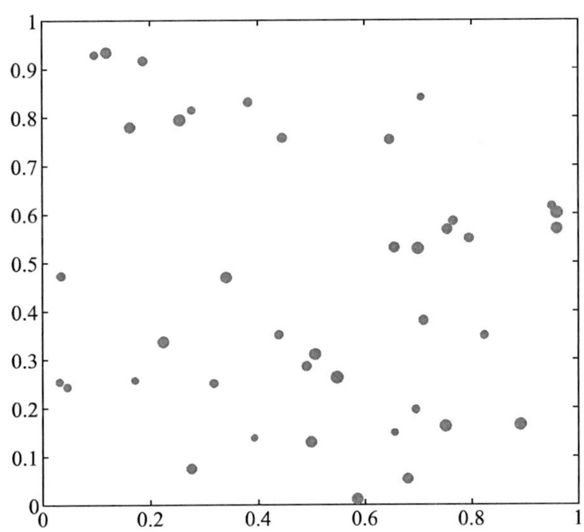

[그림 4.21] scatter의 실행 결과

13) scatter : scatter plot를 작성한다. 다시 말하면, 크기가 제각각인 작은 원을 주어진 데이터의 각 점에 배치한다. '>>scatter(x, y, S)'의 형식으로 실행되며, x와 y는 같은 크기의 벡터이고, S는 마크의 크기 등을 설정하는 역할을 한다.

```
x = rand(40,1);y = rand(40,1);
area = 20+(1:40);
scatter(x,y,area),box on  % [그림 4.21]
```

14) semilogx, semilogy 및 loglog : plot와 동일한 역할을 하지만 x축 및 y축의 스케일링이 달라진다. semilogx는 x축만을 대수눈금(logarithm), semilogy는 y축만을 대수눈금 및 loglog는 x, y축 모두 대수눈금으로 취하여 plotting한다.

```
t = linspace(0,2*pi,200);
semilogx(exp(-t),t),grid                 % [그림 4.22(a)]
semilogy(t,exp(t)),grid                  % [그림 4.22(b)]
loglog(exp(t),100+exp(2*t)),grid         % [그림 4.22(c)]
```

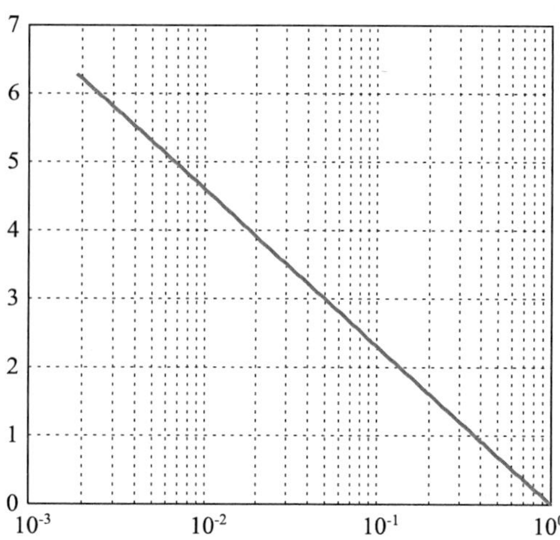

[그림 4.22(a)] semilogx의 실행결과

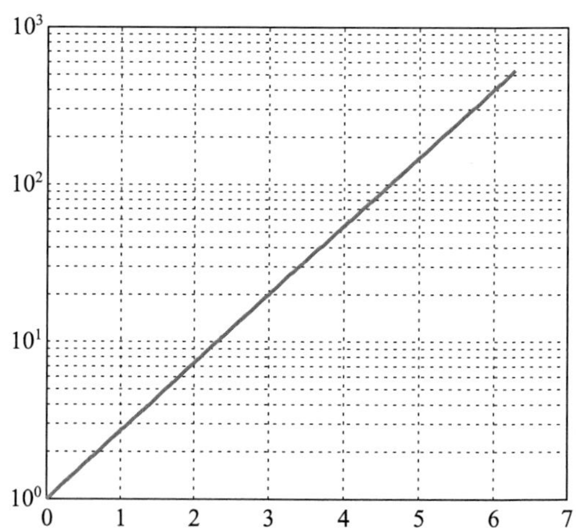

[그림 4.22(b)] semilogy의 실행결과

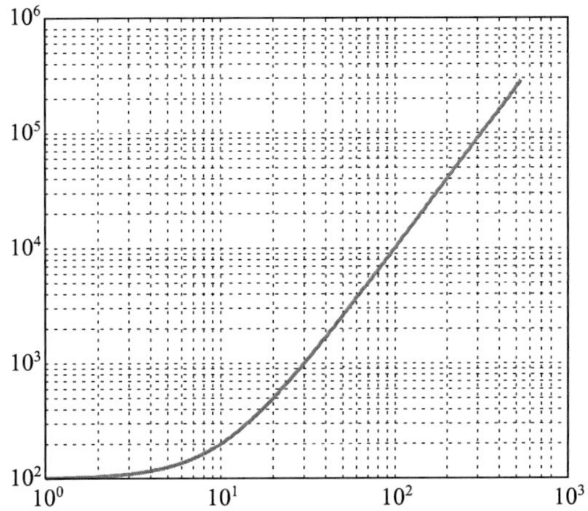

[그림 4.22(c)] loglog의 실행결과

4.2 3D 그래프의 작성

MATLAB은 3차원 데이터를 공간상에서 표현하기 위한 다양한 함수를 제공한다. 이들 함수는 단순히 주어진 3차원 데이터를 공간상에 입체적으로 배치하기 위한 것으로부터 시작하여 3차원으로 작성된 물체의 표면을 매끄럽게 처리하여 시각적인 효과를 보여주거나, 공간에서 물체를 바라보는 각도(즉 시각)를 변경하는 것 등과 같이 다양한 종류로 구성되어 있다. 특히 컴퓨터 화면(즉 2차원인 평면)에 물체를 입체적(즉 3D)으로 표현하기 위해서는 보는 각도에 따른 물체 표면의 색(color), 즉 음영의 표현이 중요한 역할을 하기 때문에, 물체를 보는 각도, 즉 시각이 3D 그래프의 생성에 있어 중요한 역할을 한다.

간단히 명령윈도에서 '>>help graph3d'를 입력하면 3차원 그래프와 관련된 수많은 함수들을 볼 수 있을 것이다.

4.2.1 기본적인 3D 그래프의 작성

3D의 그래프를 위한 대표적인 함수인 plot3은, 2D 그래프의 작성을 위한 함수인 plot이 가지는 구조를 3D로 확장한 것이다. plot와 거의 동일한 방법으로 사용되지만, 3D를 위한 z축의 데이터가 더 필요하다는 점이 다르다.

```
t = linspace(0,10*pi);
plot3(sin(t),cos(t),t)          % z축을 위해 인수 't'가 추가되었다([그림 4.23(a)]
xlabel('sin(t)'), ylabel('cos(t)'),zlabel('t')
text(0,0,0,'orgin'), grid on    % 원점(0,0,0)에 문자열 추가
```

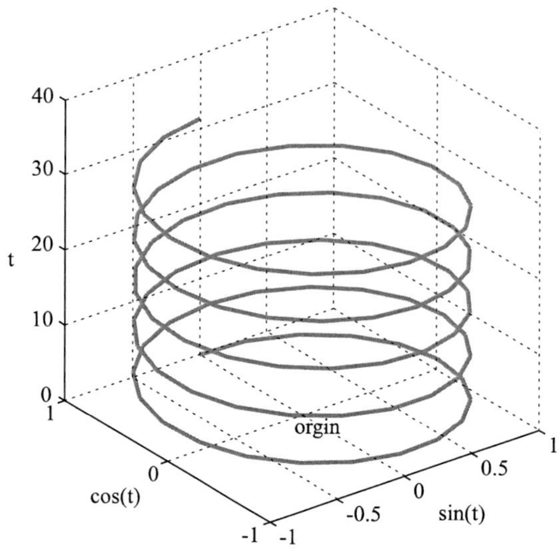

[그림 4.23(a)] plot3에 의한 3D 그래프

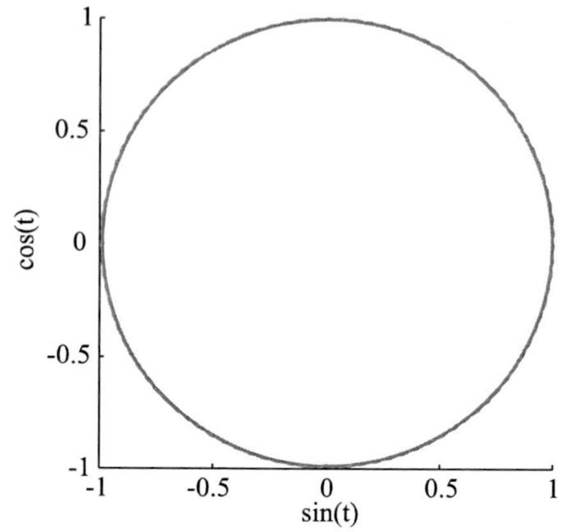

[그림 4.23(b)] plot3와 view(0,90)의 결과

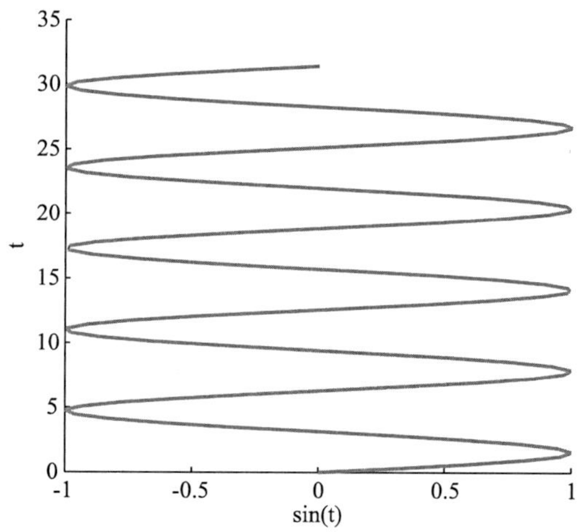

[그림 4.23(c)] plot3와 view(0,0)의 결과

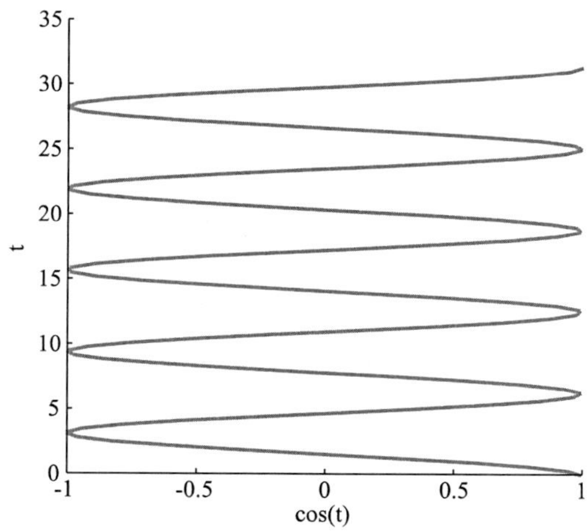

[그림 4.23(d)] plot3와 view(90,0)의 결과

[그림 4.23(a)]로부터 함수 plot3은 세 개의 값 $(x_i,\ y_i,\ z_i)$로 이루어진 100개의 데이터 포인트를 3차원 공간상에 차례대로 배치하고 각 포인트를 단지 선으로 연결만하는 기능을 하고 있음을 알 수 있다. 따라서 plot3만으로는 3차원 그래프가 가지는 입체감이나 표면의 질감 등을 나타낼 수 없기 때문에 이를 위한 특별한 함수가 필요하다.

■ 시각(Viewing angle)

3차원의 물체는 그 물체를 보는 시점을 어디에 두는가에 따라 보이는 모습이 달라진다. MATLAB에서는 3D 그래프의 시각을 위한 명령어로서 view를 제공한다.

```
view(azimuth, elevatioon)
```

여기서 azimuth는 각도(degree)로 주어지는데, 이는 y축을 기준으로 시계반대방향으로 측정된 각도를 나타낸다([그림 4.24] 참조). 또한, elevation 역시 각도(degree)로 주어지며, xy 평면에서 위쪽 방향으로 측정된 각도를 의미한다. 이들의 디폴트값은 각각 −37.5°와 30°이다.

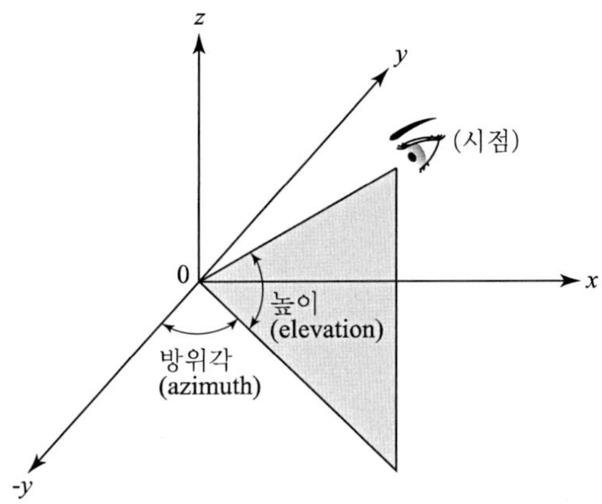

[그림 4.24] 3D에서의 시각(azimuth와 elevation)

따라서 시각을 적절히 조정하면 3D그래프가 가지는 세 개의 면(즉 xy평면, yz평면 및 xz평면)으로 그림을 투영(projection)한 2D의 그래프를 얻을 수 있다. 예를 들어, [그림 4.23(a)]를 각각 세 개의 평면에 투영한 것이 [그림 4.23(b)~(d)]이다.

```
t = linspace(0,10*pi);
plot3(sin(t),cos(t),t),view(0,90)                    %[그림 4.23(b)]
xlabel('sin(t)'), ylabel('cos(t)'),zlabel('t')
plot3(sin(t),cos(t),t),view(0,0)                     % [그림 4.23(c)]
xlabel('sin(t)'), ylabel('cos(t)'),zlabel('t')
plot3(sin(t),cos(t),t),view(90,0)                    % [그림 4.23(d)]
xlabel('sin(t)'), ylabel('cos(t)'),zlabel('t')
```

그림윈도 상의 도구막대를 이용하여 시각을 변경할 수도 있다. [그림 4.3]의 'Rotate plot in 3D'의 표시를 클릭한 뒤 그래프에 마우스의 왼쪽 버튼을 누른 상태로 이동시키면 원하는 시각에서의 3D 그래프를 얻을 수 있다[8].

한편, plot를 이용하여 얻은 2D의 그래프를 3D로 표현할 수도 있다.

8) 명령윈도에서 함수 'rotate3d'를 실행하여도 그림윈도의 'Rotate plot in 3D'의 표시를 클릭한 것과 동일한 효과를 얻는다.

```
t = linspace(0,6*pi,100);subplot(1,2,1)
fill(t,sin(t),'b'),axis('square'),grid
xlabel('t'), ylabel('sin(t)')                    % [그림 4.25(a)]
subplot(1,2,2), fill(t,sin(t),'r')
axis('square'),view(3),grid                      % [그림 4.25(b)]
xlabel('t'), ylabel('sin(t)')
```

위 스크립터에서 함수 'fill'은 plot와 같이 2D의 그래프를 표현하지만, 동시에 그림의 내부를 지정한 색으로 채우는 기능을 가지고 있다. 또한, view(3)은 3D에서 시각을 변경하는 함수로서 이는 view(−37.5°, 30°)와 동일한 결과를 나타낸다. 다시 말하면, 2D의 그래프를 3D의 디폴트 시각으로 표현한다는 것을 의미한다. 이와 같이 view를 이용하면 2D의 그래프를 3D로 보는 효과를 얻을 수 있다.

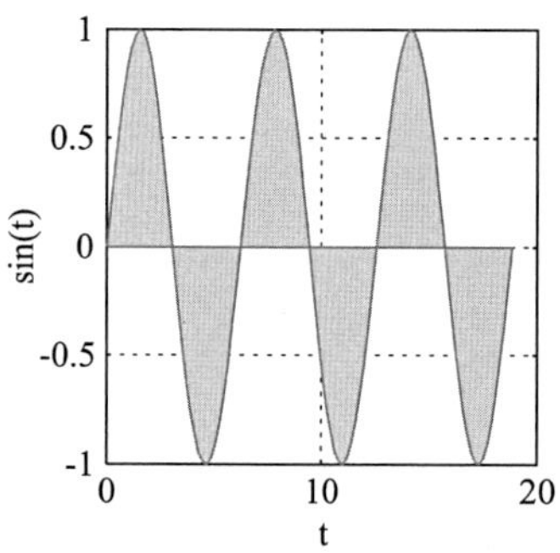

(a) 2D

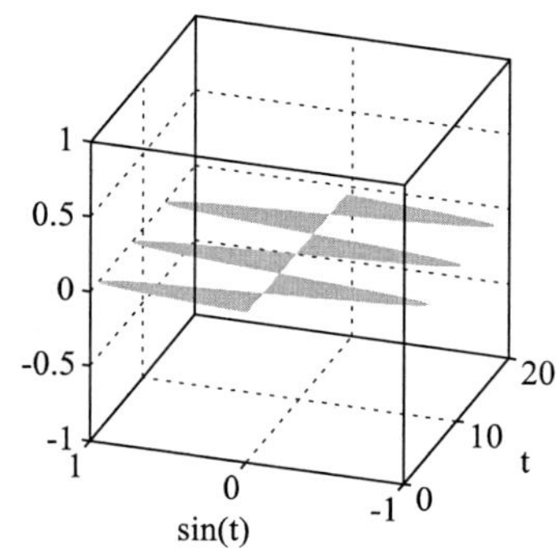

(b) 3D 형식의 표현

[그림 4.25] 2D의 그래프를 3D에서 표현

4.2.2 2변수 함수를 이용한 3D그래프의 생성

지금까지 3D 그래프의 예로서 하나의 독립변수(위의 경우 시간 't')를 가지는 두 개의 함수로서 3차원의 그래프를 표시하였기 때문에 [그림 4.23(a)]에서 보는 바와 같이 3차원공간에서의 선(line)으로 표시되었다.[9] 그러나 3차원 공간에서 일반적인 식의 형태는 두 개의 독립변수(즉 x축과 y축)를 가지는 스칼라함수, 즉 $z = f(x,\ y)$의 형식으로 주어지는 것이 보통이다. 이 경우 두 변수 x와 y의 변화에 대한 z의 값은 3차원에서 면(surface)으로 주어지기 때문에, 이와 같은 면(즉 $z = f(x,\ y)$에 의한 결과)을 3차원으로 표현하기 위해서는 변수 z가 다음과 같은 행렬의 형식으로 저장되어 있어야 할 것이다.

$$[z(i,:)] = f([x], y(i)),\quad \text{및}\quad [z(:,j)] = f(x(j), [y])$$

이 관계는 행렬 $[z]$의 i번째 행은 벡터 $[y]$의 i번째 요소와 관련되어 있고, $[z]$의 j번째

9) 두 개의 함수는 각각 x축과 y축으로 되며, 독립변수 't'가 z축에 해당된다.

열은 벡터 $[x]$의 j번째 요소와 연관되어 있음을 의미한다. 다시 말하면 3차원 공간에서 x축의 변화의 범위를 나타내는 벡터 $[x]$와 y축의 변화범위를 나타내는 벡터 $[y]$에 대해 z축이 면으로 표현되기 위해서는 $[z]$는 행렬로 주어져야 한다는 것이다.

식 $z = f(x, y)$가 비교적 단순한 형태로 주어졌을 경우 $[x]$와 $[y]$의 변화에 대한 행렬 $[z]$를 얻는 방법을 알아보자. 간단한 예로서 영역 $(0 \le x \le 4)$ 및 $(-4 \le y \le 4)$에서 $z = x^2 - y^2$을 계산하고 이를 3D 그래프로 나타내어 보자.

이를 위해 먼저 x축과 y축의 각 영역에서의 변화를 저장하는 두 개의 행렬 $[X]$와 $[Y]$를 다음과 같이 함수 meshgrid를 이용하여 생성한다.

```
x = 0: 4; y = -4: 2: 4;
[X, Y] = meshgrid(x, y) ↲
```

위 스크립터를 실행하면 변수 $[X]$와 $[Y]$는 각각 크기가 (5×5)인 행렬로 되며 다음과 같은 형식으로 데이터가 저장되어 있다.

$$[X] = \begin{bmatrix} 0 & 1 & 2 & 3 & 4 \\ 0 & 1 & 2 & 3 & 4 \\ 0 & 1 & 2 & 3 & 4 \\ 0 & 1 & 2 & 3 & 4 \\ 0 & 1 & 2 & 3 & 4 \end{bmatrix}, \; [Y] = \begin{bmatrix} -4 & -4 & -4 & -4 & -4 \\ -2 & -2 & -2 & -2 & -2 \\ 0 & 0 & 0 & 0 & 0 \\ 2 & 2 & 2 & 2 & 2 \\ 4 & 4 & 4 & 4 & 4 \end{bmatrix}$$

즉, 변수 $[X]$와 $[Y]$의 각 요소는 x와 y축의 각 영역 내의 하나하나의 요소를 나타내고 있다는 것을 알 수 있다. 따라서 $z = x^2 - y^2$를 구간 내의 모든 $\{x(i), y(j)\}$에 대하여 계산한다는 것은 다음 명령어를 수행한 것과 같음을 알 수 있다.

```
Z = X.^2 + Y.^2 ;
```

이와 같이 일반적인 함수에서 3D 그래프를 얻기 위해서는 특히 'meshgrid' 함수의 사용법에 익숙할 필요가 있다.

■ **mesh plot**

표면을 나타내는 행렬 $[Z]$가 얻어졌을 경우 이를 3차원 공간 위에 나타낼 수 있도록 함수 mesh 및 surf가 준비되어 있다. 이는 mesh(x, y, z), 또는 surf(x, y, z)의 형식으로 실행되며, 독립변수 x, y의 변화에 따른 z의 움직임, 즉 표면을 3차원 그래프로서 표현한다. 하나의 예로서 다음 함수에 대한 3D 그래프를 그려보자.

$$z = \frac{xy(x^2 - y^2)}{x^2 + y^2}, \; (-3 \le x \le 3, \; -3 \le y \le 3) \tag{4.1}$$

```
x = linspace(-3,3,100); y = x;
[X, Y] = meshgrid(x,y);
Z = X.*Y.*(X.^2-Y.^2)./(X.^2+Y.^2);
mesh(X,Y,Z),xlabel('x'), ylabel('y'),zlabel('z')
----------------------------------------------------------------------
meshc(X,Y,Z), meshz(X,Y,Z)
```

위 스크립터에서 함수 meshgrid의 수행으로 각각 크기 (100×100)를 갖는 행렬 $[X]$와 $[Y]$가 생성되었다. 이 경우 $[X]$의 100개의 행벡터는 서로 동일하며, 마찬가지로 $[Y]$의 100개의 열벡터는 서로 동일하다. $[X]$, $[Y]$를 이용하여 얻은 역시 (100×100)의 크기를 가지는 행렬 $[Z]$에는 식(4.1)에 따라 계산된 x, y의 변화에 따른 z의 값이 들어 있다. 행렬 $[Z]$의 각 요소를 3차원의 공간에 나타내는 역할을 명령어 mesh가 수행한다. 이때 '>>mesh (X, Y, Z)'를 실행하면 [그림 4.26(a)]와 같이 x축, y축의 눈금이 주어진 구간 $(-3 \le x \le 3, -3 \le y \le 3)$에 맞게 설정되어 $[Z]$가 표현된다. 그러나 만약 '>>mesh(Z)'를 실행한다면 [그림 4.26(b)]와 같이 x, y축의 눈금이 실제의 스케일이 아니라 행렬 $[Z]$의 행과 열의 개수(즉 100개)로 되어 있음을 볼 수 있다. 또한, $[X]$는 모든 행이 동일하며, $[Y]$는 모든 열이 동일하다는 점에 유의하면 '>>mesh(X, Y, Z)'는 '>>mesh(X(1, :), Y(:, 1), Z)'를 수행한 것과 같다는 사실을 알 수 있을 것이다.

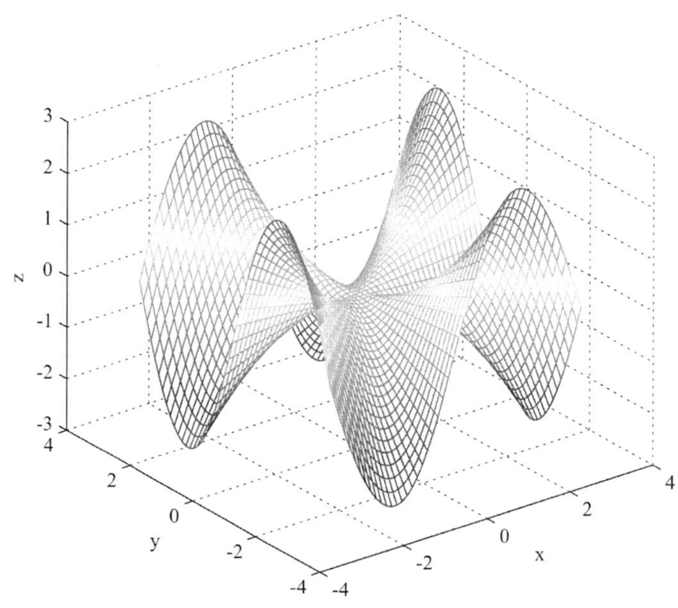

[그림 4.26(a)] mesh(X, Y, Z)에 의한 3D 그래프

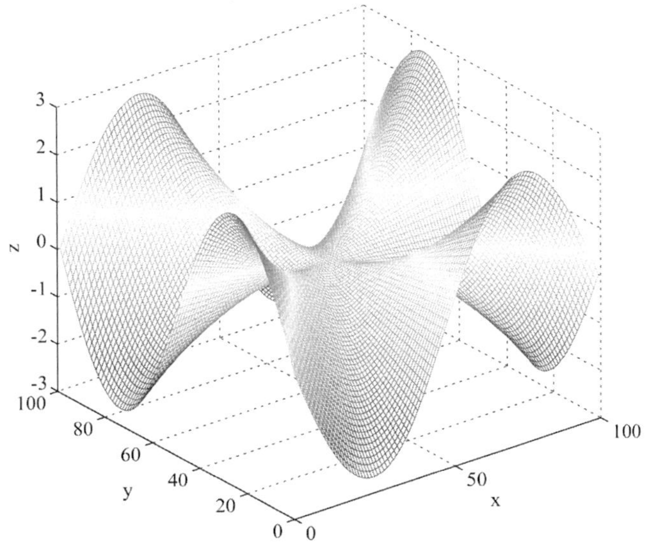

[그림 4.26(b)] mesh(Z)의 실행결과

surf(X, Y, Z) 역시 mesh와 동일한 그래프를 보여주지만, 이름이 의미하는 바와 같이 [Z]의 표면을 다양한 색상으로 덮고 있다는 점이 mesh와 다르다. 한편, mesh와 유사한 기능을 가지는 3D 용의 함수로서 meshc와 meshz가 있다. meshc는 xy평면에 z가 가지는 곡면의 컨투어(등고선, contour)를 보여주며, meshz는 기준평면(reference plane)에 대한 휘장(curtain: 커튼)을 동시에 나타낸다는 점이 다르다. 그림 [그림 4.27(b)]의 경우 z의 최저값인 −0.6992를 기준으로 한 기준평면이 표시되어 있다.

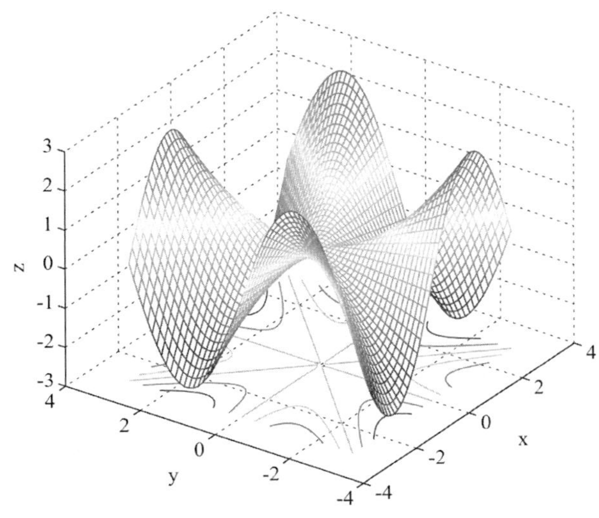

[그림 4.27(a)] meshc에 의한 결과

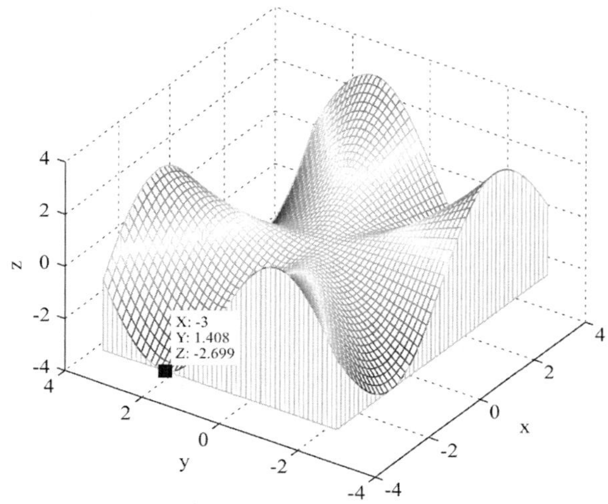

[그림 4.27(b)] meshz에 의한 결과

4.2.3 유용한 3D 그래프용 함수

① plot3 : 주로 하나의 독립변수의 변화에 대한 움직임(선, line)을 3차원 공간상에 표현하기 위한 용도로 사용된다. 그 사용법은 이미 앞에서 언급하였다.

다음 식을 공간상에 나타내어 보자.

$$x(t)=t,\ y(t)=t^2,\ z(t)=t^3,\ (0 \le t \le 1)$$

```
t = linspace(0,1,100);
x = t; y = t.^2; z = t.^3;
plot3(x, y, z),grid                              % [그림 4.28]
xlabel(' t '),ylabel(' t\^2 '),zlabel(' t\^3 ')
```

② fill3 : 2D에서의 fill과 같이 공간에 생성된 면(surface)을 지정된 색으로 채운다. 다음 스크립터는 세 개의 정점(vertex)으로 이루어진 네 개의 삼각형의 표면을 설정된 색으로 채운 결과를 보여준다. 이는 주로 '>>fill(X, Y, Z, C)'의 형식으로 실행된다. 이때 변수 X, Y, Z는 3D를 위한 배열이며, C는 행렬 혹은 벡터로 주어지며 면을 채우는 색을 지정한다.

```
X = [0 0 0 0;1 1 -1 1;1 -1 -1 -1];
Y = [0 0 0 0;4 4 4 4;4 4 4 4];
Z = [0 0 0 0;1 1 -1 -1;-1 1 1 -1];
fillcolor = rand(3,4);
fill3(X,Y,Z,fillcolor),grid                          % [그림 4.29]
xlabel(' x '),ylabel(' y '),zlabel(' z ')
view(120,30)
```

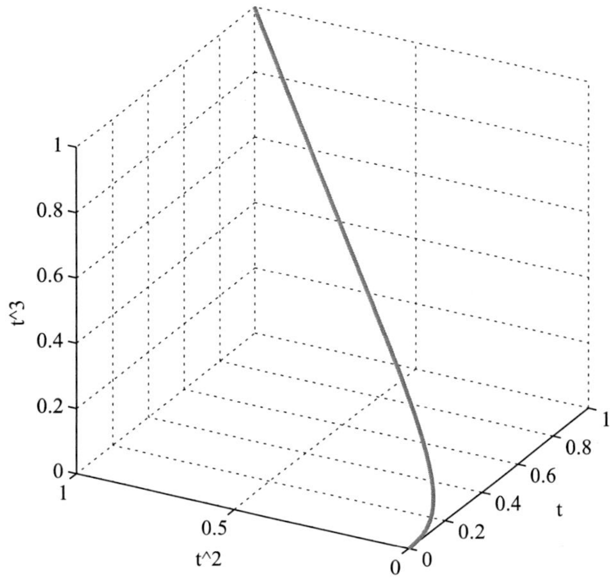

[그림 4.28]　plot3의 실행결과

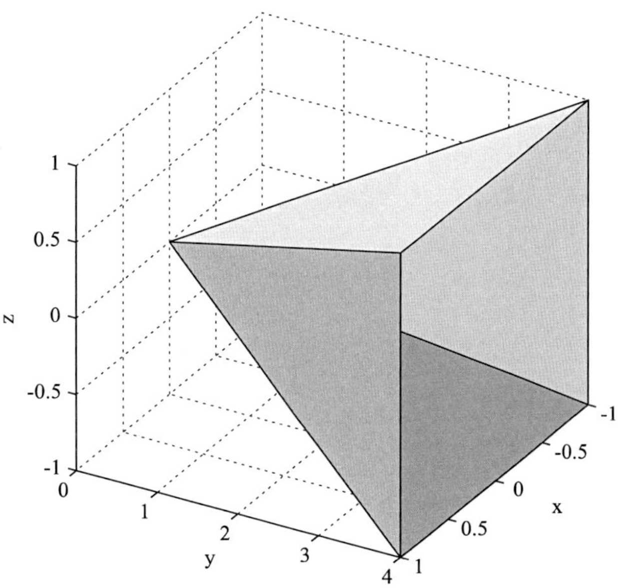

[그림 4.29]　fill3의 실행결과

③ surf, surfc, surfl : xy평면이 정방형인 모양으로 주어졌을 때 면 z의 변화를 색으로서 입체적으로 표현한다. 일반적으로 '>>surf(Z)', '>>surf(Z, C)', 또는 '>>surf(X, Y, Z, C)'의 형식으로 실행된다. 여기서도 C는 표면의 색을 지정하기 위한 벡터 혹은 행렬이다. 다음 예를 보자.

두 개의 독립변수를 가지는 다음 식으로 이루어지는 평면을 나타내어 보자.

$$z = \cos(x)\cos(y)e^{\left(\frac{-\sqrt{x^2+y^2}}{4}\right)}, \quad (|x| \leq 5,\ |y| \leq 5)$$

```
u = -5:0.2:5;
[X, Y] = meshgrid(u, u);
Z = cos(X).*cos(Y).*exp(-sqrt(X.^2+Y.^2)/4);
surf(X, Y, Z)                                    % [그림 4.30]
---------------------------------------------------------------------------
surfc(X, Y, Z), axis('off'), view(-37.5,20)      % [그림 4.31(a)]
---------------------------------------------------------------------------
surfl(Z), shading interp                         % [그림 4.31(b)]
colormap hot
```

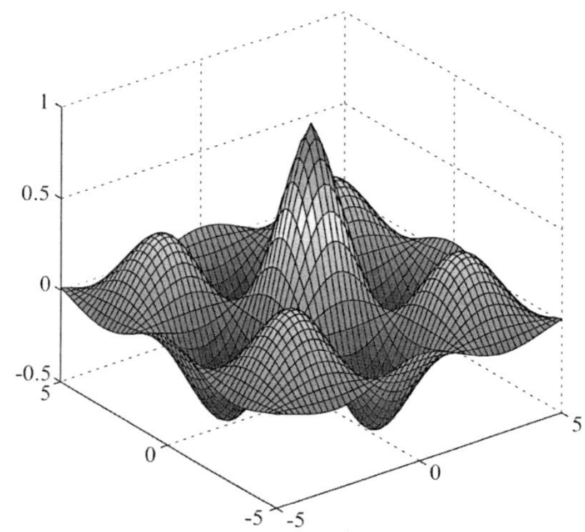

[그림 4.30] surf의 실행결과

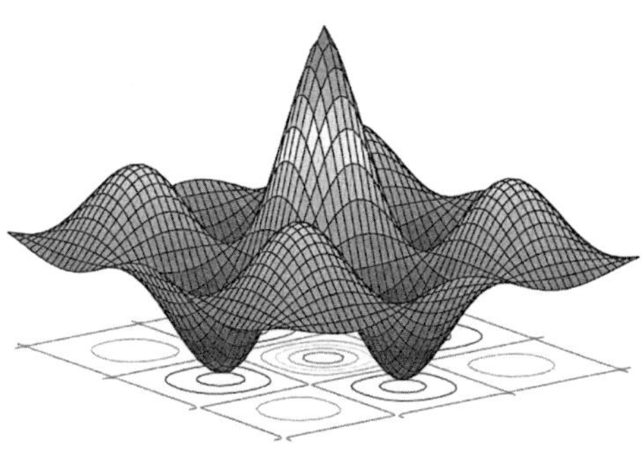

[그림 4.31(a)] surfc의 실행결과

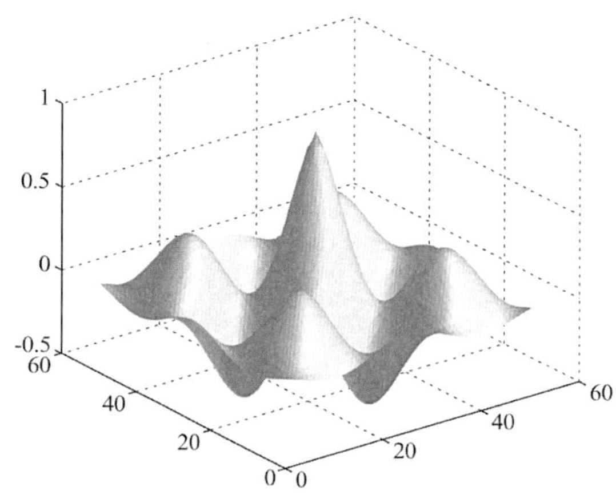

[그림 4.31(b)] surfl의 실행결과

④ mesh, meshz, waterfall : surf와 유사하게 두 개의 독립변수에 의한 평면을 3D로 표현하는데 사용되지만 표면의 색처리 등은 수행하지 않는다. waterfall은 meshz와 동일한 모양을 나타내지만 기준평면의 한 쪽 면에서는 선 처리를 하지 않는다. 이로 인해 waterfall(폭포) 모양의 효과를 나타낸다.

다음 식으로 주어지는 평면 z를 3D로 나타내어 보자.

$$\text{mesh} : z = -\frac{5}{1+x^2+y^2},\ (|x| \le 3,\ |y| \le 3)$$

$$\text{meshz} : z = \{\sin(x)\}^2 + \{\sin(y)\}^2,\ \left(|x| \le \frac{\pi}{2},\ |y| \le \frac{\pi}{2}\right)$$

```
x = linspace(-3, 3, 50); y = x;
[X, Y] = meshgrid(x, y);
Z = -4./(1+X.^2+Y.^2);
mesh(Z)                                         % [그림 4.32(a)]
---------------------------------------------------------------------
x = linspace(-pi/2, pi/2,50);y = x;
[X, Y] = meshgrid(x, y);
Z = sin(X.^2)+sin(Y.^2);
meshz(X,Y,Z), axis tight ,view(-37.5,60)        % [그림 4.32(b)]
---------------------------------------------------------------------
waterfall(Z), hidden off                        % [그림 4.32(c)]
```

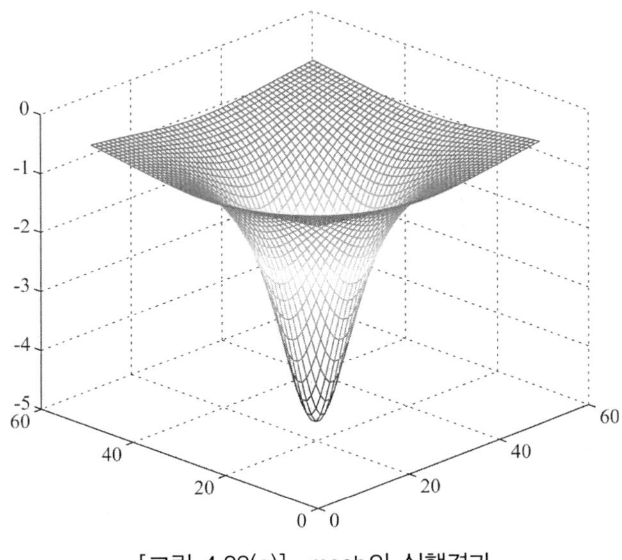

[그림 4.32(a)] mesh의 실행결과

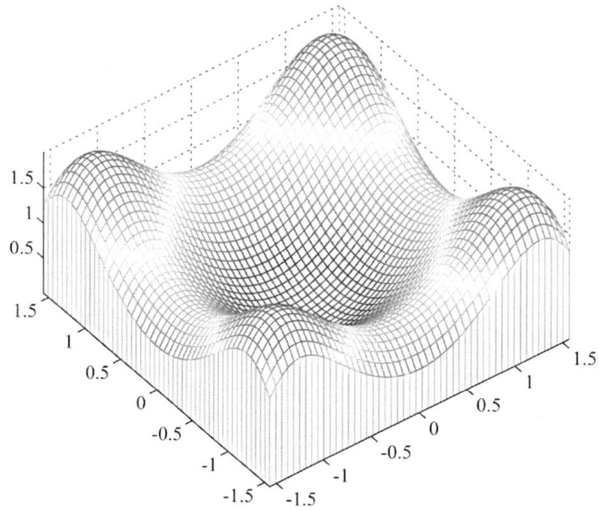

[그림 4.32(b)] meshz의 실행결과

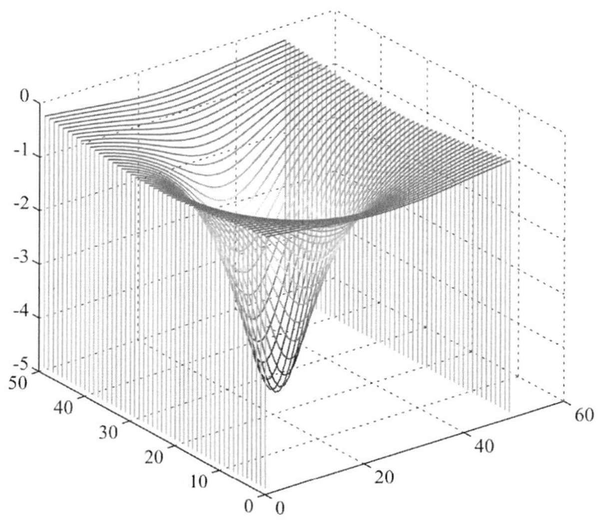

[그림 4.32(c)] waterfall의 실행결과

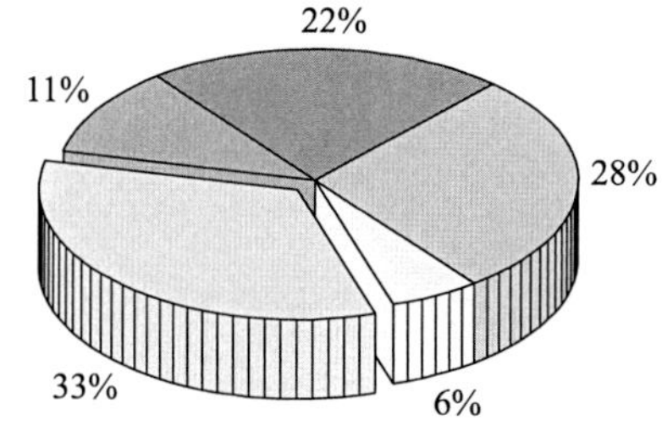

[그림 4.33] pie3의 실행결과

⑤ pie3 : 3차원의 파이차트를 그리며, '>>pie3(X, explode)'의 형식으로 사용되며 데이터 X의 각 요소에 따라 3차원 파이차트를 작성한다. 이때 explode는 파이차트에서 바깥으로 튀어 나오는 부분을 지정하는 것으로 반드시 X와 동일한 크기를 가져야 한다.

```
data = [1 3 0.5 2.5 2];
name = {'A','B','C','D','E'};          % 각 부분의 이름을 셀 배열로 설정
explode = [0 1 0 0 0];
pie3(data,explode)                     % [그림 4.33] 혹은 pie3(data,name)도 가능
colormap hsv
```

⑥ stem3 : 하나의 독립변수에 대한 움직임을 3차원의 형식으로 스템(줄기)형식으로 나타낸다. 사용법은 plot3와 동일하게 '>>stem3(X, Y, Z, LineSpec)'의 형식으로 실행된다. 여기서 LineSpec은 선(line)의 스타일, 마크로 사용되는 심벌의 종류 및 색 등을 지정하는데 사용된다.

다음과 같은 세 개의 변수를 가지는 수식의 변화를 3D로 나타내어 보자.

$$x = t, y = t\sin(t),\ z = e^{t/10} - 1,\ (0 \le t \le 6\pi)$$

```
t = linspace(0,6*pi,200);
x = t; y = t.*sin(t);
z = exp(t/10)-1;
stem3(x,y,z,'filled'), box off          % [그림 4.34]
xlabel(' x '),ylabel(' y '),zlabel(' z ')
```

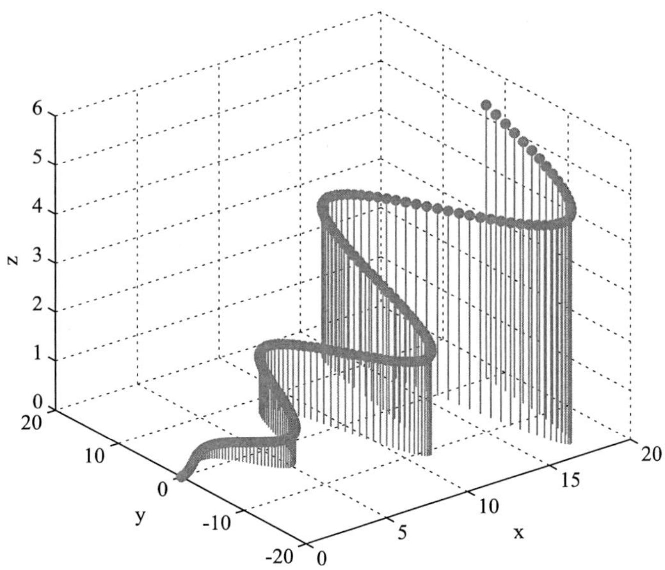

[그림 4.34] stem3의 실행결과

4.3 특별한 용도의 3D 그래프 작성

4.3.1 컨투어(Contour: 등고선) 그래프

컨투어는 등고선과 같이 일정한 높이를 보여주는 그래프를 의미한다. MATLAB에서는 이를 위해 2D 및 3D 용으로 contour와 contour3를 제공한다.

contour3은 공간상에 표시된 곡면을 동일한 높이를 같은 색의 선으로 표시하고자 하는 경우에 사용되며 '>>contour3(Z, n)', 혹은 '>>contour3(X, Y, Z, n)'의 형식으로 실행된다. 이때 n은 등고선의 개수를 나타낸다. 다음 식에 대한 컨투어 그래프를 이용하여 2D와 3D 그래프와의 차이점을 알아보자.

$$z = xe^{(-x^2-y^2)},\ (-2 \le x \le 2, -2 \le y \le 3)$$

```
[X,Y] = meshgrid(-2:.2:2,-2:.2:3);
Z = X.*exp(-X.^2-Y.^2);
contour(X,Y,Z,20);axis square                              % [그림 4.35(a)]
xlabel(' x - axis '),ylabel(' y - axis ')
contour3(X,Y,Z,20);axis square                             % [그림 4.35b)]
xlabel(' x - axis '),ylabel(' y - axis '),zlabel(' z - axis ')
```

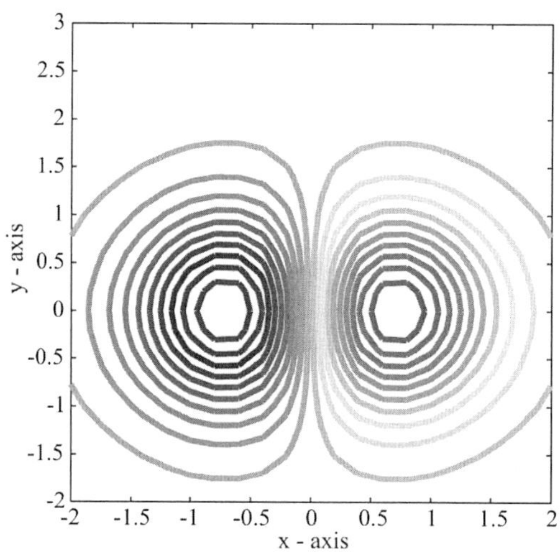

[그림 4.35(a)] contour의 실행결과

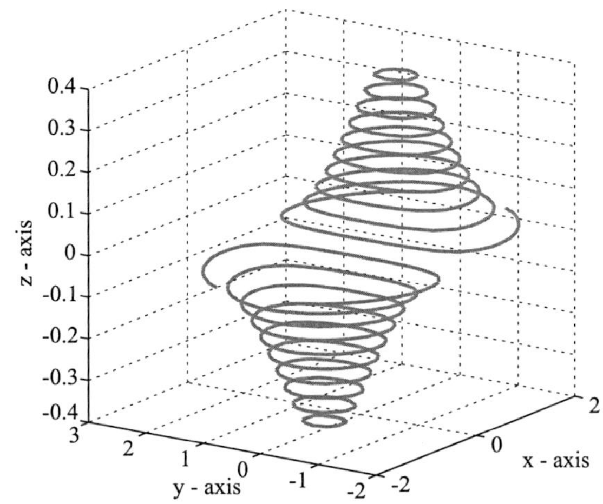

[그림 4.35(b)] contour3의 실행결과

상기의 contour와 유사한 기능을 가진 함수로서 pcolor과 contourf가 있다. 이들은 함수는 [그림 4.35(a)]의 컨투어 곡선에 색을 입혀서 높이의 차이를 더욱 파악하기 쉽게 하는 기능을 가지고 있다. 이때 두 함수 모두 2D 용으로만 사용된다는 점에 유의한다.

```
subplot(1,2,1)
pcolor(X,Y,Z),shading interp                 % grid line을 제거한다
axis square                                  % [그림 4.36(a)]
subplot(1,2,2)
contourf(X,Y,Z,12), axis square              % 12개의 등고선을 색으로 채운다
xlabel(' x - axis '), ylabel(' y - axis ')   % [그림 4.36(b)]
```

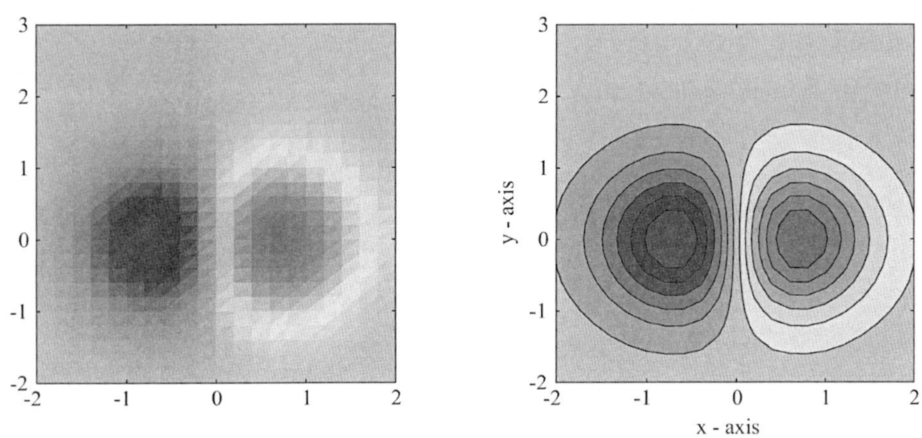

(a) (b)

[그림 4.36] pcolor와 contourf의 실행결과

또한, 지도상의 등고선과 같이 각 선에 그 값을 표시할 수도 있다.

```
C = contour(X,Y,Z);
clabel(C)                          % [그림 4.37]
```

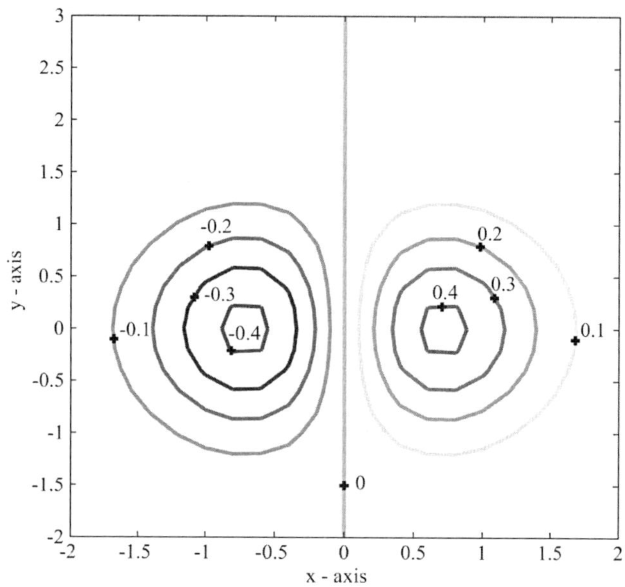

[그림 4.37] clabel의 실행결과

4.3.2 ribbon과 quiver 함수

■ ribbon 함수

함수 ribbon(Y)는 행렬 [Y]의 각 열을 띠(ribbon) 모양으로 공간상에 배치한다. 예를 들어, [Y]가 10개의 열을 가진다면 10개의 띠가 x축을 따라 배치될 것이다. 다음 예를 보자.

```
[x,y] = meshgrid(-3:.5:3,-3:.1:3);          % 크기 (61×13)의 행렬 x, y를 생성
z = peaks(x,y);                             % 동일한 크기의 z 생성
ribbon(y,z)                                 % [그림 4.38]
xlabel('X'), ylabel('Y'), zlabel('Z'), colormap hsv
```

위 스크립터에서 peaks 함수는 두 개의 변수를 입력항으로 가지는 함수로서 가우스분포에 따른 출력값을 생성하는 역할을 한다. 따라서 위 스크립터와 같이 두 개의 변수를 행렬로서 인가하면 출력 역시 동일한 크기를 가지는 행렬이 되며, 주로 3D 그래프 등의 작성(mesh, surf 등)을 위해 사용된다. '>>ribbon(y, z)'의 역할은 z의 각 열(column)을 주어진 y의 열에 값

에 따라 띠 모양으로 배치하는 기능을 한다. [그림 4.38]에서 알 수 있다시피, y축은 그 눈금이 -3에서 3까지로 되어 있다. 이는 y를 생성하기 위한 함수 meshgrid에서 설정한 값과 동일하다. 또한, z가 13개의 열을 가지고 있으므로 [그림 4.38]에는 총 13개의 띠가 배치되어 있으며, 이 배치는 x축을 기준으로 하고 있기 때문에 x축의 눈금은 0에서 15까지로 되어 있음을 확인할 수 있다.

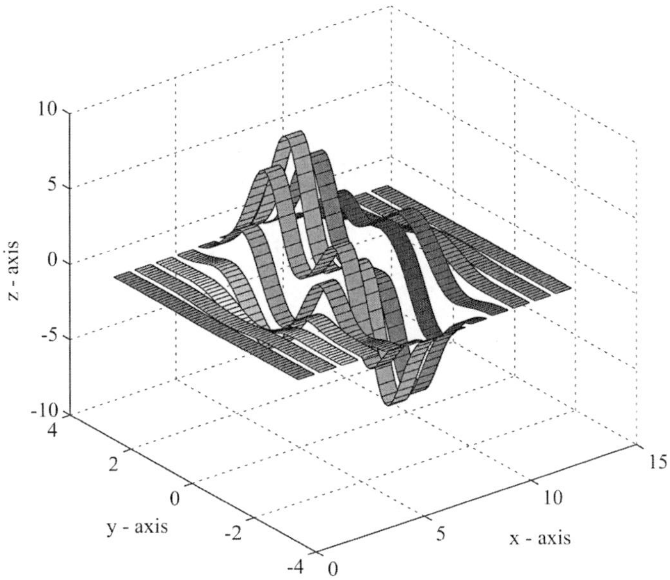

[그림 4.38] ribbon의 실행결과

■ quiver 함수

quiver(x, y, u, v)는 평면상의 점 (x, y)에서 화살표로서 그 방향, 즉 (u, v)방향을 표시하는 역할을 한다. 예를 들어 첫 번째 점 {x(1), y(1)}에서의 방향은 u(1)과 v(1)으로 결정된다. 두 개의 독립변수 (x, y)를 가지는 함수 $F(x,y)$가 주어졌을 경우 함수의 기울기(gradient)는 다음과 같이 정의된다.

$$\nabla z = \frac{\partial z}{\partial x}\vec{i} + \frac{\partial z}{\partial y}\vec{j}$$ (단 벡터 $\vec{i}$와 $\vec{j}$는 x축, y축 방향의 단위벡터이다.)

여기서 F로서 다음 식이 주어졌을 경우의 기울기를 계산하고 이를 그림으로 표현하여 보자.

$$F(x,y) = xe^{(-x^2-y^2)},\ (-2 \le x,\ y \le 2)$$

주어진 구간에서 F의 기울기를 계산하기 위한 명령어로 gradient가 있다. 이를 이용하여 먼저 기울기를 구한 다음 quiver로서 xy평면에 화살표를 사용하여 기울기를 나타낸다.

```
[X,Y] = meshgrid(-2:0.2:2);                % 0.2 간격으로 X, Y데이터 생성
F = X.*exp(-X.^2 - Y.^2);
[DX,DY] = gradient(F,.2,.2);               % F의 기울기를 0.2 간격으로 계산
contour(X,Y,F), hold on                    % [그림 4.39]
quiver(X,Y,DX,DY)                          % [그림 4.39]에 화살표시 삽입
xlabel(' x - axis '),ylabel(' y - axis ')
colormap hsv, hold off
```

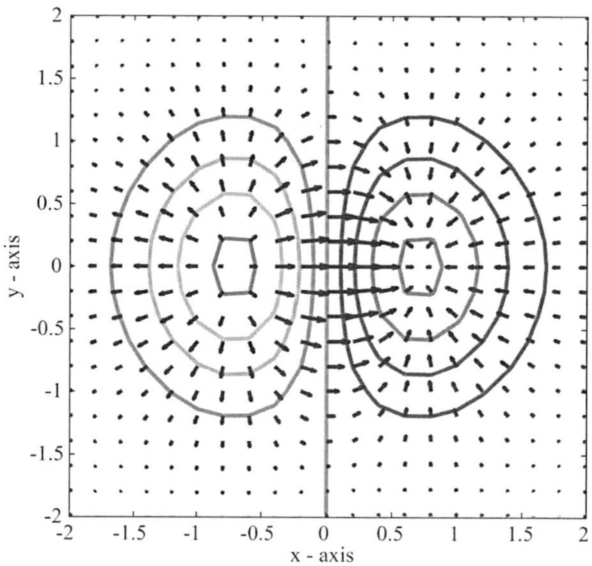

[그림 4.39] gradient와 quiver의 실행결과

평면뿐만 아니라 3차원에서도 기울기를 나타낼 수 있다. 즉 '>>quiver3(x, y, z, u, v, w)'를 실행하면 공간상의 점 (x, y, z)에서 (u, v, w)에 저장되어 있는 각 요소의 크기를 평면 z에 수직인 방향으로 화살표로서 나타낸다. 위에서 계산한 $F(x, y)$의 각 점에서의 크기(norm)를 화살표를 이용하여 3D로 나타내어 보자.

```
[X,Y] = meshgrid(-2:0.25:2, -1:0.2:1);
F = X.* exp(-X.^2 - Y.^2);
[U,V,W] = surfnorm(X, Y, F);               % 평면 F의 각 점에서의 놈을 계산
quiver3(X, Y, F, U, V, W, 0.5);hold on     % 평면 위에 놈을 화살표로 표시
surf(X, Y, F);                             % [그림 4.40]
colormap hsv, view(-35,45)
axis ([-2 2 -1 1 -.6 .6]), hold off
```

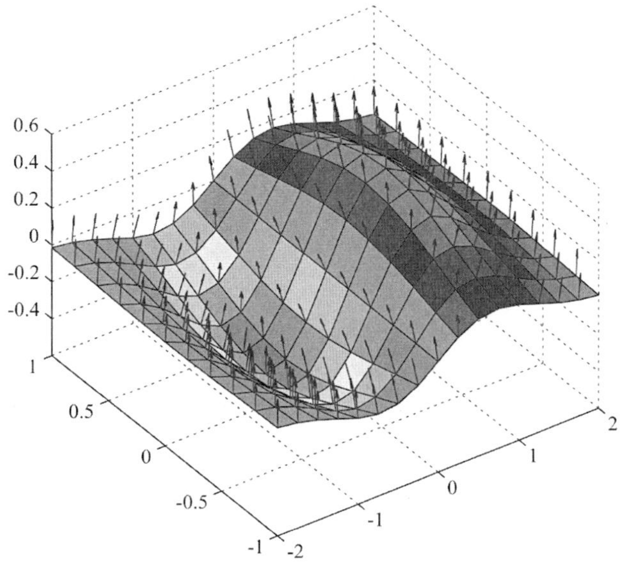

[그림 4.40] quiver3의 실행결과

4.3.3 3D를 위한 데이터의 보간(interpolation)

지금까지 meshgrid로 얻어진 x축과 y축의 데이터를 바탕으로 평면을 나타내는 [Z]를 구한 뒤 이를 surf나 mesh등의 함수에 적용하여 3차원 공간에 면(surface)을 나타내었다. 그러나 일반적으로 실험 등을 통하여 얻어진 3차원 데이터 (x_i, y_i, z_i)는 meshgrid 등으로 얻어진 데이터와 달리 그 개수가 제한되어 있기 때문에 완전한 모양의 평면을 공간에 표시하기가 어려운 경우가 많다. 이와 같은 경우 주어진 데이터의 경향에 맞추어 데이터를 추가할 필요가 있다. 이러한 목적으로 MATLAB가 제공하는 함수로 griddata가 있다. 이 함수는

```
[Xi, Yi, Zi] = griddata(x, y, z, xi, yi, method)
```

의 형식으로 실행된다. 여기서 x, y, z는 주어진 기존의 데이터 벡터이며, xi와 yi로서 사용자가 필요로 하는 데이터의 위치를 지정한다. xi와 yi가 주어지면 MATLAB은 지정된 방법 'method'를 이용하여 zi를 계산한다. 'method'로서 nearest, linear, cubic 및 v4 등이 있으나 자세한 내용은 생략한다.

데이터 보간의 예로서 구간 $-1 < x, y < 1$ 에서 xy평면에 랜덤(random)하게 주어진 50개의 값을 이용하여 $z = 3/(1+x^2+y^2)$ 로서 z를 계산하여 이 결과를 3D 공간에 나타낸 것이 [그림 4.41(a)]이다. 이를 바탕으로 하여 새로이 30개의 데이터를 함수 griddata를 이용하여 얻은 후 이를 3D로 표현한 것이 [그림 4.41(b)]이다. 이로부터 추가된 데이터가 그 역할을 충실히 하고 있을 알 수 있으며, 동시에 z가 가지는 표면을 매끄럽게 나타내기 위해서는 데이터의 추가가 꼭 필요함을 볼 수 있다.

```
xv = 2*rand(1,100) - 1;                      % 원래 데이터의 생성 (x 값)
yv = 2*rand(1,100) - 1;                      % 원래 데이터의 생성 (y 값)
zv = 3./(1 + xv.^2 +yv.^2);                  % 원래 데이터의 생성 (z 값)
scatter3(xv, yv, zv)                         % [그림 4.41(a)]
xi = linspace(-1,1,30);yi = xi';             % 30개의 추가 데이터 생성
[Xi, Yi, Zi] = griddata(xv, yv, zv, xi, yi, 'v4');
surf(Xi,Yi,Zi)                               % [그림 4.41(b)]
```

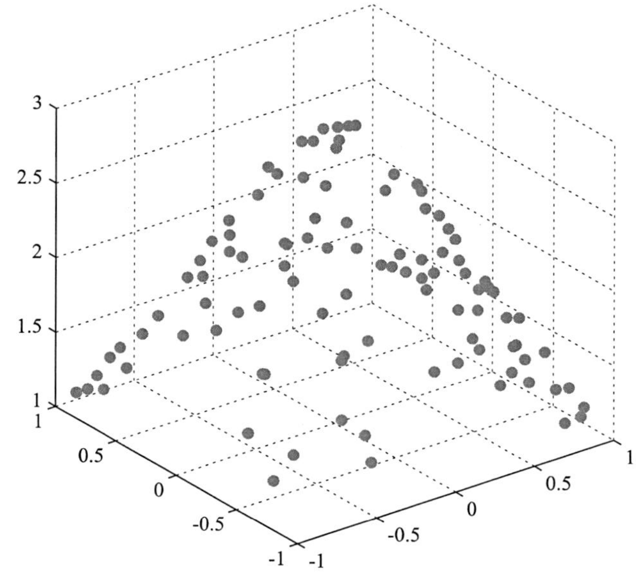

[그림 4.41(a)] 랜덤하게 분포된 데이터

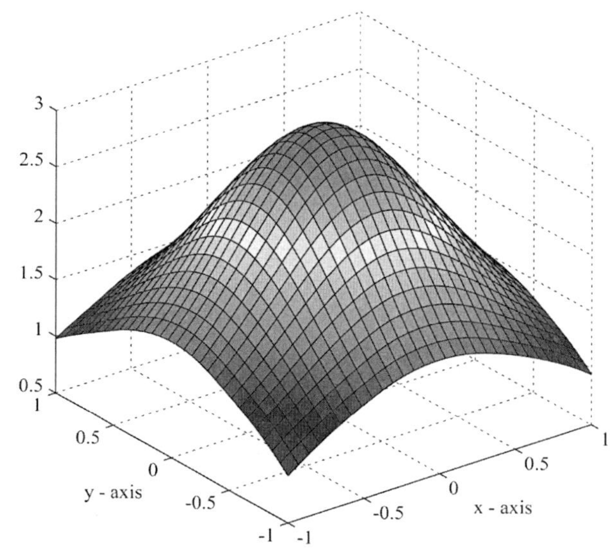

[그림 4.41(b)] griddata의 실행 후의 그림

4.4 핸들 그래픽(Handle Graphic)의 취급

명령어 plot 등을 이용하여 생성한 선(line)은 그래픽 객체(object)이며, 여기에는 선이 가지고 있는 여러 개의 특성-선 스타일, 색, 굵기 및 투시도 등-이 내포되어 있다. 따라서 일단 선을 그림윈도에 나타낸 후에 이 객체를 이용하면 현재 선이 갖고 있는 특징을 변경할 수 있다[10]. 그림윈도에 존재하는 여러 가지의 그래픽 객체(예를 들어, 축(axes), 문자열, 레이블 등)들은 각각의 핸들(handle)로서 구별된다.

핸들이란 MATLAB이 그림윈도 상의 모든 객체에게 부여한 부동소수점의 수를 의미한다. 따라서 이는 그림윈도의 각 객체에 대한 일종의 주소 또는 이름으로, 다시 말하면 핸들은 객체와 그의 특징을 구별지우는 역할을 한다고 할 수 있을 것이다. 이러한 핸들을 이용하면 그림의 다른 부분에는 영향을 주지 않고 필요한 부분만을 프로그램을 이용하여 변경할 수 있으므로, 사용자는 그림에 대한 완전한 통제를 수행할 수 있다.

핸들 그래픽을 자유로이 사용할 수 있기 위해서는 그래픽 객체의 핸들을 어떻게 얻으며, 또한 핸들 상호간에 어떤 여향을 미치는 지를 이해하는 것이 필요하다. 여기서는 이와 관련된 필요최소한의 내용만을 언급하기로 한다.

4.4.1 객체의 계층구조

그래픽 객체는 부모-자식(parent-child)과 같은 계층구조를 가지며 [그림 4.42]에 그 구조를 표시하였다. 그래프의 어떤 특정부분을 변경하고자 하는 경우 발생하는 두 가지 문제, 1) 어떤 특정레벨에서 디폴트 상태의 특성을 변경하였을 때, 그로 인해 어떤 객체가 영향을 받는가, 2) 어띤 객체의 핸들은 어띤 레벨에서만 취급할 수 있는가 등에 대한 의문은 이러한 계층구조를 제대로 이해함으로서 가능하다.

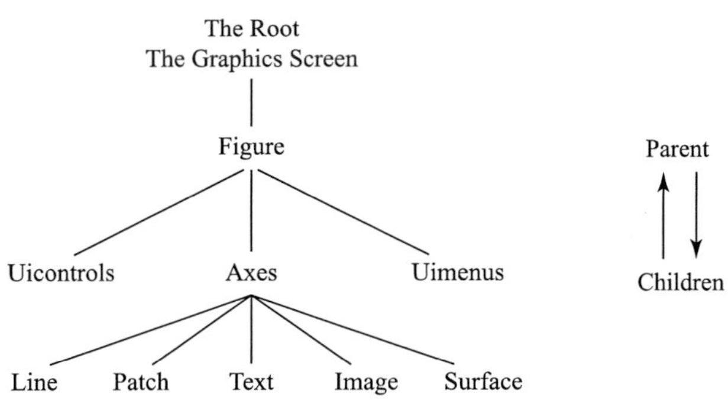

[그림 4.42] 그래픽핸들 계층구조

10) 지금까지는 이러한 작업을 그림윈도의 Edit→Figure Properties를 이용하여 수행하였다.

■ **객체핸들(Object Handle)의 취득**

객체핸들은 각 그래픽의 객체를 구별할 수 있는 유일한 단서이다. 이들 핸들은 부동소수점 수로서 표현되며, 예를 들어 plot(x, y), contour(z) 등과 같은 그래픽 함수에 의해 그래픽이 생성되는 순간에 만들어진다.

핸들 취득을 위한 다음과 같은 두 가지 방법이 있다.

① 객체생성수준(object creation level)의 명령어(plot, line, text 등)을 실행하여 그림을 그리면서 동시에 핸들을 얻는 방법: 예를 들어,

```
hl = plot(x, y,'r')          % plot에 의해 생성된 line의 모든 정보(핸들)가 hl에 저장
hxl = xlabel('Angle')        % x축의 레이블을 hxl에 저장
```

② 핸들을 가져오는 함수, 즉 gcf, gca, 또는 gco 등을 이용하는 방법:

- gcf : 활성창(즉 그림윈도)의 핸들을 취득한다.
- gca : 활성창의 축(x, y축 - 2D의 경우)의 핸들을 취득한다.
- gco : 현재 사용 중인 객체의 핸들을 취득한다.

다른 객체, 예를 들어 활성창인 아닌 객체 등의 핸들의 취득은 get 명령어를 사용한다. 이는 일반적으로 다음의 형식으로 실행된다.

```
get(handle, 'PropertyName)
```

핸들 h를 가지는 객체에 대해, '>>get(h)'를 실행하면 h에 저장되어 있는 모든 특성의 이름과 현재상태가 화면에 출력된다. 예를 들어

```
t = linspace(0,2*pi,100);
hl = plot(t,sin(t))
```

를 실행하면 그래프가 얻어짐과 동시에 그래프의 핸들이 hl에 저장된다. 여기서 '>>get(hl)'을 실행하면 그래프와 관련 있는 모든 상태가 화면에 출력된다. 즉,

```
>> get(hl)
           DisplayName: ''
            Annotation: [1x1 hg.Annotation]
                 Color: [0 0 1]
             EraseMode: 'normal'
             LineStyle: '-'
             LineWidth: 0.5000
                Marker: 'none'
```

```
          MarkerSize: 6
     MarkerEdgeColor: 'auto'
     MarkerFaceColor: 'none'
               XData: [1x100 double]
               YData: [1x100 double]
               ZData: [1x0 double]
       BeingDeleted: 'off'
      ButtonDownFcn: []
           Children: [0x1 double]
           Clipping: 'on'
          CreateFcn: []
          DeleteFcn: []
         BusyAction: 'queue'
   HandleVisibility: 'on'
            HitTest: 'on'
      Interruptible: 'on'
           Selected: 'off'
 SelectionHighlight: 'on'
                Tag: ''
               Type: 'line'
      UIContextMenu: []
           UserData: []
            Visible: 'on'
             Parent: 171.0055
          XDataMode: 'manual'
        XDataSource: ''
        YDataSource: ''
        ZDataSource: ''
```

가 출력된다. 이로부터 만약 '>>get(hl, 'LineStyle')'을 실행하면 ans = '–'가 얻어짐을 확인할 수 있을 것이다. get 함수의 실행에 있어, plot 등의 실행으로 그림윈도가 생성되어 있을 경우에만 그 그래프의 핸들정보를 이용가능하다는 점에 유의한다.

4.4.2 객체의 특성

화면에 표시되어 있는 모든 그래픽 객체는 어떤 특징을 지닌다. 예를 들어, 선(line)과 관련 있는 특징으로서는 type, parent, visible, color, linestyle, linewidth, xdata, ydata 등을 포함한다. 또한, xlabel 혹은 title 등과 같은 문자객체는 type, parent, visible, color, fontname, fontsize, fontwieght, string 등의 특징을 가진다. 일단 어떤 객체의 핸들을 알고 있다면 함수 get를 이용하여 쉽게 그 객체의 특징과 현재 상태 값을 파악할 수 있다.

모든 그래픽 객체와 관련 있는 공통된 특징으로는 children, clipping, parent, type, userdata 및 visible 등을 들 수 있다.

■ **객체의 특성 세팅**

명령어 set(handle)을 실행하면 그래픽이 가지고 있는 모든 특성을 화면에 출력한다. 다음은 plot로서 간단한 그림을 그린 후 '>>set(handle)'을 실행한 결과이다[11].

```
>> set(h2) ↵
ans =
           DisplayName: {}
                 Color: {}
             EraseMode: {4x1 cell}
             LineStyle: {5x1 cell}
             LineWidth: {}
                Marker: {14x1 cell}
            MarkerSize: {}
       MarkerEdgeColor: {2x1 cell}
       MarkerFaceColor: {2x1 cell}
                 XData: {}
                 YData: {}
                 ZData: {}
         ButtonDownFcn: {}
              Children: {}
              Clipping: {2x1 cell}
             CreateFcn: {}
             DeleteFcn: {}
            BusyAction: {2x1 cell}
      HandleVisibility: {3x1 cell}
               HitTest: {2x1 cell}
         Interruptible: {2x1 cell}
              Selected: {2x1 cell}
    SelectionHighlight: {2x1 cell}
                   Tag: {}
         UIContextMenu: {}
              UserData: {}
               Visible: {2x1 cell}
                Parent: {}
             XDataMode: {2x1 cell}
           XDataSource: {}
           YDataSource: {}
           ZDataSource: {}
```

11) get(h1)의 실행결과와 비교해 보길 바란다.

또한, set를 이용하면 핸들이 가지고 있는 그래픽정보를 변경할 수 있다. 이 함수의 실행형식은 다음과 같다.

```
set(handle, 'PropertyName', 'PropertyValue')
```

여기서 PropertyValue는 문자열이나 수로서 주어지는데, 문자열인 경우는 반드시 따옴표로서 표시를 해주어야 한다.

```
set(Hf_1, 'Position', p_vect) % 핸들 Hf_1의 그래픽의 위치를 벡터 p_vect로 이동한다.
------------------------------------------------------------------------
set(Hf_2, 'Color', [1 0 0], 'LineWidth', 2, 'LineStyle', '--')
 % 핸들 Hf_2의 색을 [1 0 0](즉 red)로, 선의 폭을 2, 및 선 스타일을 '--'로 변경한다.
```

plot 등으로 그림을 그린 후 그래픽 핸들을 이용하여 그림이 가지고 있는 몇 가지 특성을 수정하는 간단한 예를 들어본다.

```
t =linspace(0,pi,100); x = sin(t);          % (1×100)의 x, y축 데이터 생성
hL = line(t, x);                            % [그림 4.43(a)]
set(hL, 'LineStyle','--')                   % [그림 4.43(b)]
set(hL, 'LineWidth',3,'Marker','o')         % [그림 4.43(c)]
yvec = get(hL, 'ydata');                    % y축 데이터를 변수 yvec에 저장
yvec(20:30) = 0;                            % y축의 일부구간을 0으로 변경
yvec(70:80) = 0;
set(hL, 'ydata',yvec)                       % [그림 4.43(d)]
```

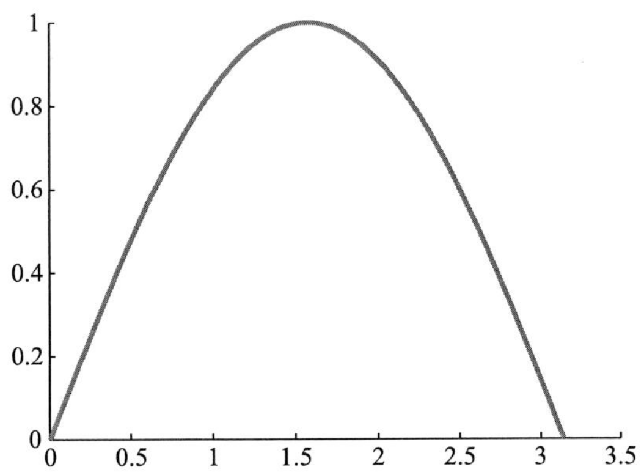

[그림 4.43(a)] line(t, x)의 실행

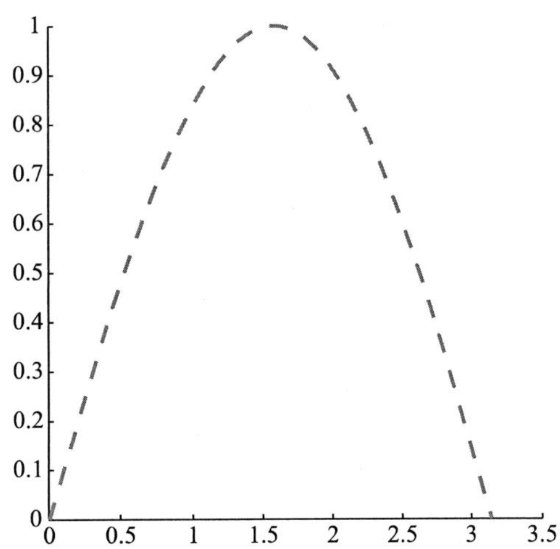

[그림 4.43(b)] linestyle의 변경

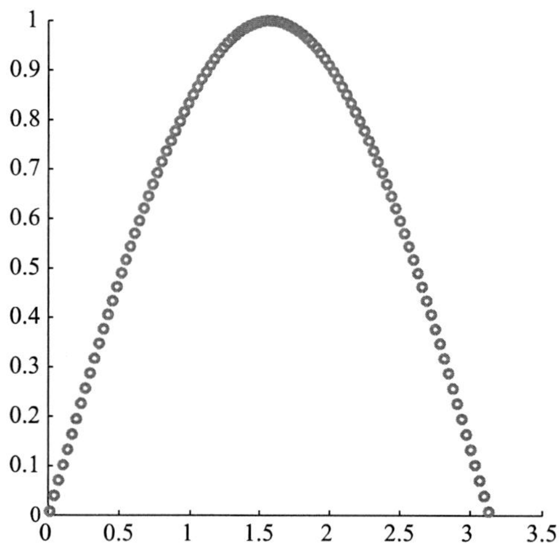

[그림 4.43(c)] linewidth 등의 변경

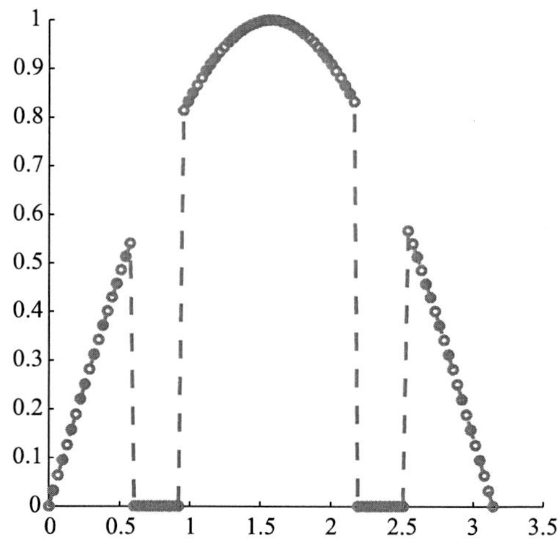

[그림 4.43(d)] ydata의 데이터 변경

4.4.3 기존 그래프의 수정

위의 예와 같이 객체핸들을 그래프의 작성과 동시에 취득하지 않은 경우라 하더라도 기존의 그래프에 대한 핸들에 관한 정보를 gca, get 등을 이용하여 취득할 수 있다. 따라서 기존 그래프에 수정을 가하고자 한다면 먼저 그것의 핸들을 취득해야 할 것이다. 여기서 하나의 그래픽이 가지는 여러 가지의 객체핸들 사이에서 발생하는 parent-child 관계([그림 4.42] 참조)를 이해하여야 할 필요가 발생한다. 예를 들어 그래프의 축(Axes)의 핸들을 취득하였다면 여기에는 이것의 'children'인 Line, Text 등의 정보도 당연히 포함되어 있을 것이다.

다음의 프로그램을 이용하여 이 관계를 간략히 설명한다.

```
t = linspace(0,2*pi,100);                         % (1×100)의 x축 데이터 생성
y1 = sin(t); y2 = t;                              % 세 종류의 y축 데이터 생성
y3 = t - (t.^3)/6 + (t.^5)/120;
plot(t,y1, t, y2, '--',t, y3,'o'),axis([0 5 -1 5])    % [그림 4.44(a)]
xlabel(' t '), ylabel(' Approximation of sin(t)')
title(' Some Properties on sim(t) '), gtext('sin(t)')
gtext(' Linear approximation')                    % [그림 4.44(a)]에 문자열 삽입
gtext(' First 3 terms')
gtext(' in Taylor series')
```

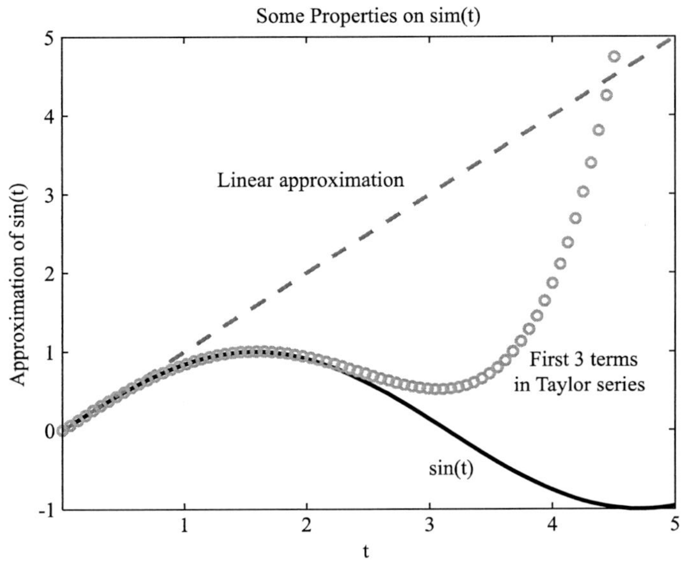

[그림 4.44(a)] 프로그램의 실행결과

[그림 4.44(a)]의 그래픽의 핸들을 이용하여 그림의 몇 군데를 수정한다([그림 4.44(b)] 참조)

```
h = gca;                                   % 현재 그림윈도의 Axes (축)의 핸들을 취득
set(h, 'box','off')                        % 축의 위쪽과 오른쪽을 제거
hline = get(h, 'children');                % 축의 'children'에 관한 핸들을 취득
set(hline(7),'LineWidth',4)                % sin(t)곡선의 굵기 변경
set(hline(6), 'visible','off')             % 두 번째선(직선)을 보이지 않게
delete(hline(3))                           % 두 번째 선의 문자열 제거
hx1 = get(h, 'xlabel');
set(hx1,'String','t (angle)')              % x-label의 문자열 변경
set(hx1, 'FontName','times')               % 폰트형태의 변경
set(hx1, 'FontSize',20, 'FontWeight','bold')   %크기 등의 변경
```

위 프로그램에서 '>>h=gca'를 실행하여 얻어지는 그래프의 축에 대한 핸들에는 축의 특징에 대한 정보가 들어있지만, [그림 4.42]로부터 알 수 있는 바와 같이 Axes의 'children'으로 들어있는 Line, Patch, Text, Image 및 Surface 등에 대한 정보도 당연히 포함되어 있다. 따라서 '>>get(h)'를 실행하면 그림에 관한 모든 특성(즉 Axes와 그의 Children)에 대한 현재 상태를 파악할 수 있다.

따라서 위 스크립터 파일에서 '>>hline=get(h, 'children')'으로 얻어진 벡터 hline에는 일곱 개의 요소 – 세 개의 그림 선(y1, y2, 및 y3)의 핸들과 text와 getxt로 생성된 네 개의 문자열 핸들 – 의 핸들이 들어있다. 벡터 hline의 각 요소와 위의 일곱 개의 핸들과의 관련성을 알고자 한다면 명령어 '>>get(hline(7),'Type')'을 실행한다. 이 경우 ans = line으로 되므로 hline(7)은 line임을 알 수 있다, [그림 4.44(a)]의 경우 세 개의 line이 있으므로 hline(7)

과 세 개의 line 중 어느 것의 핸들인지는 알기 쉽지 않다. 보통 plot함수에서 line을 작성하는 순서에 따르기 때문에 hline(7)은 [그림 4.44(a)]의 sin 곡선, hline(6)은 직선(즉 '--'), 또한 hline(5)는 'o'로 표시된 선의 핸들이다. 이를 확인하는 방법으로, 예를 들어 다음을 수행하여 파악할 수도 있다.

```
get(hline(5), 'Marker')  →  ans = o              % marker가 'o'임을 보여준다
get(hline(6), 'LineStyle') → ans = --            % linestyle은 '--'이다.
get(hline(1), 'String') →  ans = in Taylor series % 문자열
get(hline(2), 'String') →  ans = First 3 terms    % 문자열
```

결론적으로 핸들 벡터의 각 요소는 스크립터 파일에서 실행되는 순서의 반대로 기록되어 있다는 점이다. hline(1)에는 제일 나중에 정의된 문자열 'in Taylor series'가 들어 있으며, hline(7)에는 plot 명령어의 첫 번째 line인 sin 곡선의 핸들이 들어가게 된다.

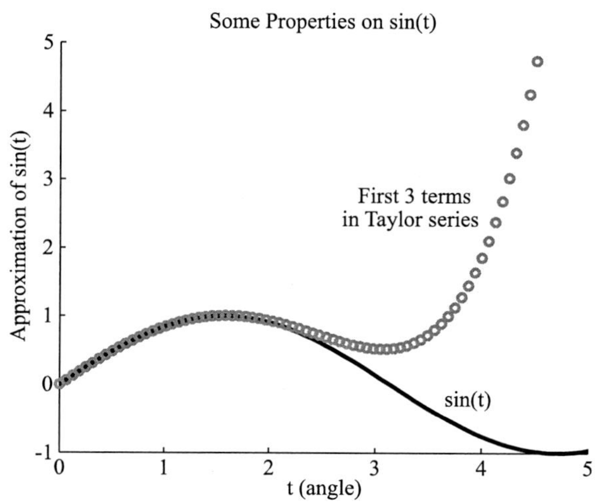

[그림 4.44(b)] 수정한 그림

■ 객체의 제거

그림윈도의 객체는 다른 부분에 영향을 주지 않고 다음과 같이 삭제할 수 있다.

```
delete(ObjHandle)
```

여기서 ObjHandle은 삭제하고자 하는 객체의 핸들이다. 따라서 '>>delete(hline(6))'과 '>>delete(hline(3))'을 연속으로 실행하면 [그림 4.44(a)]에서 직선과 그의 문자열 'Linear approximation'을 제거할 수 있다. 위 스크립터에서는 명령어 delete를 사용하여 삭제하지 않고 그 선을 보이지 않게('visible'을 'off'로 처리) 하였다.

지금까지 알아본 바와 같이 객체핸들을 이용하면 그래픽 화면에 손을 대지 않고 단순히 프로그램만으로 그래픽화면 내의 여러 특성을 변경할 수 있다는 것을 확인하였다. 물론 이 과정은 그림윈도의 도구막대에서 Edit → Figure Properties를 클릭하여도 이와 동일한 작업이 가능하다[12]. 지금까지 본서에서 제시한 많은 그림들은 전부 이와 같은 작업을 거쳐서 완성된 것이다.

■ 그림윈도의 저장

위와 같이 여러 과정을 거쳐 완성된 그림윈도는, 그림윈도 상의 도구막대에서 Edit → Copy Figure를 클릭하면 원래의 해상도 등을 그대로 유지하면서 이를 필요한 문서(아래 한글 혹은 MS Word 등)에서 사용가능하다. 그래프를 나중을 위해 하드 디스크 등에 저장해 두기 위해서는 단순히 그림윈도의 File → Save as를 클릭하고 저장할 위치를 지정해 주면 된다. 이때 저장하는 파일의 형식은 여러 가지가 있으나 대부분의 경우 MATLAB에서 그림파일의 저장에 사용되는 '~.fig'의 형식을 사용하는 것이 무난하다. fig 파일로 저장해 두면 나중에 그림윈도에서 File → Open을 클릭하고 fig 파일을 지정하면 이전의 그림윈도가 그대로 오픈되기 때문에 재차 수정 등의 경우에 편리하다.

그림윈도를 사용하지 않고 MATLAB의 명령윈도에서 '`>>hgsave filename.fig`'를 실행하여도 현재 활성 그림윈도(active Figure window)가 filename.fig로서 저장되며, '`>>hgload filename.fig`'를 실행하면 저장해 두었던 그림을 그림윈도 상에 다시 가져올 수 있다.

---

12) 그림윈도의 Edit → Figure Properties를 클릭한 것과 명령윈도에서 '`>>propedit`'를 실행한 것은 동일한 결과를 가져온다.

연습문제

1. 사각형, 오각형, 팔각형 등을 작성하여 그의 내부를 적절한 색으로 채우는 프로그램을 작성하여 보자. 아래 프로그램을 참조한다.

```
square_x = cos([45:90:315]*pi/180);
square_y = sin([45:90:315]*pi/180);
pentagon_x = cos([36:72:360]*pi/180);
pentagon_y = sin([36:72:360]*pi/180);
octagon_x = cos([0:(360/8):360]*pi/180);
octagon_y = sin([0:(360/8):360]*pi/180);
wavy_sin_x = 0:0.1:8;
wavy_sin_y = sin(wavy_sin_x);
fill(10+2*square_x,11+2*square_y,'b');
hold on
fill(1+3*pentagon_x,10+3*pentagon_y,[1 0 0]);
fill(7+2*octagon_x,7+2*octagon_y,[0.5 0.5 0.5]);
fill(2*wavy_sin_x,2+2*wavy_sin_y,2+2*wavy_sin_y);
axis([0 15 0 15]);
axis('equal')
```

2. 다음 함수를 범위 $-3 < x < 3$, $-2 < y < 4$ 의 범위에서 3D 그래프를 생성하는 다양한 명령어를 사용하여 작성하여 보아라.

$$z = e^{-(x^2+y^2)/3}$$

3. 명령어 sphere는 구를 3D로 나타내고자 하는 경우에 사용된다. 아래 예제 프로그램을 이용하여 여러 형태의 구를 3D로 나타내어 보아라. 이때 구의 표면을 여러 형태로 나타내는 방법을 생각하여 보자.

```
[X,Y,Z] = sphere(25);
surf(X-3,Y-2,Z);
hold on
surf(X*2,Y*2,Z*2)
```

4. 실린더 모양을 3D로 나타내기 위해서 명령어 cylinder가 사용된다. cylinder는 입력항 없이도 실행가능하다. 이 함수의 사용법을 MATLAB의 help를 이용하여 알아보자. 아래의 예시 프로그램은 주어진 함수

$$r = \cos(x)\sin(0.5x)e^{x^2/200}$$

의 3D 그래프에 cylinder를 적용한 그래프를 보여주기 위한 것이다. 이로부터 명령어 cylinder의 정확한 사용법을 이해하여 보자.

```
cylinder 또는 cylinder([0 1])
%
x = linspace(-3*pi,3*pi,50);
r = cos(x).*exp((x.^2)/200).*sin(0.5*x);
r = r-min(r);
plot(r,linspace(0,1,length(r)));
title('Radial Profile');ylabel('r')
%
figure(2),cylinder(r)
```

5. 아래 예시 프로그램은 핸들 그래픽을 사용하여 그래픽화면을 수정하였다. 각 프로그램을 실행하여 그 차이점을 이해하고 4.4절의 내용을 재확인하여 보라.

(1)

```
x = -5:15;
LineHandles = plot(x,x+5,'r--',x,x-3,'g')
TextHandles(1) = text(6.5,5,...
    'This String will have clipping off');
TextHandles(2) = text(-1,3,...
    'This String will have clipping on');
axis([0 10 0 10]);
%
set(LineHandles(1),'Clipping','off');
set(TextHandles(2),'Clipping','on');
```

(2)

```
x = 0:(pi/16):(4*pi);
plot(x,sin(x));
axis([0,4*pi,-1,1]);
%
set(gca,'XTick',[0:(pi/2):4*pi])
%
set(gca,'XTickLabels',['0|pi/2|pi|3pi/2|2pi|5pi/2|3pi|7pi/2|4pi'])
%
set(gca,'XTickLabels',str2mat('0','pi/2','pi','3pi/2','2pi','5pi/2'
,'3pi','7pi/2','4pi'));
```

PART Three

수식계산의 실제

Chapter 05

선형대수

주지하다시피 MATLAB이라는 이름은 MATrix LABoratory에서 유래한다. 원래 MATLAB은 행렬계산의 소프트웨어인 LINSPACK(주로 연립1차방정식용의 라이브러리)과 EISPACK(고유값 계산용 라이브러리)을 기본으로 하여 작성되었지만, 현재에는 고도의 수치계산 및 수식처리, 시각화(visualization), 그리고 프로그래밍이 가능한 과학기술계산(technical computing)을 위한 언어로 발전되었다. 이 결과 사용자는 공학계산에 있어서 프로그램 작성과정보다는 그 본질인 계산결과에 몰두할 수 있는 여유를 가질 수 있게 되었다.

MATLAB은 특정한 문제를 해결하기 위하여 만들어진 툴박스(Toolbox)라고 불리는 확장 패키지(package)를 많이 소유하고 있다. 이들 툴박스는 M파일이라고 불리는 특화한 MATLAB 함수(즉 프로그램 모듈, program module)의 포괄적인 패키지이다. 필요에 따라 툴박스와 조합을 맞추어 MATLAB을 구성한다면, 사용자는 간단한 스크립터를 작성하는 것만으로 이들의 최신이며 최적인 알고리즘을 이용할 수 있게 된다. 이와 같은 툴박스 중에서 본서에서 많이 사용하고 있는 Symbolic Math Toolbox는 Maple의 커널(kernel)을 이용하여 수식처리를 수행하는 기능을 가진다.

이후 공학 외의 다양한 분야로 MATLAB의 용도가 더욱 확대됨에 따라 MATLAB이 가지는 또 다른 특징, 예를 들어 그래픽이나 그래픽 인터페이스 등이 부각되면서 본래의 사용처였던 연산을 주목적으로 하는 분야 외에서도 그 가치를 발휘할 수 있게 되었다.

본장에서는 선형인 연립방정식의 해를 구하는 과정을 중심으로, 이를 위한 대표적인 알고리즘과 관련 프로그램을 소개한다. 또한, MATLAB이 제공하는 관련 함수들을 그 사용법을 중심으로 설명한다.

5.1 MATLAB에서의 행렬

'선형대수(Linear Algebra)'는 기본적으로 벡터공간(vector space)과 관련된 수학의 한 분야이다. 이 분야는 몇 개의 미지수를 가지는 선형연립방정식의 해를 구하는 과정에서부터 시작되어, 자연적으로 벡터와 행렬로서 이러한 문제를 정식화하였다. 다시 말하면 행렬이론을 공부하는 것은 결국 선형대수학의 문제로 귀결된다고 해도 과언이 아닐 것이다. 그러나 앞서 언급한 바와 같이, 예를 들어 행렬의 곱셈을 C-language 혹은 FORTRAN 등을 이용하여 수행한다면, 그 관련 프로그램의 길이는 변수의 선언 등에서부터 시작하여 최소 한 페이지 정도는 쉽게 넘어갈 것으로 생각된다. 그러나 이를 MATLAB으로 작성한다면 짧게는 한두 줄로서도 끝낼 수도 있다. 이와 같이 MATLAB은 그 이름이 나타내는 바와 같이 특히 행렬연산에 강한 면모를 보이고 있다.

여기서는 행렬과 관련된 기본적인 이론은 숙지하고 있는 것으로 가정하고, 행렬의 연산을 컴퓨터에서 수행하고자 한다면 어떠한 과정을 거쳐야 하는 가에 초점을 두고 설명을 전개한다. 이를 위한 기초단계로서 간단히 벡터공간의 개념을 제시한 뒤, 제1장에서 취급하지 않았던 행렬(혹은 벡터)의 놈(norm)과 관련한 사항을 먼저 간단히 정리한다.

■ 벡터공간

벡터공간은 기하학적인 벡터의 집합[1])을 일반화한 것으로 현대수학의 필수적인 개념이다. 벡터공간을 정의하기 위해서는 체(Field) F(실수체, 복소수체 등)가 필요하며 F의 원소를 스칼라라고 부른다. 이때 체의 원소로 구성된 집합 V에 대해 두 연산, 즉

(a) $[v], [w] \in V$일 때 $V+V \to V$인 연산 (벡터의 덧셈)

(b) $[v] \in V, a \in F$일 때 $F \times V \to V$인 연산(벡터의 스칼라 곱)

이 정의되고 아래의 성질(공리)를 만족하면 집합 V를 체 F위에서의 벡터공간(vector space on a filed F)이라고 하며, V의 원소를 벡터라고 한다.

[벡터공간과 관련된 공리] : $[u], [v], [w] \in V$이고, $a, b \in F$라고 한다.

(1) $[v]+[w] \in V$ (V가 덧셈에 대하여 닫혀 있다.)

(2) $[u]+([v]+[w])=([u]+[v])+[w]$ (결합법칙)

(3) $[v]+[0]=[v]$인 $[0]$가 존재한다(항등원의 존재).

(4) $[v]+[-v]=[0]$을 만족하는 $[-v]$가 V에 존재한다.

(5) $[v]+[w]=[w]+[v]$ (덧셈의 교환법칙)

(6) $a[v] \in V$(스칼라 곱에 대하여 닫혀 있다.)

---

1) 기하학적인 벡터란, 예를 들어 이동하는 물체, 물체에 작용하는 힘 등을 들 수 있다.

(7) $a(b[v]) = (ab)[v]$ (스칼라 곱에 대한 결합법칙)

(8) $1[v] = [v]$ (스칼라 곱에 대한 항등원의 존재)

(9) $a([v] + [w]) = a[v] + a[w]$ (벡터덧셈에 대한 분배법칙)

(10) $(a+b)[v] = a[v] + b[v]$ (스칼라 덧셈에 대한 분배법칙)

가장 일반적인 벡터공간으로 유클리드 공간이 있다.

■ 벡터의 놈

일반적으로 벡터는 크기와 방향을 가지는 양으로 정의되지만, 이것의 수학적인 표현법에는 벡터가 사용되는 용도에 따라 여러 가지가 정의가 병용되고 있다. 벡터의 크기를 나타내는 가장 일반적인 용어로서 놈(norm)이 사용되며, 이는 벡터공간의 벡터들에 대해 일종의 '길이' 혹은 '크기'를 부여하는 함수이다. 영 벡터의 놈은 0이며, 그 외의 모든 벡터는 양의 실수 놈을 갖는다.

이것은 예를 들어 2차원 R^2 또는 3차원 공간 R^3 에 존재하는 벡터 $[v]$ 의 유클리드 길이(Euclidean length)의 개념[2]을 확장하여 다음과 같이 정의한다[3].

[유클리드 놈의 정의]

벡터 $[v] = [v_1\, v_2 \cdots v_n]^T$가 n차원 공간 R^n 의 요소라고 한다. 이때 $[v]$ 의 유클리드 놈, 또는 2 norm은 비음(non-negative)인 실수 값을 가지는 다음 식으로 주어지는 양이다.

$$\| [v] \| = \left(v_1^2 + v_2^2 + \cdots + v_n^2\right)^{1/2} \tag{5.1}$$

필요에 따라 $\| [v] \|_2$로서 유클리드 놈을 나타내기도 한다.

위 결과로부터 $\| [v] \|^2 = [v] \cdot [v]$ 혹은 $\| [v] \| = ([v] \cdot [v])^{1/2}$로 됨을 알 수 있다. 유클리드 놈과 관련하여 다음과 같은 몇 가지의 중요한 사실이 알려져 있다. 즉, $[v]$가 n차원 공간 R^n 의 요소이며 c를 실수값을 가지는 스칼라 양이라고 한다면 다음의 사실이 성립한다.

(N1) $\| [v] \| \geq 0$

(N2) $\| [v] \| = 0$ 이면 $[v] = [0]$이다(필요충분조건).

(N3) $\| c[v] \| = |c| \cdot \| [v] \|$

---

2) 유클리드거리(Euclidean distance)는 두 점 사이의 거리를 계산할 때 흔히 쓰는 방법이다. 이 거리를 사용하여 유클리드 공간을 정의할 수 있다.

3) R^3에서 R은 실수를 의미한다. 즉, R^2는 실수를 그 요소로 가지는 2차원인 공간을 나타낸다. 이에 반해 C^2는 복소수 공간을 나타내면, 그 요소로서 복소수를 가진다.

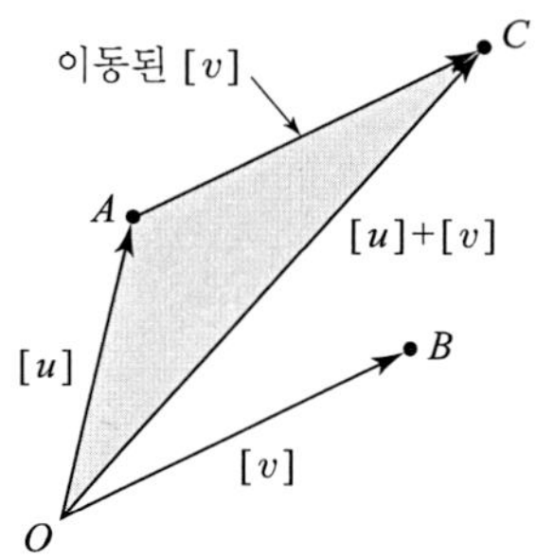

[그림 5.1] 삼각형의 정리

또한, 위 사실로부터 벡터의 놈과 관련된 유명한 코시-스왈쯔 부등식(Cauchy-Schwartz Inequality)이 유도된다. 즉, $[u]$와 $[v]$를 n차원 공간 R^n의 요소라고 하면

$$|[u]\cdot[v]| \le \|[u]\|\cdot\|[v]\| \tag{5.2}$$

가 성립한다. 여기서 $|[u]\cdot[v]|$는 내적[4]의 절대값을 의미한다.

[그림 5.1]을 보자. 영이 아닌 두 개의 벡터 $[u]$와 $[v]$로 이루어진 2차원 또는 3차원 공간의 삼각형 OAC에 있어서 삼각형의 원리에 의해

$$|\overrightarrow{\mathrm{OC}}| \le |\overrightarrow{\mathrm{OA}}| + |\overrightarrow{\mathrm{AC}}|$$

로 된다. 이것을 벡터로서 표시하면 다음과 같다.

$$\|[u]+[v]\| \le \|[u]\| + \|[v]\| \tag{5.3}$$

이로부터 놈과 관련된 세 가지 사실인 (N1)~(N3)에 이어 다음 사실이 성립함을 확인할 수 있다. 즉, $[u]$와 $[v]$가 n차원 공간 R^n의 요소라 하면

(N4) $\|[u]+[v]\| \le \|[u]\| + \|[v]\|$ (삼각 부등식)

가 만족된다.

[그림 5.1]을 MATLAB을 이용하여 확인하여 보자.

```
U = [1 4]'; V = [3 1]';              % 벡터 [u], [v]를 설정
arrow([0 0],U,'b'), hold on          % 벡터 [u]를 표시
arrow([0 0],V,'r')                   % 벡터 [v]를 표시
arrow(U,V,'k')                       % 벡터 [v]를 평행이동
arrow([0 0],U+V,'--m')               % [u]+[v]의 표시
axis equal, grid
```

4) 두 벡터 $[u]=[u_1,\cdots,u_n]$, $[v]=[v_1,\cdots,v_n]$의 내적은 다음과 같이 정의된다. 이때 θ는 두 벡터가 만드는 각도이다. $[u]\cdot[v]=u_1v_1+\cdots+u_nv_n=|[u]|\cdot|[v]|\cos\theta$

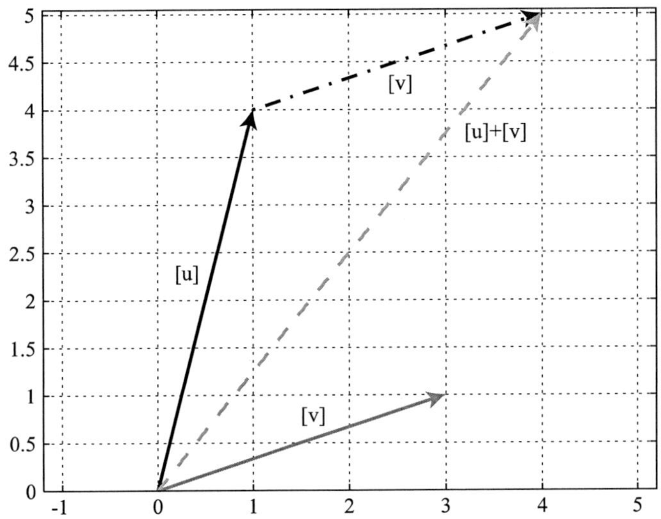

[그림 5.2] 삼각부등식의 확인

■ 행렬의 놈

행렬의 놈이란 수학적으로 벡터 놈의 행렬로의 자연적인 확장으로 볼 수 있다. 행렬의 $[A] \in R^{m \times n}$의 놈을 정의하는 방법은 여러 가지가 있지만 가장 많이 사용되는 것은 프로베니우스(Frobenius)의 놈(즉 행렬을 벡터로 간주했을 경우의 유클리드 놈)으로

$$\| [A] \|_F = \sqrt{\sum_{i=1}^{m} \sum_{j=1}^{n} a_{ij}^2} = \sqrt{\mathrm{tr}\left([A^T][A]\right)} \tag{5.3}$$

와 같이 정의된다. 또한, 2 norm[5])으로 불리는 놈은

$$\| [A] \|_2 = \sup_{[x] \neq 0} \frac{\| [Ax] \|}{\| [x] \|} \tag{5.4}$$

로 주어진다. 행렬의 놈과 관련하여 다음 네 가지 특성이 알려져 있다.

[행렬 놈의 성질]

행렬 $[A] \in R^{m \times n}$에 대해 다음 식이 만족된다.

(i) $\| [A] \| > 0$이며 $[A] = [0]$인 경우에 한해서 $\| [A] \| = 0$이다.

(ii) $\| \alpha [A] \| = |\alpha| \cdot \| [A] \|$, 단 α는 실수인 스칼라이다.

(iii) $\| [A] + [B] \| \leq \| [A] \| + \| [B] \|$

(iv) $\| [A][B] \| \leq \| [A] \| \cdot \| [B] \|$

5) 사용되는 용도에 따라 작용소 놈(operator norm), 혹은 유도 놈(induced norm)으로도 불리고 있으며 행렬의 놈이 가지는 가장 중요한 용법 중의 하나이다.

특이값(singular value)[6] $\sigma_i, (i=1 \sim n)$를 이용하면 행렬의 프로베니우스 놈은 다음과 같이 계산된다.

$$\| [A] \|_F = \sqrt{\sigma_1^2 + \sigma_2^2 + \cdots + \sigma_n^2}\ ,\quad \| [A] \|_2 = \sigma_1 \tag{5.5}$$

이로부터

$$\| [A] \|_2 \le \| [A] \|_F \le \sqrt{p}\, \| [A] \|_2,\ \{ p = \min(m,n) \} \tag{5.6}$$

의 관계가 만족된다는 것을 확인할 수 있다.

또한, 프로베니우스 놈과 2-놈은 모두 직교변환[7]에 대해서 놈의 크기를 바꾸지 않는 성질을 가지고 있다. 따라서 $[Q]$가 직교행렬이라고 하면 $[Q][Q^T] = [I]$로 되기 때문에[8] $\| [Q][x] \|^2 = [x^T][Q^T][Q][x] = \| [x] \|^2$로 되며, 다음의 관계가 만족된다는 것도 쉽게 확인할 수 있을 것이다.

$$\| [Q][A] \|_\alpha = \| [A] \|_\alpha,\ (\alpha = 2,\ F)$$

[표 5.1]에 행렬과 벡터의 놈과 관련된 MATLAB 함수를 정리하였다.

[표 5.1] 행렬과 벡터의 norm 계산과 관련된 함수

행렬 관련	설 명	벡터 관련	설 명
norm(A)	A의 최대 특이값 (max(svd(A))와 동일	norm(v,p)	sum(abs(v).^p)^(1/p)
norm(A, 2)	norm(A)와 동일	norm(v)	norm(v,2)와 동일
norm(A, 1)	1-norm, max(sum(abs(A)))	norm(v, inf)	max(abs(v))
norm(A, inf)	무한대 놈, max(sum(abs(A')))	norm(v, -inf)	min(abs(v))
norm(A, 'fro')	프로베니우스 놈, sqrt(sum(diag(A'*A)))		

```
A = fix(10*rand(3,2));
[norm(A,1) norm(A) norm(A,inf)] ↵          % 행렬의 놈의 종류
   ans =
          14.0000   8.8181   9.0000
---------------------------------------------------------------------------
v = [2 0 -1];
[norm(v,1) norm(v) norm(v,inf)] ↵          % 벡터의 놈의 종류
   ans =
           3.0000   2.2361   2.0000
```

6) $m \times n$인 행렬 $[M]$에 있어서 다음 두 조건을 만족하는 벡터 $[u] \in K^m$과 $[v] \in K^n$이 존재할 때 음수가 아닌 실수 σ를 행렬 $[M]$의 특이값이라고 한다. $[M][v] = \sigma[u]$, $[M^*][u] = \sigma[v]$

7) 직교행렬을 이용한 선형변환을 의미한다.

8) 이로부터 직교행렬의 경우 $[Q]^T = [Q]^{-1}$의 관계가 성립한다.

■ **조건수(Condition number)**

행렬의 조건수는 행렬계산에 있어 중요한 역할을 한다. 예를 들어, 선형방정식 $[A][x]=[b]$에서 조건수는 (근사)해 $[x]$가 방정식 내의 다른 요인의 변동에 의해 어느 정도 변동하는 지를 알려주는 일종의 지표라고 볼 수 있다. 이 값은 계산과정에서 발생하는 반올림오차(round-off error) 등과는 무관하다. 즉, 행렬이 가지는 고유한 성질로서 컴퓨터의 알고리즘이나 소수점 정확도와는 관계가 없다. 조금 더 구체적으로 말하면, 조건수는 $[b]$의 (각 요소의) 변화가 해 $[x]$에 얼마나 영향을 미치는지에 대한 것이다. 다시 말하면 조건수가 크면 $[b]$에서의 작은 변화가 해 $[x]$에서의 큰 변화로 이어지게 된다.

행렬 $[A]$의 조건수는

$$\text{Cond}([A]) = \|[A]\| \cdot \|[A^{-1}]\| \tag{5.7}$$

로 정의되며, 다음과 같은 성질을 갖는다.

i) 단위행렬의 조건수는 1이며, 이외의 어떠한 행렬도 1보다 큰 조건수를 가진다.

ii) 주어진 행렬의 조건수는 사용된 행렬의 놈(norm) 값에 의존한다.

iii) 조건수가 큰 값을 가진다는 것은 여러 종류의 행렬계산에 있어 오차의 발생가능성이 커진다는 것을 의미한다.

조건수와 관련한 MATLAB 함수로 cond가 있으며 그 사용법은 다음과 같다.

```
cond(A)      % A의 2-norm 조건수, 즉 A의 최소특이값에 대한 최대특이값의 비
cond(A, p)   % A의 p-norm 조건수, p=1, 2, 'fro' 및 'inf'
```

5.2 선형대수방정식

선형대수방정식의 해를 구하는 과정은 예로부터 공학 또는 과학 전반에 있어서 가장 많이 사용되는 계산법의 하나이며 동시에 과학계산용 언어인 FORTRAN이나 C-언어 등을 이용한다면 프로그램이 번잡한 것 중의 하나였다. 그러나 MATLAB을 이용한다면 그다지 어렵지 않게 복잡한 문제도 해결할 수 있다. 여기서는 대수방정식의 해를 구하기 위한 기본적인 몇 가지 방법을 제시하고 이들을 MATLAB상에서 실현하는 문제를 생각해 본다.

5.2.1 기본적인 해법

대수방정식은 보통 n개의 미지수 $x_1, x_2, \cdots, x_n$ 를 가지는 m개 1차 방정식의 집합으로 이루어진 연립방정식의 형식을 이루고 있지만, 여기서는 일단 $m=n$인 경우인 식(5.8a)에 대한 기본해법을 먼저 설명한다. $m>n$ 혹은 $m<n$인 경우는 뒤에서 다시 살펴보기로 한다.

$$\begin{cases} a_{11}x_1 + a_{12}x_2 + \cdots + a_{1n}x_n = b_1 \\ a_{21}x_1 + a_{22}x_2 + \cdots + a_{2n}x_n = b_2 \\ \quad \cdots \qquad\qquad\qquad \cdots \\ a_{n1}x_1 + a_{n2}x_2 + \cdots + a_{nn}x_n = b_n \end{cases} \tag{5.8a}$$

위 식을 행렬을 이용하여 표현하면 다음으로 된다.

$$\begin{bmatrix} a_{11} & a_{12} & \cdots & a_{1n} \\ a_{21} & a_{22} & \cdots & a_{2n} \\ \vdots & & \ddots & \vdots \\ a_{n1} & a_{n2} & \cdots & a_{nn} \end{bmatrix} \begin{bmatrix} x_1 \\ x_2 \\ \vdots \\ x_n \end{bmatrix} = \begin{bmatrix} b_1 \\ b_2 \\ \vdots \\ b_n \end{bmatrix} \rightarrow [A][x] = [b] \tag{5.8b}$$

위와 같은 선형연립방정식의 해를 구하기 위한 방법으로 직접법(direct method)과 반복법(iteration method)이 제안되어 있다. 직접법은 방정식에 직접적인 수치연산(즉 소거법 등)을 적용하여 해를 구하는 것이고, 반복법은 처음에 대략적인 해(초기해)를 제시하고 이를 반복과정을 통하여 지속적으로 해의 정확도를 높이는 방법이다. 직접법에 사용되는 소거법은 다음과 같이 세 종류로 분류하는 것이 일반적이다.

[표 5.2] 소거법의 종류

방 법	초기 형태	최종 형태
가우스 소거법	$[A][x]=[b]$	$[U][x]=[c]$
LU 분해법	$[A][x]=[b]$	$[L][U][x]=[b]$
가우스-죠단 소거법	$[A][x]=[b]$	$[I][x]=[c]$

위 표에서 $[U]$와 $[L]$은 각각 위 삼각행렬(Upper triangular form) 및 아래 삼각행렬(Lower triangular form), $[I]$는 단위(Identity)행렬을 각각 의미한다. 다시 말하면 직접법은 식(5.8)로 주어진 일반적인 형식의 행렬을 조작하여 별다른 다른 계산 없이 바로 해를 구할 수 있는 형식으로 변경하는 방법을 말한다. 먼저, 행렬 $[A]$의 행변환(row operation)을 통하여 얻을 수 있는 세 가지 형식에 대하여 간략히 언급한다.

▪ 위 삼각형식(upper triangular form)

먼저 위 삼각형식은 식(5.8)을 조작하여 다음의 형식으로 만드는 것이다.

$$\begin{aligned} a_{11}x_1 + a_{12}x_2 + a_{13}x_3 + \cdots + a_{1n}x_n &= b_1 \\ a_{22}x_2 + a_{23}x_3 + \cdots + a_{2n}x_n &= b_2 \\ a_{33}x_3 + \cdots + a_{3n}x_n &= b_3 \\ \vdots \qquad \vdots \qquad\qquad \vdots \quad &\quad \vdots \\ a_{(n-1)(n-1)}x_{n-1} + a_{(n-1)n}x_n &= b_{n-1} \\ a_{nn}x_n &= b_n \end{aligned} \tag{5.9a}$$

여기서 $m=4$, $n=4$로 두고 식(5.9a)를 행렬표현으로 고치면 다음으로 된다.

$$\begin{bmatrix} a_{11} & a_{12} & a_{13} & a_{14} \\ 0 & a_{22} & a_{23} & a_{24} \\ 0 & 0 & a_{33} & a_{34} \\ 0 & 0 & 0 & a_{44} \end{bmatrix} \begin{bmatrix} x_1 \\ x_2 \\ x_3 \\ x_4 \end{bmatrix} = \begin{bmatrix} b_1 \\ b_2 \\ b_3 \\ b_4 \end{bmatrix} \tag{5.9b}$$

식(5.9b)로부터 알 수 있는 바와 같이 제일 마지막 행 $a_{nn}x_n = b_n$에서 해 $x_n = b_n/a_{nn}$을 구하여 그 바로 위의 행 $a_{(n-1)(n-1)}x_{n-1} + a_{(n-1)n}x_n = b_{n-1}$에 대입하여 x_{n-1}을 계산하는 형식으로 진행되기 때문에 이를 역대입(back substitution)이라고 부른다. 이를 식(5.9b)에 적용하면 해는 다음의 형식으로 표현된다.

$$x_4 = \frac{b_4}{a_{44}}, \quad x_3 = \frac{b_3 - a_{34}b_4}{a_{33}}, \quad x_2 = \frac{b_2 - (a_{23}b_3 + a_{24}b_4)}{a_{22}}, \tag{5.10a}$$

$$x_1 = \frac{b_4 - (a_{12}b_2 + a_{13}b_3 + a_{14}b_4)}{a_{11}}$$

위 식을 참고로 하면 위 삼각형식으로 표현된 n개의 미지수와 n개의 식을 가지는 연립방정식의 해의 일반식은 다음과 표현할 수 있을 것이다.

$$x_n = \frac{b_n}{a_{nn}}, \cdots, x_i = \frac{b_i - \sum_{j=i+1}^{n} a_{ij}b_j}{a_{ii}}, \ (i = n-1, n-2, \cdots, 1) \tag{5.10b}$$

식(5.9b)와 같은 위 삼각형식으로의 변환과정에는 가우스소거법(Gauss elimination)이 주로 사용되며 다음 절에서 다시 언급한다.

■ 아래 삼각형식(lower triangular form)

식(5.8a)의 연립방정식을 조작하여 아래 식(5.11)과 같은 형식, 즉 아래 삼각형식으로 변경되었다면 해는 위 삼각형식의 경우와 동일하게 계산할 수 있다.

$$\begin{aligned} &a_{11}x_1 &&= b_1 \\ &a_{21}x_1 + a_{22}x_2 &&= b_2 \\ &a_{31}x_1 + a_{32}x_2 + a_{33}x_3 &&= b_3 \\ &\cdots \\ &a_{n1}x_1 + a_{n2}x_2 + a_{n3}x_3 + \cdots + a_{nn}x_n &&= b_n \end{aligned} \tag{5.11a}$$

$$n = 4 \ \rightarrow \ \begin{bmatrix} a_{11} & 0 & 0 & 0 \\ a_{21} & a_{22} & 0 & 0 \\ a_{31} & a_{32} & a_{33} & 0 \\ a_{41} & a_{42} & a_{43} & a_{44} \end{bmatrix} \begin{bmatrix} x_1 \\ x_2 \\ x_3 \\ x_4 \end{bmatrix} = \begin{bmatrix} b_1 \\ b_2 \\ b_3 \\ b_4 \end{bmatrix} \tag{5.11b}$$

이 경우는 식의 첫 번째 행 $a_{11}x_1 = b_1$에서 해 x_1을 계산하고 이를 다음 행에 대입하여 x_2를 계산하는 과정을 취하고 있으므로 순대입(forward substitution)이라고 부른다. $n = 4$인 경우 식(5.11a)의 행렬표현인 식(5.11b)에서 순대입을 통하여 해를 구하면 다음으로 된다.

$$x_1 = \frac{b_1}{a_{11}},\ x_2 = \frac{b_2 - a_{21}b_1}{a_{22}},\ x_3 = \frac{b_3 - (a_{31}b_1 + a_{32}b_2)}{a_{33}}, \tag{5.12a}$$

$$x_4 = \frac{b_4 - (a_{41}b_1 + a_{42}b_2 + a_{43}b_3)}{a_{44}}$$

이를 n개의 방정식을 가지는 시스템으로 확장하면 아래와 같은 해의 순대입에 의한 해의 일반형식을 얻을 수 있다.

$$x_1 = \frac{b_1}{a_{11}},\ \cdots,\ x_i = \frac{b_i - \sum_{j=1}^{i-1} a_{ij}b_j}{a_{ii}},\ (i = 2,\ 3,\ \cdots,\ n) \tag{5.12b}$$

식(5.8)의 연립방정식을 조작하여 얻은 아래 삼각형식 식(5.11)의 형식은 주어진 행렬 $[A]$에 LU분해라고 불리는 방식을 적용하여도 얻을 수도 있다.

■ **대각형식(diagonal form)**

마지막으로 주어진 대수방정식에 적절한 행렬조작을 되풀이하면 다음과 같은 단순한 형식으로의 변환이 가능하다. 이를 대각형식이라고 하며, 위삼각행렬, 혹은 아래삼각행렬 등에 추가적인 행변환을 적용하면 얻어진다. 이러한 변환을 가우스-죠단 소거법이라고 한다.

$$\begin{aligned} a_{11}x_1 \qquad\qquad\qquad\qquad &= b_1 \\ a_{22}x_2 \qquad\qquad\qquad &= b_2 \\ a_{33}x_3 \qquad\qquad &= b_3 \\ \cdots \qquad\quad & \\ a_{nn}x_n &= b_n \end{aligned} \tag{5.13}$$

식의 형식으로부터 알 수 있는 바와 같이 일단 연립방정식이 대각형식으로 변환되었다면 해를 얻기 위한 더 이상의 계산은 불필요할 것이다.

위에서 설명한 세 가지의 방식 중에서 외부적으로 보기에는 대수방정식의 조작을 통해 대각형식으로의 변환이 해를 구하기 위한 가장 좋은 것으로 보인다. 그러나 이러한 형식에 이르기까지의 계산량이 앞의 두 방법, 즉 위 삼각형식이나 혹은 아래 삼각형식으로의 변환보다 훨씬 많이 요구된다면 특별히 좋은 방법이라고 할 수는 없을 것이다.

이하 각 방법을 이용하여 해를 구하기 위한 수치적 과정을 살펴본 뒤, 이를 MATLAB으로서 실현하는 방법, 즉 해를 출력하는 M파일의 작성법에 대해 알아본다.

5.3 가우스소거법

$n=3$인 다음과 같은 간단한 방정식에 대하여 생각하여 보자.

$$\begin{aligned} x \quad\;\; + \;\; z &= 1 \\ 2x+y+\;\; z &= 0 \\ x+y+2z &= 1 \end{aligned} \tag{5.14}$$

위 연립방정식에 행변환을 적용하여 위 삼각형식으로 변환하여 보자. 먼저, 위 식의 첫 번째 방정식을 이용하여 두 번째, 세 번째 방정식에서 미지수 x를 소거하면[9)]

$$\begin{aligned} x \quad + z &= \;\;\, 1 \\ y - z &= -2 \\ y + z &= \;\;\, 0 \end{aligned} \tag{5.15}$$

로 된다. 다음에 식(5.15)의 두 번째 세 번째 방정식으로부터 미지수 y를 소거하면

$$\begin{cases} x+0y+\;\; z = \;\;\,1 \\ 0x+\;\; y-\;\; z = -2 \\ 0x+0y+2z = \;\;\,2 \end{cases} \rightarrow \begin{bmatrix} 1 & 0 & 1 \\ 0 & 1 & -1 \\ 0 & 0 & 2 \end{bmatrix} \begin{bmatrix} x \\ y \\ z \end{bmatrix} = \begin{bmatrix} 1 \\ -2 \\ 2 \end{bmatrix} \tag{5.16}$$

으로 되어 위 삼각형식으로 되었다. 이로부터 $z=1$임을 알 수 있으며, 이를 식(5.16)의 두 번째 방정식에 대입하여 $y=-1$을 얻고, 다시 이것을 첫 번째 방정식에 대입하여 $x=0$을 얻는다.

위에서 본 바와 같이 위 삼각형식으로의 변환과정은 미지수 x, y 및 z와는 무관하고 각 방정식의 계수에만 의존한다. 다시 말하면 식(5.14)의 방정식에서 계수 값이 달라진다면 위에서 언급한 미지수 제거순서도 달라질 수 있다는 것이다. 따라서 식(5.14)의 모든 계수와 오른쪽 항의 값을 하나로 묶어 다음과 같은 확대행렬(augmented matrix)

$$\begin{bmatrix} 1 & 0 & 1 & \vdots & 1 \\ 2 & 1 & 1 & \vdots & 0 \\ 1 & 1 & 2 & \vdots & 1 \end{bmatrix} \tag{5.17}$$

을 만들어서, 식(5.15)와 (5.16)에서 수행한 것과 동일한 과정을 되풀이하여 보자. 먼저 행렬 (5.17)의 첫 번째 행의 모든 요소에 (-2)를 곱하여 이것을 두 번째 행에 각 요소별로 더한다. 다음에 역시 첫 번째의 모든 요소에 (-1)을 곱하여 세 번째 행에 각 요소별로 더하면

$$\begin{bmatrix} 1 & 0 & 1 & \vdots & 1 \\ 0 & 1 & -1 & \vdots & -2 \\ 0 & 1 & 1 & \vdots & 0 \end{bmatrix} \tag{5.18}$$

로 되어, 이는 방정식 (5.15)의 계수와 오른쪽 항으로서 확대행렬이 구성되어 있음을 알 수 있다. 다음에 식(5.18)의 두 번째 행의 각 요소에 (-1)을 곱하여 세 번째 행에 각 요소별로 더

9) $x=-z+1$을 두 번째와 세 번째 방정식에 대입한다.

하면

$$\begin{bmatrix} 1 & 0 & 1 & \vdots & 1 \\ 0 & 1 & -1 & \vdots & -2 \\ 0 & 0 & 2 & \vdots & 2 \end{bmatrix} \tag{5.19}$$

로 되며 이것은 물론 방정식(5.16)의 확대방정식을 나타내고 있다. 일단 여기까지의 전개가 되었다면 더 이상의 행렬에 대한 조작을 할 필요는 없으나, 여기서는 이러한 조작의 마무리를 위하여 행렬(5.19)의 세 번째 행을 (2)로 나누어서 이것을 세 번째 행으로 둔다. 마지막으로 세 번째 행을 두 번째 행과 첫 번째 행에 각 요소별로 더하면 다음의 확대행렬이 얻어진다.

$$\begin{bmatrix} 1 & 0 & 0 & \vdots & 0 \\ 0 & 1 & 0 & \vdots & -1 \\ 0 & 0 & 1 & \vdots & 1 \end{bmatrix}$$

이는 식(5.13)의 대각형식이므로 연립방정식의 해는 다음으로 됨을 쉽게 알 수 있다.

$$\begin{aligned} x &= 0 \\ y &= -1 \\ z &= 1 \end{aligned} \tag{5.20}$$

위와 같이 연립방정식(5.14)을 간략히 하기 위해 수행한 식(5.17)에서 (5.20)까지의 과정을 기본 행연산(elementary row operations)이라 하며, 다음 세 종류로 이루어져 있다.

i) 두 행을 서로 교환한다.

ii) 한 행에 임의의 수 k, $(k \neq 0)$을 곱한 것을 다른 행에 더하거나 뺀다.

iii) 한 행에 임의의 수 k, $(k \neq 0)$를 곱한다.

위의 과정에서 알 수 있듯이, 연립방정식에서 두 식의 순서를 교환하거나 또는 하나의 식에 임의의 수를 곱하거나, 또는 임의 값을 곱한 식을 다른 식에 더하거나 빼어도 방정식의 해는 변화하지 않는다는 것을 알았다. 여기서 주의할 점은 열(column)에 관한 상기와 같은 조작은 해를 변화시키기 때문에 수행되어서는 안 된다는 것이다.

기본 행 연산의 요점은, 원래의 연립방정식(예를 들어 식(5.14))을, 동일한 해를 가지지만 해를 구하기 쉬운 형태를 하고 있는 연립방정식(예를 들어 식(5.16))으로 바꾼다는 것이다. 다시 말하면, 연립방정식에 기본 행 연산을 적용한다는 것은, 여러 개의 미지수로 이루어진 식(5.14)의 세 개의 방정식을 하나의 미지수만으로 이루어진 세 개의 방정식 (5.20)으로 변환시키는 것을 말하며 이러한 과정을 일반적으로 가우스소거법(Gaussian elimination)으로 부르고 있다. 연립방정식의 해를 구하기 위한 가우스소거법의 순서를 정리하면 다음과 같다.

■ 가우스소거법의 순서

1) 주어진 연립방정식으로부터 확대방정식을 구한다.

2) 확대방정식의 선두성분(leading entry)[10]이 '1'로 될 수 있도록 행에 대한 연산을 실시한다. 만약 선두성분이 영이면 행교환을 통하여 영이 아닌 행으로 교환한다.

3) 기본 행연산을 통하여 주축열(pivot column)[11]의 선두성분을 제외한 모든 아래 성분을 소거한다(즉, 영으로 만든다).

4) 두 번째 행의 선두성분을 '1'로 만들고[12], 역시 주축열의 아래 성분을 전부 소거한다. 이 과정에서도 선두성분이 '0'으로 되었다면 행교환을 통하여 영이 아닌 행으로 교환한다.

5) 각 행의 선두성분 아래쪽의 성분이 전부 '0'으로 될 때까지 위 과정을 반복한다.

[예제 5.1]

다음 연립 1차방정식의 해를 가우스소거법에 의하여 구하여 보자.

$$\begin{cases} x_1 - 2x_2 + x_3 = 0 \\ 2x_2 - 8x_3 = 8 \\ -4x_1 + 5x_2 + 9x_3 = -9 \end{cases}$$

풀이 먼저 위식을 행렬방정식 $[A][x]=[b]$의 형식으로 바꾸고 여기에 가우스소거법을 적용하여 위삼각형식으로 변환한다. 이때 식(5.17)과 같이 벡터 $[b]$를 포함하는 확대방정식에 대하여 가우스소거법을 실행한다. 여기서 식 표현을 위해 다음 기호를 도입한다.

i) $R_i \leftrightarrow R_j, (i \neq j)$: i 행과 j 행을 서로 교환한다.

ii) $R_j \rightarrow R_j \pm kR_i$: i 행을 $k, (\neq 0)$배한 것을 j 행에 더하거나 뺀다.

iii) $R_i \rightarrow kR_i$: i 행에 수 $k, (\neq 0)$를 곱한다.

$$\begin{bmatrix} 1 & -2 & 1 & 0 \\ 0 & 2 & -8 & 8 \\ -4 & 5 & 9 & -9 \end{bmatrix} \xrightarrow{R_3 \rightarrow 4R_1 + R_3} \begin{bmatrix} 1 & -2 & 1 & 0 \\ 0 & 2 & -8 & 8 \\ 0 & -3 & 13 & -9 \end{bmatrix}$$

$$\xrightarrow{R_2 \rightarrow \frac{1}{2}R_2} \begin{bmatrix} 1 & -2 & 1 & 0 \\ 0 & 1 & -4 & 4 \\ 0 & -3 & 13 & -9 \end{bmatrix} \qquad ①$$

$$\xrightarrow{R_3 \rightarrow 3R_2 + R_3} \begin{bmatrix} 1 & -2 & 1 & 0 \\ 0 & 1 & -4 & 4 \\ 0 & 0 & 1 & \end{bmatrix}$$

따라서 위의 마지막에 확대행렬에 대응하는 방정식은

$$\begin{aligned} x_1 - 2x_2 + x_3 &= 0 \\ x_2 - 4x_3 &= 4 \\ x_3 &= 3 \end{aligned} \qquad ②$$

로 되어 위삼각형식으로 되어 있음을 알 수 있다. 여기서 가장 아래쪽에 있는 값을

10) 확대행렬에서 가장 왼쪽 위에 있는 요소의 성분, 즉 (1,1)을 의미한다.

11) 선두성분이 속하는 열을 의미한다.

12) 두 번째 행이므로 확대행렬의 요소(2,2)를 의미한다.

연차적으로 위쪽의 방정식에 대입하면 $x_1 = 29$, $x_2 = 16$ 및 $x_3 = 3$인 유일한 해를 얻는다. 위 식에서 알 수 있다시피, 가우스소거법을 마지막까지 수행한 확대행렬의 모양은 항상 위 삼각행렬의 모양을 하게 된다.

여기서 만약 대각형식으로 변환을 하고자 한다면, ①의 마지막 단계에서

$$\begin{bmatrix} 1 & -2 & 1 & 0 \\ 0 & 1 & -4 & 4 \\ 0 & 0 & 1 & 3 \end{bmatrix} \xrightarrow[R_2 \to 4R_3 + R_2]{R_1 \to (-R_3) + R_1} \begin{bmatrix} 1 & -2 & 0 & -3 \\ 0 & 1 & 0 & 16 \\ 0 & 0 & 1 & 3 \end{bmatrix} \quad ③$$

$$\xrightarrow{R_1 \to 2R_2 + R_1} \begin{bmatrix} 1 & 0 & 0 & 29 \\ 0 & 1 & 0 & 16 \\ 0 & 0 & 1 & 3 \end{bmatrix}$$

로 되어 대각형식을 얻을 수 있다. ②의 결과 마찬가지인 $x_1 = 29$, $x_2 = 16$ 및 $x_3 = 3$인 해를 얻는다. 이와 같이 아래 삼각형식인 ①의 마지막 단계에서 다시 가우스소거법을 실시하면 최종적으로는 ③의 마지막 식과 같이 대각형식으로 되어 대각선상에 '1'이 배치되고 오른쪽 마지막 열에 구하고자 하는 해가 들어있게 된다. ■

■ MATLAB을 이용한 가우스소거법

가우스소거법을 사용한 연립방정식의 해법을 MATLAB에 적용하는 방법에 대하여 알아본다.

1) MATLAB 함수 rref의 사용:

rref(A)는 행렬 $[A]$를 대각형식(row echelon form)으로 변경하는 기능을 가지고 있다. 따라서 행렬 $[A]$와 벡터 $[b]$로서 확대행렬 '`>>A_b=[A, b];`'를 구성한 다음 '`>>rref(A_b)`'를 실행하면 제일 오른쪽의 열에 해 $[x]$가 들어간다.

2) MATLAB의 '\' (backslash)의 사용:

가장 간단한 방법으로 대부분의 경우 '`>>A\b`'를 실행하면 해를 얻을 수 있다.

3) 사용자 정의함수인 gauss의 사용:

가우스소거법을 실행하여 대수방정식의 해를 출력하는 사용자 함수(function)의 작성 예를 절의 뒷부분에 나타내었다. 가우스소거법의 실행순서는 여러 형태로 가능하기 때문에 이외에도 여러 형태로 프로그램 작성이 가능하다. 이 프로그램은 위의 [가우스소거법의 순서]의 제2항에서 언급한 바와 같이 '확대방정식의 선두성분이 '1'이 될 수 있도록 행에 대한 연산을 실시하지만, 그 과정에서 만약 선두성분이 영으로 되면 행교환을 통하여 영이 아닌 행으로 교환하는 과정을 포함하고 있다. 또한 이 함수는 대수방정식에서 방정식의 수와 미지수의 개수가 일치하는 경우, 즉 $m = n$인 경우에만 해를 얻을 수 있다는 점에 유의한다.

4) MATLAB의 Symbolic Math Toolbox의 사용:

Symbolic Math Toolbox는 이름이 의미하는 바와 같이 수식표현의 형태를 그대로 MATLAB 상에서 실현할 수 있게 해주는 도구상자(Toolbox)이다[13]. 이 도구를 이용하면 MATLAB의 일

반 함수를 이용한 출력과는 달리 좀 더 원래의 표현식에 근접한 모양의 결과를 얻을 수 있다.

```
A = [1 -2 1;0 2 -8;-4 5 9];
b = [ 0 8 -9]';
%
rref([A, b]) ↵                          % 제일 오른쪽 열에 해가 들어 있다.
ans =     1    0    0   29
          0    1    0   16
          0    0    1    3
x = A\b ↵
      → x = [ 29 16 3]
[x] =gauss(A, b) ↵                       % 사용자 정의함수의 사용
     → x = [ 29 16 3]
```

```
A = sym([1 -2 1;0 2 -8;-4 5 9]);   % A를 symbolic으로 정의
b = sym([ 0 8 -9]');               % b를 symbolic으로 정의
rref([A b])                        % 가우스소거법의 실행
        ans =
              [ 1, 0, 0, 29]
              [ 0, 1, 0, 16]
              [ 0, 0, 1,  3]
```

[예제 5.2]

가우스소거법의 적용에 있어서 행렬 $[A]$의 조건수가 아주 큰 값을 가지는 경우, 즉 주어진 연립방정식이 ill-condition인 경우를 생각하여 보자.

먼저 행렬 $[A]$의 각 요소를 다음과 같이 반데르몬드(Vandermonde) 행렬로서 정의한다[14].

$$[A]_{ij} = [v]_i^{n-j},\ (i,\ j = 1,\ 2,\ \cdots\ ,n)$$

이러한 행렬은 함수 vander을 사용하여 생성된다. 여기서는 $[A]$가 아래의 벡터 $[v]$를 이용하여 생성된 (6×6)의 반데르몬드 행렬이며 $[b]$는 다음과 같이 주어졌을 경우의 연립방정식의 해를 계산하는 문제를 생각한다.

$$[v] = [1.0\ 1.2\ 1.4\ 1.6\ 1.8\ 2.0]^T$$

$$[b] = [0\ 1\ 0\ 1\ 0\ 1]^T$$

풀이 사용자 정의 함수 gauss를 이용하여 실행한 결과는 다음과 같다.

13) Symbolic Math Toolbox의 사용법 등은 부록을 참조한다.
14) 행렬의 각 열은 벡터의 멱급수로 주어지는 특별한 형식의 행렬을 의미한다.

```
A = vander(1:0.2:2);
b = [0 1 0 1 0 1]';
format long
[x, det] = gauss(A,b) ↵
```

```
x =

  1.0e+004 *
         0.041666666667010
        -0.312500000002465
         0.925000000006972
        -1.350000000009722
         0.970933333340017
        -0.275100000001813
```

```
det =          % 행렬식의 크기
   -1.132462079991823e-006

cond(A) ↵    % 조건수의 계산

ans =
    8.901703502907200e+005
```

위 결과로부터 알 수 있는 바와 같이 조건수가 상당히 큰 값을 가지기 때문에 가우스 소거법에 의한 결과는 행렬자체의 특성으로 인하여 발생하는 오차 등으로 인하여 그 결과의 정확도는 그다지 높지 않을 것으로 예상된다. 그러나 다른 방법으로 구한 위 연립방정식의 정확한 해

$$[x] = [1250/3,\ -3125,\ 9250,\ -13500,\ \ 29128/3,\ \ -2751]^T$$

를 위 결과와 비교하면 유효숫자의 9자리까지 일치하여 상당히 정확한 결과를 나타내고 있음을 볼 수 있다. 가우스소거법에 의한 결과를 원래 식에 대입하여 $[A][x]=[b]$를 만족하는 지의 여부를 확인한 결과가 다음과 같다. 소수점 아래 12자리까지 일치하고 있음을 확인할 수 있다. ■

```
A*x

  ans =
      0.000000000000909  → 0
      1.000000000000910  → 1
     -0.000000000004547  → 0
      0.999999999989996  → 1
     -0.000000000035470  → 0
      0.999999999979082  → 1
```

[예제 5.2]의 계산을 위에서 언급한 Symbolic Math를 이용하여 실행한 결과는 다음과 같다. 계산결과는 위의 방법과 동일하지만 그 표현식은 일반적인 수식표현의 형식을 따르고 있음을 볼 수 있다. 그러나 Symbolic Math의 경우 '>>format long'의 실행하여도 동일한 표현식이 얻어지기 때문에, 상기 1)의 방식과 같이 계산결과의 정확도 등을 확인하기에는 부적절하다는 것을 알 수 있다.

```
A = sym(vander(1:0.2:2));        % symbolic으로 정의
b = sym([0 1 0 1 0 1]');
[x, det] = gauss(A,b)            % 가우스소거법의 실행
```

```
x =
    1250/3
   -3125
    9250
   -13500
    29128/3
   -2751
```

```
det =

   -6912/6103515625
```

[가우스소거법을 위한 사용자 함수의 예]

```
function [x, det] = gauss(A,b)
% Solves A*x=b by Gauss elimination and compute det(A)
% USAGE: [x, det] = gauss(A,b)

if size(b,2) > 1; b = b'; end  % b는 반드시 열벡터로 인가되어야 한다
n =length(b);
% 가우스소거법의 실시
for k = 1:n-1
    for i = k+1:n
        if A(i,k) ~=0                        % 피봇의 선두요소가 '0'인지를 확인
            lambda = A(i,k)/A(k,k);
            A(i,k+1:n) = A(i,k+1:n) - lambda*A(k,k+1:n);
            b(i) = b(i) - lambda*b(k);
        end
    end
end
if nargout == 2; det = prod(diag(A)); end  % 결과로부터 행렬식의 계산
% 역대입의 실형
for k = n:-1:1    %
    b(k) =(b(k) - A(k,k+1:n)*b(k+1:n))/A(k,k); % 식(5.10b)의 계산
end
x = b;
```

5.4 행렬분해에 의한 대수방정식의 해의 계산

앞서 설명한 바와 같이 가우스소거법에 의한 대수방정식의 풀이는 두 단계로 구성되어 있다. 첫째, 일반적인 $[A][x]=[b]$의 형태로 주어진 식에서 계수행렬 $[A]$가 위 삼각행렬 $[A^{\triangledown}]$로 변환될 수 있도록 식을 조작하여 $[A^{\triangledown}][x]=[b^{\triangledown}]$로 만드는 단계와, 둘째, 변환

된 방정식에서 역대입을 적용하여 해를 구하는 단계로 이루어진다. 이러한 두 단계 과정의 결과로 대수방정식의 두 요소인 $[A]$와 $[b]$의 각 요소는 원래 값과 다른 값을 가지게 된다. 따라서 만약 $[b]$의 값은 변화하지 않고 계수행렬 $[A]$만을 변경하여 대수방정식의 해를 구하고자 한다면 앞의 과정과는 다른 새로운 계산방식이 필요할 것이다. 이러한 의미에서는 확대방정식 $[A : b]$에 가우스소거법을 적용할 것이 아니라 계수행렬 $[A]$에만 이를 적용하는 방법을 생각해 볼 수 있을 것이다.

한편, 대수방정식 $[A][x]=[b]$에서 $[A]$는 변화가 없지만, 여러 종류의 $[b]$를 대입하였을 경우에 해를 구하는 가장 간단한 방법은 $[A]$의 역행렬을 계산하여

$$[x]=[A]^{-1}[b]$$

를 실행하는 것이다. 그러나 역행렬의 계산에는 많은 수학적인 연산이 수반되어 그 계산과정이 항상 효과적인 것이라고 하기는 어려운 경우가 대부분이다. 이와 같이 [b]의 값은 변화시키지 않는 경우에 적용할 수 있는 좀 더 효율적인 계산방법은 행렬 $[A]$의 LU분해를 이용하는 것이다. 이하 LU분해의 구체적인 방법을 예를 이용하여 간단히 설명하기로 한다.

5.4.1 LU분해법

LU분해법이란 대수방정식 $[A][x]=[b]$의 해를 계산하기 위한 하나의 방법으로 생각할 수 있다. 이를 위해 먼저 계수행렬 $[A]$를 특별한 형식을 갖는 행렬인 $[L]$과 $[U]$의 곱으로 분해하는 것이다. 즉,

$$[A]=[L]\cdot[U] \tag{5.21}$$

이다. 여기서 행렬 $[L]$은 아래 삼각행렬, 및 $[U]$는 위 삼각행렬이다. 이러한 형식을 적용하면 대수방정식은

$$[L][U][x]=[b] \tag{5.22}$$

로 된다. 이 문제의 해를 구하기 위해서 먼저

$$[U][x]=[y] \tag{5.23}$$

로 정의하면 식(5.22)는 다음과 같이 아래 삼각행렬에 의한 식으로 표현된다.

$$[L][y]=[b] \tag{5.24}$$

이상으로부터 대수방정식 $[A][x]=[b]$의 해 $[x]$를 LU분해를 이용하여 구하는 과정은 다음과 같이 두 단계로 나누어 생각할 수 있다. 즉, i) 식(5.24)에서 $[y]$를 계산하고, ii) 이를 식(5.23)에 대입하여 $[x]$를 얻는 것이다.

이때 행렬 $[L]$이 아래 삼각행렬이므로 식(5.24)의 해 $[y]$는 순대입을 이용하면 쉽게 구해진다. 또한, $[U]$가 위 삼각행렬이기 때문에 식(5.23)은 역대입을 적용하여 역시 간단하게 계

산할 수 있음을 알 수 있다

주어진 행렬 $[A]$를 LU분해하는 알고리즘은 몇 가지가 알려져 있으나, 여기서는 가장 대표적인 Doolittle의 알고리즘을 간략히 소개한다.

■ [Doolittle의 LU분해 알고리즘]

(1) 분해과정

이 알고리즘은 가우스소거법과 밀접하게 관련되어 있다. 간략하게 설명하기 위해 크기가 (3×3)인 행렬 $[A]$을 LU분해하여 다음의 행렬을 얻는 것을 목표로 한다.

$$[L]=\begin{bmatrix} 1 & 0 & 0 \\ L_{21} & 1 & 0 \\ L_{31} & L_{32} & 1 \end{bmatrix},\quad [U]=\begin{bmatrix} U_{11} & U_{12} & U_{13} \\ 0 & U_{22} & U_{23} \\ 0 & 0 & U_{33} \end{bmatrix} \tag{5.25}$$

즉, $[A]=[L][U]$ 로 되는 과정을 소개한다. 먼저 $[L]\times[U]$의 계산을 수행하면

$$[A]=\begin{bmatrix} U_{11} & U_{12} & U_{13} \\ U_{11}L_{21} & U_{12}L_{21}+U_{22} & U_{13}L_{21}+U_{23} \\ U_{11}L_{31} & U_{12}L_{31}+U_{22}L_{32} & U_{13}L_{31}+U_{23}L_{32}+U_{33} \end{bmatrix} \tag{5.26a}$$

로 된다. 여기에 가우스소거법을 적용한다. 즉, 식(5.26a)의 첫 번째 행을 중심으로 하여 다음 과정을 실행한다.

(행 2) − ($L_{21}\times$ 행 1) → (행 2) (즉, $[A]_{21}$을 소거한다)

(행 3) − ($L_{31}\times$ 행 1) → (행 3) (즉, $[A]_{31}$을 소거한다)

이 결과 다음을 행렬을 얻을 수 있다.

$$[A]'=\begin{bmatrix} U_{11} & U_{12} & U_{13} \\ 0 & U_{22} & U_{23} \\ 0 & U_{22}L_{32} & U_{23}L_{32}+U_{33} \end{bmatrix} \tag{5.26b}$$

다음 단계로 식(5.26b)의 세 번째 행을 소거한다. 즉

(행 3) − ($L_{32}\times$ 행 2) → (행 3) ($[A]'_{32}$를 소거한다)

를 수행하면 다음의 행렬로 된다.

$$[A]''=[U]=\begin{bmatrix} U_{11} & U_{12} & U_{13} \\ 0 & U_{22} & U_{23} \\ 0 & 0 & U_{33} \end{bmatrix} \tag{5.26c}$$

이상의 과정으로부터 다음 두 가지 사실이 유도된다.

① 식(5.26a), 즉 $[L]\times[U]$에 가우스소거법을 적용하면 $[U]$만이 남는다.

② 행렬 $[L]$ 의 대각선 상 아래에 있는 요소는 $[L] \times [U]$ 에 대한 가우스소거법의 적용과정에서 아래 행을 소거하기 위한 곱셈항(multiplier)으로 사용된다.

따라서 행렬 $[A]$ 를 가우스소거법을 이용하여 위 삼각행렬의 형식(즉 식(5.26c))으로 변환하는 과정에서 필요한 곱셈항, 즉 L_{21}, L_{31}, L_{32}과 결과행렬인 식(5.26c)는 일반적으로 다음의 형식으로 메모리에 저장하면 편리할 것이다.

$$[L/U] = \begin{bmatrix} U_{11} & U_{12} & U_{13} \\ L_{21} & U_{22} & U_{23} \\ L_{31} & L_{32} & U_{33} \end{bmatrix} \tag{5.27}$$

이와 같이 Doolittle의 알고리즘은 각 행의 소거단계에서 사용된 곱셈항을 저장해 두는 것을 제외하고는 가우스소거법과 동일하다.

이상의 과정을 수행하는 MATLAB 프로그램을 소개해 둔다.

[LU분해를 위한 사용자 함수의 예]

```
function A = LUdec(A)
% LU decomposition of marix A; returns A =[L\U]
% USAGE: A =LUdec(A), 출력 A는 식(5.27)의 형식으로 주어진다.

n =size(A,1);
for k = 1:n-1
    for i = k+1:n
        if A(i,k) ~= 0.0
            lambda = A(i,k)/A(k,k); % 피봇아래 항의 제거를 위한 곱셈항의 계산
            A(i,k+1:n) = A(i,k+1:n) - lambda*A(k,k+1:n);
            A(i,k) = lambda; % 곱셈항 L_ij,(i=2, …, n, j=1, …, n-1)  를 저장
        end
    end
end
```

(2) 해의 얻는 과정

식(5.24) $[L][y] = [b]$ 의 방정식의 해를 구하는 것을 생각한다. $[L]$ 이 아래 삼각행렬이기 때문에 순대입을 실행한다. 이 경우 $[L]$ 의 정의식 (5.25)에 의해 $L_{ii} = 1, (i = 1 \sim n)$ 이므로 $[L][y] = [b]$ 를 전개하면 다음으로 된다.

$$\begin{aligned} y_1 &= b_1 \\ L_{21}y_1 + y_2 &= b_2 \\ &\vdots \\ L_{k1}y_1 + L_{k2}y_2 + \cdots + L_{k,k-1}y_{k-1} + y_k &= b_k \\ &\vdots \end{aligned} \tag{5.28}$$

위의 k번째 방정식을 순대입으로 풀면 y_k는

$$y_k = b_k - \sum_{j=1}^{k-1} L_{kj} y_j,\ k = 2,\ 3,\ \cdots,\ n \tag{5.29}$$

로 되며 이 결과를 $[U][x]=[y]$ 에 대입한다. 이때 $[U]$는 위삼각행렬이므로 역대입을 실행하면 해를 얻을 수 있다. 식(5.28)을 위한 MATLAB 프로그램은 다음과 같다.

[$[L][y]=[b]$과 $[U][x]=[y]$에 의한 방정식의 해를 구하는 사용자 함수의 예]

```
function x = LUsol(A, b)
% Solves L*U*b=x, where A contains both L and U;
% that is, A has the form [L\U], [즉 A는 식(5.27)의 형식으로 주어져야 한다]
% USAGE: x = LUsol(A,b) [반드시 LUdec(A)를 실행한 결과를 사용하여야 한다]

if size(b,2) > 1; b = b'; end
n = length(b);
% 순대입에 의한 [L][y]=[b]의 계산 (식(5.29))
for k = 2:n
   b(k) = b(k) - A(k,1:k-1)*b(1:k-1);
end
% 역대입에 의한 [U][x]=[y]의 해 [x]의 계산
for k = n:-1:1
   b(k) = (b(k) - A(k,k+1:n)*b(k+1:n))/A(k,k);
end
x = b;
```

[예제 5.3]

Doolittle의 알고리즘을 이용하여 연립방정식 $[A][x]=[b]$의 해를 구하여 보자.

$$[A]=\begin{bmatrix} 1 & 4 & 1 \\ 1 & 6 & -1 \\ 2 & -1 & 2 \end{bmatrix},\ [b]=\begin{bmatrix} 7 \\ 13 \\ 5 \end{bmatrix}$$

풀이 먼저 $[A]$에 가우스소거법을 적용한다. 즉

(행 2) − (1× 행 1) → (행 2) (즉, $[A]_{21}$을 소거한다)
(행 3) − (2× 행 1) → (행 3) (즉, $[A]_{31}$을 소거한다)

를 실행하면

$$[A]' = \begin{bmatrix} 1 & 4 & 1 \\ 1 & 2 & -2 \\ 2 & -9 & 0 \end{bmatrix}$$

로 되고, 다시 여기에

$$(\text{행 } 3) - \{(-4.5)\times \text{행 } 2\} \quad \rightarrow \quad (\text{행 } 3) \ ([A]_{32}\text{를 소거한다})$$

를 실시하면 다음의 행렬로 됨을 확인할 수 있다.

$$[A]'' = [L/U] = \begin{bmatrix} 1 & 4 & 1 \\ 1 & 2 & -2 \\ 2 & -4.5 & -9 \end{bmatrix}$$

이로부터

$$[L] = \begin{bmatrix} 1 & 0 & 0 \\ 1 & 1 & 0 \\ 2 & -4.5 & 1 \end{bmatrix}, \ [U] = \begin{bmatrix} 1 & 4 & 1 \\ 0 & 2 & -2 \\ 0 & 0 & 9 \end{bmatrix}$$

로 된다. 다음 $[L][y] = [b]$의 관계로부터

$$\begin{aligned} y_1 &= 7 \\ y_2 &= 13 - y_1 = 13 - 7 = 6 \\ y_3 &= 5 - 2y_1 + 4.5y_2 = 5 - 2(7) + 4.5(6) = 18 \end{aligned}$$

가 얻어지며, 마지막으로 $[U][x] = [y]$ 로부터 다음의 해를 얻는다.

$$\begin{aligned} x_3 &= \frac{18}{-9} = -2 \\ x_2 &= \frac{6 + 2x_3}{2} = \frac{6 + 2(-2)}{2} = 1 \\ x_1 &= 7 - 4x_2 - x_3 = 7 - 4(1) - (-2) = 5 \end{aligned}$$

이상을 위에서 제시한 두 개의 프로그램으로 다음과 같이 쉽게 확인할 수 있다.

```
A = [1 4 1;1 6 -1;2 -1 2];b = [7 13 5]';
Ap = LUdec(A); x =LUsol(Ap,b)

x =
     5
     1
    -2
```

■ LU분해를 위한 MATLAB 함수

여기서는 MATLAB이 제공하는 LU분해를 위한 함수 lu의 사용법을 중심으로 연립방정식의 해를 구하는 방법을 간단히 언급하기로 한다.

행렬 $[A]$의 LU분해를 위한 함수 lu의 사용법의 기본형식은 다음과 같다.

```
① [L, U] = lu(A);  ② [L, U, P] = lu(A);
```

①의 경우 $[L]$에는 아래삼각행렬, 또는 행의 순서를 바꿈으로서(permutation) 아래삼각 행렬로 될 수 있는 행렬이 출력되며, $[U]$는 위삼각행렬이다. 이때 $[A]=[L]\cdot[U]$의 관계가 성립한다. ②는 먼저 $[A]$의 행의 순서변환을 먼저 수행한 뒤 여기에 LU분해를 적용하는 경우를 의미한다. 이때 $[P]$는 '0'과 '1'로만 이루어진 변환행렬(permutation matrix)로서, $[P]\cdot[A]$는 $[A]$에 행변환, 즉 행의 순서를 변경한 행렬로 된다. 따라서 ②에서는 $[L]\cdot[U]=[P]\cdot[A]$의 관계가 성립된다는 점에 유의한다[15]. 함수 lu의 두 가지 형식 ①, ②의 실행결과를 살펴보자.

```
A=[1 2 3;4 5 6;7 8 9];
[L1,U] = lu(A) ↵
L1 =                                  U =

   0.1429    1.0000    0                 7.0000    8.0000    9.0000
   0.5714    0.5000    1.0000            0         0.8571    1.7143
   1.0000    0         0                 0         0         0.0000
----------------------------------------------------------------------
[L2,U,P] = lu(A) ↵
L2 =
   1.0000    0         0
   0.1429    1.0000    0
   0.5714    0.5000    1.0000
U =                                       P =
   7.0000    8.0000    9.0000                 0     0     1
   0         0.8571    1.7143                 1     0     0
   0         0         0.0000                 0     1     0
```

위 결과로부터 $[L1]$은 아래삼각행렬의 모양을 가지고 있지 않으나, 만약 2행과 3행을 교환한 뒤, 다시 1행과 2행을 교환한다면 아래삼각행렬을 얻을 수 있다. $[L2]$의 경우는 완전한 아래 삼각행렬의 모양을 하고 있으며, 여기서 얻어진 변환행렬 $[P]$를 이용하여 $[L2]=[P]\cdot[L1]$이 성립한다는 것을 확인할 수 있을 것이다.

대수방정식 $[A][x]=[b]$의 해를 구하는 문제를 명령어 lu를 이용하여 해결하여 보자.

[예제 5.4]

네 개의 미지수 $x_1, (i=1\sim 4)$를 가지는 다음 연립방정식을 LU분해를 이용하여 해를 구하여 보자.

15) 행렬의 종류에 따라서는 행변환이 필요하지 않는 경우도 있다. 이 경우 [P]는 단위행렬로 된다.

$$\begin{cases} 4x_1 - \ \ 2x_2 - \ \ 3x_3 + 6x_4 = 12 \\ -6x_1 + \ \ 7x_2 + 6.5x_3 - 6x_4 = -6.5 \\ x_1 + 7.5x_2 + 6.25x_3 + 5.5x_4 = 16 \\ -12x_1 + 22x_2 + 15.5x_3 - x_4 = 17 \end{cases}$$

풀 이 먼저 위 연립방정식을 행렬을 이용하여 표현한다.

$$\begin{bmatrix} 4 & -2 & -3 & 6 \\ -6 & 7 & 6.5 & -6 \\ 1 & 7.5 & 6.25 & 5.5 \\ -12 & 22 & 15.5 & -1 \end{bmatrix} \begin{bmatrix} x_1 \\ x_2 \\ x_3 \\ x_4 \end{bmatrix} = \begin{bmatrix} 12 \\ -6.5 \\ 16 \\ 17 \end{bmatrix} \qquad ①$$

①을 '>>[L,U,P]=lu(A)'에 의해 LU분해를 실행하면 $[L]\cdot[U]=[P]\cdot[A]$의 관계가 성립하므로, 식(5.23), (5.24)로부터 $[U][x]=[y]$로 두면 $[L][y]=[P][b]$가 성립한다. 이 순서에 따르면 해를 구할 수 있다. 먼저 $[L][y]=[P][b]$에서 $[y]$를 순대입을 이용하여 계산한다. 즉

$$\begin{bmatrix} 1 & 0 & 0 & 0 \\ -0.0833 & 1 & 0 & 0 \\ -0.3333 & 0.5714 & 1 & 0 \\ 0.5000 & -0.4286 & -0.9250 & 1 \end{bmatrix} \begin{bmatrix} y_1 \\ y_2 \\ y_3 \\ y_4 \end{bmatrix} = \begin{bmatrix} 0\,0\,0\,1 \\ 0\,0\,1\,0 \\ 1\,0\,0\,0 \\ 0\,1\,0\,0 \end{bmatrix} \begin{bmatrix} 12 \\ -6.5 \\ 16 \\ 17 \end{bmatrix} = \begin{bmatrix} 17 \\ 16 \\ 12 \\ -6.5 \end{bmatrix} \qquad ②$$

이다. 따라서

$$y_1 = 17,\ y_2 = 16 + 0.0833 \times y_1 = 17.416$$

$$y_3 = 12 + 0.3333 \times y_1 - 0.5714 \times y_2 = 7.714$$

$$y_4 = -6.5 - 0.5 \times y_1 + 0.4286 \times y_2 + 0.9250 \times y_3 = -0.400$$

이며, 이를 $[U][x]=[y]$에 대입하고 역대입을 적용하면 $[x]$를 얻을 수 있다.

$$\begin{bmatrix} -12.0 & 22.0 & 15.5 & -1.0 \\ 0 & 9.33 & 7.54 & 5.41 \\ 0 & 0 & -2.14 & 2.57 \\ 0 & 0 & 0 & -0.80 \end{bmatrix} \begin{bmatrix} x_1 \\ x_2 \\ x_3 \\ x_4 \end{bmatrix} = \begin{bmatrix} y_1 \\ y_2 \\ y_3 \\ y_4 \end{bmatrix} \qquad ③$$

이 결과

$$x_1 = 2.0,\ x_2 = 4.0,\ x_3 = -3.0,\ x_4 = 0.5 \qquad ④$$

를 얻는다. ■

```
A = [4 -2 -3 6;-6 7 5.5 -6;1 7.5 5.25 5.5;...
   -12 22 15.5 -1];
b = [12 -5.5 16 17]';
[L,U, P] = lu(A)                % LU분해  LU = PA를 확인
y = L\P*b                       % [L][y]=[P][b]
x = U\y                         % [U][x]=[y]
```

실제로 '>>format long'을 먼저 실행하여 상기의 스크립터에 의한 수치계산 결과의 정확도를 알아보자. 계산결과에 의하면 위의 ④의 값과는 소숫점 이하 15자리 부근에서 오차가 발생하고 있음을 확인할 수 있다.

```
y =                               x =

  17.000000000000000                1.999999999999992
  17.416666666666668                3.999999999999991
   7.714285714285714               -2.999999999999993
  -0.400000000000005                0.500000000000005
```

다음 동일한 계산을 MATLAB의 Symbolic Math Toolbox의 함수를 이용하여 실행한 결과를 아래에 나타내었다. 위의 결과와 비교해 보면 Symbolic Math에서 사용되는 표현식과의 차이점을 확인할 수 있을 것이다.

```
As = sym([4 -2 -3 6;-6 7 5.5 -6;1 7.5 5.25 5.5;...
    -12 22 15.5 -1]);
bs = sym([12 -5.5 16 17]');
xs = As\bs

     xs =
            2
            4
           -3
            1/2
```

■ A가 대각 우위행렬의 경우

만약 $[A]$의 대각요소가 비대각요소에 비하여 큰 값을 가지는 경우를 생각해 보자. 먼저 $[A][x]=[b]$에서 계수행렬 $[A]$를 다음과 같이 분해한다.

$$[A]=[L]+[D]+[U] \tag{5.30}$$

여기서 지금까지와 마찬가지로 $[L]$은 아래 삼각행렬, $[U]$는 대각행렬 및 $[D]$는 대각행렬을 각각 나타낸다. 이와 같은 형식으로 주어진 대수방정식의 근사해를 구하기 위한 고전적인 반복법으로서 다음 세 가지가 제안되어 있으며 각 방식의 대략적인 알고리즘은 다음과 같다.

① 야코비(Jacobi)법

$$[x]^{(k)}=[D]^{-1}[b]-[D]^{-1}([L]+[U])[x]^{(k-1)} \tag{5.31a}$$

② Gauss-Seidel법

$$[x]^{(k)}=([L]+[D])^{-1}[b]-([L]+[D])^{-1}[U][x]^{(k-1)} \tag{5.31b}$$

③ SOR법(Successive over Relaxation)

$$[y] = ([L] + [D])^{-1}[b] - ([L] + [D])^{-1}[U][x]^{(k-1)}$$
$$[x]^{(k)} = \omega[y] + (1-\omega)[x]^{(k-1)} \tag{5.31c}$$

여기서는 가장 단순한 형식을 가지고 있는 야코비법에 대하여 간략히 언급한다.

대수방정식 $[A][x] = [b]$의 계수행렬 $[A]$를 다음과 같이 분해한다.

$$[A] = [D] + [R] \tag{5.32}$$

단, $[D] = \mathrm{diag}(A)$이며, $[R]$은 $[A]$에서 대각선상의 요소를 영으로 둔 행렬이다. 이로부터 다음의 관계식에 의해 해를 반복적으로 수정하여 나간다.

$$[x]^{(k+1)} = [D]^{-1}\{[b] - [R][x]^{(k)}\} \tag{5.33a}$$

위 식을 $[x]$의 각 요소별로 구분하여 표시하면 다음과 같다.

$$x_i^{(k+1)} = \frac{1}{a_{ii}}\left(b_i - \sum_{j \neq i} a_{ij} x_j^{(k)}\right), \ (i = 1, 2, \cdots, n) \tag{5.33b}$$

이로부터 벡터 $[x]^{(k+1)}$의 i번째의 요소인 $x_i^{(k+1)}$의 계산을 위해서는 x_i^k만을 제외한 벡터 $[x]^{(k)}$ 전체가 필요하기 때문에 메모리의 절약을 위해 $x_i^{(k+1)}$을 $x_i^{(k)}$로서 대체할 수 없다는 사실을 알 수 있다.

야코비법을 적용한 MATLAB 프로그램의 한 예를 아래에 소개하였다. 이 방법은 초기값에 따라 수렴여부와 속도 등이 결정되기 때문에 해를 구하기 위한 좋은 방법이라고 할 수 없다. 그러나 일정한 형식의 규칙(즉 알고리즘)에 따라 한정된 회수의 계산만으로 해를 구하는 지금까지의 방식과는 달리, 반복법은 주어진 허용오차를 만족할 때까지 무한정의 반복을 되풀이하여 해를 구하는 방법이므로, 계산시간에 관계없이 최소한 허용오차를 가지는 결과가 필요한 경우에는 상당히 도움이 되는 방법이기도 하다.

[Jacobi법]

```
function [x] = ITER_Jacobi(A,b, tol)
% Solves A*x=b by Jacobi's iterative method
% USAGE: [x] = ITER_Jacobi(A,b)

if nargin == 2; tol = 1e-3; end
[n,p] = size(A);
D = zeros(n); R = A;
for i = 1:n
    D(i,i) = A(i,i);
    R(i,i) = 0;
end
```

```
% Jacobi
xold = input(' initial values = ');
p = 0;
while 1
    xnew = D\(b - R*xold);
    ep = norm(xnew - xold) ./norm(xold);
    if ep < tol, break, end
    xold = xnew; p = p+1;
end
x = xnew;
```

[예제 5.5]

다음과 같은 대각우위의 행렬을 가지는 대수방정식을 이용하여 야코비법이 수렴하는 모양을 살펴보자.

$$[A][x]=[b],\ [A]=\begin{bmatrix}2 & 1\\5 & 7\end{bmatrix},\ [b]=\begin{bmatrix}11\\13\end{bmatrix}\quad,\ [x]^{(0)}=\begin{bmatrix}1\\1\end{bmatrix}$$

풀 이 식(5.33a)를 이용하여 $[x]$를 추정하기 위해 식을 계산상 편리한 형식으로 다음과 같이 변경한다.

$$[D]^{-1}\{[b]-[R][x]^{(k)}\}=[T][x]^{(k)}+[C] \qquad ①$$

단,

$$[T]=-[D]^{-1}[R],\ [C]=[D]^{-1}[b] \qquad ②$$

여기서 완선 아래삼각행렬을 $[L]$ 및 완전 위삼각행렬을 $[U]$로 각각 정의한다면 식(5.32)의 행렬 $[R]$은 $[R]=[L]+[U]$로 둘 수 있다. 주어진 값으로부터

$$[D]^{-1}=\begin{bmatrix}1/2 & 0\\0 & 1/7\end{bmatrix},\ [L]=\begin{bmatrix}0 & 0\\5 & 0\end{bmatrix},\ [U]=\begin{bmatrix}0 & 1\\0 & 0\end{bmatrix} \qquad ③$$

으로 되어 $[T]$와 $[C]$를 계산하면 다음으로 된다.

$$[T]=-[D]^{-1}([L]+[u])=\begin{bmatrix}0 & -1/2\\-5/7 & 0\end{bmatrix} \qquad ④$$

$$[C]=[D]^{-1}[b]=\begin{bmatrix}11/2\\13/7\end{bmatrix} \qquad ⑤$$

위의 값을 식(5.33a)에 대입하여 $k=0$에서의 추정값을 계산한다.

$$[x]^{(1)}=\begin{bmatrix}0 & -1/2\\-5/7 & 0\end{bmatrix}\begin{bmatrix}1\\1\end{bmatrix}+\begin{bmatrix}11/2\\13/7\end{bmatrix}=\begin{bmatrix}5.0\\8/7\end{bmatrix}\approx\begin{bmatrix}5\\1.143\end{bmatrix} \qquad ⑥$$

다음 $k=1$에서의 추정값은

$$[x]^{(2)} = \begin{bmatrix} 0 & -1/2 \\ -5/7 & 0 \end{bmatrix} \begin{bmatrix} 5.0 \\ 8/7 \end{bmatrix} + \begin{bmatrix} 11/2 \\ 13/7 \end{bmatrix} = \begin{bmatrix} 69/14 \\ -12/7 \end{bmatrix} \approx \begin{bmatrix} 4.929 \\ -1.713 \end{bmatrix}$$

로 된다. 위 과정을 주어진 허용오차 tol 이내로 수렴할 때까지 반복한다.

$$\| [A][x]^{(n)} - [b] \| < \mathrm{tol} \qquad ⑦$$

상기의 함수 ITER_Jacobi를 사용하였을 경우 허용오차를 tol=10^{-5}로 두면 22번째의 반복에서 다음의 결과를 얻을 수 있다. ■

$$[x]^{(25)} = \begin{bmatrix} 7.111 \\ -3.222 \end{bmatrix} \qquad ⑧$$

```
A = [2 1;5 7]; b = [11 13]'; tol = 1e-5;
x = ITER_Jacobi(A,b, tol)
initial values = [1 1]'
```

```
x =
    7.1111
   -3.2222
```

```
b- A*x          % 오차의 확인

 ans =
       1.0e-03 *
               -0.0017
               -0.2412
```

반복법이 가지는 하나의 단점은 반복을 통하여 반드시 해를 구할 수 있다는 보장이 없다는 점이다. 다시 말하면 식(5.31)의 알고리즘이 항상 수렴하는 것은 아니라는 것이다. 이와 관련하여 주어진 행렬 $[A]$의 대각선상의 값이 다른 요소에 비하여 확실하게 우위(dominant)인 경우에 한하여 수렴한다는 것이 알려져 있다.

5.4.2 촐레스키 분해

선형대수방정수의 풀이와 관련하여 위에서 언급한 LU분해 외에 역시 다양한 용도로 사용되는 촐레스키(Cholesky)분해와 QR분해가 있다. 이하 이에 대하여 간단하게 설명한다.

■ 촐레스키 분해

대수방정식 $[A][x]=[b]$의 계수행렬 $[A]$가 정정행렬(Positive Definite Matrix)로 주어진 경우에는 가우스소거법을 적용하는 것 외에 촐레스키 분해를 이용하는 방법도 있다. 여기서 정정행렬이란 어떠한 값을 가지는 벡터 $[x]$에 대해서도

$$[x^T][A][x] \geq 0 \qquad (5.34)$$

를 만족하는 행렬을 의미한다[16]. 촐레스키 분해는 정정행렬 $[A]$를 삼각행렬과 그의 전치행

16) $[A]$가 정정행렬인지의 여부를 확인하는 여러 방법이 있으나, 가장 일반적인 방법은 $[A]$의 고유값이 전부 영보다 큰 값을 가지는 지의 여부를 확인하는 것이다.

렬의 곱의 형식으로 분해, 즉 $[A]=[R]^T[R]$ 으로 표현하는 것을 의미하며 다음 두 가지의 조건을 필요로 한다.

i) $[R][R]^T$가 대칭행렬이므로 촐레스키의 분해를 위해서는 행렬 $[A]$가 대칭으로 주어져야 한다.

ii) 촐레스키 분해는 행렬 $[A]$의 제곱근의 계산이 필요하다. 따라서 음의 제곱근이 발생하지 않기 위해서 $[A]$는 반드시 정정행렬로 주어져야 한다.

이러한 한계로 인하여 촐레스키 분해가 연립방정식의 해를 구하는 과정에서 꼭 필요한 방법은 아니지만, 어떤 특별한 환경(예를 들어 고유값문제의 변환 등)에서는 아주 긴요하게 사용된다. 촐레스키 분해의 원리를 간단히 살펴보기로 한다.

다음과 같은 크기 (3×3)인 행렬의 촐레스키 분해가 주어졌다고 한다.

$$[A]=[R][R]^T \tag{5.35}$$

즉,

$$\begin{bmatrix} A_{11} & A_{12} & A_{131} \\ A_{21} & A_{22} & A_{23} \\ A_{32} & A_{31} & A_{33} \end{bmatrix} = \begin{bmatrix} R_{11} & 0 & 0 \\ R_{21} & R_{22} & 0 \\ R_{31} & R_{32} & R_{33} \end{bmatrix} \begin{bmatrix} R_{11} & R_{12} & R_{13} \\ 0 & R_{22} & R_{23} \\ 0 & 0 & R_{33} \end{bmatrix}$$

위 식의 오른쪽 항을 전개하면

$$\begin{bmatrix} A_{11} & A_{12} & A_{13} \\ A_{21} & A_{22} & A_{23} \\ A_{32} & A_{31} & A_{33} \end{bmatrix} = \begin{bmatrix} R_{11}^2 & R_{11}R_{21} & R_{11}R_{31} \\ R_{11}R_{21} & R_{21}^2+R_{22}^2 & R_{21}R_{31}+R_{22}R_{32} \\ R_{11}R_{31} & R_{21}R_{31}+R_{22}R_{32} & R_{31}^2+R_{32}^2+R_{33}^2 \end{bmatrix} \tag{5.36}$$

로 된다. 식(5.36)이 대칭행렬로 된다는 사실을 이미 언급한 바 있다. 여섯 개의 미지수 $R_{ij},(i,j=1\sim 3)$는 식(5.37)으로부터 여섯 개의 방정식이 얻어지므로 여기에 적당한 방법을 동원하면 해를 구할 수 있다. 이를 위해 먼저 식(5.36)의 첫 번째 열의 첫 번째 행으로부터 시작하여 순차적으로 아래쪽 방향으로 미지수 R_{11}, R_{21} 및 R_{31}을 다음과 같이 계산한다.

$$A_{11}=R_{11}^2 \rightarrow R_{11}=\sqrt{A_{11}}$$

$$A_{21}=R_{11}R_{21} \rightarrow R_{21}=\frac{A_{21}}{R_{11}}$$

$$A_{31}=R_{11}R_{31} \rightarrow R_{31}=\frac{A_{31}}{R_{11}}$$

또한, 두 번째 열로부터 R_{22}와 R_{32}는

$$A_{22}=R_{21}^2+R_{22}^2 \rightarrow R_{22}=\sqrt{A_{22}-R_{21}^2}$$

$$A_{32}=R_{21}R_{31}+R_{22}R_{32} \rightarrow R_{32}=\frac{(A_{32}-R_{21}R_{31})}{R_{22}}$$

로 되며, 마지막으로 세 번째 열로부터 R_{33}는 다음으로 된다.

$$A_{33} = R_{31}^2 + R_{32}^2 + R_{33}^2 \;\rightarrow\; R_{33} = \sqrt{A_{33} - R_{31}^2 - R_{32}^2}$$

이상의 관계를 크기 $(n \times n)$인 행렬로 확장하면 행렬 $\{[R][R]^T\}$의 $\{i, j\}$요소는 다음 형식으로 표현된다는 것을 알 수 있다.

$$\{[R]\,[R]^T\}_{ij} = R_{i1}R_{j1} + R_{i2}R_{j2} + \cdots + R_{ij}R_{jj} = \sum_{k=1}^{j} R_{ik}R_{jk}\,,\ (i \ge j)$$

위 관계를 식(5.35)에 적용하여 행렬 $[A]$의 아래삼각행렬 부분의 각 요소와 비교하면 다음 식을 얻는다.

$$A_{ij} = \sum_{k=1}^{j} R_{ik}R_{jk}\,, (i = j, j+1, \cdots, n), (j = 1, 2, \cdots, n) \tag{5.37}$$

예를 들어, 첫 번째 열, 즉 $j = 1$의 경우 식(5.37)에서 $k = 1$인 경우에 해당하므로

$$A_{i1} = R_{i1}R_{11}\,, (i = 1 \sim n) \rightarrow R_{11} = \sqrt{A_{11}}\,,\ R_{i1} = \frac{A_{i1}}{R_{11}},\ (i = 2, 3, \cdots, n) \tag{5.38}$$

로 됨을 알 수 있다. 식(5.37)을 두 번째 열 이후($j \ge 2$)에 적용하는 과정에서 미지의 변수(즉 구하고자 하는 값)는 R_{ij}이므로 식(5.37)에서 R_{ij}를 합의 기호 $\sum$바깥으로 가져오기로 한다. 즉,

$$A_{ij} = \sum_{k=1}^{j-1} R_{ik}R_{jk} + R_{ij}R_{jj}$$

에서 만약 $i = j$ (즉 대각선상의 요소)이면 해는

$$R_{jj} = \sqrt{A_{jj} - \sum_{k=1}^{j-1} R_{jk}^2}\,,\ (j = 2, 3, \cdots, n) \tag{5.39}$$

로 된다. 한편 비대각선상의 요소는 식(5.39)을 이용하여 다음과 같이 주어진다.

$$R_{ij} = \frac{1}{R_{jj}}\left(A_{ij} - \sum_{k=1}^{j-1} R_{ik}R_{jk}\right),\ (i > j),\ (j = 2, 3, \cdots, n),\ (i = j+1, \cdots, n) \tag{5.40}$$

이상의 관계를 적용한 행렬의 촐레스키 분해를 위한 예제 프로그램은 다음과 같다. 이 경우 식(5.39)를 계산하는 과정에서 만약 음의 R_{jj}^2 이 발생한다면, 에러 메시지를 발생시키고 계산을 중단한다.

[촐레스키 분해를 실현하는 함수]

```
function R = choleski(A)
% Compute R in Choleski's decomposition A = R*R'.
% USAGE: R = choleski(A)

n = size(A,1);
for j = 1:n
    temp = A(j,j) -dot(A(j,1:j-1), A(j,1:j-1));     % 식(5.39)의 계산
    if temp < 0.0
        error(' Matrix is not positive definite ')
    end
    A(j,j) = sqrt(temp);
    for i = j+1:n
        A(i,j) =(A(i,j) - dot(A(i,1:j-1), A(j, 1:j-1)))/A(j,j);  % 식(5.40)
    end
end
R = tril(A,0);                          % A에서 아래삼각행렬 부분만을 발췌
```

[예제 5.6]

아래 행렬의 촐레스키 분해 $[A]=[R][R]^T$를 실행하여 보자.

$$[A]=\begin{bmatrix} 4 & -2 & 2 \\ -2 & 2 & -4 \\ 2 & -4 & 11 \end{bmatrix}$$

풀이 먼저 행렬 $[A]$는 대칭행렬이므로 만약 정정행렬로 된다면 촐레스키 분해의 적용이 가능하다. 이는 MATLAB의 함수 eig를 이용하여 $[A]$의 고유값을 구해봄으로서 간단히 확인가능하다[17].

$[A]$를 식(5.36)에 대입하면

$$\begin{bmatrix} 4 & -2 & 2 \\ -2 & 2 & -4 \\ 2 & -4 & 11 \end{bmatrix}=\begin{bmatrix} R_{11}^2 & R_{11}R_{21} & R_{11}R_{31} \\ R_{11}R_{21} & R_{21}^2+R_{22}^2 & R_{21}R_{31}+R_{22}R_{32} \\ R_{11}R_{31} & R_{21}R_{31}+R_{22}R_{32} & R_{31}^2+R_{32}^2+R_{33}^2 \end{bmatrix} \quad ①$$

가 얻어진다. ①의 아래삼각행렬 부분을 비교함으로서 다음의 관계식을 얻는다.

$$L_{11}=\sqrt{4}=2,\ L_{21}=-\frac{2}{L_{11}}=-1,\ L_{31}=\frac{2}{L_{11}}=1 \quad ②$$

$$L_{22}=\sqrt{2-L_{11}^2}=\sqrt{2-1^2}=1,\ L_{32}=\frac{-4-L_{23}L_{31}}{L_{22}}=-3$$

$$L_{33}=\sqrt{11-L_{31}^2-L_{32}^2}=1$$

17) 대칭행렬의 고유값은 항상 실수로 된다는 것이 알려져 있으며, 정정행렬의 모든 고유값은 0보다 큰 값을 가져야 한다.

이로부터

$$[R]=\begin{bmatrix} 2 & 0 & 0 \\ -1 & 1 & 0 \\ 1 & -3 & 1 \end{bmatrix} \quad ③$$

이 얻어진다. ■

[예제 5.7] ■

다음 행렬을 상기의 프로그램을 이용하여 촐레스키 분해를 시도하고 그 결과를 비교하여 보자.

$$[A]=\begin{bmatrix} 1.44 & -0.36 & 5.52 & 0.00 \\ -0.36 & 10.33 & -7.78 & 0.00 \\ 5.52 & -7.78 & 28.40 & 9.00 \\ 0.00 & 0.00 & 9.00 & 61.00 \end{bmatrix}$$

풀이

```
A = [1.44 -0.36 5.52 0.00;-0.36 10.33 -7.78 0.00;...
    5.52 -7.78 28.40 9.00; 0.00 0.00 9.00 61.00];   % A의 입력
eig(A)                        % A의 고유값 확인(정정행렬의 확인)
R = choleski(A)               % 촐레스키 분해
A - R*R'                      % 결과의 확인
```

위 스크립터의 실행결과는 다음과 같다. ■

```
R =

  1.2000   0         0         0
 -0.3000   3.2000    0         0
  4.6000  -2.0000    1.8000    0
  0        0         5.0000    5.0000
```

```
A - R*R' ↵
ans =
  1.0e-014 *
     0         0         0         0
     0   -0.1776         0         0
     0         0         0         0
     0         0         0         0
```

위 스크립터와 동일한 내용을 Symbolic Math 표현을 이용하여 작성하고 이를 실행하면 다음과 같다. Symbolic Math 표현이 가지는 장점이 잘 들어나 있음을 볼 수 있다.

```
A = sym([1.44 -0.36 5.52 0.00;-0.36 10.33 -7.78 0.00;...
   5.52 -7.78 28.40 9.00; 0.00 0.00 9.00 61.00]) ↵ % Symbolic의 정의
```

```
R = choleski(A) ↵

  R =
[   6/5,    0,    0,  0]
[ -3/10, 16/5,    0,  0]
[  23/5,   -2,  9/5,  0]
[     0,    0,    5,  6]
```

```
A - R*R' ↵

  ans =
[ 0, 0, 0, 0]
[ 0, 0, 0, 0]
[ 0, 0, 0, 0]
[ 0, 0, 0, 0]
```

■ **MATLAB 제공 함수 chol(A)**

MATLAB 제공 함수 '>>Rm=chol(A)'의 실행결과는 상기의 함수 choleski(A)와 달리 $[A]=[R_m]^T[R_m]$을 만족한다는 점이다. 다시 말하면 chol(A)은 위삼각행렬을 출력한다는 것이다. [예제 5.7]의 행렬 $[A]$를 이용하여 이를 확인하면 다음과 같다.

```
Rm = chol(A);        % 촐레스키 분해 A=Rm'*Rm
A - Rm'*Rm           % 위의 결과와 완전히 동일하다

ans =
  1.0e-014 *
       0         0         0         0
       0   -0.1776         0         0
       0         0         0         0
       0         0         0         0
```

위에서 언급한 바와 같이 촐레스키 분해를 위해서는 주어진 행렬이 반드시 정정행렬로 되어야 한다. 이를 다음 스크립터로서 확인하여 보자.

```
n = 5; X = pascal(n)  % 크기 (5×5)인 파스칼행렬의 생성
R = chol(X) % 파스칼행렬의 촐레스키 분해
```

X = % 파스칼행렬					R = % 파스칼행렬의 촐레스키 분해				
1	1	1	1	1	1	1	1	1	1
1	2	3	4	5	0	1	2	3	4
1	3	6	10	15	0	0	1	3	6
1	4	10	20	35	0	0	0	1	4
1	5	15	35	70	0	0	0	0	1

```
X(n,n) = X(n,n)-1     % 행렬 X가 정정성(positiveness)을 제거한다.
chol(X)               % error message를 출력한다.
Error using chol
Matrix must be positive definite.
```

촐레스키 분해를 대수방정식 $[A][x]=[b]$에 적용하면 $[R]^T[R]=[b]$로 되며, 해는 MATLAB의 명령윈도에서 '>>x=R\(R'\b)'를 실행함으로서 계산된다. 일반적으로 MATLAB는 '\'의 계산을 실행하는 과정에서 '\'(backslash)의 왼쪽에 있는 행렬 $[R]$이 삼각행렬인지의 여부를 먼저 확인한다. 따라서 만약 삼각행렬로 주어졌다면 일반행렬의 '\'와는 다른 방식의 알고리즘으로 계산을 수행하기 때문에 일반 행렬에 대한 '\'의 계산보다 훨씬 적은 계산량으로 높은 정도의 해를 얻을 수 있다.

5.4.3 QR분해

QR분해란 임의의 정방행렬 $[A]$를 다음과 같이 분해하는 경우를 말한다.

$$[A] = [Q][R]$$

단, $[Q]$는 직교행렬이며 $[R]$은 위삼각행렬로 된다. 여기서 직교행렬(orthogonal matrix)이란 크기 $(n \times n)$인 행렬이 가지는 n개의 열벡터 사이에 $[x]_i^T \cdot [x]_j = 0$, $(i \neq j)$의 관계가 만족되는 행렬, 다시 말하면 n개의 열이 상호간에 직교하고 있는 행렬을 의미한다. 이와 동시에 각 열의 놈(norm)이 '1', 즉 $\| [x]_i \| = 1$, $(i = 1 \sim n)$로 되는 행렬을 특히 정규직교(orthonormal)행렬이라고 한다. 가장 간단한 2차원인 직교행렬의 예로서

$$\begin{bmatrix} \cos(\theta) & \sin(\theta) \\ -\sin(\theta) & \cos(\theta) \end{bmatrix}$$

를 들 수 있을 것이다. 이러한 직교행렬은 행렬의 변환(operator 작용) 등에 있어서 크기와 각도 등이 보존되어 이로 인한 오차 등을 증폭시키지 않기 때문에 수치계산에 있어 바람직한 것으로 간주된다.

QR분해를 이용하면 정방행렬이 아닌 경우에도 이를 unitary 행렬[18]과 위 삼각행렬과의 곱의 형식으로 표현할 수 있다. 여기에는 주어진 행렬의 열의 재배치를 통하여 분해를 만족하는 경우까지도 포함한다. 다시 말하면 QR분해에는 다음과 같은 두 가지 경우가 존재한다.

$$[A] = [Q][R] \text{ 또는 } [A][P] = [Q][R] \tag{5.41}$$

여기서 $[P]$는 $[A]$의 재배치를 위한 변환(permutation)행렬, $[Q]$는 직교행렬 혹은 단위행렬이며 $[R]$은 위삼각행렬을 각각 의미한다. QR분해를 위한 대표적인 알고리즘으로 Gram-Schmidt의 직교화법이 알려져 있지만 자세한 사항은 생략하고, QR분해를 위해 제공되는 MATLAB 함수의 사용법 등에 대해 간단히 언급한다.

QR분해를 위한 MATLAB 함수로 qr이 있다. 이하 이의 사용법을 중심으로 QR분해가 가지는 몇 가지 특징을 설명한다. 먼저 함수 qr의 기본적인 사용법은 다음과 같다.

```
① [Q,R] = qr(A), 혹은 ② [Q,R,E] = qr(A)
```

①의 경우 $[A] = [Q][R]$의 관계를 만족하며, ②의 경우 $[A][E] = [Q][R]$이다. 다음 행의 수(m)가 열의 수(n)보다 많은 경우에 대한 예를 이용하여 QR분해의 특징에 대하여 생각하여 보기로 한다.

18) unitary 행렬이란 $\| [Q]^T [Q] \| = 1$을 만족하는 행렬로서, orthonormal 행렬도 여기에 포함된다.

```
A =[1 2 3;4 5 6;7 8 9;10 11 12];  % (4×3)인 행렬
[Q,R] = qr(A)

Q =                                             R =
   -0.0776   -0.8331    0.5444    0.0605   -12.8841   -14.5916  -15.2992
   -0.3105   -0.4512   -0.7709    0.3251    0         -1.0413    -2.0826
   -0.5433   -0.0694   -0.0913   -0.8317    0          0          0.0000
   -0.7762    0.3124    0.3178    0.4461    0          0          0
```

위 삼각행렬인 $[R]$의 R(3,3)의 요소가 '0'으로 되어 있다는 사실로부터 주어진 행렬 $[A]$는 풀랭크(full rank)[19]를 가지지 않음을 알 수 있다. 다시 말하면 행렬 $[A]$가 풀랭크가 아니라는 사실은 $[A]$의 랭크가 '3'이 아니라 '2'라는 것을 의미한다. 또한, $[Q][R]=[A]$로 된다는 사실을 생각해보면 $[Q]$의 제일 오른쪽에 있는 열은 아무런 의미를 가지지 못함을 알 수 있다. 이런 경우에는 '`>>[Q, R]=qr(A,0)`'를 실행하면 $[Q]$의 네 번째 열과 $[R]$의 네 번째 행은 제거되어 $[Q]$는 (4×3), $[R]$은 (3×3)인 행렬로 되며, 이는 메모리 효율적인 활용 등의 면에서 바람직한 방법이다.

QR분해를 이용한 또 하나의 예로서 상기의 $[A]$와 같이 랭크가 부족한 행렬을 이용하여 연립방정식 $[A][x]=[b]$의 해를 구하는 문제를 생각하여 보자. 랭크가 부족한 행렬로 이루어진 대수방정식은 과잉결정계의 경우에 해당되어 일반적으로 해가 존재하지 않는다. 그러나 QR분해를 이용하면 $[A][x]\approx[b]$로 되는 해, 즉 근접한 해는 얻을 수 있다.

상기 행렬의 경우 $[A]$가 (4×3)이므로 이는 세 개의 미지수를 가지는 네 개의 연립방정식을 의미한다. 따라서 이는 과잉결정계로서 $[A][x]=[b]$를 만족하는 해는 존재하지 않는다[20]. 여기서 $[b]=[1\ 3\ 5\ 7]^T$로 두고 연립방정식의 해는 QR분해를 이용하여 근사해를 계산하여 보자. 이 경우 아래 스크립터와 같이 '랭크부족'이라는 경고 메시지와 함께 근사 해를 표시한다.

```
A =[1 2 3;4 5 6;7 8 9;10 11 12]; b = [1 3 5 7]';
x = A\b ↵                                % 랭크부족이라는 경고 메시지의 발생
Warning: Rank deficient, rank = 2,  tol = 1.4594e-014.

x =
    0.5000
    0
    0.1667
```

상기의 해 $[x]$는 다음 순서로서 계산된 것이다.

---

19) 크기 $(m\times n)$인 행렬$[A]$가 풀랭크를 가지지 않는다는 것은 rank([A]) 〈 min(m,n)로 된다는 것을 의미한다.
20) 다음 절 참조.

$[A][x]=[b] \rightarrow [Q][R][x]=[b]$: ① $[A]$를 QR분해한다.

$\rightarrow [Q'][Q][R][x]=[Q'][b]$: ② 양변에 $[Q']$을 곱한다.

$\rightarrow [R][x]=[Q'][b]$: ③ $[Q]$는 unitary 행렬이다(즉, $[Q'][Q]=[I]$).

$\rightarrow [x]=[R]\backslash[Q'][b]$: ④ 해 $[x]$의 계산

```
[Q,R] = qr(A);                          % ①의 실행
y = Q'*b;                               % ②, ③
x = R\y;                                % ④
tol = max(size(A))*eps*abs(R(1,1))      % 허용오차의 계산
```

이와 같이 QR분해를 사용하면, 랭크가 부족한 계수행렬 $[A]$로 구성된 연립방정식(즉 과잉결정계)에 있어서도 근접한 해를 구할 수 있다.

5.5 역행렬

정방행렬 $[A]$에 대하여 $[A][X]=[I]$, 또는 $[X][A]=[I]$를 만족하는 행렬 $[X]$를 $[A]$의 역행렬이라고 하고 $[A]^{-1}$로 표시한다. 역행렬의 계산은 본질적으로 대수방정식의 해를 구하는 과정과 동일하다. 예를 들어, $[A]$가 (4×4)인 경우에 대하여 $[A][X]=[I]$는

$$\begin{bmatrix} a_{11} & a_{12} & a_{13} & a_{14} \\ a_{21} & a_{22} & a_{23} & a_{24} \\ a_{31} & a_{32} & a_{33} & a_{34} \\ a_{41} & a_{42} & a_{43} & a_{44} \end{bmatrix} \begin{bmatrix} x_{11} & x_{12} & x_{13} & x_{14} \\ x_{21} & x_{22} & x_{23} & x_{24} \\ x_{31} & x_{32} & x_{33} & x_{34} \\ x_{41} & x_{42} & x_{43} & x_{44} \end{bmatrix} = \begin{bmatrix} 1 & 0 & 0 & 0 \\ 0 & 1 & 0 & 0 \\ 0 & 0 & 1 & 0 \\ 0 & 0 & 0 & 1 \end{bmatrix} \tag{5.42}$$

로 둘 수 있다. 행렬 $[X]$가 네 개의 열벡터로 구성되어 있는 것으로 생각하면, 위 식은 다음과 같이 네 개의 독립적인 대수방정식으로 분리할 수 있다.

$$\begin{aligned} &\begin{bmatrix} a_{11} & a_{12} & a_{13} & a_{14} \\ a_{21} & a_{22} & a_{23} & a_{24} \\ a_{31} & a_{32} & a_{33} & a_{34} \\ a_{41} & a_{42} & a_{43} & a_{44} \end{bmatrix} \begin{bmatrix} x_{11} \\ x_{21} \\ x_{31} \\ x_{41} \end{bmatrix} = \begin{bmatrix} 1 \\ 0 \\ 0 \\ 0 \end{bmatrix}, \quad \begin{bmatrix} a_{11} & a_{12} & a_{13} & a_{14} \\ a_{21} & a_{22} & a_{23} & a_{24} \\ a_{31} & a_{32} & a_{33} & a_{34} \\ a_{41} & a_{42} & a_{43} & a_{44} \end{bmatrix} \begin{bmatrix} x_{12} \\ x_{22} \\ x_{32} \\ x_{42} \end{bmatrix} = \begin{bmatrix} 0 \\ 1 \\ 0 \\ 0 \end{bmatrix} \\ &\begin{bmatrix} a_{11} & a_{12} & a_{13} & a_{14} \\ a_{21} & a_{22} & a_{23} & a_{24} \\ a_{31} & a_{32} & a_{33} & a_{34} \\ a_{41} & a_{42} & a_{43} & a_{44} \end{bmatrix} \begin{bmatrix} x_{13} \\ x_{23} \\ x_{33} \\ x_{43} \end{bmatrix} = \begin{bmatrix} 0 \\ 0 \\ 1 \\ 0 \end{bmatrix}, \quad \begin{bmatrix} a_{11} & a_{12} & a_{13} & a_{14} \\ a_{21} & a_{22} & a_{23} & a_{24} \\ a_{31} & a_{32} & a_{33} & a_{34} \\ a_{41} & a_{42} & a_{43} & a_{44} \end{bmatrix} \begin{bmatrix} x_{14} \\ x_{24} \\ x_{34} \\ x_{44} \end{bmatrix} = \begin{bmatrix} 0 \\ 0 \\ 0 \\ 1 \end{bmatrix} \end{aligned} \tag{5.43}$$

식(5.41)로 주어진 네 개의 대수방정식의 해를 구하는 방법은 앞에서 이미 언급한 바와 같이 LU분해 또는 가우스소거법 등을 이용하면 쉽게 얻을 수 있을 것이다.

5.5.1 역행렬의 계산방법

(1) LU분해에 의한 방법

식(5.43)의 네 개의 대수방정식은 모두 동일한 계수행렬을 가지고 있으므로 LU분해를 한 번만 수행하여, 각각의 식에 대하여 순대입 또는 역대입을 적용하면 네 개의 해를 얻을 수 있다. 이를 적절히 조합하면 $[A]$의 역행렬이 계산된다.

[예제 5.8]

다음 행렬의 역행렬을 LU분해를 이용하여 구하여 보자.

$$[A]=\begin{bmatrix} 0.2 & -5 & 3 & 0.4 & 0 \\ -0.5 & 1 & 7 & -2 & 0.3 \\ 0.6 & 2 & -4 & 3 & 0.1 \\ 3 & 0.8 & 2 & -0.4 & 3 \\ 0.5 & 3 & 2 & 0.4 & 1 \end{bmatrix}$$

풀 이 식(5.43)과 같은 형식의 다섯 개의 대수방정식에 LU분해를 적용하여 해를 구하는 문제를 생각한다.

```
A = [0.2 -5 3 0.4 0;-0.5 1 7 -2 0.3;...
   0.6 2 -4 3 0.1;3 0.8 2 -0.4 3;0.5 3 2 0.4 1];
[L,U] = lu(A);                  % LU 분해
Ainv=zeros(5,5);                % A-1의 공간 확보
for i=1:5
   b = zeros(5,1);b(i) = 1;
   x = U\(L\b);
   Ainv(:,i) = x;
end
Ainv*A                          % A-1×A=I 의 확인
```

위 스크립터로 구한 행렬이 역행렬로 됨을 확인하기 위해 $[A]^{-1}[A]=[I]$을 실행한 결과는 다음과 같다.

```
Ainv =
   -0.7079    2.5314    2.4312    0.9666   -3.9023
   -0.1934    0.3101    0.2795    0.0577   -0.2941
    0.0217    0.3655    0.2861    0.0506   -0.2899
    0.2734   -0.1299    0.1316   -0.1410    0.4489
    0.7815   -2.8751   -2.6789   -0.7011    4.2338

Ainv*A
    1.0000    0.0000    0.0000    0.0000    0
    0.0000    1.0000    0.0000    0.0000    0
```

```
    0.0000    0.0000    1.0000    0.0000    0
    0.0000   -0.0000   -0.0000    1.0000    0
    0        -0.0000   -0.0000   -0.0000    1.0000
```

이상과 같이 LU분해를 이용한 역행렬의 계산은 많은 반복계산을 필요로 하기 때문에 대규모의 행렬에 대해서는 상기의 방법, 즉 LU분해와 역대입, 순대입을 반복하는 방법은 계산시간의 면에서 반드시 효율적이라고 할 수는 없을 것이다. ■

(2) 가우스-죠단 소거법에 의한 방법

정방행렬에 가우스-죠단(Gauss-Jordan) 소거법을 적용하면 최종적으로 대각형식으로의 변환이 가능하다. 다시 말하면 행렬 $[A]$에 가우스-죠단 소거법을 적용하여 대각형식으로 만들고 이를 식(5.43)과 같은 n개의 대수방정식에 각각 적용한다면 역행렬을 얻을 수 있다. 이를 n개의 대수방정식에 동시에 적용하기 위해 계수행렬 $[A]$와 단위행렬 $[I]$을 좌우로 묶어서 하나의 행렬(즉 확대행렬)을 만들어 여기에 가우스-죠단 소거법을 적용한다. 다시 말하면 확대행렬 $[A \;\vdots\; I]$에 가우스소거법을 적용하여 확대행렬 내의 $[A]$부분을 단위행렬로 변환하면, 오른쪽 단위행렬 $[I]$의 자리에 $[A]$의 역행렬 즉 $[A]^{-1}$이 들어가게 된다. 즉,

$$\begin{bmatrix} a_{11} & a_{12} & a_{13} & a_{14} & 1 & 0 & 0 & 0 \\ a_{21} & a_{22} & a_{23} & a_{24} & 0 & 1 & 0 & 0 \\ a_{31} & a_{32} & a_{33} & a_{34} & 0 & 0 & 1 & 0 \\ a_{41} & a_{42} & a_{43} & a_{44} & 0 & 0 & 0 & 1 \end{bmatrix} \xrightarrow{\text{Gauss}-\text{Jordan}} \begin{bmatrix} 1 & 0 & 0 & 0 & x_{11} & x_{12} & x_{13} & x_{14} \\ 0 & 1 & 0 & 0 & x_{21} & x_{22} & x_{23} & x_{24} \\ 0 & 0 & 1 & 0 & x_{31} & x_{32} & x_{33} & x_{34} \\ 0 & 0 & 0 & 1 & x_{41} & x_{42} & x_{43} & x_{44} \end{bmatrix} \quad (5.44)$$

이다. 위식에서 오른 쪽의 $x_{ij}, (i,j = 1 \sim n)$이 $[A]$의 역행렬로 된다. 가우스-죠단 소거법에 의해 역행렬을 구하는 계산과정을 정리하면 다음과 같다.

■ **[역행렬을 구하는 알고리즘] : n차 행렬 $[A]$에 대하여**

i) 확대행렬 $[A \;\vdots\; I]$를 작성한다(단, $[A]$와 $[I]$는 같은 차수의 행렬이다).

ii) $[A]$가 정칙인지의 여부를 결정한다. 즉, $\det[A] \neq 0$ 을 확인한다.

iii) 가우스-죠단 소거법에 의하여 $[A]$를 대각행렬로 변환한다. 이 경우

(a) $\det[A] \neq 0$이면 $[A]$는 단위행렬 $[I]$로 변환되고 확대행렬의 오른쪽 부분의 행렬이 역행렬 $[A]^{-1}$로 된다.

(b) $\det[A] = 0$이면 $[A]$의 가우스행렬에는 모든 성분이 영인 하나 이상의 행이 존재하게 된다. 따라서 역행렬이 존재하지 않는다.

[예제 5.3]의 행렬 $[A]$를 사용하여 가우스-죠단 소거법으로 역행렬을 구하여 보자. 이 결과 [예제 5.3]의 방법으로 구한 역행렬과는 소수점 3자리 이하에서 약간 차이가 있음을 볼 수 있다. 이로부터 역행렬의 계산에는 계산방법에 따라 그 계산과정에서 오차가 쌓이기 쉽다는 것을 알 수 있다. 여기서도 Symbolic Math의 함수를 이용하여 프로그램을 작성하면 다음 표

시된 것과 유사한 결과를 다른 형식의 표현법으로 확인할 수 있을 것이다.

```
A = [0.2 -5 3 0.4 0;-0.5 1 7 -2 0.3;...
   0.6 2 -4 3 0.1;3 0.8 2 -0.4 3;0.5 3 2 0.4 1];
unit = ones(5,1);
Aaug = [A, diag(unit)];                          % Aaug = [A  :  I ]의 생성
[R] = rref(Aaug)                                 % row echelon form of A
R =
Columns 1 through 5

 1.0000    0        0        0        0
 0        1.0000    0        0        0
 0         0       1.0000    0        0
 0         0        0       1.0000    0
 0         0        0        0       1.0000

Columns 6 through 10

  -0.7080    2.5314    2.4312    0.9666   -3.9023
  -0.1934    0.3101    0.2795    0.0577   -0.2941
   0.0217    0.3655    0.2861    0.0506   -0.2899
   0.2734   -0.1299    0.1316   -0.1410    0.4489
   0.7815   -2.8751   -2.6789   -0.7011    4.2339
```

(3) 고유분해를 이용하는 방법

크기가 $(n \times n)$인 행렬 $[A]$가 다음과 같이 고유분해(Eigendecomposition)가 가능한 경우를 생각한다.

$$[A] = [Q][\Lambda][Q]^{-1} \tag{5.45}$$

여기서 행렬 $[Q]$는 행렬 $[A]$의 n개의 선형독립한 고유벡터 $[q]_i$, $(i = 1, \cdots, n)$로 이루어진 행렬이며 $[\Lambda]$는 대각선상에 $[A]$의 고유값을 가지는 대각행렬이다. 식(5.45)로부터

$$[A]^{-1} = [Q][\Lambda]^{-1}[Q]^{-1} \tag{5.46}$$

로 되며, 이때 $[\Lambda]$가 대각행렬이기 때문에 역행렬은

$$[\Lambda]_{ii}^{-1} = \frac{1}{\lambda_i} \tag{5.47}$$

로 되어 식(5.46)으로 역행렬을 쉽게 계산할 수 있다. 이 방법은 행렬 $[A]$의 고유분해가 가능한 경우에 한하는 것으로, $[A]$가 '0'의 고유값을 가지는 경우에는 적용할 수 없다.

(4) 촐레스키 분해를 이용하는 방법

만약 $[A]$가 정정행렬이라면 위에서 언급한 촐레스키분해가 가능하다. 즉,

$$[A]=[R][R]^T \quad \rightarrow \quad [A]^{-1}=\{[R]^T\}^{-1}[R]^{-1} \tag{5.48}$$

로 되어 역시 역행렬의 계산이 간단해 진다.

(5) MATLAB 함수 inv의 사용

역행렬의 계산을 위한 MATLAB 함수로 inv가 있으며 '>>Ainv=inv(A)'의 형식으로 사용된다. 그러나 행렬의 역행렬 그 자체를 필요로 하는 경우는 거의 없으며, 대부분의 경우 다음 절에서 다루는 대수방정식의 해를 구하는 과정에 나타난다. 다음 절을 참조한다.

5.6 MATLAB 함수를 이용한 대수방정식의 해

선형연립방정식 $[A][x]=[b]$의 해를 구한다는 것은 공학계산에 있어 중요한 문제의 하나이다. 이를 행렬의 분해 등을 이용하지 않고 MATLAB이 제공하는 함수만을 이용하여 대수방정식의 해를 구하는 문제를 생각하여 보자.

먼저 MATLAB 제공함수의 사용과정에 있어서 발생할 수 있는 수치적인 문제점을 살펴보기로 한다. $[A],[B]$라는 두 개의 행렬이 주어졌을 경우, $[A][X]=[B]$, 혹은 $[X][A]=[B]$를 만족하는 유일한 해 $[X]$가 존재하는지를 한 번 생각하여 보자. 먼저 스칼라의 경우, 예를 들어 '$7 \times x = 21$'에서 유일한 해가 존재하는가?' 라는 물음에 대한 답은 당연히 '예'이다. 이때 해는 $x = 21/7 = 3$ 계산, 즉 '나누기(division)'를 실행하여 얻어진다. 이때의 중요한 사실의 하나는 해가 7의 역수 $7^{-1} = 0.142857\cdots$ 를 21에 곱하여서 얻어진 것이 아니라는 점이다. 제1장에서 이미 설명한 바와 같이 만약 7^{-1}을 컴퓨터에서 채용하고 있는 유한개의 비트로서 정확하게 나타낼 수 있다고 하더라고 곱하기로서는 정확한 결과를 얻기가 쉽지 않을 것이다. 왜냐하면 컴퓨터에서 채용하고 있는 수식표현용 비트수에는 한계가 있기 때문이다.

이러한 사실로부터, 스칼라가 아니고 더 많은 개수의 미지수를 가지는 일반적인 $[A][X]=[B]$의 경우에는 계산과정에서 발생하는 오차를 줄이기 위해 가능한 한 그의 역행렬을 이용하지 않고 해를 구하는 방법이 요구된다. MATLAB에서는 이를 위해 행렬에 대한 나누기의 개념을 도입하였다. 즉, '/ (slash)'와 '\ (backslash)'가 그것이다. 예를 들면

$[A][X]=[B] \quad \rightarrow$ '>>X=A\B'

$[X][A]=[B] \quad \rightarrow$ '>>X=B/A'

위에서 보는 바와 같이 어느 쪽의 경우이던 행렬 $[A]$는 항상 '분모'의 역할을 하고 있음을 볼 수 있다. 이와 같은 '\'의 사용법을 간단히 알아보자.

■ **backlash('\ ')를 이용한 방법**

대수방정식 $[A][x]=[b]$에서 $[A]$는 $(n\times n)$인 계수행렬이며 $[b]$는 $(n\times 1)$인 벡터일 때 해 벡터 $[x]$는 다음과 같이 '\ '를 이용하면 간단히 계산된다.

```
x = A\b
```

■ **slash('/')를 이용하는 방법**

별로 사용되지는 않는 방법이긴 하나, 주어진 대수방정식의 형태에 따라 사용하기도 한다. 예를 들어, $[x][A]=[b]$의 형식으로 주어진 경우이다. 이때 $[x]$는 $(1\times n)$인 행벡터이며 $[b]$ 역시 같은 크기의 행벡터로 주어진다. 이때 해는

```
x = b/A
```

로 계산된다. 물론 $[x][A]=[b]$의 양변을 전치하면 '\ '를 사용하여 해를 구할 수 있다.

■ **역행렬를 이용하는 방법**

대수방정식 $[A][x]=[b]$의 양변에 $[A]^{-1}$을 곱하면 $[x]=[A]^{-1}[b]$로 되어 역행렬을 이용하여 간단히 해를 얻을 수 있다.

```
x = inv(A)*b   또는 x = A^(-1)*b
```

이상과 같이 세 가지 방법이 존재하지만, 앞서 언급한 바와 같이 가능하면 역행렬의 계산은 피하는 것이 정확도 등의 면에서 유리하다. 행렬의 차원이 낮은 경우에는 큰 차이가 없으나 차원이 높아짐에 따라 역행렬의 계산에는 상당한 오차 등이 발생하게 되므로 전절에서 설명한 LU분해 등을 적용하여 대수방정식의 해를 계산하여야 할 것이다.

여기서 차수가 높은 대수방정식의 해를 위의 두 가지 방법, 즉 '\ '와 inv를 이용하여 수행하고 그 결과를 비교하여 보기로 한다. 먼저 사용되는 행렬은 정규직교행렬로서 그 크기가 (500×500)이며 동시에 조건수로 10을 가진다.

```
n = 500; Q = orth(randn(n,n)); d = logspace(0,-10,n);
A = Q*diag(d)*Q';                        % orthonormal 행렬의 생성
x = randn(n,1); b = A*x;                 % Ax=b를 만족하는 x와 b를 생성
tic, y = inv(A)*b; toc                   % '\'에 의해 해를 계산
err = norm(y-x), res = norm(A*y-b)       % 실제값과의 오차 및 크기(norm) 계산
```

```
Elapsed time is 0.045343 seconds.        % 계산에 필요한 시간
err = 5.2088e-06 (오차),  res = 4.2307e-07(오차의 norm)
```

```
tic, y2 = A\b; toc                       % '\'에 의한 해의 계산
err = norm(y2-x), res = norm(A*y2-b)     % 실제값과의 오차 및 크기(norm) 계산

Elapsed time is 0.026391 seconds.
err = 3.9916e-06 (오차),   res = 3.5476e-15 (오차의 norm)
```

계산이 비교적 용이한 행렬을 이용한 결과임에도 두 방법에 의한 계산시간과 오차의 크기에는 차이가 발생하였음을 알 수 있다.

5.6.1 행렬 $[A]$가 임의의 크기를 가지는 경우

행렬 $[A]$가 항상 정방행렬로 주어지는 것은 아니기 때문에 $[A]$를 $(m \times n)$ 크기를 가지는 행렬이라고 가정하면 대수방정식 $[A][x] = [b]$와 관련하여 다음 세 가지 경우가 발생한다.

1) $m = n$: $[A]$가 정방행렬이며, 유일한 해가 존재한다[21].
2) $m > n$: 과잉결정계(Over determined system)로서 해는 존재하지 않으나, 주어진 식에 가장 근접한 해를 최소이승법(least square) 등의 방법으로 구할 수 있다
3) $m < n$: 과소결정계(Under determined system)이며 무한개의 해가 존재하나, 이중 선형독립인 해가 요구된다.

위의 각 경우에 대한 일반해의 계산법을 설명에서 중요한 역할을 하는 행렬의 랭크(rank, 혹은 계수)에 대하여 간단하게 언급한다.

■ 행렬의 랭크

행렬 [A]의 랭크의 정의는 여러 가지로 표현할 수 있으나 앞에서 설명한 행렬의 분해 등의 표현을 이용하면 다음과 같이 나타낼 수 있을 것이다.

[행렬의 랭크]

크기 $(m \times n)$인 행렬 $[A]$의 랭크는, $[A]$의 열벡터(또는 행벡터) 중에서 서로 선형독립인 벡터의 최대 개수이다[22]. 이는 $[A]$에 가우스-죠단 소거법을 적용하였을 경우 최종 행렬에 존재하는 '1'의 개수와 같다.

$$\mathrm{rank}([A]) \le \min(m,\ n) \tag{5.49}$$

특히, 식(5.49)에서 등호가 만족되는 경우 행렬 $[A]$가 '풀랭크(full rank)'를 가진다고 한다.

21) 항상 유일한 해가 존재하기 위해서는 $[A]$가 풀랭크를 가져야 한다. 즉, $[A]$는 정칙행렬이다.

```
rank(A)     % [A]의 랭크 확인
rref(A)     % 가우스-죠단 소거법을 실행한 결과- '1'의 개수확인
```

크기 (3×4)인 행렬 $[A]$의 랭크확인을 위해 가우스-죠단 소거법을 실행한 결과이다. 대각선 상에 두 개의 '1'만이 존재하므로 이 행렬의 랭크는 2이다. 이는 '>>rank(A)'를 실행하여도 쉽게 확인할 수 있다.

```
A = [1 1 1 1;1 -1 -1 1;2 0 0 2];
rref(A) ↲

ans =
     1     0     0     1
     0     1     1     0
     0     0     0     0
```

■ **일반해(general solution)**

대수방정식의 일반해란 방정식 $[A][x]=[b]$을 만족시키는 모든 해를 의미하며 일반적으로 다음과 같은 과정을 거쳐 결정한다.

i) $[A][x_h]=[0]$의 해를 구한다[23].

ii) 특수해로 불리는 비제차방정식 $[A][x_p]=[b]$의 해를 구한다.

iii) 일반해는 (제차방정식의 해 $[x_h]$)+(특수해 $[x_p]$)로 구성된다.

위의 과정으로부터 알 수 있는 바와 같이, 대수방정식의 해를 얻기 위해서는 반드시 제차방정식 $[A][x]=[0]$를 만족하는 해가 반드시 요구된다. 제차방장식의 경우 벡터 $[b]$가 $[0]$(즉 zero vector)이므로 $[x]=[0]$(즉 영벡터) 역시 해로 볼 수 있지만, 일반적으로 영벡터는 해로 간주하지는 않고 이를 사소한 해(trivial solution)라고 부른다. 따라서 $[x]\neq[0]$인 해의 존재여부가 대수방정식의 일반해의 결정에 중요한 역할을 한다.

행렬 $[A]$의 크기에 따른 해의 계산방법에 대하여 알아본다.

(1) $m=n$ ($[A]$가 정방행렬)인 경우

다음과 같이 두 가지 경우가 존재한다.

■ **$[A]$가 정칙인 경우**

$[A]$가 정칙(nonsingular), 즉 $\text{rank}([A])=n$를 만족하는 경우이다. 이와 같은 행렬은 항상 역행렬이 존재하기 때문에 제차방정식의 해는 $[x_h]=[A]^{-1}[0]=[0]$으로 되어

22) 벡터의 선형독립 등의 개념에 대해서는 참고문헌 참조.

23) $[b]=[0]$인 경우의 대수방정식을 일반적으로 제차방정식(homogeneous equation)이라고 한다.

$[x] = [0]$ 외에는 해를 가지지 않는다[24]. 따라서 $[A]$가 정칙행렬인 경우의 대수방정식은 단 하나의 특수해 $[x_p] = [A]^{-1}[b]$ 만이 존재하며 이는 지금까지 앞에서 다루어온 여러 방법을 이용하면 쉽게 해를 구할 수 있다.

벡터 $[b]$가 $[A]$와 동일한 크기의 행렬 $[B]$로 주어진 경우에도 위의 사실은 그대로 성립한다.

```
A = pascal(3); rank(A)          % A의 랭크를 확인
b = [3 1 4]';
x = A\b  또는 x = inv(A)*b      % 해의 계산
B = magic(3);                   % B가 행렬인 경우
X = A\B
```

위 스크립터에서 함수 pascal(n)은 차수가 n이며 정수만을 요소로 가지는 정정행렬을 생성하는 역할을 하며, magic(n)은 정수로 이루어진 $(n \times n)$인 행렬을 만들어 낸다. 이 경우 $[A]$가 정칙행렬이기 때문에 대수방정식을 만족하는 해는 단 하나뿐임을 확인할 수 있다.

■ $[A]$가 정칙이 아닌 경우

$[A]$가 정칙이 아닌 경우[25]의 대수방정식은 해가 존재하지 않거나, 혹은 반대로 수많은 해를 가질 수 있다[26]. 만약 $[A]$가 비정칙(즉 singular)에 가까운 특성[27]을 보이거나 혹은 특이행렬(singular matrix)인 경우에 해의 계산을 위해 '>>A\b'를 실행하면 MATLAB은 경고메시지 또는 에러메시지를 각각 발생한다.

$[A]$가 비정칙인 경우, 제차방정식 $[A][x] = [0]$은 $[x] \neq [0]$인 해 $[x_h]$가 존재하며 이는 MATLAB 함수 null 등을 이용하여 구할 수 있다. 한편 이 경우의 대수방정식은 확대행렬 $[A \ \vdots \ [b]]$을 구성하여 가우스소거법 등을 적용하면 다음 (3)항에서 설명하는 과소결정계에 해당한다는 사실을 확인할 수 있다. 따라서 해는 항상 존재하며((3)항 참조) 위에서 언급한 바와 같이 '특수해 $[x_p]$+제차방정식의 해 $[x_h]$'로 주어진다. 다음 예를 보자.

```
A = sym([1 3 7;-1 4 4;1 10 18]); b = sym([5 2 12]');  % Symbolic으로 정의
rank(A) ↵
        → ans = 2                % A의 랭크가 '2', 즉 비정칙
xo = null(A) ↵                   % 제차방정식의 해

     xo =
        -16/7
```

24) 여기서는 $[x] = [0]$인 사소한 해는 제외한다.

25) 정칙이 아닌 정방행렬을 singular matrix라고 한다.

26) 어떤 경우에 해가 존재하지 않고, 어떤 경우에 수많은 해가 존재하는지 등에 대한 문제는 선형대수 관련의 문헌을 참조한다.

27) 주어진 행렬이 singular에 가까울수록 대수방정식 등의 계산에 오차 등의 문제가 발생할 가능성이 크다. 함수 cond 참조를 참조한다.

```
        -11/7
         1
xp = A\b ↲                    % 특수해의 계산: 경고메시지와 함께 해를 출력한다.

Warning: System is rank deficient. Solution is not unique.
        xp =
             2
             1
             0
```

위 스크립터에서 함수 null은 행렬의 영화공간(null space)을 얻기 위한 명령어로서 다음과 같은 사용법을 가진다.

```
① Z = null(A)     혹은 ②  ZR = null(A,'r')
```

①의 실행결과 얻어진 Z는 $[A][Z] \approx [0]$, 또는 $[Z]'[Z] \approx [I]$을 만족한다. 여기서 '='를 쓰지 않고 '≈'을 사용한 것은 수치계산과정의 특성상 완전히 일치하는 값을 구하기는 어렵기 때문이다. 반면에 ②의 경우에는 $[A][ZR] = [0]$로 되는 유리식(rational) 표현의 행렬 $[ZR]$을 출력한다는 특징을 가진다.

따라서 '>>null(A)'를 실행하면 $[A][x] = [0]$을 만족하는 해 공간(space), 즉 영화공간의 기저벡터를 출력한다. 이상의 결과를 바탕으로 대수방정식을 만족하는 해는 $[x] = \alpha[x_o] + [x_p]$ (단, α는 임의의 정수)의 형식으로 주어지므로 사실상 무한개의 해를 가지는 것으로 된다.

위 스크립터의 예에서 만약 $[b] = [5,\ 2,\ 12]^T$에서 $[b] = [3,\ 6,\ 0]^T$으로 변경하였다면 $[A][x] = [b]$는 해를 가지지 않는다[28]. 그러나 이 경우에도 '>>xp2=pinv(A)*b'를 실행하면 해에 가장 근접한 값을 최소이승법(least-square method)으로 계산하여 출력한다. 다시 말하면 $[A][x_{p2}] = [b]$로는 되지 않으나 '>>(A*xp2-b)'를 최소로 하는, 즉 오차를 최소로 하는 해라는 것을 의미한다. 그러나 위 예제의 경우 오차가 $[-4\ -2\ 2]^T$로 되어 상당한 크기로 된다는 사실에 유의할 필요가 있다(아래 스크립터 참조).

```
b2 = sym([3 6 0]');
xp2 = A\b2; ↲                          % 해가 존재하지 않는다는 메시지

Warning: System is inconsistent. Solution does not exist.
        xp2 =
             Inf
             Inf
```

28) 행렬 $[A]$의 열공간 속에 벡터 $[b]$가 포함되지 않기 때문에 해가 존재하지 않는다.

```
              Inf
xp2 = pinv(double(A))*double(b2) ↵   % 유사역행렬을 이용한 해의 계산↵

xp2 =                                  A*xp2 - b2 =      % 오차의 확인
   -1.0892                                  -4.0000
    1.2512                                  -2.0000
   -0.5235                                   2.0000
```

(2) $m > n$인 경우

식의 개수(m)가 미지수의 개수(n)보다 많은 경우로서 일반적으로 과잉결정계(Over determined system)라고 부르고 있다. 이러한 경우의 대수방정식은 해가 존재하지 않는 경우가 대부분이다. 다음 예제를 보자.

[예제 5.9]

다음 대수방정식의 해가 존재하는 지를 확인하고 존재하는 경우 그 해를 구하여 보자.

(a) $\begin{cases} x_1 + x_2 = 1 \\ x_1 - x_2 = 3 \\ -x_1 + 2x_2 = -2 \end{cases}$　　(b) $\begin{cases} x_1 + 2x_2 + x_3 = 1 \\ 2x_1 - x_2 + x_3 = 2 \\ 4x_1 + 3x_2 + 3x_3 = 4 \\ 3x_1 + x_2 + 2x_3 = 3 \end{cases}$

풀이 위 두 문제 모두 식의 개수가 미지수의 개수보다 많은 과잉결정계이다.

(a)의 경우 계수행렬 $[A]$와 $[b]$로 구성된 확대행렬 $[A \,\vdots\, b]$에 대한 가우스소거법을 실현하면

$$\begin{bmatrix} 1 & 1 & \vdots & 1 \\ 1 & -1 & \vdots & 3 \\ -1 & 2 & \vdots & 2 \end{bmatrix} \rightarrow \begin{bmatrix} 1 & 1 & \vdots & 1 \\ 0 & 1 & \vdots & -1 \\ 0 & 0 & \vdots & 1 \end{bmatrix} \qquad ①$$

로 되며, 여기에 대응하는 1차방정식은

$$\begin{cases} x_1 + x_2 = 1 \\ \qquad x_2 = -1 \\ 0x_1 + 0x_2 = 1 \end{cases} \qquad ②$$

로 된다. 그런데 위 방정식의 마지막 행은 $0 = 1$을 의미하므로 모순이다. 따라서 위 연립방정식은 해가 존재하지 않는다. 다른 표현을 이용한다면, 행렬 $[A]$의 열벡터공간에 $[b]$가 포함되지 않는다는 것이다. 즉,

$$[b] = \begin{bmatrix} 1 \\ 3 \\ 2 \end{bmatrix} \notin C([A]) = \text{span}\left\{ \begin{bmatrix} 1 \\ 1 \\ -1 \end{bmatrix}, \begin{bmatrix} 1 \\ -1 \\ 2 \end{bmatrix} \right\}$$

로 되기 때문이다.

(b)의 경우 확대행렬 $[A \,\vdots\, b]$에 대한 가우스소거법에 의해

$$\begin{bmatrix} 1 & 2 & 1 & \vdots & 1 \\ 2 & -1 & 1 & \vdots & 2 \\ 4 & 3 & 3 & \vdots & 4 \\ 3 & 1 & 2 & \vdots & 3 \end{bmatrix} \rightarrow \begin{bmatrix} 1 & 2 & 1 & \vdots & 1 \\ 0 & 1 & 1/5 & \vdots & 0 \\ 0 & 0 & 0 & \vdots & 0 \\ 0 & 0 & 0 & \vdots & 0 \end{bmatrix} \qquad ③$$

이므로 여기에 대응하는 1차 방정식은

$$\begin{cases} x_1 + 2x_2 + \quad x_3 = 1 \\ \qquad\quad x_2 + \dfrac{1}{5}x_3 = 0 \end{cases} \qquad ④$$

이다. ④는 사실상 세 개의 미지수와 두 개의 식을 가지는 과소결정계에 해당한다. 다시 말하면 주어진 대수방정식 (b)은 외견상 네 개의 식과 세 개의 미지수로 이루어진 과잉결정계의 모양을 하고 있지만, 네 개의 식에 대한 가우스소거법(즉 행변환)을 수행하면 결국 세 개의 미지수로 된 두 개의 방정식만 남게 되어 과소결정계라는 사실을 알 수 있다. 과소결정계에 대한 해는 다음 단계에서 설명한다. ■

```
A = [1 1 1;1 -1 3;-1 2 2];b =  [1 3 -2]';                 % (a)의 경우
xp = pinv(A)*b              % 최소이승법에 의한 해
------------------------------------------------------------------------------
A = sym([1 2 1;2 -1 1;4 3 3;3 1 2]); b = sym([1 2 4 3]');  % (b)의 경우
xp = A\b                    % 특수해의 계산, 경고메시지와 함께 해를 출력한다.
xo = null(A)                % 제차방정식의 해
syms alpha                  % alpha를 Symbolic으로 정의한다.
x = alpha*xo+xp             % 일반해의 형식, 단 alpha는 임의의 정수
```

함수 pinv는 행렬의 의사역(pseudo-inverse)행렬을 계산하는 함수로서 '>>B=pinv(A)'의 형식으로 사용된다. 의사역행렬은 일반화역(generalized inverse)행렬로도 불리며 수학적으로 크기 $(m \times n)$인 행렬 $[A]$에 있어 다음과 같이 정의된다.

(a) $m > n$: $[A_L]^{-1} = \{[A]^T[A]\}^{-1}[A]^T \rightarrow [A_L]^{-1}[A] = [I_n]$

(b) $m < n$: $[A_R]^{-1} = [A]^T\{[A][A]^T\}^{-1} \rightarrow [A][A_R]^{-1} = [I_m]$

따라서 '>>B=pinv(A)'를 실행하면 $[A][B][A] = [A]$, 또는 $[B][A][B] = [B]$를 만족하는 행렬 $[B]$를 출력한다.

(3) $m < n$인 경우

방정식의 개수보다 미지수의 개수가 더 많은 대수방정식을 과소결정계(underdetermined system)라고 하며, 주어진 계수행렬 $[A]$와 벡터 $[b]$의 값에 따라 대수방정식은 해를 가지지 않거나, 혹은 무한개의 해를 가진다. 이를 다음의 예제를 이용하여 간단히 설명한다.

[예제 5.10]

다음 과소결정계의 해가 존재하는 지의 여부를 확인하고 존재하는 경우에는 해를 구하여보자.

(a) $\begin{cases} x_1 + 2x_2 + x_3 = 1 \\ 2x_1 + 4x_2 + 2x_3 = 3 \end{cases}$ (b) $\begin{cases} x_1 + x_2 + x_3 + x_4 + x_5 = 2 \\ x_1 + x_2 + x_3 + 2x_4 + 2x_5 = 3 \\ x_1 + x_2 + x_3 + 2x_4 + 3x_5 = 2 \end{cases}$

풀이 (a)의 경우 확대행렬 $[A : b]$에 가우스소거법을 적용하면

$$\begin{bmatrix} 1 & 2 & 1 & \vdots & 1 \\ 2 & 4 & 2 & \vdots & 3 \end{bmatrix} \rightarrow \begin{bmatrix} 1 & 2 & 1 & \vdots & 1 \\ 0 & 0 & 0 & \vdots & 1 \end{bmatrix} \quad ①$$

로 되어 (a)의 두식의 식은 다음과 같이 변형된다.

$$\begin{cases} x_1 + 2x_2 + x_3 = 1 \\ 0x_1 + 0x_2 + 0x_5 = 1 \end{cases} \quad ②$$

위의 두 번째 식을 만족하는 해 $[x]$는 존재하지 않으므로 대수방정식은 해가 존재하지 않는다는 사실을 알 수 있다. 이상의 사실을 MATLAB을 이용하여 확인하여 보자.

```
A = [1 2 1;2 4 2];        % 가우스소거법의 실행
rref(A) ↵
      ans =
                          1     2     1
                          0     0     0
```

'>>rref(A)'의 실행결과로부터 $[A]$가 가지는 세 개의 열을 가지고 벡터 $[b] = [1\ 3]^T$를 생성(span)할 수 없다는 사실을 쉽게 알 수 있다[29]. 이러한 경우, 즉 계수행렬의 열벡터로 이루어지는 공간에 벡터 $[b]$가 들어 있지 않기 때문에 위 대수방정식의 해는 존재하지 않는다. 그러나 이 경우에도 유사역행렬을 이용하면 최소이승법에 의한 해를 얻을 수 있다.

(b) 확대행렬 $[A : b]$에 가우스 소거법을 실행하면 다음과 같다.

$$\begin{bmatrix} 1 & 1 & 1 & 1 & 1 & \vdots & 2 \\ 1 & 1 & 1 & 2 & 2 & \vdots & 3 \\ 1 & 1 & 1 & 2 & 3 & \vdots & 2 \end{bmatrix} \rightarrow \begin{bmatrix} 1 & 1 & 1 & 0 & 0 & \vdots & 1 \\ 0 & 0 & 0 & 1 & 0 & \vdots & 2 \\ 0 & 0 & 0 & 0 & 1 & \vdots & -1 \end{bmatrix} \quad ③$$

이므로 여기에 해당하는 연립방정식은

$$\begin{cases} x_1 + x_2 + x_3 = 1 \\ x_4 = 2 \\ x_5 = -1 \end{cases} \quad ④$$

29) 세 개 열의 두 번째 요소가 전부 '0'이므로 어떤 조합을 이루더라도 [b]의 두 번째 요소 값인 '3'으로는 될 수 없다.

으로 된다. ③의 결과로부터 $[A]$의 다섯 개의 열벡터로서 생성되는 공간[30]은 벡터 $[b] = [2\ 3\ 2]^T$ 를 포함하고 있다는 것은 쉽게 알 수 있으므로, 위 대수방정식은 (무한한 개수의) 해가 존재한다. 이를 계산하여 보자.

우선 ④의 연립방정식으로부터 다섯 개의 미지수 중에서 x_4와 x_5는 이미 결정되어 있으므로, ④의 첫 번째 방정식으로부터 나머지 세 개의 미지수를 결정하여야 한다. 이러한 경우, 즉 세 개의 미지수를 가지지만 식이 하나뿐이 경우에는 세 개의 미지수 중 임의의 두 개를 자유변수로 설정한 뒤 나머지 하나를 자유변수의 함수로서 계산하는 방법을 취한다. 따라서 자유변수로서 예를 들어 $x_2 = k_1$, $x_3 = k_2$로 두면 나머지 x_1은 $x_1 = 1 - k_1 - k_2$로 될 것이다. 이 결과 연립방정식의 일반해는

$$x_1 = 1 - k_1 - k_2,\ x_2 = k_1,\ x_3 = k_2,\ x_4 = 2,\ x_5 = -1 \qquad ⑤$$

로 주어진다. ⑤를 해 벡터를 이용하여 다음과 같이 나타낼 수도 있다.

$$[x] = \begin{bmatrix} x_1 \\ x_2 \\ x_3 \\ x_4 \\ x_5 \end{bmatrix} = \begin{bmatrix} 1-k_1-k_2 \\ k_1 \\ k_2 \\ 2 \\ -1 \end{bmatrix} = \begin{bmatrix} 1 \\ 0 \\ 0 \\ 2 \\ -1 \end{bmatrix} + k_1 \begin{bmatrix} -1 \\ 1 \\ 0 \\ 0 \\ 0 \end{bmatrix} + k_2 \begin{bmatrix} -1 \\ 0 \\ 1 \\ 0 \\ 0 \end{bmatrix} \qquad ⑥$$

이를 MATLAB으로서 확인하여 보자. ■

```
A = sym([1 1 1 1 1;1 1 1 2 2;1 1 1 2 3]);b=sym([2 3 2]');
rref([A b])  ↵   % 해의 존재여부를 확인한다.
xo = null(A) ↵   % 제차방정식의 해: (4×2)의 벡터

    xo =
         [ -1, -1]
         [  1,  0]
         [  0,  1]
         [  0,  0]
         [  0,  0]
xp = A\b  ↵      % 경고메시지와 함께 특수해를 출력한다.

Warning: System is rank deficient. Solution is not unique.
         xp =
                1
                0
                0
                2
```

30) 즉 다섯 개의 열벡터의 선형결합으로 이루어지는 공간을 의미한다.

```
            -1

k1=3;k2=-2;                        % k1, k2는 임의의 정수
A*(k1*xo(:,1)+k2*xo(:,2)+xp)  % A*(일반해)=b로 되는지의 여부 확인
A*xp-b                             % 특수해의 오차 확인
```

5.7 수치해석상의 조건이 나쁜 방정식(ill-conditioned systems)

대수방정식의 해를 구하는 과정에서, 계수행렬 요소의 작은 변화가 해에 커다란 영향을 미치는 경우를 'ill-conditioned'인 방정식이라는 표현을 사용한다. 일반적으로 ill-conditioned 상태인 대수방정식의 계수행렬의 조건수는 1보다 상당히 큰 값을 가진다. 예를 들어, 대수방정식

$$\begin{cases} 6x_1 \quad -2x_2 = 10 \\ 11.5x_1 - 3.85x_2 = 17 \end{cases} \tag{5.50}$$

의 해는 단순한 계산을 이용하면 다음으로 주어진다.

$$x_1 = \frac{a_{12}b_2 - a_{22}b_1}{a_{12}a_{21} - a_{11}a_{22}} = \frac{-2\times17-(-3.85)\times10}{-2\times11.5-6\times(-3.85)} = \frac{4.5}{0.1} = 45 \tag{5.51}$$

$$x_2 = \frac{a_{21}b_1 - a_{11}b_2}{a_{12}a_{21} - a_{11}a_{22}} = \frac{11.5\times10-6\times17}{-2\times11.5-6\times(-3.85)} = \frac{13}{0.1} = 130$$

여기서 만약 a_{22}를 −3.85에서 −3.84로 변경하였다면 위 식의 해는

$$x_1 = \frac{a_{12}b_2 - a_{22}b_1}{a_{12}a_{21} - a_{11}a_{22}} = \frac{-2\times17-(-3.84)\times10}{-2\times11.5-6\times(-3.84)} = \frac{4.4}{0.04} = 110 \tag{5.52}$$

$$x_2 = \frac{a_{21}b_1 - a_{11}b_2}{a_{12}a_{21} - a_{11}a_{22}} = \frac{11.5\times10-6\times17}{-2\times11.5-6\times(-3.84)} = \frac{13}{0.04} = 325$$

로 되며 이를 식(5.51)과 비교하면 커다란 차이가 발생하였다는 사실을 확인할 수 있다. 이상의 결과는 대수방정식 식(5.50)이 'ill-conditioned'라는 사실을 보여주고 있다. 이러한 사실은 식(5.50)의 계수행렬에 대한 조건수로부터 쉽게 확인할 수 있다. 즉

$$[A] = \begin{bmatrix} 6 & -2 \\ 11.5 & -3.85 \end{bmatrix}, \quad [A]^{-1} = \begin{bmatrix} 38.5 & -20 \\ 115 & -60 \end{bmatrix}$$

이므로 식(5.7)을 이용하여 조건수를 계산하면

$$\text{Cond}([A]) = \|[A]\| \bullet \|[A^{-1}]\| = 15.35\times175 = 2686.25$$

로 되며, 1 norm을 사용한 경우에는 Cond([A])=1870.7의 값을 가진다. 따라서 계수행렬의

조건수가 '1'보다 상당히 크며, 이는 식(5.50)의 대수방정식이 'ill-conditioned'라는 사실을 보여주고 있다.

```
A = [6 -2;11.5 -3.85];
cond(A,'fro') 또는 cond(A, 1), cond(A, 'inf') 등을 확인
```

이와 같이 ill-conditioned 인 대수방정식의 해를 수치해석을 통하여 구하는 경우, 그 과정에서 큰 값의 오차가 발생할 가능성이 높다. 일반적으로 조건수가 어느 정도일 때 방정식이 ill-conditioned로 되는지를 구별하는 것은 어렵다. 이는 사용한 컴퓨터의 정도(precision)에도 의존하기 때문이다.

5.8 고유값과 고유벡터

고유값과 고유벡터는 공학을 포함한 다양한 분야에서 발생하는 문제의 해결을 위한 주된 역할을 하고 있을 뿐만 아니라, 행렬을 포함하는 수식계산 분야에 있어도 필수적으로 사용되고 있다. 여기서는 고유값과 고유벡터의 정의와 MATLAB을 이용하여 이들을 계산하는 방법 등에 대하여 간단히 언급한다.

5.8.1 정의

$[A]$를 $(n \times n)$인 정방행렬이라고 한다. 이때 다음의 행렬방정식이 벡터공간 R^n에 존재하는 임의의 영이 아닌 벡터 $[x]$에 대하여 만족된다면, λ를 행렬 $[A]$의 고유값(eigenvalue)이라고 한다.

$$[A][x] = \lambda [x] \tag{5.53}$$

또 위 식을 만족하는 벡터 $[x]$를 고유값 λ에 대응하는 고유벡터(eigenvector)라고 부른다. 고유벡터와 관련하여 다음 사항이 알려져 있다.

(a) λ가 행렬 $[A]$의 고유값이며 벡터 $[x]$를 그에 대응하는 고유벡터라고 하자. 이때 임의의 영이 아닌 스칼라 c에 대하여

$$[A](c[x]) = c[A][x] = c\lambda[x] = \lambda(c[x]) \tag{5.54}$$

가 성립한다. 다시 말하면 $c[x]$도 역시 행렬 $[A]$의 고유값 λ에 대응하는 고유벡터로 된다는 것을 의미한다.

(b) 식(5.53)에서 $[x] = [0]$으로 두면 어떠한 λ값에 대해서도 $[A][0] = [0] = \lambda[0]$으로 되어 식이 성립한다. 그러나 영벡터는 $[A]$의 고유벡터로 인정되지 않는다. 그러나 고유값은 영의 값을 가질 수 있다.

만약 λ 를 크기 $(n \times n)$인 정방행렬 $[A]$의 고유값이라 한다면, 위 정의에 의해 식(5.53)을 만족하는 벡터 $[x]$가 반드시 존재한다. 이러한 관계를 확인하여 보자. 우선 식(5.53)을 정리하면

$$([A]-\lambda[I])[x]=[0] \tag{5.55}$$

으로 된다. 위 식은 바로 전 절에서 설명한 n개의 미지수와 n개의 방정식을 가지는 연립방정식의 특별한 경우, 즉 $[b]=[0]$인 경우에 해당한다. 식(5.55)이 $[x]\neq[0]$인 해를 가지기 위해서는 $([A]-\lambda[I])$가 비정칙(즉 singular)으로 되어야 한다. 다시 말하면 행렬식

$$\det([A]-\lambda[I])=0 \tag{5.56}$$

를 만족하는 λ가 존재하는 경우에 식(5.55)은 $[x]\neq[0]$인 해를 가진다는 것을 의미한다. 이는 반대로 식(5.56)을 만족하도록 λ 를 지정한다면 $[x]\neq[0]$인 고유벡터가 존재한다는 것을 나타내고 있다.

행렬식 (5.56)을 전개하면

$$P(\lambda)=\det([A]-\lambda[I]_n)=\begin{vmatrix} a_{11}-\lambda & a_{12} & \cdots & a_{1n} \\ a_{21} & a_{22}-\lambda & \cdots & a_{2n} \\ \vdots & & & \vdots \\ a_{n1} & a_{n2} & \cdots & a_{nn}-\lambda \end{vmatrix}=0 \tag{5.57}$$

로 된다. 단 a_{ij}, $(i, j=1, \cdots, n)$은 행렬 $[A]$의 각 요소를 나타낸다. 이로부터

$$P(\lambda)=\lambda^n+\alpha_{n-1}\lambda^{n-1}+\cdots+\alpha_1\lambda+\alpha_o=0 \tag{5.58}$$

와 같은 λ에 관한 n차의 다항식이 얻어진다. 식(5.58)을 행렬 $[A]$의 특성다항식(charac-teristic equation)이라고 부른다. 여기서 식(5.57)의 행렬식을 라플라스 전개하여 식(5.58)과 비교함으로써 α_i, $(i=0, 1, \cdots, n-1)$와 행렬 $[A]$의 성분 a_{ij}, $(i, j=1, \cdots, n)$ 사이에 다음과 같은 관련성을 확인할 수 있다.

$$\alpha_{n-1}=-(a_{11}+a_{22}+\cdots+a_{nn})=-\text{trace}[A] \tag{5.59a}$$

$$\alpha_0=P(0)=\det(-[A])=(-1)^n\det[A] \tag{5.59b}$$

여기서 trace[A]란 행렬 $[A]$의 대각선 요소의 합을 나타낸다. 또한, 특성다항식 (5.58)이 n개의 근(즉 행렬 $[A]$의 고유값) $\lambda_1, \lambda_2, \cdots, \lambda_n$을 가진다면 특성다항식은 다음과 같이 전개될 수 있을 것이다.

$$P(\lambda)=(\lambda-\lambda_1)(\lambda-\lambda_2)\cdots(\lambda-\lambda_n) \tag{5.60}$$

$$=\lambda^n-(\lambda_1+\lambda_2+\cdots+\lambda_n)\lambda^{n-1}+\cdots+(-1)^n\lambda_1\lambda_2\cdots\lambda_n$$

여기서 식(5.60)과 식(5.59)를 비교하면, 행렬 $[A]$의 고유값과 행렬의 각 요소 사이의 관련성을 보여주는 식(5.59)와는 다른 형식의 관계식을 얻는다.

$$\text{trace}\,[A] = \sum_{i=1}^{n} \lambda_i \quad (\text{고유값의 합}) \tag{5.61a}$$

$$\det[A] = \prod_{i=1}^{n} \lambda_i \quad (\text{고유값의 곱}) \tag{5.61b}$$

예를 들어, (2×2)인 행렬

$$[A] = \begin{bmatrix} a & b \\ c & d \end{bmatrix}$$

에 대해서 식(5.58)을 계산하면

$$P(\lambda) = \det([A] - \lambda [I]_2) = \begin{vmatrix} a-\lambda & b \\ c & d-\lambda \end{vmatrix} = \lambda^2 - (a+d)\lambda + (ad-bc) = 0$$

으로 된다. 따라서 위식을 만족하는 두 개의 λ_1, λ_2가 $[A]$의 고유값으로 된다. 즉

$$\lambda_1 + \lambda_1 = a + d = \text{trace}\,[A], \quad \lambda_1\lambda_2 = ad - bc = \det[A]$$

의 관계로부터 고유값을 계산할 수 있다.

5.8.2 계산을 위한 알고리즘

고유값과 고유벡터의 계산을 위해 여러 종류의 알고리즘이 제안되어 있으나, 여기서는 행렬 $[A]$가 대칭이라는 전제[31] 아래 가장 대표적인 두 가지 방법을 간략하게 설명한다. 더 자세한 내용과 관련 프로그램은 전문서적을 참조바란다.

■ 야코비법(Jacobi Method)–등가변환에 의한 대각화법

식(5.53)을 만족하는 고유벡터 $[x]$에 대해 다음과 같은 변환을 수행한다.

$$[x] = [P][x^*] \tag{5.62}$$

여기서 $[P]$는 정칙행렬로 가정한다. 식(5.62)를 식(5.53)에 대입하고 양변의 왼쪽에서 $[P]^{-1}$을 곱한다.

$$[P]^{-1}[A][P][x^*] = \lambda [P]^{-1}[P][x^*] \;\rightarrow\; [A^*][x^*] = \lambda [x^*] \tag{5.63}$$

단, $[A^*] = [P]^{-1}[A][P]$이다. 이 과정에서 λ는 변화가 없기 때문에 $[A]$와 $[A^*]$의 고유값은 동일하다[32]. 여기서 변환행렬 $[P]$를 적절히 선정하면 $[A^*]$를 대각행렬로 바꿀 수 있다. 이 경우 식(5.63)은 다음과 같이 변환된다.

31) 실제로 물리적인 현상으로부터 발생하는 고유값문제는 행렬 $[A]$가 대칭으로 되는 경우가 많다.
32) 이와 같은 형식의 변환을 등가변환(Similarity Transformation)이라고 한다.

$$([A^*]-\lambda[I_n])[x^*]=\begin{bmatrix} A_{11}^*-\lambda & 0 & \cdots & 0 \\ 0 & A_{22}^*-\lambda & \cdots & 0 \\ \vdots & \vdots & \ddots & \vdots \\ 0 & 0 & \cdots & A_{nn}^*-\lambda \end{bmatrix}\begin{bmatrix} x_1^* \\ x_2^* \\ \vdots \\ x_n^* \end{bmatrix}=\begin{bmatrix} 0 \\ 0 \\ \vdots \\ 0 \end{bmatrix} \tag{5.64}$$

이상의 관계식으로부터 고유값과 고유벡터는 각각 다음으로 주어진다.

$$\lambda_1 = A_{11}^*,\ \lambda_2 = A_{22}^*,\cdots,\ \lambda_n = A_{nn}^* \tag{5.65a}$$

$$[x_1^*]=\begin{bmatrix} 1 \\ 0 \\ \vdots \\ 0 \end{bmatrix},\ [x_2^*]=\begin{bmatrix} 0 \\ 1 \\ \vdots \\ 0 \end{bmatrix},\ \cdots\ ,[x_n^*]=\begin{bmatrix} 0 \\ 0 \\ \vdots \\ 1 \end{bmatrix} \tag{5.65b}$$

또는

$$[X^*]=\{[x_1^*],[x_2^*],\cdots,[x_n^*]\}=[I_n] \tag{5.66}$$

로 된다. 식(5.62)의 관계로부터 $[A]$의 고유벡터는 다음 식을 만족한다는 것을 알 수 있다.

$$[X]=[P][X^*]=[P][I]=[P] \tag{5.67}$$

따라서 변환행렬 $[P]$는 $[A]$의 고유벡터로 이루어지며, 이 변환행렬에 의해 (등가)변환된 행렬 $[A^*]$의 고유값은 $[A]$와 일치한다는 사실을 확인할 수 있다.

이상의 관계를 사용하여 행렬의 고유값과 고유벡터를 계산할 수 있으나, 대각화 과정에서 주어진 행렬의 특성에 따라 수치계산 상의 여러 어려움이 동반된다.

■ 역 멱급수법(Inverse Power Method)

역 멱급수법은 식(5.53)을 만족하는 가장 작은 값의 고유값 λ_1과 관련된 고유벡터 $[x_i]$를 구하기 위한 반복적인 과정을 말한다. 이 방법은 다음과 같은 순서로 진행된다.

① 벡터 $[x_i]$의 근사값으로 $[v]$를 임의로 설정한다.

② 벡터 $[v]$에 대해 다음으로 주어진 식의 해 $[z]$를 구한다.

$$[A][z]=[v] \tag{5.68}$$

③ $|[z]|$를 계산한다.

④ $[v]=\dfrac{[z]}{|[z]|}$로 두고 위의 (2)~(4)의 과정을 $[v]$의 변화가 미소할 때까지 반복한다.

위 과정의 결과로서 고유값과 고유벡터는 각각 $|[z]|=\pm\dfrac{1}{\lambda_1}$과 $[v]=[x_1]$으로부터 얻어진다. 이때 λ_1의 부호는 다음과 같이 결정한다. 만약 벡터 $[z]$의 부호가 그 반복과정에서 연속적으로 바뀐다면 λ_1은 음의 값을 가지면, 그 이외에는 양의 값을 가진다.

상기의 과정을 수행하는 과정에서 행렬 $[A]$를 LU분해하여 사용한다면 다음과 같은 간단한 알고리즘으로 고유값의 최대와 최소값을 얻을 수 있다.

[최대 고유값]

(1) 주어진 초기값 $[x_o]$에서 출발하여 $[y]=[A][x]$, $\lambda=\dfrac{([y],[y])}{([y],[x])}$를 계산한다.

(2) $[x]=[y]$로 두고 (1)의 계산을 반복한다.

[최소 고유값]

(1) LU 분해, 즉 $[A]=[L][U]$를 수행한다.

(2) 초기값 $[u_o]$에서 시작되어 $[L][v]=[u]$ 및 $[U][w]=[v]$를 만족하는 벡터 $[w]$, $[u]$를 구한다.

(3) $\lambda=\dfrac{([w],[u])}{([w],[w])}$를 계산한다.

(4) $[u]=[w]$로 두고 (2), (3)의 과정을 반복한다.

이상의 알고리즘을 수행하는 프로그램의 예시를 아래에 나타내었다.

한편, 고유벡터를 구하기 위한 알고리즘을 간략히 언급한다. 즉, 식(5.53)의 고유벡터 $[x_i]$는 선형독립으로 되기 때문에 n차원 공간의 기저벡터로 될 수 있다[33]. 따라서 상기의 벡터 $[v]$와 $[z]$는 다음과 같은 벡터의 선형결합을 통한 표현이 가능하다.

$$[v]=\sum_{i=1}^{n} v_i[x_i],\quad [z]=\sum_{i=1}^{n} z_i[x_i] \tag{5.69}$$

여기서 스칼라 v_i와 z_i는 벡터 $[v]$와 $[z]$의 요소가 아니라는 점에 유의한다. 식(5.69)를 식(5.68)에 대입하면

$$[A]\sum_{i=1}^{n} z_i[x_i]-\sum_{i=1}^{n} v_i[x_i]=[0] \tag{5.70}$$

로 된다. 이때 $[A][x_i]=\lambda_i[x_i]$이므로 식(5.70)을 다음과 같이 쓸 수 있다.

$$\sum_{i=1}^{n}(z_i\lambda_i-v_i)[x_i]=[0]$$

이로부터

$$z_i=\frac{v_i}{\lambda_i} \tag{5.71}$$

이 얻어지며, 이를 식(5.69)에 대입하면

$$[z]=\sum_{i=1}^{n}\frac{v_i}{\lambda_i}[x_i]=\frac{1}{\lambda_1}\sum_{i=1}^{n} v_i\frac{\lambda_1}{\lambda_i}[x_i] \tag{5.72}$$

---

33) n차원공간의 기저벡터로 되기 위한 조건은 크기 (n×1)인 n개의 벡터 $[x_i]$, $(i=1\sim n)$가 선형독립으로 되어야 한다.

$$= \frac{1}{\lambda_1}\left(v_1[x_1] + v_2\frac{\lambda_1}{\lambda_2}[x_2] + v_3\frac{\lambda_1}{\lambda_3}[x_3] + \cdots\right)$$

로 된다. 여기서 $\left|\frac{\lambda_1}{\lambda_i}\right| < 1, (i \neq 1)$ 이므로 식(5.72)로부터 벡터 $[z]$를 구성하는 요소 중에서 벡터 $[x_1]$이 가장 큰 비중을 차지한다는 것을 알 수 있다. 따라서 $[z]$는 $[x_1]$에 근접한 값을 가지는 것으로 볼 수 있으며, 여기까지가 반복법의 첫 번째 과정이다.

두 번째 과정부터는 $[v] = \frac{[z]}{|[z]|}$로 두고 상기의 과정을 반복한다. 각 과정을 반복함에 따라 식(5.70)의 오른쪽의 첫 번째 항의 비중이 점점 증가하므로, 결과적으로

$$[z] = \frac{1}{\lambda_1}v_1[x_1] = \frac{1}{\lambda_1}[x_1]$$

으로 수렴한다. 즉, 이 단계에서는 $v_1 = 1, v_2 = v_3 = \cdots = 0$ 이므로 $[v] = [x_1]$으로 된다.

[최대 및 최소 고유값을 얻기 위한 프로그램]

```
function [lambda] = powerEigval(A, ip)
% Compute the largest eigen values of A
% by using Power Method
% USAGE: [lambda] = powerEig(A, ip)
% ip: number of iterations

x = input(' initial vector of x; ')  % 입력한 벡터는 x와 u의 초기값으로 사용된다.
p = 0;
lmax = zeros(ip,1); lmin = zeros(ip,1);
[L,U] = lu(A); u = x;

while 1
    p = p + 1; y = A*x;
    lambdamax = (y'*y)./(y'*x);
    lmax(p) = lambdamax;
    v = L\u; w = U\v;
    lambdamin = (w'*u)./(w'*w);
    lmin(p) = lambdamin;
    if p >= ip, break, end
    x = y; u = w;
end
lambda = [lmax lmin];
```

행렬의 고유값과 고유벡터를 구하기 위한 대표적인 방법의 개요를 간략히 언급하였다. 두 방법 모두 많은 양의 행렬조작을 필요로 하기 때문에 주어진 행렬의 특성에 따라 그 결과에는 상당한 크기의 오차가 포함되어 있을 가능성이 높기 때문에 주의가 필요하다.

5.8.3 MATLAB 제공함수의 사용

식(5.53), 즉 제차방정식 $([A]-\lambda[I])[x]=[0]$을 만족하는 벡터의 계산은 고유값 λ가 주어졌다면 전절의 방법, 즉 연립방정식의 해법을 동원하여 계산할 수 있다. 자세한 내용은 생략하고 MATLAB에서 이들의 계산방법을 예제를 이용하여 알아본다.

MATLA이 제공하는 고유값과 고유벡터의 계산을 위한 함수로서 eig가 있다. MATLAB은 보통 고유값과 고유벡터를 동시에 계산하는 방법을 취하고 있으며, 고유값계산을 위한 컴퓨터용 라이브러리(Library)인 EISPACK에 있는 QR법에 기초를 둔 서브루틴(subroutine)을 채용하고 있다. 이러한 방법에 대한 구체적인 설명은 본서의 범위를 넘는 것이기 때문에 설명은 생략하고 그 사용법만을 간단히 소개한다.

```
lam = eig(A) 혹은 [V, D] = eig(A)의 형식으로 사용
```

이 경우 [lam]에는 $[A]$의 n개의 고유값이 들어 있으며, 행렬 $[V]$와 $[D]$는

$$[A]\cdot[V]=[V]\cdot[D] \tag{5.73}$$

을 만족하는 행렬이며, $[V]$의 n개의 열벡터는 $[A]$의 고유벡터이며, $[D]$는 대각행렬로서 고유값이 그의 대각선상에 배치되어 있다.

```
A = [6 -7 2;4 -5 2;1 -1 1];
[V,D] =eig(A) ↵

V =                                   D =
   -0.7071   -0.8018    0.5774          -1.0000        0          0
   -0.7071   -0.5345    0.5774           0          2.0000        0
   -0.0000   -0.2673    0.5774           0          0          1.0000
```

위 결과로부터 식(5.56)을 확인하여 보자. 예를 들어, $[A]$가 가지는 세 개의 고유값 중 $\lambda=2$와 그의 고유벡터인 $[V]$의 두 번째 열을 사용한다.

```
(A - D(2,2)*eye(3))*V(:,2) ↵ % = 0으로 되는지를 확인

 ans =
  1.0e-014 *

        -0.0999
        -0.0111
        -0.1887
```

[예제 5.11]

다음 행렬 $[A]$의 고유값과 고유벡터를 구하여 보자.

$$[A] = \begin{bmatrix} 1 & -2 & 4 \\ 3 & -4 & 4 \\ 3 & -2 & 2 \end{bmatrix}$$

풀 이 먼저 식(5.57)을 이용하여 고유값을 계산한다. 즉

$$P(\lambda) = \det([A] - \lambda[I_3]) = \begin{vmatrix} 1-\lambda & 2 & 4 \\ 3 & -\lambda & 4 \\ 0 & 0 & 2-\lambda \end{vmatrix} = (\lambda+2)^2(\lambda-3) = 0$$

로부터 고유값은 $\lambda_1 = 3$과 $\lambda_{2,3} = -2$ (2중근)으로 주어진다. λ_1과 λ_2를 적용한 식(5.55)의 제차방정식으로부터 세 개의 고유벡터를 구한다. 다음 스크립터를 보자.

```
A = [1 -2 4;3 -4 4;3 -2 2];
lam = eig(A)' ↲                        % 세 개의 고유값 확인
   ans =
        3    -2    -2
Alam_1 = A-lam(1)*eye(3);              % [A]-λ1[I]
v1 = null(Alam_1,'r')                  % ([A]-λ1[I])[v1]=[0]
Alam_2 = A-lam(2)*eye(3);              % [A]-λ2[I]
v2 = null(Alam_2,'r')                  % ([A]-λ2[I])[v2]=[0]

v1 =         v2 =
     1           0.6667   -1.3333
     1           1.0000    0
     1           0         1.0000
```

여기서 $([A] - \lambda_2[I])$ 에 가우스-죠단 소거법을 실행한 결과는

```
rref(Alam_2)

ans =
     1.0000   -0.6667    1.3333
     0         0         0
     0         0         0
```

로 되어 제차방정식은 사실상 $x_1 - 0.6x_2 + 1.3x_3 = 0$로 되었다. 이는 앞서 설명한 세 개의 미지수와 하나의 방정식을 가지는 과소결정계에 해당한다. 따라서 $\lambda_{2,3} = -2$ (2중근)에 대하여 $([A] - \lambda_2[I])[v_2] = [0]$을 만족하는 두 개의 고유벡터가 존재함을 알 수 있으며, 이는 MATLAB 함수 null을 사용하면 쉽게 얻을 수 있다. ■

[예제 5.11]에 Symbolic Math를 적용하면 다음과 같다. 위 문제의 풀이와 비교해보기 바란다.

```
As = sym([1 -2 4;3 -4 4;3 -2 2]);
[V,D] = eig(As) ↵
```

```
V =                          D =
[ 1, 2/3, -4/3]              [ 3,  0,  0]
[ 1,   1,    0]              [ 0, -2,  0]
[ 1,   0,    1]              [ 0,  0, -2]
```

■ **특이값 분해(Singular Value Decomposition)**

행렬의 해석, 특히 벡터공간에서 차원이 다른 벡터공간으로의 사상(mapping)[34] 등의 문제 해결에 있어 빼놓을 수 없는 것 중의 하나가 특이값 분해이다. 자세한 설명은 관련 문헌으로 미루고 여기서는 MATLAB을 사용한 실제 계산에 관한 것에 한정한다.

크기가 $(n \times n)$인 정방행렬 $[A]$의 특이값(singular value) σ와 그에 상응하는 한 쌍의 벡터 $[u]$, $[v]$를 다음 관계가 성립하도록 설정한다.

$$[A][v_i] = \sigma_i [u_i] \tag{5.74a}$$

$$[A]^T [u_i] = \sigma_i [v_i] \tag{5.74b}$$

위 관계를 만족하는 n개의 특이값 σ_i을 대각선상에 가지는 대각행렬 $[\Sigma]$와, 한 쌍의 벡터 $[u_i]$와 $[v_i]$로부터 행렬 $[U] = [u_1\, u_2 \cdots u_n]$, $[V] = [v_1\, v_2 \cdots v_n]$을 구성한다면 식(5.74)로부터

$$[A][V] = [U][\Sigma] \tag{5.75a}$$

$$[A]^T [U] = [V][\Sigma] \tag{5.75b}$$

의 관계가 성립함을 알 수 있다. 이 경우 행렬 $[U]$와 $[V]$는 직교행렬의 조건, 즉 $[U] \cdot [U]^T = [I]$, $[V][V]^T = [I]$를 만족하기 때문에 식(5.75)로부터 다음 식을 얻는다.

$$[A] = [U][\Sigma][V]^T \tag{5.76}$$

일반적으로 크기 $(m \times n)$인 행렬에 대한 특이값 분해를 수행하면 $(m \times m)$인 $[U]$, $(m \times n)$인 $[\Sigma]$ 및 $(n \times n)$인 $[V]$를 얻는다. 다시 말하면 행렬 $[U]$와 $[V]$는 정방행렬이며 $[\Sigma]$는 $[A]$와 동일한 크기의 행렬로, 만약 $[A]$의 행의 수(m)가 열의 수(n)보다 훨씬 큰 경우(즉, $m > n$)에는 $[U]$는 상당히 큰 행렬로 되어버린다. 그러나 식(5.76)을 보면 알 수 있는 바와 같이 $[U]$의 $(m-n)$개의 열은 $[\Sigma]$에 있는 '0'이 곱하여지게 되어 있으므로 실제

34) 사실상 대수방정식 $[A][x] = [b]$도 이러한 문제의 범주에 해당한다. $[A]$가 (m×n)이라면 행렬 $[A]$의 역할은 n차원의 공간에 존재하는 벡터 $[x]$를 m차원의 공간상에 존재하는 벡터 $[b]$로 mapping할 때 발생하는 문제를 다루는 것으로 볼 수 있을 것이다.

의 계산에는 의미가 없다. 따라서 시간과 메모리 등의 절약을 이유로 특이값 분해 시에 $[U]$의 $(m-n)$개의 열을 나타내지 않고 $[U]$의 크기를 $(m \times n)$으로 한정하여 출력하기도 한다(아래 프로그램 참조).

만약 $[A]$가 정방이고 대칭이면서 동시에 정정행렬이라면 $[A]$의 고유값과 특이값은 동일한 값을 가진다. $[A]$가 대칭성과 정정성(positive definiteness)으로부터 멀어질수록 두 값 사이의 차이가 점점 커지기 시작한다. 특히 실수 행렬[35]의 특이값 분해에 의한 결과는 항상 실수로 되지만, 실수이며 비대칭인 행렬의 고유값은 복소수를 가질 수도 있다.

```
A = [1 2;3 4;5 6;7 8];
[U,S,V] = svd(A)

U =
    -0.1525   -0.8226   -0.3945   -0.3800
    -0.3499   -0.4214    0.2428    0.8007
    -0.5474   -0.0201    0.6979   -0.4614
    -0.7448    0.3812   -0.5462    0.0407

S =                                V =
    14.2691    0                           -0.6414    0.7672
     0         0.6268                      -0.7672   -0.6414
     0         0
     0         0

U*S*V'                  % A = U*S*V' 의 확인
```

```
[Uo,So,Vo] = svd(A,0)

Uo =                             So =
   -0.1525   -0.8226                       14.2691      0
   -0.3499   -0.4214                        0           0.6268
   -0.5474   -0.0201
   -0.7448    0.3812
% U의 원래크기가 (4×4)이지만 줄여서 (4×2)로 표기.
% V는 변화 없음.
```

$[U] \cdot [S] \cdot [V]^T$를 실행한 결과는 컴퓨터의 오차범위 내에서 $[A]$와 일치한다는 사실을 확인할 수 있다.

특이값 분해를 수행하는 함수 svd는 Symbolic Math Toolbox에서도 사용가능하기 때문에 동일한 형식으로 그 결과를 확인해 볼 수 있다.

---

35) 실수 행렬이란 행렬의 모든 요소가 실수인 경우를 의미한다.

연습문제

아래의 문제를 계산기 등을 사용하지 않고 해결하라. 만약 MATLAB의 도움이 필요하다면 반드시 관련된 스크립터를 첨부하고 이에 대한 설명이 필요하다. 특히 행렬과 관련된 계산의 경우 가능하면 MATLAB이 제공하는 함수를 사용하지 않고 문제를 해결할 수 있는 방법을 찾아보기를 권한다.

1. 다음 연립방정식의 해를 가우스소거법을 이용하여 구하여라.

$$\begin{aligned} x_1 + 2x_2 + 2x_3 &= 1 \\ x_1 - 2x_2 + 2x_3 &= -3 \\ 3x_1 - x_2 + 5x_3 &= 7 \end{aligned}$$

2. 다음 두 개의 행렬이 주어져 있다.

$$[A] = \begin{bmatrix} 3 & -1 & 2 \\ 0 & 1 & 3 \\ -2 & 2 & -4 \end{bmatrix}, \quad [B] = \begin{bmatrix} 0 & 1 & 3 \\ 3 & -1 & 2 \\ -2 & 2 & -4 \end{bmatrix}$$

여기서 $[B]$는 행렬 $[A]$의 첫 번째 행과 두 번째 행을 교환하여 얻어진 것이다. 이때

$$[A]^{-1} = \begin{bmatrix} 0.5 & 0 & 0.25 \\ 0.3 & 0.4 & 0.45 \\ -0.1 & 0.2 & -0.15 \end{bmatrix}$$

로 주어졌을 경우 $[B]^{-1}$를 계산하여라.

3. 다음 두 개의 선형방정식에 대해 각 물음에 답하라.

$$\begin{cases} 0.0003x_2 + 1.566x_2 = 1.569 \\ 0.3454x_1 - 2.436x_2 = 1.018 \end{cases}$$

(a) 가우스소거법을 이용하여 유효숫자 네 자리까지로 하여 위 연립방정식의 해를 구하여라.

(b) 위 방정식의 순서를 바꾸고, 역시 가우스소거법을 적용하여 해를 유효숫자 네 자리까지 구하여 보라.

위 두 가지 경우의 해를 원래 식에 대입하고 그 결과의 정확성을 확인하라.

4. 다음 두 개의 연립방정식을 가우스소거법과 가우스-죠단법을 각각 적용하여 해를 구하여라.

(a) $\begin{cases} 2x_1 + \ \ x_2 + 4x_3 - 2x_4 = 19 \\ -3x_1 + 4x_2 + 3x_3 + 2x_4 = 1 \\ 3x_1 + 5x_2 - 2x_3 + \ \ x_4 = 8 \\ -2x_1 + 3x_2 + 2x_3 + 4x_4 = 13 \end{cases}$ (b) $\begin{cases} x_1 + 2x_2 - 2x_3 \ \ = 9 \\ 2x_1 + 3x_2 + x_3 \ \ = 23 \\ 3x_1 + 2x_2 - 4x_3 = 11 \end{cases}$

5. 다음 행렬 $[A]$의 LU분해를 가우스소거법을 이용하여 수행하여라.

$$[A] = \begin{bmatrix} 1 & 2 & 3 \\ 4 & 5 & 6 \\ 3 & 2 & 2 \end{bmatrix}$$

6. 다음 행렬의 역행렬을 가우스-죠단법을 이용하여 계산하여라.

$$[A] = \begin{bmatrix} -4/5 & -3/5 & -2/5 \\ -3/5 & -6/5 & -4/5 \\ -2/5 & -4/5 & -6/5 \end{bmatrix}, \ [B] = \begin{bmatrix} 4 & -2 & 1 \\ -2 & 1 & -1 \\ 1 & -2 & 4 \end{bmatrix}$$

7. 크기 $(n \times n)$ 인 아래삼각행렬의 역행렬을 계산하는 MATLAB 프로그램을 작성하여라. 단 그 과정에서 순대입법만을 사용하기로 한다. 이 프로그램을 아래의 행렬로서 확인하여라.

$$[A] = \begin{bmatrix} 36 & 0 & 0 & 0 \\ 18 & 36 & 0 & 0 \\ 9 & 12 & 36 & 0 \\ 5 & 4 & 9 & 36 \end{bmatrix}$$

또한 위 프로그램을 이용하여 $[A][A]^{-1}$을 계산하고 그 결과에 대해 설명하라.

Chapter 6

다항식과 보간법

수학에서 다항식(polynomial)이란 변수(variables)와 상수(constants)로서 더하기, 빼기, 곱하기 및 비음(non-negative)의 정수 멱지수(integer exponents)의 연산 등으로 이루어진 한정된 길이의 수식표현을 의미한다. 나누기의 경우 상수에 의한 나누기, 예를 들어 $x^2 - x/5 + 6$ 은 다항식으로 인정되지만, $x^2 - 4/x + 7x^{3/2}$는 다항식이 아니다. 왜냐하면 두 번째 항은 변수 x에 의한 나누기를 포함하고 있으며, 또한 세 번째 항은 비음이지만 정수가 아닌 멱지수 항 $x^{3/2}$가 존재하고 있기 때문이다.

여기서는 다항식을 평가하기 위한 1변수의 다항식 함수(polynomial function)

$$P_n(x) = a_1 x^n + a_2 x^{n-1} + \cdots + a_n x + a_{n+1}$$

에서 다항식 함수의 근, 즉 $P_n(x) = 0$을 만족하는 x의 기본적인 계산법을 이해한 뒤, 관련 MATLAB 함수의 사용법 등을 예제를 중심으로 언급한다. 이를 위해 먼저 다항식보다 수식표현이 자유로운 일반적인 1변수 함수의 근을 구하기 위한 몇 가지 알고리즘에 대해 설명한다. 이후 근을 구하는 과정에서 발생하는 보간(interpolation)문제에 대해서도 예제를 중심으로 그 알고리즘과 사용법을 구체적으로 설명한다.

6.1 함수의 근

공학적 문제의 해석 등에서 자주 만나게 되는 가장 일반적인 사항은, 다양한 형식으로 주어진 1변수 함수 $f(x)$에서 $f(x) = 0$으로 하는 x의 값을 계산하는 것이다. 이와 같이 $f(x) = 0$을 만족하는 x를 근(roots), 또는 $f(x)$의 영점(zero)라고 한다.

함수의 근을 구하기 위한 대부분의 알고리즘은 근의 추정값에서 시작하는 반복계산으로서 초기 추정값의 오차를 점차적으로 줄여가는 방식을 취하고 있다. 따라서 반복계산의 시작점인 근의 추정값의 적절한 설정은 반복 알고리즘의 성패를 좌우하는 중요한 요소이지만, 이를 위한 특별한 방법은 현재 존재하지 않는다.

여기서는 먼저 하나의 변수만을 가지는 1변수(single variable) 함수의 근을 구하기 위한 알고리즘 중에서 대표적인 두 가지를 간단히 소개한다. 식의 전개와 프로그램의 간략함을 위해 함수는 실수근만을 가지는 것으로 가정한다.

6.1.1 이등분법(Bisection Method)

함수 $f(x)=0$의 근이 구간 (x_1, x_2) 내에 있다는 사실이 알려져 있는 경우, 이등분법은 이 구간이 충분히 작게 될 때까지 연속적으로 반으로 나누어 해를 구하는 방법을 말한다. 이 방법은 계산상으로는 가장 신뢰할 수 있는 방법이지만, 다른 방법에 비해 상대적으로 수렴속도가 느린 것이 단점이다. 이로 인해 이 방법은 더 빨리 수렴하는 알고리즘에서의 초기값(starting point)으로 사용하기 위한 근의 대략적인 값을 알고자 하는 경우에 주로 사용된다.

이 방법은 구간 (x_1, x_2)에서 정의되어 있는 함수 $f(x)$가 $f(x_1) \cdot f(x_2) < 0$의 조건을 만족하는 경우에 $f(x)=0$을 만족하는 (실수)근을 구하는데 사용된다. 이를 간단히 설명한다.

만약 $f(x_1) \cdot f(x_2) < 0$가 만족된다면 구간 (x_1, x_2) 사이에 해가 반드시 하나 이상 존재한다. 이 구간을 다시 반으로 나누기 위해 구간 (x_1, x_2)의 중간점인 $x_3 = \frac{1}{2}(x_1 + x_2)$에서 함수 값 $f(x_3)$ 를 계산한다. 만약 $f(x_2) \cdot f(x_3) < 0$이라면 해는 구간 (x_3, x_2)에 존재하므로 원래 구간의 x_1을 x_3로 변경한다[1)], 그렇지 않다면 근은 구간 (x_1, x_3)에 존재하므로 원래 구간의 x_2를 x_3로 변경한다. 어떠한 경우에 해당하더라도 새로운 구간은 원래 구간의 반으로 줄어든다. 이와 같이 구간을 단계적으로 이등분하는 방법으로 구간의 크기가 어떤 주어진 작은 값 ϵ, 즉

$$|x_2 - x_1| \le \epsilon$$

로 될 때까지 반복한다. 미리 지정된 ϵ에 도달할 때까지 필요한 이등분의 횟수는 다음과 같이 계산가능하다. 즉 원래의 구간간격 Δx는 1회의 이등분으로 $\Delta x/2$로 되었으며, 두 번째 이등분으로 $\Delta x/2^2$로 된다. 따라서 n 번째의 이등분 후에는 간격은 $\Delta x/2^n$으로 될 것이다. 따라서 $\Delta x/2^n = \epsilon$로 두고 횟수를 계산하면 다음 식을 얻는다.

$$n = \frac{\ln(|\Delta x|/\epsilon)}{\ln(2)} \tag{6.1}$$

이 방법은 f가 구간 (x_1, x_2)에서 연속이고 $f(x_1) \cdot f(x_2) < 0$를 만족한다면 함수 $f(x)=0$의 근에 수렴하는 것을 보장한다. 이 경우의 절대오차는 반복회수에 따라 선형적으로 영으로 수렴하지만 그 속도는 비교적 느린 것으로 알려져 있다.

---

1) 구간 (x_1, x_2)의 사이에 x_3가 위치하고 있다는 점에 유의한다. 즉, $|x_1| \le |x_3| \le |x_2|$의 관계가 성립한다.

근이 구간 (x_1, x_2) 내에 존재한다는 가정 아래 $f(x)=0$의 근을 이등분법으로 구하는 예제 프로그램을 아래에 제시하였다. 이 프로그램의 입력 항 중에서 'filter'는 특이점의 확인에 사용된다. 만약 'filter=1'로 설정한다면 한 차례의 구간 이등분을 실행할 때마다 함수 $f(x_i)$의 크기가 감소하는 지의 여부를 강제적으로 확인한다[2]. 만약 감소하지 않는다면 그 (작은) 구간 내에 근이 존재하는 것이 아니라 특이점(singularity)이 존재한다는 사실을 보여주고 있기 때문에, 이 경우 'root = NaN', 즉 '근이 없음'을 출력한다. 대부분의 경우 주어진 구간에 근이 존재할 확률이 높기 때문에 디폴트로서 'filter = 0'으로 설정해 둔다.

[이등분법을 수행하기 위한 함수]

```
function root = bisect(func, x1, x2, filter, tol)
% Finds roots of f(x) = 0 by bisection METHOD
% USAGE: root = bisect(func, x1, x2, filter, tol)
% INPUT: func   = handle of function that returns f(x).
%        x1, x2 = limits on interval containing the root.
% filter  = singularity filter : 0 = off, 1 = on
% OUTPUT: root = roots of f(x)=0, or NaN if singularity suspected

if nargin < 5; tol = 1.0e4*eps; end                 % 'tol'의 default 지정
if nargin < 4; filter = 0; end                      % 'filter'의 default 지정
f1 = feval(func,x1);
if f1 == 0.0; root = x1; return end                 % f(x1) = 0이면 x1이 근이다
f2 = feval(func, x2);
if f2 == 0.0; root = x2; return end                 % f(x2) = 0이면 x2이 근이다
if f1*f2 > 0;
   error('Root is not bracketed in (x1, x2)')
end
n = ceil(log(abs(x2 - x1)/tol)/log(2.0));           % 식(6.1)의 계산
for i = 1:n
   x3 = 0.5*(x1 + x2);
   f3 = feval(func, x3);                            % f(x3) 의 계산
   if (filter == 1) & (abs(f3) > abs(f1)) & (abs(f3) > abs(f2))
      root = NaN; return                            % 근이 존재하지 않는 경우
   end
   if f3 == 0.0; root = x3; return, end
   if f2*f3 < 0.0
      x1 = x3; f1 = f3;
   else
      x2 = x3; f2 = f3;
   end
end
root = (x1 + x2)/2;
```

2) 구간을 이등분할 때마다 $f(x_i) \to 0$으로 가까워지기 때문에 함수 $f(x_i)$는 반드시 감소하여야 할 것이다.

[예제 6.1]

이등분법을 이용하여 함수 $f(x) = x^3 - 10x + 5$를 '0'으로 하는 'x'의 값을 구하여 보자.

풀이 상기의 프로그램 bisect.m을 사용하면 다음과 같은 결과가 얻어진다.

```
fx = @(x) x^3-10*x^2+5 ;             % function handle
fplot(fx,[0.6 0.8]),grid             % 0.6 ~ 0.8 사이에 근이 있음을 그래프로 확인
root = bisect(fx,0.6,0.8,1) ↲

root =
   0.7346
```

아래 [표 6.1]은 상기의 bisect.m을 사용하여 구간 $(0.6, 0.8)$ 에서 Tol=10e−5로 두었을 경우의 계산결과를 나타내었다. 15번의 반복 후에 $x = 0.7346$ 에서 소수점 아래 다섯 숫자의 오차범위에서 수렴하는 것을 확인할 수 있다.

[표 6.1] [예제 6.1]의 계산결과

반복횟수	x_1	x_2	x_3	$f(x_3)$
1	0.60000000000	0.80000000000	0.70000000000	0.44300000000
2	0.70000000000	0.80000000000	0.75000000000	−0.20312500000
3	0.70000000000	0.75000000000	0.72500000000	0.12482812500
4	0.72500000000	0.75000000000	0.73750000000	−0.03793164062
5	0.72500000000	0.73750000000	0.73125000000	0.04375317382
6	0.73125000000	0.73750000000	0.73437500000	0.00298690795
7	0.73437500000	0.73750000000	0.73593750000	−0.01745334243
8	0.73437500000	0.73593750000	0.73515625000	−0.00722845983
9	0.73437500000	0.73515625000	0.73476562500	−0.00211958640
10	0.73437500000	0.73476562500	0.73457031250	0.00043395818
11	0.73457031250	0.73476562500	0.73466796875	−0.00084273976
12	0.73457031250	0.73466796875	0.73461914062	−0.00020437220
13	0.73457031250	0.73461914062	0.73459472656	0.00011479763
14	0.73459472656	0.73461914062	0.73460693359	−0.00004478612
15	0.73459472656	0.73460693359	0.73460083007	0.00003500604

■ 근의 존재 범위

이등분법을 적용하여 함수의 근을 구하기 위해서는 $f(x) = 0$를 만족하는 x의 대략적인 범

위를 확인하는 것이 필요하다. 근의 존재 범위를 너무 광범위하게 취하면, 이등분법에 의한 근으로의 수렴이 불확실하게 될 뿐만 아니라 계산시간이 길어지고 절삭오차의 가능성이 높아지는 등의 문제가 발생하게 된다. 이를 위해 대략적인 근의 존재영역을 파악하기 위한 다음과 같은 간단한 방법이 제안되어 있다.

주어진 구간에서 만약 $f(x_1)$과 $f(x_2)$의 부호가 변동하였다면 구간 (x_1, x_2)에 $f(x)=0$를 만족하는 적어도 하나의 근이 존재한다. 이때 (x_1, x_2)가 충분히 작은 구간이라면 하나의 근이 될 가능성이 높아진다. 따라서 근의 존재범위는 주어진 구간 Δx에서 함수 $f(x)$의 부호의 변화를 연속적으로 확인함으로서 근사적으로 구할 수 있다. 이러한 작업을 수행하기 위한 MATLAB 프로그램은 다음과 같다.

[대략적인 근의 존재범위 확인을 위한 함수]

```
function [x1, x2] = rootsearch(func, a, b, dx)
% Increment search for a root of f(x)
% USAGE: [x1, x2] = rootsearch(func,a,b,dx)
% func = handle of function that returns f(x).
% a, b = limits of search,  dx = search increment.
% [x1,x2] = bounds on the smallest root in (a,b)
%          set to NaN if no root was detected

x1 = a;         f1 = feval(func, x1);    % f(x1)의 계산
x2 = a + dx;    f2 = feval(func, x2);    % f(x1+dx)의 계산
while f1*f2 > 0.0                        % f(x1), f(x2)의 부호가 동일하면 loop 실행
   if x1 >= b                            % f(x1), f(x2)의 부호가 다르면 return
      x1 = NaN; x2 = NaN; return         %
   end
   x1 = x2; f1 = f2;
   x2 = x1 + dx; f2 = feval(func,x2);
end
```

[예제 6.2]

상기의 방법을 이용하여 함수 $f(x)=x^3-10x+5$을 '0'으로 하는 x의 구간을 구하여 보자.

풀 이 함수 rootsearch를 이용하여 $f(x_1) \cdot f(x_2) < 0$으로 되는 구간 (x_1, x_2)를 계산한 결과 대략 구간 (0.6, 0.8)에 근이 존재하고 있음을 확인할 수 있다. ■

```
fx = @(x) x^3-10*x^2+5 ;
[x1,x2] = rootsearch(fx,0,2,0.2); ↲
    x1 =
          0.6000

    x2 =
          0.8000
```

6.1.2 뉴턴-랩슨(Newton-Raphson) 방법

뉴턴-랩슨 방법은 함수의 테일러 전개식으로부터 유도된 것으로, 알고리즘이 단순하고 그 실행속도가 빠르기 때문에 가장 많이 사용되고 있다. 이것의 유일한 단점은 함수의 미분 $f'(x_i)$를 필요로 한다는 점이다. 이 방법을 간단히 설명하면 다음과 같다.

실제의 근에 충분히 가까운 초기값 x_i을 선정한 뒤, 이 점에서 함수 $f(x)$의 접선(기울기 $f'(x_i)$)을 그어 x축과 만나는 점 x_{i+1}을 계산한다. 이 경우 일반적으로 x_{i+1}은 처음의 값 x_i 보다 $f(x)$의 근의 실제값에 가까운 값으로 된다는 원리를 반복적으로 적용하는 것이다. 이를 수식을 이용하여 조금 자세히 설명한다.

먼저 $y(x)=f(x)$가 어떤 특정한 점 x_i 근처에 있는 점 x_{i+1}에서 연속이라는 가정 아래 $f(x)$에 대한 테일러 전개식은 다음으로 주어진다.

$$f(x_{i+1})=f(x_i)+\left.\frac{df(x)}{dx}\right|_{x=x_i}\frac{(x_{i+1}-x_i)}{1!}+\left.\frac{d^2f(x)}{dx}\right|_{x=x_i}\frac{(x_{i+1}-x_i)^2}{2!}+\cdots \tag{6.2}$$

$$=f(x_i)+f'(x_i)(x_{i+1}-x_i)+O(x_{i+1}-x_i)^2$$

여기서 만약 x_{i+1}이 $f(x)$의 근이라고 가정하면 식(6.2)는

$$0=f(x_i)+f'(x_i)(x_{i+1}-x_i)+O(x_{i+1}-x_i)^2 \tag{6.3}$$

으로 될 것이다. 여기서 x_i가 근인 x_{i+1}에 충분히 근접해 있다고 가정하면 식(6.3)의 오른쪽 마지막 항 $O(x_{i+1}-x_i)^2$은 아주 작은 값을 가지기 때문에 무시하고, 식(6.3)을 x_{i+1}에 대하여 전개하면 다음과 같은 뉴턴-랩슨의 공식이 얻어진다.

$$x_{i+1}=x_i-\frac{f(x_i)}{f'(x_i)} \tag{6.4}$$

[그림 6.1]에서 보는 바와 같이 식(6.4)를 연속적으로 적용하면 실제의 값에 근접하는 근을 구할 수 있다. 그림의 점 x_1에서 곡선 $f(x)$의 기울기는 $f'(x_1)$이므로 접선의 식은

$$y=f'(x_1)x-f'(x_1)x_2 \tag{6.5a}$$

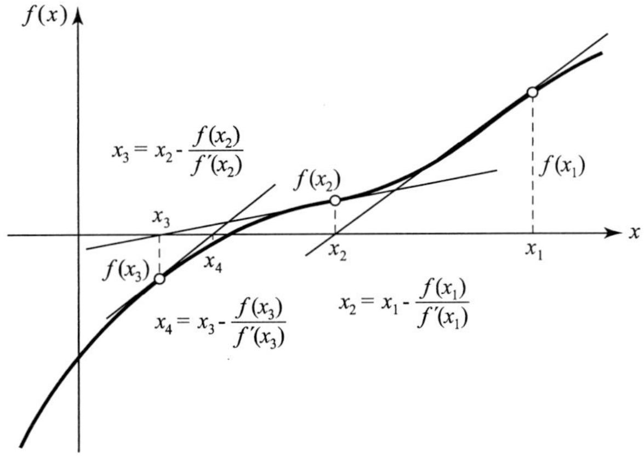

[그림 6.1] 뉴턴-랩손 알고리즘의 설명

로 되며 이 직선과 x축이 만나는 점 x_2는 다음으로 주어진다.

$$x_2 = x_1 - \frac{f(x_1)}{f'(x_1)} \tag{6.5b}$$

이상의 관계를 그림과 같이 연속적으로 적용한다면 x_i는 실제값, 즉 $f(x_i) = 0$에 수렴한다는 사실을 확인할 수 있다. 이러한 사실로부터 만약 주어진 초기값 x_0가 $f(x_0) \neq 0$이며 동시에 실제값에 근접하다면 대부분의 경우 뉴턴-랩손 방법은 반드시 수렴한다고 알려져 있다.

$f(x)$의 근의 실제값을 x_R로 두고 근사값 x_i과의 오차를 $\Delta x_i = x_R - x_i$로 표기한다면, 식(6.4)로 계산된 근사값 x_{i+1}와의 오차 $\Delta x_{i+1} = x_R - x_{i+1}$는 다음 식으로 주어진다는 것이 알려져 있다.

$$\Delta x_{i+1} = \frac{f''(x_i)}{2f'(x_i)}(\Delta x_i)^2 + O\left([\Delta x_i]^3\right) \tag{6.6}$$

위 식은 식(6.4)의 뉴턴-랩손 알고리즘으로 계산한 근의 추정값 x_{i+1}이 가지는 오차는, x_i를 근으로 간주했을 때에 오차 Δx_i의 제곱에 비례하여 수렴한다는 것을 보여주고 있다[3]. 따라서 만약 x_i를 실제의 근에 가까운 값으로 선정하였다면 식(6.4)의 알고리즘을 한 번 반복할 때마다(즉 $i \rightarrow i+1$) 오차의 유효숫자는 대략 두 배로 된다는 것을 알 수 있다.

이상의 관계로부터 알 수 있는 바와 같이 뉴턴-랩손의 알고리즘은 아주 간단하다. 즉 초기값 x_o에서 출발하여 식(6.4)를 다음 조건이 만족될 때까지 되풀이 하는 것이다.

$$|x_{i+1} - x_i| < \epsilon \tag{6.7}$$

여기서 ϵ는 오차의 허용한계이다. 알고리즘을 요약하면 다음과 같다.

---

3) 대부분의 경우 $\Delta x_i < 1$로 되기 때문이다.

(1) $f(x)=0$의 근을 추정하여 x로 둔다.

(2) $\Delta x = -\dfrac{f(x)}{f'(x)}$를 계산한다.

(3) $x+\Delta x \rightarrow x$로 두고 위의 (2), (3)을 $|\Delta x| < \epsilon$을 만족할 때까지 반복한다.

뉴턴-랩손의 알고리즘은 근의 근처에서는 빠르게 실제의 근에 수렴하지만, 전체적인 수렴 특성은 좋지 않다. 그 이유로서 어떤 한 점 x_o에서 접선의 기울기 $f'(x_o)$가 점 x_o근처에서 그 함수의 대략적인 모양을 나타내는 것으로 볼 수 없는 경우도 존재한다([그림 6.2] 참조). 이와 같은 경우에도 $f'(x_o)$를 근사식으로 사용해야 하는 뉴턴-랩손의 알고리즘은 그 수렴에 있어 상당한 문제점을 내포하고 있다고 할 수 있을 것이다.

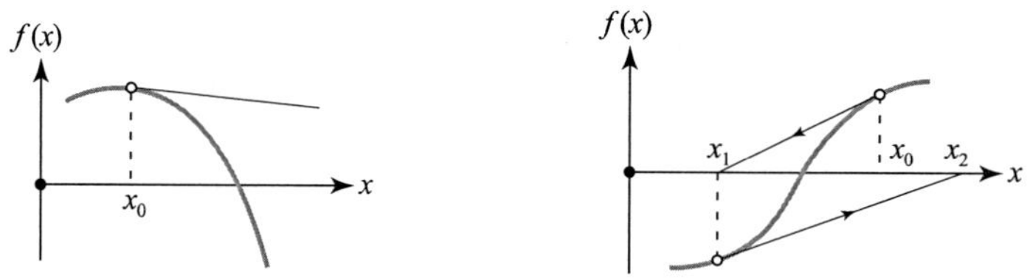

[그림 6.2] 뉴턴-랩손 방법의 발산을 나타내는 예

■ MATLAB 프로그램

아래에 제시하는 프로그램 newtonRaphson.m은 초기값으로 주어진 구간 (a, b)에 존재하는 함수의 근을 계산하기 위한 것이다. 이때 근의 초기 추정값은 구간의 중간값을 취하고, 반복이 진행됨에 따라 그 구간을 좁혀나간다. 이때 만약 뉴턴-랩손 알고리즘의 진행과정에서 해의 존재 가능성이 현재 진행 중인 구간의 바깥에 있는 경우에는 지금까지의 과정을 무시하고, 구간을 앞서의 이등분법을 사용하여 재설정하는 방법을 취하고 있다.

[주어진 구간에서 함수의 근을 계산하기 위한 사용자 함수 newtonRaphson.m]

```
function root = newtonRaphson(func, dfunc, a, b, tol)
% Newton-Raphson method combined with bisection for finding a root f(x) = 0
% USAGE: root = newtonRaphson(func,dfunc,a,b,tol)
% INPUT: func = handle of function that returns f(x)
%       dfunc = handle of function that returns f'(x)
%       a, b  = brackets (limits) of the root
%       tol   = error tolerance (default is 1.0e6*eps)
% OUTPUT: root = zero of f(x) (root = NaN if no convergence)

if nargin < 5; tol = 1.0e6*eps; end
fa = feval(func,a); fb = feval(func, b);
if fa == 0; root = a; return end
if fb == 0; root = b; return end
```

```
if fa*fb > 0.0                    % 구간 (a,b) 사이에 근이 존재하는 지의 여부 확인
    error('Root is not bracketed in (a,b)')
end
x = (a + b)/2.0;                  % 구간의 중간점에서 반복의 시작
for i = 1:30
    fx = feval(func, x);
    if abs(fx) < tol; root = x; return end
    if fa*fx < 0.0; b = x;        % 근이 존재하는 구간을 좁힌다.
    else a = x;
    end
    % Newton-Rapgson 법을 적용
    dfx = feval(dfunc, x);
    if abs(dfx) == 0; dx = b - a;
    else dx = -fx/dfx;
    end
    x = x + dx;                   % 식(6.4)의 계산
    % 근이 구간 (a,b) 내에 존재하지 않을 경우 이등분법의 적용
    if (b - x)*(x - a) < 0.0
        dx = (b - a)/2.0;
        x = a + dx;
    end
                                  % 수렴여부를 확인
    if abs(dx) < tol*max(b, 1.0)
        root = x; return
    end
end
root = NaN
```

[예제 6.3]

함수 $f(x) = x^3 - 10x^2 + 5$ 은 9.9495, 0.7346 및 -0.6841에서 $f(x) = 0$을 만족한다. 이를 확인하여 보자.

풀 이 함수 $f(x)$가 0.7 근처에서 근을 가지므로 뉴턴-랩슨 방법의 추정값을 0.7로 두면 식(6.4)는 다음으로 된다.

$$x - \frac{f(x)}{f'(x)} = x - \frac{x^3 - 10x^2 + 5}{3x^2 - 20x} = \frac{2x^3 - 10x^2 - 5}{x(3x - 20)} \rightarrow x$$

위 관계식에 $x = 0.7$을 대입하고 반복계산을 수행한다. 이 경우는 두 번째에서 얻어진 값이 설정된 오차의 한계 이내인 0.73460을 얻는다.

$$\frac{2(0.7)^3 - 10(0.7)^2 - 5}{0.7[3(0.7) - 20]} = 0.73536 \rightarrow x$$

$$\frac{2(0.73536)^3 - 10(0.73536)^2 - 5}{0.73536[3(0.73536) - 20]} = 0.73460 \rightarrow x$$

```
fx = @(x) x^3-10*x^2+5 ;
dfx = @(x) 3*x^2-20*x;
root = newtonRaphson(fx,dfx,0.6, 0.8)  ↵

    root =
           0.7346
```

뉴턴-랩손 방법의 경우 앞에서도 언급한 바와 같이 근이 존재하는 범위를 가능한 한 실제 값에 가깝게 지정하는 것이 중요하다. [예제 6.3]의 경우 함수 $f(x)$의 세 개의 근이 모두 구간 $(-1, 10)$에 존재하기 때문에 만약 이를 구간으로 설정한다면 '10' 근처의 근인 '9.9495'만이 출력된다는 점에 유의한다.

```
root = newtonRaphson(fx,dfx,-1.0, 10.0)  ↵

    root =
           9.9495
```

■ MATLAB 제공함수

$f(x)=0$을 만족하는 x값을 구할 수 있는 MATLAB 제공함수로는 fzero가 있다. 이 함수 역시 근이 존재하는 부근의 값을 초기값으로 요구하고 있기는 하지만 상기의 뉴턴-랩손의 방법에 비해서는 그의 존재 범위를 상당히 넓게 취할 수 있다. [예제 6.3]의 경우는 세 개의 실수근을 각각 9.9495, 0.7346 및 -0.6841에 가지는 함수라는 점에 유의하여 아래 스크립터의 k값을 선정한다.

```
fx = @(x) x^3-10*x^2+5 ;
fzero(fx,k)                    % k를 적절히 선정한다.
```

만약 근의 대략적인 존재범위를 알고자 한다면 MATLAB 제공함수인 fplot를 이용하면 편리하다. 즉 '>>fplot(fx, [-2 11])'을 실행하면 주어진 x의 범위에서 함수 $f(x)$의 대략적인 그래프를 얻을 수 있으므로 이로부터 근의 개략적인 값을 추정할 수 있다.

한편 Symbolic Math Toolbox를 이용하여 함수의 근을 구하는 방법은 다음과 같다.

```
syms x                              % x를 Symbolic으로 정의
fx = x^3-10*x^2+5;                  % f(x)의 정의
sol = solve(fx); double(sol) ↵      % f(x)=0의 근을 구한다.

ans =
      9.9495 + 0.0000i
      0.7346 - 0.0000i
     -0.6841 - 0.0000i
```

위 스크립터에서 함수 double은 symbolic 표현을 수식표현으로 바꾸어 주는 기능을 가진다.

6.1.3 다변수 함수의 해

지금까지 하나의 변수만을 가지는 함수 $y = f(x)$의 근을 구하는 문제를 다루었으나, 여기서는 n 개의 변수로 이루어진 함수 $y = f(x_1, x_2, \cdots, x_n)$ 의 해를 구하는 문제를 MATLAB이 제공하는 함수를 중심으로 살펴보기로 한다.

먼저 fzero를 사용하여 다변수 함수의 해를 구하는 방법은 다음과 같다. 원칙적으로 함수 fzero는 하나의 변수만을 가진 함수의 근을 구하는 명령어이다. 따라서 두 개 이상의 변수를 가지는 경우에는 하나의 변수값을 고정시켜야 할 필요가 있다, 예를 들어

$$f(x,y) = x^3 - 10x^2y + 5y$$

를 영으로 하는 (x, y)를 계산하여 보자. 이 경우는 두 개의 변수(미지수)에 하나의 식을 가지는 방정식의 해를 구하는 문제이므로 당연히 해는 무한개 존재한다. 따라서 원하는 해를 얻기 위해서는 두 변수 중 하나를 일정한 값으로 고정하여야 한다. 아래 스크립터를 보자.

```
% 아래 함수를  multivari.m으로 저장한다.
function fxy = multivari(x,y)
fxy = x^3-10*x^2*y+5*y;
```

```
y = 1;
x = fzero(@(x)multivari(x,y),0.7)
```

위 스크립터의 실행결과는 [예제 6.3]과 동일하다. 예로 들어 두 개의 변수를 가지는 함수의 근을 구하기 위해서는 다음 순서로 실행한다.

i) 함수를 두 개의 변수를 가지는 function file로 만들어 저장한다.

ii) 하나의 변수를 적당한 값으로 지정하고, i)에서 작성한 함수를 나머지 하나의 변수만을 가지는 함수로 만들어 함수 fzero에 대입한다.

다변수 함수가 두 개 이상의 비선형연립방정식의 형태로 주어지는 경우를 생각하여 보자. 이 경우는 MATLAB 함수인 fsolve를 사용하며, 이것의 기본적인 사용법을 다음과 같은 두 개의 변수를 가지는 비선형 함수로 주어진 경우의 예를 이용하여 알아보자.

$$\begin{cases} x^3 - 3xy + y^3 = 0 \\ x^2 + y^2 + \sin(x) - 2 = 0 \end{cases} \tag{6.8}$$

먼저 위 식을 다음과 같은 function file로 작성한다.

```
% 아래 함수를 multivari.m으로 저장한다.
function F = myfun(x)
F = [x(1).^3 - 3*x(1).* x(2) + x(2).^3 ;     % x(1)에 x, x(2)에 y가 저장
    x(1).^2 + x(2).^2 + sin(x(1)) - 2];
```

```
x0 = [1; 1];                                  % 초기값의 설정
options = optimset('Display','iter');         % 계산과정을 화면에 출력하는 옵션
[x,fval] = fsolve(@myfun,x0,options)          % 계산결과의 출력
```

위 스크립터의 실행하면 함수 fsolve가 해를 구하는 과정이 화면에 표시되고 최종적인 해가 그 오차와 함께 출력된다.

x = % [x, y]의 값	fval = % 계산결과가 가지는 오차
0.4715 1.1504	1.0e-11 * 0.1221 0.0266

앞에서 설명한 뉴턴의 알고리즘을 이용하여 비선형연립방정식의 해를 구하는 방법을 알아보자. 즉, 비선형연립방정식

$$\begin{cases} f(x,y)=0 \\ g(x,y)=0 \end{cases} \Rightarrow \ [f]([x])=[0]$$

을 만족하는 해는 뉴턴의 알고리즘으로부터

$$\begin{cases} f(x_i+\Delta x, y_i+\Delta y) \approx f(x_i,y_i)+\dfrac{\partial f}{\partial x}\Delta x+\dfrac{\partial f}{\partial y}\Delta y=0 \\ g(x_i+\Delta x, y_i+\Delta y) \approx g(x_i,y_i)+\dfrac{\partial g}{\partial x}\Delta x+\dfrac{\partial g}{\partial y}\Delta y=0 \end{cases} \tag{6.9a}$$

로 쓸 수 있다. 이로부터 다음 식을 얻는다.

$$\begin{bmatrix} \dfrac{\partial f}{\partial x} & \dfrac{\partial f}{\partial y} \\ \dfrac{\partial g}{\partial x} & \dfrac{\partial g}{\partial y} \end{bmatrix} \begin{bmatrix} \Delta x \\ \Delta y \end{bmatrix} = \begin{bmatrix} -f(x,y) \\ -g(x,y) \end{bmatrix} \ \Rightarrow \ [A]([x])[\Delta x]=[b] \tag{6.9b}$$

따라서 초기값 (x_0, y_0)로부터 시작하여 위식에서 Δx와 Δy를 구하고[4] 이로부터 새로운 근사값 x_1과 y_1을

$$x_1 = x_o + \Delta x, \ y_1 = y_0 + \Delta y$$

로 하여 다시 연립(선형)방정식의 해를 구하는 과정을 주어진 오차의 한계 이내로 될 때까지 반복하면 된다(다음 프로그램 참조).

4) 초기값 (x_0, y_0)를 식(6.9b)의 오른쪽 항에 대입하여 Δx와 Δy를 계산한다.

```
function [A,b] = nonlin(x)
z = zeros(2,1);
a1 = 3.*x(1).^2 - 3 .* x(2);
a2 = 2.*x(1) + cos(x(1));
a3 = -3.*x(1) + 3 .* x(2).^2;
a4 = 2.*x(2);
A = [a1 a3; a2 a4];                    % [∂f/∂x, ∂f/∂y; ∂g/∂x, ∂g/∂y]의 계산
z(1) = x(1).^3 - 3 .*x(1).* x(2) + x(2).^3 ;
z(2) = x(1).^2 + x(2).^2 + sin(x(1)) - 2;
b = [z(1) z(2)]';
```

```
% roots of non-linear eqautions
n = 1; x = input(' initial values = ');
while n < 10
    [A, b] = nonlin(x);
    dx = A\(-b); x = x + dx; n = n + 1;    % 식(6.9b)의 계산
end
```

상기 프로그램은 주어진 초기값에 따라 식(6.9a)의 계산이 수렴하지 않을 가능성이 크기 때문에 바람직한 것으로 볼 수 없으나[5], 해의 근사값을 알고 있는 경우에는 간단히 해를 얻을 수 있는 장점이 있다.

6.2 다항식 근의 계산

본장의 모두에서 다항식으로 되기 위한 조건 등을 언급하였다. 여기서는 다음 형식으로 주어지는 n 차의 다항식에 대하여 살펴보기로 한다.

$$P_n(x)= a_1x^n + a_2x^{n-1} + \cdots + a_nx + a_{n+1} \tag{6.10}$$

여기서 계수 a_i로서 실수 혹은 복소수가 가능하지만 여기서는 실수계수를 가지는 다항식만을 대상으로 한다.

다항식 $P_n(x)=0$[6]은 n개의 근을 가지며, 이들은 실수 혹은 복소수의 값을 가진다. 만약 복소수 $(\alpha+j\beta)$가 다항식의 근이라며, 이것의 공역인 $(\alpha-j\beta)$ 역시 다항식의 근으로 된다. 실수의 계수를 가지는 다항식의 실수근은 전절에서 언급한 뉴턴-랩슨의 방법을 적용하면 항상 계산할 수 있다. 그러나 만약 복소수의 근이 존재한다면 식(6.10)의 형식으로 주어진 다항식에 적합한 다른 종류의 알고리즘을 필요로 한다. 여기서는 n 차 다항식의 근을 계산하기 위한 알

5) 실제로 초기값으로 [1 1]'을 인가하면 수렴하지 않으나, [0.4 1]'을 입력하면 빠른 시간에 수렴하는 것을 확인할 수 있다.

6) $P_n(x)=g(x)$의 형식으로 표현되어 있는 경우 이를 다항식 방정식(polynomial equation)으로 부르고 있지만, 대부분의 경우 $g(x)=0$, 즉 $P_n(x)=0$를 의미한다.

고리즘의 하나인 Laguerre법을 소개한다. 이를 위해서는 먼저 두 종류의 수치해석적 기법(즉 알고리즘)에 대한 이해가 필요하다. 즉 1) 다항식과 그의 미분을 평가하기 위한 효과적인 알고리즘과, 2) 다항식의 축소(deflation), 다시 말하면 다항식 $P_n(x)$를 $(x-r)$로 나누어 차수를 줄이는 알고리즘에 대한 이해가 요구된다. 여기서 r은 $P_n(x)=0$을 만족하는 하나의 근이다.

(1) 다항식의 평가

식(6.10)의 다항식을 주어진 x자신과의 값으로 평가하는 프로그램을 생각하여 보자. 만약 다항식의 계수 $a_i, (i=1 \sim n+1)$이 벡터 $[a]$에 인가되어 있다면 아래 스크립터의 실행으로 다항식의 평가가 가능할 것이다.

```
p = 0.0;
for i = 1:n+1
   p = p + a(i)*x^(n-i+1)
end
```

x^k의 계산을 위해서는 자신과 x의 $(k-1)$번의 곱셈이 필요하기 때문에, 주어진 값 x에 대한 다항식의 평가를 위해서 필요한 곱셈의 총 횟수는 다음 식으로 계산된다.

$$1+2+3+\cdots+(n-1)=\frac{n(n-1)}{2} \tag{6.11}$$

만약 n이 큰 값을 가질 경우, 다항식의 평가를 위해 필요한 x의 곱셈을 다항식의 오른쪽 항에서 왼쪽 항으로의 순서(즉 저차 항에서 고차 항으로의 순서)로 진행한다면 자신과의 곱셈 횟수를 대폭 줄일 수 있을 것이다[7]. 예를 들어 다음 다항식을 생각하여 보자.

$$P_4(x)=a_1x^4+a_2x^3+a_3x^2+a_4x+a_5$$

위 식은 다음과 같이 수정가능하다.

$$P_4(x)=a_5+x\{a_4+x[a_3+x(a_2+xa_1)]\}$$

위 식을 참조하면 다항식의 평가를 위한 효율적인 알고리즘은 다음과 같이 쓸 수 있을 것이다.

$$\begin{aligned}
P_0(x)&=a_1\\
P_1(x)&=a_2+xP_0(x)\\
P_2(x)&=a_3+xP_1(x)\\
P_3(x)&=a_4+xP_2(x)\\
P_4(x)&=a_5+xP_3(x)
\end{aligned}$$

위 식을 n차의 다항식으로 확대하면 다음과 같은 간단한 형식을 얻을 수 있다.

---

7) 즉, 저차항의 계산결과를 고차항에서 사용하는 방법을 의미한다.

$$P_0(x) = a_1 \tag{6.12}$$
$$P_i(x) = a_{n+i} + xP_{i-1}(x),\ (i = 1, 2, \cdots, n)$$

이를 프로그램을 작성하면 다음과 같다.

```
p = a(1);
for i = 1:n
    p = p*x +a(i+1);
end
```

근을 구하기 위한 알고리즘에는 다항식 $P_n(x)$의 1계 및 2계 미분에 대한 평가가 필요한 경우가 많다. 이를 위해서는 식(6.12)을 미분하여 얻어진 다음의 관계식을 활용하면 편리하다.

$$P_0'(x) = 0,\ P_i'(x) = P_{i-1}(x) + x\,P_{i-1}'(x),\ (i = 1,\ 2,\ \cdots,\ n) \tag{6.13a}$$

$$P_0''(x) = 0,\ P_i''(x) = 2P_{i-1}'(x) + xP_{i-1}''(x),\ (i = 1,\ 2,\ \cdots,\ n) \tag{6.13b}$$

이상의 관계를 이용한 다항식 평가 프로그램은 다음과 같이 작성할 수 있다.

[다항식의 평가를 위한 프로그램]

```
function [p, do, ddp] = evalpoly(a, x)
% Evaluates the polynomial
% a = coefficients of the polynomial. descending order
% p = a(1)*x^n a(2)*x^(n-1) + ... + a(n+1)
% and its first two derivatives dp and ddp
% USAGE: [p, dp, ddp] = evalpoly(a, x)

n = length(a) - 1;
p = a(1); dp = 0.0; ddp = 0.0;
for i = 1:n
    ddp = ddp*x + 2.0*dp;          % 식(6.13b)
    dp = dp*x +p;                  % 식(6.13a)
    p = p*x +a(i+1);               % 식(6.12)
end
```

(2) 다항식의 축소(Deflation)

다항식의 근 $x = r$, 즉 $P_n(r) = 0$을 계산한 뒤 다항식을 다음과 같이 그 요소로 나누면 다항식의 차수를 줄일 수 있다.

$$P_n(x) = (x - r)P_{n-1}(x) \tag{6.14}$$

이 과정을 축소(deflation)라고 하는데, $P_n(x)$에 축소를 적용한다는 것은 바로 다항식

$P_{n-1}(x)$의 계수를 구하는 과정으로 볼 수 있다. 결과적으로 $x=r$을 제외한 $P_n(x)$의 근은 $P_{n-1}(x)$의 근이므로 근을 구하기 과정을 $P_n(x)$가 아니라 $P_{n-1}(x)$에 적용할 수 있게 된다. $P_n(x)$의 근 중의 하나를 찾아낼 때마다 다항식의 차수가 줄어들기 때문에, 다항식의 축소를 계속적으로 사용한다면 근의 계산이 용이하게 될 것이다.

만약 식(6.14)에서

$$P_{n-1}(x)= b_1x^{n-1}+b_2x^{n-2}+\cdots+b_{n-1}x+b_n \tag{6.15}$$

으로 두고 식(6.14)를 전개하면

$$\begin{aligned}&a_1x^n+a_2x^{n-1}+\cdots+a_nx+a_{n+1}\\&\qquad=(x-r)\left(b_1x^{n-1}+b_2x^{n-2}+\cdots+b_{n-1}x+b_n\right)\end{aligned}$$

로 된다. 위 식에서 같은 x의 멱지수를 가지는 계수를 비교함으로서 다음의 관계식을 얻어진다.

$$b_1=a_1,\ b_2=a_2+rb_1,\ \cdots,\ b_n=a_n+rb_{n-1} \tag{6.16}$$

이상의 관계로부터 호너(Horner)의 다항식 축소알고리즘이 유도된다.

```
b(1) = a(1);
for i = 2:n
   b(i) = a(i) +r*b(i-1);
end
```

이러한 호너의 알고리즘은 다음과 같이 다항식의 평가에도 사용할 수 있다. 예를 들어, 식(6.10)의 다항식 $P_n(x)$를 x_0로서 평가, 즉 $P_n(x_0)$의 값을 구하고자 하는 경우를 생각한다. 먼저 식(6.10)을 다음의 형식으로 변환한다. 즉

$$P_n(x)= a_{n+1}+x(a_n+x(a_{n-1}+\cdots+x(a_2+a_1x\overbrace{)\cdots))}^{(n-1)\text{개}} \tag{6.17a}$$

여기서 식(6.16)의 관계를 다음과 같이 x_0에 대하여 재정의한다.

$$\begin{aligned}b_1&=a_1\\b_2&=a_2+x_0b_1\\&\vdots\\b_n&=a_n+x_0b_{n-1}\\b_{n+1}&=a_{n+1}+x_0b_n\end{aligned} \tag{6.17b}$$

적용하여 $P_n(x_0)$의 값을 계산하면

$$\begin{aligned}P_n(x_0)&=a_{n+1}+x_0(a_n+x_0(a_{n-1}+\cdots+x_0(a_2+b_1x_0)\cdots))\\&=a_{n+1}+x_0(a_n+x_0(a_{n-1}+\cdots+x_0(b_2)\cdots))\end{aligned} \tag{6.18}$$

$$
\vdots
$$

$$= a_{n+1} + x_0(b_n)$$

$$= b_{n+1}$$

로 되어 $x = x_0$ 에서의 다항식평가, 즉 $P_n(x_0)$을 계산할 수 있다(아래 프로그램 참조).

```
function [y b] = horner(a,x)
% Input : a polynomial coefficient vector, x the value to be evaluated at.
% Output : y = Pn(x)의 값, b : 식(6.17b)의 값.
b(1) = a(1);
for i = 2:length(a)
   b(i) = a(i)+x*b(i-1);
end
y = b(length(a));                        % P_n(x_0)
b = b(1:length(b)-1);                    % b_i, (i=1 ~ n)
```

(3) Laguerre의 방법

식(6.10)으로 주어진 n차 다항식의 근이 다음과 같이 인수분해 되어 있다고 한다.

$$P_n(x) = K(x-x_1)(x-x_2)\cdots(x-x_n) \tag{6.19}$$

여기서 $x_i, (i = 1 \sim n)$이 구하고자 하는 다항식의 근이다. 식(6.19)의 양변에 log를 취하면

$$\ln|P_n(x)| = \ln|K| + \ln|x-x_1| + \ln|x-x_2| + \cdots \ln|x-x_n| \tag{6.20}$$

로 된다. 여기서 변수 $G(x)$와 $H(x)$를 다음과 같이 정의한다.

$$G(x) = \frac{d}{dx}\ln|P_n(x)| = \frac{P'_n(x)}{P_n(x)} = \frac{1}{x-x_1} + \frac{1}{x-x_2} + \cdots + \frac{1}{x-x_n} \tag{6.21a}$$

$$H(x) = -\frac{d^2}{dx^2}\ln|P_n(x)| = G^2(x) - \frac{P_n''(x)}{P_n(x)} \tag{6.21b}$$

$$= \frac{1}{(x-x_1)} + \frac{1}{(x-x_2)} + \cdots + \frac{1}{(x-x_n)^2}$$

알고리즘의 유도를 위해 다항식의 근에 약간의 조건을 부가하기로 한다. 즉 식(6.19)에서 관심의 대상인 근 x_1은 알고리즘을 위한 초기값 x의 근처에 존재한다는 사실과 함께 나머지 $n-1$개의 근 역시 초기값 x에서 일정하게 떨어진 위치에 모여 있는 것으로 가정한다. 다시 말하면 $a = x - x_1$는 작은 값을 가지며, $b = x - x_i, (i = 2, 3, \cdots n)$은 일정한 값을 가지는 것으로 가정한다.

a와 b로서 식(6.21)를 나타내면 다음과 같다.

$$G(x) = \frac{1}{a} + \frac{n-1}{b} \tag{6.22a}$$

$$H(x) = \frac{1}{a^2} + \frac{n-1}{b^2} \tag{6.22b}$$

위 식으로부터 a는 다음과 같이 표현된다.

$$a = \frac{n}{G(x) \pm \sqrt{(n-1)\{nH(x) - G(x)^2\}}} \tag{6.23}$$

위 식의 분모에 있는 기호 '±'는, 주어진 x에 대하여 분모가 최대값을 가질 수 있도록 '+', 혹은 '−' 중에서 선정된다. 식(6.23)을 Laguerre의 공식이라고 부른다.

식(6.21)로부터 알 수 있는 바와 같이 $G(x)$나 $H(x)$의 계산에는 실제로 다항식의 근 x_1또는 x_i, $(i=2, \cdots n)$의 값은 필요하지 않다.

Laguerre의 공식에 의한 일반적인 다항식의 근을 구하는 과정을 정리하면 다음과 같다.

i) $P_n(x)=0$의 근의 추정값으로 임의의 값 x를 선정한다. 이때 추정값은 어떤 값을 선정하여 관계없다.

ii) 식(6.13)을 이용하여 주어진 x에 대한 $P_n(x)$, $P_n{}'(x)$ 및 $P_n{}''(x)$의 값을 구한다.

iii) 식(6.21)로부터 $G(x)$와 $H(x)$를 계산한다.

iv) 식(6.23)을 이용하여 주어진 값 x보다 $P_n(x)=0$의 근에 가까운 x_1을 계산한다. 이때 $(x-x_1)$이 작은 값을 가지도록 식(6.23)의 분모의 '±'의 부호를 결정한다.

v) iv)의 과정에서 구한 x_1을 x로 취하여 위 ii)~iv)의 과정을 $|P_n(x)| < \epsilon$, 또는 $|x-x_1| < \epsilon$의 조건을 만족할 때까지 반복한다. 여기서 ϵ는 오차의 허용한계를 나타낸다.

이 알고리즘은 특별한 형식의 다항식을 상정하여 근을 구하기 위한 것으로 개발되었지만, 결과적으로 어떤 형식의 다항식에도 적용가능하다는 것을 위의 과정으로부터 확인할 수 있을 것이다. 또한, 위 방법은 몇 몇의 극소수 예외를 제외하고는 다항식의 근에 빠른 속도로 수렴한다는 것이 알려져 있다.

다음에 제시하는 프로그램은, 먼저 Laguerre의 알고리즘을 적용하여 다항식의 근을 구하는 함수를 작성하여 다항식의 근 x_1을 구한 후, 원래의 다항식 $P_n(x)$를 $(x-x_1)$으로 나누어 원래 다항식을 축소(deflation)하는 것이다. 이와 같은 과정을 모든 근이 얻어질 때까지 되풀이하면 n차의 다항식 $P_n(x)$가 가지는 n개의 근을 구할 수 있다.

주어진 다항식 $P_n(x)$의 계수가 내림차순(descending order)으로 $[a]=[a_1, a_2, \cdots, a_{n+1}]$의 형식으로 변수 'a'에 주어진 경우에 있어 다항식의 n개의 근을 구하는 프로그램은 다음과 같다.

[다항식의 n개의 근을 구하기 위한 함수]

```
function root = polyroots(a, tol)
% Return all the roots of the polynomial
% INPUT : a coefficients of polynomial (descending order)
% USAGE: root = polyroots(a, tol)
% tol = error tolerance (default is 1.0e+4*eps)

if nargin == 1; tol = 1.0e+4*eps; end
n = length(a) -1;
roots = zeros(n,1);
for i = 1:n
   x = laguerre(a, tol);
   if abs(imag(x)) < tol; x = real(x); end    % 근의 허수부가 tol보다 작은 값
   root(i) = x;                               %을 가지면 실수로 간주.
   a = deflpoly(a,x);
end
```

[주어진 오차 내의 근을 찾는 함수]

```
function x = laguerre(a, tol)
% Return a roots of the polynomial
% INPUT : a coefficients of polynomial (descending order)
x = randn;                               % 근을 임의의 값으로 선정(출발값)
n = length(a) -1;
for i = 1:30
   [p,dp,ddp] = evalpoly(a,x);           % 식(6.13)의 계산
   if abs(p) < tol; return end
   g = dp/p; h = g*g - ddp/p;            % 식(6.21)의 평가
   f = sqrt((n - 1)*(n*h - g*g));        % 식(6.23)의 분모의 root 값 계산
   if abs(g+f) >= abs(g-f); dx = n/(g+f);  % 식(6.23)가 작은 값을
   else dx = n/(g-f); end                % 가지도록 분모의 부호 결정
   x = x-dx;                             % 추정값 x에서 (x-x1), 즉 오차를 뺀다
   if abs(dx) < tol; return end
end
error(' Too many iterations in laguerre ')
```

[다항식을 축소를 수행하는 함수] – 함수 horner.m의 사용도 가능

```
function b = deflpoly(a, r)
% Horner's deflation
% INPUT : a coefficients of polynomial (descending order)
% = (x - r)[(b(1)*x^(n-1) + b(2)*x^(n-2) + ... +b(n)].
n = length(a) - 1;
b = zeros(n, 1);
b(1) = a(1);
for i = 2:n; b(i) = a(i) + r*b(i-1); end  % 식(6.16)에 의한 다항식의 축소
```

[예제 6.4]

다항식 $P_3(x) = x^3 - 4.0x^2 - 4.48x + 26.1$의 세 개의 근 중의 하나는 $x = 3 - j$ 근처에 있다. Laguerre의 알고리즘을 이용하여 근의 좀 더 정확한 값을 계산하여 보자.

풀이 주어진 근을 이용하여 다항식 $P_3(x)$, $P_3{}'(x)$ 및 $P_3{}''(x)$의 값을 먼저 계산한다.

$$\begin{cases} P_3(3-j) = -1.34 + j2.48 \\ P_3{}'(3-j) = -4.48 - j10.0 \\ P_3{}''(3-j) = 10.0 - j6.0 \end{cases}$$

다음 식(6.21)의 값을 계산한다. 즉

$$G(x) = \frac{P_3{}'(3-j)}{P_3(3-j)} = -2.36557 + j3.08462$$

$$H(3-j) = G^2(3-j) - \frac{P_3{}''(3-j)}{P_3(3-j)} = 0.35995 - j12.48452$$

이다, 식(6.23)의 분모의 $\{ \ \}^{1/2}$를 계산하면

$$F(3-j) = \sqrt{(3-1)\left[3H(3-j) - G^2(3-j)\right]}$$

$$= \sqrt{5.67822 - j45.71946} = 5.08670 - j4.49402$$

로 된다. 여기서 식(6.23)의 부호를 결정하가 위하여 두 경우에 대한 분모의 값을 계산하면

$$|G(3-j) + F(3-j)| = 3.06448, \ |G(3-j) - F(3-j)| = 10.62884$$

이므로 음의 부호를 취하여

$$r = (3-j) - \frac{3}{G(3-j) - F(3-j)} = 3.19790 - j0.79875$$

을 얻는다. 출발점의 값이 실제 근의 위치와 거의 근접한 값으로 주어졌기 때문에 한 번의 수행만으로 $P_3(x) = 0$을 만족하는 근에 거의 근접한 값을 얻을 수 있다. ■

위의 결과를 상기의 프로그램을 적용하여 확인하면 다음과 같다.

```
a = [1 -4.0 -4.48 26];
polyroots(a) ↲

  ans =
       -2.3965  3.1982 + 0.7876i   3.1982 - 0.7876i
```

6.2.1 다항식과 관련된 MATLAB 제공함수

■ **근의 계산**

다항식의 $P_n(x)=0$의 근을 구하기 위한 MATLAB 제공함수로서 roots가 있다. 이 함수는 주어진 다항식의 계수로 생성된 companion 행렬[8])의 고유값을 구하는 방법으로 다항식의 근을 계산하고 있다. [예제 6.4]에서 사용된 다항식을 이용한 결과는 다음과 같다.

```
c = [1 -4.0 -4.48 26];                    % 다항식의 계수(내림차순)
n = length(c)-1;                          % 다항식의 차수 결정
A = diag(ones(n-1,1),-1);
A(1,:) = -c(2:n+1)./c(1);                 % companion 행렬의 생성
eig(A) ↵                                  % 고유값 -> 다항식의 근이다

      ans =
             -2.3965
              3.1982 + 0.7876i
              3.1982 - 0.7876i            % [예제6.4]의 결과와 동일
```

상기의 결과는 당연히 '>>roots(c)'의 실행결과와 동일하다. MATLAB에서는 다항식의 계수는 행벡터로, 근은 열벡터로서 저장하는 것을 원칙으로 하고 있다.

또한, 근이 주어졌다면 위와 반대로 다항식의 계수를 회복할 수 있다. 이는 '>>poly(r)'을 실행하면 오차의 범위 내에서 원래의 다항식의 계수와 동일한 값을 얻을 수 있다.

```
pp = poly(r) ↵
pp =
    1  -12   -1.4211e-014  25   116
pp(abs(pp)<1e-12) = 0;              % 영에 가까운 아주 작은 값을 영으로 대체
```

명령어 poly의 실행과정에서 발생하는 절삭오차 등으로 인해 다항식의 x^2의 항은 '0'이 아니라 '0'에 아주 가까운 값이 들어 있음을 볼 수 있다. 이는 행렬조작 등을 통하여 원래 값인 '0'으로 바꾸어줄 필요가 있다.

■ **덧셈과 곱셈**

두 다항식의 곱은 함수 conv를 이용한다. 예를 들어, 두 개의 다항식 $a(x)=x^3+2x^2+3x+4$와 $b(x)=x^3+4x^2+9x+16$의 곱은 다음 형식으로 수행된다.

---

8) 행렬의 요소가 '1'과 n개의 $c(i),(i=1\sim n)$ 및 '0'으로만 이루어진 특별한 형식의 행렬이다. 이 행렬의 특성다항식의 계수는 주어진 $c(i)$로 이루어진다.

```
a = [1 2 3 4]; b =[1 4 9 16]; %
c = conv(a, b) ↵

c =
    1     6    20    50    75    84    64
d = a + b;     % 다항식의 덧셈
```

동일한 차수를 가지는 다항식의 덧셈은 다항식의 계수를 저장하고 있는 변수의 차원이 동일하기 때문에 '>>d = a+b'의 형식으로 되지만[9], 차수가 서로 다른 다항식 사이의 덧셈인 경우, 낮은 차수의 계수에 '0'을 추가하여 반드시 벡터의 차수를 동일하게 하여야 한다. 아래 함수는 이와 같이 차수가 다른 다항식의 덧셈을 자동으로 실행하는 하나의 예이다.

[차수가 다른 다항식의 덧셈을 위한 함수]

```
function p = mmpadd(a,b)
% Addition for different order polynomials
% INPUT : (a, b) : coefficients of two polynomials

if nargin < 2
    error(' Not Enough Input Arguments. ')
end
a = reshape(a,1, []);                    % a를 행벡터로 변환
b = b(:)';                               % b를 행벡터로 전환
na = length(a);
nb = length(b);
% Pad with zeros as necessary
p = [zeros(1,nb-na) a]+[zeros(1,na-nb) b];
```

위 프로그램은 '>>f=mmpadd(c,d)'의 형식으로 확인가능하다. 만약 두 다항식의 뺄셈을 하고자 하는 경우에는 '>>g=mmpadd(c,-d)'와 같이 실행하면 된다.

▪ 나눗셈

다항식 사이의 나눗셈을 수행하여야 할 경우가 있다. MATLAB에서는 함수 deconv를 사용하여 이를 실현한다.

다음 스크립터의 경우, 다항식 f를 b로 나누었을 때 그 몫이 q, 즉 x^3+2x^2+3x+6이고 나머지가 r, 즉 $-2x^2-6x-12$로 됨을 보여주고 있다.

여기서 분수다항식의 전개에 대하여 간단히 언급한다. 다항식의 나눗셈이라는 개념에서 한 걸음 더 나아가 분수다항식을 가능하면 가장 낮은 차수(즉 1차)의 분모다항식으로 이루어진 분수다항식의 합의 형식으로 나타내는 것을 생각한다. 다음 예를 보자.

9) 즉, a, b 모두 (1×4)인 행벡터이기 때문에 벡터의 덧셈이 가능하다.

```
[q, r] = deconv(f, b) ↲

q =
     1     2     3     6

r =
     0     0     0     0    -2    -6   -12
```

$$\frac{b(s)}{a(s)} = \frac{5s^3+3s^2-2s+7}{-4s^3+8s+3} = \frac{r_1}{(s-p_1)} + \frac{r_2}{(s-p_2)} + \frac{r_3}{(s-p_3)} + k(s) \qquad (6.24)$$

위 식과 같이 전개하고자 하는 경우에 필요한 함수가 residue이다.

```
b = [5 3 -2 7];                    % 식(6.24)의 분자다항식의 계수
a = [-4 0 8 3];                    % 식(6.24)의 분모다항식의 계수
[r, p, k] = residue(b,a) ↲        % r=[r1 r2 r3], p=[p1 p2 p3]

r =                 p =                k =
   -1.4167             1.5737              -1.2500
   -0.6653            -1.1644
    1.3320            -0.4093
```

위 스크립터의 내용과 반대의 작용, 즉 식(6.24)의 오른쪽 항에서 왼쪽 항으로의 전개도 가능하다. 다시 말하면 변수 r, p, k의 값이 주어졌을 경우 분수다항식 a(s)와 b(s)를 구하고자 하는 경우에도 함수 residue가 유용하다.

```
[b,a] = residue(r,p,k) ↲

b =
  -1.2500   -0.7500    0.5000   -1.7500

a =
    1.0000   -0.0000   -2.0000   -0.7500
```

■ 미분과 적분

하나의 변수를 가지는 다항식의 미분과 적분은 MATLAB의 함수 polyder과 polyint를 이용하면 간단히 얻을 수 있다.

```
g = [1 6 20 48 69 72 44];
h = polyder(g) ↵

h =
     6    30    80   144   138    72

polyint(h,44)

ans =
     1     6    20    48    69    72    44
```

적분의 경우 '>>polyint(h,k)'에서 h는 다항식의 계수벡터이며, k는 스칼라로서 적분상수를 의미한다. k를 인가하지 않으면 적분상수는 '0'으로 되어 위 스크립터에서 변수 ans의 '44'가 '0'으로 되어 원래의 다항식 g와는 다르게 될 것이다.

미분과 적분의 경우는 Symbolic Math Toolbox를 이용하여 얻을 수도 있다.

```
syms x                                          % 변수 x를 symbolic으로 정의
g = x^6+6*x^5+20*x^4+48*x^3+69*x^2+72*x+44;     % 다항식 g(x)
h = diff(g,'x')                                 % g(x)를 x에 대하여 미분
int(h)                                          % h(x)를 적분
```

여기서 함수 diff와 int는 각각 symbolic 함수의 미분과 적분을 실행하는 하는 것으로 일반적인 사용법은 다음과 같다.

```
diff(S, 'v') 혹은 diff(S,'v',n)        % symbolic함수 S를 변수 v에 대하여 n번 미분
R = int(S,v) 혹은 R = int(S,v,a,b)     % S를 변수 v에 대하여 적분(부정적분)
                                       % 정적분인 경우 구간은 (a,b)
```

■ 다항식의 평가

다항식 $P_n(x)$의 변수 x에 어떤 범위의 값을 대입하였을 때 그 크기가 어떻게 변화하는지를 알기 위해서는 그래프를 그려보아야 할 것이다. 이와 같이 다항식의 변수에 임의의 값을 대입한 결과를 얻기 위한 함수로서 polyval이 준비되어 있다. 이것은 전절의 함수 evalpoly와 달리 변수 x로서 스칼라뿐만 아니라 벡터의 사용도 가능하다.

```
p = [1 4 -7 -10];               % 다항식의 계수
x = linspace(-1,3,100);         % 구간의 설정
v = polyval(p, x);              % 주어진 구간에 대한 다항식의 평가
plot(x,v)                       % 주어진 x값에 대한 다항식의 크기를 그래프로 표시
```

위 프로그램은 다항식 $p(s) = x^3 + 4x^2 - 7x - 10$의 변수로서 구간 $(-1, 3)$을 100등분 한 값을 요소로서 가지는 크기 (1×100)인 행벡터 $[x]$를 대입하여 평가하는 것으로, 계산결과가 들어있는 변수 v 역시 (1×100)인 행벡터로 된다. 이때 만약 'x'에 벡터 대신 정방행렬을 대입하는 경우를 생각하여 보자. 이는 예를 들어 $p(s) = x^3 - 2x - 5$(즉 스칼라 다항식)의 'x'에 정방행렬 '$[X]$'를 대입하면 $p([X]) = [X]^3 - 2[X] - 5[I]$의 관계가 성립하므로 $[X]$와 동일한 크기의 행렬로 된다. 이러한 과정은 MATLAB 함수 polyvalm을 이용하면 편리하다.

```
p = [1 0 -2 -5];
X = [2 4 5;-1 0 3;7 1 5];    % 변수로서 행렬을 지정
Y = polyvalm(p,X) ↵

   Y =
       377   179   439
       111    81   136
       490   253   639
```

[표 6.2]에 다항식과 관련된 MATLAB 제공함수 몇 가지를 정리하였다.

[표 6.2] 다항식 관련 MATLAB 함수

함수	설명
w = conv(u, v)	계수가 벡터 u,v로 주어진 두 다항식의 곱의 계산
[q,r] = deconv(v, u)	v의 다항식을 u의 다항식으로 나누었을 때의 몫은 q, 나머지가 r
p = poly(r)	다항식의 근(벡터 r)으로 다항식의 계수를 계산
k = polyder(a, b)	다항식 a, b의 곱을 미분. b가 없는 경우 다항식 a를 미분
polyint(p)	다항식 p의 적분(제8장 참조)
y = polyval(p, x)	다항식 p를 x에 대하여 평가한다. x가 벡터의 경우도 가능

6.3 다항식에 의한 커브피팅(Curve Fitting)

커브피팅이란 주어진 일련의 데이터에 (최소 2승의 의미에서) 가장 잘 들어맞는 곡선(curve), 또는 수학적인 함수를 작성하는 과정을 말한다. 실험 등을 통하여 얻어진 데이터를 분석하여 이에 맞는 관계식을 구하는 일은 공학에 있어 중요한 과정의 하나이다. 그러나 불행히도 모든 데이터 포인트를 만족시키는 곡선을 식으로 표현할 수는 없으므로[10], 대부분의 경우 오차의 제곱을 최소로 한다는 의미에서의 최적인 관계식(즉 곡선)을 얻고 있다. 다시 말하면 입력 데이터 포인트 (xi)와 출력 데이터 포인트 (yi) 사이에 존재하는, 오차의 '최소 2승(least square)'을 최소화하는 관계식을 알아내는 것이다.

10) 수학적으로는 가능하다 결과식은 사실상 의미가 없는 식이 된다.

■ 최소 2승의 의미

최소 2승법은 과잉결정계(overdetermined system), 즉 미지수의 개수보다 방정식의 개수가 많은 시스템에서 해를 구하기 위해 사용하는 표준적인 방법이다. 이 결과로서 얻어지는 해는 각 방정식이 갖게 되는 오차의 제곱(square)을 모두 더한 것을 최소(least)로 한다는 의미에서 '최소 2승'이라는 단어가 사용되었다.

이 방법의 가장 중요한 응용분야 중의 하나는 커브피팅이다. 최소 2승의 의미에서 조정된 최상의 피트는 각 데이터 포인트가 가지는 오차를 최소로 하게 된다. 여기서는 최소 2승에 의한 커브피팅의 문제를 생각하여 본다.

예를 들어, n개의 데이터 포인트 (x_i, y_i), $(i = 1,\ 2,\ \cdots,\ n)$를 지나가는 함수로서

$$y_i = f(x_i) = f(x_i : a_1, a_2, \cdots, a_m) \tag{6.25}$$

이 주어졌다고 한다. 여기서 a_j, $(j = 1 \sim m)$, (단 $m < n$이다)은 함수의 파라미터를 나타내고 있다. 이때 함수 $f(x)$의 형식(즉 차수 등)은 데이터를 취득하는 실험 등의 환경을 통하여 미리 결정되어 있는 것으로 가정한다. 따라서 식(6.25)가 주어진 n개의 데이터 포인트를 모두 지나갈 수 있도록 피팅(조정)할 수 있는 유일한 방법은 함수의 파라미터를 조정하는 것이다. 예를 들어 과도제동(overdamped)으로 설정되어 있는 '질량-스프링-마찰' 시스템에서 출력 y_i(질량의 변위)와 시간 t_i에 대한 데이터가 수집되어 있다면, 이 데이터 포인트에 피팅하기 위한 함수의 형태는 $f(t) = a_1 t e^{-a_2 t}$로 주어지는 것이 타당할 것이다.[11] 이와 같이 커브피팅은 두 종류의 단계, 즉 1) 함수 $f(x)$의 형식 결정, 2) 데이터 포인트에 피팅하는 파라미터의 결정 등의 두 단계로 이루어진다고 할 수 있다.

위에서 언급한 바와 같이 함수 $f(x)$가 주어진 모든 데이터 포인트를 지나가도록 할 수는 없기 때문에, 가능하면 데이터 포인트의 가장 가까운 곳을 지나가도록 파라미터를 선정하는 것이 필요하다. 이를 위해 가장 일반적으로 생각할 수 있는 것은 다음 식으로 주어지는 '오차의 제곱(2승)을 최소'로 하는 파라미터를 결정하는 것이다.

$$S(a_1, a_2, \cdots, a_m) = \sum_{i=1}^{n} \left[y_i - f(x_i) \right]^2 \tag{6.26}$$

위 식을 최소로 하는 파라미터 a_j, $(j = 1 \sim m)$는 다음 m개의 방정식의 해로서 주어진다.

$$\frac{\partial S}{\partial a_k} = 0,\ k = 1,\ 2,\ \cdots,\ m \tag{6.27}$$

이때 식(6.26)에서 $r_i = y_i - f(x_i)$를 오차(residual)라고 하며, 점 x_i에서 데이터 포인트와 피팅 포인트 사이의 불일치(discrepancy)의 크기를 나타낸다. 식(6.27)은 일반적으로 변수 a_k에 대하여 비선형으로 나타나기 때문에 해를 구하기 어렵다. 만약 피팅함수 $f(x)$가 어떤 특정한 함수 $f_j(x)$의 선형적인 결합, 즉

11) 2차계에서 과도제동인 경우의 계단응답 파형을 생각하면 식의 타당성을 이해할 수 있을 것이다.

$$f(x) = a_1 f_1(x) + a_2 f_2(x) + \cdots + a_m f_m(x) \tag{6.28}$$

의 형식으로 주어진다면 식(6.27)은 선형의 관계식으로 될 것이다. 이러한 $f_i(x)$의 가장 전형적인 예로서 $f_1(x) = 1$, $f_2(x) = x$, $f_3(x) = x^2$ 등을 들 수 있다.

피팅곡선과 관련된 데이터의 분포는 다음 식으로 정의되는 표준편차(standard deviation)를 이용하여 그 정도를 나타낸다[12].

$$\sigma = \sqrt{\frac{S}{n-m}} \tag{6.29}$$

만약 $n = m$이면 식(6.29)의 분자와 분모는 모두 영으로 되어 σ로부터 어떤 의미 있는 정보를 얻을 수 없다. 다시 말하면 $n = m$, 즉 데이터 포인트의 개수와 함수의 파라미터의 개수가 같으면 모든 데이터 포인트를 지나가는 곡선을 항상 얻을 수 있다는 것으로 해석할 수 있다. 그러나 대부분의 경우는 데이터 포인트의 개수는 파라미터의 개수보다 훨씬 많다. 즉, $n \gg m$이다.

6.3.1 1차 다항식에 의한 커브피팅

1차 다항식(Linear equation), 즉 직선에 의한 커브피팅은 식(6.25)가

$$f(x) = a_1 x + a_o \tag{6.30}$$

의 형식으로 주어지는 것을 말한다. 다시 말하면 주어진 데이터 포인트에 가장 근접할 수 있도록 식(6.30)의 계수 a_1과 a_0를 결정하는 것이다. 만약 주어진 데이터 포인트가 두 개뿐이라면 식(6.30)에 의한 오차가 없는 커브피팅은 [그림 6.3]과 같이 두 점을 연결하는 직선으로 실현될 것이다.

데이터 포인트가 세 개 이상으로 주어진 경우에는 모든 점을 통과하는 직선을 긋는 다는 것은 당연히 불가능하다. 따라서 이러한 경우에는 [그림 6.4]와 같이 가능하면 직선(1차 다항식)이 모든 점의 가장 가까운 곳을 통과할 수 있도록(이를 '최상의 피트'라고 한다) 식(6.30)의 계수 a_1과 a_0를 결정한다.

이와 같이 최상의 피트를 위한 계수의 결정과정은, 첫째 최상의 피트를 어떻게 정의할 것인가 하는 것과 둘째 이를 유도하기 위한 수학적인 과정으로 구성되어 있다.

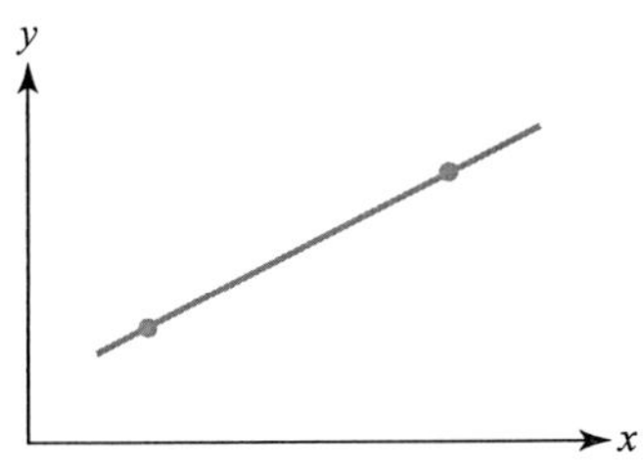

[그림 6.3] 두 개의 데이터 포인트

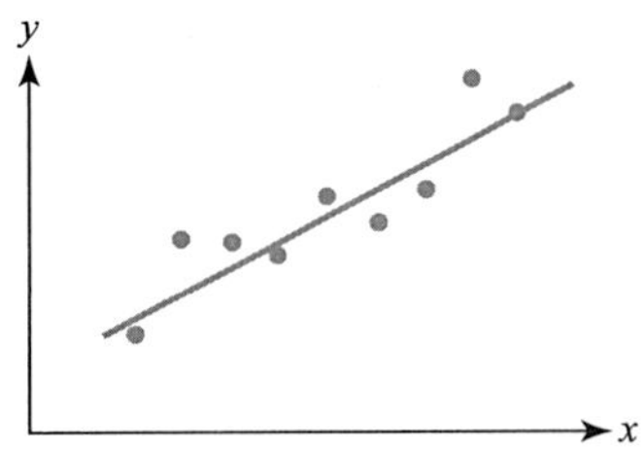

[그림 6.4] 세 개 이상의 데이터의 경우

12) 주어진 곡선을 중심으로 데이터 포인트가 어느 정도 흩어져(혹은 모여) 있는가를 나타내는 하나의 지표로 된다.

■ 최상의 피트(The best fit)

주어진 데이터 포인트와 근사식 (6.30)과의 커브피팅 정확도는 오차[13] $r_i = y_i - f(x_i)$의 합을 계산함으로 판단할 수 있다. [그림 6.5]는 주어진 n개의 데이터 포인트의 가장 가까운 곳을 지나가는 1차의 근사함수(즉 직선)를 계산하는 커브피팅의 방법을 설명하기 위한 그림이다. 임의의 점 (x_i, y_i)에서의 오차 r_i는, 데이터의 출력 y_i와 직선에 의한 근사출력 $f(x_i)$와의 차를 의미한다.

이때 전체 오차는 식(6.26)을 이용하면

$$E = \sum_{i=1}^{n} r_i^2 = \sum_{i=1}^{n} \left[y_i - (a_1 x_i + a_0) \right]^2 \tag{6.31}$$

로 주어진다. 이 정의에 의하면 전체오차는 항상 양(+)의 값을 가 질 뿐만 아니라 어떤 하나의 큰 오차값 r_i에 의해서도 큰 영향을 받는다는 사실을 알 수 있다. 식(6.31)을 최소로 하는 1차 다항식 (6.30)의 계수를 결정하기 위해 여기서는 선형 최소 2승회귀(linear least-squares regression)로 불리는 방법을 이용하기로 한다.

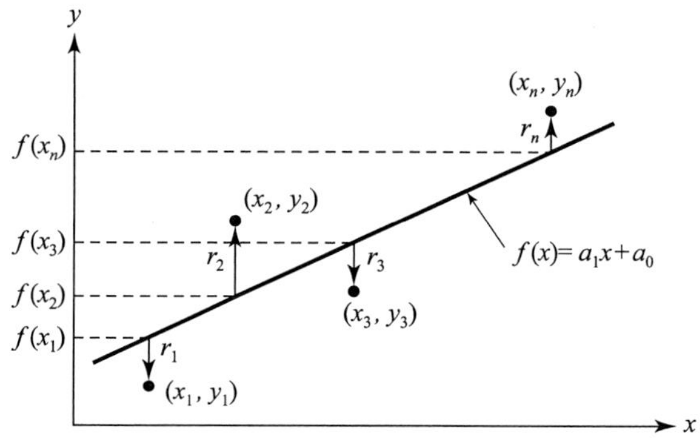

[그림 6.5] 1차 다항식에 의한 커브피팅

■ 선형 최소 2승회귀법

주어진 데이터 포인트의 집합 $\{x_i, y_i\}$, $(i = 1, 2, \cdots n)$에 대한 선형회귀모델(linear regression model)은 종속변수 y_i가 독립변수 x_i에 대하여 선형이라는 가정한다. 이 관계를 식으로 나타내면 다음과 같다.

$$y_i = a_1 x_i + a_0 = [1 \ x_i] \begin{bmatrix} a_0 \\ a_1 \end{bmatrix}, (i = 1, \cdots, n) \tag{6.32a}$$

위 식을 n개의 데이터에 대하여 전개한 후 행렬을 이용하면

13) 한 점에서의 오차를 전부 합한 오차를 일반적으로 residual이라고도 한다.

$$\begin{bmatrix} y_1 \\ y_2 \\ \vdots \\ y_n \end{bmatrix} = \begin{bmatrix} 1 & x_1 \\ 1 & x_2 \\ \vdots & \vdots \\ 1 & x_n \end{bmatrix} \begin{bmatrix} a_0 \\ a_1 \end{bmatrix} \rightarrow [y] = [X][a] \tag{6.32b}$$

위 식은 두 개의 미지수와 n, ($\gg 2$)개의 방정식을 가지는 과잉결정계이므로 제5장에서 설명한 방법으로 해를 구할 수 있다. 즉

$$[a] = \{[X]^T[X]\}^{-1}[X]^T[y] \tag{6.33}$$

로 주어진다. 이 방법은 단순하면서 가장 보편적인 추정값을 출력하는 것으로 알려져 있으며, 이 결과는 오차 '$y_i - (a_1 x_i + a_0)$ '를 최소로 하는 두 개의 미지수 a_0, a_1을 제공한다.

다음, 함수 $y = a_1 x + a_0$가 주어진 데이터 포인트에 대한 최상의 피트, 즉 오차 식(6.31)을 최소로 한다는 관점에서 미지수 a_1과 a_0를 구하여 보자. 이 방법은 일반적으로 선형 회귀법으로 알려져 있다. 최상의 피트란 식(6.31)을 최소로 하는, 즉 오차의 제곱을 전부 더함으로서 계산되는 값을 가장 최소로 하는 값으로 정의된다.

주어진 n개의 데이터 포인트 (x_i, y_i) 집합에 대하여 전체오차는 식(6.31)로 주어진다. 이식에서 x_i와 y_i는 주어진 값이므로 식(6.31)은 두 개의 변수 a_1과 a_0를 가지는 비선형함수로 된다. 이때 함수 E는 변수 a_1과 a_0에 대한 편미분을 영으로 하는 값에서 최소값을 가지므로 먼저 E의 편미분이 영으로 되는 값을 계산한다.

$$\frac{\partial E}{\partial a_0} = -2 \sum_{i=1}^{n} (y_i - a_1 x_i - a_0) = 0 \tag{6.34a}$$

$$\frac{\partial E}{\partial a_1} = -2 \sum_{i=1}^{n} (y_i - a_1 x_i - a_0) x_i = 0 \tag{6.34b}$$

식(6.34)는 두 개의 미지수를 가지는 두 개의 선형방정식으로 구성되어 있으므로 이는 다음과 같이 변형할 수 있다.

$$n a_0 + \left(\sum_{i=1}^{n} x_i\right) a_1 = \sum_{i=1}^{n} y_i \tag{6.35a}$$

$$\left(\sum_{i=1}^{n} x_i\right) a_0 + \left(\sum_{i=1}^{n} x_i^2\right) a_1 = \sum_{i=1}^{n} x_i y_i \tag{6.35b}$$

식(6.35)의 선형방정식의 해는 다음으로 됨을 쉽게 알 수 있다.

$$a_1 = \frac{n \sum_{i=1}^{n} x_i y_i - \left(\sum_{i=1}^{n} x_i\right)\left(\sum_{i=1}^{n} y_i\right)}{n \sum_{i=1}^{n} x_i^2 - \left(\sum_{i=1}^{n} x_i\right)^2} \tag{6.36a}$$

$$a_0 = \frac{\left(\sum_{i=1}^{n} x_i^2\right)\left(\sum_{i=1}^{n} y_i\right) - \left(\sum_{i=1}^{n} x_i y_i\right)\left(\sum_{i=1}^{n} x_i\right)}{n\sum_{i=1}^{n} x_i^2 - \left(\sum_{i=1}^{n} x_i\right)^2} \tag{6.36b}$$

식(6.36)에는 데이터 포인트 x_i와 y_i의 각각의 합(summation) 및 둘의 곱의 합 등의 계산이 포함되어 있기 때문에, 프로그램의 작성에 있어서도 합의 계산을 먼저 수행한 뒤 이를 식(6.36)에 대입하는 형식을 취하면 편리할 것이다. 이러한 작업을 위해 다음 네 개의 항을 도입한다.

$$S_x = \sum_{i=1}^{n} x_i,\ S_y = \sum_{i=1}^{n} y_i,\ S_{xy} = \sum_{i=1}^{n} x_i y_i,\ S_{xx} = \sum_{i=1}^{n} x_i^2 \tag{6.37}$$

위 정의를 이용하면 식(6.36)의 계수는

$$a_1 = \frac{nS_{xy} - S_x S_y}{nS_{xx}(S_x)^2},\quad a_0 = \frac{S_{xx}S_y - S_{xy}S_x}{nS_{xx} - (S_x)^2} \tag{6.38}$$

로 계산된다. 식(6.38)에 의한 직선 $y = a_1 x + a_0$는 n개의 데이터 포인트 $(x_i,\ y_i)$에 대한 최상의 피트로 된다.

[예제 6.5]

어떤 실험을 통하여 다음과 같은 온도 T와 압력 P사이의 데이터를 얻었다. 둘 사이의 선형근사식을 위에서 언급한 '최소 2승 회귀법'으로 구하여 보자.

T(oC)	0	10	20	30	40	50	60	70	80	90	100
P(atm.)	0.94	0.96	1.0	1.05	1.07	1.09	1.14	1.17	1.21	1.24	1.28

풀 이 주어진 데이터 포인트 사이의 관련성을 확인하기 위하여 그래프를 그려본다([그림 6.6(a)]). 이로부터 온도와 압력 사이에 상당한 관련성이 있음을 확인할 수 있다.

주어진 11개의 데이터 중에서 네 개, 즉 (0,0.94), (30, 1.05), (70, 1.17) 및 (100, 1.28)의 값을 이용하여 선형근사식 $p = a_1 T + a_0$에 의한 최상의 피트를 위한 계수를 계산하여 보자. 네 개 데이터를 적용한 식(6.34)의 계산결과는 다음과 같다.

$$S_x = \sum_{i=1}^{4} x_i = 0 + 30 + 70 + 100 = 200$$

$$S_y = \sum_{i=1}^{4} y_i = 0.94 + 1.05 + 1.17 + 1.28 = 4.44$$

$$S_{xx} = \sum_{i=1}^{4} x_i^2 = 0^2 + 30^2 + 70^2 + 100^2 = 15800$$

$$S_{xy} = \sum_{i=1}^{4} x_i y_i = 0 \cdot 0.94 + 30 \cdot 1.05 + 70 \cdot 1.17 + 100 \cdot 1.28 = 241.4$$

로 되며, 이를 식(6.35)에 대입하면

$$a_1 = 0.003345,\ a_0 = 0.9428$$

이 얻어진다. 온도의 범위를 -300℃에서 100℃로 넓히고 상기의 결과에 의한 선형근사식을 적용하여 그래프로 나타낸 것이 [그림 6.6(b)]이다. 이로부터 '최소 2승 회귀법'에 의한 최상의 피트는 상당히 정확한 결과를 보여주고 있다는 사실을 확인할 수 있다. ■

```
T = 0:10:100;
p = [0.94 0.96 1.0 1.05 1.07 1.09 1.14 1.17 1.21 1.24 1.28];
plot(T,p,'*r')                    % [그림 6.5(a)]
xlabel('Temperature (C)'),ylabel('Pressure(atm)')
Ti = [-300 100];
pi = 0.003345*Ti+0.9428;
hold on, plot(Ti,pi,'k')          % [그림 6.6(b)]
```

```
% 식(6.33)을 이용한 계산
X = ones(11,2)
X(:,2) = T';
a = (X'*X)\X'*p'                  % 위의 결과와 유사한 값이 얻어졌다.

    a =
         0.9336
         0.0034
```

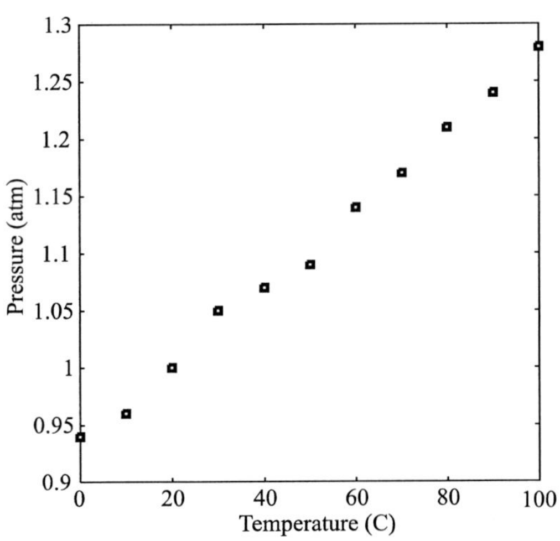

그림 6.6(a)] [예제 6.5]의 데이터 분포

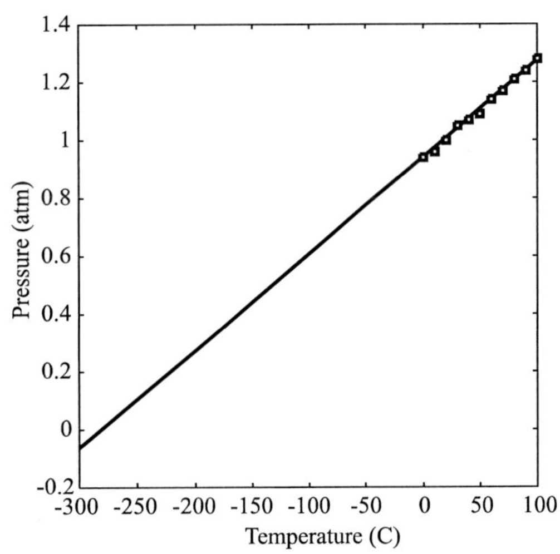

[그림 6.6(b)] [예제 6.5]의 최상의 피트에 의한 결과

6.3.2 2차 이상의 다항식에 의한 커브피팅

■ 배경

식(6.28)에서 피팅함수를 $f_1(x)=1$, $f_2(x)=x$, $f_3(x)=x^2$, $\cdots$ 으로 두면 식(6.28)은

$$f(x)=a_n x^n + a_{n-1}x^{n-1} + \cdots + a_1 x + a_0 \tag{6.39}$$

로 된다. 여기서 계수 a_n, a_{n-1}, $\cdots$, a_0는 실수이며, n은 다항식의 차수[14]이다. 특히, $n=1$이면 다항식은 선형으로 되어 직선을 나타내게 된다. $n \geq 2$에서 다항식은 비선형 함수로 되며 이들의 그래프는 곡선으로 된다. 식(6.39)에서 $n=2$인 경우를 2차 다항식(quadratic polynomial)이라 하며, 이때의 그래프는 위를 향한 (혹은 아래를 향한) 포물선[15] 모양을 가지게 된다. 또한, $n=3$일 때의 함수의 개략적인 형상은, 어떤 구간에서 오목한 사발모양(concave)을 한다면 나머지 구간에서는 포물선(parabola)의 모양을 가지게 될 것이다. 즉 다항식의 차수가 높아질수록 곡선은 굽어진 부분(bend)을 더 많이 가지는 그래프로 된다는 것을 의미한다.

n개의 데이터 포인트에 대해서는 최대 $(n-1)$개의 다른 종류의 차수를 가지는 다항식으로 커브피팅을 수행할 수 있다. 이러한 경우의 다항식 계수의 결정은 앞에서 언급한 바와 마찬가지로 최소 2승의 의미에서 결정된다. [그림 6.7]에 동일한 11개의 데이터 포인트에 대하여 여섯 종류의 다항식으로 커브피팅 한 결과를 나타내었다. 다항식의 차수가 높아짐에 따라 커브피팅에 의한 곡선이 각 데이터 포인트에 근접하고 있음을 [그림 6.7]은 보여주고 있다. 다시 말하면 만약 10차의 다항식을 사용한다면 모든 데이터 포인트를 곡선 상에 가지는 오차 없는 커브피팅 결과를 얻을 수 있을 것이다.

그러나 일반적으로 실험 등을 통하여 얻어진 입·출력 데이터가 100% 정확한 정보를 가지고 있는 것으로 보기 어렵기 때문에, 높은 차수의 다항식으로 정확한 커브피팅을 수행하는 것이 항상 바람직 것은 아니며, 동시에 높은 차수의 다항식은 향후의 여러 수식처리과정에서 상당한 어려움을 수반하므로 특별한 경우가 아니면 권장하지 않는다.

■ 계수의 설정

여기서는 선형인 피팅함수 식(6.40)을 사용하여 최적의 피팅을 위한 계수 설정법을 소개한다.

$$f(x)=a_1 f_1(x)+a_2 f_2(x)+\cdots+a_m f_m(x)=\sum_{j=1}^{m} a_j f_j(x) \tag{6.40}$$

여기서 $f_j(x)$는 미리 정해진 x의 함수로서 기본함수(basic function)로 불리고 있다. 식(6.40)을 식(6.26)에 대입하면

14) 영어로는 'degree' 또는 'order' 등으로 표현하고 있으나, 여기서는 차수라고 부르기로 한다. 이 경우 행렬에서 사용되는 차원(dimension)과는 그 의미가 다르다는 점에 유의한다.

15) 포물선의 꼭지가 아래에 있는 것을 concave, 위에 있는 곡선을 parabola라고 한다.

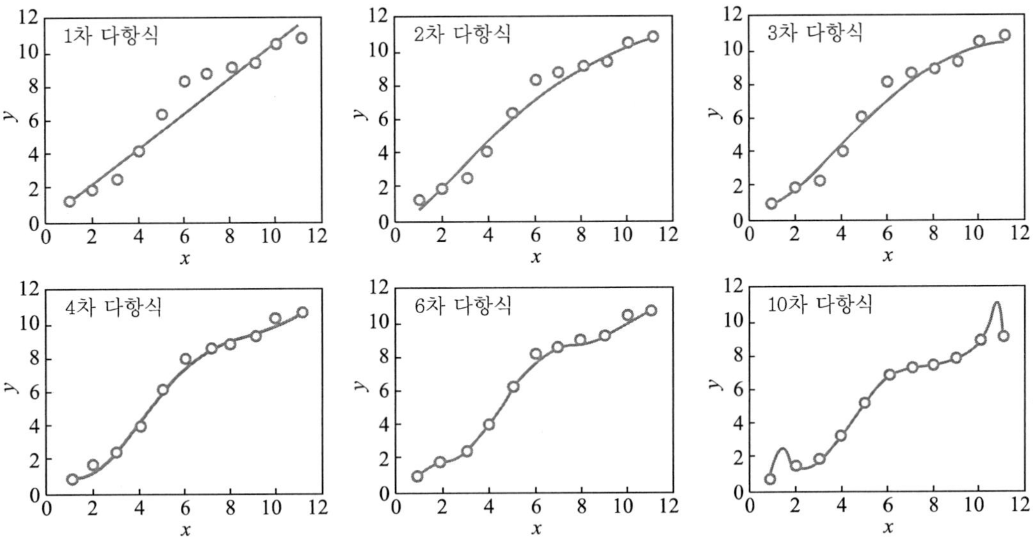

[그림 6.7] 동일한 데이터 포인트에 대한 다양한 차원의 다항식에 의한 커브피팅

$$S = \sum_{i=1}^{n}\left[y_i - \sum_{j=1}^{m} a_j f_j(x_i)\right]^2 \tag{6.41}$$

로 되며, 이 경우 식(6.27)의 편미분을 일반식으로 표현하면 다음과 같다.

$$\frac{\partial S}{\partial a_k} = -2\left\{\sum_{i=1}^{n}\left[y_i - \sum_{j=1}^{m} a_j f_j(x_i)\right] f_k(x_i)\right\} = 0,\ (k = 1, 2, \cdots, m) \tag{6.42}$$

여기서 (-2)를 제거하고 합(Σ :summation)의 순서를 교환하면 다음으로 된다.

$$\sum_{j=1}^{m}\left[\sum_{i=1}^{n} f_j(x_i) f_k(x_i)\right] a_j = \sum_{i=1}^{n} f_k(x_i) y_i,\ (k = 1, 2, \cdots, m) \tag{6.43}$$

위 식은 다음과 같이 행렬을 이용한 표현이 가능하다. 즉

$$[A][x] = [b] \tag{6.44a}$$

$$A_{kj} = \sum_{i=1}^{n} f_j(x_i) f_k(x_i),\quad b_k = \sum_{i=1}^{n} f_k(x_i) y_i \tag{6.44b}$$

이다. 예를 들어, $m = 3$, 즉 $f(x) = a_1 f_1(x) + a_2 f_2(x) + a_3 f_3(x)$로 n개의 데이터 포인트를 피팅하고자 하는 경우를 생각하면 세 개의 미지변수 a_1, a_2, a_3가 존재(즉, $k = 1$, 2, 3이다)한다. 따라서 식(6.44)로부터 행렬 $[A]$는 (3×3)의 크기로 될 것이다. 예를 들어 $k = 1$, $j = 2$라면

$$A_{12} = \sum_{i=1}^{n} f_2(x_i) f_1(x_i),\ b_1 = \sum_{i=1}^{n} f_1(x_i) y_i$$

로 된다. 즉 A_{12}의 계산을 위해 $f_1(x_i)$와 $f_2(x_i)$의 곱을 n번(데이터 포인트의 개수) 수행해야 한다는 사실을 보여주고 있다.

식(6.44)는 최소 2승의 피팅을 위한 정규방정식(normal equation)으로서 여기에 제5장의 방법을 적용하면 해를 구할 수 있다. 식(6.44b)에서 $A_{kj} = A_{jk}$가 만족되므로 행렬 $[A]$는 대칭행렬로 된다는 점에 유의한다.

피팅함수로서 차수 $(m-1)$인 다항식을 고려한다면, 즉 식(6.40)의 기본함수로서

$$f_j(x) = x^{j-1}, \ (j = 1, 2, \cdots, m) \tag{6.45}$$

를 사용한다면 식(6.40)은 $f(x) = \Sigma_{j=1}^{m} a_j x^{j-1}$로 주어진다. 이 경우 식(6.44b)는 다음과 같이 나타낼 수 있을 것이다.

$$A_{kj} = \sum_{i=1}^{n} x_i^{j+k-2}, \ b_k = \sum_{i=1}^{n} x_i^{k-1} y_i \tag{6.46a}$$

이를 행렬의 형식으로 변환하면

$$[A] = \begin{bmatrix} n & \sum x_i & \sum x_i^2 & \cdots & \sum x_i^m \\ \sum x_i & \sum x_i^2 & \sum x_i^3 & \cdots & \sum x_i^{m-1} \\ \vdots & \vdots & \vdots & \ddots & \vdots \\ \sum x_i^{m-1} & \sum x_i^m & \sum x_i^{m+1} & \cdots & \sum x_i^{2m-2} \end{bmatrix}$$

$$[b] = \begin{bmatrix} \sum y_i \\ \sum x_i y_i \\ \vdots \\ \sum x_i^{m-1} y_i \end{bmatrix} \tag{6.46b}$$

로 된다. 위 식에서 $\sum$는 $\Sigma_{i=1}^{n}$을 의미한다. 식(6.46)으로 주어지는 정규방정식 $[A][x] = [b]$는 m의 값, 즉 기본함수 $f_i(x)$의 개수가 증가함에 따라 ill-conditioned로 될 가능성이 커진다. 그러나 위에서 여러 번 언급한 바와 같이 높은 차수의 다항식은 향후의 여러 수식처리과정에서 상당한 어려움을 수반하기 때문에 사용하지 않는 것이 일반적이다.

■ 프로그램의 작성

먼저 식(6.46b)의 각 요소를 계산한 뒤 제5장의 가우스소거법, 또는 LU분해 등을 적용하면 계수를 구할 수 있다. 일반적으로 다항식의 계수는 높은 차수부터 나타내는 것이 일반적이기 때문에 프로그램의 마지막 부분에 식(6.46)로부터 구한 계수의 순서를 바꾸어 주는 과정이 필요하다.[16)]

---

16) 식(6.40)에서 알 수 있는 바와 같이, $f(x)$는 낮은 차수로부터 시작된다.

[커브피팅을 위한 함수의 예]

```
function coeff = polynFit(xData,yData,m)
% Returns the coefficients of the polynomial
% coeff : coefficients of (m-1)th-degree polynomial (descending order)
% that fits the data points in the least squares sense.
% USAGE: coeff = polynFit(xData,yData,m)
% xData = x-coordinates of data points
% yData = y-coordinates of data points

A = zeros(m); b = zeros(m,1); s = zeros(2*m-1,1);
for i = 1:length(xData)
    temp = yData(i);
    for j = 1:m
        b(j) = b(j) + temp;          % 식(6.46b)의 [b]의 계산
        temp = temp*xData(i);
    end
    temp = 1;
    for j = 1:2*m-1
        s(j) = s(j) + temp;          % [A]를 벡터로 저장
        temp = temp*xData(i);
    end
end
for i = 1:m
    for j = 1:m
        A(i,j) = s(i+j-1);           % 식(6.46b)의 [A]의 계산
    end
end
[L,U,P] = lu(A); y = L\P*b; x = U\y;     % LU분해를 이용하여 해를 구한 뒤
coeff = flipdim(x,1);                    % 해의 순서를 바꾼다.
```

[예제 6.6]

어떤 물체에 대한 응력테스트 실험결과가 다음 표와 같이 얻어졌다. 이 관계에 최상의 피트를 보여주는 4차의 다항식을 구하여 보자.

Strain ε	0	0.4	0.8	1.2	1.6	2.0	2.4	2.8
Stress σ	0	3.0	4.5	5.8	5.9	5.8	6.2	6.4
Strain ε	3.2	3.6	4.0	4.4	4.8	5.2	5.6	6.0
Stress σ	9.6	15.6	20.7	26.7	31.1	35.6	39.3	41.5

풀 이 커브피팅을 위한 4차 다항식을

$$f(x) = a_4x^4 + a_3x^3 + a_2x^2 + a_1x + a_0$$

로 두고 주어진 16개의 데이터 포인트에 대한 최상의 피트로 되는 다섯 개의 계수 a_0, a_1, a_2, a_3 및 a_4를 상기의 프로그램을 이용하여 결정하면 다음과 같다.

$$f(x) = -0.2644x^4 + 3.1185x^3 - 10.1927x^2 + 12.8780x - 0.2746$$ ■

```
xData = 0:0.4:6.0;
yData = [0 3.0 4.5 5.8 5.9 5.8 6.2 ...
        6.4 9.6 15.6 20.7 26.7 31.1 35.6 39.3 41.5];
coeff=polynFit(xData,yData,5);                              % 4차의 다항식의 계수 결정
P4_x = @(x) coeff(1)*x.^4+coeff(2)*x.^3+coeff(3)*x.^2...    % function handle
        +coeff(4)*x+coeff(5);
fplot(P4_x,[0 6]),hold on                                   % 주어진 구간에서의 다항식 그래프
plot(xData, yData, 'ro')                                    % 원래 데이터를 그림에 표시
xlabel(' Strain'),ylabel(' Stress (MPa)')
```

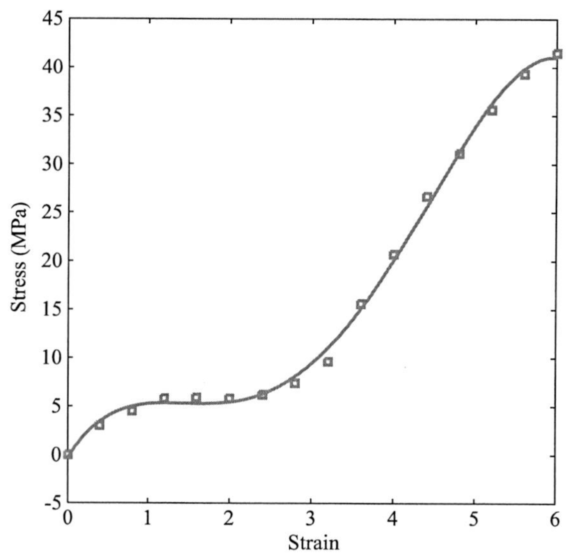

[그림 6.8] [예제 6.6]의 커브피팅 결과

6.4 MATLAB 제공함수에 의한 커브피팅

지금까지 오차의 2승(제곱)을 최소로 하는 커브피팅의 문제를 살펴보았다. 여기서는 이 문제를 MATLAB이 제공하는 함수를 이용하여 커브피팅을 수행하는 방법을 알아본다.

■ polyfit

MATLAB이 제공하는 대표적인 커브피팅용의 함수인 polyfit는 '>>p=polyfit(x, y, n)'의 형식으로 사용되며 '최소 2승'의 의미에서 최상의 피트를 위한 다항식의 계수를 출력한다. 이 함수의 MATLAB의 행렬연산 중의 하나인 '\'가 가지는 'least square'의 특징을 이용하여 커브피팅을 수행한다. 예를 들어, '>>polyfit(x, y, 5)'를 실행하면 MATLAB은 입력 데이터 'x'에 의해 구성되는 Vandermond 행렬[17] $[V]$를 생성한다. 이때 $[V][p]=[y]$의 관계를 만족하는 출력 'p'를 '\ (backslash)'를 이용하여 계산한다. 이 결과 p에는 n차 다항식의 계수가 내림차순(descending order)으로 들어있다. 이를 다음의 데이터 포인트를 사용하여 확인하여 보자.

커브피팅에 있어 중요한 사항 중의 하나는 주어진 데이터 포인트 사이에 존재하는 관련성(즉 곡선)을 몇 차의 식으로 나타낼 것인가 하는 것이다. 당연히 차수가 높아지면 커브와 데이터 사이에 존재하는 오차를 줄일 수 있을 것이다. 여기서는 $n=2$, 즉 데이터 포인트와의 관련성을 2차 다항식으로 표현한다.

```
x = 0:0.1:1;
y = [ -0.447 1.978 3.28 6.16 6.08 6.34 6.66 9.56 9.48 9.30 11.2];
n = 2;                    % 2차 다항식으로 표현
p = polyfit(x,y,n) ↲

    p =
        -9.8108   20.1293   -0.0317
```

위 결과로부터 $y(x)=-9.8108x^2+20.1293x-0.0317$의 다항식이 얻어졌다. 이 곡선의 정확도를 그래프를 통하여 확인하여 보자.

```
xi = linspace(0,1,100);
yi = polyval(p,xi);                      % polyfit에 의한 출력계산
plot(x,y,'-o',xi,yi,'--')                % [그림 6.9]
xlabel(' x '),ylabel(' y = f(x) ')
```

17) Vandermond 행렬은 MATLAB의 함수 vander를 이용하여 생성된다. 즉 벡터 [v]로서 '>>A=vander(v)'를 실행하면 $A(i,j)=v(i)^{(n-j)}$, $(i,\ j=1\sim n)$의 요소를 가지는 $(n\times n)$크기의 행렬 $[A]$가 생성된다. 단 n은 벡터 [v]의 개수이다.

커브피팅을 위한 다항식 차수의 선정은 임의이다. 앞에서 언급한 바와 같이, 예를 들어 두 개의 데이터 포인트만이 존재하는 경우 $n=1$, 즉 두 점을 연결하는 직선이 가장 정확한 커브피팅의 곡선(이 경우는 직선)이 될 것이고, 세 개의 입·출력 데이터가 주어진 경우에는 $n=2$, 즉 2차식으로 나타내면 모든 데이터를 다 포함하는(즉 오차가 없는) 곡선을 얻을 수 있다, 상기의 예는 11개의 데이터를 가지므로 $n=10$, 즉 10차의 다항식을 사용한다면 모든 입·출력 포인트를 지나가는 곡선(즉 오차가 없는)을 얻을 수 있다. 그러나 높은 차수의 다항식의 수치적 특성은 좋지 않기 때문에 단지 오차를 줄이기 위해 높은 차수의 다항식을 선정하여서는 안 될 것이다.

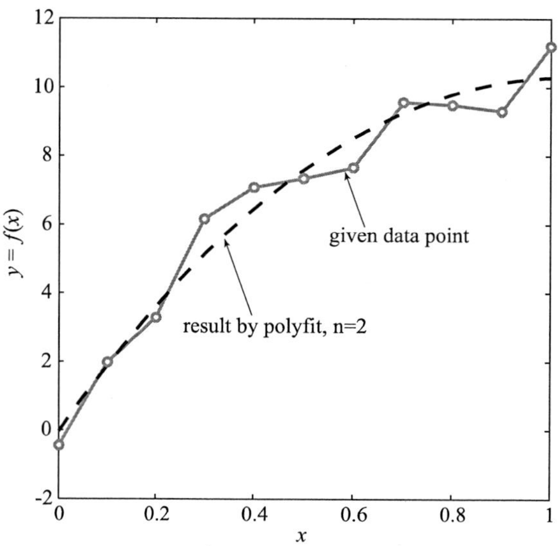

[그림 6.9] poylfit에 의한 결과와의 비교

또한, 높은 차수의 다항식은 그 근사식을 구하는 과정에서 미분을 반복하기 때문에 다항식의 차수가 상당히 커질 수 있다. 위의 예로서 이를 확인하여 보자.

```
pp = polyfit(xi,yi,10);         % 10차의 다항식을 계산
pp'                             % 다항식의 계수

ans
       -4.6436e+005
        2.2965e+006
       -4.8773e+006
        5.8233e+006
       -4.2948e+006
        2.0211e+006
       -6.0322e+005
        1.0896e+005
   -10626
     435.99
      -0.447
```

이 결과로부터 10차 다항식의 계수는 그 최소값 (-0.447)과 최대값 (2.2965e+005) 사이에 존재하는 커다란 갭과 또한 계수의 부호가 '+,-'로 서로 반복하고 있다는 점 등의 특성을 볼 수 있다. 이를 그래프를 통하여 확인하여 보자.

```
y10 = polyval(pp, xi);
plot(x,y,'o',xi,yi,'--',xi,y10)                % [그림 6.10]
xlabel(' x '),ylabel(' y = f(x) ')
```

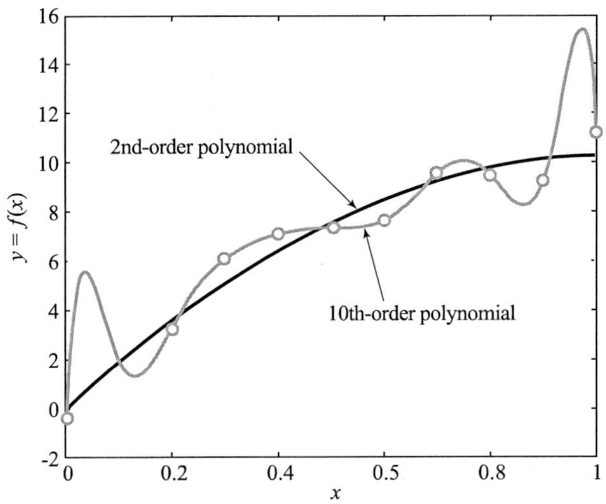

[그림 6.10] 10차 다항식과 2차 다항식과의 비교

[그림 6.10]으로부터 알 수 있는 바와 같이, 10차 다항식의 경우 정확하게 모든 데이터 포인트를 지나가고는 있으나 데이터 포인트 사이를 연결하는 곡선의 변화가 너무 심하다는 사실을 알 수 있다, 이런 종류의 그래프는 아무리 정확한 결과를 보여준다고 하더라도 차후의 수식처리에 상당한 어려움을 동반하게 될 것이다.

6.4.1 지수함수에 의한 커브피팅

커브피팅에 사용되는 함수는 식(6.39)로 주어진 다항식에 의한 곡선을 전제로 하고 있다. 여기서는 식(6.39) 이외의 함수를 이용한 피팅에 대해서 설명하기로 한다. 여러 종류의 함수가 존재하지만 그 중 다음 두 가지 형식의 지수함수

i) $y(x)= ae^{bx}$

ii) $y(x)= cx^{d}$

를 이용한 커브피팅을 생각한다. 지수함수의 형식으로는 함수 polyfit를 사용할 수 없으므로 이를 다항식의 형식으로 변환하는 것이 필요하다. 따라서 지수함수인 식 i)과 ii)의 양변에 log

를 취하면 지수함수는 다항식의 형식으로 변환된다. 즉

i)' $\ln(y)=\ln(a)+bx \;\rightarrow\; \tilde{y}=a_1x+a_0$. 단 $\tilde{y}=\ln(y)$, $a_1=b$ 및 $a_0=\ln(a)$이다.

ii)' $\ln(y)=\ln(c)+d \bullet \ln(x) \;\rightarrow\; \tilde{y}=a_1\tilde{x}+a_0$.

단, $\tilde{y}=\ln(y), a_1=d, a_0=\ln(c)$ 및 $\tilde{x}=\ln(x)$이다.

이와 같이 log를 적용하여 지수함수를 다항식으로 변환하여 polyfit를 적용하면 지수함수에 대한 커브피팅의 문제를 해결할 수 있다. 단 이 경우 주어진 데이터 (y 또는 x, y, 모두)에도 log를 취하고 이를 polyfit에 인가하여야 한다는 점에 유의한다.

[단계 1] : 주어진 원래의 입·출력 데이터 포인트에 log를 취하여 i) 혹은 ii)에 맞는 새로운 변수 $\tilde{y}$와 $\tilde{x}$로 변환한다. 예를 들어 지수함수 $y(x)=ae^{bx}$ 형식으로 커브피팅을 하고자 한다면 '>>ytilde=log(y)'를 실행하여 y를 ytilde로 변환하고, x는 그대로 사용한다. 또한, $y(x)=cx^d$의 형식인 경우에는 '>>ytilde=log(y)' 및 '>>xtilde=log(x)'에 의한 데이터변환을 실행한다.

[단계 2] : 함수 polyfit를 사용하여 1차식의 계수 a_1과 a_0를 계산한다.

[단계 3] : 얻어진 계수를 적용하여 원래의 데이터 포인트를 회복한 뒤, 그래프를 이용하여 커브피팅의 정확도 등을 확인한다.

이상의 과정을 다음 예를 이용하여 확인하여 보자.

[예제 6.7]

아래의 표는 진공펌프로부터의 시간의 흐름에 대한 압력을 측정하여 나타낸 것이다. 둘 사이의 관계를 $P(t)=P_oe^{-t/\tau}$로 커브피팅하는 문제를 생각하여 보자.

t	0	0.5	1.0	5.0	10.0	20.0
P	760	625	528	85	14	0.16

풀이 식의 양변에 log를 취하면

$$\ln(P)=\ln(P_o)-\frac{t}{\tau} \quad\rightarrow\quad \tilde{P}=a_1t+a_0 \qquad ①$$

여기서 $\tilde{P}=\ln(P)$, $a_1=-1/\tau$ 및 $a_0=\ln(P_0)$이다. 이하 [단계 2]와 [단계 3]은 MATLAB을 사용하여 수행한다.

```
t = [0 0.5 1 5 10 20];                          % original data
p = [760 625 528 85 14 0.16];
t_tilde = t;                                    % x축은 변경이 없음
p_tilde = log(p);                               % ①에 의한 변환
a = polyfit(t_tilde,p_tilde,1);                 % 1차 다항식의 계수
p0 = exp(a(2));                                 % a0=ln(P0) → P0=e^a0
tau = -1/a(1);                                  % a1 = -1/τ → τ= -1/a1
% [그림 6.11(a)]: 커브피팅의 확인을 위한 그래프
t_new = linspace(0,20,100);
p_new = p0*exp(-t_new/tau);
plot(t,p,'o',t_new,p_new), grid
xlabel(' Time (sec.)'), ylabel(' Pressure ')
% [그림 6.11(b)]: y축의 값에 log를 취하여 표시
lpnew = exp(polyval(a, t_new));
semilogy(t,p,'o',t_new,lpnew),grid
xlabel(' Time (sec.)'), ylabel(' Pressure ')
```

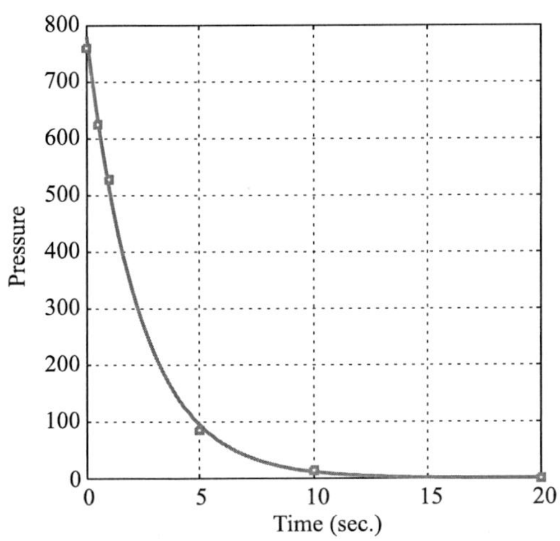

[그림 6.11(a)] [예제 6.7]의 커브피팅 결과

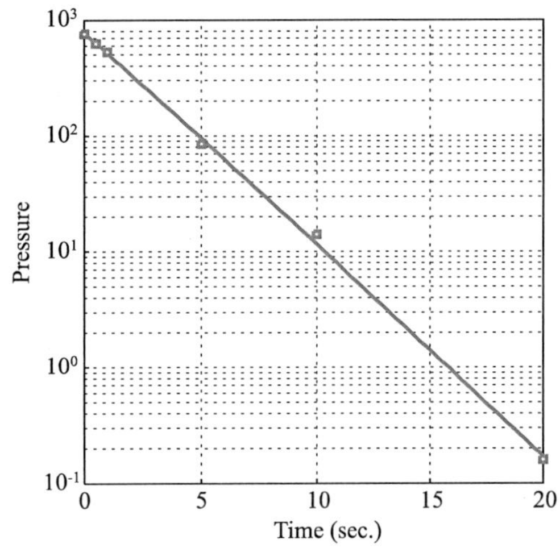

[그림 6.11(b)] [예제 6.7]의 결과(y축을 log로 표시, 대수눈금의 사용)

■ 지수함수 이외의 함수를 이용한 커브피팅

위에서 언급한 다항식이나 지수함수 이외의 비선형함수를 사용한 최소 2승법으로 커브피팅을 수행한 간단한 예를 하나 들어본다. 즉, 실험의 결과 얻어진 데이터의 입력(t, 즉 시간)과 출력(y) 사이에 다음의 관계식이 성립할 것으로 예상되는 경우의 식의 계수를 구하는 방법을 생각하여 보자.

$$y = a_0 \cos(t) + a_1 \sin(t) \tag{6.47}$$

앞의 관계식에서 계수 a_0와 a_1을 주어진 데이터를 이용하여 결정한다. 식(6.47)은 시간 t에 대해서는 비선형이지만 두 개의 계수 a_0와 a_1에 있어서는 선형이라는 사실을 알 수 있다. 따라서 데이터 포인트를 이용하여 전절의 다항식을 이용한 피팅에서 수행한 것과 동일한 과정을 적용할 수 있다. 즉, 식(6.47)에 n개의 데이터 포인트를 대입하고 이를 $[A][x]=[b]$의 형식으로 정리하면 다음으로 된다.

$$\begin{bmatrix} \cos(t_1) & t_1\sin(t_1) \\ \cos(t_2) & t_2\sin(t_2) \\ \cos(t_3) & t_3\sin(t_3) \\ \vdots & \vdots \\ \cos(t_n) & t_n\sin(t_n) \end{bmatrix} \begin{bmatrix} a_0 \\ a_1 \end{bmatrix} = \begin{bmatrix} x_1 \\ x_2 \\ x_3 \\ \vdots \\ x_n \end{bmatrix} \tag{6.48}$$

위 식에서 두 개의 미지수는 MATLAB의 명령윈도에서 '>>a=A\b'를 실행하면 얻을 수 있다. 일반적으로 행렬 $[A]$는 행의 개수가 더 많은 과잉결정계이므로 식(6.48)의 등호를 성립시키는 a_0와 a_1는 존재하지 않지만, MATLAB의 '\ (backslash)'를 이용한 연산으로 최소 2승의 의미에서 가장 근접한 해, 즉 최상의 피트를 만족시키는 두 개의 계수를 얻을 수 있다.

6.4.2 그림윈도(Figure Window)를 이용한 방법

MATLAB의 그림윈도에 있는 도구(Toolbar) 메뉴를 사용하면 주어진 데이터에 가장 적절한 곡선의 다항식을 간편하게 얻을 수 있다. 또한 동시에 각 입출력 데이터 포인트에 있어서의 계산오차의 크기를 보여주는 옵션을 제공하기 때문에, 이 기능을 이용하면 다항식의 차수에 따라 발생하는 계산오차의 정도를 대략적으로 알 수 있다. 이의 사용법을 예제를 이용하여 설명한다.

[예제 6.8]

다음의 입·출력 데이터에 가장 적절한 1차식(즉 직선)을 구하여 보자.

x	5	10	20	50	100
y	15	33	53	140	301

풀 이 먼저 주어진 데이터로서 그래프를 그려서 입·출력 데이터의 분포상황을 파악한다.

```
x = [5 10 20 50 100];
y = [15 33 53 140 301];
plot(x,y,'ro')
```

위 스크립터의 실행으로 얻어진 그림윈도(figure window)의 상단메뉴에서 Tools를 클릭하여 나타나는 풀다운(pull-down)메뉴에서 Basic Fitting의 옵션을 선정한다

([그림 6.12] 참조).

[그림 6.12(b)]의 Plot fits항목에서 'linear'와 'show equations'를 체크하면 [그림 6.13]과 같이 직선을 나타내는 식을 얻는다. ■

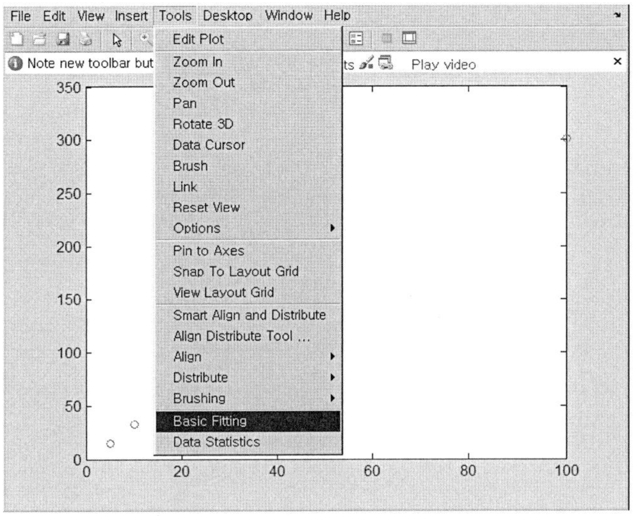

[그림 6.12(a)] 그림윈도의 Tools 메뉴의 Basic Fitting

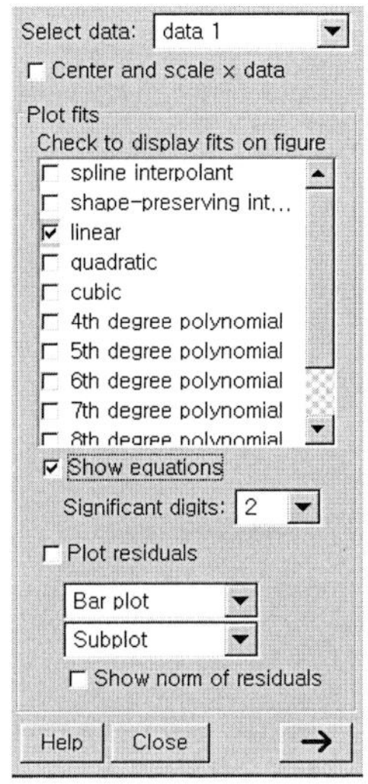

[그림 6.12(b)] Basic Fitting의 메뉴

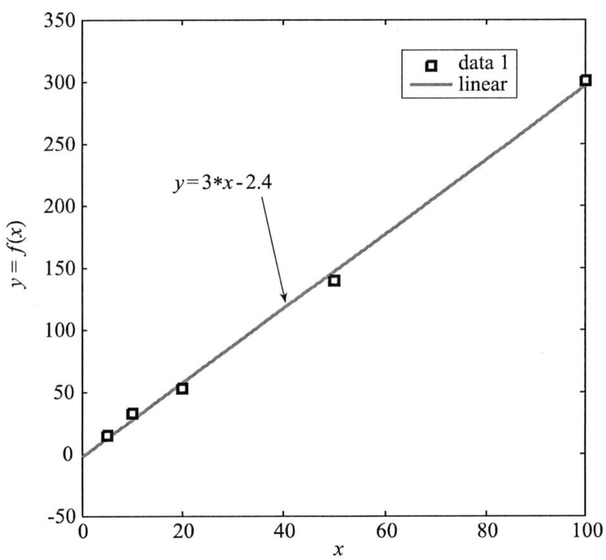

[그림 6.13] Curve Fitting의 결과

[예제 6.9]

여기서는 커브피팅에서 중요한 역할을 하는 다항식의 차수에 따른 피팅의 결과를 비교하여 본다. 아래 주어진 출력 데이터 포인트는 원래의 값(y=sin(x))에 임의의 값을 잡음으로서 추가한 것이다.

```
x = 0:pi/30:pi/3;
y = sin(x)+rand(size(x))/100;
plot(x,y,'o')                          % [그림 6.14]
```

먼저 원래 데이터 포인트를 이용한 그래프를 작성하고, 그림윈도의 Basic Fitting의 풀다운 메뉴에서 quadratic(2차)과 cubic(3차)를 체크한다. 위 예제와 마찬가지로 Show equations을 체크하고, 이후 각 차원의 오차의 크기를 비교하기 위하여 Plot residual 및 Show norm of residuals 등을 체크한다.

이상의 과정으로부터 별다른 계산 없이 적절한 커브피팅으로 다항식의 차수를 자유롭게 결정할 수 있으며, 그 정확도도 앞에서 언급한 방법과 차이가 별반 없음을 확인할 수 있다.

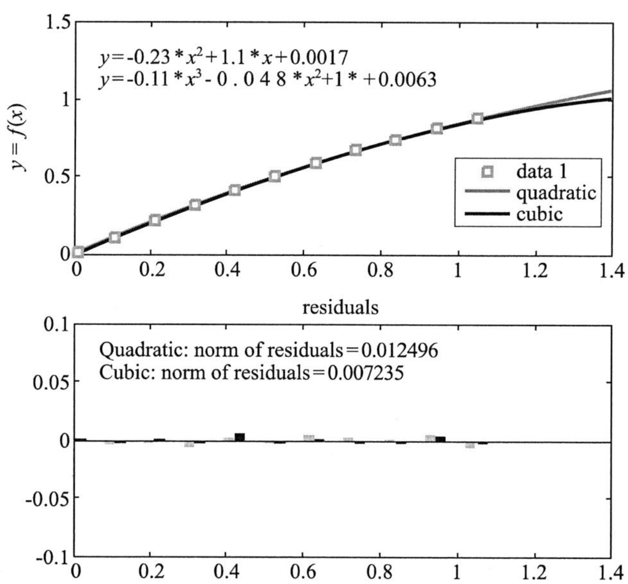

[그림 6.14] [예제 6.5]의 Curve Fitting 결과

6.5 보간법(Interpolation)

지금까지 설명한 바와 같이, 주어진 데이터 포인트(혹은 근처)를 지나가는 곡선은 일반적으로 n차 다항식(또는 지수함수 등)을 사용한 커브피팅의 방법을 적용하여 계산되었다. 이때 얻어진 곡선의 수식(즉 다항식)은 주어진 데이터 포인트와의 오차를 최소로 하도록 설정되었기 때문에, 각 데이터 포인트 사이의 값, 즉 각 데이터 포인트의 사이의 간격은 수식에 반영되지 않았다. 따라서 커브피팅으로 얻어진 다항식이 포인트 사이사이의 값까지 정확하게 나타내고 있는 것으로 보기는 어렵다.

예를 들어, 다음과 같은 일곱 개의 데이터 포인트 (x_i, y_i), $(i = 0 \sim 6)$가 주어졌을 경우의 문제를 생각하여 보자.

x	0	1	2	3	4	5	6
f(x)	0	0.8415	0.9093	0.1411	−0.7568	−0.9589	−0.2794

[그림 6.15]는 상기의 데이터로서 2차 및 4차의 다항식을 구하여 나타낸 것이다. 다음 데이터로 주어지지 않은 점 $x = 2.5$에서의 $f(x)$의 값을 상기의 곡선과 다음에서 설명하는 보간법을 적용한 결과를 비교하여 보자. 다음 스크립터를 보자.

```
xData = [0 1 2 3 4 5 6];
yData = [0 0.8415 0.9093 0.1411 -0.7568 -0.9589 -0.2794];
pPF = polyfit(xData,yData,4);          % 4차의 다항식 계수를 출력
yPF = polyval(pPF, xData);
plot(xData, yData, 'bo',xData,yPF,'r')
y_CF = polyval(pPF,2.5)                % 4차다항식을 이용한 f(2.5)의 평가
y_IP = interp1(xData,yData,2.5)        % 보간용 함수를 이용한 f(2.5)의 계산
```

```
y_CF =      % 커브피팅에 의한 결과
    0.5011
```

```
y_IP =      % 보간에 의한 결과
    0.5252
```

위 결과로부터 커브피팅을 이용하여 4차 이상의 다항식을 얻었을 경우에만 실제의 값에 접근하고 있음을 알 수 있다. 이미 언급한 바와 같이 커브피팅에는 데이터 포인트의 간격은 고려하지 않기 때문에, 위 예와 같이 구간의 간격이 넓어지면 커브피팅으로 얻어진 고차의 다항식이라고 하더라도 데이터 포인트 사이의 값을 정확하게 추정하기는 어렵다.

이와 같이 보간(Interpolation)이란 정확한 값을 알기 어려운 데이터 포인트 사이의 값을 주어진 데이터를 바탕으로 하여 가능한 정확하게 추정하는 과정을 의미한다. 다시 말하면, 보간은 커브피팅의 과정이 아니라, 기존 데이터 포인트를 기본으로 하여 포인트 사이의 값을 추정함으로서 커브피팅으로 얻어진 그래프의 곡선을 더욱 유연하게 나타내는 과정을 말하는 것으로 볼 수 있다.

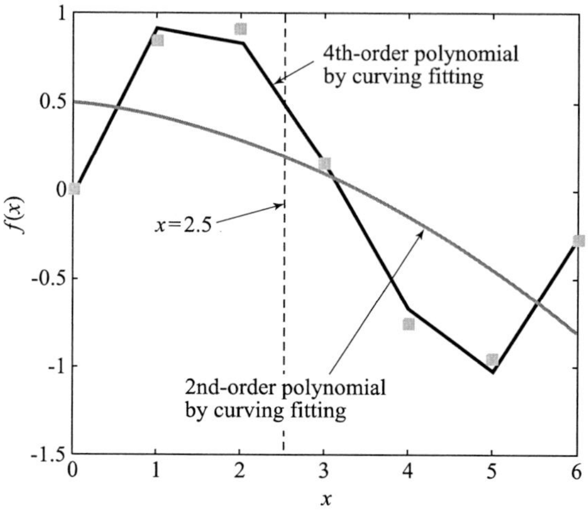

[그림 6.15] 커브피팅과 보간과의 비교

여기서는 주어진 데이터의 개수에 관계없이 모든 데이터 포인트를 지나가는 (보간을 목적으로 하는) 두 종류의 다항식을 먼저 유도한 뒤, 이를 기본으로 보간을 수행하는 과정을 설명한다.

앞에서 언급한 바와 같이 n개의 입·출력 데이터 포인트를 전부 지나가기 위해서는 $(n-1)$차 다항식이 필요하다. 즉, 두 개의 포인트이면 1차식(직선), 세 개의 포인트이면 2차식(포물선) 등과 같이 모든 포인트를 다지나가는 커브피팅이 가능하다. [그림 6.16]은 표로 주어진 다섯 개의 데이터 포인트에서 (a)는 두 개, (b)는 세 개, (c)는 네 개, 마지막으로 (d)는 다섯 개 모두를 사용하여 얻어진 다항식을 각각 나타내고 있다. 그림으로부터 커브피팅에 사용된 데이터 포인트를 전부 지나가는 곡선은 항상 가능하다는 사실을 알 수 있다.

일단 다항식이 결정되면 두 포인트 사이의 값을 추정하는 것은 간단하다. 그러나 [그림 6.7]의 오른쪽 아래 곡선은 11개의 포인트를 10차의 다항식으로 커브피팅을 수행한 결과를 나타내는 것으로, 다항식의 차수가 높아지면 주어진 데이터 포인트를 전부 곡선상에 둘 수는 있지만, 두 포인트 사이를 연결하는 곡선의 변동이 심하게 된다. 결과적으로 포인트 사이의 값을 정확하게 추정하는 것이 어렵게 되기 때문에, 높은 차수의 다항식에는 보간을 적용하는 것이 적절하지 않다[18].

이상의 사실로부터 커브피팅을 이용하여 얻어진 다항식을 그대로 사용하게 되면 위에서 언급한 여러 이유로 보간을 적용하기가 어렵게 된다. 따라서 보간을 위해서는 다항식 형식의 변경이 필요하다. 여기서는 두 종류의 대표적인 보간용 다항식으로 알려져 있는 라그란제 및 뉴턴의 다항식에 대하여 간략히 설명한다.

---

18) 높은 차수의 다항식에 대한 보간은 piecewise (spline) interpolation을 사용하지만, 여기서는 더 이상 언급하지 않는다.

x	1.1	4.3	6.2	10.1	13.4
y	2.1	6.2	4.5	8.8	10.8

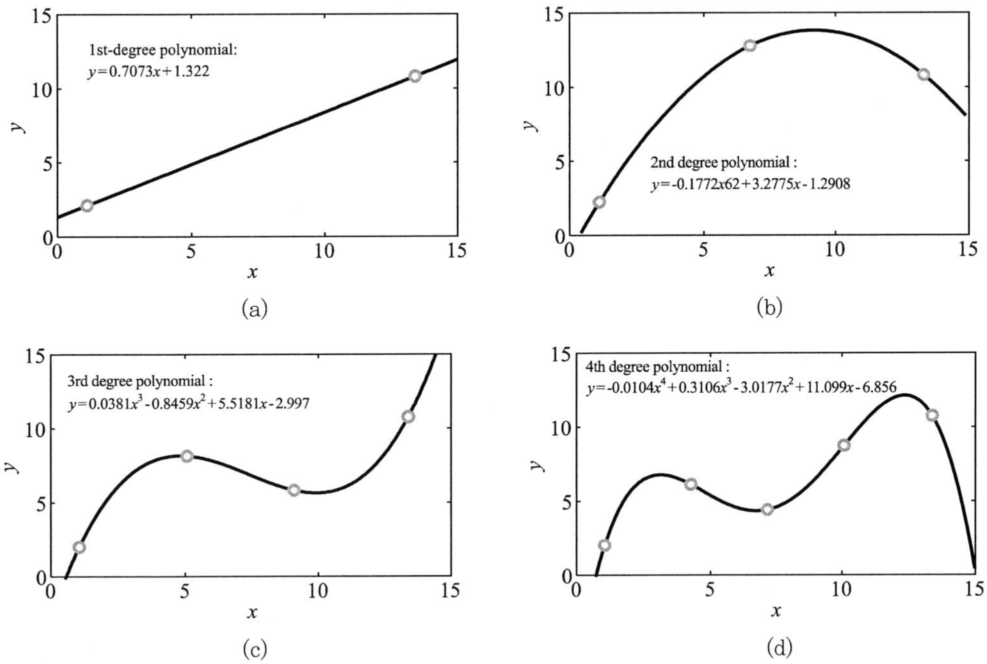

[그림 6.16] 다양한 차원을 가지는 다항식

■ 표준형식(Standard form)

m차의 표준형식 다항식은 식(6.39)로 나타낸 바와 같이 다음과 같이 정의된다.

$$f(x) = a_m x^m + a_{m-1} x^{m-1} + \cdots + a_1 x + a_0 \tag{6.49}$$

전절에서 이미 설명한 바와 같이 주어진 n 개의 데이터 포인트를 식(6.49)에 차례로 적용하여 얻어진 $(m+1)$개의 선형방정식을 행렬 $[A][x]=[b]$의 형식으로 변환하고 이로부터 '>>x=A\b'를 수행하면 다항식의 계수를 얻을 수 있다(6.2절 참조)[19].

선형방정식의 해를 위와 같이 MATLAB의 '\(backslash)'를 이용하여 계산하는 것은 수치계산의 관점에서 본다면 그다지 효율적이지 못하다. 특히 다항식이 고차인 경우에는 행렬 $[A]$가 ill-conditioned로 되는 경우가 많기 때문에 주의가 요망된다. 이 결과로 얻어진 표준형식의 다항식 (6.49)에 보간을 적용하면 계산과정에서 많은 문제가 발생하여 바람직하다고 할 수 없다. 따라서 데이터 포인트 사이의 보간을 목적으로 하는 어떤 특별한 형식의 다항식의 필요성이 제기되어 대표적으로 라그란제(Lagrange)와 뉴턴(Newton) 형식이 주로 사용되고 있다.

19) 이때 $[A]$의 크기는 {n×(m+1)), $[x]$는 미지수인 다항식의 계수가 들어 있는 (m+1)×1인 벡터 및 $[b]$는 (n×1)인 벡터로서 출력데이터가 들어 있다.

6.5.1 라그란제 (보간) 다항식(Lagrange (Interpolation) Polynomials)

수치해석의 분야에 있어서 라그란제 다항식은 다항식의 보간을 목적으로 사용된다. 즉 라그란제 다항식이란 모든 데이터 포인트 (x_i, y_i)의 집합을 만족[20]하는 최소 차수의 다항식을 말한다. 최소 차수를 가지는 보간다항식(interpolation polynomial)은 유일하기 때문에 '라그란제 보간다항식'이란 표현보다는 '라그란제 다항식'이란 표현이 일반적으로 사용되고 있다.

즉, 라그란제 다항식이란 주어진 데이터 포인트로서 (보간을 이용한) 커브피팅을 수행하기 위한 목적으로 제안된 특별한 형식의 다항식으로, 이 다항식은 계수의 설정을 위한 (표준형식의 행렬 $[A]$ 등과 같은) 사전계산을 요구하지 않는다는 점이 장점을 가진다.

앞에서 설명한 바와 같이 가장 단순한 형태의 보간은 다항식을 사용하는 것이다. n개의 서로 다른 데이터 포인트를 지나가는 $(n-1)$차의 다항식 $f_{n-1}(x)$는 항상 존재한다. 예를 들어 두 쌍의 포인트 (x_1, y_1), (x_2, y_2) 가 주어졌을 경우, 이 점들을 지나가는 1차 라그란제 다항식은

$$f_1(x) = y = a_1(x - x_2) + a_2(x - x_1) \tag{6.50}$$

의 형식을 가진다. 여기에 주어진 두 포인트를 대입하면 두 개의 미지변수는 각각 다음과 같이 계산된다.

$$y_1 = a_1(x_1 - x_2) + a_2(x_1 - x_1) \quad \rightarrow \quad a_1 = \frac{y_1}{(x_1 - x_2)} \tag{6.51a}$$

$$y_2 = a_1(x_2 - x_2) + a_2(x_2 - x_1) \quad \rightarrow \quad a_2 = \frac{y_2}{(x_2 - x_1)} \tag{6.51b}$$

위의 계수 a_1과 a_2를 식(6.50)에 대입하면 다항식은

$$f_1(x) = \frac{(x - x_2)}{(x_1 - x_2)} y_1 + \frac{(x - x_1)}{(x_2 - x_1)} y_2 \tag{6.52}$$

로 된다. 식(6.52)은 변수 x에 대한 선형함수, 즉 두 점을 연결하는 직선이다([그림 6.17] 참조). 다시 말하면 식(6.52)에 $x = x_1$을 대입하면 y_1, $x = x_2$를 대입하면 y_2가 각각 얻어진다. 따라서 기존의 x_1과 x_2 사이의 임의의 값 x을 식(6.52)에 대입하면 보간된 y 값(즉 추정값)을 얻을 수 있다.

식(6.52)를 $f_1(x) = a_1 x + a_0$의 형식으로 변형하면 다음과 같다.

$$f_1(x) = \frac{(y_2 - y_1)}{(x_2 - x_1)} x + \frac{x_2 y_1 - x_1 y_2}{(x_2 - x_1)} \tag{6.53}$$

---

20) 만족한다는 것은 $y_i = f_n(x_i)$, $(i = 1 \sim n)$을 의미한다. 즉 다항식이 모든 데이터 포인트를 지나간다는 것을 나타낸다.

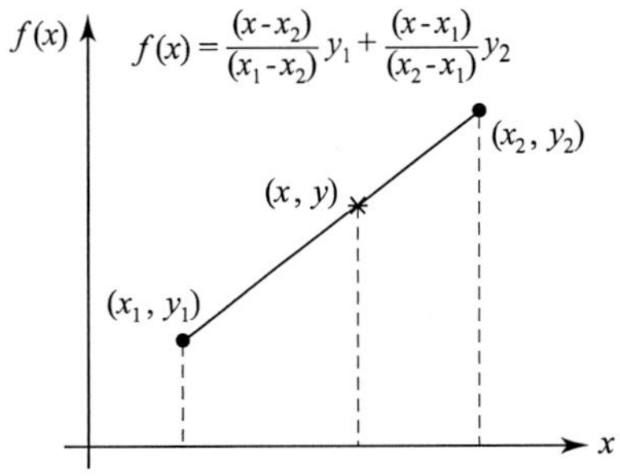

[그림 6.17] 1차 라그란제 다항식

다음으로 2차 라그란제 다항식을 생각해 보자. 즉, 세 개의 데이터 포인트 $(x_1,\ y_1)$, $(x_2,\ y_2)$ 및 $(x_3,\ y_3)$를 지나가는 2차 다항식은 다음의 형식으로 주어진다[21].

$$f_2(x) = y = a_1(x-x_2)(x-x_3) + a_2(x-x_1)(x-x_3) + a_3(x-x_1)(x-x_2) \qquad (6.54)$$

1차식의 경우와 동일한 방법으로 위식의 계수를 결정한다면 식(6.54)는

$$f_2(x) = \frac{(x-x_2)(x-x_3)}{(x_1-x_2)(x_1-x_3)} y_1 + \frac{(x-x_1)(x-x_3)}{(x_2-x_1)(x_2-x_3)} y_2 + \frac{(x-x_1)(x-x_2)}{(x_3-x_1)(x_3-x_2)} y_3 \qquad (6.55)$$

로 된다. 식(6.55)는 주어진 세 개의 데이터 포인트 $(x_i,\ y_i)$, $(i = 1,\ 2,\ 3)$를 지나가는 x의 2차 다항식이다. [그림 6.18]에서 보는 바와 같이 식(6.55)를 이용하면 $x_1 \sim x_3$사이에 존재하는 임의의 값 x에 대한 추정값 y를 얻을 수 있다.

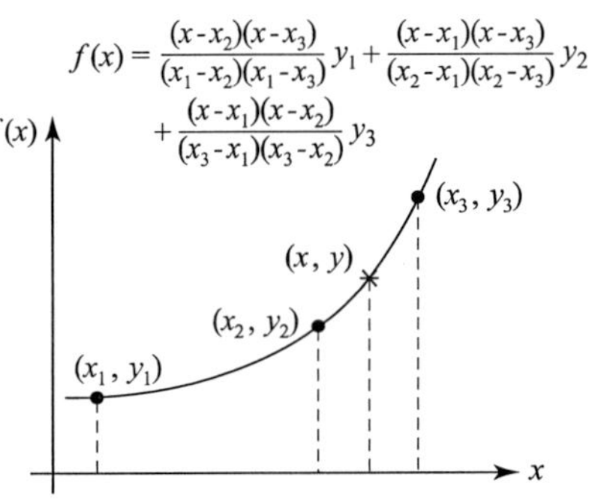

[그림 6.18] 2차 라그란제 다항식

식(6.52)와 (6.55)를 참고로 하여 n개의 데이터 포인트 $(x_1,\ y_1)$, $(x_2,\ y_2)$, $\cdots$, $(x_n,\ y_n)$을 지나가는 $(n-1)$차 라그란제 다항식은 다음과 같이 정의할 수 있을 것이다.

---

21) 2차 다항식의 일반식은 $y(x) = ax^2 + bx + c$으로 주어지지만, 세 개의 x축의 포인트 x_i, $(i = 1,\ 2,\ 3)$을 이용하는 표현으로 식(6.54)가 유용하다.

$$f_{n-1}(x)= \frac{(x-x_2)(x-x_3)\cdots(x-x_n)}{(x_1-x_2)(x_1-x_3)\cdots(x_1-x_n)}y_1+\frac{(x-x_1)(x-x_3)\cdots(x-x_n)}{(x_2-x_1)(x_2-x_3)\cdots(x_2-x_n)}y_2$$

$$\cdots+\frac{(x-x_1)(x-x_2)\cdots(x-x_{i-1})(x-x_{i+1})\cdots(x-x_n)}{(x_i-x_1)(x_i-x_2)\cdots(x_i-x_{i-1})(x_i-x_{i+1})\cdots(x_i-x_n)}y_i \qquad (6.56)$$

$$+\cdots+\frac{(x-x_1)(x-x_2)\cdots(x-x_{n-1})}{(x_n-x_1)(x_n-x_2)\cdots(x_n-x_{n-1})}y_n$$

식(6.56)의 형식으로부터 쉽게 알 수 있는 바와 같이, 식(6.56)에 x축의 값 x_i, $(i=1\sim n)$을 대입하면 y_i, $(i=1\sim n)$가 얻어진다. 식(6.56)을 정리하면 다음과 같은 좀 더 간결한 형식으로 된다.

$$f_{n-1}(x)=\sum_{i=1}^{n}y_i L_i(x) \qquad (6.57a)$$

단,

$$L_i(x)=\frac{x-x_1}{x_i-x_1}\cdot\frac{x-x_2}{x_i-x_2}\cdot\cdots\cdot\frac{x-x_{i-1}}{x_i-x_{i-1}}\cdot\frac{x-x_{i+1}}{x_i-x_{i+1}}\cdot\frac{x-x_n}{x_i-x_n}$$

$$=\prod_{\substack{j=1\\ j\neq i}}^{n}\frac{x-x_j}{x_i-x_j},\ (i=1,\ 2,\ \cdots,\ n) \qquad (6.57b)$$

로 주어지며 라그란제 함수로 불리고 있다. 식의 구성형식으로부터 짐작할 수 있는 바와 같이, 식(6.57)의 계산을 위한 프로그램 작업은 for loop 등을 이용하여 간단하게 수행할 수 있다.

예를 들어, $n=2$라면 보간다항식은 식(6.52)로 주어지는 직선, 즉 $P_1(x)=y_1L_1(x)+y_2L_2(x)$된다. 이때 라그란제 함수는 다음으로 주어진다.

$$L_1(x)=\frac{(x-x_2)}{(x_1-x_2)},\ L_2(x)=\frac{(x-x_1)}{(x_2-x_1)}$$

로 된다. 또 $n=3$이면 보간다항식은 $P_2(x)=y_1L_1(x)+y_2L_2(x)+y_3L_3(x)$로 되어 포물선의 모양을 하게 된다. 이때 라그란제 함수는 다음으로 된다.

$$L_1(x)=\frac{(x-x_2)(x-x_3)}{(x_1-x_2)(x_1-x_3)}$$
$$L_2(x)=\frac{(x-x_1)(x-x_3)}{(x_2-x_1)(x_2-x_3)}$$
$$L_3(x)=\frac{(x-x_1)(x-x_2)}{(x_3-x_1)(x_3-x_2)}$$

이들은 항상 $(n-1)$차의 다항식으로 다음의 특성을 가진다.

$$L_i(x_j) = \begin{cases} 0, \text{ if } i \neq j \\ 1, \text{ if } i = j \end{cases} = \delta_{ij} \tag{6.58}$$

여기서 δ_{ij}는 크로넥커 델타(Kronecker delta)함수를 의미한다. 라그란제 함수의 정의식인 식(6.57b)의 분자 항으로부터 알 수 있는 바와 같이 $x = x_j$, $(j \neq i)$에서 $L_i(x)$는 '0'으로 되며, $x = x_i$에서는 분자와 분모가 동일한 값으로 되어 '1'로 된다는 사실을 식(6.58)에 나타내고 있다.

라그란제 함수의 특성을 알아보기 위하여 $n = 3$으로 한정하여(식(6.55) 참조) 함수 $L_i(x)$의 모양을 [그림 6.19]에 나타내었다. 단 $x_1 = 0$, $x_2 = 2$ 및 $x_3 = 3$로 두었다. 보간 다항식(6.55)가 주어진 n개의 데이터 포인트를 지나간다는 사실은 다음과 같이 확인할 수 있다. 즉 식(6.57)에 $x = x_j$를 대입하고 식(6.58)의 관계를 이용하면 다음 식으로 됨을 알 수 있다.

$$f_{n-1}(x) = \sum_{i=1}^{n} L_i(x_j) y_i = \sum_{i=1}^{n} y_i \delta_{ij} = y_j \, , (j = 1, \cdots, n) \tag{6.59}$$

다항식 보간에 있어서의 오차, 즉 x에서의 실제값 식(6.49)와 $(n-1)$차의 라그란제 다항식에 의한 값 $f_{n-1}(x)$와의 차는 다음 식으로 주어진다는 것이 알려져 있다.

$$f(x) - f_{n-1}(x) = \frac{(x - x_1)(x - x_2) \cdots (x - x_n)}{n!} f^{(n)}(\xi) \tag{6.60}$$

여기서 ξ는 구간 (x_1, x_n) 사이의 한 점으로서 이 값은 일반적으로 알려져 있지 않지만, 식(6.60)은 구간 내의 임의의 점 x가 x축 상의 n개의 포인트 x_i, $(i = 1, \cdots, n)$와 평균적인 거리가 클수록 그 점에서의 오차는 커진다는 사실을 나타내고 있다[22].

[그림 6.19]에서도 세 개의 라그란제 함수 $L_i(x)$가 데이터 포인트를 지나가고 있음을 확인할 수 있다.

```
x1 = 0; x2 = 2; x3 = 3;
L1_x = @(x) (x-x2)*(x-x3)/(x1-x2)/(x1-x3);
L2_x = @(x) (x-x1)*(x-x3)/(x2-x1)/(x2-x3);
L3_x = @(x) (x-x1)*(x-x2)/(x3-x1)/(x3-x2);
fplot(L1_x,[0 3]), hold on, grid on                 % [그림 6.19]
fplot(L2_x,[0 3]),fplot(L3_x,[0 3]),
plot(0,0,'o',2,0,'o',3,1,'o'),xlabel('x')
```

22) 그러나 평균적인 거리가 크다고 하더라도 만약 x가 한 점 x_i에 일치하는 경우에는 당연히 오차는 영, 즉 정확한 값으로 될 것이다.

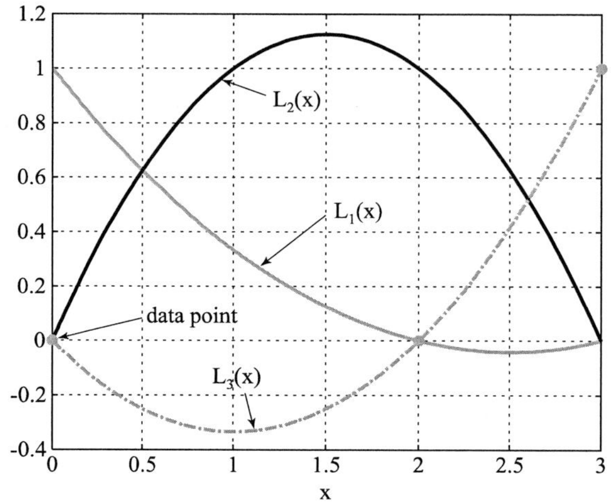

[그림 6.19] $n=3$인 경우의 $L_i(x)$, $(i=1,\ 2,\ 3)$

[예제 6.10]

주어진 데이터 포인트를 이용하여 함수 $f(x)=\tan(x)$의 4 차의 보간 다항식을 유도하여 보자.

$$
\begin{aligned}
x_o &= -1.5 & f(x_0) &= -14.1014 \\
x_1 &= -0.75 & f(x_1) &= -0.931596 \\
x_2 &= 0 & f(x_2) &= 0 \\
x_3 &= 0.75 & f(x_3) &= 0.931596 \\
x_4 &= 1.5 & f(x_4) &= 14.1014
\end{aligned}
$$

풀 이 식(6.57)의 라그란제 함수를 계산하면 다음과 같다.

$$
\begin{aligned}
L_0(x) &= \frac{(x-x_1)}{(x_0-x_1)} \cdot \frac{(x-x_2)}{(x_0-x_2)} \cdot \frac{(x-x_3)}{(x_0-x_3)} \cdot \frac{(x-x_4)}{(x_0-x_4)} \\
&= \frac{1}{143}x(2x-3)(4x-3)(4x+3)
\end{aligned}
\qquad ①
$$

$$
\begin{aligned}
L_1(x) &= \frac{(x-x_0)}{(x_1-x_0)} \cdot \frac{(x-x_2)}{(x_1-x_2)} \cdot \frac{(x-x_3)}{(x_1-x_3)} \cdot \frac{(x-x_4)}{(x_1-x_4)} \\
&= -\frac{8}{243}x(2x-3)(2x+3)(4x-3)
\end{aligned}
$$

$$
\begin{aligned}
L_2(x) &= \frac{(x-x_0)}{(x_2-x_0)} \cdot \frac{(x-x_1)}{(x_2-x_1)} \cdot \frac{(x-x_3)}{(x_2-x_3)} \cdot \frac{(x-x_4)}{(x_2-x_4)} \\
&= \frac{3}{243}(2x+3)(4x+3)(4x-3)(2x-3)
\end{aligned}
$$

$$
\begin{aligned}
L_3(x) &= \frac{(x-x_0)}{(x_3-x_0)} \cdot \frac{(x-x_1)}{(x_3-x_1)} \cdot \frac{(x-x_2)}{(x_3-x_2)} \cdot \frac{(x-x_4)}{(x_3-x_4)} \\
&= -\frac{8}{243}x(2x-3)(2x+3)(4x+3)
\end{aligned}
$$

$$L_4(x) = \frac{(x-x_0)}{(x_4-x_0)} \cdot \frac{(x-x_1)}{(x_4-x_1)} \cdot \frac{(x-x_2)}{(x_4-x_2)} \cdot \frac{(x-x_3)}{(x_4-x_3)}$$
$$= \frac{1}{243}x(2x+3)(4x-3)(4x+3)$$

따라서 보간다항식은

$$f_4(x) = \{f(x_0)L_0(x)+f(x_1)L_1(x)+f(x_2)L_2(x)+f(x_3)L_3(x)+f(x_4)L_4(x)\} \quad ②$$

$$= 4.834848x^3 - 1.477474x$$

로 된다. 이 결과를 이용하여 구간 내의 점 $x=1.37$ 에서의 오차를 식(6.60)으로 계산하면 다음과 같다.

$$\tan(1.37) - f_4(1.37) = 10.4080 - 4.9131 = 5.4949 \quad ③$$

그림으로부터도 $x=1.37$ 에서 보간다항식과 실제값과의 오차는 상당히 크다는 것을 확인할 수 있다. 이때 오차의 크기는 식(6.60)의 분자인 $(x-x_o)(x-x_1)(x-x_2)(x-x_3)(x-x_4)$를 최대로 하는 x의 값, 즉 $x=1.37$에서 보간 다항식은 최대 오차를 가진다. ■

```
xData = [-1.5 -0.75 0 0.75 1.5];
yData = [-14.1014 -0.931596 0 0.931596 14.1014];
x = -1.5:0.01:1.5;
y = tan(x);
Lx = @(x) 4.834848*x^3 - 1.47747*x;        % 보간다항식 식②
fplot(Lx,[-1.5,1.5]),hold on               % [그림 6.20]의 점선
plot(xData, yData,'bo')                    % [그림 6.20]의 데이터 포인트
plot(x,y,'r:')                             % [그림 6.20]의 실선
```

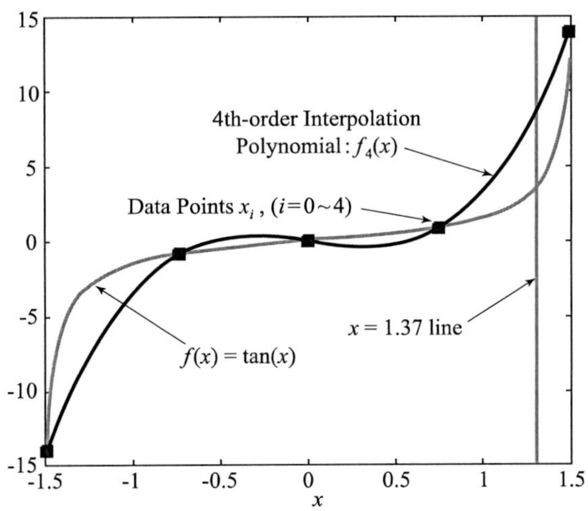

[그림 6.20] [예제 6.10]의 보간다항식과 실제 곡선

[예제 6.11]

다음 표와 같이 데이터 포인트가 주어졌다. 이에 대하여

(a) 각 점을 지나가는 4차의 라그란제 형식의 다항식을 구하고,

(b) (a)에서 구한 다항식으로 $x=3$일 때의 보간출력의 계산, 및

(c) 라그란제 다항식을 이용하여 데이터의 보간을 수행하는 프로그램을 작성하여 보자.

x	1	2	4	5	7
y	52	5	−5	−40	10

풀이 (a) 식(6.56)을 이용하여 주어진 데이터 포인트에서의 라그란제 방정식은 다음과 같다.

$$f_4(x)=\frac{(x-2)(x-4)(x-5)(x-7)}{(1-2)(1-4)(1-5)(1-7)}52+\frac{(x-1)(x-4)(x-5)(x-7)}{(2-1)(2-4)(2-5)(2-7)}5 \quad ①$$

$$+\frac{(x-1)(x-2)(x-5)(x-7)}{(4-1)(4-2)(4-5)(4-7)}(-5)+\frac{(x-1)(x-2)(x-4)(x-7)}{(5-1)(5-2)(1-4)(1-7)}(-40)$$

$$+\frac{(x-1)(x-2)(x-4)(x-5)}{(7-1)(7-2)(1-4)(1-5)}10$$

(b) $x=3$에서의 보간출력은 다항식 ①의 x에 3을 대입한다.

$$f(3)=-5.778+2.667-4.444+13.333+0.222=6 \quad ②$$

(c) 아래 프로그램을 참조한다.

[라그란제 다항식을 이용한 보간을 위한 함수]

```
function YintP = lagrangeINT(x, y, XintP)
% LagrangeINT fits a Lagrange polynomial to a set of given points
% and uses the polynomial to determine the interpolated value of a point.
% USAGE: YintP = laglangeINT(x, y, XintP)
% INPUT x : vector with the x coordinates of the given points.
%       y : vector with the y coordinates of the given points.
%   XintP : the point x at which y is to be interpolated.
% OUTPUT YintP : The interpolated value of XintP

n = length(x);
for i = 1:n                    % for ~ end : 라그란제 함수 Li의 계산
    L(i) = 1;
    for j = 1:n
        if j ~= i
            L(i) = L(i)*(XintP -x(j))/(x(i) - x(j));
        end
```

```
    end
end
YintP = sum(y.*L);          % 식(6.57)의 f_{n-1}(x)의 계산
```

위 프로그램을 이용한 결과는 다음과 같다.

```
x = [1 2 4 5 7];
y = [52 5 -5 -40 10];
Yinterpolated = lagrangeINT(x,y,3) ↵

Yinterpolated =
    6.0000
```

6.5.2 뉴턴의 보간 다항식(Newton's Interpolating Polynomials)

뉴턴의 보간다항식은 주어진 데이터 포인트와 정확하게 일치시키는 가장 일반적인 방법이다. 먼저 n 개의 데이터 포인트의 집합

$$(x_1,\, y_i),\ (i=1,\, \cdots,\, n) : (i \neq j \text{이면 } x_i \neq x_j)$$

에 대한 뉴턴형식의 보간다항식을 정의한다. 이를 위해 먼저 다음으로 주어지는 뉴턴 기본다항식(Newton basis polynomials)

$$n_j(x) := \prod_{i=1}^{j-1}(x-x_i),\ (j \geq 2) \tag{6.61a}$$

$$n_j(x) \equiv 1,\ (j=1) \tag{6.61b}$$

의 선형결합으로 n개의 데이터 포인트를 지나가는 $(n-1)$차의 뉴턴의 보간다항식을 다음과 같이 표현한다.

$$\begin{aligned} f_{n-1}(x) &= \sum_{j=1}^{n-1} a_j n_j(x) \\ &= a_1 + a_2(x-x_1) + a_3(x-x_1)(x-x_2) \\ &\quad + \cdots + a_n(x-x_1)(x-x_2)\cdots(x-x_n) \end{aligned} \tag{6.62}$$

이 형식의 특징은 계수 a_i, $(i=1 \sim n)$을 결정하기 위해 n개 데이터 포인트를 지나가야 한다는 점을 이용한 n차 대수방정식의 계산에 의존하지 않고 단순한 수식조작으로 계수를 얻을 수 있다는 점이다.

뉴턴의 보간 다항식이 가지는 또 하나의 장점은 데이터 포인트가 반드시 증가 혹은 감소의 순으로 되어 있을 필요가 없다는 것, 다시 말하면 데이터의 순서와는 무관하게 다항식을 결정

할 수 있다는 것이다.

식(6.62)의 다항식을 아래와 같은 방법으로 정리하면 컴퓨터 프로그램의 작성에 편리한 형식으로 변경할 수 있다. 예를 들어 네 개의 데이터 포인트($n=4$)를 가지는 경우를 생각하여 보자. 이 경우 식(6.62)는

$$\begin{aligned} f_3(x) &= a_1 + a_2(x-x_1) + a_3(x-x_1)(x-x_2) + a_4(x-x_1)(x-x_2)(x-x_3) \\ &= a_1 + (x-x_1)\{a_2 + (x-x_2)[a_3 + a_4(x-x_3)]\} \end{aligned}$$

로 되며, 이는 다음과 같은 순환관계를 이용하여 역대입으로 함수를 평가할 수 있다.

$$\begin{aligned} f_0(x) &= a_4 \\ f_1(x) &= a_3 + (x-x_3)f_0(x) \\ f_2(x) &= a_2 + (x-x_2)f_1(x) \\ f_3(x) &= a_1 + (x-x_1)f_2(x) \end{aligned} \tag{6.63}$$

이로부터 임의의 n을 가지는 경우 식(6.63)은 다음과 같은 일반형식으로 표현할 수 있다.

$$f_0(x) = a_n, \; f_k(x) = a_{n-k} + (x - x_{n-k})f_{k-1}(x), \; (k = 1, 2, \cdots, n-1) \tag{6.64}$$

따라서 식(6.64)를 이용하여 임의의 x_i에서 보간다항식 $f(x_i)$를 평가하기 위한 MATLAB 프로그램은 다음과 같은 형식으로 작성할 수 있다.

[뉴턴의 보간 다항식을 위한 함수 (1)]

```
function p = newtonPoly(a, xData, xi)
% Return value of Newton's polynomial at xi.
% USAGE: p = newtonPoly(a, xData, xi)
% a : coefficient array of the polynomial
% xData : x-coordinates of data points.

n = length(xData);
p = a(n);
for k = 1:n-1
   p = a(n-k) + (xi - xData(n-k))*p;     % 식(6.64)의 계산
end
```

■ 보간다항식 계수의 결정

식(6.62)로 주어진 뉴턴 보간다항식이 n개의 데이터 포인트 (x_i, y_i), $(i = 1 \sim n)$을 지나간다는 사실을 이용하면 다항식의 계수를 구할 수 있다. 다시 말하면 $y_i = f_{n-1}(x_i)$, $(i = 1, \cdots, n)$ 을 정리하면 다음과 같은 n개의 연립방정식을 얻는다.

$$
\begin{aligned}
y_1 &= a_1 \\
y_2 &= a_1 + a_2(x_2 - x_1) \\
y_3 &= a_1 + a_2(x_2 - x_1) + a_3(x_3 - x_1)(x_3 - x_2) \\
&\vdots \\
y_n &= a_1 + a_2(x_n - x_1) + \cdots + a_n(x_n - x_1)(x_n - x_2)\cdots(x_n - x_{n-1})
\end{aligned} \tag{6.65}
$$

여기서 다음으로 주어지는 divide difference를 도입한다.

$$
\begin{aligned}
\nabla y_i &= \frac{y_i - y_1}{x_i - x_1},\ (i = 2,3,\cdots,n) \\
\nabla^2 y_i &= \frac{\nabla y_i - \nabla y_2}{x_i - x_2},\ (i = 3,4,\cdots,n) \\
\nabla^3 y_i &= \frac{\nabla^2 y_i - \nabla^2 y_3}{x_i - x_3},\ (i = 4,5,\cdots,n) \\
&\vdots \\
\nabla^n y_n &= \frac{\nabla^{n-1} y_n - \nabla^{n-1} y_{n-1}}{x_n - x_{n-1}}
\end{aligned} \tag{6.66}
$$

이 경우 다항식의 계수는 다음으로 주어진다는 것을 쉽게 확인할 수 있을 것이다.

$$
a_1 = y_1,\ a_2 = \nabla y_2,\ a_3 = \nabla^2 y_3,\ \cdots,\ a_n = \nabla^{n-1} y_n \tag{6.67}
$$

여기서 식(6.67)의 관계를 $n=5$로 두고 이를 정리하면 [표 6.3]으로 된다.

[표 6.3]

(x_1, y_1)	$y_1 = a_1$				
(x_2, y_2)	y_2	$\nabla y_2 = a_2$			
(x_3, y_3)	y_3	∇y_3	$\nabla^2 y_3 = a_3$		
(x_4, y_4)	y_4	∇y_4	$\nabla^2 y_4$	$\nabla^3 y_4 = a_4$	
(x_5, y_5)	y_5	∇y_5	$\nabla^2 y_5$	$\nabla^3 y_5$	$\nabla^4 y_5 = a_5$

[표 6.3]의 삼각형의 대각선에 존재하는 항 ($[y_1]$, ∇y_2, $\nabla^2 y_3$, $\nabla^3 y_4$ 및 $\nabla^4 y_5$)이 다항식의 계수로 된다. 만약 데이터 포인트가 표와 다른 순서로 주어진다면, 당연히 [표 6.3]의 배열도 바뀌게 된다. 그러나 최종적인 다항식의 계수는 변화가 없다. 왜냐하면 서로 다른 n개의 데이터 포인트를 지나가는 $(n-1)$차의 다항식은 유일하기 때문이다.

식(6.67)의 관계로 주어지는 보간다항식의 계수를 계산하기 위한 MATLAB 프로그램은 다음과 같다.

[뉴턴의 보간 다항식을 위한 함수 (2)]

```
function a = newtonCoeff(xData, yData)
% Returns coefficients of Newton's polynomial
% USAGE: a = newtonCoeff(xData, yData)
% xData = x - coordiantes of data points
% yData = y - coordiantes of data points

n = length(xData);
a = yData;
for k = 2:n
    a(k:n) = (a(k:n) - a(k-1))./(xData(k:n) - xData(k-1));
end
```

위 프로그램에서 변수 'a'의 초기값으로 yData(즉, y_i, $(i=1\sim n)$)가 들어 있었으나, for~loop를 회전할 때마다 [표 6.3]의 삼각형의 대각선의 값으로 변경되어, 결국에는 $(n-1)$차 다항식의 계수가 변수 'a'에 들어가게 된다.

식(6.62)로 주어지는 뉴턴의 보간 다항식이 나타내는 의미를 그래프를 통하여 확인하여 보자. 하나의 예로서 $n=3$ 인 경우, 2차의 보간 다항식을 생각한다.

$$f_2(x)= a_1+a_2(x-x_1)+a_3(x-x_1)(x-x_2) \tag{6.68}$$

[그림 6.21]에 나타낸 바와 같이, 식(6.68)은 세 개의 포인트를 지나가는 포물선이므로 세 개의 미지수인 계수 a_1, a_2 및 a_3는 세 개의 데이터 포인트를 차례로 식(6.68)에 대입하면 얻어진다. 즉, $f_2(x_1)=y_1$에서 $a_1=y_1$이 얻어지고, $f_2(x_2)=y_2$(및 $a_1=y_1$)으로부터

$$y_2=y_1+a_2(x_2-x_1) \;\;\rightarrow\;\; a_2=\frac{y_2-y_1}{x_2-x_1} \tag{6.69a}$$

으로 된다. 또한, $f_2(x_3)=y_3$ ($a_1=y_1$ 및 $a_2=\dfrac{y_2-y_1}{x_2-x_1}$)으로부터 다음 식을 얻는다.

$$y_3=y_1+\frac{y_2-y_1}{x_2-x_1}(x_3-x_1)+a_3(x_3-x_1)(x_3-x_2) \tag{6.69b}$$

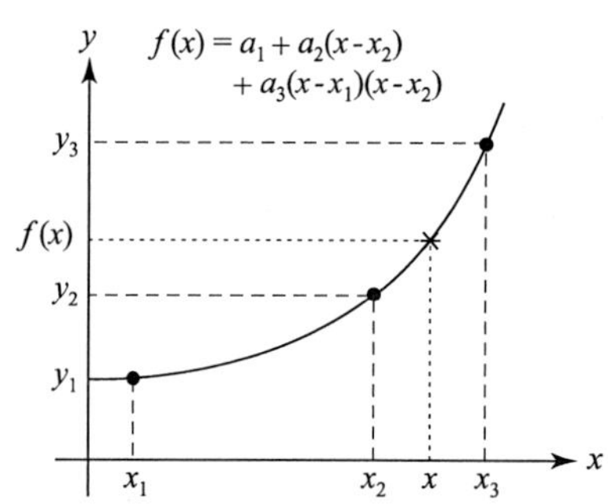

[그림 6.21] 뉴턴의 2차 다항식($n=3$인 경우)

위 식을 a_3에 대하여 재정리하면 최종적으로

$$a_3 = \frac{\dfrac{y_3 - y_2}{x_3 - x_2} - \dfrac{y_2 - y_1}{x_2 - x_1}}{(x_3 - x_1)} \tag{6.69c}$$

가 얻어진다. 식(6.69)는 divide difference로서 표현된 식(6.66)와 $\nabla^2 y_3$와 동일한 표현으로 되어 있음을 볼 수 있다.

식(6.65)의 관계로부터 알 수 있는 바와 같이, 2차 다항식 $f_2(x)$의 $(x - x_2)$ 항의 계수는 바로 1차 다항식 $f_1(x)$로 주어진다는 사실은 뉴턴 보간 다항식의 특징을 드러내고 있다. 다시 말하면, 두 개의 데이터 포인트에 피팅하는 1차 보간 다항식을 구한 후에 하나의 포인트가 추가되었다면, 차수를 하나 높여 (즉 계수를 하나 추가하여) 다항식이 세 개의 데이터 포인트를 모두 지나갈 수 있도록 다항식이 변경된다는 것을 의미한다. 따라서 데이터 포인트의 개수가 변경되었을 때 모든 계수를 새로이 계산하는 것이 아니라 추가된 포인트에 의한 계수만을 계산한다는 것이다.

[예제 6.12]

다음 여섯 개의 데이터 포인트가 주어져 있다. 이에 대한 [표 6.3]을 작성하여 이 다항식의 차수를 결정하여라.

x	–2	1	4	–1	3	–4
y	–1	2	59	4	24	–53

풀이 [표 6.3]을 작성하기 위해 필요한 항 중 몇 개만을 계산한 결과는 다음과 같다.

$$y_1 = -1,\ \nabla y_2 = \frac{y_2 - y_1}{x_2 - x_1} = 1,$$

$$\nabla y_3 = \frac{y_3 - y_1}{x_3 - x_1} = 10 \rightarrow \nabla^2 y_3 = \frac{\nabla y_3 - \nabla y_2}{x_3 - x_2} = 3$$

$$\nabla y_3 = \frac{y_3 - y_1}{x_3 - x_1} = 10,\ \nabla y_4 = \frac{y_4 - y_1}{x_4 - x_1} = 5,$$

$$\nabla^2 y_4 = \frac{\nabla y_4 - \nabla y_2}{x_4 - x_2} = -2 \rightarrow \nabla^3 y_4 = \frac{\nabla^2 y_4 - \nabla^2 y_3}{x_4 - x_3} = 1$$

i	(x_i, y_i)	y_i	∇y_i	$\nabla^2 y_i$	$\nabla^3 y_i$	$\nabla^4 y_i$	$\nabla^5 y_i$
1	(−2, −1)	−1					
2	(1, 2)	2	1				
3	(4, 59)	59	10	3			
4	(−1, 4)	4	5	−2	1		
5	(3, 24)	24	5	2	1	0	
6	(−4, −53)	−53	26	−5	1	0	0

위 표로부터 뉴턴 다항식의 계수 중 영으로 되지 않는 것은 $\nabla^3 y_i$, $(i=4,\ 5,\ 6)$까지이다. 따라서 식(6.62)에서 $a_i = 0$, $(i=4,\ 5)$이고 다항식의 차수는 $n=4$이므로 $f_3(x)$는 3차(cubic)의 다항식으로 됨을 알 수 있다. ■

[예제 6.13]

다음 표에 있는 데이터는 함수 $f(x) = 4.8\cos(\pi x/20)$의 그래프에서 취한 것이다. 이를 점 $x = 0,\ 0.5,\ 1.0, \cdots,\ 8.0$에서의 보간을 뉴턴의 방법을 이용하여 수행하고 이를 실제값과 비교하여 보아라.

x	0.15	2.30	3.15	4.85	6.25	6.95
y	4.79867	4.49013	3.47313	3.47313	2.66674	1.51909

풀 이 아래 프로그램을 참조한다.

```
xData = [0.15, 2.3, 3.15, 4.85, 6.25, 6.95]';
yData = [4.79867, 4.49013, 4.22430,...
         3.47313, 2.66674, 1.51909]';
a = newtonCoeff(xData, yData);                    % 식(62)의 계수
x = [0:0.5:8]'; nn = length(x);
y =zeros(nn,1); yExact=zeros(nn,1);
for k = 1:nn
   y(k) = newtonPoly(a, xData, x(k));             % 다항식의 평가
   yExact(k) = 4.8*cos(pi*x(k)/20);
end
disp('      x       yInterp      yExact  ')
disp([x, y, yExact])                              % 계산결과의 화면 표시
plot(xData,yData,'ro'),hold on,
plot(x,y,'b*',x,yExact,'g+')                      % [그림 6.22]
legend('given Data','Interpolation','Exact values')
xlabel('x')
```

위 프로그램의 실행으로 아래의 결과를 얻었다. 이로부터 보간에 의한 값과 실제값과

는 거의 차이가 없음을 알 수 있다. 이는 [그림 6.22]로부터도 확인가능하다.

x	yInterp	yExact
0.00000	4.80003	4.80000
0.50000	4.78518	4.78520
1.00000	4.74088	4.74090
1.50000	4.66736	4.66738
2.00000	4.56507	4.56507
2.50000	4.43462	4.43462
3.00000	4.27683	4.27683
3.50000	4.09267	4.09267
4.00000	3.88327	3.88328
4.50000	3.64994	3.64995
5.00000	3.39411	3.39411
5.50000	3.11735	3.11735
6.00000	2.82137	2.82137
6.50000	2.50799	2.50799
6.00000	2.17915	2.17915
6.50000	1.83687	1.83688
8.00000	1.48329	1.48328

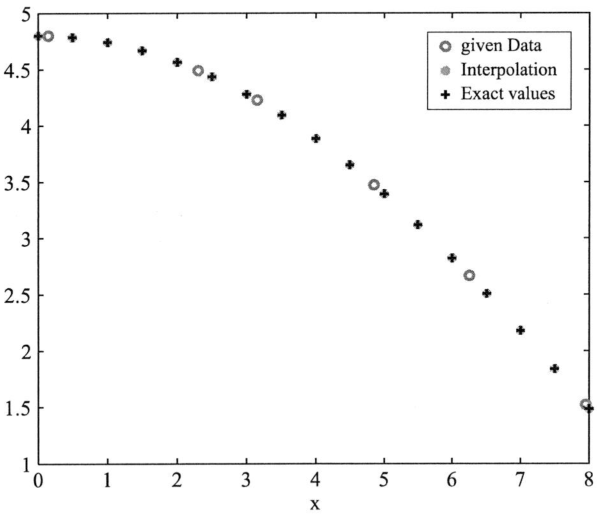

[그림 6.22] [예제 6.13]의 결과

6.6 MATLAB 함수를 이용한 보간

MATLAB은 실행속도와 사용되는 메모리의 크기를 고려하면서 주어진 데이터 포인트에 피팅하는 다양한 보간용 함수를 제공하고 있다. 이 중 몇 가지를 그 사용법을 중심으로 설명한다.

6.6.1 1차원의 보간(One-Dimensional Interpolation)

MATLAB에서는 다음과 같은 두 종류의 방식에 기초를 두는 1차원용 보간 함수를 제공하지만, 여기서는 (1)의 다항식 보간 만을 다루기로 한다.

(1) 다항식 보간(Polynomial Interpolation)

(2) FFT(Fast-Fourier Transform)의한 보간(FFT-based Interpolation)

■ 다항식 보간

데이터 해석이나 커브피팅 등을 위한 중요한 과정의 하나인 보간을 위해 interp1가 제공된다. 이 명령어는 1차원함수, 즉 출력 y가 하나의 독립변수 x에만 의존하는 형식의 함수에 적용된다. 이 함수의 기능은 주어진 데이터 포인트 (x_i, y_i)를 이용하여 $y_i = f(x_i)$를 계산하며 다음 형식으로 사용된다.

```
yi = interp1(xData, yData, xi, 'Method')
```

벡터인 xData와 yData는 주어진 데이터 포인트의 값이며[23], 벡터 xi는 보간값을 필요로 하는 x축(즉 입력)의 정보를 저장하고 있다. yi는 보간의 결과로 얻어진 y축(즉 출력)의 값을 가진다. 여기서 method는 옵션으로 다음과 같이 정의된다.

i) 'nearest' : 보간의 결과를 기존 데이터 포인트에 가장 가까운 값으로 조정한다.

ii) 'linear' : 주어진 데이터 포인트의 각 쌍의 포인트를 선형인 함수로 피팅한 뒤, xi에 가장 적절한 선형인 피팅 함수를 사용하여 보간을 수행한다. interp1의 디폴트이다.

iii) 'spline' : 주어진 데이터 포인트의 각 쌍을 서로 다른 3차(cubic) 함수로 피팅하고, 보간을 위한 cubic spline interpolation을 적용하여 보간을 수행한다.

iv) 'pchip' : piecewise cubic Hermite interpolation을 적용한다.

만약 주어진 xi의 요소 중에서 기존 데이터 포인트 xData의 범위 외에 존재하는 것이 있다면 interpolation(보간)이 아니라 extrapolation(외삽)이 사용된다.

[예제 6.14]

아래의 표에 데이터 포인트 (x, y)가 주어져 있다. 이를 그래프로 나타내기 위해서는 보간을 통한 데이터의 증가가 바람직하다. 함수 interp1을 이용하여 몇 종류의 보간을 수행하고 이 결과를 그래프로 확인하여 보자.

x	0	0.785	1.570	2.356	3.141	3.927	4.712	5.497	6.283
y	0	0.707	1.000	0.707	0.000	−0.707	−1.000	−0.707	−0.000

풀이 [그림 6.23]에 함수 interp1의 옵션을 변경하여 보간을 수행하고 그 결과를 그림으로 나타내었다. 보간의 방식에 따라 곡선의 부드러움이 변하고 있음을 볼 수 있다.

```
x = [0 0.785 1.570 2.356 3.141 3.927 4.712 5.497 6.283];
y = [0 0.707 1.000 0.707 0.000 -0.707 -1.000 -0.707 -0.000];
xi = linspace(0,2*pi,50);                 % 보간을 위한 x축의 벡터값
yi = interp1(x,y,xi,'cubic');             % 보간 결과
subplot(223),plot(x,y,'o',xi,yi,'--')
title(' Cubic Interpolation ')            % cubic 외 다른 옵션을 대입
```

23) 이때 x축의 데이터(입력)는 반드시 증가, 혹은 감소하는 형태로 주어져야 한다는 점에 유의한다.

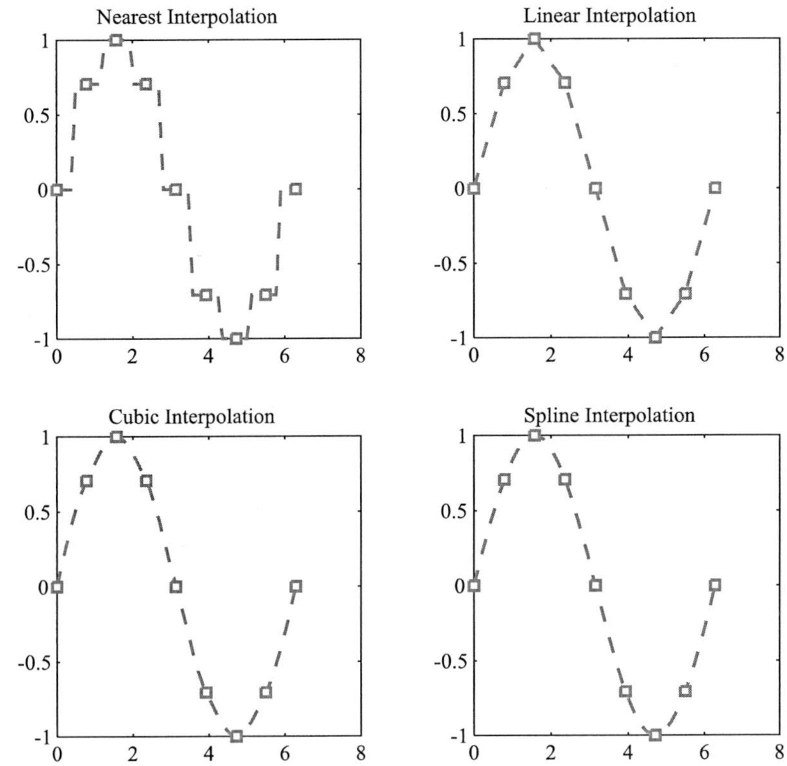

[그림 6.23] [예제 6.14]의 보간 결과

6.6.2 2차원 보간(Two-Dimensional Interpolation)

2차원 함수란 $f(x, y)$와 같이 독립변수가 두 개인 함수를 의미한다. 보간의 방법은 전절에서 설명한 1차원 보간의 경우와 기본적으로 다르지 않기 때문에 여기서는 MATLAB에서 제공하는 2차원 보간용 함수의 사용법을 예제를 중심으로 간단하게 설명한다.

함수 interp2는 2차원 보간을 위한 함수이다. 이것의 기본적인 사용법은 다음과 같다.

```
zi = interp2(xData, yData, z, xi, yi, 'Method')
```

여기서 z는 $f(x, y)$의 값을 저장하고 있는 배열이며, xData와 yData는 z와 동일한 크기를 가지는 배열로서 z의 값이 주어지는 점에서의 x축과 y축의 정보를 저장하고 있다[24]. 또한, xi와 yi는 보간을 하고자 하는 각 축의 데이터를 저장하고 있는 행렬[25]이다. 'method'는 옵션으로 대략 1차원에서 사용한 옵션과 유사한 작용을 하는 것으로 볼 수 있다.

24) 제4장에서 취급한 3차원 그래픽에서, 함수 meshgrid 등으로 얻어지는 x, y의 데이터를 의미한다.
25) 3D 그래프의 경우와 마찬가지로 2차원 보간을 위해서는 데이터가 벡터가 아니라 행렬로 주어져야 한다.

어떠한 경우에도 데이터 xData와 yData는 단조증가 (또는 단조 감소)로 주어져야 하며, 이러한 값은 함수 meshgrid를 사용해서 얻거나, meshgrid의 출력을 모방하여 만들어 낼 수도 있다.

■ 보간법에 따른 비교

아래 제시한 예를 통하여 2차원 보간의 각 방법이 가지는 특징을 간단히 살펴본다. 이를 위한 프로그램의 순서는 다음과 같다.

i) 함수 peaks를 이용하여 정도가 낮은 데이터 포인트를 생성한다.

ii) 보간을 위한 좀 더 세밀한 데이터를 생성한다.

iii) 함수 interp2에서 'method'로서 'nearest'를 사용하여 보간을 실행한다.

iv) 'method'로서 'bilinear'를 사용하여 보간을 실행한다.

v) 'method'로서 'bicubic'를 사용하여 보간을 실행한다.

vi) 이상의 결과를 3D 그래프로서 비교한다.

vii) 세 종류의 보간법에 대한 결과를 컨투어 그래프를 그려 비교한다.

위 결과로부터 얻어진 그래프를 참고하면 'bicubic'의 사용이 특히 세밀한 그래프를 생성하고 있음을 볼 수는 있지만, 그렇다고 이 방법이 일반적으로 2차원 함수의 보간법에서 선호되는 것은 아니다.

```
[x, y] = meshgrid(-3:1:3);
z = peaks(x, y);
subplot(221),
surf(x,y,z),title(' Original Data ')          %[그림 6.24(a)]

[xi, yi] = meshgrid(-3:0.25:3);
zi1 = interp2(x,y,z,xi,yi,'nearest');
zi2 = interp2(x,y,z,xi,yi,'bilinear');
zi3 = interp2(x,y,z,xi,yi,'bicubic');
surf(xi,yi,zi1),title(' Nearest ')            % [그림 6.24(b)]-이하 동일
%
contour(xi,yi,zi1)                            % [그림 6.25(a)]-이하 동일
```

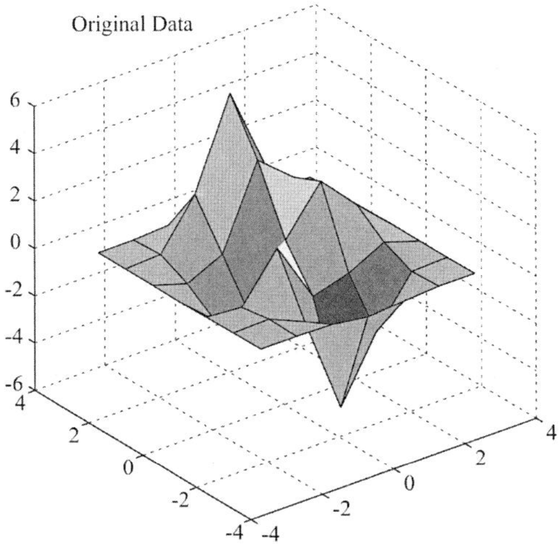

[그림 6.24(a)] 원래 데이터 포인트에 의한 3D 그래프

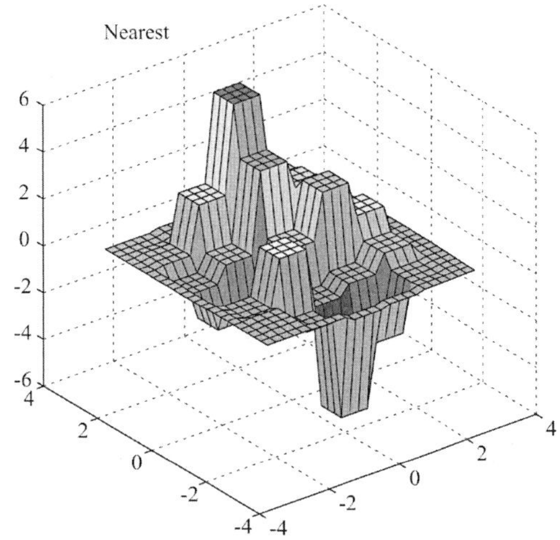

[그림 6.24(b)] 'nearest'에 의한 보간 결과

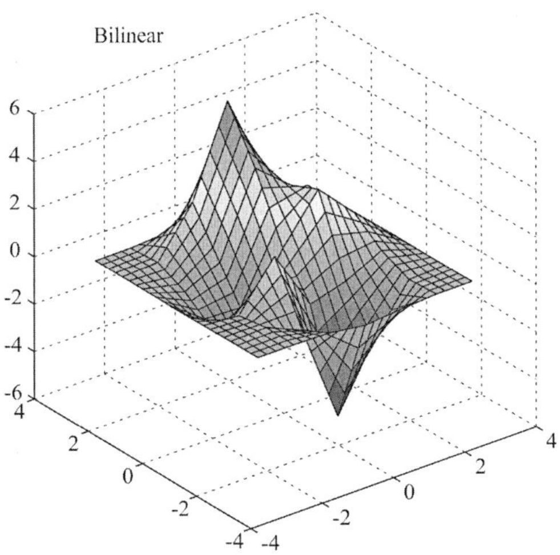

[그림 6.24(c)] 'bilinear'에 의한 보간 결과

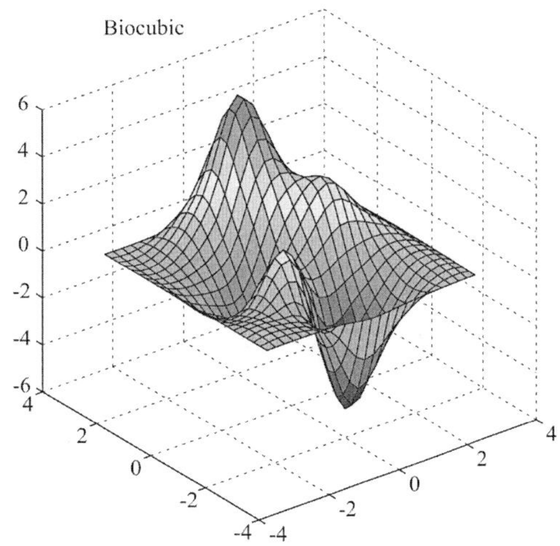

[그림 6.24(d)] 'biocubic'에 의한 보간 결과

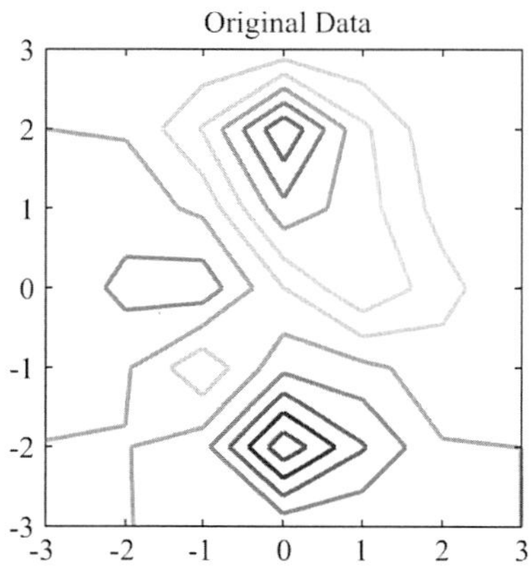

[그림 6.25(a)] 주어진 데이터에 의한 contour

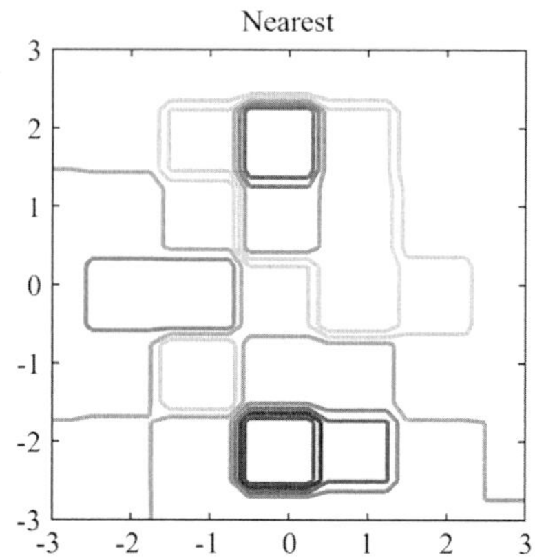

[그림 6.25(b)] 'nearest'에 의한 contour

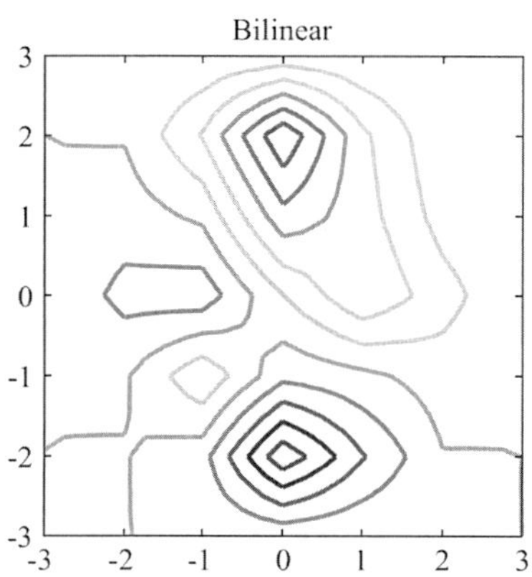

[그림 6.25(c)] 'bilinear'에 의한 contour

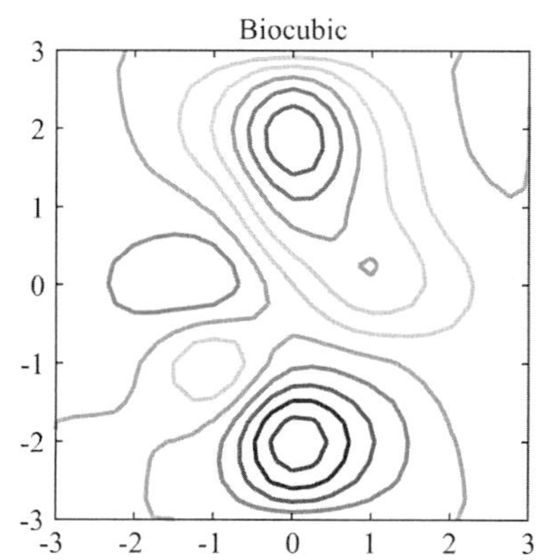

[그림 6.25(d)] 'biocubic'에 의한 contour

연습문제

1. 다음과 같이 주어진 데이터 포인트가 있다.

x	0	0.5	1.0	1.5	2.0
y	−0.7854	0.6529	1.7390	2.2071	0.9425

이로부터 적당한 방법을 사용하여 $x=\pi/4$ 및 $\pi/2$에서의 y를 계산하라.

2. 다음의 데이터 포인트가 다항식 상에 존재한다. 이때 [표 6.2]를 구성하고 다항식의 가장 적절한 차수를 결정하라.

x	−2	1	4	−1	3	−4
y	−1	2	59	4	24	−53

3. 다음 데이터 포인트를 이용하여 $x=0.46$에서의 y값을 결정하라.

x	0	0.0204	0.1055	0.241	0.582	0.712	0.981
y	0.385	1.04	1.79	2.63	4.39	4.99	5.27

4. 다음 데이터 포인트에 피팅하는 직선과 2차식을 구하고 그 결과의 정도를 분석하라.

x	1.0	2.5	3.5	4.0	1.1	1.8	2.2	3.7
y	6.008	15.722	26.130	33.772	5.257	9.549	11.098	28.828

5. 아래의 데이터 포인트에 맞는 함수로서 $f(x)=a\sin\left(\frac{\pi x}{2}\right)+b\cos\left(\frac{\pi x}{2}\right)$로 두었을 경우 계수 a, b를 구하여라.

x	−0.5	−0.19	0.02	0.20	0.35	0.50
y	−3.558	−2.874	−1.995	−1.040	−0.068	0.677

6. 최소 2승의 의미에서 다음 데이터 포인트에 맞는 함수로 $f(x)=ax^b$를 생각할 때, 변수 a, b를 계산하여라.

x	0.5	1.0	1.5	2.0	2.5
y	0.49	1.60	3.36	6.44	10.16

7. 이등분법을 이용하여 다항식 $x^3 - 3.23x^2 - 5.54x + 9.84 = 0$을 만족하는 가장 작은 실수의 근을 구하여라.

8. 뉴턴-랩손의 방법을 이용하여 $\tan x - \tanh x = 0$의 근을 구간 $(4,\ 5)$에서 구하여라.

9. 뉴턴-랩손의 방법을 이용하여 구간 $(-2,\ 2)$에 존재하는 다항식 $\sin x + 3\cos x - 2 = 0$가 가지는 두 개의 근을 결정하여라.

10. 구간 $4 \le x \le 8$에서 함수 $f(x) = \cosh x \cos x - 1$의 그래프를 그리고 아래의 물음에 답하라.

    (a) $f(x) = 0$을 만족하는 가장 작은 영이 아닌 양의 근은 구간 $(4,\ 5)$에 존재한다는 것을 증명하라.

    (b) 만약 출발점을 $x = 4$로 두고 시작하는 뉴턴-랩손의 방법은 수렴하지 않는다는 것을 그래프로 확인하여 보아라.

Chapter 07

미분과 적분의 수치적인 해석

여기서는 다음 장에서 취급하는 미분방정식의 풀이에 대한 이해를 돕기 위하여, 1) 미분과 적분의 실제적 의미, 2) 미분과 적분을 컴퓨터를 이용하여 해결하고자 하는 경우 어떤 과정을 거쳐 계산이 이루어지는가, 3) 이의 실현에는 어떤 종류의 알고리즘이 사용되고 있는지를 중심으로 언급하고, 이를 MATLAB에서 수행하는 경우 필요한 함수들의 사용법을 간략히 서술한다.

7.1 미분의 수치적인 근사

미분이란 값이 변화하는 점에 있어서 그 변화의 비율을 의미한다. 이와 관련된 가장 기본적이며 가장 유용한 예 중의 하나가 물체의 위치, 속도 및 가속도 사이에 존재하는 상호간의 관련성 일 것이다. 예를 들어, 직선운동을 하고 있는 어떤 물체의 위치 x가 시간의 함수로서 알려져 있다면 ([그림 7.1(a)]), 즉

$$x(t)=f(t) \tag{7.1a}$$

이면 이 물체의 속도 $v(t)$는 단위시간(Δt) 동안의 위치 변화량(Δx)의 비로서 정의된다. 여기에 미분의 정의를 적용하면 속도는

$$v(t)=\lim_{\Delta t\to 0}\frac{\Delta f(t)}{\Delta t}=\frac{df(t)}{dt} \tag{7.1b}$$

로 되어 위치함수의 미분([그림 7.1(b)])으로 주어진다. 다시 말하면 속도는 위치곡선의 어느 한 점에서의 기울기를 의미한다. 마찬가지로 이 물체의 가속도는 단위시간 동안의 속도의 변화량의 비로서

$$a(t)=\lim_{\Delta t\to 0}\frac{\Delta v(t)}{\Delta t}=\frac{dv(t)}{dt} \tag{7.1c}$$

로 정의되며, 이는 속도-시간 곡선의 기울기이다([그림 7.1(c)]).

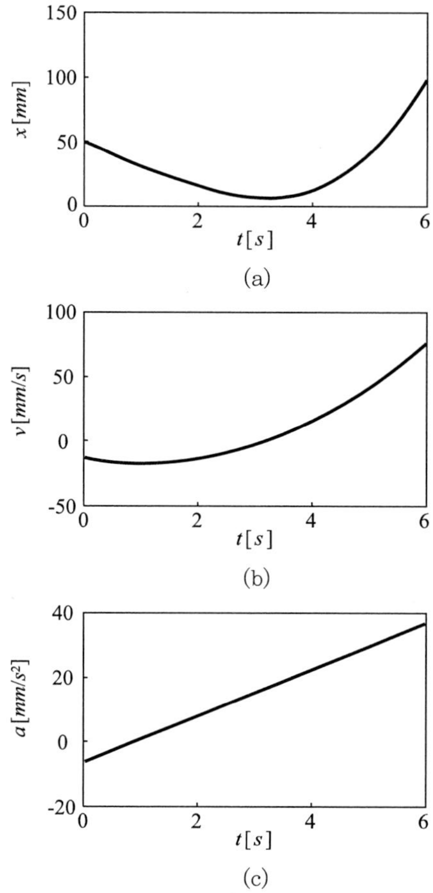

[그림 7.1] 위치, 속도, 및 가속도 곡선

공학에서 시스템(system)의 작용을 수식으로 나타내고자 하는 경우 대부분 이 시스템의 입력신호와 출력신호 사이에 존재하는 시간적 변화량의 관계식(즉 미분방정식)으로 표현한다[1]. 예를 들어 전기회로에서 커패시터에 흐르는 전류는 (커패시터 양단) 전압의 시간적인 미분으로 주어지며, 열전도의 해석에서 열 흐름의 양은 온도의 미분으로 결정된다. 또한, 미분은 함수의 최대·최소값을 결정하기 위해서도 사용된다.

어떤 물체에 대한 미분(즉 모델의 수식표현)을 구하는 과정은 대부분 실험 등을 통하여 얻어진 시간적으로 이산적인(discrete-time) 데이터를 기초로 하여 행해진다. 이러한 이산적인 데이터 포인트로 이루어진 함수 $f(x)$의 어떤 점 (x_i, y_i)에서 기울기, 즉 미분의 수치적인 근사적 값을 구하는 방법으로 두 종류가 알려져 있다. 그 중 하나는 유한차분근사(finite difference approximation)로서 대략 다음과 같이 수행된다.

임의의 점 x_i에서 유한차분에 의한 미분의 근사는 x_i 근처의 점들의 값을 기초로 하여 결정

1) 이러한 과정을 시스템의 모델링(modelling)이라고 하며 얻어진 수식은 '전달함수', '상태변수' 등 미분을 사용하는 방식에 따라 여러 가지로 불리고 있다.

된다. [그림 7.2(a)]에 표시한 바와 같이, 점 x_i에서의 미분의 근사값은 점 x_i의 앞쪽 x_{i-1}에서의 값 $f(x_{i-1})$과 뒤쪽 x_{i+1}에서의 값 $f(x_{i+1})$을 연결하는 직선의 기울기로서 주어진다. 이와 같은 미분근사의 정확도는 실험 등을 통하여 얻어진 데이터의 정확도, 두 점 사이의 간격, 및 기울기의 계산을 위해 사용된 알고리즘 등에 의해 결정될 것이다.

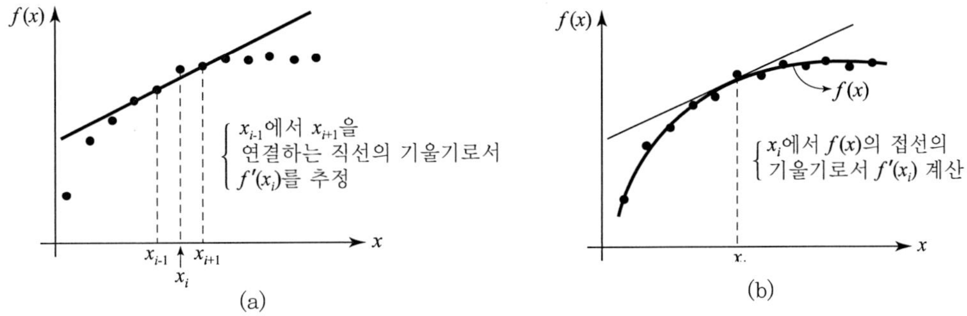

[그림 7.2] (a) 유한 차분근사, (b) 함수근사 수치적인 미분의 근사

근사적인 미분계산을 위한 또 하나의 방법은, 먼저 주어진 데이터 포인트(의 근처)를 지나가면서 동시에 쉽게 미분 가능한 해석적인 표현식 $f(x)$를 구하고 이를 점 x_i에서 미분하는 것이다. 이러한 함수는 제6장에서 언급한 커브피팅 등의 방법을 이용하면 어렵지 않게 얻을 수 있다. [그림 7.2(b)]에 표시한 바와 같이, 데이터 포인트를 지나가는 커브를 근사함수 $f(x)$로서 피팅하고, 점 x_i에서의 미분은 $\left.\dfrac{df(x)}{dx}\right|_{x=x_i}$를 평가함으로서 얻는다는 것이다.

다음 절에서 다시 언급하겠지만, 임의의 점에서의 미분의 근사값을 컴퓨터 작업을 통해 수치적으로 정확하게 알아내기는 어렵다. 왜냐하면 그 수행과정은 컴퓨터 내부에서 반올림 오차를 발생시킬 뿐만 아니라 동시에 근사를 위해 채용한 알고리즘에 의한 오차 등을 동반하기 때문이다. 이러한 이유로서 함수를 구하는 과정에서 발생한 오차(즉 함수 자체가 가지는 오차)보다 작은 값을 가지는 함수의 미분값은 대부분의 경우에 얻을 수 없다.

7.2 유한 차분근사

점 $x=a$에서 함수 $f(x)$의 미분 $f'(a)$는 수학적으로 다음과 같이 정의된다.

$$\left.\frac{df(x)}{dx}\right|_{x=a}=f'(a)=\lim_{x\to a}\frac{f(x)-f(a)}{x-a} \tag{7.2}$$

이를 그래프로 나타내면 [그림 7.3]과 같이 나타낼 수 있을 것이다. 점 $x=a$에서의 미분이란 그림에서 보는 바와 같이 함수 $f(x)$의 점 $x=a$에서의 접선의 기울기(tangent line)를 나타낸다. 식(7.2)에 의한 미분의 정확성은 x를 얼마나 가깝게 a에 가져갈 수 있는가에 달려 있다. 식(7.2)의 정의는 이를 이용하여 미분값을 실제로 계산한다는 것보다는, 단지 미분의 해석적인 이해와 수학적인 공식 등을 유도하기 위해 사용된다는 점에 유의한다.

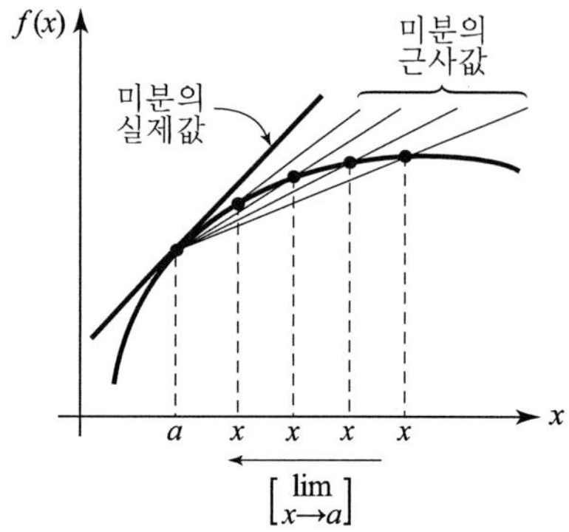

[그림 7.3] 미분의 정의

식(7.2)는 다음과 같이 테일러급수를 이용하여 얻을 수 있다. 함수 $f(x)$가 x_0에서 연속이라는 가정하면, 점 x_0 근방의 점 x_0+h에서의 $f(x)$의 값은 다음과 같이 테일러급수를 이용하여 나타낼 수 있다.

$$f(x_0+h)=f(x_0)+\frac{f'(x_0)}{1!}h+\frac{f''(x_0)}{2!}h^2+\cdots+\frac{f^{(n)}(x_0)}{n!}h^n+R_n(x) \qquad (7.3)$$

여기서 $R_n(x)$는 n차 테일러급수와 실제값과의 차이를 나타내는 양이다. 이를 이용하면

$$f(x_0+h)=f(x_0)+f'(x_0)h+R_1(x) \qquad (7.4a)$$

로 표현된다. 이로부터

$$f'(x_0)=\frac{f(x_0+h)-f(x_0)}{h}-\frac{R_1(x)}{h} \qquad (7.4b)$$

로 되며 오차 $R_1(x)$가 충분히 작은 값을 가진다고 하면 식(7.4b)로부터

$$f'(x_0)\approx\frac{f(x_0+h)-f(x_0)}{h} \qquad (7.4c)$$

가 얻어진다. 여기서 $x_0=a$로 두면 충분히 작은 h에 대하여 식(7.2)가 얻어진다.

유한차분근사를 이용하여 점 $x=a$에서의 미분을 계산하는 과정은, 이 점 근처에 존재하는 함수의 다른 값들을 어떤 방식으로 이용하는 가에 따라 세 가지 방법으로 나누어진다. 여기서 주의할 점은 미분을 위해 주어진 데이터 포인트는 한정된 개수의 점의 집합으로 이루어져 있으며, 동시에 $x=a$근처에 있는 두 점을 이용하여 그 점에서의 미분을 계산할 수 있는 다양한 방법이 존재한다는 것이다. 여기서는 이들 중 세 가지 방법을 소개한다.

① 전향차분(Forward Difference) : 두 점 $(x_i, f(x_i))$와 $(x_{i+1}, f(x_{i+1}))$을 연결하는 직선의 기울기를 계산한다.

$$\left.\frac{df}{dx}\right|_{x=x_i} = \frac{f(x_{i+1}) - f(x_i)}{x_{i+1} - x_i} \tag{7.5a}$$

② 후향차분(Backward Difference) : 두 점 $(x_{i-1}, f(x_{i-1}))$와 $(x_i, f(x_i))$을 연결하는 직선의 기울기를 계산한다.

$$\left.\frac{df}{dx}\right|_{x=x_i} = \frac{f(x_i) - f(x_{i-1})}{x_i - x_{i-1}} \tag{7.5b}$$

③ 중앙차분(Central Difference) : 두 점 $(x_{i-1}, f(x_{i-1}))$와 $(x_{i+1}, f(x_{i+1}))$을 연결하는 직선의 기울기를 계산한다.

$$\left.\frac{df}{dx}\right|_{x=x_i} = \frac{f(x_{i+1}) - f(x_{i-1})}{x_{i+1} - x_{i-1}} \tag{7.5c}$$

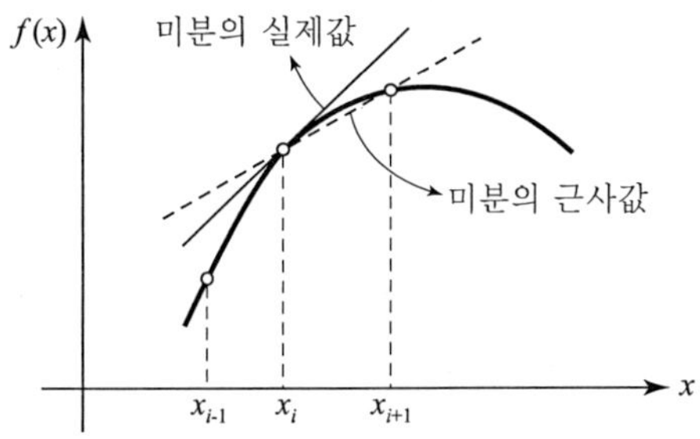

(a) 전향차분근사

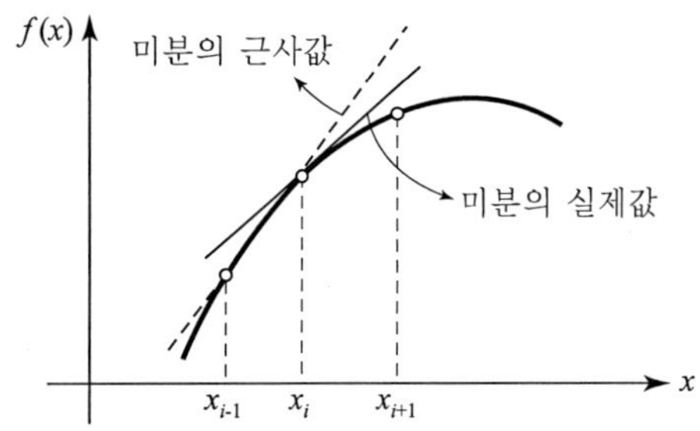

(b) 후향차분근사

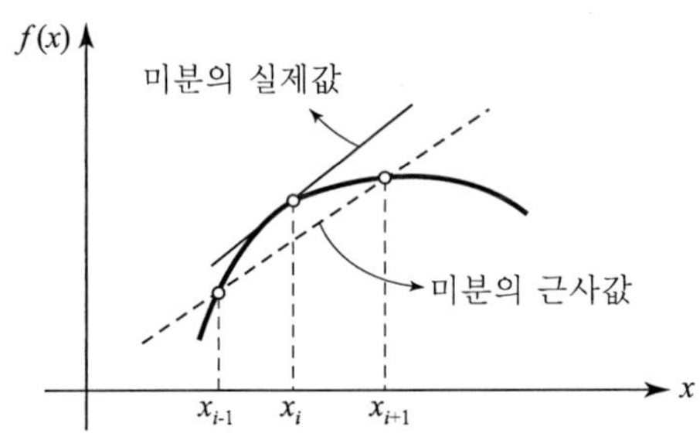

(c) 중앙차분근사

[그림 7.4] 유한 차분근사에 의한 미분의 종류

예제를 이용하여 각 방법의 차이를 확인하여 보자.

[예제 7.1]

함수 $f(x)=x^3$을 생각하여 보자. $x=3$에서의 미분을 위 세 가지 방법을 적용하여 수치적으로 계산하여 보자.

(a) 점 $x=2,\ 3,\ 4$인 세 개의 데이터를 사용한다.

(b) 점 $x=2.75,\ 3$ 및 $x=3.25$의 데이터를 사용한다.

풀 이 [해석적인 해]:

$f(x)=x^3$의 미분은 $f'(x)=3x^2$이므로 $x=3$에서의 기울기는 $f'(3)=27$이다.

[수치적인 해]:

(a) 미분을 위해 세 개의 데이터 포인트, 즉 $(2,8)$, $(3,27)$ 및 $(4,64)$가 사용가능하므로 이를 식(7.5)에 대입한다.

- 전향 미분 :

$$\left.\frac{df}{dx}\right|_{x=3}=\frac{f(4)-f(3)}{4-3}=37\ \rightarrow\ \text{error}=\left|\frac{37-27}{27}\cdot 100\right|=37.04\%$$

- 후향 미분 :

$$\left.\frac{df}{dx}\right|_{x=3}=\frac{f(3)-f(2)}{4-3}=37\ \rightarrow\ \text{error}=\left|\frac{19-27}{27}\cdot 100\right|=29.63\%$$

- 중앙 미분 :

$$\left.\frac{df}{dx}\right|_{x=3}=\frac{f(4)-f(2)}{4-3}=28\ \rightarrow\ \text{error}=\left|\frac{28-27}{27}\cdot 100\right|=3.704\%$$

(b) (a)와 동일한 과정을 새로운 세 개의 포인트를 이용하여 계산하면 다음과 같다.

- 전향 미분:

$$\left.\frac{df}{dx}\right|_{x=3}=\frac{f(3.25)-f(3)}{3.25-3}=29.3125$$

$$\rightarrow\ \text{error}=\left|\frac{29.3125-27}{27}\cdot 100\right|=8.565\%$$

- 후향 미분:

$$\left.\frac{df}{dx}\right|_{x=3}=\frac{f(3)-f(2.75)}{3-2.75}=24.8125$$

$$\rightarrow\ \text{error}=\left|\frac{24.8125-27}{27}\cdot 100\right|=8.102\%$$

- 중앙 미분:

$$\left.\frac{df}{dx}\right|_{x=3}=\frac{f(3.25)-f(2.75)}{3.25-3}=27.0625$$

$$\rightarrow \text{error} = \left| \frac{27.0125 - 27}{27} \cdot 100 \right| = 0.2315\ \%$$

이상의 결과로부터 중앙미분을 이용한 미분이 가장 정확한 결과를 보여주고 있으며, 동시에 두 점간의 간격이 좁을수록 더 나은 결과를 보이고 있다는 사실도 확인할 수 있다. ■

[예제 7.2] ■

천정에 달려있는 스프링의 끝에 물체를 매달고 이를 약간 아래로 잡아당겼다 놓으면 물체는 상당 시간 진동 후에 원래의 위치에 멈추게 될 것이다. 이러한 진동시스템의 실험을 통하여 아래의 데이터를 얻었다.

t [s]	x [cm]	t (s)	x [Cm]	t [s]	x [cm]
4.0	−5.87	5.4	4.31	6.8	4.46
4.2	−4.23	5.6	5.06	7.0	3.72
4.4	−2.55	5.8	5.55	7.2	2.88
4.6	−0.89	6.0	5.78	7.4	2.00
4.8	0.67	6.2	5.77	7.6	1.10
5.0	2.09	6.4	5.52	7.8	0.23
5.2	3.31	6.6	5.08	7.0	−0.59

(a) 중앙차분을 이용하여 $t = 5$와 6에서의 미분을 계산하여 보자.

(b) 첫 번째 데이터와 마지막 데이터에서만 전향차분과 후향차분을 이용하고 나머지의 데이터에서는 중앙차분을 이용하여 미분을 계산하는 MATLAB 프로그램을 작성하고, 이를 이용하여 속도와 가속도에 대한 그래프를 그려보자.

풀이 식(7.5b)에 의한 미분은 다음과 같다.

$$t = 5 : \left. \frac{dx}{dt} \right|_{t=5} = \frac{f(5.2) - f(4.8)}{5.2 - 4.8} = 6.6\,[\text{cm/s}]$$

$$t = 6 : \left. \frac{dx}{dt} \right|_{t=6} = \frac{f(6.2) - f(5.8)}{6.2 - 5.8} = 0.55\,[\text{cm/s}]$$

(b) 다음 스크립터를 참고한다. ■

[중앙차분에 의한 미분을 계산하는 함수]

```
function dx = derivative(x, y)
% Input :
% x : A vector with the coordinates x of the data points
% y : A vector with the coordinates y of the data points
% Output dx : A vector with the values of the derivative at each point.
```

```
n = length(x);
dx(1) = (y(2)-y(1))/(x(2)-x(1));                % 첫 번째 데이터에서는 전향차분을 이용
for i = 2:n-1
   dx(i) = (y(i+1) - y(i-1))/(x(i+1) - x(i-1));  % 중앙차분의 식
end
dx(n) = (y(n) - y(n-1))/(x(n) - x(n-1));        % 마지막 데이터에서는 후향차분을 이용
t = 4:0.2:8;
x = [-5.87 -4.23 -2.55 -0.89 0.67 2.09 3.31 4.31 5.06 5.55 5.78
    ... 5.77 5.52 5.08 4.46 3.72 2.88 2.00 1.10 0.23 -0.59];
vel = derivative(t, x);
acc = derivative(t, vel);
subplot(3,1,1), plot(t,x,'*'), ylabel('x [cm]') % [그림 7.5]
subplot(3,1,2), plot(t,vel,'*'), ylabel('v [cm/s]')
subplot(3,1,3), plot(t, acc, '*'), ylabel('a [cm/s^2]')
xlabel(' time [s] ')
```

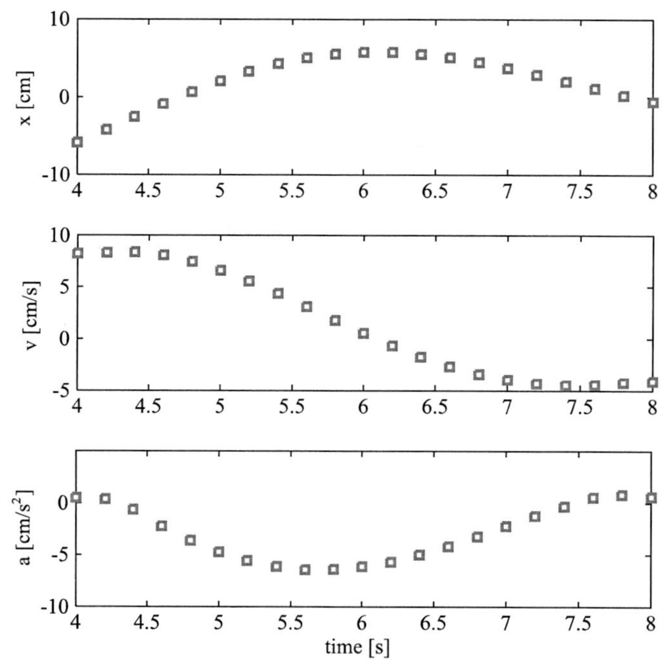

[그림 7.5] [예제 7.2]의 결과

7.3 테일러급수(Taylor series) 전개에 의한 유한차분의 공식

미분 근사값 계산은 위에서 언급한 바와 같이 유한차분법을 어떤 종류의 데이터 포인트에 적용하는가에 따라 여러 종류의 공식이 존재한다. 여기서는 테일러급수 전개를 유한차분법에 적용하여 미분의 근사값을 구하는 방법을 유도하여 본다. 테일러급수를 사용했을 때의 장점은, 공식자체 뿐만 아니라 유도과정에서 발생하는 절삭오차(truncation error)의 추정값을 제공한다는 점이다.

이러한 근사미분의 공식은 데이터가 균일하게 분포되지 않은 경우에도 적용 가능하지만, 여기서는 일단 데이터 포인트가 균일하게 분포되어 있는 것으로 가정하고 공식을 유도한다.

식(7.3)에서 나타낸 바와 같이 함수 $f(x)$가 $x=a$에서 연속이라는 전제 조건을 만족한다면 $x=a$ 근방의 x에 대하여 $f(x)$는 다음과 같은 무한급수(즉 테일러급수)로서 나타낼 수 있다.

$$f(x)=\sum_{n=0}^{\infty} b_n(x-a)^n,\ b_n=\frac{1}{n!}f^{(n)}(x)\bigg|_{x=a} \tag{7.6}$$

위 급수의 수렴조건으로 '$x=a$의 근방'이라는 표현을 사용하였으나 이를 수학적으로 표현한다면 다음과 같다. 즉 '$|x-a|<R$'의 구간의 x값에서 식(7.6)이 수렴하도록 하는 R의 값이 주어진 경우에 한한다.

7.3.1 1차 미분을 위한 유한 차분공식

점 x_i근처에 분포하는 여러 데이터 포인트를 기본으로 하여 $x=x_i$에서 $f(x)$의 1계 미분의 근사값을 식(7.6)의 테일러급수 전개식을 이용하여 계산하여 보자.

■ 1차 미분을 위한 두 점 전향차분 공식

만약 점 x_{i+1}가 점 x_i에 충분히 가까이 존재한다면 $f(x_{i+1})$는 점 x_i에서의 $f(x)$값을 이용하여 식(7.6)의 테일러급수를 이용하여 표현할 수 있다. 다시 말하면 만약 $|x_{i+1}-x_i|<R$ 이라면 $x=x_{i+1}$에서 $f(x)$의 값은 식(7.6)에서 $a=x_i$로 둠으로서 그 근사값을 얻을 수 있다. 즉, 식(7.6)으로부터

$$f(x_{i+1})=f(x_i)+f'(x_i)h+\frac{f''(x_i)}{2!}h^2+\cdots+\frac{f^{(n)}(x_i)}{n!}h^n+R_n(x) \tag{7.7}$$

를 얻는다. 여기서 $h=x_{i+1}-x_i$는 두 점 사이의 간격을 나타내며, 무한급수 표현인 식(7.7)을 유한 항으로 표현하기 위하여 식(7.3)의 $R_n(x)$을 사용하였다. $R_n(x)$에 관한 라그란제의 공식으로부터

$$R_n(x_{i+1})=\frac{f^{(n+1)}(\xi)}{(n+1)!}(h)^{n+1},\ (x_i<\xi<x_i+h) \tag{7.8}$$

를 만족하는 ξ가 항상 존재한다는 것이 알려져 있다. 따라서 $n=1$이면 식(7.7)은

$$f(x_{i+1})=f(x_i)+f'(x_i)h+\frac{f''(\xi)}{2!}h^2 \tag{7.9a}$$

로 되며, 이로부터 다음의 관계식이 얻어진다. 만약 $f(x_{i+k})=f(x_i+kh)$라고 한다면

$$\frac{f(x_i+kh)-f(x_i)}{kh}=f'(x_i)+\frac{f''(\xi)}{2!}kh \tag{7.9b}$$

로 되며, 이를 $f'(x_i)$, 즉 $k=1$ 로 두고 정리하면 다음 식을 얻는다.

$$f'(x_i)=\frac{f(x_{i+1})-f(x_i)}{h}-\frac{f''(\xi)}{2!}h \tag{7.10}$$

만약 위식 오른쪽 두 번째 항을 무시한다면 미분 $f'(x_i)$는 식(7.10)을 이용하여 계산할 수 있다. 따라서 식(7.10)에 의한 미분 $f'(x_i)$의 계산결과에는 항상 절삭오차(truncation error)가 포함되어 있으며 그 크기는 h에 비례한다. 이와 같은 절삭오차를 h의 함수로서

$$\text{truncation error}=-\frac{f''(\xi)}{2!}h=O(h) \tag{7.11}$$

와 같이 표기한다. 실제로 식(7.10)의 등호를 만족시키는 ξ는 알려져 있지 않기 때문에 절삭오차의 정확한 값은 알 수 없지만, h가 작은 값을 가지면 절삭오차도 당연히 작아질 것이라는 사실은 식(7.11)로부터 짐작할 수 있을 것이다. 식(7.10)으로부터 1차 미분의 근사값은 다음과 같이 주어진다.

$$f'(x_i)=\frac{f(x_{i+1})-f(x_i)}{h}+O(h) \tag{7.12}$$

위 식은 전향차분의 공식 (7.5a)와 동일하다.

■ 1차 미분을 위한 두 점 후향차분 공식

후향차분에 의한 미분 역시 테일러급수 전개를 이용하면 얻을 수 있다. 즉, 점 x_{i-1}가 점 x_i 근처에 존재한다는 가정 아래 $f(x_{i-1})$은 $f(x)$의 점 x_i에 대한 테일러 전개식 (7.3)을 이용하여 계산가능하다. 식(7.3)에서 $x_i=x_0$ 및 $x_0-x_{i-1}=h$로 두면

$$\begin{aligned}f(x_{i-1})&=f(x_i)+f'(x_i)(x_{i-1}-x_i)+\frac{f''(x_i)}{2!}(x_{i-1}-x_i)^2\\&\quad+\cdots+\frac{f^{(n)}(x_i)}{n!}(x_{i-1}-x_i)^n+R_n(x)\\&=f(x_i)-f'(x_i)h+\frac{f''(x_i)}{2!}h^2-\cdots+(-1)^n\frac{f^{(n)}(x_i)}{n!}h^n+R_n(x)\end{aligned} \tag{7.13}$$

여기서도 식(7.8)과 마찬가지로 ξ를 x_{i-1}와 x_i사이의 x값이라고 한다면 다음 식을 만족하는 ξ가 존재한다.

$$R_n(x_{i-1}) = \frac{f^{(n+1)}(\xi)}{(n+1)!}(h)^{n+1}, \ (x_i - h < \xi < x_i) \tag{7.14}$$

위 식에서 $n=1$로 두고 식(7.13)을 참고하면

$$f(x_{i-1}) = f(x_i) - f'(x_i)h + \frac{f''(\xi)}{2!}h^2 \tag{7.15}$$

가 얻어지고 이를 $f'(x_i)$에 대하여 정리하면 다음이 얻어진다.

$$f'(x_i) = \frac{f(x_i) - f(x_{i-1})}{h} + \frac{f''(\xi)}{2!}h$$

이로부터 전향차분의 경우와 마찬가지로 점 x_i에서의 미분의 근사값은

$$f'(x_i) = \frac{f(x_i) - f(x_{i-1})}{h} + O(h) \tag{7.16}$$

으로 주어지며 이는 후향차분의 공식인 식(7.5b)와 동일한 모양을 하고 있다.

■ 1차 미분을 위한 두 점 중앙차분 공식

점 x_{i+1}에서의 함수 $f(x)$의 값은 식(7.7)과 식(7.8)에서 $n=2$(즉 $R_2(x)$)로 두면

$$f(x_{i+1}) = f(x_i) + f'(x_i)h + \frac{f''(x_i)}{2!}h^2 + \frac{f'''(\xi_1)}{3!}h^3 \tag{7.17a}$$

로 된다. 여기서 ξ_1는 x_i와 x_{i+1}사이의 x값이다. 또한, 식(7.13), (7.14)에서 $n=2$(즉 $R_2(x)$)로 두면 점 x_{i-1}에서의 함수 $f(x)$의 값은

$$f(x_{i-1}) = f(x_i) - f'(x_i)h + \frac{f''(x_i)}{2!}h^2 + \frac{f'''(\xi_2)}{3!}h^3 \tag{7.17b}$$

로 계산되며 ξ_2는 점 x_{i-1}과 점 x_i사이의 x값이다. 식(7.17a)에서 (7.17b)를 빼면

$$f(x_{i+1}) - f(x_{i-1}) = 2f'(x_i)h + \frac{f''(\xi_1)}{3!}h^3 + \frac{f'''(\xi_2)}{3!}h^3 \tag{7.18}$$

로 된다. 식(7.18)로부터 절삭오차를 무시하면 $f'(x)$는 다음으로 계산된다.

$$f'(x_i) = \frac{f(x_{i+1}) - f(x_{i-1})}{2h} + O(h^2) \tag{7.19}$$

위 식은 중앙차분의 공식 (7.5c)와 동일한 모양임을 확인할 수 있다.

미분의 근사값을 계산하기 위한 세 종류의 식(7.12), (7.16) 및 (7.19)를 비교해보면, 전향차분과 후향차분에 의한 근사 미분값의 절삭오차는 h의 1차수에 비례하고 있으나, 중앙차분

에 의한 미분값은 h^2의 1차수에 비례하고 있다. 이 사실은 중앙차분이 미분의 근사에 있어 훨씬 정확한 값을 제공하고 있다는 사실을 보여주고 있다. 이러한 사실은 [그림 7.4(c)]와 [그림 7.4(a), (b)]를 비교해 보면 확인할 수 있을 것이다.

■ 세 개의 포인트에 의한 1차 미분의 전향 및 후향차분 공식

절삭오차 $O(h)$를 가지는 전향차분과 후향차분의 식(7.12)와 식(7.16)은 각각 다음의 특징을 가진다. 즉, 전향차분은 마지막 점 x_n을 제외한 모든 데이터 포인트에서 미분값의 계산이 가능하고, 후향차분은 첫 번째 점 x_1을 제외한 나머지의 모든 데이터 포인트에서의 미분이 가능하다. 한편 식(7.19)로 주어진 절삭오차 $O(h^2)$을 가지는 중앙차분은 양 끝 점(즉 x_1과 x_n)을 제외한 나머지 점에서의 미분값을 계산할 수 있다는 특징을 각각 가지고 있다. 여기서는 양 끝 점에서의 1차 미분을 세 개의 포인트를 사용한 전향 혹은 후향의 차분을 적용하여 계산해 본다.

(1) 세 개 포인트를 사용한 전향차분 공식

점 x_i과 그 이후의 두 점 x_{i+1}과 x_{i+2}, 즉 세 개의 포인트를 이용한 전향차분의 공식을 유도하여 보자. 이때 두 점 사이의 간격 $h = x_{i+2} - x_{i+1} = x_{i+1} - x_i$는 일정한 것으로 가정한다[2]. 두 점 x_{i+1}과 x_{i+2}에서의 함수 $f(x)$의 값을 식(7.7)과 같이 점 x_i에서의 $f(x)$와 그의 미분값을 이용하여 테일러 전개로서 나타내면 다음이 얻어진다($k=2$의 경우).

$$f(x_{i+1}) = f(x_i) + f'(x_i)h + \frac{f''(x_i)}{2!}h^2 + \frac{f'''(\xi_1)}{3!}h^3 \tag{7.20a}$$

$$f(x_{i+2}) = f(x_i) + f'(x_i)2h + \frac{f''(x_i)}{2!}(2h)^2 + \frac{f'''(\xi_2)}{3!}(2h)^3 \qquad (7.20\text{b})^{3)}$$

여기서 ξ_1는 점 x_i와 x_{i+1}사이의 x값이며, ξ_2는 점 x_i와 x_{i+2}사이의 x값이다. 위 식의 2차 미분항을 제거하기 위하여 식(7.20a)에 4를 곱하여 식(7.20b)를 빼면

$$4f(x_{i+1}) - f(x_{i+2}) = 3f(x_i) + 2f'(x_i)h + \frac{4f'''(\xi_1)}{3!}h^3 - \frac{4f'''(\xi_2)}{3!}(2h)^3 \tag{7.21}$$

로 된다. 이를 x_i에서의 $f(x)$의 1차 미분항으로 정리하면 세 포인트를 이용한 전향차분의 공식이 얻어진다.

$$f'(x_i) = \frac{-3f(x_i) + 4f(x_{i+1}) - f(x_{i+2})}{2h} + O(h^2) \tag{7.22}$$

---

2) 실제의 계산에는 데이터의 간격이 일정하지 않더라도 가능하다.

3) 당연히 x_{i+2}가 x_i 근처에 존재한다는 테일러급수가 수렴한다는 조건이 성립하는 경우를 전제한다.

(2) 세 포인트를 사용한 후향차분 공식

점 x_i와 그 이전의 두 점 x_{i-1}과 x_{i-2}를 식(7.13)에 적용하여 상기와 동일한 과정으로 전개하면 다음과 같은 세 개의 포인트를 이용한 1차 미분의 공식을 얻는다.

$$f'(x_i) = \frac{f(x_{i-2}) - 4f(x_{i-1}) + 3f(x_i)}{2h} + O(h^2) \tag{7.23}$$

단, $h = x_i - x_{i-1} = x_{i-1} - x_{i-2}$는 데이터 포인트의 간격을 의미한다.

[예제 7.3]

[예제 7.1]과 동일한 환경에서 세 개의 포인트를 이용하여 점 $x = 3$에서의 미분을 계산하여 보자.

(a) 점 $x = 3,\ 4,\ 5$인 세 개의 데이터를 사용한다.

(b) 점 $x = 3,\ 3.25$ 및 3.5의 데이터를 사용한다.

풀 이 [해석적인 미분]:

[예제 7.1]과 마찬가지로 $f(x) = x^3$의 미분은 $f'(x) = 3x^2$이므로 $x = 3$에서의 기울기는 $f'(3) = 27$이다.

[수치적인 미분]:

(a) 세 점 전향 차분공식 (7.22)을 이용하면

$$f'(3) = \frac{-3f(3) + 4f(4) - f(5)}{2 \cdot 1} = 25 \rightarrow \text{error} = \left| \frac{25 - 27}{27} \times 100 \right| = 7.4\%$$

(b) 역시 식(7.22)에 상기의 데이터를 대입한다.

$$f'(3) = \frac{-3f(3) + 4f(3.25) - f(3.5)}{2 \cdot 0.25} = 26.875$$

$$\rightarrow \text{error} = \left| \frac{26.875 - 27}{27} \times 100 \right| = 0.46\%$$

이상의 결과로부터 세 개의 데이터를 사용한 1차 미분에 대한 차분공식이, 두 개의 데이터만을 사용한 공식에 비하여 훨씬 정확한 값을 제공하고 있다는 것을 알 수 있다 ([예제 7.1]과 비교). 즉, $h = 1$에서 오차가 37.04%에서 7.4%로, $h = 0.25$에서는 8.57%에서 0.46%로 각각 감소하였음을 확인할 수 있다.

7.3.2 2차 미분을 위한 유한차분 공식

1차 미분값을 얻기 위한 세 종류의 유한차분의 공식 유도과정을 이용하면 2차 미분뿐만 아니라 고차의 미분을 위한 유한차분의 공식을 유도할 수 있다. 여기서는 공식을 중심으로 이에 대해 간단히 소개한다.

■ 2차 미분 근사를 위한 세 개 포인트 사용의 중앙차분 공식

식(7.7)과 식(7.13)을 확장하면 각각 다음으로 된다.

$$f(x_{i+1}) = f(x_i) + f'(x_i)h + \frac{f''(x_i)}{2!}h^2 + \frac{f'''(x_i)}{3!}h^3 + \frac{f^{(4)}(\xi_1)}{4!}h^4 \quad (7.24a)$$

$$f(x_{i-1}) = f(x_i) - f'(x_i)h + \frac{f''(x_i)}{2!}h^2 - \frac{f'''(x_i)}{3!}h^3 + \frac{f^{(4)}(\xi_2)}{4!}h^4 \quad (7.24b)$$

여기서 ξ_1은 x_i와 x_{i+1}사이의 x값이고, ξ_2는 x_i와 x_{i-1}사이의 x값이다. 식(7.24a)와 (7.24b)를 더하면 다음으로 된다.

$$f(x_{i+1}) + f(x_{i-1}) = 2f(x_i) + 2\frac{f''(x_i)}{2!}h^2 + \frac{f^{(4)}(\xi_1)}{4!}h^4 + \frac{f^{(4)}(\xi_2)}{4!}h^4 \quad (7.25)$$

2차 미분의 근사값은 식(7.25)을 정리하면 h^2의 차수인 절삭오차를 포함하는 다음의 식을 얻는다.

$$f''(x_i) = \frac{f(x_{i-1}) - 2f(x_i) + f(x_{i+1})}{h^2} + O(h^2) \quad (7.26)$$

식(7.26)은 세 개의 데이터 포인트, 즉 2차 미분값을 구하고자 하는 점 x_i와 그 이전과 이후의 포인트 x_{i-1}과 x_{i+1}에서의 함수 $f(x)$값을 이용한 2차 미분을 위한 중앙 차분의 공식이다. 이 과정을 그대로 적용한다면 다섯 개의 데이터 포인트, 즉 미분값을 계산하고자 하는 점 x_i와 그 전후의 두 개 포인트 x_{i-2}, x_{i-1}, x_{i+1} 및 x_{i+2}에서의 $f(x)$값을 이용한 2차 미분의 계산을 위한 더욱 작은 오차를 포함하는 식을 유도할 수 있다.

$$f''(x_i) = \frac{-f(x_{i-2}) + 16f(x_{i-1}) - 30f(x_i) + 16f(x_{i+1}) - f(x_{i+2})}{12h^2} + O(h^4) \quad (7.27)$$

■ 2차 미분을 위한 전향차분과 후향차분을 이용한 공식

이상의 과정을 참고로 2차 미분의 근사값 계산을 위한 전향차분과 후향차분을 적용한 공식을 다음에 나타내었다.

$$f''(x_i) = \frac{f(x_i) - 2f(x_{i+1}) + f(x_{i+2})}{h^2} + O(h) \quad (7.28a)$$

$$f''(x_i) = \frac{f(x_{i-2}) - 2f(x_{i-1}) + f(x_i)}{h^2} + O(h) \quad (7.28b)$$

[예제 7.4]

함수 $f(x)=\dfrac{2^x}{x}$에 대하여 생각하여 보자. 다음에 주어진 데이터를 이용하여 $x=2$에서의 수치적인 2차 미분값을 계산하여 보자.

(a) 점 $x=1.8,\ 2$ 및 2.2

(b) 점 $x=1.9,\ 2$ 및 2.1

풀 이 [해석적인 미분] : $f(x)$의 2차 미분은 다음과 같다.

$$f''(x)=\frac{2^x\,[\ln(2)]^2}{x}-\frac{2\cdot 2^x\ln(2)}{x^2}+\frac{2\cdot 2^x}{x^3} \quad ①$$

따라서 $x=2$에서의 값은 $f''(2)=0.5746$으로 주어진다.

[수치적인 미분] :

(a)의 경우: 함수 $f(x)$의 계산이 간단하지 않으므로 MATLAB을 이용하여 식(7.26)에 의한 2차 미분값을 계산한다.

```
xa = [1.8 2 2.2];
ya = 2.^xa./xa;
df = (ya(1)-2*ya(2)+ya(3))/0.2^2  ↲% 식(7.26)

df =
    0.5775
```

(b)의 경우 : 역시 식(7.26)에 의한 2차 미분을 MATLAB을 이용하여 계산한다.

```
xb = [1.9 2 2.1];
yb = 2.^xb./xb;
dfb = (yb(1)-2*yb(2)+yb(3))/0.1^2 ↲  % 식(7.26)

dfb =
    0.5753
```

(a)의 오차 : $\text{error}=\dfrac{0.577482-0.5746}{0.5746}\times 100=0.5016\%$

(b)의 오차 : $\text{error}=\dfrac{0.575324-0.5746}{0.5746}\times 100=0.126\%$

이 결과로부터 세 개의 데이터로 유도된 중앙차분에 의한 2차 미분값은 상당히 정확한 값을 제공하고 있는 것으로 볼 수 있다. ■

근사 미분값을 얻기 위한 것으로 상기의 테일러급수전개를 이용한 방식 외에 라그란제 다항식을 이용한 방법이 있지만 여기서는 더 이상 언급하지 않기로 한다.

7.3.3 유한 차분근사에서의 오차

두 점 사이의 간격 h가 아주 작다면 $f(x)$, $f(x \pm h)$, $f(x \pm 2h)$ 등은 근사적으로 거의 같은 값을 가지게 되어 실용상 유효한 미분계산을 어렵게 된다. 반대로 h가 너무 큰 값을 가지게 되면 역시 미분의 과정에서 과도한 절삭오차를 만들어 내기 때문에 h를 크게 취할 수는 없다. 적절한 크기의 h는 주어진 상황에 따라 다르지만 다음 두 가지의 방법은 어느 경우에서나 유효한 것으로 알려져 있다.

i) 배정도 계산을 채용한다.

ii) 중앙차분공식 (7.19)과 같이 적어도 오차의 항이 $O(h^2)$으로 되는 유한차분의 공식을 사용한다.

계산과정에서 사용된 비트의 수에 따른 오차의 크기 정도를 알아보기 위하여 함수 $f(x) = e^{-x}$의 $x = 1$에서의 2차 미분값을 식(7.26)에 의해 계산하여 보자. 여기서는 배정도와 단정도를 사용하여 h의 크기를 변화시키면서 중앙차분 식(7.26)를 이용하여 얻은 결과를 실제값 $f''(1) = e^{-1} = 0.36787944$의 차이를 [표 7.1]에 정리하였다.

[표 7.1] 중앙차분을 이용한 오차

h	배정도	단정도
0.64	−0.01272965	−0.01272954
0.32	−0.00314997	−0.00314986
0.16	−0.00078547	−0.00078460
0.08	−0.00019624	−0.00019321
0.04	−0.00004905	−0.00003022
0.02	−0.00001226	0.00004427
0.01	−0.00000306	0.00011878
0.005	−0.00000076	0.00071482
0.0025	−0.00000019	0.00548320
0.00125	−0.00000004	0.02455668

위 표로부터, 단정도 계산에서 h의 최적값은 0.04로서 가장 작은 값의 오차를 가진다. 그러나 배정도의 경우는 계산에 사용된 비트의 수가 두 배로 늘어났기 때문에 h가 감소함에 따라 오차가 지속적으로 줄어들고 있음을 볼 수 있다. h가 최적값보다 큰 경우의 오차는 주로 절삭오차에 기인하고, 최적값보다 작은 경우는 반올림오차가 큰 비중을 차지한다.

[표 7.1]의 계산에 사용한 프로그램은 다음과 같다.

```
fx = @(x) exp(-x);    % f(x)=e^-x의 function handle 정의
f2Exact=fx(1); f2ExactS=single(f2Exact);
h = [0.64 0.32 0.16 0.08 0.04 0.02 0.01 0.005 0.0025 0.00125];

for i = 1:10
    F2_data(i,1)=f2Exact-((fx(1-h(i))-2*fx(1)+fx(1+h(i)))/h(i)^2);
    F2_data(i,2)=f2ExactS-((single(fx(1-h(i)))-single(2*fx(1))...
        +single(fx(1+h(i))))/single(h(i)^2));
end
```

7.4 MATLAB 제공함수를 이용한 수치미분

MATLAB은 임의로 주어진 함수나 이산적인 데이터 포인트에 관한 미분을 직접 수행할 수 있는 함수는 제공하지 않기 때문에[4], 일반적으로 전절에서 설명한 여러 종류의 미분공식을 실현하는 프로그램을 스크립터 파일의 형식으로 작성하는 것이 바람직하다. 그렇지만 MATLAB은 단순한 형태로 미분의 근사값을 얻을 수 있도록 도와주는 두 종류의 함수를 제공하고 있다.

■ 함수 diff

diff는 연속하는 두 점 사이의 차(difference)를 계산한다. 크기 $(1 \times n)$인 벡터 $[x]$가 $[x] = [x_1 \ x_2 \ x_3 \cdots \ x_n]$로 주어졌을 경우 '>>d=diff(x)'를 실행하면 d에는

$$[d] = [(x_2 - x_1), (x_3 - x_2), \cdots, (x_n - x_{n-1})]$$

로 되어 크기가 $(1 \times \overline{n-1})$인 벡터로 된다.

n쌍(pair)의 데이터 포인트 (x_i, y_i), $(i = 1 \sim n)$가 주어지고 둘 사이에 함수 $y_i = f(x_i)$의 관계가 있다고 한다. 이때 식(7.5a)를 이용한 두 쌍의 데이터 $(x_i, f(x_i))$와 $(x_{i+1}, f(x_{i+1}))$에 의한 전향차분은 diff를 이용하면 '>>diff(y)./diff(x)'의 형식으로 계산할 수 있다. 이때 출력은 다음과 같이 구성된다.

$$\left[\frac{(y_2 - y_1)}{(x_2 - x_1)}, \frac{(y_3 - y_2)}{(x_3 - x_2)}, \frac{(y_4 - y_3)}{(x_4 - x_3)}, \cdots, \frac{(y_n - y_{n-1})}{(x_n - x_{n-1})} \right] \tag{7.29}$$

두 포인트 사이의 간격이 일정하다면, 즉 $h = (x_2 - x_1) = (x_3 - x_2) = \cdots = (x_n - x_{n-1})$이면 위식으로부터 전향차분을 이용한 1차 미분공식 (7.12)는 '>>diff(y)/h'의 형식으로 실현할 수 있다.

---

4) 이산적인 데이터 등에 대한 미분의 필요성보다, 현실적으로 주어진 데이터로부터 모델의 미분방저정식을 찾아낸 뒤(Identification), 이를 특정 입력에 대한 출력을 계산하는 문제, 즉 미분방정식의 해를 구하는 부분에 관심이 집중되어 있다(제8장 참조).

diff의 일반적인 사용법은 다음과 같다[5].

```
d = diff(x, n)
```

여기서 n은 diff를 내부적으로 몇 번 실행하는지를 나타내는 정수이다. 예를 들어, '>>diff(x,2)'의 실행은 '>>diff(diff(x))'와 같다. 다시 말하면 n개의 요소를 가지는 벡터 x_1, …, x_n에서 '>>d1=diff(x)'의 실행은 $(n-1)$개의 요소를 가지는

$$\mathrm{d1} = x_{i+1} - x_i,\ (i = 1 \sim n-1) \tag{7.30}$$

으로 되며, '>>d2=diff(x,2)'의 결과는 다음으로 된다.

$$\mathrm{d2} = \left(\left(x_{i+2} - x_{i+1}\right) - \left(x_{i+1} - x_i\right)\right) = x_i - 2x_{i+1} + x_{i+2},\ (i = 1 \sim n-1) \tag{7.31}$$

식(7.31)의 오른쪽 항은 점 $x = x_i$에서 세 개의 데이터를 이용한 전향차분공식인 식(7.28a)의 분자와 동일하다. 따라서 이산적인 n개의 데이터 쌍 (x_i, y_i)로 주어진 함수의 2차미분의 근사값은 식(7.28a)에 의하여 MATLAB의 명령윈도에서 '>>diff(y,2)/h^2'를 실행하면 된다. 단, 이산적 데이터의 간격은 h로서 서로 동일한 경우에 한한다.

마찬가지로 '>>diff(y,3)'은 네 개의 데이터로서 3차 미분의 근사값을 계산하는 공식의 분자와 일치하며, 일반적으로 '>>diff(y,n)'은 전향 차분에 의해 n차의 근사미분을 계산하는 공식의 분자로 된다.

■ **함수 polyder**

다항식으로 주어진 함수를 미분하는 기능을 가지며, 다음 형식으로 사용된다.

```
dp = polyder(p)
```

여기서 p는 다항식의 계수벡터이다. 임의 시스템(즉 물리모델)을 수학적으로 나타내는 식(예를 들어 전달함수, 상태방정식 등)은 일반적으로 실험을 통하여 얻어진 이산시간의 입·출력 데이터에 커브피팅 등을 적용하여 얻는다[6]. 이 경우 다항식의 미분이 필요하다면 함수 polyder를 사용하면 편리하다. 이를 다음의 스크립터를 이용하여 간단히 설명한다.

---

5) 제5장에서 설명한 Symbolic Math Toolbox를 이용하는 경우, symbolic함수의 미분을 위한 함수로 diff가 존재하지만 그 사용법은 서로 전혀 다르다는 점에 유의한다.

6) 이러한 과정을 시스템 동정(system identification)이라고 한다.

```
x = 0:0.1:1;                                    % 이산시간의 데이터
y = [ -0.447 1.978 3.28 6.16 7.08 7.34 7.66 9.56 9.48 9.30 11.2];
n = 2;                                          % 커브피팅을 위한 다항식의 차수
p = polyfit(x,y,n) ↵                            % 다항식의 계수

p =
   -9.8108   20.1293   -0.0317
% 커브피팅의 결과 비교
xi = linspace(0,1,100);
yi = polyval(p, xi);
plot(x,y,'-o',xi,yi,'--')                       % [그림 7.6]
xlabel('x'), ylabel(' y = f(x) '), title(' Second-order Curve Fitting ')
```

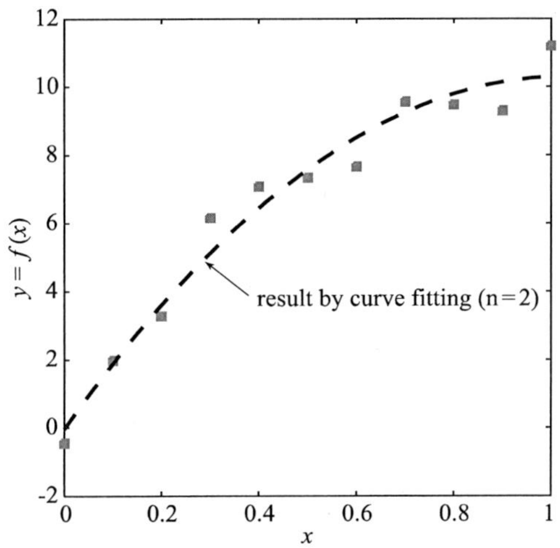

[그림 7.6] 커브피팅의 결과(n=2)

커브피팅에 의해 다항식 $y=f(x)=-9.8108x^2+20.1293x-0.0317$이 얻어졌다. 다음에 $f(x)$를 식(7.12)의 전향차분 공식을 이용하여 각 점 x_i, $(i=1\sim n-1)$에서의 근사 미분값을 구한 뒤, 실제의 미분 즉 $f'(x)=-19.6217x+20.1293$과 차이를 그래프로서 비교하여 보자.

```
pd = polyder(p)                      % 다항식의 미분 pd(s)
dyp = polyval(pd,x)
dy = diff(y)./diff(x);               % 전향차분에 의한 근사미분의 계산
xd = x(1:end-1);                     % plot를 위해 제일 마지막 데이터를 제거
plot(xd,dy,x,dyp,':')                % [그림 7.7]
ylabel(' dy/dx '),  xlabel( 'x')
```

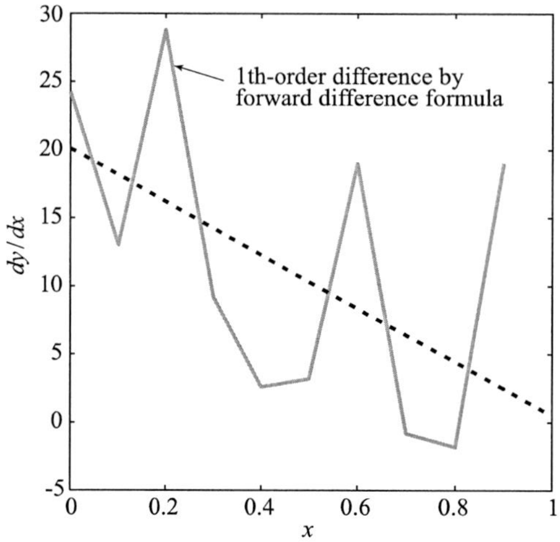

[그림 7.7] 전향 차분의 공식에 의한 1차 미분값

[그림 7.7]로부터 함수 diff를 이용한 1차 미분의 근사값은 실제값인 polyder을 이용한 결과와 상당한 차이가 있음을 볼 수 있다. 특히, 실험을 통하여 얻어진 데이터가 잡음 등으로 오염되어 있다면, 두 점의 데이터만을 이용하는 전향차분에 의한 미분의 근사값은 그 정도가 상당히 떨어진다는 점을 유의해야 한다.

만약 얻어진 데이터의 시간적 분포가 일정하면서 동시에 오염되지 않은 상태라면 함수 diff를 사용한 근사미분은 좀 더 나은 결과를 보여줄 것이다. 다음 스크립터를 보자.

```
x = linspace(0,2*pi);
y = sin(x);                         % sin(x)를 데이터로 얻음
dy = diff(y)/(x(2)-x(1));           % 전향차분에 의한 1차 미분의 계산
xd = x(2:end);                      % x축의 데이터 하나 감소
plot(x,y,xd,dy,'--')                % [그림 7.8]
axis tight, xlabel('x'), ylabel('sin(x) & cos(x)')
max(abs(cos(xd)-dy)) ↵              % 근사미분의 최대오차

ans =
    0.0317
```

여기서 만약 전향차분을 사용하지 않고 조금 더 정도가 높은 중앙차분 공식 (7.19)를 적용하면 오차가 전향 차분의 경우에 비하여 어느 정도 감소되는지 확인하여 보자.

```
dy = (y(3:end)-y(1:end-2))/(x(3)-x(1));
xd = x(2:end-1);
max(abs(cos(xd)-dy)) ↵

ans =
  6.7086e-004
```

위 결과로부터 중앙차분에 의한 근사는 전향 혹은 후향차분을 이용한 경우보다 10^{-2} 단위 정도로 더 정확한 값을 제공한다는 것을 알 수 있다.

함수 polyder은 위에서 설명한 방법 외에 다음과 같은 사용법도 가지고 있다.

i) `>>k = polyder(a,b)` : 다항식 a와 b의 곱 (a*b)에 대한 미분을 실행한다.

ii) `>>[q,d] = polyder(b,a)` : 유리함수 b/a의 미분을 실행하여 그 분자다항식을 q, 분모 다항식을 d에 각각 저장한다.

위에서 예시한 MATLAB 프로그램은 Symbolic Math Toolbox를 이용하여도 어느 정도까지는 실행할 수 있다. 예를 들어, [그림 7.8]의 경우는 다음 스크립터로서 얻을 수 있다.

```
syms x
y = sin(x);
dy = diff(y);
ezplot(y,[0 2*pi]),hold on              % [그림 7.8]의 y(t)
ezplot(dy,[0 2*pi]),hold off            % [그림 7.8]의 dy/dt
```

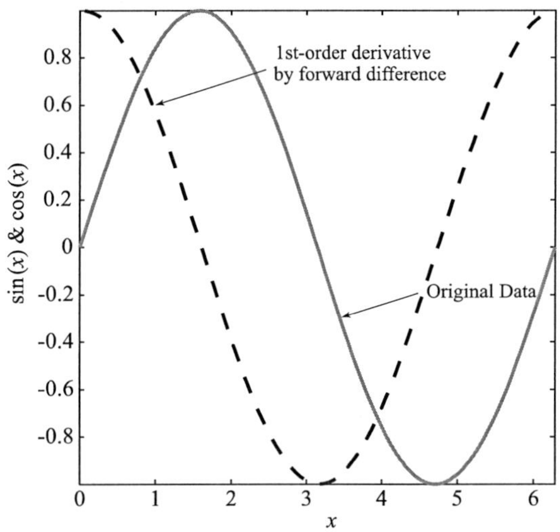

[그림 7.8] 오염되지 않은 데이터에 의한 근사미분

7.5 편미분의 수치적 해석

지금까지 하나의 독립변수만을 가지는 함수의 미분을 컴퓨터로 실현하기 위한 수치적 방법을 설명하였다. 그러나 공학의 응용분야에서 사용되는 대부분의 함수는 두 개 혹은 세 개의 독립변수를 가지는 것이 보통이며, 동시에 이들 자체가 시간의 함수인 경우도 많다. 예를 들어, 방안의 온도분포는 방안의 위치, 즉 좌표에 따라 변하기 때문에 $T(x, y, z)$, 또는 $T(r, \theta, \phi)$

등으로 표현된다. 또한, 온도는 시간의 함수이기 때문에 $T(z, y, z, t)$로 나타내기도 한다. 따라서 만약 한 방향, 예를 들어 z방향으로의 온도흐름을 고려한다면 z방향의 편미분, $\dfrac{\partial T(x,y,z,t)}{\partial z}$의 계산이 필요할 것이다.

예를 들어, 다음과 같이 두 개의 독립변수를 가지는 함수를 생각하여 보자.

$$z = f(x,y) = x^2 + xy + y^2 \tag{7.32}$$

위 함수는 [그림 7.9]에 표시한 바와 같이 유클리드 공간에서의 면을 나타내고 있다. 이 표면 상의 한 점에서의 접선(tangent line), 즉 임의의 점에서의 기울기는 무수히 존재한다. 편미분이란 이와 같은 수많은 접선 중에서 하나를 선택하여 그 기울기를 알아내는 과정이다. 일반적으로 y축, 또는 x축을 일정하게 유지함으로서 얻어지는 xz면, 또는 yz면과 평행하는 접선의 기울기를 알아내는 것이 두 개의 독립변수로 이루어진 함수 $f(x, y)$의 경우는 중요하다.

예를 들어, 식(7.32)로부터 $3 = f(1, 1)$, 즉 점 $(1, 1, 3)$을 지나가는 수많은 접선 중에서 xz면에 평행하는 접선의 기울기를 계산하기 위해서는 변수 y를 상수로 취급하여 함수 $f(x, y)$의 편미분을 수행한다. 즉,

$$\frac{\partial z}{\partial x} = 2x + y$$

이므로, 여기에 점 $(1, 1, 3)$을 대입하면 기울기는 '3'으로 된다. 이로부터 식(7.32)가 나타내는 곡면([그림 7.9] 참조) 상의 한 점 $(1, 1, 3)$에서 xz면과 평행하는 접선의 기울기가 '3'이라는 사실을 확인할 수 있다.

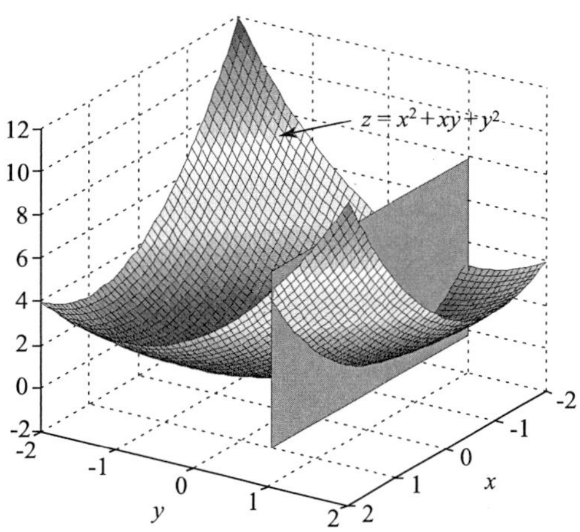

[그림 7.9a] $z = f(x,y) = x^2 + xy + y^2$의 그래프 및 $y = 1$인 xz평면

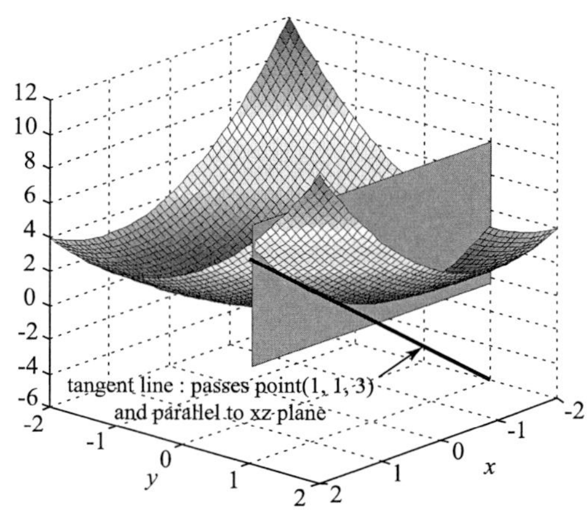

[그림 7.9(b)] xz−평면에 평행하며 $(1, 1, 3)$을 지나가는 접선

[그림 7.9a]는 함수 $z = f(x,y) = x^2 + xy + y^2$를 $-2 \le x,\ y \le 2$의 영역에서 나타내고, 여기에 $y = 1$인 xz평면을 표시한 것이며, [그림 7.9b]는 xz평면에 평행하면서 기울기가 3이

고 점 $(1, 1, 3)$을 지나가는 접선을 나타낸 것이다.

```
f = inline('x.^2 + x.* y + y.^2','x','y')    % z=x^2+xy+y^2
qsurf(f, [-2 2 -2 2]);                       % 구간 -2≤x,y≤2에서 식(7.32)
xlabel('x'),ylabel('y'),zlabel('z')
hold on
x = linspace(-2,2,51);
xslice(f,x,1)                                % y=1 인 xz평면의 표시
%
x = -2:0.1:2;
y = ones(size(x));
z=3*x;
plot3(x,y,z)                                 % 접선의 표시
hold off
```

몇 개의 독립변수를 가지는 함수에 있어서 어느 한 변수에 대한 편미분은, 다른 변수들은 일정한 값을 가지는 것으로 가정한 상태에서 함수의 미분변수 방향으로의 변화율(즉 기울기)을 나타내는 것이다. 예를 들어, 두 개의 독립변수 x, y를 가지는 함수 $f(x, y)$에서 임의의 점 (a, b)에서 x와 y방향의 편미분은 다음과 같이 정의된다.

$$\left.\frac{\partial f(x,y)}{\partial x}\right|_{\substack{x=a\\y=b}} = \lim_{x\to a}\frac{f(x,y)-f(a,b)}{x-a} \tag{7.33a}$$

$$\left.\frac{\partial f(x,y)}{\partial y}\right|_{\substack{x=a\\y=b}} = \lim_{x\to a}\frac{f(x,y)-f(a,b)}{y-b} \tag{7.33b}$$

위 정의로부터 하나의 독립변수를 가지는 함수에 대한 미분의 근사값을 구하기 위하여 적용하였던 유한차분의 공식이 그대로 적용가능하다는 것을 알 수 있다. 다시 말하면 두 개의 독립변수 중 하나는 일정하게 유지하면서 다른 하나에 이를 적용하는 것이다.

예를 들어, $(n\times m)$개의 이산적인 데이터의 집합 $(x_1,\ y_1),\ (x_1,\ y_2),\ \cdots,\ (x_n,\ y_m)$으로 주어진 함수를 생각해 보자. 각 변수 사이의 데이터 간격은 각각 일정하다고 하고 $h_x = x_{i+1} - x_i$ 및 $h_y = y_{i+1} - y_i$로 둔다. [그림 7.10]은 $n=5$ 및 $m=4$인 경우를 나타낸 것이다. 임의의 점 $(x_i,\ y_i)$에서 2-점 전향차분(two-point forward difference) 공식은 식(7.5a)를 참고하면 다음으로 될 것이다.

$$\left.\frac{\partial f(x,y)}{\partial x}\right|_{\substack{x=x_i\\y=y_i}} = \frac{f(x_{i+1},\ y_i)-f(x_i,\ y_i)}{h_x} \tag{7.34a}$$

$$\left.\frac{\partial f(x,y)}{\partial x}\right|_{\substack{x=x_i\\y=y_i}} = \frac{f(x_i,\ y_{i+1})-f(x_i,\ y_i)}{h_y} \tag{7.34b}$$

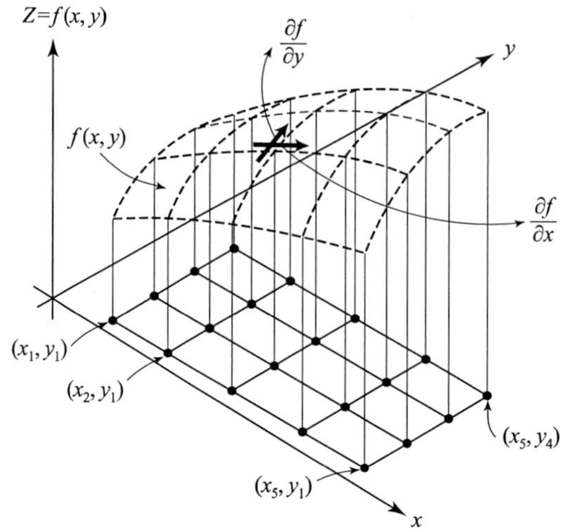

[그림 7.10] 두 개의 독립변수를 가지는 함수

마찬가지로 식(7.5b), (7.5c)를 참고하면 두 개의 독립변수를 가지는 함수 $f(x,\ y)$의 2점 후향차분과 중앙차분을 이용한 편미분은 각각 다음으로 된다.

$$\left.\frac{\partial f(x,y)}{\partial x}\right|_{\substack{x=x_i\\y=y_i}} = \frac{f(x_i, y_i) - f(x_{i-1}, y_i)}{h_x},$$

$$\left.\frac{\partial f(x,y)}{\partial x}\right|_{\substack{x=x_i\\y=y_i}} = \frac{f(x_i, y_i) - f(x_i, y_{i-1})}{h_y} \tag{7.35}$$

$$\left.\frac{\partial f(x,y)}{\partial x}\right|_{\substack{x=x_i\\y=y_i}} = \frac{f(x_{i+1}, y_i) - f(x_{i-1}, y_i)}{2h_x},$$

$$\left.\frac{\partial f(x,y)}{\partial x}\right|_{\substack{x=x_i\\y=y_i}} = \frac{f(x_i, y_{i+1}) - f(x_i, y_{i-1})}{2h_y} \tag{7.36}$$

세 개 데이터를 이용한 2차 편미분의 근사식은 중앙차분 미분의 공식 (7.26)을 적용하면 다음으로 됨을 쉽게 확인할 수 있을 것이다.

$$\left.\frac{\partial^2 f(x,y)}{\partial x^2}\right|_{\substack{x=x_i\\y=y_i}} = \frac{f(x_{i-1}, y_i) - 2f(x_i, y_i) + f(x_{i+1}, y_i)}{h_x^2} \tag{7.37a}$$

$$\left.\frac{\partial^2 f(x,y)}{\partial y^2}\right|_{\substack{x=x_i\\y=y_i}} = \frac{f(x_i, y_{i-1}) - 2f(x_i, y_i) + f(x_i, y_{i+1})}{h_y^2} \tag{7.37b}$$

전향 및 후향차분을 이용한 3점 2차 편미분의 근사값을 위한 공식 역시 식(7.28)을 참고한다면 어렵지 않게 얻을 수 있다.

2차 편미분은 식(7.37) 외에 혼합 2차 편미분인 $\dfrac{\partial^2 f}{\partial x \partial y}$도 있다. 이는

$$\frac{\partial^2 f}{\partial x \partial y} = \frac{\partial f}{\partial y}\left(\frac{\partial f}{\partial x}\right) = \frac{\partial f}{\partial x}\left(\frac{\partial f}{\partial y}\right) \tag{7.38}$$

로 되어, 이는 1차의 편미분을 변수를 달리 하여 두 번 실행하는 것으로 볼 수 있다. 따라서 적당한 유한차분의 공식을 적용하면 식(7.38)의 근사값을 얻는 식을 유도할 수 있다. 예를 들어, 중앙차분의 공식으로 얻은 1차 편미분의 식(7.36)을 식(7.38)에 적용하면 다음의 식을 얻는다.

$$\left.\frac{\partial^2 f(x,y)}{\partial x \partial y}\right|_{\substack{x=x_i \\ y=y_i}} = \frac{[f(x_{i+1},y_{i+1}) - f(x_{i-1},y_{i+1})] - [f(x_{i+1},y_{i-1}) - f(x_{i-1},y_{i-1})]}{2h_x \cdot 2h_y} \tag{7.39}$$

[예제 7.5]

두 개의 독립변수를 가지는 함수 $f(x, y)$의 2차원 데이터가 아래 표로 주어져 있다.

	x=1.0	x=1.5	x=2.0	x=2.5	x=3.0
y=1.0	163	205	250	298	349
y=2.0	228	291	361	437	517
y=3.0	265	350	448	557	676

(a) 중앙차분의 근사를 이용하여 점 $(2,2)$에 대한 $\dfrac{\partial f}{\partial x}$, $\dfrac{\partial f}{\partial y}$, $\dfrac{\partial^2 f}{\partial y^2}$ 및 $\dfrac{\partial^2 f}{\partial x \partial y}$를 각각 계산하라.

(b) 3점 전향차분 근사를 이용하여 점 $(2,2)$에 대한 $\dfrac{\partial f}{\partial x}$를 계산하라.

(c) 3점 전향차분 근사를 이용하여 점 $(2,2)$에 대한 $\dfrac{\partial f}{\partial y}$를 계산하라.

풀 이 (a) $x_i = 2$, $y_i = 2$, $x_{i-1} = 1.5$, $x_{i+1} = 2.5$, $y_{i-1} = 1$, $y_{i+1} = 3$, $h_x = 0.5$, $h_y = 1$를 식(7.36)에 대입한다.

$$\left.\frac{\partial f}{\partial x}\right|_{\substack{x=x_i \\ y=y_i}} = \frac{f(x_{i+1}, y_i) - f(x_{i-1}, y_i)}{h_x} = \frac{437-291}{1} = 146 \quad ①$$

$$\left.\frac{\partial f}{\partial x}\right|_{\substack{x=x_i \\ y=y_i}} = \frac{f(x_i, y_{i+1}) - f(x_i, y_{i-1})}{2h_y} = \frac{448-250}{2} = 99 \quad ②$$

2차 편미분 식(7.37b)를 이용한다. 즉

$$\left.\frac{\partial^2 f}{\partial y^2}\right|_{\substack{x=x_i \\ y=y_i}} = \frac{f(x_i, y_{i-1}) - 2f(x_i, y_i) + f(x_i, y_{i+1})}{h_y^2} \quad ③$$

$$= \frac{250 - (2 \cdot 361) + 448}{1^2} = -24$$

혼합 2차 편미분은 식(7.39)로부터

$$\left.\frac{\partial^2 f}{\partial x \partial y}\right|_{\substack{x=x_i \\ y=y_i}} = \frac{[f(x_{i+1}, y_{i+1}) - f(x_{i-1}, y_{i+1})] - [f(x_{i+1}, y_{i-1}) - f(x_{i-1}, y_{i-1})]}{2h_x \cdot 2h_y} \quad ④$$

$$= \frac{[557 - 350] - [298 - 205]}{2 \cdot 0.5 \cdot 2 \cdot 1} = 57$$

가 얻어진다.

(b) 이 경우 $x_i = 2$, $x_{i+1} = 2.5$, $x_{i+2} = 3.0$, $y_i = 2$ 및 $h_x = 0.5$이다. 1차 편미분 $\frac{\partial f}{\partial x}$에 대한 세 개의 데이터(3점)를 이용한 전향차분 공식은 전절의 상미분의 공식 (7.22)를 참조하면 다음과 같이 됨을 확인할 수 있을 것이다.

$$\left.\frac{\partial f}{\partial x}\right|_{\substack{x=x_i \\ y=y_i}} = \frac{-3f(x_i, y_i) + 4f(x_{i+1}, y_i) - f(x_{i+2}, y_i)}{2h_x} \quad ⑤$$

여기에 위의 값을 대입하면 편미분을 얻을 수 있다.

$$\left.\frac{\partial f}{\partial x}\right|_{\substack{x=x_i \\ y=y_i}} = \frac{-3 \cdot 361 + 4 \cdot 437 - 517}{2 \cdot 0.5} = 148$$

(c) 이 경우 $y_i = 1$, $y_{i+1} = 2$, $y_{i+2} = 3$, $x_i = 2$ 및 $h_y = 1$이다. 위 (b)의 문제를 참조하면 3점 전향차분을 이용한 1차 미분의 근사값은 다음으로 된다.

$$\left.\frac{\partial f}{\partial y}\right|_{\substack{x=x_i \\ y=y_i}} = \frac{-3f(x_i, y_i) + 4f(x_i, y_{i+1}) - f(x_i, y_{i+2})}{2h_y} \quad ⑥$$

$$= \frac{-3 \cdot 250 + 4 \cdot 361 - 448}{2 \cdot 1} = 123$$

■ **MATLAB을 이용한 편미분의 계산**

두 개의 독립변수를 가지는 함수의 경우 명령어 gradient를 이용하면 중앙차분에 의한 근사값을 얻을 수 있다. 이 경우 첫 번째 데이터 포인트에서는 전향차분이, 마지막 포인트에서는 후향차분이 각각 적용되므로 gradient를 수행하여도 데이터 포인트의 전체 개수는 변화가 없다. 또한, 이 명령어에 의한 결과는 3D 그래프의 표현에 주로 사용된다. 다음 스크립터를 보자.

```
[X, Y, Z] = peaks(20);                  % 2차원 데이터의 생성
dx = X(1,2) - X(1,1);                   % 구간 간격 hx
dy = Y(2,1) - Y(1,1);                   % hy
[dzdx, dzdy] = gradient(Z, dx, dy);     % 편미분의 계산
contour(X,Y,Z),hold on                  % 원래 데이터로 contour곡선 작성
quiver(X,Y,dzdx,dzdy), hold off         % 편미분의 크기를 화살표로 표시
xlabel('x'),ylabel('y')
```

위 스크립터에서 함수 peaks(20)는 3D 그래프의 작성을 위한 데이터를 생성하는데 주로 사용된다. 따라서 '>>[X,Y,Z]=peaks(20)'를 실행하면 X와 Y는 (20×20)인 행렬로서 각각 x축과 y축의 정보가 들어 있다. 이는 함수 meshgrid를 수행한 결과와 동일하다. Z는 $z = f(x_i, y_j)$, $(i, j = 1 \sim 20)$의 결과가 들어간다.

'>>[dzdx dzdy]=gradient(Z, dx, dy)'는 함수 $f(x, y)$를 구간 간격을 각각 dx, dy로 하여 편미분을 수행한 결과를 dzdx와 dzdy에 저장한다. 또한, 함수 quiver는 xy평면에 편미분의 크기를 화살표의 길이로 환산하여 방향과 함께 표시하는 기능을 한다([그림 7.11] 참조).

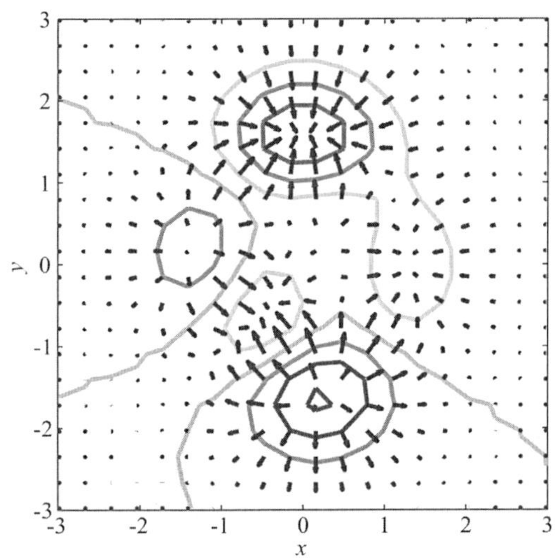

[그림 7.11] MATLAB를 이용한 편미분의 결과(중앙차분을 이용)

7.6 적분의 수치적 근사

적분은 공학 분야에서 자주 만나게 되는 계산의 하나이며, 동시에 적분은 미분과도 밀접한 관계를 가지고 있기 때문에 미분방정식의 해를 구하는 과정에서도 필요한 경우가 있다. 여기서는 일반적인 적분의 계산을 컴퓨터에서 수행하는 경우에 사용되는 몇 가지 알고리즘을 소개하고, 이와 관련 있는 MATLAB 제공함수의 사용법을 설명한다.

여기서 취급하는 유한적분의 일반적인 형식은 다음 식으로 주어진다.

$$I(f)=\int_a^b f(x)dx \tag{7.40}$$

여기서 $f(x)$는 피적분함수이며 독립변수로서 x를 가진다. 또한, a와 b는 적분구간을 나타낸다. a, b가 숫자로 주어지는 경우에 한해서 적분 $I(f)$는 값을 가지며, 이는 [그림 7.12]에서 곡선 $f(x)$ 아래쪽의 빗금 친 부분의 크기에 대응한다.

식(7.40)의 적분에서 피적분함수 $f(x)$가 해석적인 함수라면 수치적분은 [그림 7.12]와 같이 적분구간을 유한 개수로 나누고 각 단위 구간에서의 적분결과를 모두 더한 값, 즉

$$I(f)=\sum_{i=1}^{n} A_i f(x_i)$$

의 형식으로 평가하는 것이 일반적이다. 여기서 x_i와 가중값(weight) A_i는 적분구간을 나눌 때 사용된 특별한 규칙에 의존하는 값이다. 이때 사용되는 규칙은 피적분함수 $f(x)$의 형식과 밀접한 관계를 가진다. 가장 간단한 경우로서 만약 피적분함수가 다항식으로 주어졌다면 가장 정확한 적분결과를 얻을 수 있을 것이다.

적분의 수치적 근사법은 크게 두 종류, 뉴턴-코츠(Newton-Cotes) 방법과 가우스 구적법(Gaussian quadrature)으로 분류할 수 있다. 뉴턴-코츠의 방법은 독립변수인 x축을 일정한 간격의 작은 구간으로 나누는 것을 특징으로 하며, 여기에는 잘 알려진 사다리꼴(trapezoid) 공식이나 심슨(Simpson)의 공식 등이 포함된다. 이 방법은 $f(x)$가 각 구간에서 이미 계산되어 있거나, 혹은 쉽게 계산 가능한 경우에 가장 유용하다. 뉴턴-코츠 방법은 국부적 보간(local interpolation)에 그 기초를 두고 있기 때문에 구간별로 다항식에 피팅하는 과정이 필요하다.

가우스 구적법에서는 x축의 구간간격 설정이 가능한 가장 정확한 적분결과를 얻을 수 있도록 이루어진다는 점이 특징이다. 이 방법은 정해진 수준의 정도(precision) 내에서 가장 적은 횟수의 피적분함수 평가만이 이루어지기 때문에, 만약 피적분함수 $f(x)$가 복잡하여 그 평가에만 많은 시간과 노력이 필요한 경우에는 유용한 방법이 된다. 또 하나의 장점은 특이점(singularity)을 가지는 피적분함수에도 대응이 가능하다는 것이다. 예를 들어

$$\int_0^1 \frac{g(x)}{\sqrt{1-x^2}}dx$$

의 경우를 들 수 있을 것이다.

7.6.1 뉴턴-코츠 방법

뉴턴-코츠의 방법은 미리 주어진 각 데이터 포인트에서 피적분함수의 값이 미리 계산되어 있는 경우에 유리하다. 그러나 만약 적분구간 내에서 데이터 포인트의 위치를 변화시킬 수 있

는 경우라면 뒤에서 설명하는 가우스 구적법이 편리할 것이다.

먼저 다음과 같은 유한적분을 생각한다.

$$\int_a^b f(x)dx \tag{7.41}$$

이 경우 적분구간 $(a,\ b)$를 일정한 간격 $h=(b-a)/(n-1)$로서 나누고 x축의 각 구간의 포인트를 $x_1,\ x_2,\ \cdots,\ x_n$로 나타내기로 한다([그림 7.12] 참조). 이때 피적분함수 $f(x)$를 구간 $(a,\ b)$ 내의 모든 점 $f(x_i)$, $(i=1\sim n)$을 지나가는 $(n-1)$차의 다항식으로 근사화 하는 문제를 생각해 보기로 한다[7]. 여기서는 제6장의 라그란제 보간다항식을 이용하여 근사식을 유도한다. 식(6.57a)로부터

$$f_{n-1}(x)=\sum_{i=1}^{n} f(x_i)\, L_i(x) \tag{7.42}$$

로 되며, 여기서 $L_i(x)$는 라그란제 함수로서 식(6.57b)로 주어진다. 따라서 식(7.41)의 적분의 근사는 식(7.42)를 식(7.41)에 대입함으로서 계산가능하다. 즉

$$I=\int_a^b f_{n-1}(x)dx=\sum_{i=1}^{n}\left[f(x_i)\int_a^b L_i(x)dx\right]=\sum_{i=1}^{n} A_i f(x_i) \tag{7.43a}$$

$$A_i=\int_a^b L_i(x)dx,\ (i=1,\ 2,\ \cdots,\ n) \tag{7.43b}$$

식(7.43)을 뉴턴-코츠의 공식이라고 한다. 위식에서 $n=2$인 경우는 고전적인 사다리꼴 방법의 예이며, $n=3$이면 심슨의 방법 및 $n=4$이면 심슨의 3/8 방법 등으로 분류할 수 있다. 이 중에서 가장 중요하며 많이 이용되는 것이 사다리꼴 방법이다.

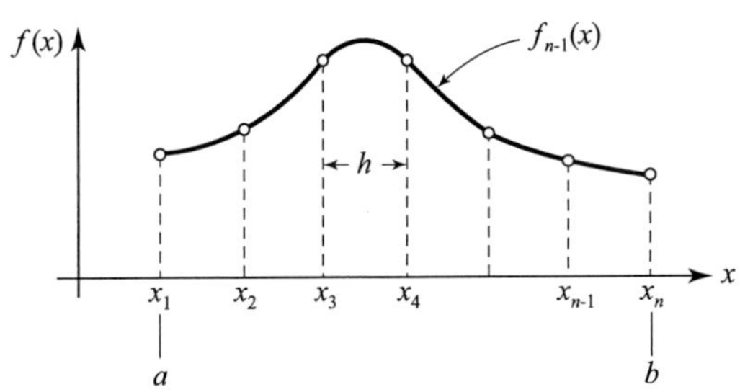

[그림 7.12] $f(x)$의 다항식 근사

■ 사다리꼴 공식(Trapezoidal rule)

식(7.43)에서 $n=2$이면 식(6.55)로부터 $L_1=(x-x_2)/(x_1-x_2)=-(x-b)/h$로 된다. 따라서

---

7) n개의 점을 모두 지나가는 곡선은 $(n-1)$차 다항식으로 항상 가능하다.

$$A_1 = -\frac{1}{h}\int_a^b (x-b)dx = \frac{1}{2h}(b-a)^2 = \frac{h}{2}$$

로 되며, 또한 $L_2 = (x-x_1)/(x_2-x_1) = (x-a)/h$ 이므로

$$A_2 = \frac{1}{h}\int_a^b (x-a)dx = \frac{1}{2h}(b-a)^2 = \frac{h}{2}$$

을 얻는다. 이들을 식(7.43a)에 대입하면 다음 식으로 됨을 쉽게 알 수 있다.

$$I = [f(a) + f(b)]\frac{h}{2} \tag{7.44}$$

이 경우 $h = b - a$ 이다. 위식은 사다리꼴 공식으로 알려져 있으며, [그림 7.13]과 같이 사다리꼴의 면적을 나타내고 있다.

이와 같은 사다리꼴 공식을 사용하였을 경우 실제값과의 오차는

$$E = \int_a^b f(x)dx - I$$

로서, 이는 [그림 7.13]에 나타낸 바와 같이 $f(a)$ 와 $f(b)$ 를 직선으로 연결한 사다리꼴의 면적과 적분 식(7.41)과의 차를 의미한다. 오차는 제6장의 보간다항식의 오차를 나타내는 식(6.60)을 $n = 2$ 로 두고 적분하면 다음 식과 같이 됨을 확인할 수 있다.

$$\begin{aligned} E &= \frac{1}{2!}\int_a^b (x-x_1)(x-x_2)f'''(\xi)dx \\ &= \frac{1}{2}f''(\xi)\int_a^b (x-a)(x-b)dx \\ &= -\frac{1}{12}(b-a)^2 f''(\xi) = -\frac{h^3}{12}f''(\xi) \end{aligned} \tag{7.45}$$

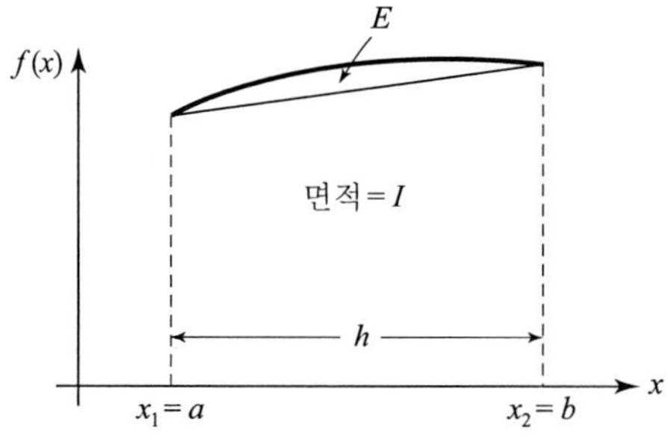

[그림 7.13] 사다리꼴 공식

■ 복합 사다리꼴 공식(Composite Trapezoidal Rule)

이 방식은 주어진 구간 (a, b) 를 여러 개의 작은 구간으로 나누어 사다리꼴 공식을 적용한 것으로 볼 수 있다. 예를 들어, [그림 7.14]에 표시한 바와 같이 구간 (a, b) 를 $(n-1)$ 개의 조

각으로 나누고 각 작은 조각은 동일한 폭 h를 가지는 것으로 한다. 이때 피적분함수 $f(x)$는 각 조각에서 직선으로 근사화된다. 사다리꼴의 공식에 의하여 대표적인 i번째 조각의 면적을 사다리꼴 공식을 이용하여 근사적으로 계산하면 다음과 같다.

$$I_i = [f(x_i) + f(x_{i+1})] \frac{h}{2}$$

따라서 전체 구간, 즉 $\int_a^b f(x)dx$는

$$I = \sum_{i=1}^{n-1} I_i = [f(x_1) + 2f(x_2) + 2f(x_3) + \cdots + 2f(x_{n-1}) + f(x_n)] \frac{h}{2} \tag{7.46}$$

로 되며, 이를 복합 사다리꼴 공식이라고 한다.

[그림 7.14]의 작은 조각에서의 절삭오차는 식(7.45)로부터

$$E_i = -\frac{h^3}{12} f''(\xi_i)$$

로 된다. 여기서 ξ_i는 구간 (x_i, x_{i+1})에 존재하는 값이다. 따라서 식(7.46)이 가지는 전체 오차는 다음으로 주어진다.

$$E = \sum_{i=1}^{n-1} E_i = -\frac{h^3}{12} \sum_{i=1}^{n-1} f''(\xi_i) \tag{7.47}$$

그런데

$$\sum_{i=1}^{n-1} f''(\xi_i) = (n-1) \overline{f}''$$

를 만족하는 2계미분의 산술적인 평균값 $\overline{f}''$가 존재하기 때문에, $f''(\xi) = \overline{f}''$로 되는 ξ를 구간 (a, b)에서 얻을 수 있다. 이 관계를 이용하면 위식은 다음과 같이 표현할 수 있다.

$$\sum_{i=1}^{n-1} f''(\xi_i) = (n-1) \overline{f}'' = \frac{b-a}{h} f''(\xi)$$

이로부터 식(7.47)의 오차와 관련하여 다음 공식을 얻는다.

$$E = -\frac{(b-a)h^2}{12} f''(\xi) \tag{7.48}$$

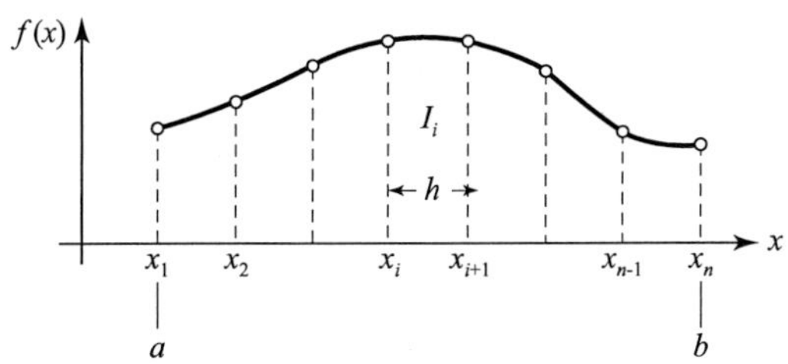

[그림 7.14] 복합 사다리꼴 공식

위 식에서 $f''(\xi)$는 구간간격 h와는 완전히 독립적이라고 할 수 없기 때문에, 식(7.48)을 $E = ch^2$(c는 상수)라고 표현하는 것은 잘못된 표현법이라는 점을 지적해 둔다.

■ **순환적 사다리꼴 공식**(Recursive Trapezoidal Rule)

[그림 7.14]에서 사다리꼴의 면적 I_k를, 적분구간을 2^{k-1}개의 조각으로 나누고 각각에 복합 사다리꼴 공식을 적용하여 계산한 값으로 가정한다. 만약 k의 값을 '1' 증가시키면 조각의 수는 두 배[8)]로 될 것이다. 여기서

$$H = b - a$$

로 두고 $k = 1, 2$ 및 3인 경우의 적분을 식(7.46)을 이용하여 실행하여 보자.

(a) $k = 1$인 경우(즉 구간 전체를 하나의 조각으로 간주): 식(7.44)로부터

$$I_1 = [f(a) + f(b)]\frac{H}{2} \tag{7.49}$$

(b) $k = 2$인 경우(구간을 두 조각으로 나눈다):

$$I_2 = \left[f(a) + 2f\left(a + \frac{H}{2}\right) + f(b)\right]\frac{H}{4} = \frac{1}{2}I_1 + f\left(a + \frac{H}{2}\right)\frac{H}{2}$$

(c) $k = 3$인 경우(구간을 네 조각으로 나눈다):

$$I_3 = \left[f(a) + 2f\left(a + \frac{H}{4}\right) + 2f\left(a + \frac{H}{4}\right) + 2f\left(a + \frac{3H}{4}\right) + f(b)\right]\frac{H}{8}$$

$$= \frac{1}{2}I_2 + \left[f\left(a + \frac{H}{4}\right) + f\left(a + \frac{3H}{4}\right)\right]\frac{H}{4}$$

이상의 관계로부터 $k > 1$인 경우에 대한 다음과 같은 순환적인 관련성이 성립됨을 확인할 수 있다.

$$I_k = \frac{1}{2}I_{k-1} + \frac{H}{2^{k-1}}\sum_{i=1}^{2^{k-2}} f\left[a + \frac{(2i-1)H}{2^{k-1}}\right],\ k = 2, 3, \cdots \tag{7.50a}$$

위식을 순환적인 사다리꼴 공식이라고 한다. 식(7.50a)의 합계(Σ: summation) 항에서 k 값이 증가한 경우에는 항상 새로운 $f(x_i)$의 값을 가지게 된다. 예를 들어, k가 '1' 증가하여 구간의 조각의 개수가 두 배로 되면 역시 같은 개수만큼의 새로운 $f(x_i)$의 항이 생성된다는 것이다. 따라서 식(7.49)와 식(7.50a)에 의한 $I_1, I_2, I_3, \cdots$의 계산은 식(7.46)으로부터 I_k를 직접 계산하는 것과 동일한 양의 계산을 필요로 한다는 것을 알 수 있다. 이와 같은 순환적인 사다리꼴 공식의 사용했을 경우의 장점은 k의 증가에 따른 순환공식의 수렴여부와, I_{k-1}과 I_k와의 차가 충분히 작은지의 여부를 체크할 수 있다는 점 등을 들 수 있다. 식(7.50a)의 형

8) k가 '1'증가하면 $2^{k-1+1} = 2^{k-1} \times 2$로 되어 전체 조각 수는 두 배로 된다.

식은 다음과 같이 좀 단순한 형태로의 변경이 가능하다.

$$I(h) = \frac{1}{2}I(2h) + h\sum f(x_{\text{new}}) \tag{7.50b}$$

여기서 $h = H/(n-1)$로서 각 조각의 폭을 나타낸다.

■ 프로그램

다음에 제시하는 trapezoid는 식(7.49)와 식(7.50a)를 이용하여, 이미 구간이 2^{k-1}조각 나누어져서 적분 $I_{k-1} = I(2h)$가 미리 계산되어 있다는 가정 하에, 구간을 다시 2^k 조각(즉 이전의 두 배)으로 나누었을 경우의 적분 $I_k = I(h)$를 구하기 위한 프로그램이다. 따라서 이 프로그램을 $k = 1, 2, 3, \cdots$과 같이 반복적으로 실행하면 적분 $\int_a^b f(x)dx$를 계산할 수 있다.

[구간을 2^k로 나누었을 경우의 적분계산을 위한 프로그램]

```
function Ih = trapezoid(func, a, b, I2h, k)
% recursive trapezoidal rule.
% USAGE: Ih = trapezoid(func,a,b,I2h,k)
% INPUT : func = handle of function being integrated
%         a,b = limits of integration
%         I2h = integral with 2^(k-1) panels.
% OUTPUT : Ih = integral with 2^k panels.

if k == 1
   fa = feval(func, a); fb = feval(func, b);
   Ih = (fa + fb)*(b - a)/2.0;
else
   n = 2^(k - 2);              % 구간을 나눌 조각의 개수
   h = (b - a)/n;              % 구간 간격의 결정
   x = a + h/2.0;              % 첫 번째 조각의 x축 값
   sum = 0.0;
   for i = 1:n
      fx = feval(func,x);      % 식(7.50a)의 f(x_i)의 계산
      sum = sum + fx;          % 식(7.50a)의 Σ의 계산
      x = x + h;
   end
   Ih = (I2h + h*sum)/2.0;     % 식(7.50a)의 오른쪽 항 전체의 계산
end
```

■ 심슨의 공식(Simpson's rule)

심슨의 1/3공식은 뉴턴-코츠의 공식에서 $n=3$으로 둠으로서 얻어진다. 다시 말하면 [그림 7.15]와 같이 구간 내에서 포물선 상에 보간점을 두고 이를 지나가도록 하는 것이다. 이를

위해 제6장의 라그란제 보간다항식을 이용한다. 이 경우 $n=3$이므로 식(6.57)에서 $x_1=a$, $x_2=(a+b)/2=m$, $x_3=b$로 두면 라그란제 보간다항식은 $f_2(x)=f(x_1)L_1(x)+f(x_2)L_2(x)+f(x_3)L_3(x)$로 되며 이는

$$f_2(x)=f(a)\frac{(x-m)(x-b)}{(a-m)(a-b)}+f(m)\frac{(x-a)(x-b)}{(m-a)(m-b)}+f(b)\frac{(x-a)(x-m)}{(b-a)(b-m)} \quad (7.51)$$

로 주어진다. 위식을 식(7.43)에 적용하면 [그림 7.15]의 포물선 아래쪽의 면적으로 주어지는 적분 $\int_a^b f(x)dx$의 근사값을 제공하는 심슨의 공식을 얻는다.

$$\int_a^b f(x)dx \approx I=\left[f(a)+4f\left(\frac{a+b}{2}\right)+f(b)\right]\frac{b-a}{6} \quad (7.52)$$

심슨의 공식에 대한 오차는 다음으로 주어지며, 이로부터 피적분함수가 3차 이하의 다항식이라면 심슨의 공식에 의한 적분은 오차를 가지지 않는다는 사실을 알 수 있다.

$$E=\frac{1}{90}\left(\frac{b-a}{2}\right)^5|f^{(4)}(\xi)|,\ (a<\xi<b) \quad (7.53)$$

다음 적분구간 $(a,\,b)$를 $(n-1)$개(단, n은 홀수)의 조각으로 나누는 경우를 생각하여 보자. 이 경우 각 구간의 폭은 $h=(b-a)/(n-1)$로 된다([그림 7.16] 참조. 그림은 $n=7$로 두었다). 여기에 식(7.52)를 점 x_i 근처에 연결된 두 개 조각(즉 x_{i+1}과 x_{i+2})의 적분에 대입하면 다음을 얻는다.

$$\int_{x_i}^{x_{i+2}} f(x)dx \approx [f(x_i)+4f(x_{i+1})+f(x_{i+2})]\frac{h}{2} \quad (7.54)$$

위 식을 원래의 적분 식(7.41)에 대입하면

$$\int_a^b f(x)dx=\int_{x_1}^{x_n} f(x)dx=\sum_{i=1,3,\cdots}^{n-2}\left[\int_{x_i}^{x_{i+2}} f(x)dx\right]$$

로 되며 이를 정리하면 다음 식을 얻을 수 있다.

$$\int_a^b f(x)dx \approx I = [f(x_1)+4f(x_2)+2f(x_3)+4f(x_4)+\cdots \quad (7.55)$$
$$\cdots+2f(x_{n-2})+4f(x_{n-1})+f(x_n)]\frac{h}{3}$$

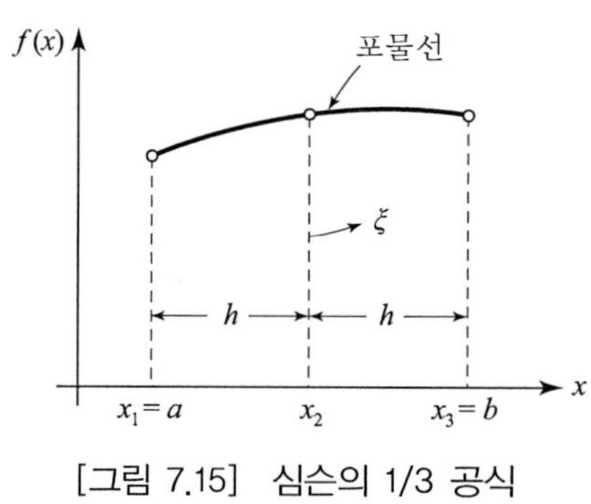

[그림 7.15] 심슨의 1/3 공식

이를 복합심슨(Composite Simpson)의 1/3공식이라고 하며, 이 공식은 적분에 관하여 가장 잘 알려진 것 중의 하나이다. 복합심슨의 공식에 있어서의 오차는

$$E = \frac{h^4}{180}(b-a)\max_{\xi \in [a,b]} |f^{(4)}(\xi)| \tag{7.56}$$

로 주어진다. 이 식으로부터, 만약 $f(x)$가 다항식으로 그 차수가 3 이하라면 식(7.56)에서 $f^{(4)}(\xi) = 0$로 되어 식(7.55)에 의한 적분은 정확한 값을 가지는 것으로 결론 내릴 수 있을 것이다.

심슨의 1/3공식은 구간의 조각을 반드시 짝수로 할 것을 요구하고 있다. 만약 이 조건이 만족되지 않는다면, 우선적으로 조각의 첫 번째 (또는 마지막) 세 개의 조각을 다음과 같은 심슨의 3/8 공식으로 적분할 수 있다.

$$I = [f(x_1) + 3f(x_2) + 3f(x_3) + f(x_4)]\frac{3h}{8} \tag{7.57}$$

이후 나머지 조각은 짝수로 되므로, 심슨의 1/3 공식을 적용하여 적분을 수행한다. 이 경우 식(7.57)은 식(7.55)의 경우와 같은 정도의 오차를 가진다.

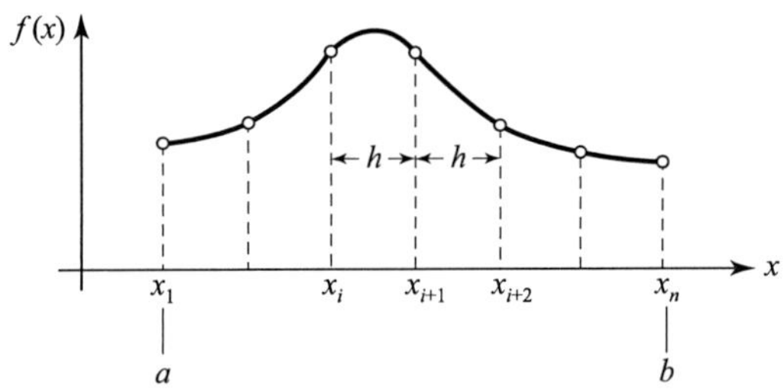

[그림 7.16] 복합 심슨의 공식

[예제 7.6]

아래 적분을 복합 사다리꼴 공식을 이용하여, (1) 8개의 조각, (2) 16개의 조각을 사용하여 계산하여 보자.

$$I = \int_0^{\pi} \sin(x)dx$$

풀이 (1) 적분구간 $(0, \pi)$를 여덟 개의 조각으로 나누면 x축 상의 아홉 개의 포인트는 $x_i = (i-1)\pi/8$, $(i = 1, 2, \cdots, 9)$에서 발생하며 구간간격은 $h = \pi/8$이다. 식(7.46)으로부터

$$I = \left[\sin 0 + 2\sum_{i=2}^{8} \sin\left(\frac{i\pi}{8}\right) + \sin\pi\right]\frac{\pi}{16} = 1.97423$$

의 적분값을 얻는다. 이때 식(7.48)에 의한 오차는 다음으로 된다.

$$E = -\frac{(b-a)h^2}{12} f''(\xi) = -\frac{(\pi-0)(\pi/8)^2}{12}(-\sin\xi) = \frac{\pi^3}{768}\sin\xi$$

단 $0 < \xi < \pi$ 이다. ξ 의 정확한 값을 알 수 없기 때문에 오차 E 의 크기는 알 수 없지만 이것의 범위는 계산가능하다. 즉

$$E_{\min} = \frac{\pi^3}{768}\sin(0) = 0,\ \ E_{\max} = \frac{\pi^3}{768}\sin\left(\frac{\pi}{2}\right) = 0.04037$$

이다. 따라서 위에서 계산한 적분은 다음의 범위 내에서의 정확도를 가진다는 것을 알 수 있다.

$$I + E_{\min} < \int_0^{\pi}\sin(x)dx < I + E_{\max} \Rightarrow 1.97423\ M < \int_0^{\pi}\sin(x)dx < 2.01460$$

해석적 방법에 의한 적분의 정확한 값은 물론 2이다.

(2) 적분을 위한 조각을 (1)의 경우의 두 배로 하였기 때문에 x축 상의 포인트는 (1)에서의 사용한 각각 포인트의 중간에 새로운 포인트가 생성된다. 따라서 16조각으로 하였을 경우 (1)에서 발생된 x축의 포인트 외에 새로이 생성된 포인트는 다음으로 주어진다.

$$x_j = \frac{\pi}{16} + (j-1)\frac{\pi}{8} = (2j-1)\frac{\pi}{16},\ \ (j = 1, 2, \cdots, 8)$$

순환적 사다리꼴 공식 (7.50b)를 이용하면 적분은 다음으로 된다.

$$I = \frac{1.97423}{2} + \frac{\pi}{16}\sum_{j=1}^{8}\sin\left\{\frac{(2j-1)\pi}{16}\right\} = 1.99358$$

이 경우 (1)에 비해 구간간격 h 가 1/2로 되었기 때문에 E 는 1/4로 된다는 점을 고려하면 $E_{\min} = 0$, 및 $E_{\max} = 0.040374/4 = 0.01009$ 로 된다. 따라서 상기의 적분은 다음 범위에서의 정확도를 가진다.

$$1.99358 < \int_0^{\pi}\sin(x)dx < 2.00367$$

[예제 7.7]

순환적 사다리꼴 공식을 사용하여 적분 $\int_0^{\pi}\sqrt{x}\cos(x)dx$ 를 계산하여 보자. 결과를 얻기까지 피적분함수의 평가를 몇 번 수행하였는지를 확인하여 보자.

풀 이 위에서 제시한 사용자 함수 trapezoid를 사용하여 프로그램을 작성한다. 이 과정에서 적분결과 뿐만 아니라 주어진 포인트에서의 피적분함수의 평가가 몇 번이나 실행되었는지를 화면에 표시되도록 설정한다. 아래 프로그램을 참조한다.

```
Integrd = @(x) sqrt(x)*cos(x);   % 피적분 함수의 handle 정의
format long
I2h =0;                           % I(2h)의 초기값 설정
for k = 1:20
    Ih = trapezoid(Integrd, 0, pi, I2h, k);
    if (k > 1 & abs(Ih - I2h) < 1.0e-6)    % 조각을 증가하였을 경우의 효과 확인
        Integral = Ih
        No_of_func_evaluations = 2^(k-1) + 1  % f(x_i) 의 계산횟수
        return
    end
    I2h = Ih;
end
if k == 20,                   % 정해진 순환의 횟수를 초과했을 경우 에러 메시지
   error('Too many iterations'),
end
```

위 프로그램의 실행결과는 다음과 같다.

```
Integral =
  -0.894831664853286
No_of_func_evaluations =
      32769
```

이로부터 $\int_0^{\pi} \sqrt{x}\cos(x)dx = -0.894832$로 됨을 알 수 있다. 한편 위 프로그램의 실행과정에서 피적분함수의 평가횟수가 비정상적으로 많다는 사실, 다시 말하면 적분의 수렴속도가 느리다는 것은 $x=0$근방에서 피적분함수가 특이점(singularity)을 가지는데 기인한다. 이를 회피하기 위한 하나의 방법은 $t=\sqrt{x}$로 두는 적분의 변수변환을 수행하는 것이다. 이 경우 $dt = dx/(2\sqrt{x}) = dx/(2t)$, 즉 $dx = 2t\,dt$로 되어 상기적분은

$$\int_0^{\pi} \sqrt{x}\cos x\,dx = \int_0^{\sqrt{\pi}} 2t^2 \cos t^2\,dt$$

로 변환된다. 이 경우의 피적분함수의 평가횟수는 4097번으로 변수변환을 하지 않았을 경우의 약 12.5%에 해당한다. ■

[예제 7.8]

물체의 이동에 관한 뉴턴의 법칙 등을 이용하여 다음의 적분식이 얻어졌다.

$$\int_0^x dx = \int_{40}^{93} \frac{97000v}{(5v^2+570000)}dv \quad ①$$

①의 오른쪽 적분을 위에서 설명한 몇 가지 방법으로 수행하여 보자.

풀 이 먼저 ①의 적분을 해석적인 방법으로 수행한다. 여기서는 적분변수의 치환을 이용한다. 즉 $z = 5v^2 + 570000$로 두면 적분변수는 $dv = \frac{1}{10v}dz$로 되므로 이들을 ①에 대입하여 적분을 실행하면 $x = 574.1494$를 얻는다[9].

다음 ①의 적분을 [예제 7.7]에서 사용한 순환 사다리꼴 공식에 적용하여 해를 구한다. 이 경우 적분구간 (40, 93)을 어느 정도의 조각으로 나누는 것이 타당한지를 먼저 알아본다.

[예제 7.7]의 프로그램의 경우는, 사전에 조각의 개수를 지정하여 이를 변수로서 입력하는 것이 아니라, 프로그램 내에서 조각의 개수를 위한 변수 k를 이용하여 이를 실현하고 있다. 즉, k일 경우와 $(k+1)$일 경우의 적분값의 차 $\{I(h) - I(2h)\}$가 주어진 한계값 이내인지의 여부를 확인한 뒤 k를 더 증가시킬 것인지의 여부를 결정하는 것이다.

다시 말하면 위 프로그램에서 k에서의 적분값 Ih와 $(k+1)$에서의 적분값 I2h와의 차이의 한계를 '$1.0e-1$'로 변경하면, 다시 말하면 '`abs(Ih-I2h)<1.0e-1`'로 두고 프로그램을 실행하면 $k = 5$에서 적분값은 5.741244423436049e+002로 되며 이때 실제값과의 오차는 0.0249576563951457가 된다. 이 경우는 적분구간을 8, $(= 2^{k-1} = 2^4)$개의 조각으로 나눈 경우에 해당한다.

다음은 차이의 한계를 '$1.0e-2$'로 변경하면 $k = 7$에서 적분은 5.741478525309608e+002 로 되며 실제값과의 오차는 0.001547469039224로 되었다. 이 경우는 적분구간을 $2^6 = 64$조각으로 나눈 것에 해당한다.

마지막으로 차이의 한계를 '$1.0e-4$'로 변경한다면 $k = 10$로 되어 구간을 $2^9 = 512$ 조각으로 나누었을 경우에 해당된다. 이 경우 ①의 적분은 5.741493887825809e+002이며, 이때의 오차는 1.121741911447316e-005로 되므로 거의 실제값에 수렴한 것으로 볼 수 있다.

만약 위 프로그램에서 조각의 개수에 따른 차이의 한계를 '$1.0e-2$' 이하, 다시 말하면 적분구간을 1024개 이상의 조각(따라서 $k \geq 10$)으로 나누었다고 하더라고 더 이상의 오차감소의 단위는 10^{-4} 이하로 되어 그다지 의미를 가지지 않는다는 것을 알 수 있다. 따라서 상기 적분을 순환 사다리꼴 공식에 적용하는 경우에는 오차의 한계를 '1.0e-4'로, 다시 말하면 적분구간을 512개 조각으로 하는 것이 수치계산상 가장 무난한 것이라는 것을 알 수 있다. ■

```
Integrd = @(v) 97000*v/(5*v^2+570000);  % 피적분함수
% 이하 [예제 7.7]의 프로그램과 동일
```

9) 이때 적분의 상한은 613245이며 하한은 578000으로 된다.

■ **피적분함수가 고차인 경우의 문제점**

뉴턴-코츠에 의한 적분은 기본적으로 함수의 차수 n의 크기에 관계없이 성립한다. 그러나 n이 큰 값을 가지는 경우에 뉴턴-코츠의 방법을 적용한다면, 오차가 지수 함수적으로 증가한다는 소위 말하는 '룽게 현상(Runge's phenomenon)'이 발생하는 가능성이 높아진다. 이러한 경우에는 적분구간 간격을 일정하게 취하지 않는 가우스 구적법 등을 사용하는 것이 계산의 안정성과 정확성을 높이는 길이다. 만약 피적분함수가 일정하게 분포된 데이터 포인트에서의 값으로 주어진 경우와 같이 뉴턴-코츠 방법을 적용할 수밖에 없는 경우에는 복합 심슨 공식 등을 적절히 도입하여 룽게현상의 발생하지 않도록 하여야 할 것이다.

7.6.2 가우스구적법에 의한 적분

수치해석의 분야에 있어서 구적법(quadrature rule)이란, 일반적으로 적분구간 내의 특정한 포인트(점)에서의 피적분함수의 값에 가중값을 곱한 양의 합으로 정의되는 유한적분의 근사(approximation)를 의미한다. 'n 포인트 가우스구적법'은 적분구간 내에서 적절히 선정된 n 개의 포인트 x_i, $(i=1,\cdots,n)$와 이에 상응하는 가중값(weight) w_i, $(i=1,\cdots,n)$을 이용하여 $(2n-1)$차 이하의 다항식에 대한 유한적분에 대한 정확한 결과를 제공할 수 있도록 구성된 구적법의 한 방법이다. 이 방식에 대한 적분의 영역은 관습적으로 $[-1,1]$로 주어지므로 구적법은

$$\int_{-1}^{1} f(x)dx \approx \sum_{i=1}^{n} w_i f(x_i) \tag{7.58}$$

의 형식으로 주어진다. 따라서 주어진 함수 $f(x)$가 영역 $[-1,1]$에서 다항식으로 충분히 근사화할 수 있다면 가우스구적법으로부터 적분의 정확한 값을 얻을 수 있다. 만약 예를 들어 피적분함수 $f(x)$가, 대략적으로 다항식의 형식을 하고 있는 함수 $g(x)$와 기지의 함수인 $W(x)$의 곱으로, 즉 $f(x)=W(x)g(x)$로 표현할 수 있는 경우 식(7.58)의 가중값 w_i의 대안으로

$$\int_{-1}^{1} f(x)dx = \int_{-1}^{1} W(x)g(x)dx \approx \sum_{i=1}^{n} w_i' g(x_i) \tag{7.59}$$

를 만족하는 w_i'가 존재한다. 식(7.59)의 형식에서 일반적으로 사용되는 함수 $W(x)$로서

$$W(x)=\left(1-x^2\right)^{-1/2}, \quad W(x)=e^{-x^2} \tag{7.60}$$

가 있다.

■ **가우스의 적분공식**

뉴턴-콘츠의 공식에 의한 $\int_a^b f(x)dx$의 계산은 $f(x)$가 부드러운 곡선을 나타내는 경우(예를 들어 다항식)에 한하여 가장 오차가 적은 결과를 가져온다는 것을 전절에서 언급하였다. 이러한 사실은 가우스구적법(Gaussian quadrature)의 경우에도 그대로 적용된다. 그러나 가우

스구적법은 뉴턴-콘츠 공식으로는 취급하기 어려운 식(7.58)과 같은 형식의 적분을 구하는 경우에 유용하다. 보통 $W(x)$는 가중함수(weighting function)로 불리며 특이점을 가질 수도 있다. 예를 들면, 식(7.60)을 가중함수로 사용한 경우의 적분을 생각할 수 있을 것이다.

가우스법에 의한 공식 역시 뉴턴-콘츠의 공식과 동일한 다음의 형식을 가진다(식(7.43a) 참조).

$$I = \sum_{i=1}^{n} A_i f(x_i) \tag{7.61}$$

위 식에서 I는 적분 (7.58)의 근사값이다. 두 방식의 차이는 가중값 A_i와 x축의 적분구간 내에 포인트 x_i를 결정하는 방법에 있다. 뉴턴-콘츠의 적분에서는 구간 (a, b)를 균등하게 나눈 값을 x_i로 두었다. 다시 말하면 x_i값이 적분을 수행하기 전에 미리 결정되어 있다는 점에 비하여, 가우스법에 의한 적분에서는 식(7.61)이 가장 정확한 결과를 나타낼 수 있도록 x_i와 A_i를 선정한다. 식(7.59)에서 만약 $g(x)$가 $(2n-1)$차 혹은 그 이하의 다항식 $P_m(s)$로 주어졌다면, 식(7.59)는 다음과 같이 표현가능하다.

$$\int_a^b W(x) P_m(x) dx = \sum_{i=1}^{n} A_i P_m(x_i), \ (m \le 2n-1) \tag{7.62}$$

이 경우 가중함수와 x축의 포인트를 결정할 수 있는 하나의 방법으로 $P_1(x) = 1$, $P_2(x) = x$, $\cdots$, $P_{2n-1}(x) = x^{2n-1}$로 두면 식(7.62)은 다음과 같이 $2n$개의 연립방정식으로 된다.

$$\int_a^b W(x) x^j dx = \sum_{i=1}^{n} A_i x_i^j, \ (j = 0, 1, \cdots, 2n-1) \tag{7.63}$$

위 식을 전개하면 미지수 A_i와 x_i를 구할 수 있다.

이상의 관계를 이용하면 식(7.59) 형식의 적분은 가중함수 $W(x)$를 다음과 같이 두 종류로 분류하면 수행할 수 있다. 이하 이에 대해 자세히 언급한다.

(a) $W(x) = 1$인 경우:

이 경우 식(7.61)로부터 다음의 관계를 만족하는 A_i와 x_i를 계산한다.

$$\int_a^b f(x) dx = \sum_{i=1}^{n} A_i f(x_i) \qquad (7.64)^{10)}$$

예를 들어, 만약 $n = 2, 3$로 둔다면 식(7.62)로부터

$$(n=2): \int_a^b P_m(x) dx = A_1 P_m(x_1) + A_2 P_m(x_2)$$

$$(n=3): \int_a^b P_m(x) dx = A_1 P_m(x_1) + A_2 P_m(x_2) + A_3 P_m(x_3)$$

---

10) $W(x) = 1$인 경우 식(7.62)를 만족하는 다항식 $P_m(x)$를 르장드르 다항식(Legendre polynomial)이라고 부른다.

로 된다. 이때 A_i와 x_i의 값은, n, a 및 b의 값과 특정한 $P_m(x)$에 따라 식(7.64)의 오른쪽 항의 값이 왼쪽의 적분과 정확하게 같아질 수 있도록 결정된다.

만약 적분구간이 식(7.58)에서 지적한 바와 같이 $(a,b)=(-1,1)$로 되었다면 식(7.64)는

$$\int_{-1}^{1} P_m(x)dx \approx \sum_{i=1}^{n} A_i P_m(x_i) \tag{7.65}$$

으로 된다. 여기서 $n=2$로 두면 $m=0,\ 1,\ 2,\ 3$으로 되어 식(7.65)로부터 다음 네 개의 방정식을 얻는다.

$$P_1(x)=1: \quad \int_{-1}^{1}(1)dx=2=A_1+A_2$$

$$P_2(x)=x: \quad \int_{-1}^{1}(x)dx=0=A_1x_1+A_2x_2$$

$$P_3(x)=x^2: \quad \int_{-1}^{1}x^2dx=\frac{2}{3}=A_1x_1^2+A_2x_2^2$$

$$P_4(x)=x^3: \quad \int_{-1}^{1}x^3dx=0=A_1x_1^3+A_2x_2^3$$

이상의 관계식을 정리하면

$$A_1=1,\ A_2=1,\ x_1=-\frac{1}{\sqrt{3}}=-0.57735027,\ x_2=\frac{1}{\sqrt{3}}=0.57735027$$

을 얻는다. 이들을 식(7.65)에 대입하고 식(7.61)를 적용하면 $n=2$에서 식(7.64)는

$$\begin{aligned}\int_{-1}^{1} f(x)dx &\approx A_1f(x_1)+A_2f(x_2) \\ &= f\left(-\frac{1}{\sqrt{3}}\right)+f\left(\frac{1}{\sqrt{3}}\right)\end{aligned} \tag{7.66}$$

로 된다. 식(7.66)의 오른쪽 항은 피적분함수가 $f(x)=1$, $f(x)=x$, $f(x)=x^2$ 및 $f(x)=x^3$의 네 가지 경우에 대한 정확한 적분값을 나타내고 있다. 예를 들어, $f(x)=x^2$의 경우 적분은

$$\int_{-1}^{1}x^2dx=\frac{2}{3}=1\times\left(-\frac{1}{\sqrt{3}}\right)^2+1\times\left(\frac{1}{\sqrt{3}}\right)^2$$

로 된다. 이는 [그림 7.17]로부터 알 수 있는 바와 같이 곡선 x^2의 구간 $(-1,1)$의 아랫부분의 면적은 크기 $1\times(1/3)$인 직사각형 두 개의 면적과 완벽하게 일치하고 있다는 것을 보여주고 있다.

한편, 피적분함수 $f(x)$가 $f(x)=1, f(x)=x, f(x)=x^2$ 및 $f(x)=x^3$와는 다른 형식의 함수이거나 혹은 이들 함수의 선형결합으로 주어진 경우의 적분 역시, 상기의 가우스 구적법을 이용하면 실제값에 가까운 근사값을 얻을 수 있다. 예를 들어, $f(x)=\cos(x)$의 경우, 적분은

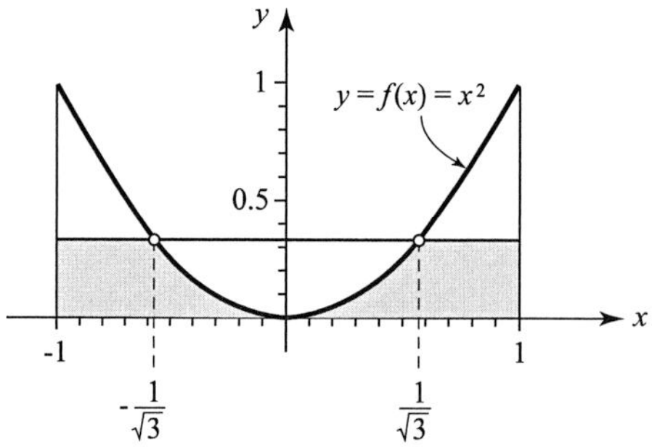

[그림 7.17] $f(x)=x^2$인 경우

$$\int_{-1}^{1}\cos(x)dx=\sin(x)\Big|_{-1}^{1}=\sin(1)-\sin(-1)=1.68294197$$

로 된다. 만약 여기에 가우스 구적법을 적용한 근사값은 식(7.66)으로부터

$$\cos\left(\frac{-1}{\sqrt{3}}\right)+\cos\left(\frac{1}{\sqrt{3}}\right)=1.67582366$$

으로 되었다. 가우스 구적법에 의한 결과는 실제값과 약 4.2% 정도의 오차를 가지는 상당히 근접한 결과를 나타내고 있는 것으로 볼 수 있다. 이와 같이 오차가 발생한 이유로는 $\cos(x)$의 테일러급수 전개식이

$$\cos(x)=1-\frac{x^2}{2!}+\frac{x^4}{4!}-\frac{x^6}{6!}+\cdots$$

로 주어지기 때문에 위에서 사용한 네 개의 $f(x)$ 항(즉 $1,\ x,\ x^2,\ x^3$)만으로는 부족하였기 때문이다. 따라서 가우스 구적법에 의한 오차를 감소시키기 위한 가장 직접적인 방법은 식(7.64)에서 사용한 n을 증가시키는 것이다. 예를 들어, $n=3$으로 두면 식(7.64)로부터

$$\int_{-1}^{1}f(x)dx\approx A_1f(x_1)+A_2f(x_2)+A_3f(x_3) \qquad (7.67)$$

로 된다. 이 경우 총 여섯 개의 미지수 $A_1,\ A_2,\ A_3,\ x_1,\ x_2$ 및 x_3를 식(7.65)의 관계식으로부터 결정되어야 한다. 이때 사용되는 여섯 개의 함수는

$$P_1(x)=1,\ P_2(x)=x,\ P_3(x)=x^2,\ P_4(x)=x^3,\ P_5(x)=x^4,\ P_6(x)=x^5 \qquad (7.68)$$

로 주어진다. 식(7.68)을 식(7.65)에 대입하여 얻어진 여섯 개의 방정식으로부터 여섯 개의 미지수를 계산하면 다음으로 된다.

$$A_1=0.5555556,\ A_2=0.8888889,\ A_3=0.5555556$$

$$x_1=-0.77459667,\ x_2=0,\ x_3=0.77459667$$

따라서 $n=3$인 경우의 가우스 구적법에 의한 적분은 식(7.64)에 의해

$$\int_{-1}^{1} f(x)dx \approx 0.5555556 \cdot f(-0.77459667) + 0.8888889 \cdot f(0) \qquad (7.69)$$
$$+ 0.5555556 \cdot f(0.77459667)$$

로 됨을 알 수 있다. 하나의 예로서 $f(x) = \cos(x)$의 적분을 생각해 보자. 이 경우 식(7.69)로부터

$$\int_{-1}^{1} \cos(x)dx \approx 0.5555556 \cdot \cos(-0.77459667) + 0.8888889 \cdot \cos(0)$$
$$+ 0.5555556 \cdot \cos(0.77459667) = 1.68285982$$

을 얻는다, 이 값은 위에서 계산한 값과 거의 동일하다.

(b) $W(x) \neq 1$인 경우 :

하나의 예로서 $W(x) = e^{-x}$, $a = 0$, $b = \infty$ 및 $n = 2$라고 하면 다음과 같은 네 개의 비선형 연립방정식으로부터 네 개의 미지수 A_1, A_2, x_1 및 x_2를 결정할 수 있다.

$$\int_0^{\infty} e^{-x}dx = A_1 + A_2$$

$$\int_0^{\infty} e^{-x}xdx = A_1x_1 + A_2x_2$$

$$\int_0^{\infty} e^{-x}x^2dx = A_1x_1^2 + A_2x_2^2$$

$$\int_0^{\infty} e^{-x}x^3dx = A_1x_1^3 + A_2x_2^3$$

위 식의 적분을 실제로 계산하면

$$\begin{cases} A_1 + A_2 = 1 \\ A_1x_1 + A_2x_2 = 1 \\ A_1x_1^2 + A_2x_2^2 = 2 \\ A_1x_1^3 + A_2x_2^3 = 6 \end{cases}$$

와 같은 비선형연립방정식으로 되며, 이로부터 다음의 해를 얻을 수 있다.

$$x_1 = 2 - \sqrt{2}, \quad A_1 = \frac{\sqrt{2}+1}{2\sqrt{2}}$$

$$x_2 = 2 + \sqrt{2}, \quad A_2 = \frac{\sqrt{2}-1}{2\sqrt{2}}$$

이 결과를 이용하면 가우스의 구적법을 다음과 같은 형식으로 표현할 수 있을 것이다.

$$\int_0^{\infty} e^{-x} f(x)dx \approx \frac{1}{2\sqrt{2}}\left[(\sqrt{2}+1)f(2-\sqrt{2}) + (\sqrt{2}-1)f(2+\sqrt{2})\right]$$

계수를 구하기 위한 연립방정식이 비선형으로 나타나기 때문에 n을 크기 취하면 이 방법으로 해를 구하기는 쉽지 않을 것이다. 따라서 주어진 피적분함수에 따라 A_i와 x_i를 얻기 위해서는 다항식 $P_m(x)$와 가우스 구적법과의 관련성에 대한 지식이 필요하나 여기서는 더 이상 언급하지 않는다.

7.7 다중적분의 계산

■ 다중적분의 정의

하나의 독립변수 x를 가지는 함수 $f(x)$의 유한적분은 x축과 함수의 그래프 사이의 면적을 나타내고 있으며, 두 개의 독립변수 (x, y)를 가지는 함수 $f(x, y)$의 이중적분(double integral)은 함수에 의해 정의되는 면(surface)과 독립변수의 영역(domain), 즉 xy 평면 사이의 체적(volume)을 나타낸다.

이와 같이 n개의 독립변수를 가지는 함수 $f\left(x_1, x_2, \cdots, x_n\right)$ 와 각 독립변수의 영역 D에서의 다중적분(multiple integration)은 적분은 각 변수의 영역에서 적분이 이루어지는 순서에 따라 적분기호를 여러 개 중첩하여 다음과 같이 표현한다.

$$\int \cdots \int f(x_1, \cdots, x_n) dx_1 \cdots dx_n$$

■ 2중적분의 계산법

다중적분을 포함하는 문제의 해결책은, 대부분의 경우 다중적분을 하나의 변수를 갖는 일반적인 적분의 연속적인 실행문제로 변환하는 것이다. 이와 관련하여 몇 가지 예를 들어보자.

(1) 피적분함수가 정수일 경우의 2중적분

두 개의 독립변수 (x, y)를 가지는 피적분 함수가 $f(x,y)= c$로 주어졌을 경우, (x, y)에 대한 2중적분은 독립변수의 영역(D: domain)에서의 적분값(이 경우 적분구간 사이의 면적(area)이다)과 c와의 곱으로 주어진다. 예를 들어

$$D= \left\{(x, y) \in R^2 | 2 \le x \le 4, 3 \le y \le 6\right\}, f(x, y)= 2$$

인 경우 적분은 다음과 같이 수행된다.

$$\int_3^6 \int_2^4 2dxdy = 2\int_3^6 \int_2^4 1\, dxdy = 2 \cdot \text{area}\, D = (2 \cdot 3) \cdot 2 = 12$$

여기서 적분영역 D는 정의에 의해 다음과 같이 주어진다.

$$\int_3^6 \int_2^4 1\, dxdy = \text{area}(D)$$

(2) 일반적인 경우의 2중적분

여기서는, 1) 영역 D의 x축(또는 y축)으로의 사영은 두 개의 변수 a, b로 구간이 주어지고, 2) 이 결과 D의 y축(또는 x축)으로의 직교사영은 두 개의 x함수 $\alpha(x), \beta(x)$ (또는 y함수 $\alpha(y), \beta(y)$)로 주어지는 경우로 한정한다. 따라서 2중적분은 다음과 같이 두 종류로 나눌 수 있다.

[x축의 경우]:

$$\iint_D f(x, y)\,dxdy = \int_a^b dx \int_{\alpha(x)}^{\beta(x)} f(x, y)dy \tag{7.70a}$$

[y축의 경우]:

$$\iint_D f(x, y)\,dxdy = \int_a^b dy \int_{\alpha(y)}^{\beta(y)} f(x, y)dx \tag{7.70b}$$

[예제 7.9]

영역 $D = \{(x, y) \in R^2 | x \geq 0,\ y \leq 1,\ y \geq x^2\}$에서 다음의 적분을 수행하여 보자.

$$\iint_D (x+y)\,dxdy \quad ①$$

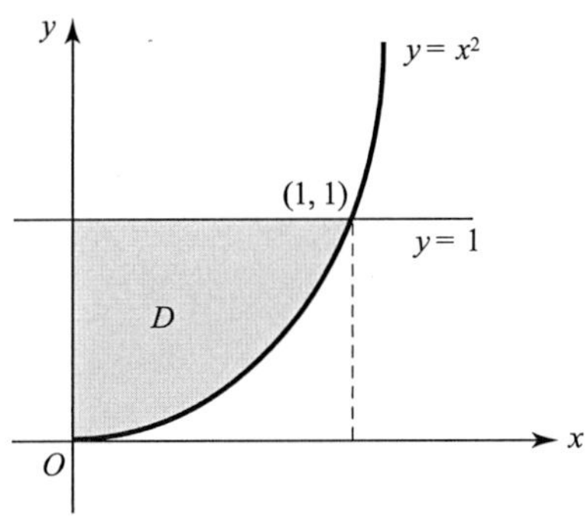

[그림 7.18] 영역 D의 표현

풀이 주어진 영역 D는 x축과 y축이 직교한다는 사실을 이용하면 다음과 같이 식(7.70a)을 이용하여 적분을 위한 구간으로 변환할 수 있다. 즉

$$\alpha(x) = x^2,\ \beta(x) = 1 \quad ②$$

이다. 이때 ②는 $x = 0$의 직선과 만나야 하므로 식(7.70a)의 구간 $[a, b]$는 $[0, 1]$로 되어야 한다([그림 7.18] 참조). 이로부터 다음과 같이 적분의 수행이 가능하다.

$$\iint_D (x+y)\,dxdy = \int_0^1 dx \int_{x^2}^1 (x+y)dy = \int_0^1 \left[xy + \frac{y^2}{2}\right]_{x^2}^1 dx \quad ③$$

③의 오른쪽 적분을 적분의 기본공식 등을 이용하여 수행하면 다음으로 됨을 확인할 수 있다.

$$\int_0^1 \left[xy + \frac{y^2}{2}\right]_{x^2}^1 dx = \int_0^1 \left(x + \frac{1}{2} - x^3 - \frac{x^4}{2}\right) dx = \frac{13}{20} \qquad ④$$

■

■ 적분변수의 변환

지금까지 하나의 독립변수를 가지는 적분의 연속적인 계산으로 변환함으로서 다중적분의 문제를 해결할 수 있다는 것을 언급하였다. 그러나 이와 같은 변환은 일반적인 경우 상당히 복잡한 계산 등을 수반하기 때문에 어떤 경우에나 적용할 수 있는 방법은 아니다.

다중적분에서 주어진 적분의 영역이 원, 혹은 타원 등과 같이 특별한 형식으로 주어진 경우에는 적분변수의 변환을 이용하면 좀 더 간단하게 복잡한 다중적분의 문제를 해결할 수 있는 경우가 많다. 여기서 말하는 변수변환이란 일반적인 직교좌표계(카테시안 좌표)로 주어진 함수를 다른 좌표계, 예를 들어 극좌표(Polar coordinates), 원통좌표계(Cylindrical coordinates), 또는 원추형좌표계(Spherical coordinates) 등을 사용하는 것이다. 더 이상의 상세한 설명은 생략하고 극좌표를 이용한 간단한 예를 이용하여 이해를 돕기로 한다.

극좌표는 $(x,\ y)$ 평면상의 한 점을 다음과 같이 원점에서 그 점까지의 거리 r와 x축과 이루는 각도 θ를 이용하여 나타내는 것이다.

$$(x,\ y) \to (r,\ \theta) : \begin{cases} x = r\cos\theta \\ y = r\sin\theta \end{cases} \qquad (7.71)$$

만약 일반적인 직교좌표계에서 중심을 원점에 가지는 반지름 a인 원은 $f(x,\ y) = a^2 = x^2 + y^2$로 주어진다. 이를 식(7.71)의 관계를 가지는 극좌표계로 나타내면

$$f(r,\theta) = r^2(\cos^2\theta + \sin^2\theta) = r^2 \qquad (7.72)$$

로 되어 아주 간단한 형식을 하고 있음을 알 수 있다.

한편, $D = \{x^2 + y^2 \le 9,\ x^2 + y^2 \ge 4,\ y \ge 0\}$로 주어진 적분영역은 반지름 '3'인 원과 반지름이 '2'인 원의 사이를 나타내고 있다. 따라서 이를 식(7.71)을 이용하여 극좌표계로 변형하면 다음과 같은 직사각형의 영역으로 된다([그림 7.19] 참조).

$$T = \{2 \le r \le 3,\ 0 \le \theta \le \pi\}$$

이와 같은 좌표변환을 이용하면 D에서의 2중적분은 T에서의 이중적분으로 되어 간단한 계산으로 적분값을 얻을 수 있다.

$$\iint_D f(x,y)\,dx\,dy = \iint_T f(r\cos\theta,\ r\sin\theta)\,r\,dr\,d\theta \qquad (7.73)$$

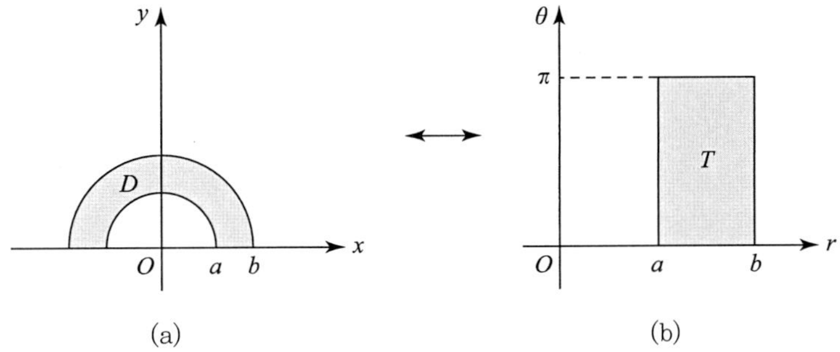

[그림 7.19] 좌표변환에 의한 영역의 변경

■ 공간상에서 2중적분의 의미

이중 혹은 삼중적분은 2차원 또는 3차원 공간과 관련되는 문제로서 공학전반에서 많이 사용되고 있다. 특히, 이중적분은 일반적으로 위에서 언급한 식(7.70)을 이용하여 다음과 같은 형식으로 주어진다.

$$I = \int_A f(x,\ y)dA = \int_a^b \left[\int_{y=g(x)}^{y=p(x)} f(x,\ y)dy \right] dx \tag{7.74}$$

여기서 다시 한 번 식(7.74)를 이용하여 2중적분의 의미를 살펴보자. $f(x,\ y)$가 두 개의 독립변수를 가지므로 식(7.74)는 우선 내부의 변수 y에 관한 적분을 수행하면 x의 함수, 혹은 일정한 값으로 되고 이를 다시 변수 x에 대하여 적분하는 것을 의미한다.

[그림 7.20(a)]에 두 개의 독립변수를 가지는 함수 $f(x\ ,y)$를 3차원 공간에 표시하였다. 그림에서 보다시피 $f(x,\ y)$는 변수 $(x,\ y)$의 값에 따라 변동하는 평면으로 되며, 이를 xy평면에 투영한 것이 [그림 7.20(b)]이다. 그림에서 x축 구간 $[a,\ b]$를 여섯 개(즉 $N=6$)의 균일한 부구간(subinterval)으로 나누었다. y축의 구간은 x 의 함수로서 $[g(x),\ p(x)]$ 로 주어지며, 모든 x값(즉 $x_1 = a$ 에서부터 $x_7 = b$까지)에 대하여 균일한 네 개의 부구간으로 나누어져 있다.

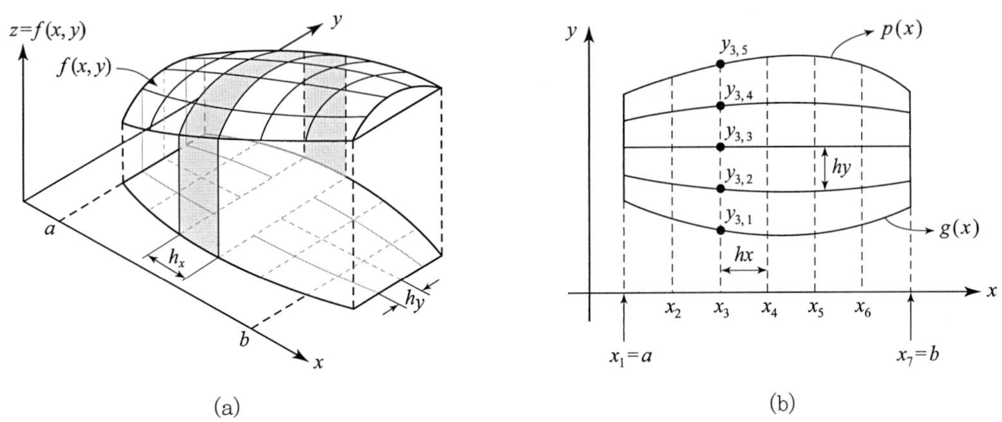

[그림 7.20] 이중적분을 위한 구간의 표시

식(7.74)의 이중적분은 다음과 같이 두 부분으로 나누어서 실행된다. 먼저 내부적분

$$G(x)=\int_{y=g(x)}^{y=p(x)} f(x,\, y)\, dy \tag{7.75a}$$

를 실행하여 얻은 $G(x)$를 피적분함수로 사용한 외부적분

$$I=\int_{a}^{b} G(x)dx \tag{7.75b}$$

를 계산하는 것이다. 이때 외부적분 식(7.75b)는 전절에서 설명한 수치적분을 적용하면 쉽게 얻어진다. 예를 들어, $N=6$으로 두고 각 부구간에 심슨의 규칙을 적용한다면 식(7.75b)의 적분은 다음과 같이 계산가능하다.

$$I(G)\approx \frac{h_x}{3}\{G(a)+4[G(x_2)+G(x_4)+G(x_6)]+2[G(x_3)+G(x_5)]+G(b)\} \tag{7.76}$$

여기서 $h_x=\dfrac{b-a}{6}$이다. 식(7.76)의 각 $G(x_i)$, $(i=1\sim 6)$는 적절한 x값을 적용한 내부적분 식(7.75a)의 적분을 수행한 결과로서 주어진다. 일반적으로 $G(x_i)$는

$$G(x_i)=\int_{y=g(x_i)}^{y=p(x_i)} f(x_i, y)dy \tag{7.77}$$

로 정의되며, 이는 앞에서 언급한 여러 방법을 동원하여 계산된다. 예를 들어, 심슨의 규칙을 $G(x_3)$에 적용한다면

$$\begin{aligned} G(x_3) &= \int_{y=g(x_3)}^{y=p(x_3)} f(x_3, y)dy \qquad (7.78) \\ &\approx \frac{h_x}{3}\{f(x_3, y_{3,1})+4[f(x_3, y_{3,2})+f(x_3, y_{3,4})]+2[f(x_3, y_{3,3})]+f(x_3, y_{3.5})\} \end{aligned}$$

로 될 것이다. 단, $h_y=\dfrac{p(x_3)-g(x_3)}{4}$이다.

7.8 MATLAB의 함수를 이용한 적분

MATLAB은 적분을 수행하기 위한 몇 개의 함수를 제공하고 있는데, 이 중 quad, quad1, 및 trapz는 단순적분을, dblquad는 이중적분을 계산하기 위한 함수이다. 특히 quad, quad1 및 dblquad는 주어진 함수의 적분을 위한 것인데 반해, trapz는 표(Table)의 형식으로 주어진 데이터의 적분에 사용된다.

- trapz 함수 : 사다리꼴 형식을 이용하여 수치적분을 수행하는 함수로서 일반적으로 다음의 형식으로 실행된다.

```
q = trapz(y),  or trap(x,y)
```

여기서 x와 y는 각각 x축 및 y축의 값이 들어있는 동일한 크기의 벡터이며 함수의 적분결과가 q에 저장된다. 두 개의 변수로 주어진 경우는 x에 대한 y의 적분을 수행하는 것을 의미한다. 적분결과의 정도는 당연히 인가되는 데이터의 밀도에 따라 결정된다([그림 7.22] 참조). 예를 들어, $\int_0^{\pi} \sin(x)dx$는 '2'이다. 이를 확인하여 보자.

```
x = 0:pi/10:pi; y = sin(x);
q = trapz(x,y) ↵                   % 적분의 계산

q =
    1.9835                          % 2에 근접한 결과가 얻어졌다
```

데이터의 개수에 따른 적분결과를 그림으로 확인하여 보자.

```
x = -1:0.17:2;                     % (1×18)개의 x 축 데이터 생성
y = humps(x);                      % 동일한 개수의 y축 데이터 생성11)
area = trapz(x,y) ↵  →  area = 25.9174
                                   % 데이터 포인트의 수를 증가시킨 경우
x2 = linspace(-1,2,100);           % (1×100)개의 데이터 생성
y2 = humps(x2);                    % 동일한 y축 데이터 생성
format long
area2 = trapz(x2,y2) ↵   →   area2 = 26.344731195245956
plot(x,y,':',x2,y2)                % [그림 7.21]
```

- quad 함수 : 심슨의 적응구적법(adaptive Simpson quadrature)에 의해 수치적분의 계산을 수행하며 다음 형식으로 실행된다.

```
I = quad('function', a, b)
```

i) 'function'은 문자열(string)로 주어져야 하며, 이는 함수파일(function file) 또는 익명 함수 등으로 정의되어야 한다.

ii) 'function'은 반드시 벡터 값을 가지는 x를 변수로 하는 함수로 되어야 한다. 이때 출력은 벡터 x의 각 요소에 대한 함수값으로 계산된다.

iii) 'function'은 구간 $[a, b]$ 내에서 특이점을 가져서는 안 된다.

iv) quad는 절대오차가 1.0×10^{-6}보다 작은 값을 가지도록 적분을 수행한다. 이 숫자는

11) y=humps(x)를 실행하면 x=0.3과 x=0.9 근처에서 최대값을 가지는 함수를 x와 동일한 크기의 벡터 y를 생성한다.

다음과 같이 옵션으로 변경할 수 있다. 즉 '>>q=quad('function',a,b,tol)'로 두면 tol은 새로운 절대오차로 지정된다.

함수 quad를 이용하여

$$\int_0^2 \frac{1}{x^3 - 2x - 5} dx$$

를 수치적분을 계산하여 보자. 먼저 피적분함수의 표현을 위해 함수 파일을 정의하여 사용할 수도 있지만, 제4장에서 설명한 익명함수(anonymous function)의 사용도 가능하다.

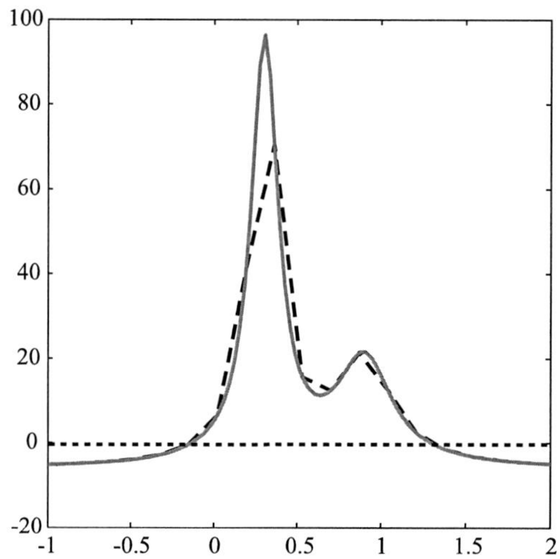

[그림 7.21] 벡터 x의 데이터 개수에 따른 출력곡선
(실선: 100개의 데이터, 점선: 18개의 데이터를 사용)

```
function y = myfun(x)
% example of integration
y = 1./(x.^3-2*x-5);
------------------------------------------------------------------------------
Q = quad('myfun',0,2) ↲   Q = -0.460501739742492
------------------------------------------------------------------------------
F = @(x)1./(x.^3-2*x-5);
Q = quad(F,0,2) ↲            % 상기와 동일한 결과
```

위의 trapz 함수를 이용하여 계산하였던 적분을 quad를 이용하여 계산하면 다음과 같다.

```
H_humps = @humps;
quad(H_humps,-1,2)  ↲  →   ans = 26.344960501201232↲
```

이 결과 소수점 세 자리까지는 같은 값을 가지는 것을 확인할 수 있다.

- quadl(QUADL) 함수 : 위에서 설명한 quad 함수와 동일한 사용법을 가지고 있다. 단지 적분의 계산을 위하여 채용한 알고리즘(여기서는 adaptive Lobatto quadrature를 사용한다)만이 차이가 있을 뿐이다. quad 함수의 설명에서 사용한 예를 가지고 그 차이점을 확인하여 보자.

```
Q = quad(@myfun,0,2)       →        Q =  -0.460501739742492
Q1 = quadl(@myfun,0,2)     →        Q1 =  -0.460501538357799
```

- dblquad 함수 : 이중적분의 계산에 사용되는 함수 다음과 같은 사용법을 가진다.

```
I = dblquad('function', xmin, xmax, ymin, ymax)
```

i) 'function'은 문자열(string), 혹은 함수 파일 및 익명함수 등으로 정의되어야 한다.

ii) 'function'로 주어진 함수 $f(x, y)$는 변수로서 벡터인 x와 스칼라인 y를 이용하여 반드시 표현되어야 한다.

iii) 적분의 상한과 하한은 반드시 정수로 지정되어야 한다.

아래의 간단한 이중적분의 예를 이용하여 사용법을 설명한다.

$$\int_0^{\pi}\int_{-\pi}^{\pi}(\sin(x)\cdot\cos(y)+1)dydx \tag{7.79}$$

위 적분의 계산을 위해 먼저 피적분함수의 함수 파일을 작성하여 'integrand.m'으로 저장한다.

```
function z = integrand(x,y)
% example of double integration
% input x must be vector
z = sin(x).*cos(y)+1;
```

피적분함수 $\{\sin(x)\cdot\cos(x)+1\}$의 그래프를 각 변수의 구간에서 3D로 작성하면 [그림 7.22]로 되며, 식(7.79)의 적분은 그림의 표면적을 구하는 것으로 볼 수 있다.

```
x = linspace(0,pi,20);
y = linspace(-pi,pi,20);
[xx, yy] = meshgrid(x, y);
zz = integrand(xx, yy);
mesh(xx, yy, zz)                                    % [그림 7.22]
xlabel('x'), ylabel('y')
-------------------------------------------------------------------------
area = dblquad(@integrand, 0,pi,-pi, pi)↲     % 면적
```

```
        area =
                   19.739208806091021
relerr = (area - 2*pi^2)/(2*pi^2) ↲                   % 상대오차
        relerr =
                   1.981996941074027e-010
```

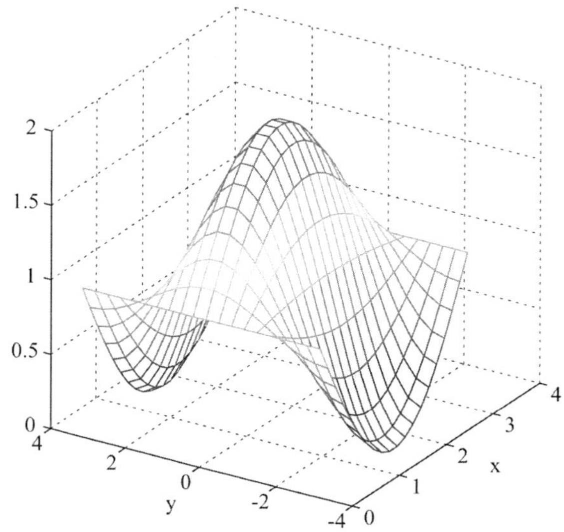

[그림 7.22] 식(7.79)의 피적분함수의 3차원 그래프

7.7.1 Symbolic Math Toolbox를 이용한 적분

여기서는 Symbolic Math를 이용하여 적분을 수행하는 방법을 전절에서 사용한 예제를 중심으로 간단히 언급한다.

Symbolic Math에서 적분에 사용되는 함수 int의 사용법은 다음과 같다.

```
① int(expr, var), 또는 ② int(expr, var, a, b)
```

①의 경우는 부정적분의 경우로서 expr은 symbolic으로 정의된 피적분함수가 들어가며, var은 적분변수를 나타낸다. ②는 ①과 동일하나, 적분의 상한(b)과 하한(a)이 정의되어 있다는 점이 다를 뿐이다.

(1) [예제 7.6]의 경우:

```
syms x
fx =sin(x);                          % 피적분 함수의 정의
int(fx,x)                            % 부정적분의 실행
I = int(sin(x),0,pi) ↵               % 정적분의 실행

   I =
       2
```

(2) [예제 7.7]의 경우:

```
syms x
Integrd = sqrt(x)*cos(x);            % 피적분 함수의 정의
Ival = int(Integrd,x,0,pi);          % 적분의 실행
vpa(Ival,6)                          % 실행결과의 표시

         ans =

                -0.894831
```

위 프로그램에서 함수 vpa(Ival, 6)는 적분결과인 Ival를 소숫점 아래 d자리까지 화면표시 하는 기능을 가진다.[12] 이상의 결과로부터 예제와 거의 동일한 결과를 보이고 있음을 알 수 있다.

(3) 다중적분의 경우:

$$\int_{-1}^{1}\int_{-1}^{1}\cos\left(\frac{\pi x}{2}\right)\cos\left(\frac{\pi y}{2}\right)dxdy$$

```
syms x y                                     % x,y를 symbolic으로 정의
integrd = cos(pi*x/2)*cos(pi*y/2);           % 피적분함수의 정의
Ival_x = int(integrd,y,-1,1);                % y에 대한 적분을 수행
Ival = int(Ival_x,x,-1,1);                   % x에 대한 적분의 수행
vpa(Ival,6)

         ans =
                1.62114
```

Symbolic Math의 경우는 위의 예에서 알 수 있는 바와 같이 정적분의 계산에도 유용하게 사용되지만, 부정적분의 계산이나, 미 확정변수를 포함하는 경우에 특히 그 위력을 발휘한다. 더 자세한 설명은 Toolbox의 매뉴얼이나 부록을 참조하여 주기 바란다.

12) vpa는 variable-precision arithmetic의 첫 글자로서 이루어진 함수이다.

연 | 습 | 문 | 제

1. 유한 차분근사에 의한 $O(h^2)$를 사용하여 아래 데이터로부터 $f'(2.36)$과 $f''(2.36)$을 계산하여라(식(7.15)와 식(7.22)를 이용한다).

x	2.36	2.37	2.38	2/39
$f(x)$	0.85866	0.86289	0.86710	0.87129

2. 다음의 데이터로부터 $f'(1)$과 $f''(1)$을 추정하여라.

x	0.97	1.00	1.05
$f(x)$	0.85040	0.84147	0.82612

3. 주어진 데이터로부터 가능한 정확하게 $f''(1)$을 계산하여 보아라.

x	0.84	0.92	1.00	1.08	1.16
$f(x)$	0.431711	0.398519	0.367879	0.339596	0.313486

4. 순환사다리꼴 공식을 이용하여 적분 $\int_0^{\pi/4} \ln(1+\tan x)dx$를 계산하고 그 결과에 대해 설명하여 보아라.

5. 적분 $\int_{-1}^{1} \cos(2\cos^{-1}x)dx$를 심슨의 1/3 공식을 사용하여 구간을 2, 4 및 6 조각으로 나누어 계산하고, 그 결과에 대해 설명하여 보아라.

6. 적분 $\int_1^{\infty} (1+x^4)^{-1}dx$를 다섯 개의 조각을 사용한 사다리꼴 공식을 사용하여 계산하고 이 결과를 정확한 값인 0.24375와 비교하여 보아라. (힌트 $x^3 = 1/t$의 변환을 사용)

Chapter 8

상미분방정식 (ODE: Ordinary Differential Equations)

미분방정식이란 미지 함수의 미분을 포함하고 있는 방정식을 말하며, 미분방정식의 해는 당연히 주어진 미분방정식을 만족하는 함수를 의미한다. 미분방정식이 하나의 독립변수에 대한 미분항만을 포함하고 있는 경우를 상미분방정식(ODE), 두 개 이상의 독립변수에 대한 미분항을 포함하고 있으면 편미분방정식(PDE)이라고 한다. 여기서는 상미분방정식만을 다루기로 한다.

미분방정식과 관련하여 계수(order)와 차수(degree)를 다음과 같이 정의한다. 미분방정식에 포함된 최고계 도함수를 계수라고 하며, 방정식에 포함된 최고계도함수의 멱지수를 미분방정식의 차수라 한다. 예를 들어

$$\frac{d^2y}{dx^2}+\left(\frac{dy}{dx}\right)^3-y=\sin(x) \;\rightarrow\; \text{2계 1차 미분방정식}$$

$$\left(\frac{d^2y}{dx^2}\right)^4=\left[1+\left(\frac{dy}{dx}\right)^2\right]^3 \;\rightarrow\; \text{2계 4차 미분방정식}$$

이다. 또한, 선형미분방정식과 비선형미분방정식의 차이는 미분방정식을 이루는 요소, 예를 들어 1계 1차 미분방정식의 경우 x, $\frac{dy}{dx}$ 및 y 등이 1차식(즉 선형)으로 표현되는 경우이다. 다음 예를 보자.

$$\frac{dy}{dx}+ax^2+by=0 \;:\; \text{선형}$$

$$\frac{dy}{dx}+axy+b\sqrt{y}=0 \;:\; \text{비선형}$$

미분방정식은 과학과 공학의 모든 분야뿐만 아니라, 경제학과 같은 인문사회과학의 분야에서도 광범위하게 사용된다. 미분방정식은 독립변수의 변화와 그 분포 등과 관련된 자세한 정보를 제공하기 때문에, 공학에서 모델링(modelling)이라고 부르는 과정은 바로 대상에 인가되는 입력 x와, 이 입력의 작용으로 인해 대상의 외부에서 관측되는 어떤 양 y(즉 출력)사이의 관계식(즉 미분방정식)을 알아내는 과정으로 볼 수 있다.

일반적으로 주어진 미분방정식을 만족시키는 해는 무수히 존재하지만, 그 대상이 가지는 어떤 특수한 상황을 만족시키는 해는 하나뿐이다. 이런 특수한 상황을 보통 초기조건이라고 부르며 이 조건에 맞는 미분방정식의 해를 구하는 과정을 초기값 문제(IVP, Initial Value Problem)라고 한다.

위의 IVP 문제와는 달리, 미분방정식에 초기조건이 주어지지 않고 식 자체에 어떤 제약조건이 부가되어 있는 경우를 생각할 수 있다. 1계 ODE의 경우 하나의 독립변수에 대하여 하나의 제약이 부가된 경우에는 해를 구할 수 있으며, 따라서 n계 ODE의 경우에는 n개의 제약조건을 필요로 할 것이다. 제약조건은 일반적으로 독립변수(예를 들어 시간 t)에 대응하는 종속변수(예를 들어 $y(t)$)와 그의 미분항(y', y'', $\cdots$, $y^{(n-1)}$)으로서 주어진다. 이러한 문제를 경계값 문제(BVP, Boundary Value Problems)라고 하며, IVP 문제의 풀이와는 다른 각도에서의 접근이 필요하다. 물론 MATLAB에서도 이것의 해를 얻기 위한 함수를 제공하고 있지만, 그 내용이 광범위하고 쉽지 않기 때문에 여기서는 IVP만을 취급하기로 한다.

■ 미분방정식의 형식

1계 미분방정식의 일반적인 형식은 다음으로 주어진다.

$$y' = f(x,\ y) \tag{8.1}$$

여기서 $y' = dy/dx$이며 $f(x,y)$는 주어진 함수이다. 위에서 언급한 바와 같이 식(8.1)의 해는 반드시 임의상수(arbitrary constant) c_1을 가진다. 이 값을 결정하기 위해서는 해곡선 $y(x)$상의 한 점에서의 정보가 필요하다. 예를 들어, $x = a$에서의 값 $f(a) = \alpha$가 주어진다면 c_1을 지정할 수 있다.

n계 상미분방정식의 일반형식

$$y^{(n)} = f\left(x, y, y', y'', \cdots, y^{(n-1)}\right) \tag{8.2}$$

은 항상 n개의 1계미분방정식 (8.1)의 형식으로 변환가능하다. 즉

$$y_1 = y,\ y_2 = y',\ y_3 = y'',\ \cdots\ , y_n = y^{(n-1)} \tag{8.3}$$

의 표현을 이용한다면 식(8.2)로부터 다음과 같이 n개의 1계미분방정식이 얻어진다.

$$y_1{}' = y_2,\ y_2{}' = y_3,\ y_3{}' = y_4,\ \cdots\ , y_n{}' = f(x, y_1, y_2, \cdots, y_n) = f\left(x, [y]^T\right) \tag{8.4a}$$

단, $[y]^T = [y_1, y_2, \cdots, y_n]$이다. 따라서 식(8.4a)의 미분방정식에 대한 완전해를 얻기 위해서는 다음과 같은 n개의 초기값이 필요할 것이다.

$$y_1(a) = \alpha_1,\ y_2(a) = \alpha_2,\ y_3(a) = \alpha_3,\ \cdots, y_n(a) = \alpha_n \tag{8.4b}$$

만약 조건이 식(8.4b)와 달리, y_i가 x의 서로 다른 값에서 조건으로 주어져 있다면 식(8.2)

는 위에서 언급한 BVP로 될 것이다.

벡터를 이용하면 식(8.4)를 다음과 같이 하나의 식으로 나타낼 수 있다.

$$[y]' = [f](x, [y]^T), \quad [y](a) = [\alpha] \qquad (8.5a)^{1)}$$

단,

$$[y]' = \begin{bmatrix} y_1{}' \\ y_2{}' \\ \vdots \\ y_n{}' \end{bmatrix}, \ [f](x, [y]^T) = \begin{bmatrix} y_2 \\ y_3 \\ \vdots \\ y_n \\ f(x, [y]) \end{bmatrix}, \ [\alpha] = \begin{bmatrix} \alpha_1 \\ \alpha_2 \\ \vdots \\ \alpha_n \end{bmatrix} \qquad (8.5b)$$

를 의미한다.

미분방정식의 수치적인 해란, 해의 표현식 자체를 얻고자 하는 해석적인 풀이와는 달리, 독립변수 x의 변화에 따른 y의 데이터, 다시 말하면 x에 대한 y의 관계를 나타내는 그래프를 확보하고자 하는 것을 말한다. 일반적으로 미분방정식의 해를 해석적으로 구할 수 있는 경우는 많지 않다. 따라서 미분방정식의 해 $y(x)$를 독립변수 x와의 관련을 나타내는 그래프를 얻기 위해서는 미분방정식에 대한 수치적 접근이 필수적이다.

8.1 테일러급수를 이용한 방법(Taylor Series Method)

테일러급수에 의한 미분방정식의 풀이는 개념적으로 단순하면서 높은 정도의 해를 구할 수 있는 방법이다. 여기서 식(8.5)의 형식으로 주어진 미분방정식에 대하여 테일러급수를 이용한 해를 구하는 방법을 간단히 언급한다.

점 $(x+h)$에서의 $[y]$를 점 x에서 $[y]$값을 중심으로 하는 테일러급수 전개식을 m차에서 절삭(truncate)하면 다음으로 된다[2].

$$\begin{aligned}[y](x+h) \approx\ & [y](x) + [y]'(x)h + \frac{1}{2!}[y]''(x)h^2 + \frac{1}{3!}[y]'''(x)h^3 \\ & + \cdots + \frac{1}{m!}[y]^{(m)}(x)h^m\end{aligned} \qquad (8.6)$$

위 식은 점 x에서 가능한 정보를 모두 이용하여 $x+h$에서의 $[y]$의 값을 예측하고 있기 때문에 수치적 적분에 대한 공식으로 사용할 수 있다. 식(8.6)의 마지막 항의 미분계수 m이 원래 미분방정식, 즉 식(8.2)의 계수로 된다.

식(8.6)의 급수에서 제외된(즉 절삭된) 항에 의해 발생하는 절삭오차는

1) 지금까지 '[ ]'는 벡터 또는 행렬을 나타내는 표현법으로 사용하였다.
2) 테일러급수의 조건으로 h가 충분히 작은 값을 가지는 것이 필요하다.

$$[E] = \frac{1}{(m+1)!}[y]^{(m+1)}(\xi)h^{m+1}, \ (x < \xi < x+h) \tag{8.7a}$$

이다. 7.2절의 한계차분근사를 이용한다면 $(m+1)$계 미분은

$$[y]^{(m+1)}(\xi) \approx \frac{[y]^{(m)}(x+h) - [y]^{(m)}(x)}{h}$$

로 되고 이로부터 오차는 다음 식으로 계산된다.

$$[E] \approx \frac{h^m}{(m+1)!}\{[y]^{(m)}(x+h) - [y]^{(m)}(x)\} \tag{8.7b}$$

테일러급수를 이용한 미분방정식의 해를 구하는 과정에서는 식(8.7)을 이용하여 오차의 크기를 확인한다.

■ 테일러급수법의 이해

관련 프로그램을 소개하기 전에 먼저 식(8.6)의 급수에서 $m = 1$로 가정하고 테일러급수법에 의한 미분방정식의 해가 의미하는 바를 알아보기로 한다.

식(8.6)으로부터 $m = 1$이면

$$[y](x+h) \approx [y](x) + [y]'(x)h \tag{8.8}$$

로 된다. 여기서는 설명을 간단히 하기 위하여 $[y] = y$(즉 스칼라)로 간주하고, $x = x_i$, $x_{i+1} = x_i + h$의 표현을 사용하기로 한다. 즉, $x = x_i$에서의 정보를 바탕으로 $y_{i+1} = y(x+h)$의 값을 추정하고자 한다. 이를 위한 가장 간단한 방법은 [그림 8.1]에 표시한 바와 같이 수치적인 해 (x_{i+1}, y_{i+1})는 기지의 값인 (x_i, y_i)로부터 다음과 같이 계산가능하다.

$$x_{i+1} = x_i + h \tag{8.9a}$$

$$y_{i+1} = y_i + \text{Slope} \cdot h \tag{8.9b}$$

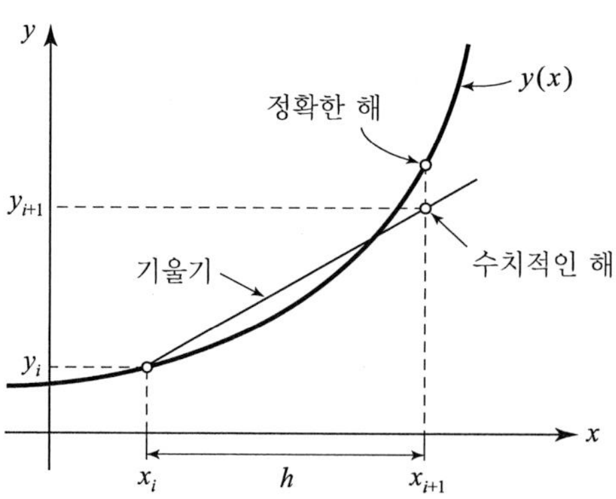

[그림 8.1] 미분을 위한 기울기의 계산

여기서 h는 계산을 위한 소구간의 크기(step size)이며, Slope는 구간 x_i와 x_{i+1} 사이에서 $\frac{dy}{dx}$의 추정값을 나타내는 정수이다. 이와 같은 방법을 이용한 미분의 수치해석적 출발점은 초기값으로 주어진 점에서부터 단계적으로 계산된다. 먼저 초기값으로 $i=1$, 즉 (x_1, y_1)으로 두고, i를 하나 증가시켜 $i=2$일 때의 다음 점 (x_2, y_2)를 식(8.9)를 이용하여 계산하는 반복적인 과정을 전체 영역이 커버될 때까지 계속하는 것이다. 이 과정에서 식(8.9b)의 slope를 어떤 방식으로 계산할 것인가에 따라 미분방정식의 해법이 달라진다. 가장 간단한 것이 오일러의 방법으로서, Slope는 점 (x_i, y_i)에서의 $y(x)$의 기울기, 즉 접선을 이용하는 것이다.

좀 더 세밀한 방법의 하나인 룽게-굽타법(Runge-Kutta's method)에서는 구간 내에 있는 몇 개의 점에서의 $y(x)$의 기울기를 구하여 이들의 가중평균을 추정값으로 취하고 있으며, 또한 중간점 방법에서는 구간의 중간점 $(x_i+x_{i+1})/2$에서 $y(x)$의 기울기의 추정값을 구하여 사용하는 방법 등이 있다.

가장 일반적인 오일러의 방식(Euler's Explicit method)을 조금 자세히 설명하면 다음과 같다. 테일러급수 식(8.6)에서 $m=1$로 두면

$$y(x_i+h)=y(x_i)+y'(x_i)h \ \rightarrow \ y'(x_i)=\frac{y(x_{i+1})-y(x_i)}{h}$$

로 된다. 여기서 $h\rightarrow 0$를 실행하면 결국 $y'(x_i)$는 $y(x)$의 점 (x_i, y_i)에서의 접선의 기울기(slope), 즉 미분값으로 된다는 사실을 알 수 있다. 즉

$$\text{Slope}=\left.\frac{dy}{dx}\right|_{x=x_i, y=y_i}=f(x_i, y_i) \tag{8.10}$$

이다. 여기서 만약 다음 두 가지 가정

i) 점 (x_i, y_i)에서 아주 가까운 곳에 다음 점이 존재(즉, h가 작은 값을 가진다.)

ii) $y(x)$(의 그래프)가 점 (x_i, y_i)에서의 접선과 동일한 방향의 일정한 직선상에 존재[3)]

이 만족된다면 수치해석을 위한 다음 포인트 (x_{i+1}, y_{i+1})의 계산은 다음과 같이 주어진다.

$$x_{i+1}=x_i+h \tag{8.11a}$$

$$y_{i+1}=y_i+f(x_i, y_i)\cdot h \tag{8.11b}$$

[그림 8.2]에 이 과정을 표시하였다. 그림에서는 표현을 간략화하기 위하여 구간의 크기(step-size)를 과장하여 나타내었으며, $x=x_i$에 존재하는 실제값과의 차이(즉 오차)는 무시하였다. 그림에서 알 수 있는 바와 같이 이 방법에 의한 오차는 h에 의존하고 있으며, h가 작은 값을 가질수록 오차도 작아진다. 또한, h의 크기에 관계없이 오차를 줄일 수 있는 방법은

3) [그림 8.2]와 같이 점 (x_i, y_i)에서의 식 $y(x)=f(x,y)$의 접선은 오른쪽 위쪽 방향이고, 식 $y(x)$의 곡선도 역시 오른쪽 위쪽 방향을 향하고 있어야 한다는 것을 의미한다.

식(8.6)과 같이 $m \geq 1$을 사용하는 것이다. 다시 말하면 식(8.11)에서 $(x_{i+1},\ y_{i+1})$에서의 값(즉 $(x_i,\ y_i)$에서의 기울기)의 정확도를 높이기 위해 y의 m, (≥ 1)계 도함수를 사용하는 것이다. 이것이 바로 식(8.6)으로 표현된 테일러급수이다.

식(8.11b)는 몇 가지 방법으로 유도할 수 있다. 이를 간단한 1계미분방정식을 이용하여 확인하여 보자.

1계미분방정식이 다음과 같이 주어졌다.

$$\frac{dy}{dx} = f(x,\ y) \tag{8.12}$$

이때 위식과 같은 단순한 미분방정식의 해는 일반적으로 수치적인 적분을 이용하거나 미분에 대한 유한차분근사 등을 사용하면 쉽게 얻을 수 있다.

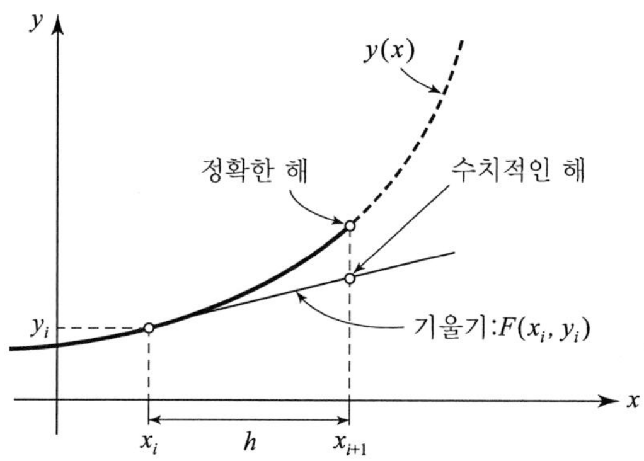

[그림 8.2] 1계미분에 의한 기울기의 계산

(a) 수치적분에 의한 오일러의 방법의 유도

식(8.12)의 양변에 dx를 곱한 뒤 적분을 실행하면

$$\int_{y_i}^{y_{i+1}} dy = \int_{x_i}^{x_{i+1}} f(x,\ y)dx \tag{8.13}$$

로 된다. 왼쪽 항의 적분을 실행하여 y_{i+1}에 대하여 정리하면 다음으로 된다.

$$y_{i+1} = y_i + \int_{x_i}^{x_{i+1}} f(x,\ y)dx \tag{8.14}$$

위 식 오른쪽 항의 적분에 제7장에서 설명한 수치적분법 중에서 가장 간단한 사각형법(7.6.1절)을 적용하는 경우, 피적분함수는 적분구간에서 일정한 값 $f(x_i,\ y_i)$을 가지는 것으로 간주한다. 이러한 방법을 식(8.14)에 적용하면

$$y_{i+1} = y_i + f(x_i, y_i)(x_{i+1} - x_i) \tag{8.15}$$

로 되며, 여기서 $h = (x_{i+1} - x_i)$이므로 식(8.15)는 식(8.11b)와 동일하다는 것을 알 수 있다.

(b) 미분에 대한 유한차분 근사를 사용한 오일러방법의 유도

식(8.11b)를 미분에 대한 유한차분 근사를 이용하여 유도하여 보자. 식(8.12)의 미분 $\frac{dy}{dx}$을 점 $x = x_i$에서 근사적으로 계산하기 위하여 제7장의 전향차분공식을 적용하면

$$\left.\frac{dy}{dx}\right|_{x=x_i} \approx \frac{y_{i+1} - y_i}{x_{i+1} - x_i} = f(x_i, y_i) \tag{8.16}$$

로 되며 이를 y_{i+1}에 대하여 정리하면 식(8.11b)를 얻는다.

식(8.11)이 가지는 오차는 식(8.7a)에서 $m = 1$이므로

$$e = \frac{1}{2} y''(\xi) h^2, \ (x < \xi < x + h)$$

로 된다. 그러나 $y''(\xi)$는 일반적으로 알려져 있지 않기 때문에 식(8.12)로부터

$$y''(x_i) = \left.\frac{\partial f}{\partial x}\right|_{(x_i,\, y_i)} + \left.\frac{\partial f}{\partial y}\right|_{(x_i,\, y_i)} f(x_i,\, y_i)$$

로서 $y''(\xi)$를 대신한다.

■ MATLAB 프로그램

아래의 사용자 제공함수 taylor는 식(8.6)의 테일러급수에서 $[y](x)$의 4계 미분(즉 $[y]^{(4)}$)까지 만을 사용하여 주어진 미분방정식의 해를 구하는 작용을 한다. 이 함수는 식(8.4)와 같은 1계미분방정식 $y_i' = f_i(x,\, y_1,\, y_2,\, \cdots,\, y_n)$, $(i = 1 \sim n)$의 형식만을 취급하기 때문에, 이 함수를 사용하기 위해서는 주어진 미분방정식을 다음과 같이 $(4 \times n)$의 크기를 가지는 배열 $[d]$를 함수파일(function file)로서 정의한 입력항 deriv를 필요로 한다.

$$[d] = \begin{bmatrix} [y]'^T \\ [y]''^T \\ [y]'''^T \\ [y]^{(4)^T} \end{bmatrix} = \begin{bmatrix} y_1' & y_2' & \cdots & y_n' \\ y_1'' & y_2'' & \cdots & y_n'' \\ y_1''' & y_2''' & \cdots & y_n''' \\ y_1^{(4)} & y_2^{(4)} & \cdots & y_n^{(4)} \end{bmatrix} \tag{8.17}$$

이 함수의 실행결과는 구간 간격 h로서 주어진 x값과 그에 대한 계산결과인 y를 출력한다.

```
function [xSol, ySol] = taylor(deriv, x, y, xStop, h)
% 4th-order Tayderivlor series method of integration
% USAGE: [xSol,ySol] = taylor(deriv,x,y,xStop,h)
% INPUT: deriv = handle of function that returns the matrix
%         d = [dy/dx, d^2y/dx^2, d^3y/dx^3, d^4y/dx^4].
%        x, y = initial values; y must be a row vector
%       xStop = terminal value of x
%          h = increment of x used in integration (h > 0)
% OUTPUT: xSol = x-values at which solution is computed
```

```
%          ySol = values of y corresponding to the x-values

if size(y,1) > 1; y = y'; end  % y must be row vector
xSol = zeros(2,1); ySol = zeros(2, length(y));
xSol(1) = x; ySol(1, :) =y;
k = 1;
while x  < xStop
    h = min(h, xStop-x);
    d = feval(deriv, x, y);         % 아래 ⓐ참조
    hh = 1;
    for j = 1:4                     % 아래 ⓑ참조
        hh = hh*h/j;                % hh = h^j/j!
        y = y + d(j, :)*hh;
    end
    x = x + h; k = k + 1;
    xSol(k) = x; ySol(k, :) = y;   % 출력을 위한 결과를 저장.
end
```

ⓐ : x, y의 초기값을 식(8.17)에 대입하여 d의 값을 얻는다. while loop를 한 번 돌고난 뒤의 두 번째 단계에서의 초기값 x+h, y+h를 다시 식(8.17)에 대입하여 d를 얻는 과정을 'x > xStop'이 만족될 때까지 실행한다.

ⓑ : 크기가 $(4\times n)$인 행렬 d의 첫 번째 행에는 점 x에서의 y의 미분값, 즉 $[y'](x)$가 들어 있다는 사실을 참고한다면, $j=1$에서는 식(8.6)의 오른쪽 첫 번째 항과 두 번째 항의 합인 $[y](x)+[y]'(x)h$가 계산되어 y에 들어간다. $j=2$에서의 y에는 식(8.6)의 오른쪽 세 번째 항까지의 합, 즉 $[y](x)+[y]'(x)h+\frac{1}{2}[y]''(x)h^2$이 들어간다. 이와 같이 하여 식(8.6)의 $m=4$까지의 계산이 'for~end'의 루프에서 실행된다.

상기의 함수 taylor에 의한 실행결과인 xSol과 ySol을 화면에 정리된 형식으로 표현하기 위한 함수 printSol이 준비되어 있다. 계산된 결과의 화면표시를 위한 간격은 입력항 freq에 의해 결정된다. 예를 들어, freq=5로 두면 계산결과의 데이터에서 5의 간격으로 결과를 화면에 출력하고, freq=0이면 초기값과 최종값만을 표시하게 된다.

```
function printSol(xSol, ySol, freq)
% Prints xSol and ySol arrays in tabular format.
% USAGE: printSol(xSol,ySol,freq)
% freq = printout frequency (print every freq-th line of xSol and ySol

[m,n] = size(ySol);
if freq == 0; freq = m-1; end
head = '       x';
for i = 1:n
```

```
    head = strcat(head,'      y', num2str(i));
end
fprintf(head); fprintf('\n')                        % 화면표시의 첫 번째 행 표시
for i = 1:freq:m
    fprintf('%14.4e',xSol(i), ySol(i)); fprintf('\n')  % 두 번째 행 이하의 표시
end
if i ~= m; fprintf('%14,4e',xSol(m), ySol(m,:)); end
```

[예제 8.1]

아래 미분방정식에 대하여 식(8.6)의 테일러급수를 이용하여 $y(0.2)$를 계산하고, 계산 결과의 오차를 나타내는 식(8.7)의 크기를 실제값과의 비교를 통하여 확인하여 보자.

$$y' + 4y = x^2, \quad y(0) = 1$$

풀이 간격 h^4까지를 포함하는 테일러급수는 다음으로 주어진다.

$$y(h) = y(0) + y'(0)h + \frac{1}{2!}y''(0)h^2 + \frac{1}{3!}y'''(0)h^3 + \frac{1}{4!}y^{(4)}(0)h^4 \qquad ①$$

①의 계산을 위해 y를 4계미분까지의 도함수를 계산한다.

$$y' = -4y + x^2 \qquad ②$$

$$y'' = -4y' + 2x = 16y - 4x^2 + 2x$$

$$y''' = 16y' - 8x + 2 = -64y + 16y - 8x + 2$$

$$y^{(4)} = -64y' + 32x - 8 = 256y - 64x^2 + 32x - 8$$

따라서 각 도함수에서의 초기값은 다음과 같다.

$$y'(0) = -4(1) = -4$$

$$y''(0) = -16(1) = 16$$

$$y'''(0) = -64(1) + 2 = -62$$

$$y^{(4)} = 256(1) = 248$$

여기서 $h = 0.2$를 ①에 대입하면 $y(0.2)$의 근사값을 얻는다.

$$y(0.2) = 1 + (-4)(0.2) + \frac{1}{2!}(16)(0.2)^2 + \frac{1}{3!}(-62)(0.2)^3 + \frac{1}{4!}(248)(0.2)^4$$
$$= 0.4539$$

식(8.7)에 의한 근사적인 절삭오차는 다음으로 주어진다.

$$E = \frac{h^4}{5!}\left[y^{(4)}(0.2) - y^{(4)}(0)\right] \qquad ③$$

여기서 ②로부터 $y^{(4)}(0)=248$, $y^{(4)}(0.2)=112.04$ 로 되며, 이를 ③에 대입하면

$$E=\frac{(0.2)^4}{5!}(112.04-248)=-0.0018 \qquad ④$$

로 주어진다. 주어진 미분방정식의 해석적인 해로부터 $y(0.2)$를 계산하면 다음과 같다.

$$y(0.2)=\frac{31}{32}e^{-4(0.2)}+\frac{1}{4}(0.2)^2-\frac{1}{8}(0.2)+\frac{1}{32}=0.4515 \qquad ⑤$$

따라서 실제의 오차는 $0.4515-0.4539=-0.0024$로 됨을 알 수 있으며, ④와 비교하면 거의 근접한 결과가 얻어진 것으로 볼 수 있다. ■

[예제 8.2]

아래 미분방정식을 상기의 프로그램을 이용하여 해를 구하여 보자.

$$y''=-0.1y'-x,\ y(0)=0,\ y'(0)=1 \qquad ①$$

단 $h=0.25$로 하고, x의 범위를 $(0,\ 2)$로 둔다.

풀이 ①을 1계미분방정식으로 변경한다. 즉, $y_1=y$, $y_2=y$로 두면

$$[y]'=\begin{bmatrix} y_1' \\ y_2' \end{bmatrix}=\begin{bmatrix} y_2 \\ -0.1y_2-x \end{bmatrix},\ [y](0)=\begin{bmatrix} 0 \\ 1 \end{bmatrix} \qquad ②$$

로 된다. ②를 반복적으로 미분함으로서 y의 4계까지의 미분값을 얻는다.

$$[y]''=\begin{bmatrix} y_2' \\ -0.1y_2'-1 \end{bmatrix}=\begin{bmatrix} -0.1y_2-x \\ 0.01y_2+0.1x-1 \end{bmatrix}$$

$$[y]'''=\begin{bmatrix} -0.1y_2'-1 \\ 0.01y_2'+0.1 \end{bmatrix}=\begin{bmatrix} 0.01y_2+0.1x-1 \\ -0.001y_2-0.01x+0.1 \end{bmatrix}$$

$$[y]^{(4)}=\begin{bmatrix} 0.01y_2'+0.1 \\ -0.001y_2'-0.01 \end{bmatrix}=\begin{bmatrix} -0.001y_2-0.01x+0.1 \\ 0.0001y_2+0.001x-0.01 \end{bmatrix}$$

이로부터 함수 taylor를 위한 식(8.17)은 다음과 같다.

$$[d]=\begin{bmatrix} y_2 & -0.1y_2-x \\ -0.1y_2-x & 0.01y_2+0.1x-1 \\ 0.01y_2+0.1x-1 & -0.001y_2-0.01x+0.1 \\ -0.001y_2-0.01x+0.1 & 0.0001y_2+0.001x-0.01 \end{bmatrix} \qquad ③$$

이하 다음 스크립터를 참고한다. ■

위 [예제 8.2]의 해석적인 해는

$$y=100x-5x^2+990(e^{-0.1x}-1)$$

로 주어진다. 이 결과를 상기 프로그램의 결과와 비교해 보면 소수점 이하 다섯 자리 단위까지 일치하는 것을 확인할 수 있다. 예를 들어, $y(2) = 0.54345$ 및 $y'(2) = -1.0543$ 이다.

테일러급수에 의한 미분방정식의 해법은 위 프로그램으로부터 알 수 있는 바와 같이, 종속변수 y의 반복적인 미분의 계산이 필요한 점이다. 이로 인해 계산과정이 길어질 수 있고 또한 오차발생의 가능성이 높다는 점이 단점으로 지적되고 있다.

```
function d = examp_82(x, y)              % [예제 8.2]의 풀이를 위한 함수
% derivative used in Example 8.2         % 이를 examp_82.m으로 저장해 둔다.

d = zeros(4,2);
d(1,1) = y(2);
d(1,2) = -0.1*y(2) - x;
d(2,1) = d(1,2);
d(2,2) = 0.01*y(2) + 0.1*x -1;
d(3,1) = d(2,2);
d(3,2) = -0.001*y(2) - 0.01*x + 0.1;
d(4,1) = d(3,2);
d(4,2) = 0.0001*y(2) +0.001*x - 0.01;
```

```
[x,y] = taylor(@examp_82, 0, [0 1],2, 0.25);
yExact = 100*x-5*x.^2+990*(exp(-0.1*x)-1);                   % 해석적인 방법에 의한 해
plot(x,y(:,1),'b-',x,y(:,2),'r--',x,yExact,'k:')             % 비교를 위한 그림(생략)

printSol(x,y,1) ↵

   x             y1             y2
   0.0000e+000   0.0000e+000    1.0000e+000
   2.5000e-001   2.4431e-001    8.4432e-001
   5.0000e-001   4.6713e-001    8.2829e-001
   7.5000e-001   6.5355e-001    6.5339e-001
   1.0000e+000   7.8904e-001    4.2110e-001
   1.2500e+000   8.5943e-001    1.3281e-001
   1.5000e+000   8.5090e-001   -2.1009e-001
   1.7500e+000   7.4995e-001   -6.0625e-001
   2.0000e+000   5.4345e-001   -1.0543e+000
```

8.2 룽게-굽타 방법(Runge-Kutta method)

룽게-굽타 방법의 목적은 테일러급수를 이용한 방법과는 달리 미분방정식의 계산에서 출력의 반복적인 미분, 즉 고계 미분의 필요성을 제거하고자 하는 것이다. 따라서 이 방법은 식 (8.6)에서 $m = 1$ 인 경우에 해당하는 것으로 볼 수 있다. 즉,

$$[y](x+h)=[y](x)+[y]'(x)h=[y](x)+[f](x,[y])h \tag{8.18}$$

로 주어지며 이를 1차 룽게-굽타 방법으로 부르고 있지만[4], 식(8.6)과 비교하여 과도한 절삭 오차가 발생하여 실제로는 거의 사용되지 않고 있다.

테일러급수를 이용한 방법을 나타낸 [그림 8.2]를 이해를 돕기 위해 약간 수정한 [그림 8.3]을 살펴보자. 이 경우 설명을 위해 벡터를 스칼라로 두었기 때문에 미분방정식은 $y'=f(x, y)$로 될 것이다. 따라서 식(8.18)은

$$y(x+h)=y(x)+y'(x)h \;\rightarrow\; y(x+h)-y(x)=y'(x)h$$

로 된다. 따라서 x와 $x+h$에서 출력 $y(x)$의 변화는 다음과 같이 둘 수 있다.

$$y(x+h)-y(x)=\int_x^{x+h} y'\,dx=\int_x^{x+h} f(x,y)dx$$

위 식은 [그림 8.3]에서 곡선 y'의 구간 $(x, x+h)$에서의 면적을 의미한다. 오일러공식을 사용한다면 이 면적은 그림의 빗금 친 부분으로 근사화되어 계산되며, 실제 면적과의 차이가 절삭오차라고 불리는 부분으로 된다. 그림에서 알 수 있는 바와 같이 절삭오차는 곡선의 기울기, 즉 $y''(x)$에 비례한다.

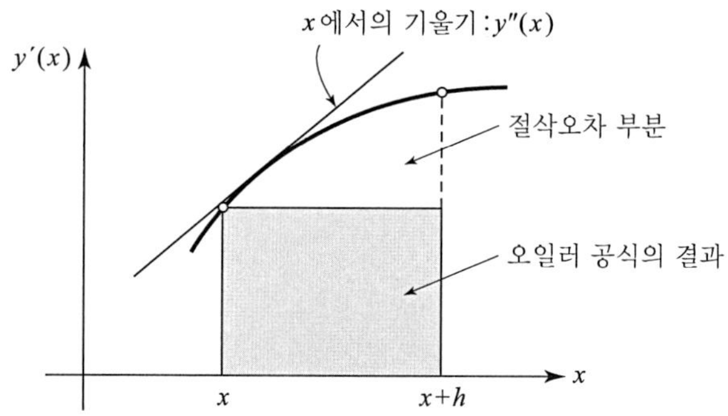

[그림 8.3] 오일러 공식의 그래프

■ 2차의 룽게-굽타 방법

미분의 정확도를 올리기 위해 식(8.18)에서 한 단계 더 나아간 2차의 룽게-굽타 방법을 생각하여 보자. 다시 말하면 정확도의 개선을 위해 $[y]$의 2계 미분을 추가하지 않고 다음과 같은 테일러급수 표현을 이용하는 것이다. 즉, $[y]''(x)h^2$ 항을 추가하는 대신에

$$[y](x+h)=[y](x)+c_0[f](x,[y])h + c_1[f]\{x+ph, [y]+qh[f](x,[y])\}h \tag{8.19a}$$

4) 이 방법은 오일러의 방법(Euler's method)로도 불리고 있다.

을 만족하는 변수 c_0, c_1, p 및 q의 값을 결정하는 것이다. 이를 위해 식(8.19a)를 일반적인 2차의 테일러급수 공식

$$\begin{aligned}[y](x+h) &= [y](x) + [y]'h + \frac{1}{2!}[y]''(x)h^2 + O(h^3) \\ &= [y](x) + [f](x,[y])h + \frac{1}{2}[f]'(x,[y])h^2 + O(h^3)\end{aligned} \tag{8.19b}$$

[5]

와 비교하여 보자. 여기서

$$[f]'(x,[y]) = \frac{\partial[f]}{\partial x} + \sum_{i=1}^{n}\frac{\partial[f]}{\partial y_i}y_i{}' = \frac{\partial[f]}{\partial x} + \sum_{i=1}^{n}\frac{\partial[f]}{\partial y_i}f_i(x,[y]) \tag{8.20}$$

로 된다는 점을 고려하여 식(8.19b)를 정리하면 다음과 같다.

$$\begin{aligned}[y](x+h) &= [y](x) + [f](x,[y])h \\ &\quad + \frac{1}{2}\left(\frac{\partial[f]}{\partial x} + \sum_{i=1}^{n}\frac{\partial[f]}{\partial y_i}f_i(x,[y])\right)h^2 + O(h^3)\end{aligned} \tag{8.21}$$

다시 식(8.19a)의 오른쪽 두 번째 항을 두 개의 변수를 가지는 테일러급수 공식에 대입하면 다음과 같은 표현이 가능하다.

$$\begin{aligned}&[f]\{x+ph, [y]+qh[f](x,[y])\} \\ &= [f](x,[y]) + \frac{\partial[f]}{\partial x}ph + qh\sum_{i=1}^{n}\frac{\partial[f]}{\partial y_i}f_i(x,[y]) + O(h^2)\end{aligned} \tag{8.22}$$

이 표현식을 식(8.19a)에 대입하면

$$\begin{aligned}[y](x+h) &= [y](x) + (c_0+c_1)[f](x,[y])h \\ &\quad + c_1\left\{\frac{\partial[f]}{\partial x}ph + qh\sum_{i=1}^{n}\frac{\partial[f]}{\partial y_i}f_i(x,[y])\right\}h + O(h^3)\end{aligned} \tag{8.23}$$

로 된다. 따라서 식(8.21)과 (8.23)을 비교하면 다음의 관계가 확인된다.

$$c_0 + c_1 = 1,\ c_1 p = \frac{1}{2},\ c_1 q = \frac{1}{2} \tag{8.24}$$

식(8.24)는 네 개의 미지수를 가지는 세 개의 연립방정식 형식이므로, 네 개의 변수 중 하나는 임의로 설정할 수 있다. 이와 관련된 가장 일반적인 값과 명칭을 아래에 열거한다.

i) $c_0 = 0,\ c_1 = 1,\ p = 1/2,\ q = 1/2$: 수정 오일러 방법(Modified Euler's method)

ii) $c_0 = 1/2,\ c_1 = 1/2,\ p = 1,\ q = 1$: Heun의 방법

iii) $c_0 = 1/3,\ c_1 = 2/3,\ p = 3/4,\ q = 3/4$: Ralston의 방법

이러한 방법은 모두 2차의 룽게-굽타 방법으로 분류되고 있으며, 어느 방법이 특별히 계산

5) $y' = f(x,y)$로부터 얻어진 $[y]' = [f](x,[y])$의 관계를 적용하였다.

상 유리하다는 증거는 아직 제시되지 않고 있다. 만약 수정 오일러 방법을 선택하여 이 값을 식(8.19a)에 대입하면 다음과 같은 단순한 형태의 식을 얻을 수 있다.

$$[y](x+h) = [y](x) + [f]\left\{x+\frac{h}{2},\ [y]+\frac{h}{2}[f](x,[y])\right\}h \tag{8.25}$$

이 공식은 아래와 같이 각 부분별로 정리한 뒤 순서에 따라 계산을 수행한다면 어렵지 않게 $x+h$에서의 y의 값을 얻을 수 있다.

$$\begin{aligned} &[K]_1 = h[f](x,\ [y]) \\ &[K]_2 = h[f]\left(x+\frac{h}{2},\ [y]+\frac{1}{2}[K]_1\right) \\ &[y](x+h) = [y](x) + [K]_2 \end{aligned} \tag{8.26}$$

그러나 위와 같은 2차의 룽게-굽타 방식은 실제 계산에서 거의 사용되지 않는다. 대부분의 계산은 타 방법에 비해 적은 노력으로 주어진 오차한계를 얻을 수 있는 룽게-굽타의 4차 공식으로 이루어진다.

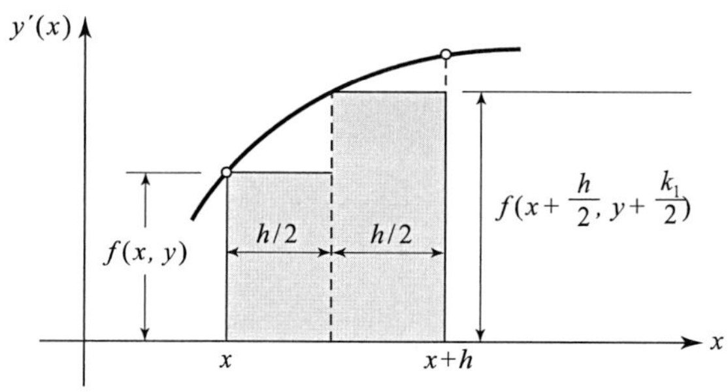

[그림 8.4] 수정 오일러 공식의 그래프 표현

[그림 8.4]는 하나의 변수만을 가지는 미분방정식 $y' = f(x,y)$에 대한 수정오일러 공식을 표현한 것이다. 그림으로부터

$$\int_x^{x+h/2} y'\,dx = y(x+h/2) - y(x) \approx y' \cdot \frac{h}{2} = \frac{f(x,\ y)h}{2}$$

로 되어 이로부터 식(8.26)의 첫 번째 항은 오일러 공식

$$y(x+h/2) = y(x) + f(x,y)h/2 = y(x) + K_1/2$$

에 의한 첫 번째 구간의 중간점에서의 y의 추정값을 생성한다. 다음 점 $x+h/2$에서 $x+h$까지의 면적은

$$\int_{x+h/2}^{x+h} y'dx \approx \frac{h}{2} \cdot y'(x+h/2) = \frac{h}{2} \cdot f(x+h/2,\ y+K_1/2)$$

로 된다. 따라서 빗금친 부분 전체의 면적은

$$\int_{x}^{x+h} y' dx \approx y(x+h) - y(x) = h \cdot f(x+h/2,\ y+K_1/2) = K_2$$

로 되어 식(8.26)이 얻어짐을 확인할 수 있다. 이 경우의 오차는 곡선의 기울기 y''에 비례한다.

■ 4차의 룽게-굽타 방법

지금까지 설명한 2차의 룽게-굽타의 유도과정을 따르면, 테일러급수 전개로부터 4차의 룽게-굽타 방법을 유도할 수 있다. 여기서는 유도과정은 생략하고 최종결과만을 나타내기로 한다. 이 공식의 최종적인 형식 역시 위의 유도과정과 같이 파라미터의 선정방법에 의존한다. 다시 말하면 4차의 유일한 룽게-굽타 방법은 존재하지 않으며, 일반적으로 가장 선호되는 방법은 아래의 순서에 따라 계산되는 것으로 이를 보통 룽게-굽타 방법이라고 부르고 있다.

먼저 식(8.5)와 같이 1계미분방정식이 초기값과 함께 다음과 같이 주어져 있다고 한다.

$$[y]' = [f](x, [y]),\ [y] = [\alpha] \tag{8.27}$$

이때 구간간격(step-size)으로 h가 선정되었다면

$$[y](x_{n+1}) = [y](x_n) + \frac{1}{6}([K_1] + 2[K_2] + 2[K_3] + [K_4]) \tag{8.28a}$$

$$x_{n+1} = x_n + h \tag{8.28b}$$

로 주어진다. 단,

$$[K]_1 = h[f](x_n,\ [y](x_n)) \tag{8.28c}$$

$$[K]_2 = h[f]\left(x_n + \frac{h}{2},\ [y](x_n) + \frac{[K]_1}{2}\right)$$

$$[K]_3 = h[f]\left(x_n + \frac{h}{2},\ [y](x_n) + \frac{[K]_2}{2}\right)$$

$$[K]_4 = h[f](x_n + h,\ [y](x_n) + [K]_3)$$

이다. 즉, $[y](x_{n+1})$는 현재값 $[y](x_n)$과 구간 h내에서의 기울기의 변화에 따른 네 종류의 증분값 $[K]_i$, $(i = 1 \sim 4)$의 합으로 계산된 근사값이다. 위 식을 일반적으로 RK4, 또는 룽게-굽타의 방법으로 부르고 있다.

이 방법의 가장 큰 약점은 절삭오차의 추정에 도움이 되지 않는다는 점이다. 따라서 적분의 구간간격 h의 초기값을 신중하게, 시행착오를 거듭하여 선정하여 할 필요가 있다. 이와 대조적으로 적응 방법(adaptive method)으로 불리는 공식은 계산의 각 단계에서 절삭오차를 평가하고 이에 따라 적절하게 h를 조절하는 기능을 가지고 있지만, 여기서는 더 이상 언급하지 않는다.

4차의 룽게-굽타 방법에 대한 이해를 돕기 위해 하나의 변수만을 가지는 미분방정식(예를

들어 $y' = f(x, y)$ 등)에 대하여 식(8.28)을 전개하여 보자. 하나의 변수만을 가지기 때문에 $[y] = y$ 및 식(8.5b)로부터 $[f] = f(x, y)$로 주어진다. 이 경우 식(8.28)을 정리하면 다음의 표현식이 얻어진다.

$$y(x_{n+1}) = y(x_n) + \frac{1}{6}(K_1 + 2K_2 + 2K_3 + K_4)h \qquad (8.29a)^{6)}$$

단,

$$K_1 = f(x_n, y(x_n)) \qquad (8.29b)$$

$$K_2 = f\left(x_n + \frac{1}{2}h, y(x_n) + \frac{1}{2}K_1 h\right)$$

$$K_3 = f\left(x_n + \frac{1}{2}h, y(x_n) + \frac{1}{2}K_2 h\right)$$

$$K_4 = f(x_n + h, y(x_n) + K_3 h)$$

이다. 여기서 식(8.29b)의 각 증분값의 의미를 간단히 언급하면 다음과 같다([그림 8.5] 참조).

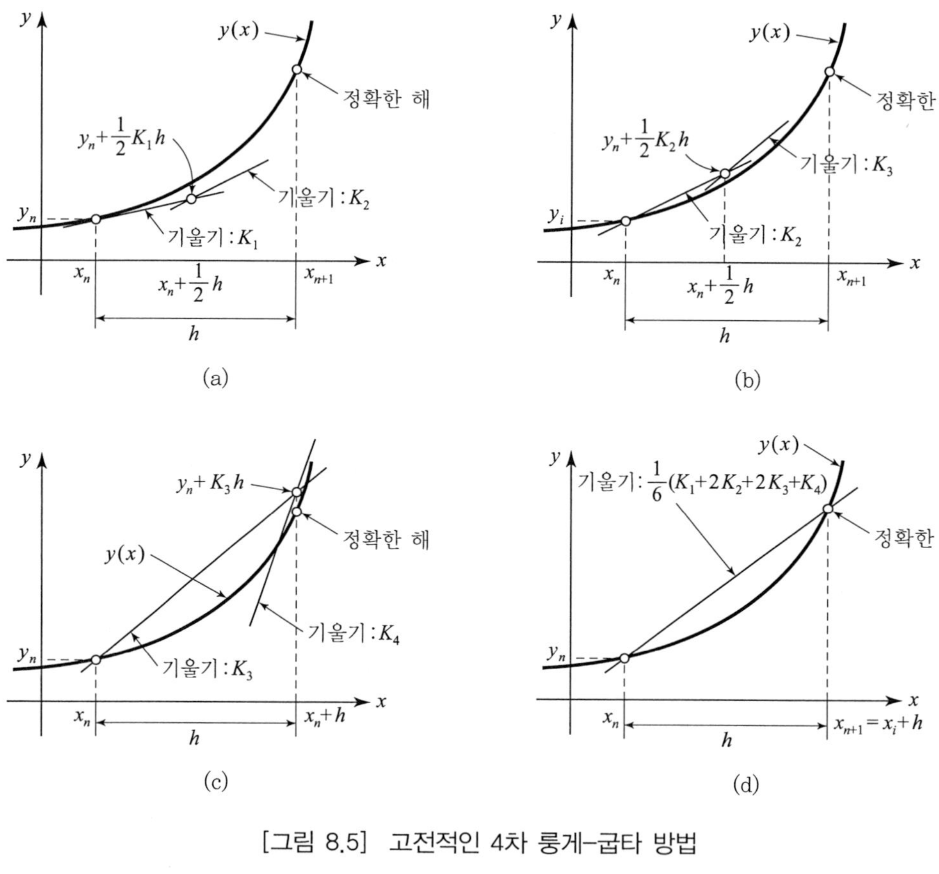

[그림 8.5] 고전적인 4차 룽게-굽타 방법

6) 식(8.27)과 다른 점은 K_i, $(i = 1 \sim 4)$의 표현에서 있는 h를 제거하고 이를 $y(x_{n+1})$의 표현에서 나타내었다. 이렇게 함으로서 K_i를 각 구간에서의 기울기로서 표현할 수 있다([그림 8.5] 참조).

i) K_1 : 구간 시작점 x_n에서의 기울기와 $y(x_n)$을 기본으로 하는 증분값

ii) K_2 : 중간점 $x_n + h/2$에서의 기울기와 $y(x_n) + K_1/2$를 기본으로 하는 증분값

iii) K_3 : 중간점에서의 기울기와 $y(x_n) + K_2/2$를 기본으로 하는 증분값

iv) K_4 : 구간 끝점 x_{n+1}에서의 기울기와 $y(x_n) + K_3$를 기본으로 하는 증분값

[그림 8.5]에 고전적인 룽게-굽타 방법의 계수설정법을 도식적으로 나타내었다. [그림 8.5(a)]에서 [그림 8.5(c)]까지는 식(8.28b)의 기울기 설정방법을 보여주고 있다. 즉, (a)는 기울기 K_1을 보여주고 이를 이용하여 어떻게 기울기 K_2를 설정하는가, (b)는 기울기 K_2가 기울기 K_3를 결정하는데 어떻게 사용되는가 및 (c)는 K_3가 어떻게 K_4의 설정에 사용되는가 하는 것을 각각 보여주고 있다. 또한, (d)는 위에서 구한 각 네 개의 기울기 $K_1 \sim K_4$를 이용하여 '$y(x_{n+1})$이 어떻게 계산되는가'라는 식(8.29a)의 적용을 보여주고 있다.

■ Explicit Runge-Kutta methods

위에서 언급한 4차의 룽게-굽타 방법을 일반화한 것으로 다음과 같은 명시적(Explicit) 룽게-굽타 방법이 있으며 다음과 같이 정의된다.

$$y(x_{n+1}) = y(x_n) + \sum_{i=1}^{s} b_i k_i \tag{8.30a}$$

$$\begin{cases} k_1 = hf(x_n, y(x_n)) \\ k_2 = hf(x_n + c_2 h,\ y(x_n) + a_{21}k_1) \\ k_2 = hf(x_n + c_3 h,\ y(x_n) + a_{31}k_1 + a_{32}k_2) \\ \quad \vdots \\ k_s = hf(x_n + c_s h,\ y(x_n) + a_{s1}k_1 + a_{s2}k_2 + \cdots + a_{s,s-1}k_{s-1}) \end{cases} \tag{8.30b}$$

위 식을 이용하기 위해서는 먼저 정수 s(단계의 횟수)를 결정한 뒤, 식(8.30b)로 주어진 각 계수 a_{ii}, $(1 \le j < i \le s)$, b_i, $(i = 1, 2, \cdots, s)$ 및 c_i, $(i = 2, 3, \cdots, s)$의 계산이 필요하다. 일반적으로 이러한 계수의 값은 연상기억코드(mnemonic code)를 이용하면 다음의 형식으로 주어진다.

$$\begin{array}{c|ccccc} 0 & & & & & \\ c_2 & a_{21} & & & & \\ c_3 & a_{31} & a_{32} & & & \\ \vdots & \vdots & & \ddots & & \\ c_s & a_{s1} & a_{s2} & \cdots & a_{s,s-1} & \\ \hline & b_1 & b_2 & \cdots & b_{s-1} & b_s \end{array}$$

이때 룽게-굽타의 방법과 식(8.30)의 계수와의 사이에 다음 관계가 성립한다.

$$\sum_{j=1}^{i-1} a_{ij} = c_i,\ (i = 2, \cdots, s)$$

예를 들어, RK4의 경우 다음으로 됨을 확인할 수 있다.

$$\begin{array}{c|cccc} 0 & & & & \\ 1/2 & 1/2 & & & \\ 1/2 & 0 & 1/2 & & \\ 1 & 0 & 0 & 1 & \\ - & --- & --- & --- & --- \\ & 1/6 & 1/3 & 1/3 & 1/6 \end{array}$$

■ **MATLAB 프로그램**

아래 함수 runKut4는 4차의 룽게-쿱타 방법을 실현하는 프로그램의 하나이다. 이 함수는 1계미분방정식으로 이루어지는 벡터 $[y]' = [F](x, [y])$를 나타내는 함수의 핸들 dEqs을 필요로 한다.

```
function [xSol, ySol] = runKut4(dEqs, x, y, xStop, h)
% 4th-order Runge-Kutta integration.
% USAGE: [xSol,ySol] = runKut4(dEqs,x,y,xStop,h)
% INPUT: dEqs = handle of function that specifies the 1st-order
%             equations F(x,y) =[dy1/dx,dy2/dx....]
% x, y = initial values; y must be row vector.
% xStop = terrminal value of x, h = incremental of x used
% OUTPUT: xSol = x- values at which solution is computed
%         ySol = value of y corresponding to the x-values.

if size(y,1) > 1; y = y'; end             % y는 반드시 행벡터로 입력되어야 한다
xSol = zeros(2, 1); ySol = zeros(2, length(y));
xSol(1) = x; ySol(1, :) = y;
i = 1;
while x < xStop
    i = i + 1;
    h = min(h, xStop - x);
    K1 = h*feval(dEqs, x, y);
    K2 = h*feval(dEqs, x + h/2, y + K1/2);
    K3 = h*feval(dEqs, x + h/2, y + K2/2);
    K4 = h*feval(dEqs, x + h, y + K3);
    y = y + (K1 + 2*K2 + 2*K3 + K4)/6;
    x = x + h;
    xSol(i) = x; ySol(i,:) = y;              % 계산결과를 저장
end
```

[예제 8.3]

다음 미분방정식을 2차의 룽게-굽타 방법을 사용하여 해를 구하여보자.

$$y' = \sin y,\ y(0) = 1$$

풀 이 위 문제의 경우

$$f(x,y) = \sin y$$

로 주어지므로 식(8.26)에 의한 결과는 다음과 같다.

$$K_1 = hf(x,\ y) = 0.1\sin y$$
$$K_2 = hf\left(x + \frac{h}{2},\ y + \frac{K_1}{2}\right) = 0.1\sin\left(y + \frac{K_1}{2}\right)$$
$$y(x+h) = y(x) + K_2$$

$y(0) = 1$로 된다는 사실을 염두에 두고 위의 공식에 따라 계산을 수행하면 다음을 얻는다.

$$K_1 = 0.1\sin(1.0000) = 0.0841$$
$$K_2 = 0.1\sin\left(1.0000 + \frac{0.0841}{2}\right) = 0.0863$$
$$y(0.1) = 1.0 + 0.0863 = 1.0863$$
$$K_1 = 0.1\sin(1.0863) = 0.0885$$
$$K_2 = 0.1\sin\left(1.0863 + \frac{0.0885}{2}\right) = 0.0905$$
$$y(0.2) = 1.0863 + 0.0905 = 1.1768$$

위의 계산을 반복하여 정리하면 다음의 표를 얻는다.

x	y	K_1	K_2
0.0	1.0000	0.0841	0.0863
0.1	1.0863	0.0885	0.0905
0.2	1.1768	0.0923	0.0940
0.3	1.2708	0.0955	0.0968
0.4	1.3676	0.0979	0.0988
0.5	1.4664		

위 미분방정식의 정확한 해는

$$x(y) = \ln(\csc y - \cot y) + 0.604582$$

로 주어진다[7]. 이로부터 $x(1.4644) = 0.5000$이므로 위 표와 일치하므로, 적어도 소수점 이하 네 자리까지의 해는 해석적인 해와 일치한다고 볼 수 있다. 그러나 위의 적분을 계속 수행한다면 적분의 과정에서 발생하는 절삭오차와 반올림 오차 등으로 인해 소수점 아래 네 자리까지의 정확도는 유지될 수 없을 것이다. ■

[예제 8.4]

아래 미분방정식을 구간간격 $h=0.25$로 하여 구간 $x=0$에서 $x=2$까지의 해를 구하여라.

$$y''=-0.1y'-x,\ y(0)=0,\ y'(0)=1$$

풀이 $y_1=y$와 $y_2=y'$로 두면 다음과 같은 1계 미분으로 이루어진 벡터를 얻을 수 있다.

$$[F](x,[y])=[y]'=\begin{bmatrix} y_1' \\ y_2' \end{bmatrix}=\begin{bmatrix} y_2 \\ -0.1y_2-x \end{bmatrix}$$

이하 아래의 스크립터를 참조한다. ■

```
function F = examp_84(x, y)
% Differential Equation used in Example 8.4
F = zeros(1,2);
F(1) = y(2); F(2) = -0.1*y(2) - x;
% 위를 함수파일로 저장
```

```
[x,y] = runKut4(@examp_84, 0,[0 1],2,0.25);
printSol(x,y,1) ↵

   x             y1            y2
   0.0000e+000   0.0000e+000   0.0000e+000
   2.5000e-001   2.4431e-001   8.4432e-001
   5.0000e-001   4.6713e-001   8.2829e-001
   7.5000e-001   6.5355e-001   6.5339e-001
   1.0000e+000   7.8904e-001   4.2110e-001
   1.2500e+000   8.5943e-001   1.3281e-001
   1.5000e+000   8.5090e-001  -2.1009e-001
   1.7500e+000   7.4995e-001  -6.0625e-001
   2.0000e+000   5.4345e-001  -1.0543e+000
```

[예제 8.5]

고전적인 4차의 룽게-굽타 방법 식(8.29)를 이용하여 다음 미분방정식의 해를 구하여 보자. 이때 독립변수 x의 구간은 0에서 1.5까지로 하고, 구간간격은 $h=0.5$로 둔다.

$$\frac{dy}{dx}=-1.2y+7e^{-0.3x},\ \text{초기값}\ y(0)=3$$

7) 정확한 해를 구하는 과정은 8,5절의 프로그램을 참조한다.

이 결과를 해석적인 해 $y=\dfrac{70}{9}e^{-0.3x}-\dfrac{43}{9}e^{-1.2x}$와 비교하여 보자.

풀이 해의 출발점은 초기값인 (0, 3)이다. 즉, $x_1=0$과 $y_1=3$을 의미한다. 나머지의 해는 각 단계별로 공식 (8.29)을 반복한다. 즉, 각 단계 i,에서 다음 단계 $i+1$은 다음 식에 의해 연결된다. 독립변수 x는

$$x_{i+1}=x_i+h=x_i+0.5 \qquad ①$$

로 되며, 이에 의한 종속변수 y_{i+1}는 먼저 기울기 $K_1 \sim K_4$를 (8.29b), 즉

$$K_1=f(x_i,\ y_i) \qquad ②$$

$$K_2=f\left(x_i+\frac{1}{2}h,\ y_i+\frac{1}{2}K_1 h\right)$$

$$K_3=f\left(x_i+\frac{1}{2}h,\ y_i+\frac{1}{2}K_2 h\right)$$

$$K_4=f(x_i+h,\ y_i+K_3 h)$$

를 이용하여 결정하여 이를 식(8.28a), 즉

$$y_{i+1}=y_i+\frac{1}{6}(K_1+2K_2+2K_3+K_4)h \qquad ③$$

로서 계산한다. 이상의 관계를 각 단계로 실시하면 다음과 같다.

[단계 1] : ($i=1$의 경우)

①~③의 계산을 실행한다.

$$x_2=x_1+0.5=0+0.5=0.5$$

$$K_1=-1.2\cdot 3+7\cdot e^{-0.3\cdot 0}=3.4$$

$$x_1+\frac{1}{2}h=0+\frac{1}{2}\cdot 0.5=0.25,\ y_1+\frac{1}{2}K_1 h=3+\frac{1}{2}\cdot 3.4\cdot 0.5$$
$$=3.85$$

$$K_2=-1.2\left(y_1+\frac{1}{2}K_1 h\right)+7e^{-0.3\left(x_1+\frac{1}{2}h\right)}=-1.2\cdot 3.85+7e^{-0.3\cdot 0.25}$$
$$=1.874$$

$$y_1+\frac{1}{2}K_2 h=3+\frac{1}{2}\cdot 1.874\cdot 0.5=3.469$$

$$K_3=-1.2\left(y_1+\frac{1}{2}K_2 h\right)+7e^{-0.3\left(x_1+\frac{1}{2}h\right)}=-1.2\cdot 3.469+7e^{-0.3\cdot 0.25}$$
$$=2.3319$$

$$y_1+K_3 h=3+2.331\cdot 0.5=4.166$$

$$K_4=-1.2(y_1+K_3 h)+7e^{-0.3(x_1+h)}=-1.2\cdot 4.166+7e^{-0.3\cdot 0.5}=1.026$$

$$y_2 + \frac{1}{6}(K_1 + 2K_2 + 2K_3 + K_4)h = 3 + \frac{1}{6}(3.4 + 2 \cdot 1.874 + 2 \cdot 2.331 + 1.026) = 4.06$$

첫 단계의 마지막에서 $x_2 = 0.5$, $y_2 = 4.069$을 얻는다.

[단계 2] : ($i = 2$의 경우)

동일한 과정을 되풀이하면 $K_1 = 1.142$, $K_2 = 0.3636$, $K_3 = 0.5976$, $K_4 = -0.0559$로 되어, 마지막으로 $x_3 = 1.0$ 및 $y_3 = 4.32$를 얻는다.

[단계 3] : ($i = 3$의 경우)

$K_1 = 0.001728$, $K_2 = -0.373$, $K_3 = -0.2614$, $K_4 = -0.5634$로 되어 $x_3 = 1.5$ 및 $y_3 = 4.167$를 얻는다.

위 결과를 해석적으로 구한 해와 비교한 것이 [그림 8.6]이며 x_i, ($i = 0,1\ ,2,\ 3$) 에서의 y_i의 실제값과의 비교를 표에 나타내었다. 이상의 결과로부터 실제값과 4차 룽게-굽타방법에 의한 결과와의 절삭오차는 $h^4 = 0.5^4 = 0.0625$로 주어지므로, 표의 결과와 일치하고 있는 것을 알 수 있다. ■

[표 8.1] [예제 8.5]의 실제값과의 오차

i	1	2	3	4
x_i	0	0.5	1.0	1.5
y_i(수치해석)	3.0	4.069	4.32	4.167
y_i(실제값)	3.0	4.072	4.323	4.170
오차	0	0.003	0.003	0.003

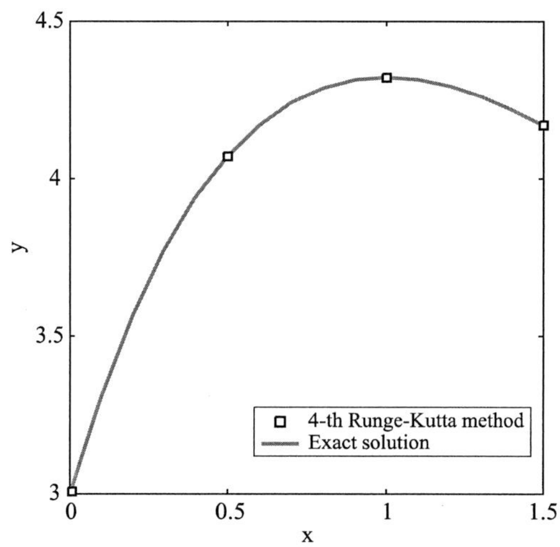

[그림 8.6] [예제 8.5]의 결과

8.3 해의 안정성(Stability)과 스티프(Stiffnes)

어떤 종류의 알고리즘을 사용하여 적분을 포함하는 식의 수치적 해를 구하는 과정에서 발생하는 오차(이를 local error라고 한다)가 (해의 정확성과는 별개로) 파국적으로 축적되지만 않는다면 그 알고리즘은 대략 안정적이라고 이야기할 수 있을 것이다. 다시 말하면, 이는 결과로서 나타나는 오차(이를 global error라고 한다)가 한정된 범위 내에 존재한다는 것을 의미한다. 만약 오차가 지속적으로 증가한다면 결국에는 계산에서 오버플로(overflow)를 발생시키게 될 것이다. 따라서 안정성이란 해의 정확성과는 무관하다는 점에 유의해야 한다. 사실상 만약 해의 정확성과 무관한 방법을 채용한다면 안정성을 대폭 향상시킬 수 있겠지만, 해의 정확성이 떨어진다면 아무리 안정한 알고리즘도 소용이 없을 것이다.

조금 구체적으로 설명하면 계산과정에서 발생하는 전체 수치오차는 계산방법(알고리즘)에 의해 발생하는 절삭오차와 사용하는 하드웨어에 의존하는 반올림오차로 구성된다(제1장 참조). 뒤에서 설명하는 MATLAB 제공함수인 ODE solver를 사용하는 경우, 각 계산단계에서 발생하는 오차는 계산의 단계를 진행시킴에 따라 정상적인 환경 아래서는 증가하지 않는 것으로 알려져 있다. 또한 전체 오차는 계산의 구간크기(즉 step size) h를 작게 하면 일반적으로 감소한다. 다시 말하면 수치해석에 의한 결과는 h를 작게 함에 따라 더 정확한 것으로 기대된다는 것이다. 그러나 경우에 따라서는 h를 점차로 더 작게 설정한다고 하더라도 전체오차가 계산이 진행됨에 따라 무한정으로 증가하기도 한다. 이와 같이 계산과정(또는 알고리즘)에 의해 정해지는 h에 따라 오차의 변동이 심한 해는 불안정(unstable)하다고 한다.

해의 안정성은 일반적으로 다음 세 가지 요소에 의존한다.

i) 특정한 수치해석적 방법의 채용(알고리즘에 의존)

ii) 해의 계산에 사용된 구간간격 h(구간간격에 의존)

iii) 특정한 미분방정식(미분방정식의 형식에 의존)

해의 안정성을 평가하는 방법으로 여러 가지가 있으나 이중에서 다음 세 가지가 유용하다. 즉 ① 단정도(single-precision)와 배정도(double-precision)로 계산을 각각 실행한다, ② 구간간격 h를 변화시켜 계산한 뒤 그 결과를 비교한다, ③ 수치해석법의 차수를 높여 계산을 다시 수행한다 등이 있다.

■ 오일러 방법의 안정성

안정성과 관련된 간단한 예제로서 다음 미분방정식을 생각하여 보자.

$$y' = -\lambda y,\ y(0) = \beta \tag{8.31}$$

여기서 λ는 양의 정수이다. 식(8.31)의 해석적인 해는 다음으로 주어진다.

$$y(x) = \beta e^{-\lambda x}$$

이제 오일러의 방법인 식(8.18)을 적용하여 식(8.31) 미분방정식의 해를 수치적으로 구하는 과정을 통하여 안정성을 비롯한 제반 문제점을 살펴보기로 한다. 식(8.18)로부터

$$y(x+h) = y(x) + h\,y'(x) \tag{8.32}$$

되고, 여기에 $y'(x) = -\lambda y(x)$를 대입하면 다음이 얻어진다.

$$y(x+h) = (1-\lambda h)y(x)$$

만약 $|1-\lambda h| > 1$이면 위식에서 $|y|$가 각 적분단계마다 증가할 것이므로 이 방법은 분명히 불안정, 즉 해가 발산하게 될 것이다. 따라서 오일러의 방법은 조건 $|1-\lambda h| \le 1$, 또는

$$h \le \frac{2}{\lambda} \tag{8.33}$$

을 만족하는 경우에만 안정하다고 할 수 있다. 이 결과는 식(8.5)의 형식, 즉 1계미분방정식의 형식

$$[y]' = [\Lambda][y] \tag{8.34}$$

으로 표현된 n계 미분방정식에도 적용가능하다. 여기서 $[\Lambda]$는 양의 고유값 λ_i, $(i=1,\ 2,\ \cdots,\ n)$을 가지는 정수행렬을 나타낸다.

다음 예제를 이용하여 이를 확인하여 보자.

[예제 8.6]

다음 ODE

$$\frac{dy}{dx} = -2.5y,\ \text{초기조건: } y(0)=1,\ \text{구간 } 0 < x < 3.4 \qquad ①$$

에 대하여

(a) $h = 0.2$로 두고 오일러 방법으로 해를 구한다.

(b) $h = 0.85$으로 두고 오일러 방법으로 해를 구한다.

①의 정확한 해는 $y = -2.5e^{-2.5x}$이며, 두 방법의 결과를 그래프로 비교하여 본다.

풀 이 식(8.33)에 의하면 안정성의 척도를 만족하는 구간간격은 $h < \dfrac{2}{2.5} = 0.8$이다. 따라서 (a)의 h는 이 범위 내에 있으나 (b)의 h는 범위를 넘어서기 때문에 (b)의 해는 불안정할 것이다. 다음 스크립터로서 이를 확인한다.

```
examp_86 =@(x,y) -2.5*y;
a = 0; b = 3.4; alpha = 2.5;
ha =0.2; hb = 0.85;
[xa,ya] = runKut4(examp_86,0,[1],b,ha);
[xb,yb] = runKut4(examp_86,0,[1],b,hb);
xTrue = a:0.05:b; yTrue = exp(-alpha*xTrue);                % 실제 값의 계산
plot(xa,ya,'ro--',xb,yb,'b*--',xTrue,yTrue,'k')             % [그림 8.7]
legend('h=0.2','h=0.85','True y')
xlabel(' Time [s] '),ylabel( 'y(t) ')
```

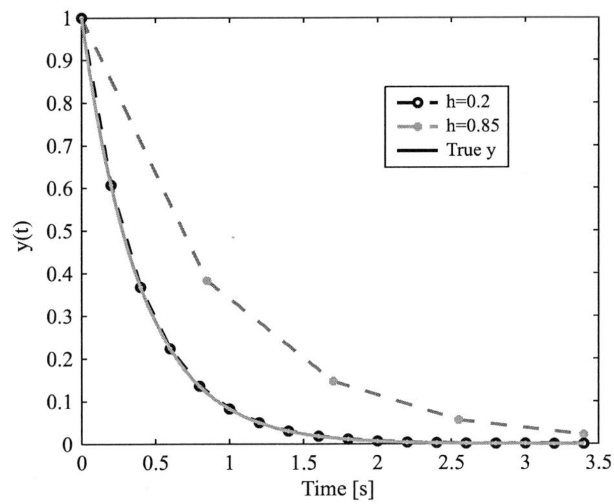

[그림 8.7] [예제 8.6]의 결과

일반적으로 구간간격(step size)이 증가함에 따라 계산결과의 정확도는 낮아지지만, 해가 불안정으로 가는 것은 회피할 수 있다. 그러나 일반적으로 모든 미분방정식에 있어서 식 (8.33)과 같은 안정성의 척도를 유도할 수는 없기 때문에 계산결과의 정확도와 해의 불안정성 사이를 주의 깊게 관찰하여 h를 결정하여야 할 것이다.

■ 스티프성(Stiffness)

미분방정식의 해를 구하는 과정에서 극단적으로 작은 구간간격 h를 채용하지 않는다면 얻어진 해가 수치적으로 불안정하게 되는 경우, 이와 같은 미분방정식은 수학적 용어로 스티프(stiff)하다고 한다. 스티프성(stiffness)을 정확하게 정의한다는 것은 어려운 일이지만, 일반적 관점은 해 전체, 또는 일부가 독립변수의 변화에 대해 특별히 매우 심하게 변동하는 미분방정식을 의미하는 것으로 이해할 수 있다. 예를 들어, 다음 미분방정식을 생각하여 보자.

$$y'(x) = -15y(x),\ y(0) = 1,\ (t \geq 0) \tag{8.35}$$

위 미분방정식의 정확한 해는 $y(x) = e^{-15x}$로서 $x \to \infty$ 함에 따라 $y(x) \to 0$로 된다. 식

(8.35)의 미분방정식을 두 종류의 구간간격 $h=1/4$ 및 $1/8$을 사용하여 오일러의 방식[8]과 뒤에서 설명하는 Trapezoidal 방법을 각각 적용하여 해를 구하여 그래프로 나타낸 것이 [그림 8.8]이다. 그림으로부터 식(8.35)가 왜 스티프한 미분방정식인지를 짐작할 수 있을 것이다.

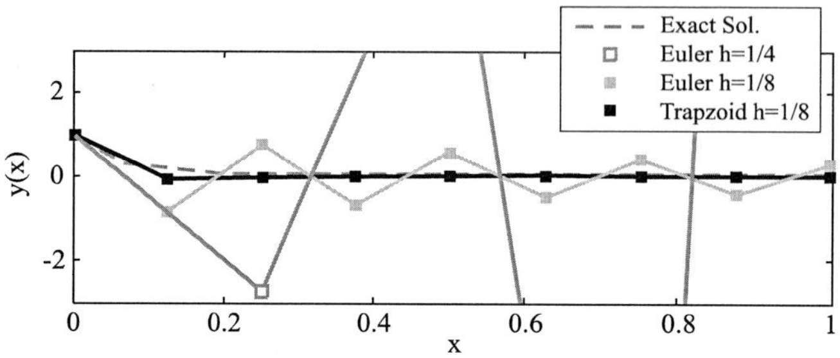

[그림 8.8] 스티프한 미분방정식의 구간간격 h의 변화에 따른 해

미분방정식의 스티프성은 식(8.34)와 같이 일정한 계수행렬을 가지는 미분방정식에 대해서는 쉽게 예측할 수 있다. 미분방정식 (8.34)의 해는 다음 형식으로 주어진다.

$$[y](x) = \sum_{i}^{n} C_i [v]_i e^{(-\lambda_i x)} \tag{8.36}$$

여기서 λ_i와 $[v]_i$는 각각 행렬 $[\Lambda]$의 고유값과 고유벡터이다. 따라서 각 고유값 사이에 크기의 불균형이 크다면 주어진 미분방정식은 스티프하다고 할 수 있다[9].

스티프한 미분방정식의 수치적분을 수행하는 경우에는 특별한 주의가 필요하다. 해의 안정성을 위해 적분의 구간간격 h는 $[\Lambda]$의 최대 고유값 λ_{max}에 의해 결정되어야 한다는 것이다. 이 원칙은 주어진 미분방정식의 해 $[y](x)$ 중에서 $e^{(-\lambda_{max} x)}$을 가지는 항이 빨리 수렴하여 x가 원점에서 멀어짐에 따라 해 전체에 미치는 영향이 미미한 경우에도 해당된다.

위에서 언급한 스티프성에 대한 정의로서 미분방정식의 스티프성의 여부를 확인하는 것은 쉬운 일이 아니다. 다음과 같은 표현도 미분방정식의 스티프성을 확인하는 좋은 방법 중의 하나다[10].

i) 식(8.34)와 같은 형식으로 주어진 미분방정식 표현에서 $[\Lambda]$의 모든 고유값이 음의 실수값을 가지며 동시에 조건수가 크다면 상수계수를 가지는 선형미분방정식은 스티프하다.

ii) 해의 정확성보다 안정성의 요구조건으로 인해 구간간격의 크기가 제한된다면 스티프한 결과가 나타날 수 있다.

iii) 해의 일부가 다른 것보다 훨씬 급격하게 감소한다면 스티프성이 문제가 된다.

8) 식(8.6)에서 $m=1$인 경우에 해당한다.
9) 다시 말하면 '조건수의 값이 크다면 스티프하다'라고 할 수 있을 것이다.
10) Lambert의 정의라고 한다.

예를 들어, 아래의 미분방정식을 생각하여 보자.

$$my'' + cy' + ky = 0\,,\ y(0) = y_o,\ \dot{y}(0) = 0 \qquad (8.37)$$

위 미분방정식은 질량(m), 마찰(c) 및 스프링(k)으로 구성된 시스템의 운동방정식을 나타내고 있는 것으로 외부 입력이 없는 상태에서 질량의 위치변화 $y(t)$는 시간의 경과와 함께 일정한 값에 수렴할 것으로 예상된다. 여기서 $m=1$, $c=1001$ 및 $k=1000$으로 두고 여기에 $y_1 = y$ 및 $y_2 = y'$의 관계를 적용하여 식(8.37)을 1계미분방정식 표현으로 변경하면

$$[y]' = \begin{bmatrix} y_2 \\ -1000y_1 - 1001y_2 \end{bmatrix}$$

로 되며 식(8.34)의 표현에 따르면 행렬 Λ는 다음으로 주어진다.

$$\Lambda = \begin{bmatrix} 0 & 1 \\ -1000 & -1001 \end{bmatrix}$$

위 행렬의 고유값은 다음과 같은 행렬의 특성다항식을 만족하는 근으로 주어진다. 즉

$$|\Lambda + \lambda I| = \lambda(1001 + \lambda) + 1000 = 0$$

의 두 근은 인수분해를 이용하여 구하면 $\lambda_1 = -1$ 및 $\lambda_2 = -1000$으로 되며, 이는 행렬 Λ가 최대고유값과 최소고유값 사이의 차가 큰 행렬이라는 사실을 보여준다. 이 결과는 위에서 언급한 스티프성에 대한 i), iii)의 조건에 들어맞는다. 식(8.37)의 정확한 해는

$$y(t) = y_o\left(-\frac{1}{999}e^{-1000t} + \frac{1000}{999}e^{-t}\right) \approx x_o e^{-t} \qquad (8.38)$$

이다. 미분방정식 (8.37)의 해는 결과적으로 $x_o e^{-t}$의 모양을 가지지만, 컴퓨터에서의 계산에서는 아주 작은 값이기는 하지만 식(8.38)에 실제로 존재하는 e^{-1000t}의 항으로 인해 적분의 구간간격 h의 크기에 민감하게 반응하는 수치계산의 결과를 나타내게 된다. 다시 말하면 식(8.37)의 안정한 해, 즉 1) 해 곡선이 부드럽게 변동하면서, 2) 요구되는 정확도보다 훨씬 작은 정도의 오차를 가지는 해를 얻기 위해서는 아주 작은 구간간격을 사용해야 하기 때문에 결과적으로 스티프성에 관한 두 번째의 조건에도 부합된다는 사실을 알 수 있다.

오일러 공식에 의한 결과가 안정하기 위한 적분의 구간간격은 일반적으로 $h < 2/\lambda_{\max}$로 주어진다. 위 미분방정식의 경우 $h < 2/\lambda_2 = 0.002$로 되어 너무 작은 값을 그 상한으로 가지게 되어 계산 과정에서 문제가 발생할 가능성이 높다. 해의 안정성에 관한 이와 같은 문제점은 룽게-쿱타의 알고리즘을 사용하는 경우에도 동일하게 적용된다.

주어진 문제가 스티프한 경우 해의 안정성의 확보를 위해 적분의 구간간격 h를 아주 작은 값으로 설정해야 한다. 따라서 계수의 계산에서 h를 필요로 하는 룽게-쿱타의 방식과 같은 가장 일반적인 수치계산용 알고리즘으로 스티프한 미분방정식의 해를 구한다는 것은 비실용적이라는 것을 알 수 있다. 이러한 어려움은 스티프한 문제를 위해 특별히 고안된 방법을 사용함

으로서 어느 정도 해결할 수 있지만, 여기서는 더 이상 언급하지 않는다. 해의 안정성을 높이고자 한다면 알고리즘의 차수를 낮추는 것이 일반적인 방법이지만, 이로 인해 절삭오차가 증가한다는 사실을 유의해야 할 것이다.

[예제 8.7]

미분방정식이 주어져 있다.

$$y'' = -\frac{19}{4}y - 10y', \quad y(0) = -9,\ y'(0) = 0 \qquad ①$$

(1) 위 미분방정식 중간 정도로 스티프함을 보이고, 룽게-굽타 방법에 의한 해가 안정하기 위한 적분 구간간격 h의 최대값 h_{max}을 추정하여라.

(2) $h \approx h_{max}/2$와 $h \approx 2h_{max}$를 사용하였을 경우의 $y(10)$의 값을 추정하여라.

풀이 (1) $y_1 = y$ 및 $y_2 = y'$를 이용하여 주어진 미분방정식을 1계로 변형하면 다음과 같다.

$$[y]' = \begin{bmatrix} y_2 \\ -\frac{19}{4}y_1 - 10y_2 \end{bmatrix} = \begin{bmatrix} 0 & 1 \\ -\frac{19}{4} & -10 \end{bmatrix}\begin{bmatrix} y_1 \\ y_2 \end{bmatrix} = \Lambda \begin{bmatrix} y_1 \\ y_2 \end{bmatrix} \qquad ②$$

이로부터 행렬 Λ의 고유값은 $\lambda_1 = -1/2$과 $\lambda_2 = -19/2$로 됨을 알 수 있다. λ_1에 비해 λ_2가 조금 크기 때문에 중간정도의 스티프한 문제임을 알 수 있다.

(2) 해가 안정하기 위한 h의 한계는

$$h_{max} = \frac{2}{\lambda_{max}} = \frac{2}{19/2} = 0.2153 \qquad ③$$

로 된다. 따라서 $h = 0.1$인 경우의 ①의 룽게-굽타 법에 의한 수치해를 최종값만을 나타내면 다음과 같다.

```
function F = examp_87(x, y)
% Differential Equation used in Example 8.7
F = zeros(1,2);
F(1) = y(2); F(2) = -19/4*y(1) - 10*y(2);
% 위를 examp_87.m으로 저장
[x,y] = runKut4(@examp_87,0,[-9 0],10,0.1);
printSol(x,y,0) ↲
```

```
   x             y1              y2
   0.0000e+000  -8.0000e+000    0.0000e+000
   1.0000e+001  -6.4011e-002    3.2005e-002
```

①의 해석적인 해는

$$y(x) = -\frac{19}{2}e^{-x/2} + \frac{1}{2}e^{-19x/2}$$

로 주어진다. 따라서 $y(10) = -0.064011$ 이므로 수치해석에 의한 결과와 일치하는 것을 알 수 있다.

만약 $h = 0.5$ 로 하여 룽게-굽타 방법을 실행하면 다음과 같이 해의 안정성을 확보할 수 없음을 확인할 수 있다. ■

```
[x,y] = runKut4(@examp_87,0,[-9 0],10,0.5);
printSol(x,y,0) ↲

   x              y1             y2
   0.0000e+000  -8.0000e+000   0.0000e+000
   1.0000e+001   2.7030e+020  -2.5678e+021
```

8.4 MATLAB에 의한 미분방정식의 해

이미 여러 번 언급한 바와 같이 MATLAB은 미분방정식을 위한 다양한 종류의 함수를 제공하고 있다. 여기서는 전 절에서 취급한 상미분방정식의 해를 얻기 위해 필요한 MATLAB 함수의 종류의 이들의 특징 및 사용법 등을 설명한다.

8.4.1 미분방정식을 위한 MATLAB 제공함수

MATLAB은 미분방정식의 해를 구하기 위한 다양한 종류의 함수를 제공하고 있다. 대부분의 함수는 주어진 구간 내에서 오차를 최소화할 수 있도록 구간간격을 자동적으로 설정하면서 동시에 각종 최신의 기법을 동원하여 해를 계산하고 있다. 여기서는 이 중 가장 유용한 몇 종류의 함수를 선정하여 그 사용법을 중심으로 설명한다. 전절에서 미분방정식의 독립변수로서 x를 사용하였으나, 지금부터는 독립변수로 시간 t를, 종속변수로는 y를 이용하여 표시하기로 한다. 이는 MATLAB의 help 메뉴에서 제공하는 정보와 일치시키기 위함이다.

MATLAB의 초기버전부터 상미분방정식(ODE: Ordinary Differential Equation)을 위한 함수로서 ode23과 ode45가 사용되었다. 이후 새로운 버전이 나올 때마다 내용이 조금씩 경신되어 현재에는 스티프한 형태의 미분방정식 등을 위해 총 8 종류의 함수가 제공되고 있다. 여기서는 이중 가장 대표적인 ode45와 ode23의 사용법을 위주로 설명한다. 이 두 함수는 미분방정식이 가지는 다양한 환경에 적응할 수 있도록 그 사용에 있어 많은 옵션을 요구하고 있지만, 여기서는 이와 같은 복잡한 내용은 생략하고 MATLAB의 ODE solver를 제대로 활용할 수 있는 가장 대표적인 사용법에 중점을 두기로 한다.

■ ODE를 위한 함수의 요약

먼저 자세한 설명에 들어가기 전에 미분방정식의 종류에 따른 관련 MATLAB 제공함수를 분류한다. 주어진 미분방정식에 대한 올바른 해를 얻기 위해서는 어떠한 종류의 함수를 사용할 것인가를 판단하는 것은 중요한 요소의 하나이며, 동시에 ODE solver의 원활한 사용을 위한 solver용의 함수들에 대하여 정리한다.

(a) IVP 관련 ODE solver

초기값을 가지는 미분방정식의 해를 구하기 위한 것이다. [표 8.2]에 각 solver가 해결할 수 있는 문제와 사용된 알고리즘을 정리하였다.

[표 8.2] IVP를 위한 ode의 종류

Solver	해를 얻을 수 있는 문제의 종류	방법
ode45	스티프하지 않는 미분방정식	룽게 - 굽타
ode23	스티프하지 않는 미분방정식	룽게 - 굽타
ode113	스티프하지 않는 미분방정식	아담스(Adams)
ode15s	스티프한 미분방정식과 미분대수방정식(DAEs)	NDFs (BDFs)
ode23s	스티프한 미분방정식	로젠브록(Rosenbrock)
ode23t	적당하게 스티프한 미분방정식과 미분대수방정식(DAEs)	사다리꼴 공식 (Trapezoidal rule)
ode23tb	스티프한 미분방정식	TR-BDF2
ode15i	완전히 임플리시트(implicit)한 미분방정식	BDFs

(b) 해의 평가(ODE Solution Evaluation)

하나의 출력 항(즉 해 $y(t)$)으로 식(8.17) 형식의 벡터를 구성하여 ODE solver로서 해를 구하였다면 출력은 스트럭쳐(structure) 형식으로 주어진다. 이를 다음의 함수에 적용하면 주어진 독립변수(여기서는 t)의 구간에 대하여 그 결과를 그래프로 표시하기 때문에 계산결과(즉 출력)을 평가하는데 도움이 된다.

[표 8.3] 평가를 위한 함수

Function	Description
deval	ODE solver의 출력항을 사용한 수치해를 평가한다.

(c) 함수 ode의 각종 옵션을 지정하기 위한 함수

[표 8.2]로 주어진 각종 solver는 다양한 종류의 옵션을 가진다. 아래의 함수를 사용하면 이들 옵션의 생성 또는 변경 등을 수행할 수 있다.

[표 8.4] ode의 옵션을 위한 함수

Function	Description
odeset	ODE solver에 적용하기 위한 각종 옵션을 생성 또는 변경한다.
odeget	함수 odeset로 생성된 옵션구조가 가지는 특성을 추출한다.

(d) 함수 ode의 출력을 위한 함수

[표 8.4]의 odeset를 이용하여도 ode의 출력의 특성을 변화시킬 수도 있으나, 아래 [표 8.5]의 함수를 사용한다면 사용자의 필요에 맞게 편리하게 출력의 모양 등을 변경할 수 있다.

[표 8.5] ode의 출력을 위한 함수

Function	Description
odeplot	일반적인 시간축을 가지는 그래프를 생성한다.
odephase2	2D의 위상평면 그래프를 생성한다.
odephase3	3D의 위상평면 그래프를 생성한다.
odeprint	ode의 출력을 컴맨드 윈도에서 프린트한다.

(e) IVP를 위한 예제 프로그램

MATLAB가 제공하는 예제 프로그램으로, 이들을 이용하여 각종 방법이 가지는 특징을 어느 정도 이해할 수 있다. 파일명을 MATLAB의 명령윈도에서 실행하면 된다. 여기서는 본서에서 다루는 정도의 문제에 한정하여 예제의 종류를 나타내었다.

[표 8.6] ode를 위한 예제 문제

Example	Description
amp1dae	스티프한 미분방정식 (DAE) – 전기회로 이용
ballode	단순한 이벤트의 발생 위치확인 – 튀는 볼(bouncing ball)
batonode	시간과 상태에 의존하는 질량행렬(mass matrix)을 가지는 미분방정식 – 봉(baton)의 움직이는 상태
fem1ode	시간 의존형 질량행렬(mass matrix)을 가지는 스티프한 미분방정식 – 유한요소법
fem2ode	일정한 크기의 질량행렬(mass matrix)을 가지는 스티프한 미분방정식 – 유한요소법
orbitode	진보된 이벤트 발생 위치 확인 – 제한된 세 개 물체를 가지는 문제
rigidode	비스티프성 문제 – 외부의 입력을 가지지 않는 강체에 대한 오일러방정식
vdpode	van del Pol 방정식 문제(큰 μ 값에 대해 스티프한 문제이다)

8.4.2 ODE solver의 사용을 위한 기본과정

MATLAB가 제공하는 미분방정식 관련함수를 이용하여 ODE의 해를 구하기 위해서는 대략 다음과 같은 과정이 필요하다.

(1) 미분방정식을 1계 ODE로서 표현한다.

MATLAB가 제공하는 함수로서 해결할 수 있는 대부분의 미분방정식은 여러 개의 1계 ODE의 집합으로 표현되어 있는 경우이다. 이를 수학적으로 표현하면 다음과 같다.

$$\begin{cases} \dot{y}_1 = f_1(t, y_1, y_2, \cdots, y_n), & y_1(t_o) = y_{1o} \\ \dot{y}_2 = f_2(t, y_1, y_2, \cdots, y_n), & y_2(t_o) = y_{2o} \\ \vdots & \\ \dot{y}_n = f_n(t, y_1, y_2, \cdots, y_n), & y_n(t_o) = y_{no} \end{cases} \tag{8.38}$$

여기서 $\dot{y}_i = \dfrac{dy_i}{dt}$를 나타낸다. 또한, n은 1계 ODE의 개수 및 y_{io}는 i번째 ODE의 초기값을 각각 의미한다. 만약 주어진 미분방정식이 식(8.38)과 같이 1계 ODE의 집합으로 정의되지 않았다면, MATLAB을 통한 문제해결을 위해서는 반드시 식을 식(8.38)의 형식으로 변경하여야 한다. 예를 들어 다음과 같은 고전적인 van der Pol 방정식을 생각하여 보자.

$$y'' - \mu(1 - y^2)y' + y = 0 \tag{8.39}$$

여기서 μ, $(\neq 0)$은 방정식의 파라미터이다. 식(8.39)를 식(8.38)의 형식으로 변경하기 위해, $y_1 = y$와 $y_2 = y'$로 두면 식(8.39)는 다음과 같은 두 개의 1계 ODE로 변환할 수 있다.

$$\begin{cases} \dot{y}_1 = y_2 \\ \dot{y}_2 = \mu(1 - y_1^2)y_2 - y_1 \end{cases} \tag{8.40}$$

(2) 연립방정식을 상태방정식의 형식으로 바꾼다.

식(8.38)과 같이 n개의 1계 ODE로 구성된 미분방정식을 벡터를 이용하여 표현한다. 즉

$$[y] = [\, y_1 \;\; y_2 \;\; \cdots \;\; y_n \,]^T, \; (n \times 1)\text{의 열벡터}$$

로 정의하면 식(8.38)은

$$\frac{d}{dt}[y](t) = [f](t, [y]), \quad [y](t_o) = [y]_0$$

로 된다.

(3) MATLAB 제공의 함수인 ode23, 또는 ode45를 사용하여 ODE의 해를 구한다.

모든 solver에서 사용 가능한 가장 단순한 형식의 구조는 다음과 같다.

```
[time, solution] = solver (ode_fun, tspan, y0, options)
```

여기서 solver는 [표 8.2]에 주어진 것 중의 하나이다. 아래에 solver의 입력과 출력 항이 가지는 기본적인 내용을 정리하였다.

[입력]

① ode_fun : 주어진 미분방정식을 1계미분방정식 식(8.38)의 형식으로 변경하여 이를 함수파일로서 나타낸 것이다. 이 함수는 반드시 다음 형식으로 실행될 수 있도록 작성되어야 한다.

```
dydt = ode_fun(t, y)
```

여기서 t는 스칼라이며, dydt와 y는 열벡터의 형식을 취한다.

② tspan : 적분의 구간을 정의하는 벡터이다. solver는 ODE의 초기값을 tspan(1)에 부과하기 때문에 적분은 tspan(1)에서 tspan(end)까지 수행된다.

③ y0 : 주어진 문제의 초기값이 들어있는 벡터이다.

④ options : 디폴트로 주어져 있는 solver의 각종옵션을 변경하기 위한 각종 내용이 들어있는 항으로, 주로 [표 8.4]의 odeset로서 작성한다.

[출력]

⑤ t : 적분이 수행된 시간을 나타내는 벡터

⑥ y : 해가 들어 있는 배열이다. 각 행에는 시간 t의 각 행에서의 출력이 들어 있다.

8.4.3 Solver를 이용한 간단한 예제

[예제 8.8]

van der Pol 미분방정식 문제 : 식(8.39)로 주어진 IVP문제를 생각하여 본다. 2계 미분방정식인 (8.39)를 1계 선형미분방정식 두 개로 변형하면 식(8.40)으로 된다. 이를 적당한 이름의 함수로서 function 파일로 만들어 저장한다.

```
function dydt = vdpol(t, y)
% van der Pol eqaution
% Input: t (time), y: y(t)
% Output: dy/dt

mu = 2;
dydt = [y(2) ; mu*(1-y(1)^2)*y(2)-y(1)];     % 식(8.40)
```

풀 이 위 함수를 solver에 적용하기 전에, 이러한 형식의 문제에는 어떤 solver가 적당한지를 결정하여야 하고(즉 문제가 스티프한가 등의 여부), 이후 적분을 위한 시간영역(즉 tspan)과 문제의 초기값을 지정하여야 한다. 여기서는 $y(0)=2$ 및 $y'(0)=0$을 초기값으로 하여 ode45에 적용하면 방정식의 해 $y(t)$를 얻는다.

```
tspan = [0 20];                          % 구간의 지정
yo = [2; 0];                             % 초기값 y(0) = 2, dy(0)/dt = 0
[t,y] = ode45(@vdpol, tspan, yo);
plot(t,y(:,1),t,y(:,2),'--')             % [그림 8.9]
xlabel(' time [s] ')
```

위 프로그램에서 ode45의 출력 y는 두 개의 열벡터로 구성된다. 이때 첫 번째 열 y(:,1)에는 식(8.35)의 해인 $y(t)$가, 두 번째 열 y(:,2)에는 $y'(t)$의 결과가 저장되어 있다([그림 8.9] 참조).

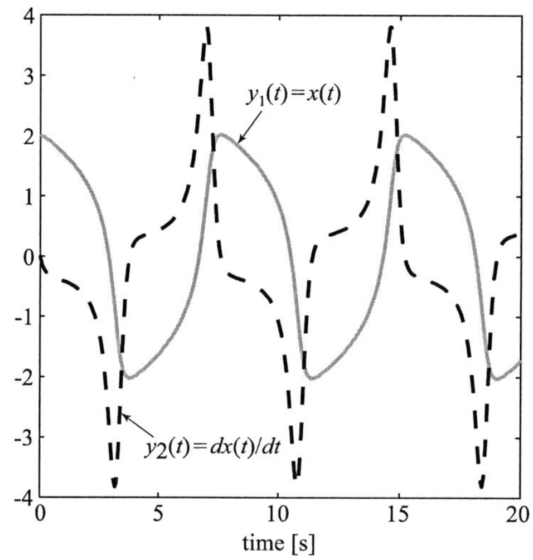

[그림 8.9] van der Pol 방정식의 계산 결과

위 스크립터에서 함수 ode45의 실행결과에 의한 출력 t와 y의 크기는 각각 (333×1)과 (333×2)로 주어진다. 이는 ode45가 룽게-쿠타법을 실행함에 있어 자동으로 그 적분간격 h을 $\dfrac{20}{333}$으로 설정하였다는 것을 의미한다. 이를 예를 들어 $\dfrac{20}{100}$으로 하고자 한다면 tspan을 '>>tspan=linspace(0,20,100);'으로 두면 된다. 이와 같이 ode45의 solver는 고정된 구간간격(fixed step)을 사용하고 있지 않음을 알 수 있다.

또한, 함수 ode45의 사용에 있어 왼쪽의 출력 항을 지정하지 않으면 [그림 8.9]와 유사한 그래프를 화면에 출력한다. 그러나 '>>sol=ode45(@vdpol,tspan,yo)'와 같이 하나의 출력만을 지정하면 제1장에서 설명한 바와 같은 structure 형식으로 계산결과를 출력한다. 즉,

```
sol = ode45(@vdpol, tspan, yo) ↵

      sol =
            solver: 'ode45'
         extdata: [1x1 struct]
         x: [1x84 double]
         y: [2x84 double]
         stats: [1x1 struct]
         idata: [1x1 struct]
```

식(8.40)의 방정식에서 μ는 변수이다, 위의 스크립터에서는 $\mu = 10$으로 고정하였으나, 이를 ode45에 대한 변수로 취급하여 변경하기 위해서는 function file인 vdpol을 다음과 같이 변경하여 'vdpmu.m'으로 저장한다.

```
function dydt = vdpmu(t, y, mu)
% van der Pol eqaution

if nargin < 3
   mu =1;
end
ydot = [y(2) ; mu*(1-y(1)^2)*y(2)-y(1)];
```

이 경우, '>>[t,y] = ode45(@vdpmu, tspan, yo, [ ], 3);'을 실행하면 $\mu = 3$인 경우의 미분방정식 (8.40)의 해를 얻을 수 있다.

■ 스티프한 문제

한편 식(8.39)에서 $\mu = 1000$으로 두면 식(8.39)의 미분방정식은 스티프하게 된다. 스티프 한 문제는 앞에서 언급한 바와 같이 아주 짧은 적분간격을 사용해야 하기 때문에, 얻어진 해는 전체의 적분구간에 비하여 아주 짧은 시간간격에 있어서도 해가 급격하게 변동할 수 있다([그림 8.10(a)] 참조). 이와 같은 경우 ode45와 같은 일반적인 알고리즘의 적용은 비효율적으로 되어 적합하지 못하다.

식(8.39)의 미분방정식에서 μ가 1000으로 증가하게 되면, van der Pol 방정식의 해는 급격하게 변동하고, 또한 긴 시간간격에서 보았을 때 해는 진동특성을 나타낸다. 이와 같이 $\mu = 1000$으로 되면 시간의 스케일이 훨씬 길어지기 때문에, 초기값으로 해를 근사화 하는 것은 아주 비효율적인 작업이 되어버린다. 이러한 경우 ode15s와 같은 solver가 유효하다. 이를 프로그램을 통하여 확인하여 보자.

```
ode45(@vdpmu,[0 20],[2;0],[ ],10);                    % μ=10을 지정
ylabel(' y(t) and dy/dt '),
xlabel(' Time [s] ')                                  % [그림 8.10(a)]
-------------------------------------------------------------------
[t,y] = ode15s(@vdpmu, [0 3000], [2;0],[ ],1000); % μ=1,000을 지정
plot(t,y(:,1),'-')
xlabel(' time [s]'),ylabel(' solution y(t) ')       %[그림 8.10(b)]
```

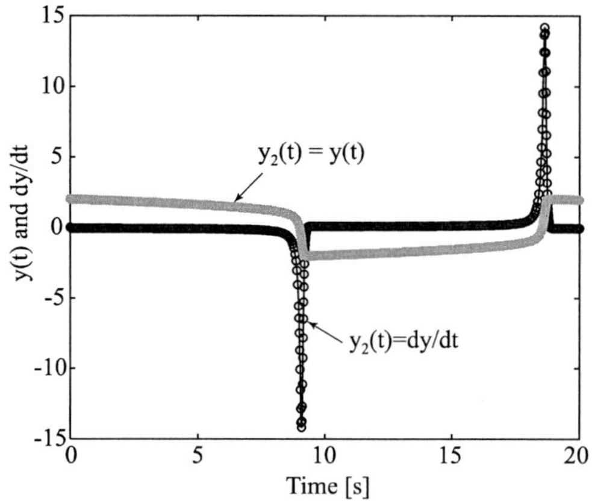

[그림 8.10(a)] ODE (8.39)에서 $\mu = 10$의 해 $y(t)$

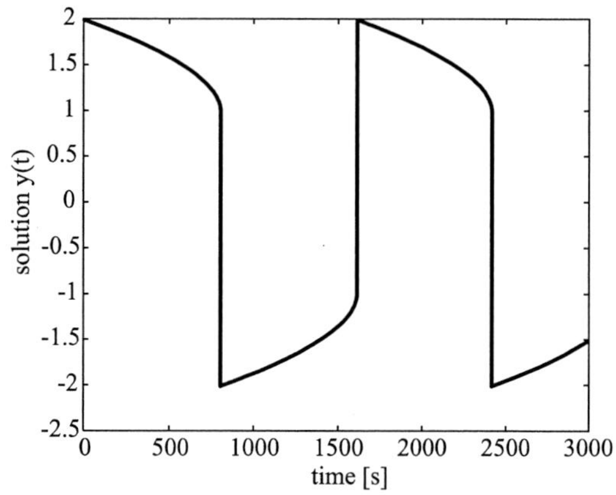

[그림 8.10(b)] ODE (8.39)에서 $\mu = 1000$인 경우의 해 $y(t)$

■ 임의의 점에서의 해의 평가

상기의 solver를 이용한 미분방정식의 수치 해 $y(t)$는 구간 $a \le t \le b$에서 연속이므로 적분구간 내의 어느 한 점에서의 $y(t)$를 함수 deval을 이용하여 계산할 수 있다. 예를 들어, 식(8.39)의 문제를 하나의 출력항만을 지정하여 다음과 같이 실행하면 ode45는 스트럭쳐 형식을 가지는 출력 sol을 생성한다. 이때, 예를 들어 벡터 tint=0:5의 각 점에서의 출력 y의 추정값, 즉 $y(1)$, $y(2)$, $\cdots$, $y(5)$는 다음과 같이 얻을 수 있다.

```
sol = ode45(@vdpmu,[0 20],[2;0]);      % μ=1인 경우의 해
tint = 1:5;                            % t-축을 지정
Sxint = deval(sol,tint) ↵              % y(1)~y(5)의 추정
Sxint =

    1.5081    0.3235   -1.8686   -1.7407   -0.8344
   -0.7803   -1.8320   -1.0220    0.6260    1.3095
```

[예제 8.9]

다음 미분방정식의 해를 ODE를 이용하여 계산하고 이를 그래프로 나타내어 보자.

$$\begin{cases} y'_1 = y_2 y_3 \\ y'_2 = -y_1 y_3 \\ y'_3 = -0.51 y_1 y_2 \end{cases}, \text{ 단 초기값으로 } y(0) = [y_1(0)\ y_2(0)\ y_3(0)]^T = [0\ \ 1\ \ 1]^T \text{이다.}$$

풀이 아래 스크립터를 참조한다.

```
function dydt = examp_809(t,y)
% for Example 8.9
dydt = [y(2)*y(3) ; -y(1)*y(3) ; -0.51*y(1)*y(2)];
---------------------------------------------------------------------------
tspan = [0 12];
yo = [0 1 1]';                                    % 초기값
[t,y] = ode45(@examp_809, tspan, yo);
plot(t,y(:,1),t,y(:,2),'--r',t,y(:,3),'-.b')      % [그림 8.11]
xlabel(' time [s]'),ylabel(' solutions y(t) ')
```

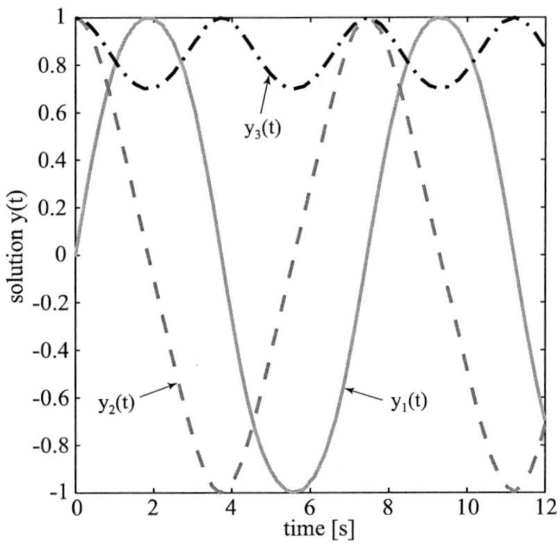

[그림 8.11] [예제 8.9]의 계산결과

[예제 8.10]

다음 미분방정식의 해를 ODE를 이용하여 계산하고 그 결과의 이전의 결과와 비교하여 보자.

$$\frac{dy}{dx} = -1.2y + 7e^{-0.3x}, \quad \text{초기조건} : y(0) = 3, \quad \text{구간} : 0 \le x \le 2.5$$

풀이 다음 스크립터를 참조한다.

```
examp_810 = @(x,y) -1.2*y+7*exp(-0.3*x);             % 익명함수 f(x, y)
tspan = [0:0.5:2.5]; yINI = 3;                        % 초기값 및 x 의 구간
[x,y] = ode45(examp_810,tspan,yINI);                  % ode45에 의한 해
yExact = 70/9*exp(-0.3*x)-43/9*exp(-1.2*x);           % 해석적인 해의 계산
error = yExact - y  ↵                                 % 실제값과의 오차

error =
     1.0e-005 *
       0
      -0.2400
      -0.0374
       0.0310
       0.0452
       0.0476
```

위 결과로부터 ode45에 의한 결과가 갖는 오차는 거의 '영'에 가까운 값을 가지는 것을 알 수 있다. ■

8.4.4 옵션의 설정과 해의 안정성

앞에서 잠깐 언급한 바와 같이 ODE용 함수는 주어진 미분방정식의 특성에 맞도록 이들 함수의 특성을 조정할 수 있도록 많은 옵션을 제공하고 있지만, 지금까지는 그 옵션을 사용하지 않고 디폴트상태로서 계산을 수행하였다. 그러나 여기서는 옵션 중에서 허용오차(tolerance)와 관련된 내용만을 간단히 언급하기로 한다.

MATLAB은 ode가 가지는 수많은 옵션의 지정과 폐지 등을 돕기 위하여 옵션전용인 두 개의 함수 odeset와 odeget를 제공하고 있다([표 8.4] 참조). 이중 odeset로서 가능한 옵션의 종류를 확인하기 위해 MATLAB의 명령윈도에서 '>>help odeset'를 실행한다면 2~3차례의 화면에 꽉 찰 정도로 많은 내용이 나타나는 것을 볼 수 있을 것이다. 이 중에서 오차의 설정과 관련되는 항목으로, i) 'RelToL'과, ii) 'AbsTol'이 있으며, 이들은 디폴트로서 각각 {1e−3}과 {1e−6}이 설정되어 있다. 앞에서 사용한 van der Pol 방정식을 이용하여 이들의 사용법을 간단히 언급한다.

```
tspan = [0 20];
yo = [2; 0];
options = odeset('AbsTol',1e-12,'RelTol',1e-6);
[t,y] = ode45(@vdpmu, tspan, yo,[ ],2);              % 디폴트로 사용
length(t) ↵  →  ans = 333
[t,y] = ode45(@vdpol, tspan, yo,options,2);          % 옵션의 사용
length(t) ↵  →  ans = 1161
```

옵션을 사용하여 허용한계를 작게 하였을 경우 당연히 구간간격(step size)을 좁게 하여 허용오차의 줄이고 있음을 볼 수 있다.

```
[t,y] = ode15s(@vdpmu,[0 3000],[2;0],[ ],1000);          % 디폴트
length(t) ↲ →   ans   =   592
[t,y] = ode15s(@vdpol,[0 3000], yo,options,1000);        % 옵션의 사용
length(t) ↲ →   ans   =   1980
```

odeget의 경우는 현재 설정되어 옵션의 내용을 확인하기 위한 것이다. 다음 스크립터를 참조한다.

```
odeget(options,'RelTol') ↲  % 현재 설정되어 있는 옵션 중의 RelTol의 크기를 확인

ans =
  1.0000e-006
```

■ **ODE의 선정**

[표 8.2]에 표시한 바와 같이 미분방정식의 해를 구하기 위한 solver의 종류가 다양하기 때문에 어느 것을 사용해야 할지 판단이 어려운 경우가 있다. 만약 주어진 문제가 스티프 하지 않은 경우의 일반적인 선택은 ode45, ode23, 및 ode113이다. 그렇지만 상미분방정식의 해에 있어 가장 보편적인 방법은 ode45이며, 먼저 이것을 시도할 것을 권한다. 만약 문제가 스티프하다면 ode15s로서 시작하는 것이 바람직할 것이다. 이것의 결과가 바람직하지 못하고, 주어진 문제가 의도하는 바를 더 잘 이해하게 되었다면, 다른 종류의 스티프용 solver를 사용하는 순서를 밟은 것이 적절하다.

[표 8.2]에 제시한 solver의 사용법은 모두 동일하기 때문에 편리하게 다양한 solver로서 문제해결을 시도할 수 있을 것이다.

8.4.5 Symbolic Math Toolbox의 이용

여기서는 상미분방정식(ODE)을 Symbolic Math Toolbox를 사용하여 해를 구하는 문제를 생각하여 본다. 앞에서 설명한 바와 같이, Symbolic Math의 독창적인 점으로 해를 구하기 위하여 주어진 식을 어떤 특별한 다른 형식으로의 변환이 필요하지 않다는 점을 들 수 있을 것이다. 또한 계산의 결과로 얻어진 해 또한 해석적인 해와 동일한 형식으로 얻어지기 때문에 이해가 쉬울 뿐만 아니라, 이로부터 해의 그래프 등도 간단히 얻을 수도 있다.

여기서는 주로 앞에서 사용한 예제를 중심으로 Symbolic을 이용한 ODE의 해를 구하는 문제를 생각하기로 한다. 먼저 Symbolic으로 주어진 ODE의 해를 구하기 위한 함수 diff의 사용법을 소개한다.

```
sol = diff('eq1','eq2', … ,'cond1','cond2', …,'v')
```

여기서 'eq1', 'eq2'는 Symbolic으로 정의된 미분방정식으로 'v'를 독립변수로 가진다[11]. 또한 'cond1', 'cond2'는 미분방정식의 초기조건을 의미한다. 구체적인 사용법은 다음 예제를 참조하기 바란다.

1) [예제 8.1]의 경우 : 초기값이 주어진 1계미분방정식의 해를 구하는 문제이다.

$$y' + 4y = x^2,\ \ y(0) = 1$$

```
syms x                                          % 'x'를 symbolic으로 정의
sol = dsolve('Dy+4*y=x^2','y(0)=1','x');       % 해를 sol에 저장한다
pretty(sol)                                     % 해의 화면표시를 변경한다

           31 exp(-4x)      x^2     x
           ----------- - --- + --- + 1/32
               32          8     4
subs(sol,x,0.2) ↵                               % y(0.2)를 계산하기 위해 'sol'의
                                                % 변수 'x'에 0.2를 대입

      ans =
           0.4515
```

함수 'dsolve'의 실행결과 얻어진 해 'sol'은

```
ans =
 (31*exp(-4*x))/32 - x/8 + x^2/4 + 1/32
```

의 모양으로 출력되므로, 여기에 함수 pretty를 적용하여 변환하면 위 스크립터의 결과를 얻는다. 이로부터 주어진 미분방정식의 일반해는 다음 식으로 주어지며, 이 결과는 [예제 8.1]의 결과와 완전히 일치하고 있음을 알 수 있다.

$$y(x) = \frac{31}{32}e^{-4x} - \frac{x}{8} + \frac{x^2}{8} + \frac{1}{32}$$

2) [예제 8.2]의 경우 : 초기값이 주어진 1계미분방정식의 해를 구하는 문제이다.

$$y'' = -0.1y' - x,\ \ y(0) = 0,\ y'(0) = 1$$

```
syms x
yx = dsolve('D2y = -0.1*Dy-x','Dy(0) = 1','y(0)=0','x');  % 미분방정식의 해 y(x)
dyx = diff(yx,'x');                                         % y'(x)
ezplot(yx,[0,2]),hold on
ezplot(dyx,[0,2])                                           % [그림 8.12]
```

11) 따라서 'v'는 함수 sym을 이용하여 symbolic 변수로 미리 지정되어 있어야 한다.

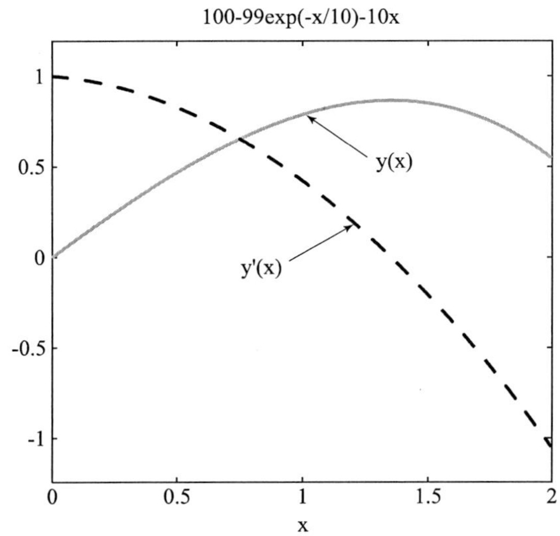

[그림 8.12] [예제 8.2]의 결과

3) [예제 8.3]의 경우:

$$y' = \sin y,\ y(0) = 1$$

주어진 문제를 그대로 Symbolic Math에 적용하면 해를 얻을 수 없기 때문에 이를 약간 변형한다. 즉,

$$\frac{dy}{dx} = \sin(y) \rightarrow \frac{dx}{dy} = \frac{1}{\sin(y)} = \csc(y)$$

로 된다. 즉 $x' = \csc(y)$의 형태로 함수 dsolve에 적용한다.

```
syms y
xy = dsolve('Dx=csc(y)','y') ↵

    xy =
      C2 + log(tan(y/2))
```

위 결과에 $y(0) = 1$의 관계식을 대입하면 $C_2 = 0.6046$을 얻는다. 따라서 최종적인 해는

$$x(y) = \ln\left(\tan\left(\frac{y}{2}\right)\right) + 0.6046$$

으로 된다. 표의 결과를 확인하기 위해서는 위 식을 변경한다. 즉

$$y(x) = 2*\arctan\left\{e^{(x - C_2)}\right\}$$

의 관계를 이용한다.

<pre>C2 = 0.6046; y = zeros(6,1);i=1;
for x = 0:0.1:0.5
    y(i) = 2*atan(exp(x-C2));
    i = i + 1;
end
disp('   x   y')
sol =[x',y];
disp(sol) ↵</pre>
	<pre> x y
	        0 1.0000
	   0.1000 1.0863
	   0.2000 1.1768
	   0.3000 1.2708
	   0.4000 1.3676
	   0.5000 1.4664</pre>

4) [예제 8.7]의 경우:

$$y'' = -\frac{19}{4}y - 10y',\ y(0) = -9,\ y'(0) = 0$$

```
syms x
yx = dsolve('D2y = -19/4*y-10*Dy','y(0)=-9','Dy(0)=0','x');  % 해 y(x)
y1 = subs(yx,x,0)                                          % y(0)
y2 = subs(yx,x,10)                                         % y(10)
```

상기의 예제들과 달리 [예제 8.8]의 van der Pol, 또는 [예제 8.9]의 미분방정식은 함수 dsolve를 이용하여 해를 구할 수 없는 경우에 해당한다. 이와 같이 Symbolic Math Toolbox의 함수를 이용한 해법은 미분방정식이 단순한 경우에 가능하기 때문에, 일반적인 미분방정식은 앞에서 설명한 ode45 등을 사용하는 것이 바람직하다.

8.5 미분방정식의 종류에 따른 해의 도출

일반적으로 MATLAB에서는 미분방정식을 다음과 같은 네 가지 방식으로 해석할 수 있다.

1) 수식처리를 수행하는 Symbolic Math Toolbox을 이용하여 해석적으로 해를 구한다(Symbolic MATLAB 해법).
2) 수치해법용 함수인 ode23, ode45 등을 이용하여 수치적으로 해를 구한다(Numeric MATLAB 해법).
3) MATLAB의 Toolbox 중의 하나인 Control System Toolbox의 기능을 이용하여 수치적으로 해를 구한다.
4) SIMULINK를 이용하여 Windows 방식으로 해를 구한다.

여기서는 위의 네 가지 중 1)과 2)의 방법을 적용하여 다양한 종류의 미분방정식의 해를 구하는 과정을 예제를 중심으로 확인한다.

본장에서 취급하고 있는 상미분방정식을 아래와 같이 네 개의 카테고리, 즉 ① 1계상미분방정식, ② 2계선형상미분방정식, ③ 고계선형상미분방정식 및 ④ 연립선형미분방정식 으로 분류하여 각각의 경우에 대한 상기 ①과 ②의 방법으로 해를 계산하고, 그 과정에서 나타나는 문제점 등을 알아보기로 한다.

8.5.1 1계 미분방정식

대부분의 1계미분방정식은

$$h(x)\frac{dy}{dx} = g(x) \tag{8.41}$$

의 형식으로 주어진다. 1계미분방정식의 해법은 주어진 식의 형식에 따라 다음과 같이 세 가지로 분류할 수 있다.

(1) 변수분리법, 또는 치환을 이용한 변수분리법

(2) 완전미분방정식에 의한 해법

(3) 적분인자에 의한 완전미분방정식의 해법

각각의 해법에 대한 자세한 설명은 관련서적에 양보하고 여기서는 MATLAB을 이용한 1계 미분방정식의 풀이과정을 예제를 이용하여 제시하기로 한다.

[예제 8.11]

미분방정식

$$3x(xy-2)dx + (x^3+2y)dy = 0 \qquad ①$$

의 일반해를 구하고, 초기조건 $y(1) = -1$을 만족하는 해를 계산하여라. 또한, 구간 $-1 \le x \le 4$에서 해의 개략적인 모양을 나타내어 보아라.

풀 이 ①은 완전미분방정식의 조건을 만족하기 때문에 완전미방의 해법에 따르면 다음과 같은 일반해를 얻는다.

$$x^3y - 3x^2 + y^2 = c \qquad ②$$

여기서 c는 임의상수이다. 이때 초기조건 $y(1) = -1$은 $c = -3$인 경우에 만족된다.

[Symbolic MATLAB 해법]

일반해를 구하기 위한 스크립터는 다음과 같다.

```
syms x y
y = dsolve('(x^3+2*y)*Dy = -3*x*(x*y - 2)','x') % (x^3+2y)y' = -3x(xy-2)
% 초기값 y(1)=-1를 인가한 경우의 해
y = dsolve('(x^3+2*y)*Dy = -3*x*(x*y - 2)','y(1) = -1','x')

  y =
      -(x^6 + 12*x^2 - 12)^(1/2)/2 - x^3/2
```

[Numeric MATLAB 해법]

앞에서 언급한 바와 같이 MATLAB Solver를 사용하기 위해서는 ①을 함수파일의 형태로 만들어 현재의 디렉터리에 저장해 두어야 한다. 다음 스크립터를 참조한다.

```
% examp_811.m의 내용
function yprime = examp_811(x,y)
yprime = -3*x*(x*y - 2)/(x^3 +2*y);        % y' = -3x(xy-2)/(x^3+2y)
```

```
xspan = [1 4];
y0 = -1;
[x, y] = ode23('examp_811',xspan,y0);
plot(x,y)                                   % [그림 8.13]
xlabel('x'), ylabel('y(x)')
```

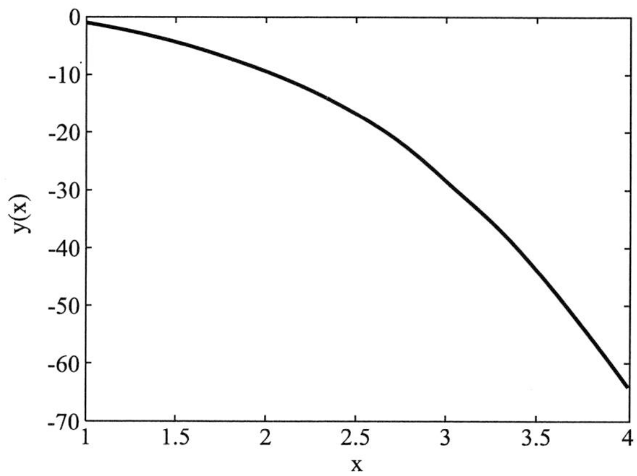

[그림 8.13] [예제 8.11]의 결과

[예제 8.12]

다음과 같은 초기값 문제

$$yy' + x = 0,\ y(0) = -2 \qquad ①$$

의 해를 구하고 이를 그래프로 나타내어 보자.

풀 이 ①은 변수변리형 미분방정식의 대표적인 형식이므로 변수분리를 적용하면 어렵지 않게 다음의 일반해를 구할 수 있다.

$$y_{\pm} = \begin{cases} \sqrt{r^2 - x^2},\ y > 0 \\ -\sqrt{r^2 - x^2},\ y < 0 \end{cases} \qquad ②$$

여기에 초기값을 대입하여 r을 결정하면 $r=2$로 되어 ②는

$$y=-\sqrt{4-x^2},\ (-2<x<2) \qquad ③$$

로 된다.

[Symbolic MATLAB 해법]

일반해를 구하기 위한 스크립터는 다음과 같다.

```
syms x y
y = dsolve('y*Dy=-x','y(0)=-2','x')
simplify(y)

    ans =
    -(4 - x^2)^(1/2)                   % y= - √(4-x^2)
```

[Numeric MATLAB 해법]

일반해가 x의 값에 따라 두 개의 값 $y_{\pm}$을 가지기 때문에 이 문제를 MATLAB의 함수를 사용하여 풀기 위해서는 약간의 기교가 필요하다. 먼저 다음과 같이 함수 파일을 작성한다.

```
function yprime = examp_812(x,y)
yprime = -x./y;
```

주어진 x의 구간에 따라 y의 값이 달라지므로 x의 범위에 따라 ode 함수를 별로로 적용하여야 한다. 다음 스크립터를 참조한다. ■

```
xspan1 = [0 -2];
xspan2 = [0 2];
y0 = -2;                                   % y(0)에서의 초기값
[x1,y1] = ode23('examp_812',xspan1,y0);    % 구간 (0,-2)
[x2,y2] = ode23('examp_812',xspan2,y0);    % 구간 (0,2)
plot(x1,y1,x2,y2), axis equal              % [그림 8.14]
xlabel(' x '), ylabel(' y(x) ')
```

위 스크립터에서 x1의 구간이 $(0,-2)$로 되어 있다. 이는 초기조건이 $x=0$에서 주어졌기 때문에 구간이 $(-2,0)$이 아니라 $(0,-2)$으로 되었다는 점에 유의한다. 또한, 식③에서부터 $x\rightarrow\pm 2$로 될 때 $y\rightarrow 0$으로 된다. 이 경우 ①로부터 $y'=-x/y$이므로 $y\rightarrow 0$로 되어서는 안 된다는 것을 알 수 있다. 따라서 [그림 8.14]에서 $x\rightarrow\pm 2$ 근방의 y값은 정확하지 않을 가능성이 항상 존재한다.

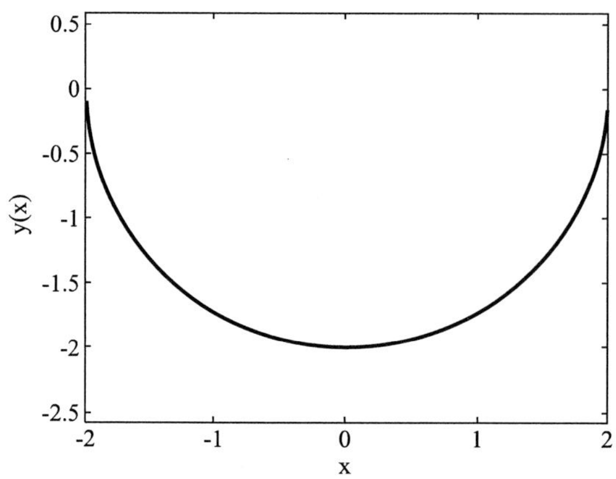

[그림 8.14] [예제 8.12]의 결과

8.5.2 2계 선형상미분방정식

2계 선형미분방정식은 다음과 같은 형식을 가진다.

$$y'' + f(x)y' + g(x)y = r(x) \tag{8.42}$$

이러한 형식의 미분방정식의 일반해는 $r(x)=0$인 제차미분방정식의 해 $y_h(x)$와 $r(x)\neq 0$인 특수해 $y_p(x)$의 합, 즉 $y(x)=y_h(x)+y_p(x)$의 형식으로 주어진다. 해를 구하는 자세한 방법은 전문서적에 맡기고 여기서는 상기의 두 가지 방법에 의한 풀이과정에 주목하기로 한다.

[예제 8.13]

다음과 같은 초기값 문제

$$y'' + 5y' + 6y = 2\cos(x),\ y(0)=2,\ y'(0)=1 \quad ①$$

의 해를 구하고 이를 그래프로 나타내어 보자.

풀 이 2계선형미분방정식의 전형적인 형식을 하고 있는 ①의 해를 해석적으로 구하면 다음과 같다.

$$y(x)=\frac{31}{5}e^{-2x}-\frac{22}{5}e^{-3x}+\frac{(\cos(x)+\sin(x))}{5} \quad ②$$

[Symbolic MATLAB 해법]

일반해를 구하기 위한 스크립터는 다음과 같다.

```
syms x y
y = dsolve('D2y+5*Dy+6*y=2*cos(x)','y(0)=4','Dy(0)=1','x');
pretty(y)

    31 exp(-2 x)     22 exp(-3 x)     cos(x)     sin(x)
    ------------  -  ------------  +  ------  +  ------
         5                5             5          5
```

①에서 입력함수 $\cos(x)$를 $\cos(\omega x)$로 변경하고 ω의 값을 작은 값에서 점차로 증가시켰을 경우 해 $y(x)$의 변화를 그림으로 확인하여 보자.

```
syms x y omega
y = dsolve('D2y+5*Dy+6*y=2*cos(omega*x)','y(0)=2','Dy(0)=1','x')
pretty(y)
omega = 1; ezplot(subs(y),[0,10]),hold on      % ω=1의 경우
omega = 3; ezplot(subs(y),[0,10])              % ω=3의 경우
omega = 5; ezplot(subs(y),[0,10]),hold off     % ω=5의 경우
ylim([-0.5 2])                                 % [그림 8.15]
```

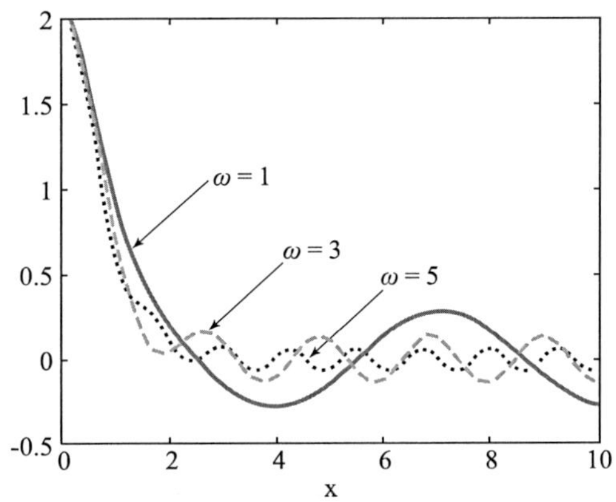

[그림 8.15] [예제 8.13]의 결과

[Numeric MATLAB 해법]

앞에서 설명한 바와 같이 MATLAB이 제공하는 함수를 사용하기 위해서는 고계의 미분방정식을 연립 1계미분방정식의 형식으로 변환하는 것이 필요하다. 즉

$$y_1(x) = y(x),\ y_2(x) = y'(x)$$

로 두면

$$\begin{cases} y_1' = y_2 \\ y_2' = -6y_1 - 5y_2 + 2\cos(x) \end{cases},\ y_1(0) = 4,\ y_2(0) = 1$$

을 얻는다. 이하 계산은 스크립터를 참조한다.

```
function yprime = examp_813(x,y)
global OMEGA              % ω에 변화를 주기 위해 global 변수로 선언하여 사용한다
yprime = [y(2) ; -6*y(1) - 5*y(2) + 2*cos(OMEGA*x)];
```

```
xspan = [0 10]; y0 = [2 1]';
global OMEGA
OMEGA = 1;                             % ω=1 의 경우
[x,y] = ode23('examp_813',xspan,y0);
plot(x,y(:,1))                         % [그림 8.15]와 동일한 결과가 얻어진다.
```

■ 코시-오일러 방정식

다음과 같은 형식을 가지는 미분방정식을 코시-오일러(Cauchy-Euler) 방정식이라고 하며, 그 풀이과정에 약간의 주의가 필요하다.

$$x^2\frac{d^2y}{dx^2}+ax\frac{dy}{dx}+by=0$$

[예제 8.14]

다음과 같은 초기값을 가지는 코시-오일러 방정식의 해를 구하여 보자.

$$x^2y''-6y=0,\ \ y(1)=2,\ y'(1)=1 \quad ①$$

풀이 해석적인 방법을 이용한 일반해는 다음으로 주어진다.

$$y(x)=x^3+x^{-2}$$

[Symbolic MATLAB 해법]

일반해를 구하기 위한 스크립터는 다음과 같다.

```
syms x y
y = dsolve('x^2*D2y=6*y','y(1)=2','Dy(1)=1','x')

  y =
    1/x^2 + x^3
```

[Numeric MATLAB 해법]

[예제 8.13]과 같이 주어진 미분방정식을 1계연립미분방정식으로 변환하여 ode에 대입한다. 다음의 스크립터를 참조한다.

```
function yprime = examp_814(x,y)
yprime = [y(2) ; -6*y(1)./x^2];
```

```
xspan = [1 4];                                    % 초기값의 구간에 주의
y0 = [2 1]';
[x,y] = ode23('examp_814',xspan, y0);
plot(x,y(:,1)),xlabel('x'),ylabel('y(x)')         % 그림 생략
```

8.5.3 고계선형미분방정식

여기서는 n계 비제차미분방정식에서 비교적 간단한 경우에 속하는 정수계수를 가지는 미분방정식

$$y^{(n)} + a_{n-1}y^{(n-1)} + \cdots + a_1 y' + a_0 y = r(x) \tag{8.44}$$

의 풀이과정에 주목하기로 한다.

[예제 8.15]

다음과 같은 초기값을 가지는 3계미분방정식의 해를 구하여 보자.

$$y''' - y' = 4e^{-x} + 3e^{2x}, \quad y(0) = 0, \ y'(0) = -1, \ y''(0) = 2 \qquad ①$$

풀 이 미정계수법 등을 이용한 해석적인 방법에 의한 일반해는 다음으로 주어진다.

$$y(x) = -\frac{9}{2} + 4e^{-x} + 2xe^{-x} + \frac{1}{2}e^{2x} \qquad ②$$

[Symbolic MATLAB 해법]

일반해를 구하기 위한 스크립터는 다음과 같다.

```
syms x y
y = dsolve('D3y-Dy=4*exp(-x)+3*exp(2*x)',...
    'y(0)=0','Dy(0)=-1','D2y(0)=2','x');
z = expand(y)

    z =
        4*exp(-x) + exp(2*x)/2 + 2*x*exp(-x) - 9/2
```

[Numeric MATLAB 해법]

[예제 8.13]과 같이 주어진 미분방정식을 1계 연립미분방정식으로 변환하여 ode에 대입한다. 다음의 스크립터를 참조한다.

```
function yprime = examp_815(x,y)
yprime = [y(2) ; y(3) ; y(2)+4*exp(-x)+3*exp(2*x)];
```

```
xspan = [0 2];
y0 = [0 -1 2]';
[x,y] = ode23('examp_815',xspan, y0);
plot(x,y(:,1)),xlabel('x'),ylabel('y(x)')      % 그림은 생략
```

8.5.4 연립선형미분방정식

n계선형미분방정식

$$y^{(n)} + a_{n-1}y^{(n-1)} + \cdots + a_1 y' + a_0 y = r(x) \tag{8.44}$$

에 있어 n개의 종속변수

$$u_1 = y, u_2 = y', \cdots , u_n = y^{(n-1)}$$

을 정의함으로서 n개의 1계미분방정식으로 이루어지는 연립미분방정식

$$\frac{d}{dx}\begin{bmatrix} u_1 \\ u_2 \\ \vdots \\ u_{n-1} \\ u_n \end{bmatrix} = \begin{bmatrix} 0 & 1 & 0 & \cdots & 0 \\ 0 & 0 & 1 & \cdots & 0 \\ \vdots & \vdots & \ddots & \ddots & \vdots \\ 0 & 0 & 0 & \cdots & 1 \\ -a_0 & -a_1 & -a_2 & \cdots & -a_{n-1} \end{bmatrix}\begin{bmatrix} u_1 \\ u_2 \\ \vdots \\ u_{n-1} \\ u_n \end{bmatrix} + \begin{bmatrix} 0 \\ 0 \\ \vdots \\ 0 \\ r(x) \end{bmatrix} \tag{8.45}$$

으로 변환할 수 있다, 이 경우 n개의 초기조건

$$y(x_0)= k_1,\ y'(x_0)= k_2, \cdots , y^{(n-1)}(x_0)= k_n \tag{8.46a}$$

과 식(8.41b)에서

$$\begin{bmatrix} u_1(x_0) \\ u_2(x_0) \\ \vdots \\ u_{n-1}(x_0) \\ u_n(x_0) \end{bmatrix} = \begin{bmatrix} k_1 \\ k_2 \\ \vdots \\ k_{n-1} \\ k_n \end{bmatrix},\quad g(x)= \begin{bmatrix} 0 \\ 0 \\ \vdots \\ 0 \\ r(x) \end{bmatrix} \tag{8.46b}$$

를 정의하면 식(8.45)은 다음과 같은 행렬표현으로 쓸 수 있다.

$$[u]'(x)= [A](x)[u](x)+ [g](x),\quad [u](x_0)= [k] \tag{8.47}$$

식(8.47)의 해를 구하는 것은, 일반적으로 연립미분방정식의 해를 구하는 과정으로 볼 수 있다.

[예제 8.16]

[그림 8.16]으로 주어진 질량-스프링-마찰을 가지는 시스템이 주어져 있다. 이때 두 개의 질량 m_1과 m_2의 변위를 각각 $x_1(t)$, $x_2(t)$로 두면 다음과 같은 운동방정식이 얻어진다.

$$m_1 x_1'' = -k_1 x_1 + k_2(x_2 - x_1),\quad m_2 x_2'' = -k_2(x_2 - x_1) - k_3 x_2 \qquad ①$$

여기서 두 물체의 속도를 나타내는 새로운 변수로서

$$y_1 = x_1',\ y_2 = x_2'$$

를 도입하여 ①을 1계미분방정식의 형식으로 변환하면 다음으로 된다.

$$\begin{cases} x_1' = y_1 \\ y_1' = \dfrac{-k_1 x_1 + k_2(x_2 - x_1)}{m_1} \\ x_2' = y_2 \\ y_2' = \dfrac{-k_2(x_2 - x_1) - k_3 x_2}{m_2} \end{cases} \qquad ②$$

위 식에 대해 상태벡터, 계수행렬 및 초기조건으로서 다음과 같이 정의하면 식(8.47) 형식의 연립미분방정식이 얻어진다. 즉

$$[u] = \begin{bmatrix} x_1 \\ y_1 \\ x_2 \\ y_2 \end{bmatrix},\ [A] = \begin{bmatrix} 0 & 1 & 0 & 0 \\ -\dfrac{k_1 + k_2}{m_1} & 0 & \dfrac{k_2}{m_2} & 0 \\ 0 & 0 & 0 & 1 \\ \dfrac{k_2}{m_2} & 0 & -\dfrac{k_2 + k_3}{m_2} & 0 \end{bmatrix},\ [u_0] = \begin{bmatrix} x_1(0) \\ y_1(0) \\ x_2(0) \\ y_2(0) \end{bmatrix} \qquad ③$$

로 두면 [그림 8.16]의 초기값 문제는 다음으로 된다.

$$[u]' = [A][u],\ [u](0) = [u_0] \qquad ④$$

여기서 $m_1 = 10,\ m_2 = 20,\ k_1 = k_2 = k_3 = 1$로 두고 상기 연립방정식의 해를 구하여 보자.

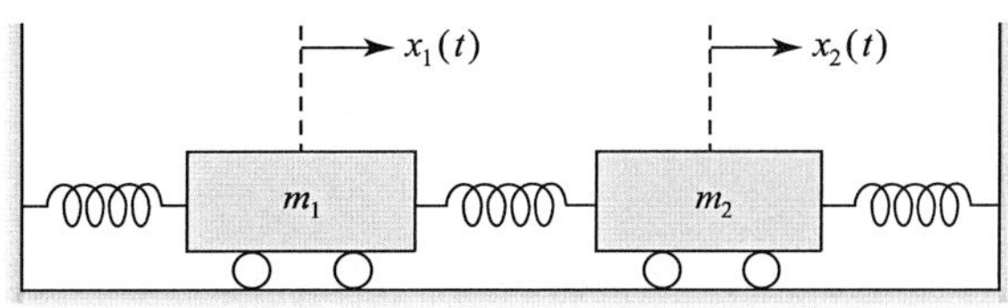

[그림 8.16] [예제 8.16]의 물리시스템

풀 이 [Numeric MATLAB 해법]

먼저 MATLAB의 각종 함수를 이용하여 해석적으로 ④의 해를 구하는 프로그램을 작성한다[12].

```
A = [0 1 0 0;-0.2 0 0.1 0;0 0 0 1; 0.05 0 -0.1 0];
y0 = [0.8 0 0 0]';
[Y, D] = eig(A);
t = 0:1/5:60; c = inv(Y)*y0; y = y0;
for i = 1:length(t) -1
    yy = Y*diag(exp(diag(D) * t(i+1)))*c;
    y = [y, yy];
end
ry = real(y);                              % 해는 실수이므로 실수 값만을 취한다.
plot(t, ry(1,:),t,ry(3,:),'--')            % [그림 8.17]
xlabel('t'), ylabel('x_1(t)  and  x_2(t) ')
```

MATLAB 함수 ode에 의한 해는 다음과 같이 계산되며, 결과는 동일하다.

```
function yprime = examp_816(x,y)
A = [0 1 0 0; -0.2 0 0.1 0; 0 0 0 1;0.05 0 -0.1 0];
yprime = A*y;
```

```
y0 = [0.8 0 0 0]'; tspan= [0 60];
[t,y] = ode45('examp_816',tspan, y0);
plot(t,y(:,1),t,y(:,3))                     % [그림 8.17]과 동일
```

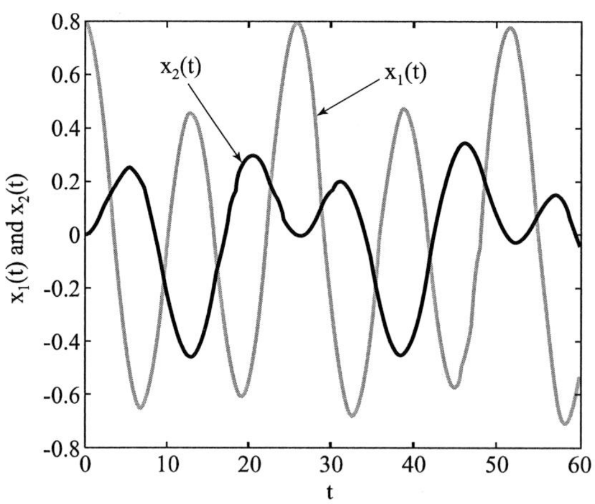

[그림 8.17] [예제 8.16]의 결과

12) 상기 프로그램은 $y' = Ay$ 형식의 미분방정식의 해를 구하기 위해 행렬 A의 고유값과 고유벡터를 이용하는 방법을 취하고 있다.

연습문제

1. 다음 미분방정식을 테일러급수에 의하여 $y(0.1)$에서의 값을 구하여라.

$$y' + 4y = x^2,\ y(0) = 1$$

또한, 상기의 결과를 해석적인 해의 결과와 비교하여 보아라.

$$y(x) = \frac{31}{32}e^{-4x} + \frac{1}{4}x^2 - \frac{1}{8}x + \frac{1}{32}$$

2. 위 문제를 룽게–쿱타의 방법을 적용하여 해결하고, 이를 해석적인 해의 결과와 비교하여 보아라.

3. 다음 식을 $x = 0$에서 0.5까지 테일러급수법을 사용하여 해를 구하여라. 단 $h = 0.1$로 둔다.

$$y' = \sin y,\ y(0) = 1$$

4. 아래의 미분방정식을 1계미분방정식을 이용한 벡터형식, $[y]' = [F](x, [y])$의 형식으로 변환하여 보아라.
   (a) $\ln y' + y = \sin x$
   (b) $y''y - xy' - 2y^2 = 0$
   (c) $y^{(4)} - 4y''\sqrt{1 - y^2} = 0$
   (d) $(y'')^2 = |32y'x - y^2|$

5. 다음 문제의 해를 $x = 0$에서 20까지 계산하고 이를 그래프로 나타내어 보아라.
   (a) $y'' + 0.5(y^2 - 1)y' + y = 0,\ y(0) = 1,\ y'(0) = 0$
   (b) $y'' = y\cos 2x,\ y(0) = 0,\ y'(0) = 1$

6. 다음 미분방정식을 적당한 방법으로 수치적 해를 구하고 이를 $x = 0$에서 20까지 그래프로 나타내어라.
   (a) $y'' + 0.5(y^2 - 1)y' + y = 0,\ y(0) = 1,\ y'(0) = 0$
   (b) $y'' = y\cos 2x,\ y(0) = 0,\ y'(0) = 1$

7. 다음 미분방정식에 대하여 (a) Symbolic MATLAB 해법, (b) Numeric MATLAB 해법을 각각 적용하여 해를 구하는 스크립터를 작성하고 그 결과를 그래프로 확인하여 보라.
   (a) $(2x^3 - xy^2 - 2y + 3)dx - (x^2y + 2x)dy = 0$
   (b) $y' - xy = 1,\ y(0) = 1$
   (c) $y'' + y' - 2y = 0,\ y(0) = 4,\ y'(0) = 1$
   (d) $x^2y'' + 3xy' - 3y = 0$

부록

MATLAB Symbolic Math Toolbox의 사용법

Symbolic Math Toolbox가 제공하는 수식의 상징적 표현 방식(Symbolic representation)을 이용하면 수식을 표현되어 있는 그대로 MATLAB의 명령 Window 화면에 입력함으로써 계산을 수행할 수 있기 때문에 대단히 편리하다. 여기서는 본서에서 취급한 정도의 계산을 할 수 있을 정도의 사용법을 간단하게 설명한다.

1 수식의 표현

먼저 Symbolic Math Toolbox와 관련한 help의 사용에 대하여 간단히 설명한다. 일반적으로 명령 Window상에서

```
help function
```

을 입력하면 'function'과 관련된 help가 화면에 나타나게 된다. 그러나 Symbolic Math Toolbox에 사용되는 상당수의 명령어는 일반적인 MATLAB의 명령어와 중복(overload)되는 것이 많기 때문에 명령 Window 화면에서 help가 필요한 함수가 Symbolic Math Toolbox에서 나온 것이라는 것을 다음과 같이 명기하여 줄 필요가 있다. 즉,

```
help sym/function
```

이다. 예를 들어, 미분과 관련되는 'diff'의 많은 사용법 중에서 Symbolic Math Toolbox와 관련된 help를 보고자 한다면

```
help sym/diff
```

로 입력하여야 한다.

또한, MATLAB은 Symbolic Math Toolbox와 관련된 데모 프로그램을 제공하기 때문에 이것을 실행하면 많은 정보를 얻을 수 있다.

1.1 상징적 개체 정의 및 사용법

Symbolic Math Toolbox를 사용한 수식계산을 실행하기 위해서는 우선 '상징적 개체(symbolic object)'라고 불리는 데이터 형식을 미리 정의해 두어야 하는 점이 일반적인 MATLAB 명령어의 사용법과 다른 점이다. 예를 들어, 지수함수 $f(t) = e^{-2t}$의 계산을 $t = 2$에서 수행하기 위해서는 MATLAB 명령어 '>>exp(-2*2)'를 실행하면 가능하지만, 만약 함수 $f(t)$의 라플라스 변환을 구하고자 한다면 시간 t의 함수인 f를 상징적 개체로 정의하여 두고 이것에 라플라스 변환을 적용시켜야 한다는 것이다.

이와 같이 변수(또는 함수)를 표현하는 상징적 개체를 미리 정의하고 이 개체로서 함수를 표현할 수 있도록 하는 명령어 'sym'이 제공된다. 이것의 사용법은 다음과 같다. 즉,

```
x = sym('x')
a = sym('alpha')
```

를 실행하면 변수 x가 상징적 개체 x로서, 또 변수 alpha가 역시 상징적 개체 a로서 MATLAB 상에 만들어지게 된다. 예로서 황금률(golden ratio)을 나타내는 다음의 값을 상징적 개체로 정의하여 보자. 즉,

$$\rho = \frac{1 + \sqrt{5}}{2}$$

```
rho = sym('(1+sqrt(5))/2')
```

를 실행하면 상징적 개체 rho가 정의되고, 앞으로 이것을 이용하여 여러 종류의 계산을 간단히 수행할 수 있다. 예를 들어

```
f = rho^2 -rho - 1
```

을 실행하면

```
f =
 (1/2+1/2*5^(1/2))^2-3/2-1/2*5^(1/2)
```

가 얻어지며 여기에

```
simplify(f)
```

를 실행하면 0(zero)이 얻어짐을 확인할 수 있을 것이다[1].

또한, 2차식 $f = ax^2 + bx + c$을 상징적 개체로 정의하기 위해

```
f = sym('a*x^2+b*x+c')
```

을 실행하면 상징적 함수 f에 상기의 2차식이 배당되게 된다. 이 경우 Symbolic Math Toolbox는 2차식의 a, b, c, x의 각각의 변수에 대한 개체를 생성하는 것이 아니라 2차식의 형태로 상징적 함수 f를 생성하는 점에 유의한다. 만약 위 2차식에 관하여 미분이나 적분 등을 수행하기 위해서는 다음과 같이 각각의 변수를 상징적 개체로 지정하여야 할 것이다.

```
a = sym('a')
b = sym('b')
c = sym('c')
x = sym('x')
```

또는 간단히 다음과 같이 할 수도 있다.

```
syms a b c x
```

2 Symbolic 표현과 수식으로의 전환

상징적 표현식에 임의의 값을 대입한 결과를 얻기 위해서는 명령어 'sym'이 가지는 네 가지의 옵션을 이용하면 가능하다. 예를 들어 위에서 정의한 황금률 ρ의 실제값을 구하기 위해서 다음 명령어 'sym'이 가지는 네 종류의 옵션을 지정하여 실행해 본다면 각각이 가지는 특징을 이해할 수 있을 것이다.

```
sym(rho,'f'), sym(rho,'r'), sym(rho,'e') 및 sym(rho,'d')
```

명령어 sym의 효과적인 용도 중의 하나로서 다음과 같은 것이 있다. 즉,

---

1) simplify의 사용법은 뒷부분(6절) 참조.

```
A = hilb(3)
```

을 실행하면 다음과 같은 크기 3×3인 힐버트 행렬(Hilbert matrix)이 생성된다.

```
A =
    1.0000    0.5000    0.3333
    0.5000    0.3333    0.2500
    0.3333    0.2500    0.2000
```

여기에 sym을 적용하여

```
A = sym(A)
```

을 실행하면

```
A =
[   1, 1/2, 1/3]
[ 1/2, 1/3, 1/4]
[ 1/3, 1/4, 1/5]
```

로 되어 행렬의 요소, 예를 들어 0.3333의 실제 값인 (1/3)을 정확하게 표현하고 있음을 알 수 있다. sym의 또 다른 옵션이 'real'을 사용하여 상징적 개체에 대한 수학적인 특성을 정의할 수 있다. 예를 들어,

```
syms x y real
z = x + i*y
```

를 실행하면 개체 z는 항상 복소수로 정의되므로 다음과 같은 명령어의 적용이 가능하다. 즉,

```
conj(x), conj(z) 및 expand(z*conj(z))
```

을 실행하면 다음의 결과가 얻어짐을 확인할 수 있을 것이다.

```
x,  x - i*y 및 x^2 +y^2
```

위에서 'conj'는 복소함수의 공역을 얻는 명령어이다. 따라서 상징적 개체 x는 실수이기 때문에 'conj(x) == 1'을 수행하면 "1"이 return 된다.

만약 상징적 개체 x에 대한 실수의 특성을 제거하려면

```
syms x unreal
```

을 실행하면 된다.

3 간단한 예

3.1 함수의 미분

먼저 함수 $f(x)$를 상징적 개체로 정의하고 이것의 미분을 계산하여 보자. 먼저

```
f = sym('f(x)')
```

을 실행하면 함수 $f(x)$가 상징적 개체인 f에 배당된다. 이 함수에 대한 미분은 다음과 같이 정의할 수 있다.

```
syms x h
df = (subs(f,x,x+h)-f)/h
```

를 실행하면 함수 $f(x)$의 변수 x에 관한 미분을 얻을 수 있다.

```
df =
    (f(x+h)-f(x))/h
```

위에서 명령어 'subs(f, x, x+h)'는 상징적 함수 f의 변수(즉 x)를 처음의 x(old one)에서 뒤 편(new one)의 x+h로 교체하라는 것을 의미한다.

3.2 상징적 행렬의 생성

상징적 개체로 이루어진 행렬을 구성하여 그 특징을 살펴보기로 하자.

```
syms a b c
A = [a b c; b c a; c a b]
```

을 실행하면

```
A =
[ a, b, c]
[ b, c, a]
[ c, a, b]
```

이 얻어진다. 위 행렬 A의 각 요소는 상징적 개체로 이루어져 있지만, 행렬과 관련한 MATLAB

의 일반적인 법칙은 그대로 적용 가능하다. 즉,

```
sum(A(1, :))
```

을 수행하면 'a+b+c'가 얻어지며, 또

```
sum(A(1,:)) == sum(A( : ,2))
```

은 양변이 동일한 값을 가지기 때문에 위 명령의 실행 결과는 '1'이 return 될 것이다.

또 행렬 A의 임의 요소를 다른 상징적 개체로 교체할 수도 있다. 즉,

```
syms alpha beta
A(2,3) = beta;
A = subs(A,b,alpha)
```

을 실행하면 다음이 얻어진다.

```
A =
[     a, alpha,     c]
[ alpha,     c,  beta]
[     c,     a, alpha]
```

4 Symbolic Math Toolbox를 이용한 계산법

Symbolic Math Toolbox는 기본적인 계산(calculus), 즉 미분, 적분, 극한, 합계 및 테일러전개 등의 계산을 위한 명령어를 제공하고 있다. 여기서는 본서의 내용에 필요한 것을 중심으로 간략하게 설명한다. 자세한 내용은 Symbolic Math Toolbox가 제공하는 설명서 등을 참조하기 바란다.

4.1 미분

```
syms a x
f = sin(a*x)
df = diff(f)
```

를 실행하여 보자. 이 경우 함수 $f(x)=\sin(ax)$의 미분인 $f'(x)=a\cos(ax)$가 얻어지는 것을 확인할 수 있을 것이다. 또 함수 f를 변수 a에 대하여 미분하기 위해서는

```
dfa = diff(f,a)
```

를 실행하면 된다. 또 함수 f 의 2계 미분은 다음과 같다.

```
dfa = diff(f,2), 또는 diff(f,x,2)
```

이 결과 $f''(x) = -a^2\sin(ax)$이 얻어짐을 확인할 수 있다.

```
ans =
     -sin(a*x)*a^2
```

아래 [표 A.1]에 'diff' 명령어의 결과에 대한 몇 가지 예를 표시하였다.

[표 A.1]

함수 f	diff(f)
x^n	x^n*n/x
$\sin(at+b)$	a*cos(a*t+b)
$e^{i\theta}$	i*exp(i*theta)

명령어 'diff'는 상징적 행렬에 대해서도 적용 가능하다. 이때 미분은 행렬 각 요소 하나하나에 대하여 실행된다. 다음의 예를 보자.

```
syms a x
A = [cos(a*x), sin(a*x); -sin(a*x), cos(a*x)]
dy = diff(A)
```

를 실행하면

```
y =
[ -sin(a*x)*a,  cos(a*x)*a]
[ -cos(a*x)*a, -sin(a*x)*a]
```

로 됨을 확인할 수 있다.

4.2 극한(limits)

잘 알려진 바와 같이 미분은 다음과 같이 정의된다.

$$f'(x) = \lim_{h \to 0} \frac{f(x+h) - f(x)}{h}$$

Symbolic Math Toolbox를 사용하면 함수의 극한을 바로 계산할 수 있다. 다음의 예를 보자.

```
syms h n x
dc = limit((cos(x+h) - cos(x))/h, h, 0)
```

의 결과 'dc = −sin(x)'로 되어, $\cos(x)$의 미분인 $-\sin(x)$가 얻어졌음을 확인할 수 있다. 또,

$$e^x = \lim_{n \to 0}\left(1 + \frac{x}{n}\right)^n$$

의 관계로부터

```
limit((1+x/n)^n,n,inf)
```

을 실행하면 exp(x), 즉 e^x를 얻을 수 있다. 극한과 관련된 내용을 [표 A.2]에 정리하였다.

[표 A.2]

수학적인 표현	MATLAB 표현
$\lim_{x \to 0} f(x)$	`limit(f)`
$\lim_{x \to a} f(x)$	`limit(f, a)` 또는 `limit(f, x, a)`
$\lim_{x \to a^-} f(x)$	`limit(f, x, a, 'left')`
$\lim_{x \to a^+} f(x)$	`limit(f, x, a, 'right')`

위 [표 A.2]에서 $x \to a^+$ 또는 $x \to a^-$는 각각 변수 x가 a의 오른쪽(즉, a보다 큰 값)에서, x가 a의 왼쪽(즉, a보다 작은 값)에서 각각 a로 향해 수렴하고 있는 것을 의미하고 있다.

4.3 적분

'f'가 상징적 함수라면

```
F = int(f)
```

는 'diff(F) = f'를 만족하는 또 하나의 상징적 함수 F를 생성한다. 즉, int(f)는 'f'의 적분을 수행하는 명령어라는 것을 알 수 있다. 또는

```
F = int(f,v)
```

를 실행하면 함수 'f'를 변수 'v'에 관한 적분이 얻어진다. [표 A.3]에 적분과 관련한 몇 가지

예를 열거하였다.

[표 A.3]

수학적인 표현	MATLAB 표현
$\int x^n dx = \frac{x^n+1}{n+1}$	`int(x^n)` 또는 `int(x^n,x)`
$\int_0^{\pi/2} \sin(2x)dx = 1$	`int(sin(2*x),0,pi/2)` 또는 `int(sin(2*x),x,0,pi/2)`
$g = \cos(at+b)$, $\int g(t)dt = \{\sin(at+b)\}/a$	`g=cos(a*t+b)`, `int(g)` 또는 `int(g,t)`

상한과 하한이 주어지는 적분 역시 가능하다. 즉, 명령어

```
int(f,a,b),  또는 int(f,v,a,b)
```

의 수식 표현은 다음과 같다.

$$\int_a^b f(x)dx \text{ 및 } \int_a^b f(v)dv$$

[표 A.4]에 적분과 관련된 몇 가지 예를 나열하였다.

[표 A.4]

함수 f	상한(b)과 하한(a)	int(f, a, b)
x^7	0, 1	$1/8$
$1/x$	1, 2	$\log(2)$
$\log(x)\sqrt{x}$	0, 1	$-4/9$
e^{-x^2}	0, inf	$(1/2)\pi^{(1/2)}$

4.4 합의 계산 및 상징적 함수의 그래프 생성

상징적 개체의 합이 존재한다면 명령어 'symsum'을 이용하여 합계를 계산할 수 있다. 예를 들어,

$$1 + \frac{1}{2^2} + \frac{1}{3^2} + \cdots$$

은 $\pi^2/6$로 수렴하며, $1+x+x^2+\cdots$은 $1/(1-x)$로 된다(단, $|x| < 1$이다). 이러한 관계식을 Symbolic Math Toolbox를 이용하여 확인하여 보자.

```
syms x k
s1 = symsum(1/k^2,1,inf)
s2 = symsum(x^k,k,0,inf)
```

을 실행하면 다음의 결과를 얻는다.

```
s1 = 1/6*pi^2
s2 = -1/(x-1)
```

다음 식으로 주어지는 함수에 Symbolic Math Toolbox를 적용하여 몇 가지의 예를 만들어 보자.

$$f(x)=\frac{1}{5+4\cos(x)}$$

먼저 위의 함수를 다음과 같이 상징적 함수로 정의한다.

```
syms x
f = 1/(5+4*cos(x))
```

다음에 Symbolic Math Toolbox가 제공하는 명령어 'ezplot(f)'를 이용하여 함수 $f(x)$에 대한 그래프를 작성한다. 즉,

```
ezplot(f,[-6 6])
```

를 실행하면 다음의 [그림 A.1]을 얻는다. 이때 'ezplot'에서 변수 x의 범위)(즉, [−6, 6])를 설정하지 않는다면 ezplot는 자동적으로 가장 적절한 범위를 선정하여 그래프로 나타낸다.

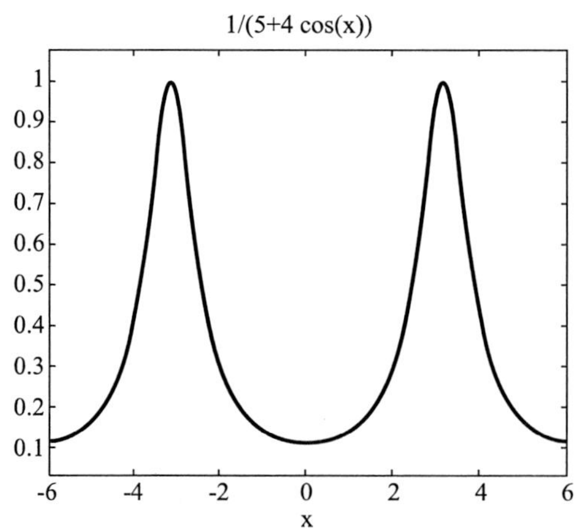

[그림 A.1] 함수 $f(x)$의 그림

4.5 테일러급수(Taylor Series)

4.4절에서 사용한 함수

$$f(x)=\frac{1}{5+4\cos(x)}$$

에 대하여 명령어

```
syms x
f = 1/(5+4*cos(x))
T = taylor(f,8)
```

을 실행하면

```
T =
    1/9+2/81*x^2+5/1458*x^4+49/131220*x^6
```

가 얻어지는데, 이것은 다음 식으로 정의되는 함수 $f(x)$의 $x=a$에서의 테일러급수를 제 8차까지 수행한 결과를 나타내고 있다.

$$\sum_{n=0}^{\infty}(x-a)^n\frac{f^n(a)}{n!}$$

위의 명령어 taylor(f, 8)은 $a=0$인 경우이다. 만약 함수 $g(x)=e^{x\sin(x)}$를 $x=2$에서 테일러급수 전개하여 처음 12번째 항까지의 합계를 얻고자 하면 다음을 실행하면 된다.

```
syms x
g = exp(x*sin(x))
t = taylor(g,12,2)
```

다음에 Symbolic Math Toolbox의 함수를 이용하여 계산한 테일러 근사값이 실제 값에 어느 정도 근접하고 있는지를 그림을 통하여 알아보자. 즉,

```
xd = 1:0.05:3; yd = double(subs(g,x,xd));
ezplot(t,[1,3]); hold on;
plot(xd, yd)
```

를 실행하면 [그림 A.2]가 얻어진다. 이 그림으로부터 실제 값과 테일러 전개에 의한 근사값 사이에는 거의 차이가 없음을 확인할 수 있다.

함수 $f(x)$를 $x=0$에서 테일러급수 전개하여 제8차까지의 전개 값인 개체 'T'는 위에서 보다시피 상당히 복잡한 모양을 하고 있다. 이것을 'pretty' 명령어를 수행하면 보기에 편한 형태로 표현 가능하다. 즉,

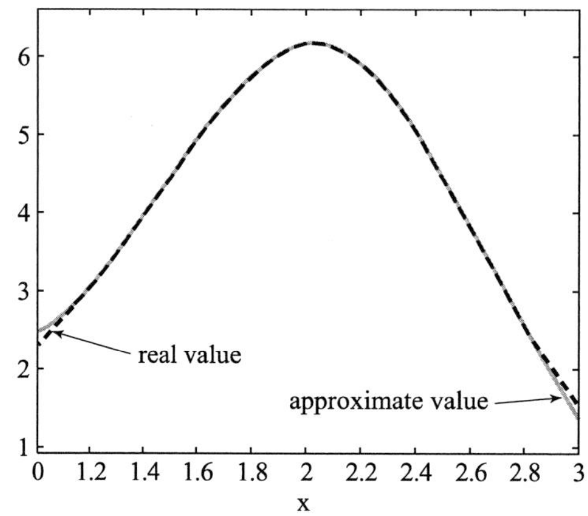

[그림 A.2] 함수 $g(x) = e^{x\sin(x)}$의 실제값과 테일러 전개에 의한 근사값

```
pretty(T)
```

를 실행하면 다음과 같이 8차의 테일러급수 전개된 형식이 화면에 나타난다[2].

$$(1/9)+(2/81)x^2+(5/1458)x^4+\left(\frac{49}{131220}\right)x^6$$

다음에 함수 $f(x)$의 2계 미분을 구하고 이것을 그래프로 그려 보자. 먼저 2계 미분은

```
f2 = diff(f,2), 혹은 f2 = diff(f,x,2)
```

를 실행하면 다음의 결과가 얻어진다.

```
f2 =
32/(5+4*cos(x))^3*sin(x)^2+4/(5+4*cos(x))^2*cos(x)
```

이 결과를 명령어 'ezplot'를 이용한 그래프를 [그림 A.3]에 표시하였다.

```
ezplot(f2)
axis([-2*pi 2*pi -5 2])
```

[그림 A.3]으로부터 $f''(x)$는 -4에서 1까지의 범위에 존재하는 것을 알 수 있다. 이것을 확인하여 보기로 하자. $f''(x)$의 최대값과 최소값은 $f'''(x)=0$에서 발생하므로, 먼저 함수 $f(x)$의 3계 미분을 구하여 이 값을 영으로 하는 변수 x를 계산한다.

2) 화면상의 표시 방법의 제약으로 인해 위 수식과는 약간 다르게 나타난다.

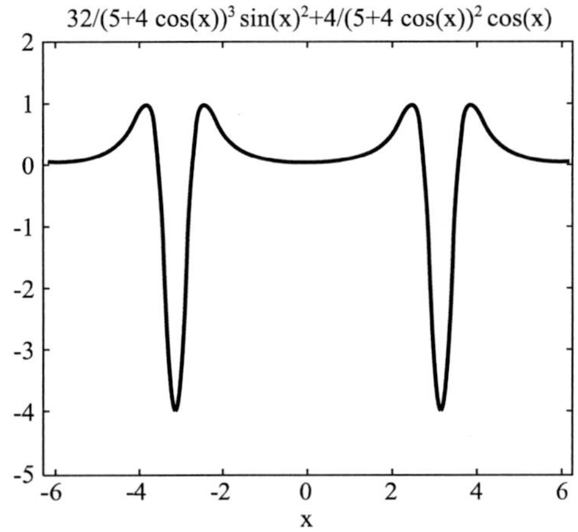

[그림 A.3] 함수 $d^2f(x)/dx^2$의 그림

```
f3 = diff(f2)
pretty(f3)
```

을 실행하면

$$384\frac{[\sin(x)]^3}{(5+4\cos(x))^4}+96\frac{\sin(x)\cos(x)}{(5+4\cos(x))^3}-4\frac{\sin(x)}{(5+4\cos(x))^2}$$

가 얻어지고, 위 함수를 명령어 'simple'를 이용하여 $f'''(x)=0$을 만족하는 값을 구하기 쉬운 형태로 변환한다.

```
f3 = simple(f3)
pretty(f3)
```

를 실행하면

$$4\frac{\sin(x)\left(96\sin(x)^2+80\cos(x)+80\cos(x)^2-25\right)}{(5+4\cos(x))^4}$$

가 얻어진다. 이제 $f'''(x)=0$을 명령어 'solve'를 이용하여 풀어서 $f''(x)$의 최대값과 최소값을 구하여 보자. 즉,

```
z = solve(f3)
format
zr = double(z)
```

을 실행하면 5행1열의 행렬이 얻어지는데, 각 행의 요소는 $f'''(x)=0$를 만족하는 값이다.

```
zr =
           0
           0 + 2.4381i
           0 - 2.4381i
      2.4483
     -2.4483
```

이 결과로부터 $x = \pm 2.4483$에서 $f''(x)$의 최대값은 명령어 '>>subs(f2,x,zr(4,1))'를 실행하면 1.0051로 되어 [그림 A.3]과 일치하는 것을 알 수 있으나, $f''(x)$의 최소값은 [그림 A.3]과 일치하지 않는 것을 확인할 수 있을 것이다[3].

5 Simplifications과 Substitutions

상징적 표현식을 간략하게 표현할 수 있도록 하는 몇 개의 명령어가 제공되고 있으며 이들은 상징적 표현식의 상호 변환에 많이 사용되고 있다.

상징적 표현으로 자주 사용되는 것으로 다음의 세 종류가 있다.

```
syms x
f = x^3-6*x^2+11*x-6
g = (x-1)*(x-2)*(x-3)
h = x*(x*(x-6)+11)-6
```

위 표현식을 명령어 'pretty'를 사용하여 화면상에 나타내면 각각 다음의 형식으로 표시된다.

$$x^3 - 6x^2 + 11x - 6,\ (x-1)(x-2)(x-3),\ x((x-6)+11)-6$$

위 세 개의 함수는 모두 x의 3차 다항식으로 표현의 형식은 다르지만 모두 동일한 근을 가진다. 따라서 주어진 상황에 맞게 적절한 형태의 표현식이 사용되어야 할 것이다. Symbolic Math Toolbox에서는 여러 형식의 대수적 표현식에 맞추어 사용할 수 있도록 하나의 표현식을 다른 표현식으로 변환할 수 있는 명령어 – 'collect', 'expand', 'horner', 'factor', 'simplify' 및 'simple' – 를 제공하고 있다.

■ **collect**

'>>collect(f,x)'를 실행하면 함수 $f(x)$를 변수 x의 다항식으로 전개하여 최고 차수에서 내림차순으로 전개된 형식으로 변환한다. [표 A.5]에 몇 가지의 예를 나타내었다.

3) 최소값과 최대값의 결정과 관련된 더 자세한 내용은 Symbolic Math Toolbox의 매뉴얼을 참조하기 바란다.

[표 A.5]

함수 f	collect(f)의 실행
(x-1)*(x-2)*(x-3)	x^3-6*x^2+11*x-6
x*(x*(x-6)+11)-6	x^3-6*x^2+11*x-6
(1+x)*t+x*t	2*x*t+t

■ **expand**

명령어 '>>expand(f)'를 실행하면 이름대로 함수 f가 가지는 각 요소의 합으로 분해하여 전개한다. [표 A.6]에 이것의 몇 가지 예를 나타내었다.

[표 A.6]

함수 f	expand(f)
a*(x+y)	a*x+a*y
(x-1)*(x-2)*(x-3)	x^3-6*x^2+11*x-6
x*(x*(x-6)+11)-6	x^3-6*x^2+11*x-6
exp(a+b)	exp(a)+exp(b)
cos(x+y)	cos(x)*cos(y)-sin(x)*sin(y)
cos(3*acos(x))	4*x^3-3*x

■ **horner**

명령어 '>>horner(f)'를 실행하면 함수 f의 표현식을 Horner 형식, 즉 nested representation의 형태로 전환한다. [표 A.7]에 예를 나타내었다.

[표 A.7]

함수 f	horner(f)
x^3-6*x^2+11*x-6	x*(x*(x-6)+11)-6
1.1+2.2*x+3.3*x^2	11/10+(11/5+33/10*x)*x

■ **factor**

함수 f가 유리수의 계수를 가지는 다항식인 경우에, 명령어 '>>factor(f)'를 실행한다면 함수 f자신보다 더 낮은 차수의 다항식의 곱의 형식으로 전개된다. 만약 더 낮은 차수의 다항식의 곱으로 분해되지 않는 경우에는 원래의 값을 그대로 가진다. [표 A.8]에 예를 나타내었다.

[표 A.8]

함수 f	factor (f)
x^3-6*x^2+11*x-6	(x-1)*(x-2)*(x-3)
x^3-6*x^2+11*x-5	x^3-6*x^2+11*x-5
x^6+1	(x^2+1)*(x^4-x^2+1)

■ simplify

명령어 'simplify'는 여러 종류의 연산에 적용하여 연산의 결과를 이름대로 간략화 하여 보여 주는 강력한 도구의 하나이다. [표 A.9]에 몇 가지의 예를 제시하였다.

[표 A.9]

함수 f	simplify(f)
x*(x*(x-6)+11)-6	x^3-6*x^2+11*x-6
(1-x^2)/(1-x)	x+1
(1/a^3+6/a^2+12/a+8)^(1/3)	((2*a+1)^3/a^3)^(1/3)
log(x*y)	log(x)+log(y)
exp(x)*exp(y)	exp(x+y)
cos(x)^2+sin(x)^2	1

■ simple

명령어 'simple'은 계산의 결과로 얻어진 식의 표현을 가장 적은 수의 문자로서 나타낼 수 있도록 하는 목적을 가진 명령어이다. 이 경우, 적은 수의 문자로서 표현된 것이 반드시 'simple'(또는 사용자의 입장에서 알아보기 쉽다)하다고는 할 수 없지만, 실용적으로 만족스러운 것으로 알려져 있다.

명령어 'simple'는 이러한 목적을 달성하기 위하여 내부적으로 위에서 언급한 명령어, 즉 'simplify, collect, factor' 등을 독자적으로 사용하여 가장 간결한 형태의 결과를 제공한다. 명령어 'simple'은 여러 형태의 사용법이 있다. 단순히 '>>simple(f)'를 실행하면 실제 MATLAB 내부에서 'simple'이 실행되는 과정이 화면에 나타나면서 제일 마지막 행에 그 결과가 출력된다. 예를 들어,

```
simple(cos(x)^2+sin(x)^2)
```

를 실행하여 보기 바란다. 이와 같이 화면에 전개되는 간략화 과정은, 사용자로 하여금 결과로 얻어진 간략화된 식이 실제로 목적에 맞는 것인지의 여부를 판단하는 데 도움을 준다. 그러나 화면에 전개되는 그러한 과정을 나타나지 않게 하려면

```
f = simple(cos(x)^2+sin(x)^2)
```

를 실행하면 된다.

명령어 'simple'은 때때로 위에서 언급한 명령어 'simplify'의 실행 결과에 적용하여 더욱 간단한 형태의 식을 얻을 수도 있다. 다음 예를 보자.

[표 A.10]

함수 f	simplify(f)	simple(f)
(1/a^3+6/a^2+12/a+8)^(1/3)	((2*a+1)^3/a^3)^(1/3)	(2*a+1)/a
log(x*y)	log(x)+log(y)	log(x*y)

때때로 명령어 'simple'을 두 번 연속적으로 적용하여 또 다른 형태의 간략화 된 형태를 얻는 경우도 있다. 예를 들어

```
syms a
f = (1/a^3+6/a^2+12/a+8)^(1/3);
simple(simple(f))
```

를 실행하면 '1/a+2'가 얻어지는 것을 확인할 수 있을 것이다. 명령어 'simple'은 특히 삼각함수와 관련된 함수의 간략화에 있어 유용하다. [표 A.11]에 몇 가지 예를 나타내었다.

[표 A.11]

함수 f	simple(f)
cos(x)^2+sin(x)^2	1
2*cos(x)^2-sin(x)^2	3*cos(x)^2-1
cos(x)^2-sin(x)^2	cos(2*x)
cos(x)+(-sin(x)^2)^(1/2)	cos(x)+i*sin(x)
cos(x)+i*sin(x)	exp(i*x)
cos(3*acos(x))	4*x^3-3*x

지금까지 설명한 것 외에도 Symbolic Math Toolbox는 일반적인 수식 계산을 편리하게 실행할 수 있도록 하는 수많은 함수와 방법을 제공하고 있다. 더 자세한 설명은 MATLAB에서 제공하는 매뉴얼을 참고하기 바란다.

본서에서 사용한 MATLAB 명령어

찾아보기

(자)

(차)

(카)

(타)

| 저자소개 |

최연욱(崔然旭)

1955년 부산출생
1978년 한양대학교 전자공학과 학사
1980년 한양대학교 대학원 전자공학과 석사
1990년 일본 京都大學 대학원, 공학박사
현재 부경대학교 공과대학 전기제어공학부 교수

[관심분야] Robust Control, Sampled-Data Control, 제어기설계론 등
[저서] 자동제어실험(상학당), 현대제어이론의 기초(청문각),
신호와 제어, 현대제어 공학, 대학공업수학(홍릉과학출판사) 등

정가 27,000원

MATLAB의 이해와 그 이용의 실제 -수치해석을 중심으로-

2013년 8월 20일 초판 인쇄
2013년 8월 29일 초판 발행
저　자 : 최연욱
발행자 : 우명찬, 송　준
발행처 : 홍릉과학출판사
주　소 : 서울시 강북구 인수동 455-60
142-885
등　록 : 1976년 10월 21일 제5-66호
전　화 : (02) 999-2274~5, 903-7037
팩　스 : (02) 905-6729
e-mail: hongpub@hongpub.co.kr
http://www.hongpub.co.kr
ISBN: 978-89-97570-99-7

저자와의 협의하에 인지생략